On peut se procurer nos ouvrages chez les diffuseurs suivants :

ALGÉRIE

Entreprise nationale du livre
3, boul. Zirout Youcef
Alger
☎ (213) 63.92.67

ESPAGNE

DIPSA
Francisco Aranda n° 43
Barcelone
☎ (34-3) 300.00.08

PORTUGAL

LIDEL
Av. Praia de Victoria 14A
Lisbonne
☎ (351-19) 57.12.88

ALGÉRIE

Office des publications
universitaires
1, Place Centrale
Ben-Aknoun (Alger)
☎ (213) 78.87.18

TUNISIE

Société tunisienne
de diffusion
5, av. de Carthage
Tunis
☎ (216-1) 255000

et dans les librairies universitaires des pays suivants :

Algérie	Côte-d'Ivoire	Luxembourg	Rwanda
Belgique	France	Mali	Sénégal
Cameroun	Gabon	Maroc	Suisse
Congo	Liban	Niger	Tchad

Avant-propos

En 1983, nous publiions le premier tome d'une anthologie portant sur l'analyse des organisations. Quatre ans ont passé depuis, et nous sommes heureux de mettre aujourd'hui à la disposition de tous ceux et celles qui s'intéressent aux organisations le deuxième volume, qui se situe dans la continuité du premier.

Publier une anthologie est toujours une entreprise semée d'embûches. Il faut en effet tenir compte à la fois de la littérature existante dans le domaine et des contraintes propres à l'édition. Nous avons essayé de rendre ce deuxième tome aussi représentatif que possible des divers courants, travaux, pays, etc. D'aucuns pourront toujours trouver que certains textes auraient pu être inclus et d'autres enlevés mais, compte tenu des limites inhérentes à ce genre de publication, nous croyons que notre choix, pour arbitraire qu'il soit, demeure parfaitement défendable.

Comme nous l'annoncions dans la préface du premier tome, ce deuxième volume porte sur les composantes de l'organisation : objectifs, division du travail, structures formelle et informelle, technologie, pouvoir, culture et idéologie. Il devrait répondre, nous l'espérons, aux besoins de tous les lecteurs de langue française qui s'intéressent à l'analyse des organisations. En effet, tout en intégrant des textes désormais classiques qui n'avaient jamais été traduits auparavant (comme ceux de Woodward, de Barnard, de Trist et Bamforth, de Bendix, de Georgiou ou de Dalton), il comprend également des articles qui, malgré leur publication récente, appartiennent ou représentent déjà des courants importants de la littérature organisationnelle contemporaine (c'est le cas par exemple des textes de Mintzberg, de Clegg, de Sainsaulieu et de Salaman).

Cet ouvrage est précédé d'une assez longue introduction qui permet de resituer les articles choisis dans leur paradigme respectif. Afin d'éviter la surenchère de références, nous en avons volontairement allégé le nombre ; nous l'avons fait d'autant plus volontiers que le lecteur trouvera à la fin du volume une bibliographie thématique substantielle. Enfin, si ce deuxième tome constitue bel et bien le complément du premier, il peut néanmoins se lire indépendamment.

Dans la préface de notre premier tome, nous déclarions qu'un ouvrage n'est jamais l'œuvre exclusive de ses auteurs ; nous réitérons aujourd'hui cette assertion. Nous aimerions donc saluer tous ceux et toutes celles qui ont participé de près ou de loin à cette réalisation. Tout d'abord, nous aimerions remercier les maisons d'édition et les revues scientifiques qui nous ont permis de traduire et de reproduire les textes que l'on retrouve ici. Nous tenons ensuite à remercier le Fonds FCAR et le Service de la recherche de l'École des Hautes Études Commerciales de Montréal pour l'aide financière qu'ils nous ont accordée. Nous aimerions également exprimer notre gratitude envers les étudiants et les étudiantes de nos cours de même qu'envers tous les collègues qui nous ont permis d'enrichir nos réflexions. Nous voudrions aussi souligner l'aide que Chantal Bernard et Claire Gagnon nous ont apportée pour la traduction des textes, le travail de dactylographie accompli avec beaucoup d'efficacité par notre secrétaire Lucie Prince, et la contribution de Louis Lepage et d'André Dupras pour l'établissement de la bibliographie.

En dernier lieu, nous tenons à exprimer nos remerciements à la maison d'édition Gaëtan Morin, notamment à Claire Bourget qui a été en charge de ce projet, et à Christiane Desjardins qui a accompli remarquablement la tâche, toujours ingrate, de la révision linguistique.

Jean-François Chanlat
et Francine Séguin

Textes choisis et présentés par
Jean-François Chanlat
et Francine Séguin

L'ANALYSE DES ORGANISATIONS
une anthologie sociologique

Tome II Les composantes de l'organisation

**gaëtan morin
éditeur**

 **gaëtan morin éditeur**
C.P. 2400, SUCC. C, MONTRÉAL, QUÉBEC, CANADA
H2L 4K6   TÉL. : (514) 522-0990

ISBN 2-89105-250-1

Dépôt légal 3ᵉ trimestre 1987
Bibliothèque nationale du Québec
Bibliothèque nationale du Canada

TOUS DROITS RÉSERVÉS
© 1987, Gaëtan Morin éditeur ltée
123456789 G.M.E. 987

Révision linguistique : Christiane Desjardins

Table des matières

PLAN DE L'INTRODUCTION

I.   LA VISION FONCTIONNALISTE DE L'ORGANISATION

LES COMPOSANTES PRINCIPALES DE L'ORGANISATION

Les buts : des guides pour l'action

La conception classique des buts
La conception organique des buts
La conception politique des buts

La technologie : une vision déterministe

Le courant structurel
Le courant comportemental

Les structures : une variable dépendante

LES COMPOSANTES SECONDAIRES DE L'ORGANISATION

La division du travail : une source de solidarité
Le pouvoir : un processus de coordination
intra-organisationnel
La culture : une réalité homogène

L'ANALYSE DES COMPOSANTES DE L'ORGANISATION ET
LE COURANT FONCTIONNALISTE : APPORTS ET LIMITES

II.   LA VISION CRITIQUE DE L'ORGANISATION

LES COMPOSANTES SECONDAIRES DE L'ORGANISATION

Les objectifs : le résultat d'un processus sociopolitique
La structure formelle : une structure de classes
La structure informelle : une structure de résistance
La technologie : une variable dépendante
La culture : une réalité hétérogène et clivée

LES COMPOSANTES PRINCIPALES DE L'ORGANISATION

La division du travail : un processus d'émiettement et un
rapport de classes
Le pouvoir : un processus de domination et de contrôle de la
main-d'œuvre
L'idéologie : un facteur de légitimation du pouvoir

L'ANALYSE DES COMPOSANTES DE L'ORGANISATION
ET LE COURANT CRITIQUE : APPORTS ET LIMITES

Conclusion : Imaginer la complexité

Introduction

Le concept d'« organisation » est au cœur même du discours scientifique élaboré pour comprendre le milieu naturel, l'homme et la société (Atlan, 1979 ; Prigogine et Stengers, 1979 ; Morin, 1986). Il est intéressant de partir de l'approche de Ashby (1962), pour mieux comprendre ce qu'est une organisation. Pour lui, dans quelque domaine que ce soit, il existe toujours un espace-produit, c'est-à-dire un ensemble de possibilités de relations entre les points ou parties de cet espace. Il y a organisation lorsqu'on passe de l'ensemble des possibilités à une actualité donnée, c'est-à-dire à un sous-ensemble de points et de parties. L'organisation implique donc des frontières et une finitude : les points faisant partie de l'organisation ne sont plus indépendants les uns des autres avec une potentialité de relation avec tous les autres points de l'ensemble ; ils sont maintenant en relation et en communication avec les autres points situés à l'intérieur des frontières du sous-ensemble qu'est l'organisation. Ashby parle alors de conditionnalité et de contrainte : la communication entre les points implique nécessairement une contrainte, puisque ce qui arrive au point A dépend du point B. C'est ce qui lui permet d'affirmer que « la théorie moderne, basée sur la logique de la communication, considère l'organisation comme une restriction ou une contrainte ».

Ce point de vue, qui associe au concept d'« organisation » les concepts de frontières, de communication et de contrainte, est à la fois fonctionnaliste et critique. En effet, l'importance qu'Ashby accorde aux relations d'interdépendance entre les points et parties du sous-ensemble se retrouve, dans des termes assez semblables, dans les écrits des auteurs fonctionnalistes en théorie de l'organisation. Par ailleurs, le fait qu'une organisation donnée soit considérée comme un sous-ensemble parmi un ensemble infini de possibilités inscrit dans le concept même d'organisation un relativisme pouvant déboucher sur une conception plus critique de l'organisation : à partir du moment où on considère l'organisation comme un sous-ensemble parmi une infinité de sous-ensembles possibles, on remet en cause le caractère nécessaire des points compris à l'intérieur des frontières de l'organisation et, plus fondamentalement, on remet en cause le caractère inéluctable et nécessaire de plusieurs postulats sur lesquels reposent les théories de l'organisation. Pour Ashby, une organisation donnée est une actualité parmi un ensemble infini de possibles.

Quand on regarde la littérature portant sur les organisations, et plus particulièrement sur les organisations formelles qui font l'objet de cette anthologie, on se rend compte que l'organisation formelle, comme sous-ensemble de points et de parties, peut être considérée comme la somme de ses points et parties, mais qu'elle peut aussi, comme n'importe quelle autre réalité sociale, être considérée comme un tout différent de la somme de ses parties. Cette règle fondamentale de la méthode sociologique (Durkheim, 1968) amène alors le théoricien de l'organisation à ne pas réduire cette dernière aux seuls individus et groupes qui la composent mais à en faire une réalité qui transcende l'action de ces individus et de ces groupes. Au lieu de privilégier la seule étude des individus pour arriver à la compréhension de l'organisation, il est possible, avec Durkheim, de faire de l'organisation une réalité en soi, animée bien sûr par des individus, mais qui dépasse les orientations des seuls acteurs. Dans le premier cas, on fera de l'analyse d'organisation à partir d'une logique individuelle. Dans le second cas, l'analyse de l'organisation reposera davantage sur une logique des ensembles sociaux conçus comme totalités. Ces deux courants, résultant de choix épistémologiques différents, se retrouvent dans les diverses théories qui ont cours en analyse des organisations. Ils alimentent aussi, comme nous le verrons, les diverses études portant sur les composantes de l'organisation, à savoir les buts, la technologie, les structures, la division du travail, le pouvoir et la culture d'une organisation.

Quand on regarde la littérature sur les organisations formelles, on s'aperçoit aussi qu'elle est dominée par deux grands courants paradigmatiques qu'on a appelés, dans le tome I de cette anthologie (Séguin-Bernard et Chanlat, 1983), les paradigmes fonctionnaliste et critique. Ces deux courants ont donné lieu à deux conceptions radicalement différentes de l'organisation. Alors que pour les fonctionnalistes, l'organisation est considérée essentiellement comme un système de coopération, harmonieux et en équilibre, pour les critiques, fortement tributaires notamment des théories marxiste et actionnaliste, l'organisation est vue comme un lieu où existent des intérêts divergents, des affrontements et des conflits. Selon sa vision du monde et la grille paradigmatique qu'il utilise, l'analyste privilégiera l'une ou l'autre de ces conceptions de l'organisation. Mais ce faisant, il accordera une importance privilégiée à certaines composantes de l'organisation plutôt qu'à d'autres et il articulera de façon différente les composantes les unes avec les autres. En un mot, il construira de façon différente cet objet d'étude qu'est l'organisation. Nous verrons donc, dans un premier temps, en quoi consiste la vision fonctionnaliste de l'organisation et nous l'opposerons, dans un deuxième temps, à une vision critique et alternative de l'organisation.

I. LA VISION FONCTIONNALISTE
DE L'ORGANISATION

Le fonctionnalisme ayant été le courant dominant en théorie des organisations, il n'est pas surprenant qu'il ait fortement influencé la conception que les analystes se sont faite de l'organisation (Séguin-Bernard et

Chanlat, 1983). Pour les fonctionnalistes, l'organisation est considérée comme un système en équilibre, à l'intérieur duquel règnent *l'ordre, l'harmonie et le consensus.* Bien que cet équilibre puisse être momentanément compromis par l'existence de certaines dysfonctions, le système possède des mécanismes qui lui permettent de retrouver son état d'équilibre. Les fonctionnalistes considèrent donc l'organisation comme un système en équilibre quasi stationnaire. À certains moments, ils voient l'organisation davantage comme une machine, à d'autres moments, ils la considèrent davantage comme un organisme vivant (Morgan, 1986) ; mais elle demeure toujours pour eux un lieu d'ordre et d'harmonie. Stinchcombe (1967) la définit comme « tout arrangement social dans lequel les activités de certaines personnes sont systématiquement planifiées par d'autres personnes (qui ont alors de l'autorité sur elles) dans le but d'atteindre certains objectifs ».

L'ordre et l'harmonie dans l'organisation découlent de l'existence des buts communs auxquels l'organisation doit socialiser les individus. Ils découlent aussi de la mise en place d'une technologie et de structures qui sont en accord avec les buts de l'organisation. Ils nécessitent enfin l'existence de mécanismes de division du travail et de coordination qui soient opérationnels.

Les composantes principales de l'organisation

Toutes les composantes de l'organisation n'ont pas la même importance. Pour les théoriciens fonctionnalistes, les buts, la technologie et les structures sont considérés comme les trois composantes principales de l'organisation, qui expliquent ce que sont les organisations, tant sur le plan de leurs caractéristiques qu'en ce qui a trait aux processus fondamentaux qui les animent. Les autres composantes, à savoir la division du travail, le pouvoir et la culture, sont alors considérées comme des composantes secondaires, conçues de façon étroite et réductrice.

Les buts : des guides pour l'action

Les fonctionnalistes définissent l'organisation comme un agencement systématique visant à atteindre certains buts. Pour un auteur comme Parsons (1960), c'est même cette présence d'un but qui donne à l'organisation sa spécificité propre et qui la différencie de tout autre groupement. Certains considèrent que les buts de l'organisation se réduisent aux seuls buts de ses membres individuels alors que d'autres affirment que l'organisation génère ses buts propres. Mais tous s'entendent cependant pour affirmer que les buts sont un élément essentiel de l'organisation, qui lui confère ordre, direction et cohérence.

Etzioni (1964, p. 18), dont le texte est reproduit dans cette anthologie, affirme que « le but d'une organisation est d'atteindre un état des affaires qu'elle juge souhaitable ». Pour Rhenman (1967), « le concept de buts organisationnels est lié à une perception des conséquences souhaitables des activités de l'organisation ». Quant à Mintzberg (1983), il considère que les buts sont « les intentions précédant les décisions et les actions, les états d'esprit qui incitent les individus ou les organisations à faire ce qu'ils font ». Pour Mintzberg, le but de l'organisation se différencie de sa mission qu'il définit comme les rôles essentiels qu'une organisation remplit dans une société donnée par la production de biens et de services. Le but de l'organisation se différencie aussi des objectifs qui sont considérés comme une expression des buts de façon telle qu'ils puissent être mesurés ; en d'autres termes, les objectifs servent à mesurer l'efficacité de l'organisation.

Pour les fonctionnalistes, les buts, et les objectifs qui en découlent, remplissent différentes fonctions :

— ils fournissent une orientation et décrivent un état futur des affaires ;

— ils rendent possible une planification des activités de l'organisation ;

— ils servent à légitimer les activités de l'organisation et à justifier son existence ;

— ils servent de critère de choix quant à la technologie, aux structures et à la division du travail à privilégier au sein de l'organisation ; ils orientent aussi le processus de socialisation à mettre en place dans l'organisation ;

— ils servent souvent de critères d'évaluation du succès d'une organisation, en ce qui a trait à la performance, à l'efficacité et à la rentabilité.

On peut identifier dans la littérature trois conceptions des buts : la conception classique, la conception organique et la conception politique.

LA CONCEPTION CLASSIQUE DES BUTS

Pour les théoriciens classiques, l'organisation est une machine orientée vers la réalisation de certains buts ; selon Fayol (Séguin-Bernard et Chanlat, 1983), c'est « un seul chef et un seul programme pour un ensemble d'opérations visant le même but ». Malgré l'importance que les théoriciens classiques ont accordée aux buts de l'organisation, peu d'études théoriques ou empiriques ont porté sur cet aspect. Le but que les économistes classiques attribuent à l'entreprise, à savoir la *maximisation des profits*, a été accepté comme allant de soi. Pour atteindre ce but, il s'agit alors d'identifier certains objectifs qui deviennent autant de guides pour l'action. Progressivement, avec Simon (1957), on parlera non plus de maximisation de la décision mais de décision satisfaisante, ce qui signifie que l'atteinte des buts et objectifs ne pourra elle aussi qu'être satisfaisante.

Les acteurs sont considérés comme des *homo economicus* qui acceptent les buts de l'organisation en échange d'une rémunération monétaire. Avec Barnard, on va maintenant parler de la nécessité d'avoir une balance ou un équilibre entre la contribution et la rétribution (cette dernière n'étant pas que monétaire) des acteurs au sein de l'organisation. C'est une condition sine qua non si l'organisation veut être en mesure d'atteindre les buts qu'elle s'est fixés. En ce sens, Georgiou, dans le texte reproduit dans cette anthologie, se situe dans le prolongement de Barnard lorsqu'il parle de l'organisation en tant que système d'incitation et d'encouragement.

Pour les théoriciens classiques, l'organisation a donc *des buts et des objectifs clairs*, et partagés par tous si elle réussit à établir un équilibre satisfaisant entre la contribution et la rétribution des individus. Dans une telle conception, les buts ont une fonction d'intégration évidente puisqu'ils orientent les individus dans une même direction et leur fournissent des guides précis pour l'action.

LA CONCEPTION ORGANIQUE DES BUTS

L'organisation est ici considérée comme un organisme vivant ou comme un sous-système du système plus englobant qu'est la société. Alors que la théorie classique affirmait l'existence de certains buts, le courant organique s'intéresse davantage aux *processus de formation* des buts, et à la contribution des buts à la croissance et ultimement à la survie de l'organisation. C'est dans cette veine que l'on doit situer les nombreuses études portant sur la succession (Sills, 1957) et sur le déplacement des buts (Merton, 1965 ; Selznick, 1966 ; Michels, 1971). La succession et le déplacement des buts sont des processus par lesquels l'organisation se donne de nouveaux buts, différents de ceux pour lesquels elle avait été créée.

Avec le courant organique, nous sommes au cœur du paradigme fonctionnaliste en analyse des organisations. L'organisation cherche à se maintenir en équilibre et, ultimement, à croître et à survivre. La survivance de l'organisation dépend de sa capacité de se donner des buts qui orienteront son action. Il peut arriver que les buts de départ ne soient plus pertinents : on assiste alors à la succession des buts. Il se peut aussi que certains groupes ou individus arrivent à ce que leurs buts particuliers deviennent les buts de l'organisation ou que les moyens deviennent les fins : on assiste alors au déplacement des buts. Ce déplacement des buts n'est jamais considéré comme le résultat d'une lutte de pouvoir entre individus et groupes au sein de l'organisation. S'il entraîne certaines dysfonctions, il existe des mécanismes de « feed-back » qui permettent à l'organisation de se réajuster et de demeurer stable.

L'organisation ne cherche pas uniquement à maintenir un état stable à l'intérieur de ses frontières. Elle recherche aussi stabilité et équilibre dans les relations qu'elle entretient comme organisme ou système avec son environnement, principalement avec son environnement économique. Comme nous l'illustrent Thompson et McEwen dans le texte reproduit dans cette anthologie, les buts qu'une organisation se donne sont toujours fonction de l'état du marché, c'est-à-dire du type de relations qu'elle entretient avec les autres organisations de son marché.

LA CONCEPTION POLITIQUE DES BUTS

Déjà avec Barnard (1938), il y avait cette idée que la mobilisation des individus, leur participation à l'organisation, et donc la réalisation des buts organisationnels, n'allaient pas de soi et que l'organisation devait se donner les moyens pour satisfaire aux exigences et aux besoins des membres-participants.

Avec Cyert et March (1963), on affirme que chacun des groupes de l'organisation poursuit des buts et des objectifs qu'il essaie d'imposer aux autres groupes. La détermination des buts de l'organisation est alors vue comme le résultat d'une négociation entre ces groupes. Les buts de l'organisation ne sont pas donnés au départ, mais ils s'élaborent à travers un processus complexe de négociation entre des groupes d'intérêt poursuivant des buts différents. Comme on peut rarement parvenir à un consensus sur les buts, l'organisation doit inévitablement établir une hiérarchie des buts, qui demeurent divergents et contradictoires, et elle doit les traiter séquentiellement. C'est à ces seules conditions que l'organisation peut se maintenir en équilibre et ne pas devenir un lieu d'affrontements et de conflits.

Comme on peut le voir, pour les fonctionnalistes, les buts que l'organisation se donne ne sont jamais considérés comme le résultat d'une lutte de pouvoir à l'intérieur de l'organisation ; il ne s'agit donc pas de l'émanation d'un groupe dominant.

La technologie : une vision déterministe

Le mot « technique » vient du grec *tekhnê*, qui signifie produire, fabriquer, construire et du mot *technos* qui signifie outil ou instrument. Le ***Petit Larousse*** définit la technique comme l'ensemble des procédés et des méthodes d'un art ou d'un métier.

Par rapport à la définition du mot « technologie », il est difficile de trouver un consensus parmi tous les auteurs qui se sont intéressés à la technologie et à son influence sur l'organisation. Pour certains, la technologie est d'abord un ensemble de moyens techniques. C'est ainsi que Salerni

(1979) la définit comme « un complexe de techniques, machines et instruments utilisés pour transformer les matières premières et les informations en produits en vue d'atteindre des résultats spécifiques ». Pour d'autres, tels Gillespie et Mileti (1977), la technologie n'inclut pas que les moyens techniques mais aussi les connaissances nécessaires pour utiliser ces moyens techniques : « les types d'activités, d'équipements et de matériel, de même que les connaissances et l'expérience nécessaires pour accomplir ces tâches ». On doit par ailleurs à Perrow (1976) une définition de la technologie qui ne la limite pas aux seuls objectifs matériels mais qui la rend pertinente lorsqu'on s'intéresse aux êtres humains :

> « Par technologie, nous entendons les actions qu'un individu exerce sur un objet, avec ou sans l'aide d'outils ou de procédés mécaniques, dans le but de provoquer un changement sur cet objet. L'objet ou la matière brute peut être un être vivant, humain ou non, un symbole ou un objet inanimé. »

Quelle que soit la définition qu'ils adoptent, les fonctionnalistes considèrent la technologie comme une composante cruciale. Elle permet la transformation d'intrants en extrants ; elle permet aussi d'améliorer la productivité de l'organisation, et donc son efficacité et sa rentabilité ; elle s'avère enfin pour les organisations un moyen efficace de contrôle des individus, qui rend moins nécessaires les contrôles de type disciplinaire.

La technologie, et plus précisément les choix technologiques, découle des buts que l'organisation s'est fixés. C'est en ce sens que certains auteurs affirment que les buts qu'une organisation se donne exercent une contrainte quant aux techniques de production qui peuvent être utilisées. Mais bien que cette relation soit implicite dans les écrits fonctionnalistes portant sur la technologie, ce n'est pas d'abord à cet aspect que s'intéressent les nombreuses études empiriques, mais plutôt à l'influence que la technologie exerce sur les autres variables de l'organisation.

On peut distinguer deux groupes différents. D'un côté, il y a ceux que l'on peut appeler les structuralistes, c'est-à-dire ceux qui s'intéressent principalement aux effets de la technologie sur les structures de l'organisation. D'un autre côté, il y a ceux qui se sont penchés sur les effets que la technologie pouvait avoir sur le comportement des membres de l'organisation.

LE COURANT STRUCTUREL

Pour les auteurs qui se situent dans le courant structurel, la technologie est un facteur de contingence, qui joue le rôle de variable indépendante et exerce un effet déterminant sur la structure et les modes de fonctionnement de l'organisation. La technologie est considérée comme le meilleur prédicteur des caractéristiques structurelles que l'organisation va avoir et comme l'angle privilégié à adopter pour effectuer des comparaisons interorganisations.

Joan Woodward peut être considérée comme la chef de file de ce courant. Son étude (1965 et 1969) désormais classique, et que nous retrouvons dans cette anthologie, porte sur trois types de technologie (production à l'unité ou en petite quantité ; production de masse ou en grande quantité ; production continue) et sur les effets de ces types de technologie sur la structure de l'organisation et sur son efficacité. Woodward conclut au caractère déterministe de la technologie et elle affirme que le succès de l'organisation dépend d'un ajustement approprié entre technologie et structure. Il n'y a plus de one-best-way général, au sens de la théorie classique, mais il existe un one-best-way pour chacun des types de technologie.

À sa suite, des auteurs comme Thompson et Bates (1957), Perrow (1968), Hage et Aiken (1969), Harvey (1968), Khandwalla (1974), Blau et al. (1976) et Fry (1982) ont corroboré ou complété les résultats obtenus par Woodward et ils ont conclu au caractère déterminant de la technologie.

Pour les membres du groupe britannique d'Aston (Pugh et al., 1969 ; Hickson et al., 1969), la technologie n'a pas l'effet déterminant que lui attribue Woodward, car ils considèrent la taille comme le facteur de contingence le plus important. La technologie apparaît alors comme une variable intermédiaire dont les effets sur les caractéristiques structurelles de l'organisation sont d'autant plus faibles que la taille de l'organisation est plus grande.

LE COURANT COMPORTEMENTAL

Fortement influencé par l'école des relations humaines, le courant comportemental s'est surtout intéressé aux effets de la technologie, et principalement à ceux de la production de masse, sur les attitudes des employés et sur la cohésion des groupes en milieu de travail. À l'inverse des structuralistes, on s'intéresse ici à l'aspect humain et on cherche à identifier les moyens permettant de réduire les conséquences négatives (aliénation, absentéisme ou insatisfaction) que la technologie peut avoir sur les individus. On peut mentionner à titre d'illustrations les études pionnières de Walker et Guest (1952) et de Blauner (1964).

Plus récemment, le courant sociotechnique a repris les préoccupations de ces pionniers en les situant dans un cadre élargi, celui des systèmes sociotechniques. Pour les membres de ce courant, en particulier pour le groupe de l'Institut Tavistock et pour les chercheurs scandinaves (Boisvert, 1980 ; Séguin-Bernard et Chanlat, 1983), il est nécessaire de considérer simultanément le système technique et le système social d'une organisation, car les deux sont intimement reliés. L'étude désormais célèbre de Trist et

Bamforth, reproduite dans cette anthologie, illustre bien l'interdépendance qui existe entre ces deux systèmes dans les charbonnages. Alors que la mécanisation du processus d'extraction du charbon aurait dû entraîner une amélioration de la satisfaction au travail et, en conséquence, une augmentation de la productivité, on assista à une augmentation du taux de roulement chez les ouvriers, à une détérioration du climat de travail et à une diminution de la productivité. Ces problèmes découlent non pas de la technologie en tant que telle, mais d'une organisation du travail déficiente. En changeant cette organisation du travail, il est alors possible que le système retrouve à nouveau son équilibre.

Pour les fonctionnalistes, la technologie apparaît donc principalement comme une variable indépendante, déterminant à la fois la structure de l'organisation et les comportements des individus à l'intérieur de l'organisation. Elle est surtout considérée comme ayant des effets positifs. Lorsqu'elle a des effets négatifs, il est possible d'y remédier en augmentant les stimulants matériels, en utilisant des techniques de relations humaines ou en modifiant l'organisation du travail. La technologie n'est jamais considérée comme un enjeu social ; et les choix technologiques ne sont jamais, non plus, considérés comme le résultat d'une lutte de pouvoir que se livrent les divers groupes dans l'organisation.

Les structures : une variable dépendante

En théorie des organisations, on s'est d'abord intéressé à la *structure formelle* des organisations. Si à certains moments, la structure formelle a été assimilée au seul organigramme de l'organisation, elle signifie habituellement plus que cela. D'une part, elle signifie l'ensemble des relations relativement stables qui existent dans l'organisation. March et Simon (1958) la décrivent comme « les aspects du comportement de l'organisation qui sont relativement stables *et* qui ne changent que lentement ». D'autre part, la structure formelle est aussi considérée comme la modélisation des relations qui existent dans l'organisation, modélisation qui rend possible la planification des activités et augmente la prévisibilité des comportements. C'est ainsi que Dalton (1959) affirme que la structure formelle est « ce qui est planifié et fait l'objet d'un accord ».

Enfin, certains auteurs associent au concept de « structure » certains processus organisationnels. Mintzberg (1979) définit la structure formelle comme les façons selon lesquelles on divise le travail en tâches distinctes et on effectue une coordination effective de ces tâches. Pour Perrow (1968), la structure, c'est l'arrangement des tâches et des personnes, incluant les lignes d'autorité, de responsabilité et de communication. Il y a donc deux éléments importants qui ressortent de ces définitions : d'une part la division du travail et l'arrangement des tâches, d'autre part la coordination et la structure d'autorité. Le concept de « structure » devient alors un concept englobant, qui inclut à la fois la division du travail et les mécanismes de coordination et d'autorité qui y sont rattachés.

Quant aux *théoriciens classiques* tels que Fayol, Gulick, Urwick, Follett, l'étude de la structure formelle est au cœur de leurs préoccupations et elle a abouti à l'énoncé de plusieurs postulats. Pour l'organisation administrative du travail, la structure doit refléter une séparation complète entre la conception et l'exécution ; toute personne ne doit avoir qu'un seul supérieur immédiat et chaque superviseur ne doit superviser qu'un nombre limité (environ 5) de personnes ; le pouvoir de décision doit être délégué au niveau compétent le plus bas, mais le supérieur demeure responsable des décisions qu'il a déléguées ; il ne doit y avoir qu'un seul chef pour chaque groupe d'activités ayant un objectif commun ; etc. On aboutit alors à une structure idéale, à la fois rationnelle et efficace. Il s'agit, en fait, d'un *one-best-way* structurel, qui se retrouvera aussi dans les travaux de Max Weber.

On doit à *Max Weber* l'élaboration du *type idéal* bureaucratique, qui représente pour lui le modèle d'organisation le plus rationnel qui soit : l'existence d'une structure hiérarchique d'autorité et d'une division du travail facilitent l'exercice du contrôle, ce qui contribue à accroître l'efficacité de l'organisation.

À la suite de Weber, certains auteurs vont travailler à une reformulation des caractéristiques bureaucratiques, à l'identification de différents types de bureaucraties et à l'identification de la bureaucratie par rapport à d'autres types de structures rationnelles. C'est dans cette veine que l'on peut situer les travaux du groupe d'*Aston* (Pugh *et al.* , 1963, 1968 et 1969), dont nous présentons ici une étude. Ces travaux tentent de vérifier empiriquement, à l'aide d'analyses multidimensionnelles, les relations qui existent entre les variables structurelles d'une organisation, telles la spécialisation, la standardisation, la formalisation, la centralisation, la configuration et la flexibilité. En mettant en relation ces variables structurelles avec des variables contextuelles, le groupe d'Aston conclura qu'il y a plusieurs façons pour une organisation d'être bureaucratique et que le modèle wébérien du type idéal unique n'est pas vérifiable empiriquement. C'est aussi dans cette veine que l'on peut situer les travaux plus récents de *Mintzberg* (1979, 1980 et 1982) portant sur les structures de l'organisation, et dont on retrouve une synthèse dans le texte reproduit dans cette anthologie.

Ce qui caractérise les analyses empiriques fonctionnalistes portant sur la structure formelle, c'est essentiellement le fait que la structure est considérée comme une variable dépendante, influencée par des facteurs de contingence internes tels l'âge, la taille et la technologie de l'organisation et par des facteurs de contingence externes tel l'environnement. La structure formelle reflète ces facteurs et permet à l'organisation d'être un tout bien intégré et en équilibre (Blau et Schoenherr, 1971). Il faudra attendre le courant critique pour voir émerger une conception des structures formelles comme étant le reflet de la structure de classes.

Malgré l'importance accordée à la structure formelle, les théoriciens de l'organisation ont constaté qu'elle ne recouvrait pas l'ensemble des activités de l'organisation. On doit principalement à l'école des relations humaines et à l'école des cercles vicieux bureaucratiques de s'être intéressées à la place et aux rôles de la *structure informelle* dans les organisations. La structure informelle, comme le montre Dalton dans le texte retenu dans cette anthologie, est défini comme

> « [...] les liens spontanés et flexibles qui existent entre les membres de l'organisation sur la base de sentiments et d'intérêts personnels indispensables au fonctionnement de la partie formelle de l'organisation, mais qui sont trop fluides pour être contenus dans le cadre formel » (1959, p. 219).

La structure informelle se développe à l'intérieur de la structure formelle parce que les individus ont le désir d'entrer en relation les uns avec les autres et, pour Barnard (1938), parce qu'ils ont un certain esprit grégaire. Pour Katz (1965), la place occupée par la structure informelle sera d'autant plus grande qu'une marge importante d'autonomie sera laissée aux individus dans l'organisation.

Pour les fonctionnalistes, la structure informelle remplit plusieurs *fonctions* :

— Elle favorise la communication entre les membres de l'organisation ; pour Mintzberg (1982), l'exécution du travail s'avère souvent impossible sans communication informelle.

— Elle favorise l'intégration de l'individu à son groupe de travail et à l'organisation ; en ce sens, elle est un puissant agent de socialisation à l'intérieur de l'organisation.

— Elle permet à la structure formelle de fonctionner plus adéquatement ; elle est donc un soutien à la structure formelle.

— Elle contribue à accroître la satisfaction au travail.

— Elle est un lieu privilégié d'expression de la culture à laquelle les individus participent ; en un certain sens, elle favorise l'entrée de la culture sociale dans l'organisation.

— Elle aide à résoudre les problèmes qui se posent en permettant aux acteurs de s'appuyer sur des relations d'amitié ou d'échange mutuel de services, plutôt que sur les seules règles et procédures bureaucratiques.

La structure informelle est aussi considérée par les fonctionnalistes comme source possible de *dysfonctions* pouvant prendre la forme d'un ralentissement des cadences, de débrayages, de refus d'exécuter certaines tâches, etc. Face à ces dysfonctions, l'organisation doit trouver des mécanismes qui contribueront à rétablir l'équilibre, c'est-à-dire des liens harmonieux entre la structure formelle et la structure informelle. Dalton (1959) en identifie un certain nombre : réunions, encouragement des actions non officielles, ignorance volontaire de certains faits par les supérieurs, justifications préétablies, etc.

Bien que les auteurs critiques s'intéresseront peu à la structure informelle comme telle, leurs écrits permettront cependant, comme nous le verrons un peu plus loin, de concevoir la structure informelle comme une structure de contre-pouvoir au sein des organisations, et comme une structure d'opposition à l'envahissement de la structure formelle.

Les composantes secondaires de l'organisation

Alors que les fonctionnalistes considèrent les buts, la technologie et les structures comme les composantes principales de l'organisation, ils n'utilisent que de façon étroite les trois autres composantes (à savoir la division du travail, le pouvoir et la culture organisationnelle), ce qui contribue à en faire des composantes secondaires.

La division du travail : une source de solidarité

La littérature fonctionnaliste sur la division du travail dans les organisations traite de deux formes principales : d'une part, la division verticale du travail qui établit une distinction entre l'exécution du travail et son administration (il s'agit en fait de la structure hiérarchique d'autorité, à laquelle nous nous intéresserons dans la section suivante) ; d'autre part, la division horizontale du travail, c'est-à-dire le processus qui fait en sorte que la production d'un produit est répartie en tâches séparées, chacune étant exécutée par un spécialiste. Cette division horizontale du travail, qu'on appelle aussi spécialisation des tâches, est considérée comme très importante par les théoriciens de l'organisation. Pour Gulick et Urwick (1937, p. 3), « la division du travail est le fondement de l'organisation ; à vrai dire, elle en est la raison même ». Et Simon (Séguin-Bernard et Chanlat, 1983) affirme que « la plupart des analyses de l'organisation ont insisté sur la spécialisation horizontale — la division du travail —, considérée comme la caractéristique fondamentale de l'activité organisée ». Cette importance se retrouve aussi chez Mintzberg (1979, p. 69), pour qui « la spécialisation des tâches de type horizontal, qui constitue la principale forme de division du travail, est une partie inhérente de toute organisation, en fait de toute activité humaine ». C'est à cette forme de division du travail que nous nous intéresserons ici.

L'analyse fonctionnaliste de la division du travail a été fortement influencée par l'économie classique. Smith (1976, p. 40), dont le texte principal est reproduit dans cette anthologie, déclare :

> « Ce qui, dans une société encore un peu grossière, est l'ouvrage d'un seul homme, devient dans une société plus avancée, la besogne de plusieurs. [...] Le travail nécessaire pour produire complètement un objet manufacturé est aussi presque toujours divisé entre un grand nombre de mains. »

Pour lui (p. 37), la division du travail est un phénomène naturel qui permet l'accroissement des habiletés des individus, une épargne de temps et, donc, la maximisation de la production :

> « Les plus grandes améliorations dans la puissance productive du travail, et la plus grande partie de l'habileté, de l'adresse et de l'intelligence avec laquelle il est dirigé ou appliqué, sont dues, à ce qu'il semble, à la division du travail. »

En dépit de certaines conséquences négatives, cet accroissement important de la production serait source de nouvelles richesses et devrait amener ultimement le progrès social.

L'analyse fonctionnaliste de la division du travail a aussi été influencée par les travaux de Durkheim (1968). Pour lui, la solidarité dans les sociétés industrielles ne découle plus des liens du sang, comme dans les sociétés traditionnelles, mais de la division du travail. La division du travail est donc la cause d'une nouvelle forme de solidarité sociale, qu'il appelle organique. Elle a des effets positifs, et pour l'organisation et pour la société, bien qu'elle puisse être à l'origine de dysfonctions. Durkheim considère d'ailleurs ces dysfonctions comme temporaires et ne les attribue pas à la division du travail comme telle, mais au fait que certaines conditions nécessaires (par exemple une réglementation déterminant les rapports entre individus) n'ont pas été respectées.

Ce qui unit les fonctionnalistes, c'est une vision extrêmement positive de la division du travail. Elle augmente la productivité de l'organisation, accroît les richesses et est à l'origine du progrès social. Elle crée de la solidarité entre les individus. Elle permet à l'organisation d'être un tout dont les parties sont bien intégrées les unes aux autres. Cette conception est encore largement partagée de nos jours par plusieurs analystes, comme en fait foi l'affirmation récente de Boudon et Bourricaud (1982, p. 186-187) :

> « Il semble même que la plupart des gains de productivité dans les domaines de la production qui ont l'incidence la plus directe sur le niveau de vie, se soient réalisés aussi bien aux États-Unis qu'en Union soviétique, grâce à une rationalisation, à une organisation plus scientifique du travail. En deuxième

lieu, l'éclatement du travail et la déqualification du travailleur sont accompagnés d'une élévation du niveau de vie dont bénéficie le travailleur industriel comme consommateur. S'il est robotisé — ce qui d'ailleurs appelle force qualifications —, le travailleur taylorien n'est pas paupérisé. Tout le surplus n'a pas été confisqué par le capital. Enfin, l'image du robot illustré par le Chaplin des *Temps modernes* doit être corrigée sur plusieurs points. »

Il faudra attendre le courant critique pour que cette conception essentiellement positive de la division du travail soit remise en cause et que les effets négatifs de la division du travail soient clairement identifiés.

Le pouvoir : un processus de coordination intra-organisationnel

L'analyse du pouvoir social, et la classification des différentes théories du pouvoir, ne sont pas chose facile. On doit à Olsen (1971) un regroupement de ces théories à l'intérieur de trois grands courants qui ont profondément marqué l'analyse politique des sociétés, à savoir le courant élitiste, le courant pluraliste et le courant marxiste. L'approche élitiste considère que le pouvoir est concentré dans les mains d'une élite qui possède des qualités, habiletés, aptitudes et connaissances exceptionnelles, qui la distinguent de la masse des individus. Il apparaît alors normal que cette élite dirige et que les autres lui soient soumis. C'est cette vision d'une société divisée en deux groupes (les dominants et les dominés) que l'on retrouve dans les travaux de Pareto (1935) ou de Mosca (1939). À l'inverse, l'approche pluraliste affirme que le pouvoir n'est pas concentré dans les mains d'une minorité mais dispersé dans les mains des divers sous-groupes d'une société, chaque sous-groupe pouvant alors exercer un contrepoids face au pouvoir des autres sous-groupes (Dahl, 1971 ; Rose, 1967). Les approches élitiste et pluraliste sont essentiellement fonctionnalistes. Dans le premier cas, il existe un équilibre au sein de la société parce que l'élite assume une fonction nécessaire et indispensable au maintien du système social. Dans le second cas, l'existence de pouvoirs de contrepoids, menant à une obligatoire négociation entre les groupes sociaux, fait en sorte que l'exercice du pouvoir n'a pas d'effet déstabilisateur et qu'il est, au contraire, source d'un dynamisme constructif.

Il est intéressant de remarquer comment ces deux grands courants ont influencé la conception que les analystes se font du pouvoir organisationnel. *L'approche élitiste* du pouvoir caractérise la pensée managériale classique. Pour des auteurs comme Taylor ou Fayol, il est nécessaire de séparer les tâches de conception et d'exécution, la première tâche devant être confiée à ces êtres exceptionnels que sont les entrepreneurs et les dirigeants d'entreprise. À leurs yeux, la masse des travailleurs est trop peu intelligente et trop peu compétente pour que l'on prenne le risque de l'impliquer dans le processus de prise de décisions. Fayol (Séguin-Bernard et Chanlat, 1983) affirme :

> « L'autorité, c'est le droit de commander et le pouvoir de se faire obéir. On distingue, dans un chef, l'autorité statutaire qui tient à la fonction, et l'autorité personnelle faite d'intelligence, de savoir, d'expérience, de valeur morale, de don de commandement, de services rendus, etc. Pour faire un bon chef, l'autorité personnelle est le complément indispensable de l'autorité statutaire. »

La concentration du pouvoir dans les mains de l'élite dirigeante est alors considérée comme un phénomène « naturel », découlant des différences qualitatives qui existent entre les membres de l'organisation. Même si progressivement le caractère élitiste du pouvoir s'atténue, comme en témoigne le texte de Barnard reproduit dans cette anthologie, il n'en demeure pas moins que les dirigeants des entreprises continuent à être conçus comme des êtres « au-dessus de la moyenne » qui, de ce fait, sont légitimés d'exercer le pouvoir de la façon qu'ils l'exercent.

Cette vision ne sera pas fondamentalement remise en cause par les tenants de l'école des relations humaines qui nous présenteront une nouvelle conception de l'homme mais ne discuteront pas, partant de là, l'exclusion des travailleurs des sphères de pouvoir et de décision. Simon et les théoriciens de la prise de décisions y adhéreront aussi, en affirmant que différents types de décisions doivent relever de différents niveaux hiérarchiques dans l'organisation.

Cette approche élitiste du pouvoir se retrouve dans l'analyse de Michels, reproduite dans cette anthologie, et portant sur les partis politiques (1971). Elle se retrouve aussi dans la conception que Weber se fait des bureaucrates. Dans tous ces cas, on associe le monopole dans l'exercice du pouvoir par les élites dirigeantes au développement et à la survie de l'organisation.

Tout comme l'approche élitiste du pouvoir social a influencé la conception du pouvoir organisationnel, *l'approche pluraliste* du pouvoir social imprimera aussi sa marque sur plusieurs conceptions du pouvoir organisationnel. Des auteurs comme Crozier et Friedberg, dont on retrouve un texte reproduit ici, ont abordé l'analyse du pouvoir organisationnel en s'appuyant sur des postulats pluralistes (Crozier, 1964 ; Crozier et Friedberg, 1977). Pour Crozier, le pouvoir est une relation, et non pas un attribut des acteurs : il est indissociable des stratégies visant à augmenter la marge de manœuvre, et donc le pouvoir, de certains acteurs au détriment d'autres. Mais comme tous les acteurs dans l'organisation ont accès à certaines ressources (qui constituent leurs bases du pouvoir), le pouvoir est alors dispersé et non pas concentré dans les mains d'une élite organisationnelle. Pour d'autres, comme Bacharach et Lawler (1980), le pouvoir ne peut se comprendre que relié aux phénomènes de coalition et de négociation que l'on observe entre les individus et les groupes dans les organisations.

En définitive, ce qui caractérise l'analyse fonctionnaliste du pouvoir organisationnel, tant dans sa version élitiste que dans sa version pluraliste, c'est le fait qu'il n'est jamais relié à l'exercice du pouvoir social et qu'il n'est jamais mis en parallèle avec l'existence de classes sociales (Lukes, 1974). Le pouvoir s'explique uniquement par ce qui se passe à l'intérieur des frontières de l'organisation : alors qu'on l'explique par les caractéristiques exceptionnelles des dirigeants et par les limites intellectuelles de la masse chez les penseurs élitistes, il est vu comme le résultat de stratégies et de négociations chez les auteurs pluralistes. À l'occasion, on relie l'exercice du pouvoir à l'environnement, mais il s'agit alors des éléments de l'environnement qui ont trait à la seule fonction productive de l'organisation.

La culture : une réalité homogène

On définit généralement la culture comme :

> « [...] un ensemble lié de manières de penser, de sentir et d'agir plus ou moins formalisées qui, étant apprises et partagées par une pluralité de personnes, servent, d'une manière à la fois objective et symbolique, à constituer ces personnes en une collectivité particulière et distincte » (Rocher, 1969, p. 88).

Selon Rocher, la culture remplit trois fonctions : une fonction sociale, puisqu'elle contribue à former une collectivité spécifique de personnes ayant un même univers mental, moral et symbolique, et pouvant donc communiquer entre elles ; une fonction psychique, puisque, par le processus de socialisation, la culture modèle la personnalité afin de permettre aux individus de fonctionner au sein d'une société donnée ; et enfin, la culture favorise l'adaptation de l'homme et de la société à leur environnement et aux réalités avec lesquelles ils sont confrontés.

Cette conception de la culture, issue des travaux de Tylor, Kroeber, Kluckhon, Malinowski ou Radcliffe-Brown, est encore largement acceptée par les anthropologues et sociologues fonctionnalistes. En ce qui concerne l'analyse des organisations, le concept de culture, au sens où nous venons de le définir, a d'abord été utilisé comme variable explicative de certains types d'organisations et de certains modes de gestion. Des travaux comme ceux d'Abbegglen (1958) portant sur les rapports entre les caractéristiques de l'entreprise japonaise et la culture dans laquelle elle baigne, et de Crozier sur les déterminants culturels de la bureaucratie française (1964) ou de la bureaucratie américaine (1980) se situent dans cette veine. On doit aussi mentionner l'abondante littérature qui peut être regroupée sous le titre « culture et management » et qui s'intéresse, dans une perspective comparative, à l'influence qu'exerce la culture sur les modes de gestion de l'entreprise et, ultimement, sur le développement socio-économique (Webber, 1969 ; Hofstede, 1978 et 1981).

Beaucoup plus récemment, des efforts ont été faits pour transposer à l'organisation le concept de culture sociétale. On a alors assisté à l'émergence des concepts de « culture organisationnelle » et de « système culturel de l'organisation » (Schein, 1985 ; Kilman et coll., 1985). C'est ainsi que pour Firsirotu (1985, p. 483), le système culturel de l'organisation est composé :

> « [...] des sédiments historiques de l'organisation, des valeurs inscrites dans l'organisation par ses dirigeants passés et actuels, des emprunts au milieu culturel dont elle émane, des spécificités de l'industrie dont elle est issue et de la technologie dont elle est tributaire ».

Ce système culturel est en interrelation avec le système sociostructurel et avec l'acteur individuel qui l'interprète et le façonne. Plus le système culturel de l'organisation est riche, plus l'individu participe à la culture de l'organisation et n'y adhère pas sur une seule base économique.

Avec des auteurs comme Pascale et Athos (1981), Peters et Waterman (1983), Deal et Kennedy (1982), Ouchi (1982) et, plus récemment, Nadine Lemaître (1985), les concepts de « culture organisationnelle » et de « culture d'entreprise » sont devenus des concepts à la mode. Comme l'affirme Nadine Lemaître (1985, p. 19) dans le texte reproduit dans cette anthologie :

> « La culture est un système de représentations et de valeurs partagées par tous les membres de l'entreprise. Cela signifie que chacun, dans l'entreprise, adhère à une vision commune de ce qu'est l'entreprise, de son rôle économique et social, de la place qu'elle occupe par rapport à ses concurrents, de sa mission vis-à-vis de ses clients, de son personnel et de ses actionnaires ... Outre ces buts « superordinaux », chacun a également une idée précise de son propre rôle dans le système, de ce qui est attendu de lui et de la meilleure manière dont il peut répondre à cette attente. »

La culture est ici utilisée comme un outil de gestion qui, s'il est bien maîtrisé, peut assurer à l'organisation succès et performance. Peters et Waterman (1983) affirment :

> « La prédominance et la cohérence de la culture se sont révélées sans exception la qualité des meilleures entreprises. »

La culture organisationnelle est ainsi conçue de façon utilitaire, comme un moyen que les dirigeants d'entreprise peuvent utiliser pour mieux intégrer les individus à l'organisation et aux objectifs qu'elle poursuit. Cette conception repose sur le postulat d'une identité de vues et d'une harmonie possible entre les dirigeants et les travailleurs.

Il faudra attendre les analyses du courant critique pour que soit remise en question cette conception d'une culture unique, partagée par tous les membres de l'organisation, et qu'apparaissent les concepts de culture dominante et de culture dominée. Il faudra aussi se référer au courant critique pour qu'une importance soit accordée à l'étude des idéologies managériales qui ont cours dans les organisations et qui servent à masquer la réalité organisationnelle.

L'analyse des composantes de l'organisation et le courant fonctionnaliste : apports et limites

Le courant fonctionnaliste a été le courant largement dominant en analyse des organisations. Il conçoit l'organisation comme un système intégré et en équilibre. L'existence de buts clairs, non contradictoires et partagés guide les choix structurels et technologiques que l'organisation doit faire ; la technologie exerce souvent une influence déterminante sur les structures ; la division du travail se réduit habituellement à la spécialisation des tâches et elle est conçue comme une source de solidarité entre les individus ; le pouvoir se réduit souvent à l'autorité et il répond au besoin de coordination qui existe dans tout groupement organisé ; enfin, la culture de l'organisation fournit aux individus des façons de penser et de se comporter, auxquelles ils doivent adhérer s'ils veulent s'intégrer harmonieusement à l'organisation.

Le courant fonctionnaliste a *contribué* de façon importante à notre compréhension des organisations. D'une part, en proposant une vision rationnelle de l'organisation et de l'agencement de ses composantes, il a rendu possible *l'étude empirique* des relations entre variables organisationnelles. Tout ce que l'on sait aujourd'hui sur l'influence de la technologie sur les structures ou sur l'importance de la taille en ce qui a trait aux caractéristiques structurelles de l'organisation, nous vient essentiellement de ces études empiriques. Alors que les philosophes sociaux et les juristes nous avaient habitués à un discours théorique sur les organisations, les études empiriques fonctionnalistes, utilisant largement des méthodes quantitatives, nous ont permis d'acquérir « quelques certitudes » à propos des organisations.

D'autre part, les analyses fonctionnalistes de l'organisation ont souvent débouché sur des *typologies* qui se sont avérées et s'avèrent encore fort utiles pour classifier les organisations. Une typologie (et les types idéaux qui la constituent) est un outil rationnel qui, bien que présentant des limites évidentes, n'en constitue pas moins une aide précieuse pour quiconque veut appréhender cette réalité complexe et multiforme qu'est l'organisation.

Enfin, le courant fonctionnaliste en analyse des organisations a été un soutien important pour ce champ d'étude qu'est la gestion des entreprises. Les postulats d'équilibre, d'harmonie, de consensus et de solidarité, qui sont au cœur de la problématique fonctionnaliste, ne pouvaient que plaire aux analystes de la gestion qui, sous cet aspect, ont souvent reflété les orientations des praticiens eux-mêmes.

L'analyse fonctionnaliste des organisations présente aussi des *limites importantes*. En premier lieu, en proposant une vision très rationnelle et ordonnée de l'organisation et de l'articulation de ses composantes, le courant fonctionnaliste a eu beaucoup de difficulté à intégrer à ses analyses *l'irrationnel et le désordre* qui caractérisent aussi la vie de tout groupement social. Si les schémas classificatoires et rationnalistes issus des analyses fonctionnalistes ont fait avancer notre connaissance des organisations, ils sont souvent aussi une limite pour l'appréhension d'autres phénomènes organisationnels importants.

En deuxième lieu, le courant fonctionnaliste en analyse des organisations est fortement *a-historique*, en ce sens qu'il se préoccupe rarement d'expliquer comment ont émergé les formes actuelles d'organisation et leurs différentes caractéristiques. Ce peu d'intérêt pour l'histoire a souvent eu pour corollaire implicite l'idée que les formes actuelles d'organisations continuent d'exister parce qu'elles sont les meilleures et qu'aucune autre forme d'organisation ne permettrait un équilibre plus satisfaisant. Ce peu d'intérêt pour l'histoire a aussi eu comme conséquence une très grande difficulté à appréhender le changement dans les organisations.

En troisième lieu, par l'importance qu'il accorde au consensus et par le peu d'importance qu'il accorde aux phénomènes de pouvoir, le courant fonctionnaliste a contribué à entretenir l'idée que l'organisation est *neutre*. Il s'en est suivi une difficulté à analyser les conflits qui surgissent dans les organisations.

Enfin, en étant principalement tourné vers l'analyse des caractéristiques internes de l'organisation et des relations entre l'organisation et son seul environnement économique, le courant fonctionnaliste *a coupé l'organisation de la société*, des clivages sociaux qui la caractérisent et des enjeux sociétaux qui ont des conséquences sur l'organisation, ses structures et ses processus. C'est à ces limites du modèle fonctionnaliste que le courant critique veut s'adresser.

II. LA VISION CRITIQUE DE L'ORGANISATION

La vision critique est longtemps demeurée à l'écart du champ de l'analyse des organisations. Ce n'est que dans les années 70 que plusieurs chercheurs, notamment anglo-saxons, s'inspirant de nombreux travaux issus du marxisme, de la pensée wébérienne, de l'économie politique radicale et de l'ethnométhodologie amorcent un véritable questionnement des organisations, c'est-à-dire une contestation du modèle rationaliste dominant. Jusque-là, la théorie critique était restée aux portes de ce que d'aucuns appellent aujourd'hui les connaissances scientifiques de l'administration (Audet et Malouin, 1986). Les raisons de cette absence sont multiples : désintérêt relatif du marxisme par rapport à la sociologie des organisations, prospérité de l'après-guerre, totalitarisme des expériences socialistes, radicalisme du paradigme critique et hégémonie de la pensée fonctionnaliste anglo-saxonne (Séguin-Bernard et Chanlat, 1983 ; Desmarez, 1986). Cette mise à l'écart d'une réflexion critique sur les organisations ne signifie pas pour autant que la pensée critique était inexistante. Bien au contraire, nous avons pu, dans le cadre de notre premier tome, montrer combien la réflexion critique était vivante dans le champ des sciences sociales occidentales (Séguin-Bernard et Chanlat, 1983) mais comment, pour les raisons évoquées précédemment, ces idées n'avaient pas ou peu pénétré l'analyse sociologique des organisations, discipline largement anglo-saxonne pour ne pas dire américaine.

Aujourd'hui, même si ce courant est encore largement minoritaire, il reste que l'intérêt pour une réflexion critique sur les organisations s'est nettement affirmé ces dernières années. La publication récente de plusieurs ouvrages, tant en anglais qu'en français, de même que l'ouverture de certaines grandes revues d'administration, comme **Administrative Science Quarterly, Journal of Management Studies, Academy of Management Review**, à des questionnements de cette nature en témoignent (Aktouf, 1986a et 1986b ; Alvesson, 1984 ; Chanlat et Dufour, 1985 ; Clegg et Dunkerley, 1980 ; Guillet de Montoux, 1983 ; Fischer et Sirianni, 1984 ; Morgan, 1986 ; Sainsaulieu, 1985 ; Zey-Ferrell et Aiken, 1981). Dans cette seconde partie de notre introduction, nous tenterons donc de présenter la vision critique de l'organisation et de ses composantes. Avant d'entrer dans le vif du sujet, il nous apparaît toutefois essentiel de rappeler brièvement ce qui unit, à travers leur diversité, les chercheurs appartenant au courant critique. Cela nous semble important pour mieux comprendre et remettre en perspective les travaux qui en sont issus et, notamment, les textes que nous avons retenus pour cette anthologie.

Malgré l'hétérogénéité des approches et des méthodes, tous les chercheurs appartenant au courant critique partagent deux grandes préoccupations : d'une part, la critique du paradigme fonctionnaliste dominant qui met l'accent avant tout sur l'ordre, l'efficacité et la rationalité et, d'autre part, l'intérêt pour toutes les questions qui tournent autour de la notion de pouvoir organisationnel. Comme l'affirment Fischer et Sirianni (1984, p. 13) :

« De façon générale, la perspective critique diffère profondément du courant dominant sur plusieurs postulats théoriques fondamentaux. Cinq thèmes différencient le courant critique du courant principal : l'accent mis sur le caractère élitiste des organisations, l'attention portée au conflit de classes, la focalisation sur le pouvoir comme facteur premier de la dynamique organisationnelle, l'importance accordée au contexte socio-historique de l'action et l'utilisation de méthodes non positivistes. »

Tous les textes que nous avons choisis sont caractéristiques à cet égard. Ce n'est donc qu'à la lumière de cette prise de position théorique, centrée simultanément sur le *conflit*, le *changement*, la *désintégration* et la *domination*, que l'on peut non seulement comprendre les analyses critiques des différentes composantes de l'organisation (Burrell et Morgan, 1979 ; Clegg et Dunkerley, 1980 ; Séguin-Bernard et Chanlat, 1983) mais aussi que l'on peut établir l'importance qu'elle accorde à chacune d'elles.

En effet, parmi les composantes, il y en a qui sont plus importantes que d'autres. À partir des définitions et des analyses dont on dispose, on peut affirmer que dans la conception critique, quatre composantes sont considérées comme secondaires ou encore subordonnées, soit les *objectifs*, les *structures formelle et informelle*, la *technologie* et la *culture* ; et trois sont considérées comme principales ou encore dominantes, à savoir la *division du travail*, le *pouvoir* et l'*idéologie*.

Les composantes secondaires de l'organisation

Les objectifs : le résultat d'un processus sociopolitique

Les objectifs constituent pour beaucoup la raison d'être des organisations. Nous avons vu que les chercheurs appartenant au courant fonctionnaliste ont tendance à les voir comme l'élément unificateur des structures et des groupes à l'intérieur même de l'organisation (Parsons, 1956 ; Blau et Scott, 1963 ; Etzioni, 1967). À l'opposé, les analystes appartenant au courant critique considèrent que les organisations en tant que telles n'ont aucun but. Ce sont toujours, comme le montre le texte de Salaman, des individus et des groupes spécifiques qui, en imposant leurs vues aux autres parties constituantes de l'organisation par différents moyens (socialisation, coercition, rémunération, etc.), feront de leurs objectifs les objectifs généraux de l'organisation. Dans la conception critique, le but de l'organisation n'est donc que l'objectif d'un groupe d'intérêt ; il est le résultat d'un processus politique au sein duquel tous les membres n'ont pas le même poids organisationnel. Le rappel constant au but global de l'organisation est d'ailleurs un moyen fréquemment utilisé par le groupe dominant pour masquer ses propres intérêts, réaffirmer la légitimité de ses décisions, de ses actions et assurer ainsi l'*ordre organisationnel*. C'est la raison pour laquelle les analystes critiques cherchent toujours à dégager les intérêts de classe, de catégories professionnel-les, ou de sexes qui sont sous-jacents à la fixation et à la poursuite des objectifs d'une organisation. Le dévoilement des objectifs *réels* permet de montrer que l'intérêt général ne coïncide souvent qu'avec l'intérêt particulier d'une minorité dominante. Ce démasquage ne peut se faire par ailleurs qu'en renvoyant la plupart du temps aux objectifs du système social global, à son mode de rationalité et à l'idéologie qui le guide (Bendix, 1974 ; Salaman, 1979 ; Clegg et Dunkerley, 1980 ; Clegg, Boreham et Dow, 1986 ; Sainsaulieu, 1983 et 1985).

La structure formelle : une structure de classes

Tout comme pour les objectifs, nous avons vu que la formalisation des structures constitue chez les fonctionnalistes une caractéristique clé des organisations. Les structures permettent en effet aux activités, aux fonctions, aux tâches d'être reliées entre elles afin que l'organisation non seulement fonctionne mais aussi atteigne, dans une certaine mesure, les buts qu'elle s'est fixés.

Le courant critique quant à lui ne voit pas du tout les structures de la même façon. La structure des organisations est avant tout la résultante d'une structure de classes, historiquement datée. La façon dont une organisation se structure dans une société donnée est fonction, dans une large mesure, du mode de structuration sociale qui existe dans cette société, les transfor-mations organisationnelles répondant aux changements sociaux globaux (Salaman, 1979 ; Clegg, 1981 ; Fischer et Sirianni, 1984 ; Clegg, Boreham et Dow, 1986). À ce sujet, Clegg écrit (1981, p. 551) :

> « Les changements majeurs dans l'organisation du procès de travail s'enracinent dans l'évolution historique. Ils émergent comme des réponses données par des agents économiques dominants (coalitions dominantes) à l'intérieur des organisa-tions pour changer les conditions de l'accumulation. Dans le but d'établir des conditions plus profitables, ces agents effec-tuent des réorganisations. De nouveaux principes sont expéri-mentés, largement adoptés et acceptés comme des règles. [...] La genèse et l'adoption de ces règles ne se font pas au hasard ; au contraire, elles sont conditionnées par les mouve-ments fondamentaux de l'histoire. »

À la notion de structure formelle, le courant critique préfère générale-ment la notion marxienne de *procès de travail*. Par procès de travail, on entend un processus qui est composé des éléments suivants : (a) l'objet sur lequel on travaille, (b) les moyens avec lesquels on travaille et (c) l'activité humaine utilisée dans le processus (Harnecker, 1974). Car c'est le procès de travail qui détermine selon eux les structures organisationnelles et non l'inverse (Marglin, 1973 ; Salaman, 1979 ; Clegg, 1981 ; Fischer et Sirianni, 1984). L'analyse des structures débouche donc ici sur une économie politique des organisations. Nous aurons d'ailleurs l'occasion d'y revenir un peu plus loin.

La structure informelle : une structure de résistance

Dans le courant fonctionnaliste, nous avons vu que les structures informelles sont la plupart du temps considérées comme un élément qu'il faut contrôler ou encore canaliser dans la bonne direction. Une bonne partie des théories administratives visait ou vise encore à contrôler cet informel souvent synonyme de désordre et de confusion.

À l'intérieur du courant critique, on n'a pas du tout la même opinion. La structure informelle est comme un mécanisme protecteur dont les catégories dominées à l'intérieur des organisations se dotent pour résister à la domination et au contrôle de la direction. L'informel n'est plus l'empêcheur de tourner en rond mais bien plutôt le fait, comme l'écrit Cottereau (1980), « de pratiques ouvrières de résistance ». Ces pratiques qui existent depuis les débuts de l'industrie témoignent en quelque sorte, hier comme aujourd'hui, de la volonté qu'ont les travailleurs de s'assurer d'une certaine autonomie au travail et de sauvegarder un minimum de bien-être face à l'arbitraire de la direction. Autrement dit, l'informel est avant tout vu ici comme une structure de résistance, voire comme une véritable contre-culture (Mantoux, 1959 ; Marglin, 1973 ; Linhart, 1978 ; Cottereau, 1980 ; Fischer et Sirianni, 1984 ; Aktouf, 1986).

La technologie : une variable dépendante

Depuis les écrits des grands économistes des XVIIIe et XIXe siècles et dans la foulée de l'industrialisme, la technologie est devenue pour beaucoup un déterminant majeur du progrès collectif et du bien-être social (Mumford, 1950). Cette idée n'est pas sans avoir eu d'importants échos dans le champ des organisations où le déterminisme technologique, comme nous l'avons noté, est une idée fort répandue (Woodward, 1965 ; Smith, 1976).

Pour le courant critique, il en va tout autrement ; la technologie ne peut jamais être dissociée du tissu sociohistorique dans lequel elle s'enracine. S'appuyant sur les travaux d'histoire et de sociologie des sciences et des techniques, qui nous montrent combien la technologie est loin d'être toujours neutre, rationnelle et bénéfique (Gouldner, 1976 ; Thuillier, 1982 ; Whitley, 1984), l'analyse critique des organisations tient à réaffirmer que tout choix technologique est aussi un choix social et donc subordonné à des intérêts de classes, de groupes sociaux, de professions (Marglin, 1973 ;

Braverman, 1974 ; Marx, 1976 ; Salaman, 1979 ; Salerni, 1979 ; Clegg et Dunkerley, 1980). La technologie ne se résume pas par ailleurs à un phénomène strictement matériel (outillage, machinerie, instruments, etc.) ; elle peut être invisible, immatérielle, c'est-à-dire symbolique et sociale, voire constituer dans notre société scientifico-technique un principe de légitimation du pouvoir (Habermas, 1973 ; Salaman, 1979 ; Sainsaulieu, 1983 ; Berry, 1983).

La culture : une réalité hétérogène et clivée

La notion de culture dans le courant critique n'a pas non plus la même signification que dans le courant fonctionnaliste. Alors que chez ce dernier, la culture organisationnelle est « le ciment normatif » qui permet à l'organisation d'avoir une identité collective, de fournir à ses membres les significations dont ils ont besoin et de contribuer à la performance économique de l'entreprise (Deal et Kennedy, 1982 ; Peters et Waterman, 1983 ; Pascale et Athos, 1981 ; Ouchi, 1982 ; Lemaître, 1985 ; Allaire et Firsirotu, 1984), les chercheurs du courant critique, tout en acceptant les phénomènes culturels propres à l'organisation, considèrent la notion de culture d'entreprise comme une notion pour le moins équivoque, ambiguë et discutable (Girin, 1981 ; Smircich, 1983 ; Sainsaulieu, 1985 ; Aktouf, 1986a et 1986b ; Morgan, 1986 ; Degot, 1986 ; Sievers, 1987). Ce questionnement de la notion de culture d'entreprise découle de deux grandes constatations : (1) la difficulté d'avoir une culture « intégratrice » et (2) l'existence de nombreux clivages socioculturels au sein des organisations.

En effet, comme le montre le texte de Sainsaulieu, il n'est pas facile de bâtir une telle culture, d'une part parce qu'il faut beaucoup de temps pour l'édifier, la transmettre, l'apprendre et l'inculquer, et d'autre part parce qu'une organisation ne constitue jamais un ensemble fermé sur lui-même, l'existence, en dehors de l'organisation, d'une multitude de lieux d'apprentissage et d'expériences lui en interdisant la possibilité (Sainsaulieu, 1983 et 1985). En outre, les enquêtes sur le terrain, qu'elles soient sociologiques ou ethnographiques, nous révèlent une réalité sociale et culturelle qui est le plus souvent dichotomique et, donc, loin de la vision unitaire des fonctionnalistes (Weil, 1964 ; Beynon, 1973 ; Terkel, 1976 ; Linhart, 1978 ; Pfeffer, 1979 ; Cottereau, 1980 ; Bouchard, 1985 ; Aktouf, 1986 ; Davis, 1985). Car l'organisation est un lieu où la diversité est la règle : diversité selon l'âge, le sexe, l'ethnie, le milieu social d'origine, les professions. C'est à travers ce tissu de « sous-cultures », parfois étanches les unes par rapport aux autres, parfois interreliées, que les gens vivent l'organisation et se construisent une identité au travail. L'organisation est également un lieu où les intérêts ne sont pas toujours convergents. Les conflits, les divisions, les antagonismes qui peuvent surgir en son sein servent également à délimiter la culture des uns et des autres. Enfin, tous ces clivages, ces divisions, nous révèlent que la richesse des représentations symboliques varie d'un milieu à l'autre, d'un poste à l'autre, d'une tâche à l'autre. Ils nous font prendre conscience que la réalité symbolique au travail n'est pas également répartie, et n'est jamais aussi riche que tous les discours récents sur la culture d'entreprise le laissent entendre.

Autrement dit, pour la perspective critique, si l'analyse culturelle est essentielle à la compréhension des hommes et des organisations, il ne faut jamais confondre le discours sur la culture d'entreprise avec la réalité culturelle des organisations telle qu'on peut l'observer quotidiennement. Car c'est une réalité qui demeure la plupart du temps hétérogène et clivée (Smircich, 1983 ; Chanlat et coll., 1984 ; Sainsaulieu, 1985 ; Aktouf, 1986a et 1986b ; Morgan, 1986).

Les composantes principales de l'organisation

La division du travail : un processus d'émiettement et un rapport de classes

Toute société, comme tout groupe humain, divise d'une certaine manière le travail à accomplir pour assurer la survie de la société ou du groupe en question. Les organisations formelles qui sont des construits sociaux ne font pas exception à la règle. Si cette division du travail est considérée dans le courant fonctionnaliste comme naturelle et normale et comme comportant de nombreux avantages (productivité, rendement, efficacité, économie, etc.), elle est loin d'être perçue de la même façon à l'intérieur du courant critique. La division du travail, tant dans sa forme que dans son principe, est toujours l'expression, comme le montrent les textes de Marx et de Marglin, de la domination d'une classe, d'un groupe professionnel ou d'un sexe sur un autre (Marx, 1976 ; Braverman, 1974 ; Clawson, 1980 ; Collectif du Colloque de Dourdan, 1978 ; Edwards, 1979 ; Freidson, 1970 ; Johnson, 1972 ; Larson, 1971 ; Kanter, 1977 ; Burrell, 1984 ; Collectif, 1984). C'est dans la foulée des nombreux travaux inspirés par l'œuvre de Marx et de ses principaux disciples et continuateurs que la notion de division du travail est devenue centrale pour la plupart des théoriciens critiques des organisations (Offe, 1985).

Pourquoi la division du travail ? Pour deux raisons : d'une part, parce que selon la « genèse marxienne », le *travail* constitue la catégorie sociologique par excellence dans l'histoire, et d'autre part, parce que l'organisation même de ce travail est la structure à partir de laquelle s'instituent les rapports sociaux, les relations entre les groupes et les individus dans un ensemble social donné. Autrement dit, c'est l'étude du travail, de sa morphologie et de sa dynamique, qui nous donne une idée non seulement de la place qu'occupe chaque acteur social dans une société donnée à un moment précis de son histoire, mais aussi une idée de l'importance que le travail peut avoir dans cette société. Or, chaque type de société s'est caractérisé, au cours de l'histoire, par une forme dominante de division du travail (Childe, 1964 ; Marx, 1976 ; Weber, 1971 ; Durkheim, 1967). L'originalité de la société industrielle capitaliste réside dans l'établissement de formes nouvelles de division du travail qui provoquèrent de profondes transformations des façons de travailler tant dans l'industrie que dans le secteur tertiaire (Gorz, 1973 ; Collectif du Colloque de Dourdan, 1978 ; Edwards, 1979 ; Durand, 1978 ; Clawson, 1980).

Depuis l'avènement de l'industrie et en particulier de la manufacture, on a en effet assisté à un processus continuel de morcellement des tâches. Ce processus s'est fait grosso modo en trois temps. Dans une première phase, l'ouvrier œuvrant à domicile exerce encore un contrôle total sur son travail, excepté sur la matière première qui lui est fournie par le négociant et qu'il est tenu de lui revendre manufacturée. C'est le règne du célèbre *putting-out system* (Mantoux, 1959 ; Marglin, 1973 ; Braverman, 1974 ; Edwards, 1979). Dans une deuxième phase, les ouvriers sont réunis sous un même toit : celui de la manufacture. Au sein de cette nouvelle entité, ils contrôlent encore largement les méthodes de production mais plus du tout les moyens de production. Dans une troisième phase, les travailleurs d'usine se voient peu à peu dépossédés de leurs connaissances, de leurs savoirs, et perdent le contrôle des méthodes de production au profit de l'encadrement, des bureaux des méthodes et de la direction. Ce processus sera systématisé, au début du XXe siècle, par le taylorisme et le fordisme.

L'établissement de cette parcellisation des tâches que G. Friedman a appelé « le travail en miettes » entraîne plusieurs conséquences à la fois pour le travailleur et pour l'entreprise. Pour le travailleur, cette fragmentation « rationnelle » des tâches est le plus souvent synonyme de déqualification, de perte d'autonomie et de pouvoir et de division des travailleurs. Les ouvriers se voient en effet privés des savoirs et des connaissances héritées de l'ère artisanale. On leur retire ainsi une des sources de pouvoir dont ils disposaient : l'expertise professionnelle. De plus, en déterminant leur travail d'en haut, on réduit leur marge de manœuvre et on les subordonne aux décisions de l'encadrement. En créant de nouvelles couches intermédiaires, on divise également la main-d'œuvre disponible. En revanche, pour l'entreprise, l'institution d'une telle organisation du travail comporte de nombreux avantages. Ayant fragmenté le travail, elle peut désormais faire appel à une main-d'œuvre sans qualification, moins coûteuse et facilement remplaçable, notamment en période de crise. Ainsi, les profits peuvent augmenter au fur et à mesure que les coûts de production diminuent et la rationalisation du travail progresse (Marx, 1976 ; Marglin, 1973 ; Braverman, 1974 ; Edwards, 1979 ; Clawson, 1980).

La mise en place de cette parcellisation du travail a donc eu un triple effet sur les travailleurs :

1) une aliénation culturelle (perte de sens au travail),

2) une exploitation économique (surtravail accaparé par l'entreprise),

3) une domination politique (pouvoir autocratique de la direction sur l'ensemble des ouvriers).

Dès lors, on comprend mieux pourquoi les chercheurs du courant critique n'ont jamais considéré l'émiettement qu'a connu le travail industriel, au cours des cent dernières années, comme un phénomène relevant de l'ordre de la logique rationnelle et de l'inéluctable. Au contraire, il s'inscrit selon eux dans un processus beaucoup plus large qui est celui de l'accumulation, du progrès et de la croissance capitaliste, la division internationale du travail et la création de marchés secondaires de l'emploi n'en constituant que les avatars les plus récents (Clegg, Boreham et Dow, 1986). C'est également la raison pour laquelle la tertiarisation de l'économie et l'apparition de nouvelles formes d'organisation du travail ne transforment pas, quant à eux, *radicalement* les principes d'organisation du travail puisqu'ils aboutissent la plupart du temps à une forme de taylorisme renouvelé. C'est ainsi que les structures formelles et informelles de même que la technologie deviennent, dans un tel schéma, subordonnées aux impératifs de la division sociale du travail (Marglin, 1973 ; Braverman, 1974 ; Marx, 1976 ; Salaman, 1979).

Les aspects formels ne viennent que confirmer ce que l'on retrouve au niveau de la division du travail, les aspects informels marquant la résistance des travailleurs à cette formalisation. Au sein de ce procès de travail, la technologie, quant à elle, ne constitue qu'un outil parmi d'autres pour assurer à la fois le contrôle et la domination d'un groupe sur un autre et l'accumulation. Comme l'écrit Marglin, « ce n'est pas la fabrique à vapeur qui nous a amené le capitalisme ; c'est le capitalisme qui a engendré la fabrique à vapeur » (1973, p. 81). Les procédés techniques, les outils, la machinerie employés sont le produit de décisions administratives qui, la plupart du temps, ne tiennent pas compte des principaux utilisateurs et qui viennent renforcer le caractère routinier et hiérarchique du travail éclaté (Marglin, 1973 ; Salerni, 1979 ; Durand, 1978 ; Salaman, 1979 ; Fischer et Sirianni, 1984 ; Sainsaulieu, 1985). Comme le montre le texte de Salerni (p. 17), le principe hiérarchique peut même être incorporé directement dans la technologie :

« La puissance hiérarchique de la technologie n'existe pas de manière autonome. Elle présuppose, pour pouvoir opérer, un processus de socialisation industrielle de la main-d'œuvre, c'est-à-dire un processus d'acceptation et d'intériorisation d'un ensemble de valeurs, de normes et de règles. En outre, elle est toujours associée à d'autres systèmes hiérarchiques. »

Dans la perspective critique, la division du travail n'est donc pas dissociable des notions de pouvoir et d'idéologie.

Le pouvoir : un processus de domination et de contrôle de la main-d'œuvre

Le pouvoir est consubstantiel des relations sociales (Lapierre, 1977 ; Balandier, 1978). On ne peut, dans un ensemble organisé, l'éviter. Il existe parce que, dans tout groupe humain, il est nécessaire d'assurer la régulation des rapports sociaux et l'inégalité qui en découle. Comme son nom l'indique, toute relation de pouvoir est en effet marquée par un écart, une inégalité qui a fait dire à plusieurs, notamment à Foucault, que le pouvoir en soi n'existait pas, et qu'il n'existait que des *rapports de pouvoir*. Contrairement à la conception fonctionnaliste, la conception critique du pouvoir ne s'intéresse donc pas uniquement à l'exercice de l'autorité ou à ses aspects les plus ostentatoires mais bien à la capacité d'exercer du pouvoir et à son appropriation par un groupe spécifique (Lukes, 1974 ; Clegg, 1979). Les questions qu'elle se pose sont donc les suivantes : De quelle façon la coalition dominante se développe-t-elle et maintient-elle son pouvoir ? Comment la distribution du pouvoir dans l'organisation est-elle reliée aux modes dominants d'autorité que l'on retrouve dans la société globale ? Quels sont les problèmes qui surgissent de ces rapports de pouvoir et comment touchent-ils les différents groupes ou classes ? Quelles sont les avenues possibles pour des formes politiques de remplacement ? On ne parle donc plus ici d'autorité ou de leadership mais bien de domination et de contrôle, c'est-à-dire de la puissance et du contrôle qu'un groupe exerce sur un autre groupe dans un système social donné (Lukes, 1974 ; Clegg, 1981). Comme l'écrit Clegg dans le texte retenu pour cette anthologie :

> « Les pouvoirs intra- et interorganisationnels sont deux aspects du même phénomène : le contrôle organisationnel. Ce dernier n'est pas un élément isolé provenant de la relation d'un système organisationnel avec son environnement mais d'une structure sédimentée de règles de sélection pour faire face à un seul système : le système mondial. »

Autrement dit, dans la perspective critique, l'organisation industrielle capitaliste est vue comme un instrument de domination au service d'une minorité (Morgan, 1986). Cette domination est marquée par une série de rapports de pouvoir, en l'occurrence sexuel (domination des hommes sur les femmes), juridique (domination des propriétaires sur les employés), professionnel (domination des experts sur les non-experts),démographique (domination d'un petit nombre sur le grand nombre), économique (domination des possédants sur les moins fortunés) et social (domination d'un groupe spécifique sur un autre). Cette domination peut être plus ou moins forte, plus ou moins homogène, et plus ou moins stable. L'inégalité plus ou moins grande qui en découle entraîne par ailleurs une certaine contestation. La ruse suprême du pouvoir est bien sûr de se contester lui-même et de se faire oublier en tant que tel en montrant le visage légitime de l'autorité (Lukes, 1974 ; Lapierre, 1977 ; Balandier, 1978). En effet, comme l'écrivait si justement Jean-Jacques Rousseau au XVIIIe siècle, « le plus fort n'est jamais assez fort pour être toujours le maître s'il ne transforme sa force en droit et l'obéissance en devoir ». En d'autres termes, l'inégalité étant inscrite dans la matrice même du pouvoir, ce dernier, pour se maintenir ou s'affirmer, doit toujours se justifier, et donc se légitimer, par un discours articulé et cohérent aux yeux de ceux qui le subissent. Dans la sphère organisationnelle, ce sont, pour le courant critique, les idéologies administratives qui remplissent une telle fonction, à savoir assurer le consentement à travers la légitimation du pouvoir.

L'idéologie : un facteur de légitimation du pouvoir

L'idéologie est une composante importante de la vie sociale. Elle appartient pour les sociologues et les anthropologues au monde des représentations collectives (Geertz, 1973 ; Godelier, 1984). Cet univers de représentations propres à l'espèce humaine a, selon l'anthropologue Godelier (p. 199-200), une quadruple fonction :

1)   rendre présentes à la pensée les réalités extérieures ou intérieures à l'homme (réalités matérielles ou intellectuelles, visibles ou invisibles, concrètes ou imaginaires) ;

2)   interpréter ces réalités ;

3)   organiser les rapports que les hommes entretiennent entre eux et avec la nature, la pensée servant d'armature interne et de finalité abstraite ;

4)   légitimer ou condamner les rapports des hommes entre eux et avec la nature.

Si « représenter, interpréter, organiser, légitimer sont autant de manières de produire du sens », comme l'écrit Godelier (p. 201), l'idéologie quant à elle s'occupe davantage de la quatrième fonction. Cette dernière ne se contente pas par ailleurs de refléter ou d'interpréter la réalité sociale, elle permet également de la construire dans une relation dialectique (Berger et Luckman, 1966 ; Godelier, 1984 ; Morgan, 1986).

En dépit de la place que la notion d'idéologie occupe dans les sciences sociales contemporaines, il faut admettre que, dans le champ des organisations, elle est pratiquement absente du discours dominant. La plupart des auteurs fonctionnalistes parlent d'idées, de valeurs, de comportements, voire de culture, mais ils n'utilisent presque jamais cette notion. C'est aux chercheurs du courant critique que l'on doit son introduction dans l'analyse des organisations (Clegg et Dunkerley, 1980 ; Séguin-Bernard et Chanlat, 1983 ; Fischer et Sirianni, 1984 ; Morgan, 1986). Le terme possède par ailleurs deux connotations. Dans son acception la plus large, il désigne un système d'idées, une conception du monde (Aron, 1967 ; Bell, 1962 ; Rocher, 1969). Dans sa conception plus restrictive et aussi plus négative, il renvoie à une vision qui stabilise et légitime l'autorité et la domination (Marx, 1976 ; Marcuse, 1971 ; Habermas, 1973 ; Godelier, 1984) :

> « Sont considérées comme idéologiques les représentations illusoires que les hommes se font d'eux-mêmes et du monde et qui légitiment un ordre social né sans elles, faisant ainsi accepter les formes de domination et d'oppression de l'homme par l'homme sur lesquelles repose cet ordre » (Godelier, 1984, p. 201).

Appliquée au champ des organisations, la notion d'idéologie est surtout utilisée par le courant critique dans sa seconde définition. Comme le montre le texte de Bendix, les idéologies organisationnelles jouent un rôle déterminant dans la justification des actions et des décisions administratives, car c'est toujours au nom de certaines idées que les groupes dominants (hommes, directions, propriétaires, experts, professionnels) au sein d'une organisation agissent, luttent et légitiment leur pouvoir organisationnel. Sans légitimité, il n'existe pas de consentement et donc pas de pouvoir stable. Le rôle des idéologies administratives est, comme le rappelle Bendix, essentiel pour assurer cette stabilité tant désirée :

> « Ce sont des tentatives mises de l'avant par les chefs d'entreprise pour justifier le privilège de l'action volontaire et d'association pour eux-mêmes, tout en imposant à tous leurs subordonnés le devoir d'obéissance et de service au mieux de leur capacité » (1974, p. XXIII).

Plus loin, il ajoute :

> « De telles idéologies interprètent les faits d'autorité et d'obéissance de façon à neutraliser et à éliminer le conflit entre la minorité et la majorité, et ce pour rendre plus efficace l'exercice de l'autorité. Pour ce faire, l'exercice de l'autorité est, tantôt nié en raison du principe que la minorité ordonne ce que la majorité désire, tantôt justifié en raison de qualités intrinsèques qui permettent aux chefs d'entreprise de réaliser les objectifs de la majorité » (1974, p. 13).

Les travaux du courant critique cherchent donc à révéler les motifs, les désirs et les intérêts cachés derrière les discours qui justifient les décisions et les actions administratives. Ils tentent, comme l'exprime si bien Sainsaulieu, de montrer que « l'idéologie n'est pas autre chose qu'une tentative par un groupe social de figer les rapports de force dans l'état qui favorise et entretient sa position dominante, en diffusant ses propres valeurs chez l'autre » (1985, p. 349). Cette lutte entraîne immanquablement des contre-discours idéologiques (idéologies syndicales, ouvrières, féministes, catégorielles) qui sont autant de réponses au discours dominant et à l'hégémonie d'un groupe spécifique.

Tout au long de l'histoire des organisations et de l'industrie, on a vu apparaître de telles idéologies et contre-idéologies. Le taylorisme, le fayolisme, le bureaucratisme, l'humanisme des « relations humaines », le « technologisme », le professionnalisme, le systémisme, le rationalisme d'un côté, l'anarcho-syndicalisme, le syndicalisme, l'ouvriérisme, les socialismes étatique et autogestionnaire, le féminisme de l'autre, ont constitué tour à tour ou encore simultanément des discours idéologiques sur l'organisé. Sans de tels discours, la mise en place de certaines structures, activités, pratiques, n'auraient pas vu le jour ou auraient eu lieu différemment (Maier, 1970 ; Merkle, 1980). Les idéologies administratives ont donc joué et jouent encore un rôle considérable dans le processus de légitimation des rapports sociaux au sein de l'organisation. Par exemple, c'est au nom de la *science* que Taylor veut imposer son mode d'organisation du travail, c'est au nom de la *raison* et de l'*égalité* que la bureaucratie se développe, c'est au nom de l'*ordre* et de l'*unité* que les principes de Fayol sont mis de l'avant, c'est au nom de l'*expertise*, du *savoir* et de l'*autonomie* que la professionnalisation s'institue. Aussi, ces idéologies ne font pas que mettre de l'avant des idées puisées pour la plupart dans le vieux fond rationaliste de la culture occidentale, elles justifient surtout des rapports de pouvoir (Maier, 1970 ; Merkle, 1980). C'est ainsi que le taylorisme légitime le pouvoir des ingénieurs et de la direction, et que le fayolisme légitime la haute direction, que le bureaucratisme justifie la technostructure et que le professionnalisme justifie les experts et les professions libérales. Autrement dit, derrière tous ces discours « rationalisateurs » se cachent des acteurs sociaux qui ont des intérêts à conserver, des privilèges à défendre, des droits à sauvegarder, une position sociale à maintenir ou à améliorer, une dominance à assurer. Pour s'en convaincre, on n'a qu'à penser par exemple « au mythe du management » et à l'infantilisation des ouvriers qui en découle (Sievers, 1987).

Par ailleurs, ces discours sont d'autant plus importants que les transformations qu'ils justifient ne vont jamais de soi. Sur le plan historique, la résistance que le taylorisme, le fordisme, le professionnalisme et d'autres pratiques administratives de contrôle ont successivement provoquée et provoquent encore, en témoigne amplement (Gorz, 1973 ; Friedman, 1964 ; Cottereau, 1980 ; Merkle, 1980 ; Clawson, 1980 ; Fischer et Sirianni, 1984 ; Larson, 1971 ; Sainsaulieu, 1985). Dans le même ordre d'idées, on peut également interpréter le discours récent sur la culture d'entreprise comme une nouvelle idéologie administrative qui cherche simultanément à recréer un tissu social et culturel complètement éclaté, à assurer la domination symbolique des gestionnaires professionnels, tout en tentant de remédier à la crise de légitimation que subissent les anciennes idéologies administratives (Habermas, 1973 ; Alvesson, 1984 ; Aktouf, 1986 ; Morgan, 1986 ; Chanlat et Dufour, 1985).

En mettant ainsi en relation ces trois notions clés que sont la division du travail, le pouvoir et l'idéologie, le courant critique fait donc surgir trois processus concomitants : *un processus d'émiettement, un processus de subordination et un processus de légitimation.* En somme, pour la perspective critique, c'est l'interrelation de ces trois processus qui constitue, historiquement, la dynamique sociale de l'organisation et dont le but ultime est toujours d'assurer un certain ordre organisationnel, c'est-à-dire l'hégémonie d'un groupe spécifique et de résoudre par la même occasion la contradiction qui surgit entre les idéaux démocratiques proclamés dans la société et la réalité souvent autocratique de l'entreprise.

L'analyse des composantes de l'organisation et le courant critique : apports et limites

Même si le courant critique demeure encore aujourd'hui minoritaire dans le champ des organisations, sa *contribution* à la connaissance des organisations est loin d'être négligeable (Burrell et Morgan, 1979 ; Clegg et Dunkerley, 1980 ; Zey-Ferrell et Aiken, 1981 ; Séguin-Bernard et Chanlat, 1983 ; Fischer et Sirianni, 1984 ; Morgan, 1986). Cet apport s'est fait sentir à plusieurs niveaux.

En premier lieu, le courant critique, en démontrant le caractère éminemment idéologique de chaque composante étudiée, fournit un contrepoids conceptuel à la théorie des organisations dominante. En effet, comme nous l'avons rappelé à plusieurs reprises tout au long de ce texte, les théories dominantes dans le champ des organisations ont eu jusqu'à présent tendance à demeurer la plupart du temps apolitiques, a-historiques, et à se présenter comme neutres et universelles. Nous avons vu qu'à la lumière des travaux critiques, cette position masque souvent en fait ses propres préjugés, croyances et valeurs sous le couvert d'un discours qui se présente comme scientifique :

> «En tant qu'idéologie du travail, la théorie des organisations a généralement représenté la vision du monde directorial. [...] En ce sens, elle a intégré en son sein les intérêts, les valeurs et les objectifs de la classe des gestionnaires et des professions libérales » (Fischer, 1984, p. 173).

En rappelant ainsi l'absence de neutralité du courant dominant, l'analyse critique des organisations fait éclater leur vision dépolitisée et révèle, par la même occasion, la face cachée du discours organisationnel actuel.

En deuxième lieu, le courant critique, en étudiant les ressorts de la structure sociale de l'organisation, met à nu les clivages et les antagonismes sociaux qui surgissent en son sein. Il fait découvrir les zones d'oppression et les origines sociales des conflits (sexuelle, professionnelle, politique, économique, idéologique, culturelle). Il relève les contradictions entre les pratiques vécues quotidiennement et les discours proclamés. Il nous amène à mieux comprendre les divisions du style « eux—nous » telles qu'on peut les retrouver dans la plupart des enquêtes de terrain (Weil, 1964 ; Beynon, 1973 ; Terkel, 1976 ; Linhart, 1978 ; Pfeffer, 1979 ; Chanlat et coll., 1984 ; Bouchard, 1985 ; Sainsaulieu, 1985 ; Aktouf, 1986a et 1986b). Il met fin à une conception souvent unanimiste et unitaire de l'organisation.

En troisième lieu, le courant critique, en mettant en lumière les dynamiques de la domination, de l'exploitation et de l'aliénation propres aux systèmes organisationnels, révèle que les désordres sociaux ne sont pas uniquement le produit d'une poignée d'agitateurs professionnels ou encore de syndicalistes irresponsables mais s'enracinent bien souvent dans les relations sociales vécues au sein même de l'organisation. Les travaux des historiens du travail et de l'industrie (Mantoux, 1959 ; Thompson, 1979 ; Cottereau, 1980), les études sur le terrain déjà citées, les nombreuses statistiques concernant à la fois l'inégalité sociale devant la maladie et la mort (Morris, 1979 ; Wilkins, 1982 ; Desplanques, 1984 ; Chanlat, 1983 et 1985), les accidents du travail, les maladies professionnelles et le stress au travail (Berman, 1978 ; Reasons, Ross et Paterson, 1981 ; Navarro et Berman, 1983 ; Nelvin et Brown, 1984 ; Duclos, 1984), et les études portant sur les pays en voie de développement (Navarro et Berman, 1983) sont là pour nous le rappeler.

Enfin, le courant critique, en offrant une analyse radicale de l'organisation et des théories dominantes, indique les possibilités, les avenues, les ouvertures qui s'offrent à la société et aux organisations pour améliorer les conditions sociales du plus grand nombre (Willmott, 1984 ; Sainsaulieu, 1985 ; Morgan, 1986). Il permet l'identification de possibles pratiques émancipatrices et pose la question du changement social (Burrell et Morgan, 1979 ; Clegg et Dunkerley, 1980 ; Zey-Ferrell et Aiken, 1981 ; Séguin-Bernard et Chanlat, 1983 ; Fischer et Sirianni, 1984 ; Morgan, 1986).

Si le courant critique apporte une contribution indispensable à notre connaissance de la dynamique des organisations, il reste qu'il n'est pas sans comporter également quelques *limites* importantes. Ces limites sont, à notre avis, au nombre de cinq.

La première est de voir trop souvent une conspiration là où les intérêts sont loin d'être homogènes et unifiés. On n'a qu'à penser à l'image d'une poignée de dirigeants comploteurs, métaphore que l'on retrouve fréquemment sous la plume de certains tenants de ce courant. Que la concentration du pouvoir économique soit une réalité bien étayée dans nos sociétés, personne n'en disconviendra (Mills, 1970 ; Chevalier, 1977 ; Clément, 1975 ;

Sales, 1979 ; Kerbo et Della Fave, 1983). Toutefois, cette « élite du pouvoir » est souvent loin d'être totalement unie, consciente et volontaire. Les nombreuses luttes qu'on observe en son sein sont là pour nous le rappeler.

La seconde est de tomber à l'occasion dans un déterminisme social absolu. Or l'étude des organisations et des sociétés nous montre qu'il n'y a pas de structures qui ne soient déterminées à l'avance. L'univers humain est suffisamment plastique, changeant, modifiable, pour faire place à un grand nombre de variations dans les relations sociales tant au niveau des organisations qu'au niveau de la société. Si l'histoire n'a aucun sens a priori, les organisations et les sociétés sont le jeu de possibles qui ne sont jamais définis à l'avance, la programmation pouvant toujours être modifiée au fur et à mesure de l'évolution.

La troisième limite est l'accent que la théorie critique des organisations met sur le travail en tant que catégorie sociologique par excellence (Offe, 1985). Les récentes études des sociétés industrielles avancées nous montrent que le travail tel qu'on le définissait il y a encore trente ans n'est plus ce qu'il était. À la suite de l'évolution sociale et culturelle qui a marqué l'après-guerre (tertiarisation des activités économiques, hétérogénéité croissante des emplois, transformation de l'éthique du travail, etc.), on ne peut plus faire l'analyse des organisations en mettant uniquement l'accent sur les déterminants du travail, tels que les marxistes les concevaient. L'analyse des organisations doit désormais tenir compte de cette évolution si elle ne veut pas faire l'impasse sur ces nouvelles réalités sociales et culturelles qui l'influencent (Touraine, 1965 ; Giddens, 1979 ; Offe, 1985).

La quatrième porte sur l'équation que le théoricien critique fait entre organisation et domination. Si toute organisation nécessite une certaine régulation des relations sociales et, par conséquent, une certaine forme de pouvoir, il reste cependant que toutes les organisations ne sont pas à cet égard sur le même plan. Il y a des organisations plus oppressives que d'autres. De plus, affirmer qu'il existe des construits organisationnels libérés de toute forme de pouvoir est un pas que l'histoire et l'anthropologie ne nous permettent malheureusement pas de franchir (Lapierrre, 1977 ; Balandier, 1978). Enfin, il faut être conscient que le discours peut lui-même cacher, dans certains cas, des motifs inavoués et des intérêts que les transformations tant réclamées, quand elles ont lieu, permettent d'assouvir et de satisfaire. On peut alors assister au remplacement d'un groupe dominant par un autre, nouveau celui-là, dont l'exercice du pouvoir n'est souvent pas moins oppressif, pour ne pas dire plus tyrannique, que l'ancien (Djilas, 1957 ; Makhaïski, 1979 ; Voslensky, 1980 ; Orwell, 1981 et 1984 ; Heller et Nekrich, 1982).

Enfin, la cinquième et dernière critique concerne le caractère exclusivement théorique de la pensée critique. En effet, la plupart des études se contentent de critiquer l'orthodoxie et laissent donc peu la place à des analyses portant sur des solutions de rechange concrète (Donaldson, 1985 ; Clegg et Higgins, 1986).

Conclusion : Imaginer la complexité

Les courants fonctionnaliste et critique dont nous venons de présenter brièvement les idées ont, chacun dans leur sphère respective, développé une problématique, insisté sur certains éléments plutôt que sur d'autres et fourni à l'analyse des organisations des schémas d'interprétation. Si nous pouvons définir sommairement le premier comme une sociologie de l'ordre et le second comme une sociologie du désordre et du conflit, il reste que ces distinctions sont aujourd'hui remises en cause. À la lumière des progrès récents, dans le domaine tant des « sciences dures » (sciences pures) que des « sciences molles » (sciences humaines), on ne peut plus désormais isoler l'un ou l'autre aspect sans déformer la réalité organisationnelle (Castoriadis, 1975 ; Giddens, 1979 ; Atlan, 1979 ; Prigogine et Stengers, 1979 ; Offe, 1985 ; Morin, 1986). Si nous l'avons fait ici, c'est par souci pédagogique.

À l'heure où on découvre que l'ordre et le désordre sont interreliés, que les humains construisent et déconstruisent leurs institutions sociales (Castoriadis, 1975 ; Giddens, 1979), que les notions de complexité, d'incertitude et d'ambiguïté s'imposent de plus en plus comme les paramètres associés à tout phénomène organisationnel (Balandier, 1987), aucun chercheur ne peut se retrancher derrière la monocausalité, la neutralité idéologique et le mythe du consensus. Il nous faut désormais imaginer la complexité. Tout comme Morgan (1986) qui, dans un ouvrage publié très récemment, fait appel à l'imaginaire humain, nous croyons qu'il faut développer des moyens de penser ces nouvelles réalités que sont la complexité, l'ambiguïté, le paradoxe et l'incertitude organisationnelles. C'est en faisant appel à cet imaginaire social et organisationnel que nous allons participer à cette édification à la fois intellectuelle et sociale.

Entre la révolution permanente introuvable et l'hégémonie technocratique totalitaire, il existe en effet des possibles qui nous permettent d'espérer la construction de nouveaux systèmes organisationnels pouvant laisser place, à l'Est comme à l'Ouest, au Nord comme au Sud, à une humanisation grandissante des organisations (Sainsaulieu, 1983 ; Morgan, 1986 ; Clegg et Higgins, 1986). C'est aujourd'hui, sans doute, une des conditions de survie à long terme de nos sociétés.

BIBLIOGRAPHIE DE L'INTRODUCTION

ABBEGGLEN, J.C. (1958) *The Japanese Factory : Aspects of Its Social Organization*, The Free Press of Glencoe.

AKTOUF, O. (1985) « L'image interne de l'entreprise : des systèmes de représentations en conflit ? Une perspective interculturelle Canada–Algérie et une approche ethnographique de l'entreprise », *Dragon, The SCOS Journal*, n° 1.

AKTOUF, O. (1986b) « Une vision interne des rapports de travail. Le cas de deux brasseries », *Le Travail humain*, tome 49, n° 3.

AKTOUF, O. et CHRÉTIEN, M. (1986a) « L'anthropologie de la communication et la culture d'entreprise : Le cas Cascades », *in* C. Benabou et H. Abravanel. *Le Comportement des individus et des groupes dans l'organisation*, Chicoutimi, Gaëtan Morin, p. 555-573.

ALLAIRE, Y et FIRSIROTU, M. (1984) *Cultural Revolutions in Large Corporations : The Management of Strategic Discontinuities*, working paper n° 22-84, Montréal, Centre de recherche en gestion, UQAM.

ALVESSON, M. (1984) *The Impact of Ideology on Organization Theory, Studies in the Economics and Organizations of Actions*, discussion paper n° 23, Department of Business Administration, Université de Lund, Suède.

ARON, R. (1967) *Les Étapes de la pensée sociologique*, Paris, Gallimard.

ASHBY, W.R. (1962) « Principles of the Self-Organizing System », *in* Van Foerster et Zopf. *Principles of Self-Organization*, New York, Pergamon Press, MacMillan, p. 255-278.

ATLAN, H. (1979) *Entre le cristal et la fumée*, Paris, Seuil.

AUDET, M. et MALOUIN, J.-L. (1986) *La Production des connaissances scientifiques de l'administration*, Québec, Les Presses de l'Université Laval.

BACHARACH, S.B. et LAWLER, E.J. (1980) *Power and Politics in Organizations*, San Francisco, Jossey-Bass.

BALANDIER, G. (1978) *Anthropologie politique*, Paris, Presses Universitaires de France.

BALANDIER. G. (1987) « Idéologie : 1966-1986 », *Le Magazine littéraire*, n° 239-240, mars, p. 25-27.

BARNARD, C.I. (1938) *The Functions of the Executive*, Cambridge, Harvard University Press.

BELL, D. (1962) *The End of Ideology*, New York, Collier—MacMillan.

BENDIX, R. (1974) « Conclusion : Industrialization, Ideologies and Social Structure », *in* **Work and Authority in Industry**, Los Angeles, University of California Press.

BERGER, P.-L. et LUCKMAN, T. (1986) *La Construction sociale de la réalité*, Paris, Méridiens Klincksieck.

BERMAN, D. (1978) *Death in the Job : Occupational Health and Safety Struggles in the U.S.A.*, New York, Monthly Review Press.

BERRY, M. (1983) *Une technologie invisible ? L'impact des instruments de gestion sur l'évolution des systèmes humains*, Paris, Centre de recherche en gestion, École polytechnique.

BEYNON, H. (1973) *Working for Ford*, Londres, Penguin Books.

BLAU, P.M., FALBE, C.M., McKINLEY, W. et PHELPS, K.T. (1976) « Technology and Organization in Manufacturing », *Administrative Science Quarterly*, vol. 21, p. 20-40.

BLAU, P.M. et SCHOENHERR, R.A. (1971) *The Structure of Organizations*, New York, Basic Books.

BLAU, P.M. et SCOTT, W.R. (1963) *Formal Organizations : A Comparative Approach*, Londres, Routledge and Kegan Paul.

BLAUNER, R. (1964) *Alienation and Freedom : The Factory Worker and his Industry*, Chicago University Press.

BOISVERT, M. (1980) *L'Approche sociotechnique*, Montréal, Agence d'Arc.

BOUCHARD, S. (1985) « Être « trucker » », *in* A. Chanlat et M. Dufour. *La Rupture entre les entreprises et les hommes*, Paris, Les Éditions d'Organisation, p. 331-362.

BOUDON, R. et BOURRICAUD, F. (1982) *Dictionnaire critique de la sociologie*, Paris, Presses Universitaires de France.

BRAVERMAN, H. (1974) « La révolution technologique », *in Travail et capitalisme monopoliste*, Paris, F. Maspéro, chap. 7.

BURRELL, G. (1984) « Sex and Organizational Analysis », *Organization Studies*, 5, p. 97-118.

BURRELL, G. et MORGAN, G. (1979) *Sociological Paradigms and Organizational Analysis*, Londres, Heinemann, 432 p.

CASTORIADIS, C. (1975) *L'Institution imaginaire de la société*, Paris, Seuil.

CHANLAT, A., en collaboration avec BOLDUC, A. et LAROUCHE, D. (1984) *Gestion et culture d'entreprise : Le cheminement d'Hydro-Québec*, Montréal, Québec/Amérique.

CHANLAT, A. et DUFOUR, M. (1985) *La Rupture entre les entreprises et les hommes*, Paris, Les Éditions d'Organisation.

CHANLAT, J.-F. (1983) « Usure différentielle au travail, classes sociales et santé : un aperçu des études épidémiologiques contemporaines », *Le Mouvement social*, Les Éditions ouvrières, n° 124, juill.-sept., p. 153-169.

CHANLAT, J.-F. (1985) « Le stress et la santé des cadres de direction masculins : mythes et réalités I. Le mythe du « prix du succès » », *Gestion*, 10(4), nov., p. 5-15.

CHEVALIER, J.-M. (1977) *L'Économie industrielle en question*, Paris, Calmann-Lévy.

CHILDE, V.G. (1964) *La Naissance de la civilisation*, Paris, Denoël/Gonthier.

CLAWSON, D. (1980) *Bureaucracy and the Labor Process*, New York, Monthly Review Press.

CLEGG, S. (1979) *The Theory of Power and Organization*, Londres, Routledge and Kegan Paul.

CLEGG, S., BOREHAM, P., et DOW, G. (1986) *Class, Politics and the Economy*, Londres, Routledge and Kegan Paul.

CLEGG, S. et DUNKERLEY, D. (1980) *Organization, Class and Control*, Londres, Routledge and Kegan Paul, 1980.

CLEGG, S. et HIGGINS, W. (1986) **Against the Current : Organizational Sociology and Socialism**, papier présenté au RC 17, Sociology of organizations, section 1, Theoretical Issues in the Sociology of Organizations, Congrès mondial de sociologie, New Delhi, Inde, 18-22 août.

CLEMENT, W. (1979) **The Canadian Corporate Elite**, Toronto, McClelland and Stewart Ltd.

COLLECTIF (1978) **La Division du travail : Colloque de Dourdan**, Paris, Gallilée.

COLLECTIF (1984) **Le Sexe du travail**, Presses Universitaires de Grenoble.

COTTEREAU, A. (1980) « Vie quotidienne et résistance ouvrière, Paris 1870 », **Le Sublime**, Paris, F. Maspéro, p. 7-102.

CROZIER, M. (1964) **Le Phénomène bureaucratique : un essai sur les tendances bureaucratiques des systèmes d'organisation moderne et sur leurs relations en France avec le système social et culturel**, Paris, Seuil.

CROZIER, M. (1980) **Le Mal américain**, Montréal, Select.

CROZIER, M. et FRIEDBERG, E. (1977) « Le pouvoir comme fondement de l'action organi-sée », in **L'Acteur et le système**, Paris, Seuil, p. 55-77.

CYERT, R.M. et MARCH, J.G. (1963) **A Behavioral Theory of the Firm**, Englewood Cliffs, N.J., Prentice-Hall.

DAHL, R. (1971) **Qui gouverne ?**, Paris, Armand Colin.

DALTON, M. (1959) « The Interconnections of Formal and Informal Action », in **Men Who Manage**, New York, John Wiley & Sons, p. 218-232.

DAVIS, T.R.V. (1985) « Managing Culture at the Bottom », in R.H. Kilmann et coll. **Gaining Control of the Corporate Culture**, San Francisco, Jossey-Bass, p. 163-183.

DEAL, T.E. et KENNEDY, A.A. (1982) **Corporate Cultures : The Rites and Rituals of Corporate Life**, Reading, Mass., Addison-Wesley.

DEGOT, V. (1986) « Culture and Rationality », **Dragon, The SCOS Journal**, n° 8, déc.

DESMAREZ, P. (1983) « La sociologie industrielle fille de la technodynamique d'équilibre ? », **Sociologie du travail**, n° 3, p. 261-274.

DESMAREZ, P. (1986) **La Sociologie industrielle aux États-Unis**, Paris, Armand Colin.

DESPLANQUES, G. (1984) « L'inégalité sociale devant la mort », **Économie et statistique**, n° 162, p. 29-50.

DJILAS, M. (1957) **La Nouvelle Classe**, Paris, Calmann-Lévy.

DONALDSON, L. (1985) **In Defence of Organization Sociology : A Response to the Critics**, Cambridge University Press.

DUCLOS, D. (1984) **La Santé et le travail**, Paris, Éditions La Découverte.

DURAND, C. (1978) « Innovation technique et conditions de travail », in **Le Travail enchaîné**, Paris, Seuil, p. 130-149.

DURKHEIM, E. (1967) « Solidarité mécanique et solidarité organique », in **De la division du travail social**, Paris, Presses Universitaires de France.

DURKHEIM, E. (1968) **Les Règles de la méthode sociologique**, Paris, Presses Universi-taires de France.

EDWARDS, R. (1979) **Contested Terrain : The Transformation of the Work Place in the Twentieth Century**, New York, Basic Books.

ETZIONI, A. (1964) **Modern Organizations**, Englewood Cliffs, Prentice-Hall.

ETZIONI, A. (1967) **Les Organisations modernes**, Bruxelles, Duculot.

FAYOL, H. (1983) « Principes généraux d'administration », *in* F. Séguin-Bernard et J.-F. Chanlat. **L'Analyse des organisations : une anthologie sociologique**, tome I : **Les Théories de l'organisation**, Saint-Jean-sur-Richelieu, Préfontaine inc., p. 95-118.

FIRSIROTU, M. (1985) **Strategic Turnaround as Cultural Revolution : The Case of Canadian National Express**, thèse de doctorat présentée à la Faculté de management de l'Université McGill, Montréal.

FISCHER, F. (1984) « Organization Theory and Ideology », *in* F. Fischer et C. Sirianni (édits). **Critical Studies in Organization and Bureaucracy**, Philadelphie, Temple University Press, p. 172-190.

FISCHER, F. et SIRIANNI, C. (édits) (1984) **Critical Studies in Organization and Bureaucracy**, Philadelphie, Temple University Press.

FREIDSON, E. (1970) **Professional Dominants**, New York, Atherton.

FRIEDMAN, G. (1964) **Le Travail en miettes**, Paris, Gallimard.

FRY, L. (1982) « Technology — Structure Research : Three Critical Issues », **Academy of Management Review**, 3, p. 532-552.

GEERTZ, C. (1973) **The Interpretation of Cultures**, New York, Basic Books.

GIDDENS, A. (1979) **Central Problems in Social Theory**, Londres, MacMillan.

GILLEPSIE, D.F. et MILETI, D.S. (1977) « Technology and the Study of Organizations : An Overview and Appraisal », **Academy of Management Review**, janv., p. 7-16.

GIRIN, J. (1981) « Quel paradigme pour la recherche en gestion ? », **Économie et société**, série Sciences de gestion, n° 2, p. 1871-1889.

GODELIER, M. (1984) **L'Idéel et le matériel**, Paris, Fayard.

GORZ, A. (1973) **Critique de la division du travail**, Paris, Seuil.

GOULDNER, A.W. (1976) **The Dialectic of Technology and Ideology**, Londres, MacMillan.

GUILLET de MONTOUX, P. (1983) **Action and Existence : Anarchism for Business Administration**, New York, John Wiley & Sons.

GULICK, L. et URWICK, L. (1937) **Papers on the Science of Administration**, New York, Institute of Public Administration.

HABERMAS, J. (1973) **La Technique et la science comme idéologie**, Paris, Denoël/ Gonthier.

HAGE, J. et AIKEN, M. (1969) « Routine Technology, Social Structure and Organizations Goals », **Administrative Science Quarterly**, 14(3), sept., p. 366-377.

HARNECKER, M. (1974) **Les Concepts élémentaires du matérialisme historique**, Bruxelles, Contradictions.

HARVEY, E. (1968) « Technology and the Structure of Organizations », **American Sociological Review**, 33(2), p. 247-259.

HELLER, M. et NEKRICH, A. (1982) *L'Utopie au pouvoir*, Paris, Calmann-Lévy.

HICKSON, D.J. *et al.* (1969) « Operations Technology and Organization Structure : An Empirical Reappraisal », *Administrative Science Quarterly*, 16, sept., p. 378-397.

HOFSTEDE, G. (1978) « Culture and Organization — A Litterature Review Study », *Journal of Enterprise Management*, 1(1), p. 127-135.

HOFSTEDE, G. (1981) « Culture and Organizations », *International Studies of Management and Organization*, X(4), p. 15-41.

JOHNSON, T.J. (1972) *Professions and Power*, Londres, MacMillan.

KANTER, R.M. (1977) *Man and Woman of the Corporation*, New York, Basic Books.

KATZ, F. (1965) « Explaining Informal Work Groups in Complex for Organizations : The Case for Autonomy in Structure », *Administrative Science Quarterly*, vol. 10, sept., p. 204-233.

KERBO, H.R. et DELLA FAVE, R.L. (1983) « Corporate Linkage and Control of the Corporate Economy : New Evidence and a Reinterpretation », *The Sociological Quarterly*, 24, printemps, p. 201-211.

KHANDWALLA, P.N. (1974) « Mass Output Orientation of Operations Technology and Organizational Structure », *Administrative Science Quarterly*, 19, p. 74-97.

KILMANN, R.H. et coll. (1985) *Gaining Control of the Corporate Culture*, San Francisco, Jossey-Bass.

LAPIERRE, J.-W. (1977) *Vivre sans État*, Paris, Seuil.

LARSON, S. (1971) *The Rise of Professionalism*, Berkeley, University of California Press.

LEMAÎTRE, N. (1985) « La culture d'entreprise : facteur de performance », *Revue Gestion*, 10(1), févr., p. 19-25.

LINHART, R. (1978) *L'Établi*, Paris, Les Éditions de Minuit.

LUKES, S. (1974) *Power : A Radical View*, Londres, MacMillan.

MAIER, C. (1979) « Between Taylorism and Technocracy : European Ideologies and the Vision of Industrial Productivity in the 1920's », *Journal of Contemporary History*, janv.

MAKHAÏSKI, J.W. (1979) *Le Socialisme des intellectuels*, Paris, Seuil.

MANTOUX, P. (1959) *La Révolution industrielle au XVIIIᵉ siècle*, Paris, Génin.

MARCH, J.G. et SIMON, H.A. (1958) *Organizations*, New York, John Wiley & Sons.

MARCH, J.G. et SIMON, H.A. (1964) *Les Organisations : problèmes psychosociologiques*, Paris, Dunod.

MARCUSE, H. (1971) *L'Homme unidimensionnel : essai sur l'idéologie de la société industrielle*, Paris, Décisions du midi.

MARGLIN, S.A. (1973) « Origines et fonctions de la parcellisation des tâches », *in* A. Gorz. *Critique de la division du travail*, Paris, Seuil, coll. Points, p. 41-89.

MARX, K. (1976) « De la manufacture à la fabrique automatique », *in Le Capital*, Paris, Éditions sociales, p. 25-40.

MERKLE, J. (1980) *Management Ideology*, Berkeley, University of California Press.

MERTON, R.K. (1965) « Structure bureaucratique et personnalité », *in* A. Lévy. *Psychologie sociale*, Paris, Dunod, p. 23-35.

MICHELS, R. (1971) *Les Partis politiques*, Paris, Flammarion.

MILLS, C.W. (1971) *L'Imagination sociologique*, Paris, F. Maspéro.

MILLS, C.W. (1977) *L'Élite du pouvoir*, Paris, F. Maspéro.

MINTZBERG, H. (1979) *The Structuring of Organizations*, Englewood Cliffs, Prentice-Hall.

MINTZBERG, H. (1980) « Structure in 5's : A Synthesis of the Research on Organization Design », *Management Science*, 26(3), mars, p. 322-341.

MINTZBERG, H. (1982) *Structure et dynamique des organisations*, Paris, Les Éditions d'Organisation, et Montréal, Agence d'Arc.

MINTZBERG, H. (1983) *Power in and around Organizations*, Englewood Cliffs, Prentice-Hall.

MORGAN, G. (1986) *Images of Organization*, Beverly Hills, Cal., Sage.

MORIN, E. (1986) « Organisation et complexité », *in* M. Audet et J.-L. Malouin (édits). *La Production des connaissances scientifiques de l'administration*, Québec, Les Presses de l'Université Laval, p. 135-154.

MORRIS, J.N. (1979) « Social Inequalities Undiminished », *Lancet*, 13 janv., p. 87-90.

MOSCA, G. (1939) *The Ruling Class*, New York, McGraw-Hill, chap. 11.

MUMFORD, L. (1950) *Technique et civilisation*, Paris, Seuil.

NAVARRO, V. et BERMAN, D.M. (1983) *Health and Work under Capitalism : An International Perspective*, Farmingdale, N.Y., Baywood Publishing Co.

NELVIN, D. et BROWN, M.S. (1984) *Workers at Risk*, University of Chicago Press.

OFFE, C. (1985) *Disorganized Capitalism*, Cambridge, Polity Press.

OLSEN, M.E. (1971) *Power in Societies*, Londres, Collier—MacMillan.

ORWELL, G. (1981) *La Ferme des animaux*, Paris, Champ Libre.

ORWELL, G. (1984) *1984*, Paris, Livre de poche.

OUCHI, W.G. (1982) *Théorie Z, faire face au défi japonais*, Paris, InterÉditions.

PARETO, V. (1935) *The Mind and Society*, New York, Harcourt, Brace and Co.

PARSONS, T. (1956) « Suggestions for a Sociological Approach to the Theory of Organizations », *Administrative Science Quarterly*, 1, p. 63-85 et 225-239.

PARSONS, T. (1960) « A Sociological Approach to the Theory of Formal Organizations », *in Structure and Process in Modern Societies*, New York, Glencoe Free Press.

PASCALE, R. et ATHOS, A. (1981) *The Art of Japanese Management*, New York, Simon and Schuster.

PERROW, C. (1967) « A Framework for the Comparative Analysis of Organizations », *American Sociological Review*, 32(3), p. 194-208.

PERROW, C. (1968) « The Effect of Technological Change on the Structure of Business Firms » *in* B.C. Roberts (édit.) *Industrial Relations : Contemporary Issues*, New York, MacMillan.

PETERS, T. et WATERMAN, R. Jr (1983) *Le Prix de l'excellence*, Paris, InterÉditions.

PFEFFER, R. (1979) **Working for Capitalism**, New York, Columbia University Press.

PRIGOGINE, I. et STENGERS, I. (1979) **La Nouvelle Alliance**, Paris, Gallimard.

PUGH, D.S. et HICKSON, D.J. (1963) « A Conceptual Scheme for Organizational Analysis », **Administrative Science Quarterly**, vol. 8, déc., p. 289-315.

PUGH, D.S., HICKSON, D.J., HININGS, C.R. et TURNER, C. (1968) « Dimensions of Organization Structure », **Administrative Science Quarterly**, vol. 13, p. 65-105.

PUGH, D.S., HICKSON, D.J. et HININGS, C.R. (1969) « An Empirical Taxonomy of Structures of Work Organizations », **Administrative Science Quarterly**, 14(1), p. 115-126.

REASONS, C.E., ROSS, L.L. et PATERSON, C. (1981) **Assault on the Worker**, Toronto, Butterworth.

RHENMAN, E. (1967) « Organizational Goals », **Acta Sociologica**, 10, p. 275-287.

ROCHER, G. (1969) **Introduction à la sociologie générale**, tomes I, II et III, Ville de LaSalle, Les Éditions Hurtubise HMH.

ROSE, A.M. (1967) **The Power Structure : Political Process in American Society**, New York, Oxford University Press.

SAINSAULIEU, R. (1983) « La régulation culturelle des ensembles organisés », **L'Année sociologique**, n° 33, p. 195-217.

SAINSAULIEU, R. (1985) **L'Identité au travail**, Paris, Presses de la Fondation nationale des sciences politiques.

SALAMAN, G. (1979) « The Determinants of Organizational Structure », in **Work Organizations : Resistance and Control**, Londres et New York, Longman, chap. 7, p. 81-100.

SALERNI, D. (1979) « Le pouvoir hiérarchique de la technologie », **Sociologie du travail**, n° 1, p. 4-18.

SALES, A. (1979) « Propriété, pouvoir et directions industrielles », in **La Bourgeoisie industrielle au Québec**, Montréal, Les Presses de l'Université de Montréal, p. 51-95.

SCHEIN, E. (1985) **Organizational Culture and Leadership : A Dynamic View**, San Francisco, Jossey-Bass.

SÉGUIN-BERNARD, F. et CHANLAT, J.-F. (1983) **L'Analyse des organisations : une anthologie sociologique**, tome I : **Les Théories de l'organisation**, Saint-Jean-sur-Richelieu, Préfontaine inc.

SELZNICK, P. (1966) **TVA and the Grass Roots**, New York, Harper & Row.

SIEVERS, B. (1987) **Work, Death and Life Itself**, Working paper of the Dept of Business Administration and Economics, n° 98, Wuppertal, Bergische University.

SILLS, D.L. (1957) « Preserving Goals », in **The Volunteers : Means and Ends in a National Organization**, The Free Press of Glencoe, chap. 11.

SIMON, H.A. (1957) **Administrative Behavior**, 2ᵉ éd., New York, MacMillan.

SIMON, H.A. (1964) « On the Concept of Organizational Goal », **Administrative Science Quarterly**, 9(1), p. 1-22.

SIMON, H.A. (1983) « La prise de décision et l'organisation administrative », in F. Séguin-Bernard et J.-F. Chanlat. **L'Analyse des organisations : une anthologie sociologique**, tome I : **Les Théories de l'organisation**, Saint-Jean-sur-Richelieu, Préfontaine inc., p. 193-208.

SMIRCICH, L. (1983) « Studying Organizations as Cultures », *in* G. Morgan (édit.) *Beyond Method : Strategies for Social Research*, Beverly Hills, Sage, p. 160-172.

SMIRCICH, L. (1983) « Concepts of Culture and Organizational Analysis », *Administrative Science Quarterly*, 28, p. 339-358.

SMIRCICH, L. et MORGAN, G. (1982) « Leadership : The Management of Meanings », *The Journal of Applied Behavioral Science*, 18(3), p. 257-273.

SMITH, A. (1976) *Recherches sur la nature et les causes de la richesse des nations*, Paris, Gallimard, coll. Idées.

STINCHCOMBE, A.L. (1967) « Formal Organizations », *in* N. Smelser (édit.) *Sociology*, New York, John Wiley, p. 156-172.

TERKEL, L. (1976) *Gagner sa croûte*, Paris, Fayard.

THOMPSON, E.P. (1968) *The Making of the English Working Class*, Harmondsworth, Penguin Books.

THOMPSON, E.P. (1979) « Temps, travail et capitalisme industriel », *Libre*, n° 5, p. 3-63.

THOMPSON, J.D. et BATES, F.L. (1957) « Technology, Organization and Administration », *Administrative Science Quarterly*, vol. 2, p. 325-343.

THUILLIER, P. (1982) *L'Aventure industrielle et ses mythes, savoirs, techniques et mentalités*, Bruxelles, Éditions Complexe.

TOURAINE, A. (1973) *La Production de la société*, Paris, Seuil.

VOSLENSKY, M. (1980) *La Nomenklatura*, Paris, Pierre Belfond.

WALKER, C.R. et GUEST, R.H. (1952) *The Man on the Assembly Line*, Cambridge, Harvard University Press.

WEBBER, R.A. (1969) *Culture and Management*, Homewood, Ill., Irwin.

WEBER, M. (1971) *Économie et société*, tome I, Paris, Plon.

WEIL, S. (1964) *La Condition ouvrière*, Paris, Gallimard.

WHITLEY, R. (1984) « The Scientific Status of Management Research as a Practically Oriented Social Science », *Journal of Management Studies*, 21(4).

WILKINS, R. (1982) « L'inégalité devant la mort : résultats d'une nouvelle recherche à Montréal », *Le Médecin du Québec*, 16(2), p. 128-134.

WILLMOTT, H.C. (1984) « Images and Ideals of Managerial Work : A Critical Examination of Conceptual and Empirical Account », *Journal of Management Studies*, 21(3), p. 349-368.

WOODWARD, J. (1965) *Industrial Organization : Theory and Practice*, Londres, Oxford University Press.

WOODWARD, J. (1969) « Management and Technology », *in* T. Burns (édit.) *Industrial Man*, Penguin Books, p. 196-231.

ZEY-FERRELL, M. et AIKEN, M. (1981) *Complex Organizations : Critical Perspectives*, Glenview, Ill., Scott, Foresman and Co.

PARTIE I
Les objectifs

La finalité
de l'organisation :
maîtresse ou servante ?*

par Amitai Etzioni

Les objectifs de l'organisation remplissent plusieurs rôles. Ils fournissent une orientation en dépeignant un état futur des affaires que l'organisation s'efforce de réaliser ; ils établissent ainsi des lignes directrices pour l'activité de l'organisation. Les buts constituent aussi une source de légitimation, qui justifie les activités et, en fait, l'existence même de l'organisation. Ils servent en outre de critères d'après lesquels les membres de l'organisation et les étrangers peuvent évaluer les succès de l'organisation — c'est-à-dire son efficacité et sa rentabilité. De la même manière, ils servent d'instrument de mesure pour celui qui étudie les organisations et essaye de déterminer si elles fonctionnent bien.

Les organisations sont des unités sociales poursuivant des buts spécifiques ; leur véritable *raison d'être* est d'atteindre ces buts. Mais une fois formées, les organisations acquièrent des besoins propres, et ceux-ci deviennent parfois les maîtres. C'est ce qui se produit par exemple lorsqu'une fondation dépense plus d'argent pour payer son personnel dirigeant, ses constructions et sa publicité que pour faire la charité, but pour lequel cependant les fonds ont été récoltés. En pareils cas, les organisations réduisent la poursuite de leurs buts initiaux pour satisfaire leurs besoins acquis, plutôt que d'ajuster ces besoins aux buts. Parfois, les organisations vont jusqu'à abandonner leurs buts initiaux et en poursuivent de nouveaux, mieux adaptés à leurs besoins. C'est ce que nous entendons quand nous disons que la finalité de l'organisation devient la servante de cette organisation plutôt que sa maîtresse. Dans ce chapitre, nous envisagerons les questions suivantes : Quels sont les buts d'une organisation ? Dans quelles conditions peut-on les reconnaître ? Quand les besoins d'une organisation deviennent-ils les maîtres, détrônant les buts initiaux ? Comment définir l'efficacité et la rentabilité d'une organisation et quel problème pose la mesure exacte de cette efficacité et de cette rentabilité ? Le chapitre se terminera par une discussion sur le danger

---

* Tiré de : ETZIONI, A. *Les Organisations modernes*, Bruxelles, Duculot, 1971, p. 17-42. Reproduit avec la permission de Duculot (1986).

d'utiliser les buts comme instrument principal d'étude et d'évaluation d'une organisation et suggérera une alternative.

LA NATURE DES BUTS DE L'ORGANISATION

Le but d'une organisation est d'atteindre un état des affaires qu'elle juge souhaitable. Elle peut être ou non capable de transformer son désir en réalité. Mais lorsque ce but est atteint, il cesse d'être un principe directeur pour être assimilé à l'organisation même ou à son environnement. Par exemple, l'établissement d'un État juif était le but du mouvement sioniste. En 1948, quand cet objectif fut atteint, il cessa d'être un but désiré. En ce sens, un but n'existe jamais ; c'est un état que nous recherchons, mais que nous ne possédons pas. De tels états futurs des affaires ont, à travers les représentations mentales, une force sociologique réelle, qui affecte les actions et les réactions du moment.

Mais quelle image du futur guide l'organisation ? Est-ce celle des dirigeants ? Celle du conseil de direction ou du conseil d'administration ? Celle de la majorité des membres ? En fait, aucune d'entre elles. Le but de l'organisation, cet état futur des affaires qu'elle s'efforce d'atteindre, est celui de l'organisation considérée comme une collectivité. Il est en partie conditionné par les buts des dirigeants, par ceux du conseil de direction et par ceux de la « troupe ». Il est déterminé parfois par une délibération pacifique, parfois à travers un jeu d'influences entre les différents services, camps, coteries, groupes et « personnalités » que comprend l'organisation.

Comment peut-on dès lors définir ce but ? Pour une part, les membres de l'organisation eux-mêmes peuvent nous servir d'informateurs. Nous pouvons interviewer la direction et les employés des différents départements, afin d'établir ce qu'ils considèrent comme les buts de l'organisation. En les interrogeant, nous devrons veiller à distinguer leurs buts personnels des buts de la collectivité. L'objectif de la direction peut être de conquérir une plus vaste part du marché ; celui du département des finances, d'équilibrer le budget ; celui des employés, d'obtenir une augmentation. Tous cependant pourraient envisager que le but de l'organisation est de faire du profit. Ils pourraient choisir le profit parce qu'ils pensent que c'est pour eux le seul moyen d'atteindre leurs objectifs personnels ou ceux de leur département, ou parce qu'ils estiment par principe qu'une entreprise privée doit faire du profit. Dans l'un ou l'autre cas, leurs objectifs propres ne doivent pas être confondus avec ceux de l'organisation. On doit donc faire spécifier aux interviewés ce qu'ils considèrent comme le but de l'organisation, distinct de leur but personnel ou de ceux qu'ils estiment que l'organisation *devrait* poursuivre. Nous pouvons aussi obtenir des informations pertinentes en étudiant les comptes rendus des assemblées de direction et en examinant les autres documents de l'organisation. Nous pouvons enfin analyser la répartition des tâches au sein de l'organisation, son flux de travail et l'affectation des ressources, qui se reflète dans le budget, pour déterminer l'orientation réelle vers un état futur des affaires.

Particulièrement révélatrices sont les situations dans lesquelles la distribution des ressources humaines et matérielles suggère clairement une orientation des efforts différente de celle qu'expriment les informateurs. Par exemple, si l'administrateur d'un hôpital psychiatrique nous informe que son hôpital s'occupe de guérir les gens, mais que nous n'y trouvons en service que quatre médecins (dont un seul possède une formation psychiatrique) ayant la charge de 5000 patients, que d'autre part les aides hospitalières n'ont pas plus de formation ou d'intérêt pour la thérapie que des gardiens de prison, et qu'enfin 90 % des patients — la plupart atteints de sénilité, affection généralement considérée comme incurable — ont passé dix ans ou plus dans l'hôpital, nous pourrons en déduire que le but de cet hôpital est de sauvegarder l'ordre public ou de prendre soin des personnes âgées, mais nullement de soigner ou de guérir.

Il existe au moins deux raisons pour lesquelles les dirigeants peuvent soutenir que l'organisation poursuit certains buts qui diffèrent en réalité des buts véritables. Dans certains cas, la direction peut être inconsciente de ce désaccord, la situation réelle lui demeurant cachée. Par exemple, les dirigeants de certains départements universitaires ne possèdent qu'une information fort inexacte sur ce qu'il advient de la plupart de leurs « produits », les licenciés. Un chef de département et son personnel peuvent donc croire que leur département forme de futurs Prix Nobel de physique, alors qu'en pratique il fonctionne principalement pour fournir à l'industrie électronique des chercheurs appliqués très compétents. Le plus souvent toutefois, les dirigeants expriment de façon tout à fait consciente des buts différents de ceux qui sont effectivement poursuivis, parce que cette façade sert ces buts réels. C'est ainsi qu'une organisation dont le but véritable est de réaliser des bénéfices pourrait trouver avantage à se faire passer pour une organisation éducative ne recherchant aucun bénéfice. Et une organisation qui a pour objectif de renverser le gouvernement légitime d'un pays aura vraisemblablement intérêt à ce qu'on la tienne pour un parti politique légitime.

Le chercheur tiendra donc pour *réels* les buts auxquels l'organisation consacre la plupart de ses moyens et la plus grande partie des ressources financières de ses membres, et auxquels, en cas de conflit avec les buts *affirmés* mais disposant de peu de ressources, elle accorde une priorité certaine. Souvent, le fait d'établir des contacts étroits avec des participants privilégiés permet au chercheur de déterminer dans quelle mesure les informateurs sont conscients de cette divergence entre les buts réels et les buts affirmés. Généralement cependant, il est peu sage de se fier entièrement aux interviews pour obtenir des informations sur les objectifs véritables de l'organisation. Un examen de la répartition des ressources et de l'orientation des efforts constitue souvent une méthode complémentaire de recherche indispensable pour obtenir des résultats satisfaisants.

Il ne faut pas confondre cette distinction entre les buts réels et les buts affirmés avec l'importante différence relative aux conséquences intentionnelles et non intentionnelles, différence largement utilisée en sociologie. Les buts sont toujours intentionnels, la différence résidant entre les intentions véritables et celles que l'on affirme. Des conséquences non intentionnelles sont, elles, strictement non planifiées, ce sont des résultats imprévus d'une action orientée vers un certain but.

COMMENT SONT ÉTABLIS LES BUTS

En principe, toutes les organisations possèdent un organe formel, explicitement et souvent légalement reconnu, chargé d'établir les buts initiaux et de les modifier éventuellement. Dans certaines organisations, les buts sont formellement établis par un vote des actionnaires ; dans d'autres, par un vote des membres (par exemple, dans certains syndicats) ; dans d'autres encore, ils sont définis par un petit nombre d'administrateurs ; et dans quelques-uns enfin, par une seule personne qui possède en propre et dirige elle-même l'organisation.

Mais dans la pratique, les buts sont souvent établis à travers un jeu compliqué de pouvoirs qui met en présence des individus et des groupes divers, à l'intérieur ou à l'extérieur de l'organisation, et par référence aux valeurs qui régissent le comportement en général et le comportement spécifique des individus et des groupes concernés dans une société particulière.

L'exemple suivant, tiré d'une nouvelle bien connue, illustre le processus selon lequel les buts peuvent être établis au sein d'une organisation. Dans une usine de meubles, le jeune chef idéaliste du département de production favorise la fabrication de meubles de bonne qualité ; le chef du département financier, plus âgé, est, lui, plus intéressé par l'accroissement de profit obtenu en fabriquant des meubles de moindre qualité. En partie, leurs divergences de vues reflètent une lutte de pouvoir pour la présidence de la firme. Remarquons que tous deux estiment devoir faire appel à des valeurs générales — le profit et la qualité — dans leur compétition. De plus, le jeune chef de production est tellement engagé vis-à-vis de la réputation de l'entreprise et des valeurs de qualité, qu'il préférerait ne faire aucun bénéfice plutôt que de sacrifier son objectif. Ce conflit trouva une solution formelle au cours d'une assemblée du conseil de direction — bien que la lutte principale pour le pouvoir fut déjà terminée.

Bien des facteurs interviennent dans la bataille pour déterminer le ou les buts d'une organisation. Les services ou les départements de l'organisation jouent souvent un rôle prépondérant dans cette bataille. Les personnalités constituent un autre élément déterminant. Lorsqu'un leader bien en place s'est installé lui-même dans la position clé de président ou de directeur général, il est pratiquement aussi difficile de l'en déloger ou de se livrer à une stratégie avec laquelle il n'est pas d'accord que de s'élever contre le président des États-Unis, à moins qu'il ne commette une bévue de dimension.

En plus des départements et des personnalités, les forces de l'environnement jouent un rôle important. La plupart des organisations sont en effet moins autonomes qu'il ne semble. Prenez le cas d'une prison qui voudrait réduire radicalement ses mesures de sécurité parce qu'elle a formé le projet de permettre aux prisonniers d'aller travailler aux champs, ce qui est une mesure que l'on peut estimer fort utile dans le cadre d'une transformation des objectifs de détention (garder les prisonniers enfermés) en objectifs de réhabilitation (modifier leur comportement durant le temps d'emprisonnement). Bien souvent la communauté environnante élèvera pourtant de vives objections — spécialement après une évasion — à l'encontre d'un tel relâchement des mesures de sécurité, et elle exercera une pression politique considérable pour empêcher que la prison change ses objectifs de détention en objectifs de réhabilitation. Éventuellement même, elle s'efforcera de remplacer les gardiens et le directeur. Pareillement, les lois anti-trusts, le département de la santé, les syndicats et les autres forces de l'environnement imposent des restrictions, non seulement aux moyens que l'organisation peut utiliser, mais aussi aux buts qu'elle peut poursuivre.

L'EFFICACITÉ, LA RENTABILITÉ ET LE DANGER DE LA « MESURE À TOUT PRIX »

Les organisations sont construites pour être efficaces et rentables. L'*efficacité* réelle d'une organisation spécifique est déterminée par la mesure dans laquelle elle atteint ses objectifs. La *rentabilité*, elle, est mesurée par la quantité de ressources utilisées pour produire une unité de production. Habituellement, la production est étroitement rattachée aux buts de l'organisation, mais sans leur être identifiée. Par exemple, Ford fabrique des automobiles (c'est sa production), mais son but semble être de faire du profit. L'unité de production est une quantité mesurable de ce que l'organisation peut produire, que cela soit exprimé en termes d'automobiles, de malades ou de quoi que ce soit d'autre. La rentabilité s'accroît quand les coûts (les ressources investies) diminuent. Il faut également prendre en considération les frais courants, ainsi que les changements dans la constitution du capital.

Il importe de noter que, bien qu'efficacité et rentabilité aient tendance à aller de pair, il n'en va pas toujours ainsi. Une compagnie efficace peut ne faire aucun profit, peut-être à cause d'un marché en déclin, alors qu'une compagnie inefficace réalisera un profit élevé, parce que le marché est orienté à la hausse. D'autre part, un trop grand souci de rentabilité peut limiter le champ des activités d'une organisation, alors que l'efficacité exigerait au contraire un large éventail d'activités.

La mesure de l'efficacité et de la rentabilité pose plusieurs problèmes épineux. Quand une organisation poursuit un but limité et concret, il est relativement facile de mesurer son efficacité. Par exemple, dans le cas de deux organisations — l'une ayant pour but de creuser un canal entre la mer Rouge et la Méditerranée, l'autre de percer un tunnel reliant la France et la Grande-Bretagne — il est clair que la première a été efficace, tandis que l'autre ne l'a pas été. Quand le but de l'organisation est continu, la mesure est déjà plus difficile. Si une société se propose par exemple de réaliser des bénéfices et obtient 3 % la première année, 4 % l'année suivante et ne fait aucun bénéfice la troisième année, dans quelle mesure est-elle efficace ? Il nous faut ici faire intervenir un critère précis, tel que le « profit comparé à celui des entreprises similaires durant la même période », pour mesurer l'efficacité. Finalement, quand on en arrive à des organisations dont la production n'est pas matérielle (les Églises, par exemple), les affirmations touchant l'efficacité deviennent extrêmement difficiles à vérifier.

Le même problème se pose pour la mesure de la rentabilité et des notions qui s'y rattachent, telles que la production, la productivité et les coûts. Il est possible de déterminer ce que coûte la fabrication d'une voiture dans telle usine par rapport à telle autre (bien qu'ici aussi il y ait des problèmes délicats, tels que la mesure de l'amortissement des biens d'équipement et celle des changements d'attitude des travailleurs). Mais quand on en vient à comparer la rentabilité de deux hôpitaux (parfois mesurée en coût par lit) ou de deux écoles (rarement mesurée d'après le nombre d'étudiants sérieux que ces organisations produisent), le concept de rentabilité devient beaucoup plus vague ; un hôpital, une école ou une église n'est plus rentable qu'une autre que si elle fabrique le *même* produit à un coût plus bas, et cette « identité » est chose fort difficile à établir.

La plupart des organisations, sous la pression de la rationalité, désirent vivement mesurer leur rentabilité. Curieusement, cet effort réel — à savoir le désir d'examiner notre activité et de trouver les moyens de l'améliorer si nous n'agissons pas aussi bien que nous le devrions — a souvent des effets indésirables du point de vue des buts de l'organisation. Des mesures fréquentes peuvent amener des distorsions dans les efforts de l'organisation, parce que certains aspects de la production se prêtent en général mieux que d'autres à ces mesures. Des mesures fréquentes tendent ainsi à encourager la surproduction des articles les plus mesurables et à faire négliger ceux qui le sont moins. Quand une usine exerce une forte pression sur son personnel pour qu'il augmente son rendement, les ouvriers pourront effectivement produire davantage, mais au détriment de la qualité. Si on resserre alors le contrôle de la qualité, les ouvriers pourront négliger l'entretien des machines pour essayer de satisfaire davantage cette pression vers la qualité.

Les distorsions résultant d'un trop grand désir de mesure sont plus graves quand il est impossible ou impraticable de quantifier la production la plus centrale, la production essentielle de l'organisation, et qu'en même temps certains aspects extérieurs du produit, superficiellement rattachés à sa nature, sont, eux, facilement mesurables. Les écoles supérieures qui apprécient la qualité de leurs programmes au nombre d'étudiants qui réussissent les examens (insistant ainsi sur une des composantes de l'efficacité), estiment que certains professeurs se soucient moins de développer le caractère de leurs étudiants que de les *driller* en vue des tests. Si un pasteur est constamment surveillé par ses supérieurs quant aux sommes qu'il recueille pour la construction d'une nouvelle cathédrale ou quant au nombre d'enfants qui fréquentent l'école du dimanche dans sa paroisse, il devient bientôt plus préoccupé par les fonds à récolter et par l'effectif de sa classe que par la direction spirituelle de ses ouailles.

Il n'existe aucune solution parfaite à ce problème. Il est préférable que les organisations reconnaissent que de nombreuses mesures sont loin d'être précises. Attribuer trop d'importance à certains indicateurs de succès et trop peu à d'autres peut introduire une distorsion considérable dans les buts de l'organisation et saper l'efficacité et la rentabilité véritables que l'organisation recherche. Utiliser des mesures d'aspects différents du produit (par exemple, les quantités et la qualité, aussi bien que le contrôle de l'entretien) et insister sur les aspects le plus étroitement liés aux objectifs, diminue les difficultés de mesurer le succès d'une organisation, bien que personne ne réussisse jamais à éliminer entièrement ces difficultés.

La distorsion des buts que provoque le souci de « mesurer à tout prix » certains aspects de la production au détriment d'autres aspects est l'une des plus vastes catégories de distorsion qui peuvent survenir dans la relation des organisations à leurs buts. Dans les sections suivantes, nous examinerons plusieurs autres variétés du phénomène de distorsion. Les distorsions dues au désir de la « mesure à tout prix » sont relativement bénignes, puisque les objectifs principaux de l'organisation restent inchangés, bien que certains aspects de ces objectifs soient exagérés au détriment d'autres, parfois plus importants. Le déplacement des buts de l'organisation entraîne un préjudice bien plus considérable.

LE DÉPLACEMENT DES BUTS

Cette importante forme de distorsion au sein de l'organisation a été étudiée, il y a une cinquantaine d'années, par le sociologue allemand Robert Michels. Elle survient lorsqu'une organisation « déplace » son but — c'est-à-dire substitue à son but légitime quelque autre but pour lequel elle n'a pas été créée, pour lequel aucune ressource n'a été attribuée et qu'on ignore même qu'elle poursuit.

La forme la plus bénigne et la plus habituelle de déplacement est le processus par lequel une organisation inverse l'ordre de priorité entre ses buts et ses moyens, de telle sorte qu'elle fait de ses moyens le but et de ses buts un moyen. Le moyen qui est ainsi le plus couramment déplacé, c'est l'organisation elle-même. Les organisations sont en effet des instruments ; elles ont été créées pour servir un ou plusieurs buts spécifiques. Mais au cours du processus qui les crée, qui leur procure des ressources et qui recrute leur personnel, se constituent des groupes d'intérêt qui sont fréquemment plus motivés par la préservation et l'accroissement de l'organisation elle-même que soucieux de l'aider à réaliser son objectif initial. Ces groupes d'intérêt utilisent alors les buts de l'organisation comme des moyens pour récolter des fonds, obtenir des exemptions d'impôts ou s'assurer un certain statut au sein de la communauté, bref comme des moyens au service de leurs propres objectifs.

Le livre de Michels, **Les Partis politiques**, passe pour être la première analyse descriptive complète de ce phénomène fréquent de déplacement des buts[1]. Michels étudia les partis et les syndicats socialistes européens avant la Première Guerre mondiale. Il fit remarquer que ces partis et ces syndicats avaient été créés pour favoriser la révolution socialiste et établir un régime démocratique dans des pays autoritaires comme l'Allemagne de Bismarck. Pour atteindre cet objectif, le mouvement socialiste conçut des partis politiques et des syndicats. Ces organisations exigeaient une direction. Rapidement, les dirigeants consacrèrent leurs efforts à se maintenir à la tête de leurs organisations, car la perte de cette position les aurait contraints à retourner au travail manuel, à retrouver une existence de bas prestige, de bas revenu, et dépourvue de la gratification psychologique du leadership. Michels montra que, pour tous ces motifs, les dirigeants furent attentifs à s'établir solidement dans leurs fonctions. Par le contrôle des moyens de communication au sein de l'organisation, par l'absorption ou la « purge » des leaders jeunes et ambitieux, les dirigeants en place s'efforcèrent de confirmer leurs positions. Au cours de ce processus, que Michels appelle « la loi d'airain de l'oligarchie » (d'airain, parce qu'elle est présumée sans exception ; et oligarchie, parce que c'est la règle d'un petit nombre qui prévaut), les buts de l'organisation, soutient Michels, se trouvèrent détournés. Les dirigeants étaient en outre de moins en moins soucieux de prendre des risques dans la poursuite de leurs activités révolutionnaires, par crainte de courroucer le gouvernement et de mettre ainsi en péril l'existence même de l'organisation. Le parti abandonna donc ses activités militantes pour porter une attention croissante au développement d'une machine organisationnelle fonctionnant sans accroc. De plus en plus, les mouvements révolutionnaires furent retardés pour permettre des « préparatifs supplémentaires », qui s'accumulèrent en un large renforcement de l'organisation, de ses avoirs et de la position des dirigeants. Ainsi, comme le suggère Michels, des organisations à buts révolutionnaires devinrent tout à fait conservatrices dans leur mode de gestion.

Depuis l'exposé de Michels sur « la loi d'airain de l'oligarchie », de nombreux documents sont venus confirmer cette tendance des organisations. Dans différents pays et dans divers types d'organisations, même là où les dirigeants étaient élus et pouvaient être remplacés par les membres, les oligarchies prédominèrent. À noter toutefois que l'étude de Michels fit surgir la question suivante : Est-il *nécessaire* que des organisations qui ont un but limité soient démocratiques ? N'est-ce pas là une affaire de concept mal posé, artificiellement transféré du domaine public au domaine du « gouvernement » privé des organisations à buts limités ?[2]

Michels et plusieurs de ses successeurs ne semblent pas avoir compris qu'une organisation qui n'est pas intérieurement démocratique puisse encore avoir pour objectif d'établir un régime démocratique dans la société où elle opère. Il est même possible qu'une oligarchie, en évitant de gaspiller ses efforts dans des luttes intestines, puisse orienter plus efficacement ses membres vers l'atteinte de buts démocratiques. Il est cependant tout à fait évident que, même s'il n'y a *pas* eu déplacement du but démocratique dans les organisations étudiées par Michels, le but de la révolution socialiste a été gravement édulcoré par des retards persistants, et, selon toute probabilité, fut même éventuellement sacrifié à la préservation des organisations.

Depuis le travail de Michels, le déplacement du but a été observé dans une grande variété d'organisations. S. D. Clark le révéla dans son étude sur l'Armée du salut au Canada[3]. Il montra qu'à mesure qu'une organisation se développe et progresse dans sa capacité à recruter des adhérents et à récolter des fonds, les dirigeants commencent à accorder de plus en plus d'attention et de ressources au maintien de l'organisation. Ils abandonnent même l'œuvre d'évangélisation dans les régions du Canada où l'appui local se révèle insuffisant pour maintenir un chapitre, probablement par crainte qu'un tel chapitre n'entraîne une diminution trop grande des ressources nationales de l'organisation.

Robert Merton a examiné une autre source importante de la même tendance au déplacement qu'avait fait ressortir Michels[4]. Ici, le déplacement du but ne se produit pas au sommet de l'organisation, mais dans son corps même, et il survient non pas dans des associations volontaires, mais dans des bureaucraties publiques ou privées. Merton suggère que la bureaucratie exerce certains effets sur la personnalité des membres, qu'elle encourage les tendances à adhérer rigidement, par intérêt personnel, aux ordres et aux règlements. Nous constatons que cela peut arriver même quand l'organisation encourage, formellement ou informellement, une application souple des règles et considère cette souplesse comme faisant partie de sa politique générale et comme étant dans la ligne de ses objectifs. Par exemple, un travailleur social peut craindre de prendre une décision personnelle ; il préfère ainsi sauvegarder sa sécurité en observant strictement les règles et les lignes de conduite de l'organisation, ce qui a pour conséquence que des considérations plus importantes pour le traitement sont sous-estimées. Ceci est bien illustré par exemple lorsqu'un assistant social, en contradiction avec son appréciation personnelle de ce qui serait en fait le plus avantageux pour ceux dont il s'occupe, préconise qu'un enfant mentalement débile reste au sein de sa famille, parce que le Centre dont il dépend a pour ligne de conduite de ne pas briser l'unité familiale, même si la présence de l'enfant dans la maison peut troubler l'équilibre de ses frères et sœurs. Au lieu de considérer les procédures comme des moyens de servir le but de l'organisation, cet assistant social en fait des fins en elles-mêmes. La politique de l'organisation devient le critère prédominant de la décision et l'assistant social va à l'encontre des besoins de ses clients pour satisfaire cette politique. L'adhésion à la politique de l'organisation devient ainsi le but organisationnel du bureaucrate.

Une autre forme que peut prendre le déplacement fut découverte par Selznick, quand il dépeignit une situation qui n'est que trop connue de ceux qui n'ont jamais travaillé pour une agence gouvernementale :

> « La direction d'une organisation, en tant qu'activité spécialisée et essentielle, engendre des problèmes qui n'ont pas de relation nécessaire (et sont même souvent en opposition) avec le but déclaré ou « originaire » de l'organisation. Jour après jour, le comportement du groupe se centre sur des problèmes spécifiques et sur des buts secondaires, qui avaient à l'origine une pertinence intrinsèque. Comme ces activités en arrivent à absorber une proportion croissante du temps et des pensées des membres de l'organisation, elles finissent par se substituer — du point de vue des comportements effectifs — aux buts déclarés. »[5]

La fixation sur des problèmes internes, que Selznick fait ainsi observer, parvient si bien à centrer l'organisation sur elle-même qu'elle cesse de poursuivre l'objectif initialement prévu.

LA SUCCESSION, LA MULTIPLICATION ET L'EXTENSION DES BUTS

Semblable quant à ses sources sociologiques et psychologiques, mais entièrement différente du point de vue des buts rencontrés, est la tendance des organisations à se trouver de nouveaux buts quand les anciens ont été réalisés ou ne peuvent pas l'être. Un cas de ce genre nous est conté par *The Volunteers* de David Sills[6], qui étudie la Fondation pour la paralysie infantile, bien connue du public pour sa campagne annuelle, la *March of Dimes*. Le but principal de cette fondation était d'obtenir du public qu'il soutienne la recherche médicale nécessaire pour combattre la polio et venir en aide à ses victimes. Comme le note Sills, la Fondation ne fut nullement détournée de son but. Bien au contraire, en un effort qui se maintint durant deux décennies, elle réussit à fournir la majorité des moyens qui permirent une élimination quasi complète de la polio ; elle supporta également une grande part de la recherche médicale, qui aboutit finalement à la découverte du fameux vaccin Salk. La Fondation fut alors pour ainsi dire « sans emploi ». Il existait un vaste réseau de volontaires, qui avaient éprouvé de nombreuses satisfactions sociales et morales en travaillant pour la Fondation, et il existait aussi une direction et un *staff* national, tout cela coordonné en une machine organisationnelle efficace et de toute évidence productive — mais cette machine n'avait plus de destination. La Fondation aurait pu tout simplement être dissoute, mais au lieu de cela elle se trouva un nouvel objectif : combattre l'arthritisme et les troubles de la naissance. L'étude de Sills illustre à la fois l'intérêt profond que l'on éprouve à maintenir une organisation solidement établie et le service que le but rend à l'organisation (plutôt que l'inverse). En l'absence de but, l'activité de la Fondation n'avait plus de signification pour ses membres et plus de légitimité aux yeux de la communauté. Il lui fallait donc ou bien trouver un nouveau but ou bien cesser ses activités.

Des cas aussi clairs de succession de buts sont rares, à la fois parce que la plupart des organisations n'atteignent pas leurs buts de manière aussi définitive que la fondation pour la polio, et parce que la plupart de celles qui atteignent leurs buts sont alors dissoutes, comme le furent par exemple la plupart des organisations clandestines antinazies après la chute du Troisième Reich.

Plus habituelle est la succession des buts quand la poursuite de l'ancien s'est révélée fort infructueuse, mettant l'organisation dans l'obligation de se définir un nouvel objectif si elle veut survivre. Il est encore bien plus fréquent pour une organisation qui se trouve dans une telle situation de se fixer des buts additionnels ou d'étendre le champ de ses anciens objectifs. Ce faisant, elle agit en vue d'augmenter la consécration de ses adhérents et d'encourager le recrutement de nouveaux membres. C'est ainsi que, dans les cent dernières années, les collèges d'enseignement secondaires aux États-Unis prirent en charge la formation des gradués, but tout à fait différent de leur destination initiale, qui était de produire des gentlemen capables de « lire, écrire et ne pas aller en prison ». Bien des organisations religieuses s'adjoignirent des buts sociaux et culturels qui, dans certains cas, supplantèrent les buts spirituels primitifs. Les prières furent écourtées en certains endroits pour laisser plus de temps aux « honnêtes soirées dansantes ». En d'autres circonstances, la Croix-Rouge — initialement fondée pour « se tenir prête à l'éventualité d'une guerre ou de tout autre calamité assez étendue pour être considérée comme nationale, et pour mettre en application toutes mesures pratiques en vue d'adoucir la souffrance et de prévenir et soulager la maladie et les blessures, qui pourront être en accord avec les objectifs de l'Association ... » — se trouva elle aussi sous-employée après la Première Guerre mondiale et perdit des membres, des cotisations et l'estime du public[7]. Elle surmonta ultérieurement cette crise en s'adjoignant un nouveau but — celui de préserver et d'améliorer la santé publique.

Ainsi donc, les intérêts mêmes de l'organisation peuvent non seulement conduire au déplacement des buts initiaux en faveur de buts secondaires, voire de moyens, mais ils peuvent aussi conduire l'organisation à se chercher activement de nouveaux buts une fois que les anciens ont été réalisés ou à se fixer des buts additionnels. À l'origine, ces nouveaux buts sont fréquemment justifiés par le fait qu'ils favoriseront la poursuite des buts initiaux, mais, bien souvent, ils peuvent ensuite voler de leurs propres ailes, quand ils ne deviennent pas les « maîtres ».

LES ORGANISATIONS À BUTS MULTIPLES

Certaines organisations poursuivent simultanément et légitimement deux buts ou davantage. Quelques-unes ont ajouté ainsi des buts additionnels à leurs buts initiaux, mais plusieurs furent dès l'origine créées pour poursuivre plusieurs objectifs en même temps. Dans le domaine de l'enseignement, on rencontre plus d'organisations qui combinent l'enseignement et la recherche (la plupart des universités) que d'organisations originairement consacrées soit à l'enseignement seul (la plupart des collèges), soit à la recherche seule (par exemple, la *Rand Corporation* ou le *Stanford Research Institute*). Tandis que certains hôpitaux sont exclusivement des institutions où l'on soigne les malades, la plupart servent également de centres de formation médicale, et un petit nombre sont des centres de recherche. La majorité des organisations religieuses contemporaines associent un but social à un but spirituel.

Pour autant que de telles choses puissent être mesurées, il apparaît que beaucoup d'organisations à buts multiples tendent à servir chacun de leurs objectifs, séparément ou ensemble, d'une façon plus efficace et plus rentable que ne peuvent le faire des organisations à but unique de même catégorie. Par exemple, beaucoup d'hôpitaux de haute qualité, sinon tous, poursuivent à la fois trois buts — la thérapie, la recherche et l'enseignement —, tandis que les hôpitaux qui se consacrent uniquement à la thérapie, comme la majorité des hôpitaux communaux, dispensent généralement des soins de moindre qualité.

La plupart des grandes découvertes scientifiques des dix dernières années et la plupart des travaux importants dans le domaine des sciences sociales proviennent de facultés ou d'universités où l'enseignement et la recherche sont associés, et nullement du personnel employé à temps plein par les organismes de recherche. (La question de savoir si l'enseignement est plus efficace dans les collèges universitaires où la recherche est mise en valeur, ou bien dans les collèges qui se consacrent principalement à l'enseignement, est une question encore débattue. La réponse dépend en partie du critère d'évaluation adopté, de la décision de prendre ou non en considération la formation du caractère à côté de l'acquisition des connaissances et des qualifications.) Enfin, les organisations religieuses qui s'adressent aujourd'hui aux classes moyennes des États-Unis peuvent difficilement remplir leur mission spirituelle sans y joindre certains buts sociaux, car ce sont ces buts sociaux qui, du moins initialement, attirent les gens vers les Églises. Il semble qu'il soit plus facile d'amener à la prière une communauté déjà rassemblée.

En partie, la relation entre efficacité et organisation à buts multiples semble surfaite — elle résulterait de facteurs extrinsèques. Par exemple, les organisations à buts multiples sont fréquemment établies dans les grands centres et celles à but unique dans des communautés plus restreintes. C'est ainsi qu'en Amérique la plupart des grandes universités et des centres médicaux importants sont situés à l'intérieur ou à proximité immédiate des grandes villes. Comme par ailleurs la majorité des professionnels, si on leur laisse le choix, préfèrent vivre dans des centres urbains, les organisations à buts multiples ont la possibilité de recruter plus de personnel qualifié que les organisations à but unique. Pourtant, la relation entre l'efficacité et la multiplicité des buts paraît se maintenir même lorsque de tels facteurs extrinsèques sont tenus constants ; par exemple lorsque nous comparons des organisations à buts multiples avec d'autres organisations à but unique au sein d'une même ville — tels un collège ou un organisme de recherche avec une université, dans un grand centre américain.

Ce sont donc des raisons intrinsèques qui tendent à rendre les organisations à buts multiples plus efficaces que les organisations à but unique. La première de toutes, c'est que — dans certaines limites — servir un but fait souvent progresser la poursuite d'un autre but. Le fait par exemple de dispenser un enseignement de qualité ou de faire passer des examens stimule des chercheurs qui, en retour, améliorent leur enseignement par de nouvelles idées aussi bien que par l'expérience de première main qu'ils ont de la recherche. En second lieu, les organisations à buts multiples ont en général de plus grandes possibilités de recrutement, en partie parce qu'une haute qualité va souvent de pair avec de multiservices. C'est pourquoi il est difficile de trouver des exemples d'organisations à but unique qui aient plus de prestige que leurs correspondantes à buts multiples. En troisième lieu, alors que certains individus préfèrent se consacrer exclusivement à une seule tâche, beaucoup d'autres trouvent plus attrayant de combiner deux tâches, parce que cela leur permet de satisfaire une gamme plus étendue de besoins personnels et rend également plus aisée une adaptation saisonnière ou un ajustement au cycle de la vie : par exemple, un effort centré sur la recherche au cours des années de jeunesse et sur l'enseignement ensuite, ou bien l'inverse.

Il y a toutefois des limites à la capacité d'une organisation de servir des buts multiples. Une perte d'efficacité semble par exemple survenir lorsque toutes les organisations d'une même espèce poursuivent des buts multiples. Dans des domaines tels que l'enseignement ou la médecine, qui ont un faisceau d'activités associées, un grand nombre de professionnels préfèrent participer à une combinaison de ces activités ; quelques-uns cependant consacrent toute leur attention à l'une ou l'autre d'entre elles et se perfectionnent ainsi nettement plus dans un domaine que dans un autre. Pour cette raison, l'efficacité semble être maximale quand, dans une profession, il existe à la fois des organisations à but unique et des organisations à buts multiples, ce qui permet à tous les types de personnalité de trouver l'emploi correspondant le mieux à leurs capacités et à leurs besoins psychologiques.

Dans les organisations à buts multiples, certains types de conflits sont inévitables. La diversité des buts engendre souvent des exigences incompatibles envers l'organisation. Des conflits peuvent ainsi surgir quant à la quantité de moyens, de temps et d'énergie qui doit être allouée à chaque but. Par exemple, l'objectif thérapeutique d'un hôpital peut être le mieux atteint par une politique de libre admission, acceptant quiconque doit être hospitalisé, tandis que l'objectif de recherche serait mieux satisfait par une politique sélective, se préoccupant de fournir un nombre suffisant de types spécifiques de maladies nécessaires aux intérêts de la recherche. L'établissement d'un ensemble de priorités définissant clairement l'importance relative des différents buts réduit certes les conséquences de tels conflits, mais n'élimine pas entièrement le problème.

En outre, le fait de servir une pluralité de buts peut créer des tensions au sein du personnel. Par exemple, la recherche exige la spécialisation et oblige l'étudiant à consacrer un temps considérable à l'investigation d'un problème particulier, qui paraît souvent bien mince ; l'enseignement, en revanche, requiert des connaissances étendues.

Il ne faut pas non plus sous-estimer le danger qu'un but l'emporte complètement sur un autre, qui peut être le but principal, et cela à tel point que ce dernier but cesse en pratique d'être poursuivi. Une Église peut inaugurer des activités sociales en vue d'attirer des membres aux services religieux, mais si ces activités sociales absorbent la plus grande part des ressources ou deviennent la préoccupation majeure des fidèles, elles sapent alors littéralement l'accomplissement du but religieux. L'expression selon laquelle « l'usage en vigueur dans les universités-pilotes veut que l'équivalent d'une journée par semaine soit considéré comme un emploi normal de temps consacré à la recherche »[8] illustre plus l'intérêt porté au rôle prépondérant que ce but tend à acquérir qu'elle ne reflète une norme statistique. En bref, les organisations à buts multiples sont l'objet de tensions spécifiques intenses, provenant en partie de leurs caractéristiques propres qui les rendent, toutes choses considérées, plus efficaces que les organisations à but unique.

L'ANALYSE DES OBJECTIFS ET L'ANALYSE DES SYSTÈMES

Jusqu'ici, nous avons implicitement suivi la méthode, largement répandue, d'analyse de l'organisation qui se centre sur l'examen des objectifs. Cette méthode présente certains désavantages, tant pour l'étude que pour l'évaluation des organisations. Ces désavantages apparaissent mieux encore lorsqu'on compare cette approche plus traditionnelle à la nouvelle approche que je soutiens et qui va prédominer dans la plus grande partie du reste de ce volume[9].

Il est normal, pour quelqu'un d'extérieur — qu'il s'agisse d'un chercheur ou d'un évaluateur (disons un journaliste ou un homme politique) —, d'apprécier une organisation par rapport à son ou à ses buts. La question que l'on pose le plus fréquemment est : Jusqu'où cette organisation a-t-elle réalisé la tâche qu'elle s'était fixée ?

Cette approche recèle deux pièges. Tout d'abord elle tend — bien que cela ne se produise pas à coup sûr — à donner aux études sur les organisations un ton de critique sociale plutôt que d'analyse scientifique. Puisque de nombreuses organisations n'atteignent la plupart du temps pas leurs objectifs de façon définitive, les monographies sur les organisations dévient souvent en de longues digressions sur le manque de succès de ces organisations, et ceci parfois jusqu'à l'exclusion d'analyses plus pénétrantes[10]. Une faible efficacité est une caractéristique générale des organisations. Puisque les buts, pris comme unités symboliques, sont des idéaux plus attirants que la réalité atteinte par l'organisation, celle-ci sera presque toujours considérée comme un échec. Bien que cette approche soit valable, elle ne l'est que du point de vue adopté par le chercheur. Cette approche du type *analyse des objectifs*[11] définit le succès comme la réalisation complète ou au moins très substantielle des objectifs de l'organisation. Le chercheur ressemble ici à un ingénieur-électricien qui estimerait « inefficaces » toutes les ampoules électriques parce qu'elles ne convertissent que 5 % environ de leur énergie en lumière, le reste étant « gaspillé » en chaleur. Dans la pratique, nous jugeons plus intéressant de comparer les ampoules entre elles plutôt qu'à quelque « super-ampoule » idéale capable de convertir la totalité de son énergie en lumière. Il devient alors significatif que les ampoules de la marque « A » ne transforment que 4,5 % de leur énergie en lumière, alors que celles de la marque « B » en transforment 5,5 %. Comparés à la hauteur olympienne du but, — lumière sans aucune chaleur —, ces deux résultats sont désespérément mesquins. Mais au niveau réaliste de l'analyse comparative, une ampoule se révèle de 22 % plus efficace qu'une autre (et peut même être l'ampoule la plus efficace que l'on connaisse).

L'analyse des objectifs n'est donc pas la seule manière d'évaluer les succès de l'organisation. Plutôt que de comparer les organisations existantes à l'idéal de ce qu'elles pourraient être, nous pouvons apprécier leurs performances en les comparant l'une à l'autre. Nous ne dirons pas simplement que les organisations sont oligarchiques ; nous essayerons plutôt de déterminer lesquelles sont plus (ou moins) oligarchiques que les autres. L'analyse comparative des organisations suggère donc une approche alternative que nous désignons par l'expression *analyse du système*. Elle détermine les relations qui doivent exister pour qu'une organisation puisse fonctionner.

En analysant les systèmes, nous sommes capables d'apercevoir dans l'analyse des organisations une déformation fondamentale, qui n'est ni visible ni explicable dans la perspective de l'analyse des objectifs. Cette dernière approche s'attend que l'efficacité d'une organisation augmente quand on attribue davantage de moyens à la poursuite des objectifs. Dans cette perspective, il serait contradictoire d'insinuer qu'une organisation puisse devenir plus efficace quand on diminue les ressources attribuées aux activités dirigées vers les objectifs. Pourtant l'analyse du système nous conduit à conclure que, de même qu'il y a des cas où trop peu de ressources sont allouées à la poursuite des objectifs, il existe aussi des cas où trop de ressources sont allouées. L'analyse du système reconnaît explicitement que l'organisation doit résoudre certains problèmes autres que ceux qui sont directement impliqués par la poursuite des objectifs, et qu'accorder à ces derniers un intérêt excessif peut entraîner un manque de considération des autres activités nécessaires et un manque de coordination entre les activités visant le but, qui sont indûment surestimées, et les activités ne visant pas directement le but, qui sont pour cela sous-estimées. Une banque peut par exemple se soucier seulement de gagner de l'argent et négliger totalement le moral de ses employés. Ce manque d'attention envers des activités qui ne visent pas directement le but peut entraîner l'insatisfaction du personnel, qui se répercutera à son tour dans une diminution du travail des employés, dont résultera une baisse de productivité, ou éventuellement une vague de détournements réduisant finalement l'efficacité de la banque.

L'analyse du système n'est cependant pas exempte de tout inconvénient ; appliquée à la recherche, elle est plus astreignante et plus onéreuse. L'analyse des objectifs exige que le chercheur précise les objectifs que l'organisation poursuit — et rien de plus. Si le chercheur choisit les objectifs déclarés, sa tâche sera aisée. Les objectifs réels, ceux que l'organisation poursuit effectivement, sont plus difficiles à établir. Pour découvrir l'orientation réelle d'une organisation, il est quelquefois nécessaire, non seulement de gagner la confiance des dirigeants, mais d'analyser une grande partie de la structure de l'organisation.

Une analyse du système exige plus d'efforts qu'une analyse des objectifs, même quand celle-ci envisage les buts réels. L'analyse du système requiert que l'analyste détermine la somme de moyens qu'il considère comme efficace ; ce qui nécessite souvent une très grande connaissance de la manière dont fonctionne une organisation du type de celle qui est étudiée. Acquérir pareille connaissance est une tâche ardue, mais (1) les efforts consentis ne sont pas perdus, puisque l'information recueillie sur le processus de développement de ce type d'analyse sera d'une très grande valeur pour l'étude de la plupart des organisations ; et (2) des considérations théoriques peuvent souvent servir de base à l'élaboration d'une analyse du système. Ceci demande quelques éclaircissements.

Une bonne théorie de l'organisation doit comprendre des propositions concernant les besoins fonctionnels des différents types d'organisations[12]. Tout comme les êtres humains ont différents besoins, les organisations aussi ont certaines exigences pour fonctionner convenablement. La connaissance de ces exigences guidera le chercheur dans sa construction d'une analyse du système pour l'étude d'une organisation spécifique. Dans une recherche où le besoin d'économie se fait grandement sentir, on pourra utiliser directement une analyse du système théorique d'un type particulier d'organisation comme norme et comme modèle pour l'analyse. Mais il faut remarquer que, dans l'état actuel de la théorie des organisations, on ne dispose pas souvent d'un tel modèle. Jusqu'à présent, la théorie des organisations s'est située le plus souvent à un niveau d'abstraction fort élevé et a énoncé surtout des propositions générales, qui s'appliquent également bien — mais aussi également mal — à toutes les organisations.

Il existe des différences considérables entre les divers types d'organisations ; par conséquent, toute théorie de l'organisation en général doit forcément être très abstraite. Elle peut servir de cadre pour la spécification — c'est-à-dire pour l'élaboration de modèles théoriques particuliers aux divers types d'organisations —, mais elle ne saurait se substituer à de tels modèles et être appliquée directement à l'analyse des organisations réelles[13].

Peut-être le meilleur appui à la thèse selon laquelle un modèle d'analyse du système peut être formulé et appliqué avec succès, se trouve-t-il dans une étude de B.S. Georgopoulos et A.S. Tannenbaum sur l'efficacité des organisations[14], une des rares études qui distingue explicitement, dans l'examen de l'efficacité, l'approche du but et celle du système. Au lieu de se centrer sur les buts des services de distribution des organisations étudiées, ces chercheurs ont construit trois index, mesurant chacun un des éléments fondamentaux du système : (1) la productivité du poste, (2) la tension interne de l'organisation, indiquée par l'existence de tensions et de conflits entre les sous-groupes, et (3) la souplesse de l'organisation, définie comme sa capacité à s'adapter à des changements externes ou internes. Une corrélation significative existait entre le score d'efficacité ainsi établi et les taux d'efficacité attribués aux 32 postes par différents experts et « initiés ». Ces postes furent alors comparés les uns aux autres selon ces dimensions, plutôt qu'appréciés en fonction d'une image de ce qu'aurait dû être idéalement un poste de distribution.

Un développement subséquent de tels index d'efficacité du système exigera l'élaboration d'une théorie de l'organisation suivant les points discutés ci-dessus, parce qu'il est nécessaire de disposer d'un instrument rationnel pour mesurer certains aspects précis du système.

Les modèles de survie et les modèles d'efficacité

L'analyse du système expose les relations qui, si elles existaient réellement, permettraient à une organisation de se maintenir et de fonctionner. Il existe deux sous-types principaux de l'analyse du système. Le premier peut être appelé un modèle de survie — c'est-à-dire un ensemble d'exigences qui, lorsqu'elles sont remplies, permettent au système d'exister. Dans un tel modèle, chaque relation spécifiée est un préalable au fonctionnement du système ; enlevez l'une d'elles et le système cesse de fonctionner, telle une machine dont on a ôté les bougies d'allumage. Le second sous-type est un modèle d'efficacité. Il définit une structure d'interrelations entre les éléments du système, qui le rendrait plus efficace pour servir un but donné, par comparaison avec d'autres combinaisons des mêmes éléments ou d'éléments similaires. La question est ici : Quel type de bougie d'allumage permettrait à la machine de fonctionner sans heurts ?

Il y a une différence considérable entre ces deux sous-modèles. Des alternatives également satisfaisantes du point de vue du modèle de survie peuvent avoir une valeur différente du point de vue du modèle d'efficacité. Le modèle de survie fournit une réponse du type « oui » ou « non » à la question : Telle relation particulière est-elle nécessaire ? Le modèle d'efficacité nous renseigne sur l'efficacité relative d'alternatives différentes ; il existe 1, 2, 3, ..., jusqu'à n choix possibles. Deux structures ne sont que rarement des alternatives achevées dans ce sens — c'est-à-dire qu'elles n'ont que rarement la même valeur d'efficacité. Le modèle de survie ne recense pas les changements significatifs dans les opérations de l'organisation ; ce modèle se demande seulement si les exigences de base de l'organisation sont remplies. Utiliser le modèle d'efficacité permet au contraire d'évaluer les changements survenus dans l'organisation, ainsi que la manière dont ils affectent la capacité de l'organisation à poursuivre ses objectifs, par comparaison avec un état antérieur ou avec d'autres organisations de même espèce.

Notes

(1) R. Michels. *Political Parties*, New York, Dover, 1959.

(2) S.M. Lipset, M.A. Trow et J.S. Coleman. *Union Democracy*, Glencoe, Ill., The Free Press, 1956.

(3) S.D. Clark. *Church and Sect in Canada*, Toronto University Press, 1948.

(4) R.K. Merton. *Social Theory and Social Structure*, Glencoe, Ill., The Free Press, 1957, p. 197 sqq.

(5) P. Selznick. « An Approach to a Theory of Bureaucracy », *American Sociological Review*, 8, 1943, p. 49. Cité par D.L. Sills. *The Volunteers*, The Free Press of Glencoe, 1957, p. 64.

(6) D.L. Sills. *Op. cit.*, p. 64.

(7) F.R. Dulles. *The American Red Cross : A History*, New York, Harper, 1950. Cité par D.L. Sills. *Op. cit.*, p. 62.

(8) *The Faculty Handbook* of Columbia University, 1962, p. 31.

(9) Il est à noter que l'auteur fait référence ici à son ouvrage *Les Organisations modernes*.

(10) Pour une discussion de ce point de vue et ses références dans la littérature, voir A. Etzioni. « Two Approaches to Organizational Analysis : A Critique and a Suggestion », *Administrative Science Quarterly*, 5, 1960, p. 257-278.

(11) Pour une discussion de ce concept, voir l'ouvrage d'A. Inkeles. *What is Sociology ? An Introduction to the Discipline and Profession*, Englewood Cliffs, N.J., Prentice-Hall Inc. Dans le présent contexte, il renvoie à des constructions conceptuelles, ou métathéories.

(12) L'expression « besoins fonctionnels » se réfère simplement aux besoins qui doivent être remplis pour que l'unité particulière dont il est question puisse fonctionner. Pour une discussion plus approfondie de ce concept essentiel, voir A. Inkeles. *Op. cit.*

(13) On trouvera un essai de fournir des modèles à l'analyse des différents types d'organisations dans A. Etzioni. *A Comparative Analysis of Complex Organizations*, The Free Press of Glencoe, 1961.

(14) B.S. Georgopoulos et A.S. Tannenbaum. « A Study of Organizational Effectiveness », *American Sociological Review*, 22, 1957, p. 534-540.

Le paradigme de l'objectif et notes pour un contre-paradigme*

par Petro Georgiou

[...] Au cours des dernières années, les analystes de l'organisation ont abordé l'étude de leur propre discipline (Scott, 1964 ; Etzioni, 1960 ; Gouldner, 1959 ; Blau, 1963 ; Thompson, 1968 ; McGuire, 1961 ; March et Simon, 1958). Ils arrivent généralement à la conclusion que le syntagme « théorie de l'organisation » est davantage l'expression d'une aspiration qu'un reflet de la réalité. Selon eux, il n'y a pas de conceptualisation largement acceptée de l'organisation, qui pourrait servir à définir les faits, à isoler les problèmes pertinents et à proposer une méthodologie de recherche. Il n'existe, à l'heure actuelle, qu'une accumulation d'ouvrages de toutes sortes traitant des organisations :

> « [...] des schémas conceptuels, plus ou moins bien développés, qui se concentrent sur divers aspects des organisations ; un amas toujours plus grand de généralisations empiriques, parfois reliées aux schémas conceptuels mais très souvent peu en rapport avec ces derniers ; quelques études descriptives d'organisations concrètes et de sections d'organisations ; et [...] des ouvrages attaquant ou défendant certains aspects des organisations, ou même leur existence, ou encore offrant des conseils pratiques aux différentes personnes qui œuvrent ou qui aspirent à œuvrer au sein des organisations » (Scott, 1964, p. 485).

Par opposition à cela, on considère dans cet article que l'étude des organisations a une unité profonde puisqu'elle a été dominée, depuis ses débuts, par l'idée que les organisations sont des instruments servant à

---

* Traduit de : GEORGIOU, P. « The Goal Paradigm and Notes Towards a Counter Paradigm », *Administrative Science Quarterly*, 18(3), sept. 1973, p. 291-310.
Reproduit avec la permission d'*Administrative Science Quarterly* (1985).

atteindre des objectifs. S'il y a cette perception fort répandue que l'analyse de l'organisation manque d'unité, c'est qu'on ne tient pas compte du fait que, peu importe le schéma conceptuel auquel adhère un spécialiste, peu importe le caractère prétendument distinctif de ce schéma conceptuel, peu importe le caractère différent d'une recherche empirique sur les organisations, « peu importe ce que les auteurs ont à dire sur ce sujet en général, il semble y avoir consensus [...] sur l'idée que c'est la présence d'un objectif qui distingue une « organisation » de toutes les autres formes de systèmes » (Gross, 1969, p. 227). C'est cette idée que les organisations sont des instruments servant à atteindre un objectif qui constitue la conceptualisation commune dont les critiques de différentes disciplines déplorent l'absence.

Cette idée, si fondamentale qu'elle est incarnée dans la dérivation même du mot « organisation » (qui provient du terme grec pour outil), est ici appelée *paradigme de l'objectif.* Nous préférons le terme « paradigme » aux termes « théorie » ou « modèle », qui sont souvent utilisés indifféremment dans la littérature. D'une part, alors que dans un domaine particulier il peut y avoir de nombreux modèles ou théories contradictoires qui se disputent la suprématie et des adhérents, le terme paradigme fait référence à une conceptualisation acceptée presque unanimement. D'autre part, alors qu'une théorie est acceptée comme une hypothèse susceptible d'être réfutée empiriquement, un paradigme est un article de foi, qui n'est rejeté que lorsqu'il perd de sa force à la suite d'une expérience de conversion quasi religieuse (Kuhn, 1962, p. 150).

Il est facile de démontrer l'existence du paradigme de l'objectif. Même un examen rapide de la littérature sur les organisations, peu importe la théorie ou le modèle utilisé, permet de constater l'importance des objectifs organisationnels, mais en même temps la faible portée des études portant sur les objectifs (voir cependant la critique pénétrante qu'a faite Albrow en 1968). L'attention porte presque exclusivement sur l'efficacité des organisations dans la réalisation de leurs objectifs, sur la façon de rendre les organisations plus efficaces, ou sur les processus par lesquels les objectifs sont atteints, détournés ou déplacés. Il est rare que les analystes cherchent à savoir si les organisations ont des buts ; on pose leur existence d'une façon indiscutée et indiscutable. La seule difficulté, en autant qu'on en reconnaisse une, c'est de déterminer quels sont les objectifs précis d'une organisation particulière. (Pour des discussions sur les objectifs, voir Perrow, 1961, 1968 ; Etzioni, 1964, p. 5, 19 ; Sills, 1957, p. 253-270 ; Warner et Havens, 1968 ; Simon, 1964 ; Parsons, 1956 ; Clark, 1956 ; Cressey, 1958 ; Cyert et March, 1963, p. 26-43 ; Thompson et McEwen, 1958.)

Pourtant, presque invariablement, les études démontrent qu'il est inutile de concevoir les organisations comme des instruments servant à atteindre des objectifs. Si le paradigme de l'objectif conserve son importance, ce n'est pas à cause des éclaircissements qu'il apporte, mais parce qu'il est si profondément ancré dans notre conscience qu'il est devenu une réalité plutôt qu'une construction théorique qu'on abandonne lorsqu'elle n'est plus utile. Le paradigme de l'objectif est devenu intellectuellement inutile, et on y fait entrer de force tous les résultats et même les contre-paradigmes naissants, sans tenir compte des possibilités qu'ils pourraient nous offrir pour une meilleure compréhension de la réalité.

L'ÉVOLUTION DU PARADIGME DE L'OBJECTIF

Le paradigme de l'objectif classique : origines et faiblesses

La grande qualité du paradigme de l'objectif viendrait du fait que c'est une extrapolation logique à partir des caractères distinctifs de l'organisation moderne — comme la bureaucratie publique et l'entreprise commerciale — telle qu'elle s'est développée aux XIXe et XXe siècles. Comparée à d'autres groupes sociaux, l'organisation moderne se distingue par la création consciente d'un réseau de rôles, d'une division du travail, d'une hiérarchie de l'autorité et d'un système de règlements. Ces caractéristiques dominantes ont naturellement conduit à l'idée que les organisations pourraient être mieux comprises comme instruments servant à atteindre des objectifs. En effet, comment pourrait-on élaborer une structure de rôles, déterminer des formes de pouvoir, diviser le travail et établir des règlements, s'il n'existait pas un objectif de départ, amenant la naissance de l'organisation et déterminant sa structure et ses opérations ? En conséquence, l'organisation est perçue comme :

« [...] un instrument, un moyen délibéré et rationnel pour atteindre des objectifs connus. Dans certains cas, les objectifs sont explicites ; dans d'autres cas, les objectifs sont censés être évidents, par exemple la supposition selon laquelle l'objectif d'une entreprise commerciale privée est de maximiser les profits » (Thompson, 1968, p. 397).

Certaines analyses empiriques ont démontré la faiblesse de cette version classique du paradigme de l'objectif. Les objectifs explicites de l'organisation sont souvent apparus vagues, contradictoires, multiples et ne donnant aucune indication claire quant à leur importance respective. Par exemple, Shubik (1961, p. 109-110), en examinant les politiques formelles d'une compagnie, a découvert que « l'objectif de profit était complété ou même remplacé par des engagements envers les consommateurs et le personnel de la firme, envers la croissance de l'entreprise, le progrès technologique, et la société en général » (Albrow, 1968, p. 154). Même lorsque les buts sont explicites, ils ne spécifient généralement pas les moyens à prendre. Même lorsque le profit est le but avoué, on ne spécifie pas s'« il faut privilégier la qualité ou la quantité, ou s'il faut courir des risques pour obtenir des profits à court terme ou opter pour la stabilité et les profits à plus long terme » (Perrow, 1961, p. 855). Cette difficulté est amplifiée par le fait que les objectifs explicites sont souvent sans rapport avec le comportement organisationnel. Ainsi,

Michels (1962) a montré que les objectifs officiels des partis politiques démocratiques différaient de façon substantielle du fonctionnement réel de ces partis. Merton (1957) a attiré l'attention sur le processus par lequel les objectifs sont subordonnés aux moyens, étant donné que les membres d'une organisation traitent les règlements comme des fins plutôt que comme des moyens pour atteindre l'objectif organisationnel premier. L'école des « relations humaines » (Roethlisberger et Dickson, 1939 ; Mayo, 1945) ainsi que plusieurs autres analystes ont découvert que les personnes œuvrant au sein des organisations ne sont pas seulement des « employés » ou des « officiels » et qu'ils résistent souvent au comportement qui leur est officiellement prescrit. Les compromis qui en résultent changent parfois tellement l'organisation que les objectifs déclarés deviennent sans rapport avec le comportement réel de l'organisation, ce qui limite considérablement la capacité de comprendre les organisations à partir de leurs objectifs.

Un modèle alternatif : le système naturel ? Gouldner, Selznick et Parsons

Selon Gouldner (1959), les faiblesses de la conception classique du paradigme de l'objectif (qu'il appelle « modèle rationnel ») ont favorisé l'émergence d'un modèle alternatif, celui du système naturel, selon lequel on considère les organisations comme des « organismes ». Bien que conçues dans le but d'atteindre un objectif, les organisations engendrent des besoins qui leur sont propres, le premier étant de survivre. La satisfaction de ces besoins a pour résultat de reléguer les objectifs au second plan. Le changement organisationnel ne découle pas d'un plan délibéré, mais de la défense spontanée de l'équilibre organisationnel — une réponse provoquée et dirigée par des valeurs profondément intériorisées par les membres. Selon Gouldner (p. 406), les théoriciens des systèmes naturels « ont tendance à considérer l'organisation comme un tout, qui « croît » organiquement et a une « histoire naturelle » propre qui n'est modifiée de façon planifiée qu'à grand risque, et même, il n'est pas certain qu'on puisse la modifier ». Cependant, les travaux de Selznick et de Parsons — auteurs qui, selon Gouldner, représentent le mieux l'approche du système naturel — apportent peu de soutien à l'idée qu'il s'agit d'une bifurcation réelle, et non seulement potentielle, dans l'étude des organisations. Cette étude indique plutôt que le système naturel et les modèles rationnels ne sont pas des schémas conceptuels contradictoires, mais plutôt des étapes dans l'évolution du paradigme de l'objectif.

Selznick (1948, 1949, 1957) parle de crise du paradigme de l'objectif. Il affirme que c'est une erreur de considérer les organisations comme des instruments rationnels servant à atteindre des objectifs. Pour lui, les planificateurs ne peuvent jamais espérer supprimer les aspects non rationnels du comportement organisationnel et les formes spontanées qui surgissent parallèlement à la structure organisationnelle formellement établie :

> « Les plans et les programmes reflètent la liberté de faire des choix techniques ou idéaux, mais l'action organisée ne peut échapper à la participation et à l'engagement du personnel et des institutions, ou aux procédures qui modifient les plans initiaux » (Selznick, 1948, p. 32).

Quand les structures informelles sont établies solidement, l'organisation prend de la maturité et « elle acquiert une personnalité et une identité distinctives » (1957, p. 21). D'instrument remplaçable, infiniment manipulable qu'elle était, elle se transforme en institution que les membres considèrent comme une fin en soi. Par conséquent, les organisations peuvent mieux se concevoir comme des « communautés naturelles », des « structures sociales adaptables » — dont l'intérêt principal est de se maintenir et de préserver leur caractère — plutôt que comme des instruments techniques pour la poursuite d'objectifs.

Gouldner (1955, 1959, p. 409-410) accuse Selznick de faire du « pathos métaphysique conservateur et antilibéral » lorsqu'il fait ressortir la fragilité des efforts organisationnels orientés vers l'atteinte d'objectifs, notamment d'objectifs libéraux. Il semble inutile de critiquer Selznick de la sorte, car sa position n'est qu'une façade (voir Wolin, 1961, p. 412-414). En fait, Selznick est un défenseur subtil mais engagé du paradigme de l'objectif. Son attaque porte sur l'idée que les objectifs organisationnels sont « des éléments donnés au départ et qui ne sont pas problématiques pour l'établissement d'organisations et pour la prise de décision » (Selznick, 1957, p. 74). Cela, dit-il, constitue une évasion à un problème organisationnel important — celui d'établir et de maintenir des objectifs dans une situation interne et externe qui change constamment ; cela constitue aussi une « retraite derrière la technologie » qui ne peut qu'aboutir au péché organisationnel suivant : « une histoire d'adaptation opportuniste et effrénée [...] » (p. 75). De la même façon, le fait de traiter les organisations comme des outils inertes qui ne requièrent que l'application de principes mécaniques conduit à une distorsion des objectifs, puisque cela rend incapable de comprendre et de prévoir les changements auxquels une organisation, « organisme flexible et adaptable » (p. 5), doit faire face. La solution à ce problème dépasse la technologie et elle exige qu'on reconnaisse le caractère récalcitrant des organisations et l'importance d'un leadership créateur. La responsabilité d'un directeur administratif consite à « définir les objectifs d'un groupe, à concevoir une organisation distinctivement adaptée à ces objectifs et à s'assurer que cette conception devient une réalité vivante [...] en transposant ces objectifs dans la structure sociale de l'entreprise, ou [...] en transformant un groupe neutre d'hommes en une constitution engagée » (p. 37 et 90).

Il m'apparaît donc curieux que Selznick ait été considéré comme l'instigateur d'un groupe critique en analyse des organisations. L'accent qu'il a mis sur la dimension organismique du comportement organisationnel a été l'amorce, non pas d'un modèle de système naturel, mais d'une reformulation et d'une réaffirmation de foi dans le paradigme de l'objectif. Souligner la « récalcitrance des instruments d'action » avait pour but d'exorciser du paradigme ses postulats les plus grossiers et mécanistes puisque, dans la pratique, ils risquent de miner les caractéristiques essentielles des organisations en tant qu'instruments servant à atteindre des objectifs.

Quant à Parsons (1956, p. 64), sa définition des organisations appuie à fond le paradigme de l'objectif : « Comme point de référence analytique formel, la primauté de l'orientation vers la réalisation d'un objectif spécifique est utilisée comme la caractéristique qui définit une organisation et qui la distingue des autres types de systèmes sociaux. »

En résumé, le paradigme de l'objectif a toujours été au coeur de la conceptualisation des organisations. Le modèle du système naturel n'est rien de plus qu'une sophistication et une articulation du paradigme de l'objectif, en réponse aux faiblesses qui existaient dans sa version classique : il absorbe les faits contraires tout en laissant son essence intacte. Le fait que les objectifs déclarés révèlent peu de chose sur le comportement organisationnel a conduit à une recherche des objectifs réels ou opérationnels. Les organisations sont encore considérées comme des outils, mais on met maintenant l'accent sur leur tendance, entre les mains de leurs maîtres, vers le déplacement et la distorsion des objectifs. C'est maintenant devenu « un des problèmes centraux en analyse des organisations [...] que de montrer la tendance de certaines organisations à se concentrer sur des activités et des programmes qui apportent une contribution relativement peu importante à la réalisation de leurs objectifs principaux » (Warner et Havens, 1968, p. 540).

Gouldner lui-même, malgré sa croyance en la séparation radicale des deux modèles, soutient (1959, p. 426) que les analystes ont pour tâche de les fusionner en un modèle plus puissant, modèle qui « aiderait à analyser les caractéristiques distinctives d'une organisation moderne en tant que bureaucratie rationnelle, les caractéristiques qu'elle partage avec d'autres types de systèmes sociaux, et les rapports de ces caractéristiques les unes avec les autres ». Une telle opération ne pourrait que vider le modèle du système naturel de ce que Gouldner considérait comme ses caractères distinctifs, tout en ne nécessitant que des modifications mineures au paradigme de l'objectif.

Etzioni et les objectifs réels

La tâche de synthèse que proposait Gouldner a été entreprise par Etzioni. Ses travaux sont un exemple du processus de sophistication par lequel est passé le paradigme de l'objectif. C'est un exemple merveilleux de l'ingéniosité utilisée pour conserver le paradigme de l'objectif, et de la futilité de cet effort. Etzioni (1960, 1961, 1964) fait une distinction entre le modèle de l'objectif et le modèele du système naturel. Le modèle de l'objectif « met l'accent sur l'étude des objectifs et des organisations en tant que leurs servantes, obéissantes ou non [... et] il présente certains désavantages pour l'étude et pour l'évaluation des organisations » (1964, p. 16). En raison de cela, Etzioni préconise l'adoption du modèle systémique, qui « met en évidence les rapports qui doivent exister pour qu'une organisation soit en mesure de fonctionner ». Ce modèle a l'avantage de considérer les organisations comme des unités multifonctionnelles (comprenant des groupes variés avec des optiques différentes) et, de ce fait, il indique au chercheur les dangers d'avoir un point de vue partisan. « Bref, déclarait Etzioni (1960, p. 278), le modèle systémique fournit non seulement un modèle plus adéquat mais aussi un point de vue moins biaisé. »

Il y a deux types de modèles systémiques : le modèle orienté vers la survie et le modèle orienté vers l'efficacité. Le modèle orienté vers la survie spécifie les rapports nécessaires pour que le système existe, et il ne peut répondre que par oui ou non aux questions sur le caractère fonctionnel d'une relation particulière. Le modèle orienté vers l'efficacité, qu'Etzioni préfère (p. 271-272), « définit un modèle d'interrelations parmi les éléments du système, interrelations qui peuvent le rendre très efficace pour l'atteinte d'un objectif donné ». Il faut cependant se demander ceci : si les organisations ne peuvent pas être analysées en tant que servantes d'objectifs, comment peut-on faire des affirmations à propos de leur efficacité, qui soient autre chose qu'une simple réponse positive ou négative à la question : L'organisation survit-elle ? [...] La réponse qu'Etzioni donne quant aux raisons qui l'ont poussé à adopter un modèle orienté vers l'efficacité (p. 273), c'est que « si [...] on accepte la définition selon laquelle les organisations sont des unités sociales orientées vers la réalisation d'objectifs spécifiques, l'application du modèle d'efficacité est particulièrement justifiée [...] ». On ne discute jamais pourquoi quelqu'un, spécialement Etzioni qui a critiqué le modèle de l'objectif, devrait accepter cette définition.

Ainsi, Etzioni a assimilé le modèle systémique au paradigme de l'objectif. Il a cependant rejeté les objectifs officiels parce qu'ils ne sont généralement destinés qu'à la consommation publique, et il s'est concentré sur les objectifs réels (1964, p. 7), « ces états futurs vers lesquels sont orientées la plupart des moyens de l'organisation et les engagements les plus importants des participants envers l'organisation ». Ces objectifs réels sont le résultat de conflits entre les individus, les services et les strates sociales, et ils ne peuvent être identifiés qu'après « un examen et une extrapolation des processus organisationnels en cours » (1961, p. 72).

Ce concept semble éviter le formalisme excessif du paradigme de l'objectif classique. Concrètement cependant, il donne naissance à certains problèmes et ses implications négatives pour l'étude de l'efficacité ne sont pas toujours reconnues. Etzioni soutenait que le chercheur sensibilisé par le modèle de l'efficacité aux besoins systémiques du type d'organisation qu'il étudie, après avoir déterminé ses objectifs réels, peut juger « jusqu'à quel point l'allocation des ressources de l'organisation s'approche d'une distribution optimale » (1960, p. 282), et jusqu'à quel point des changements ont un effet sur la capacité de l'organisation de « servir ses objectifs, comparativement à ce qu'elle était avant ou à d'autres organisations du même type » (1964, p. 19). Cela ressemble à une tautologie qui rend toute la question de l'efficacité dénuée de sens ; à tout le moins, cela empêche l'analyste d'apporter des arguments substantiels à propos de l'efficacité organisationnelle.

Si les objectifs réels sont dérivés de l'observation des « processus organisationnels en cours », alors la distribution effective des ressources ne peut être très différente de la distribution optimale. De plus, tout changement dans la distribution signifie, par définition, que les objectifs réels ont changé. Par conséquent, soit qu'on ne puisse rien dire sur la façon dont les changements altèrent la capacité d'une organisation d'atteindre ses objectifs, parce que l'organisation poursuit maintenant de nouveaux objectifs, soit (et c'est le choix que fait apparemment Etzioni) que les objectifs réels identifiés par le chercheur à un moment donné deviennent sacro-saints. Un objectif réel, reflétant le fonctionnement d'une organisation (et les intérêts de la coalition dominante) au point X, se transforme alors en un objectif organisationnel éternel et légitime. Les changements subséquents dans le fonctionnement de l'organisation, et la modification des objectifs qui s'ensuit, sont qualifiés de subversion ou de déplacement ; l'organisation « substitue à son objectif légitime un autre objectif pour lequel elle n'as pas été créée, pour lequel elle n'a pas reçu les ressources et qu'on ne lui connaît pas » (Etzioni, 1964, p. 10).

Outre ces problèmes, il y a la question importante de savoir si on peut identifier des objectifs réels. Ce concept est-il opérationnel ou, plus précisément, peut-il devenir opérationnel ? Etzioni et d'autres qui ont poursuivi son raisonnement (Price, 1968) ont offert peu de chose pouvant, dans la pratique, servir de lignes directrices. Comment peut-on « extrapoler à partir de processus organisationnels en cours » ?

L'importance de ces difficultés explique le retour d'Etzioni aux objectifs « évidents » du paradigme de l'objectif classique. Après avoir donné son appui au modèle orienté vers l'efficacité et exposé sa notion d'objectifs réels, Etzioni (1964, p. 78-79) déclare : « L'objectif organisationnel d'une entreprise privée est de faire des profits. Ses principaux moyens sont la production et l'échange. [...] Lorsqu'une orientation professionnelle domine, cela tend à « déplacer » l'objectif de profit des organisations économiques privées.»

Perrow et les objectifs opérationnels

Une tentative plus élégante de retenir les objectifs comme variable importante pour la compréhension des organisations, tout en évitant les difficultés inhérentes aux objectifs officiels, est le concept d'objectifs opérationnels élaboré par Perrow (1961, p. 855-857) :

> « [Ces objectifs] désignent les fins poursuivies à travers les politiques opérationnelles de l'organisation ; ils nous disent ce que l'organisation tente véritablement de faire, indépendamment de ses objectifs officiels. Les objectifs opérationnels sont élaborés par le groupe dominant ; ils reflètent les impératifs de la tâche jugée cruciale [pour l'organisation] et ils reflètent certaines caractéristiques des membres du groupe dominant (leurs perspectives selon leur formation, leur cheminement de carrière et leurs sphères de compétence) et les usages officieux auxquels ils soumettent l'organisation pour parvenir à leurs propres fins. »

C'est une approche plus satisfaisante puisque les objectifs opérationnels se comprennent en fonction des fins d'un groupe particulier au sein de l'organisation, plutôt qu'en fonction d'un ensemble abstrait d'objectifs organisationnels. C'est aussi une approche extrêmement valable en ce qui a trait à la vision des organisations comme véhicules utilisés par divers groupes dans le but d'atteindre des objectifs particuliers, à la possibilité d'isoler les facteurs qui contribuent à la formation des objectifs des divers groupes, et enfin à l'identification des impacts que peut avoir sur le comportement organisationnel la domination d'un groupe plutôt qu'un autre. La faille la plus importante réside dans la supposition que les objectifs d'un groupe peuvent effectivement déterminer le fonctionnement de l'organisation.

Toute organisation, dit Perrow, doit s'acquitter de quatre tâches fondamentales : obtenir des entrées de capital, assurer sa légitimité, rassembler des personnes compétentes, et effectuer une coordination interne et externe. Il est peu probable que ces tâches soient simultanément d'égale importance. Le groupe qui accomplit la tâche la plus importante pour l'organisation à un moment donné domine et façonne l'organisation à sa propre image.

Il est vrai qu'à un moment donné, une tâche particulière peut devenir importante aux yeux des membres de l'organisation. Par exemple, si toutes les autres tâches sont accomplies adéquatement et qu'il est difficile d'obtenir des capitaux pour l'expansion des effectifs, ceux qui sont capables de les obtenir peuvent exercer une plus grande influence que lorsqu'il était plus facile ou moins urgent de trouver du financement. Cette augmentation de leur pouvoir provient du fait que les autres collaborateurs ont renoncé, de plein gré ou non, à une partie des récompenses qu'ils retiraient précédemment en échange de l'argent dont ils avaient besoin. Il est toutefois faux de soutenir qu'une tâche peut être plus importante qu'une autre. Dans un sens fonctionnel, toutes les tâches sont d'égale importance — si une tâche n'est pas accomplie, il est difficile, voire impossible, d'accomplir les autres tâches. La difficulté d'une tâche particulière, le fait qu'elle soit considérée comme critique, ne signifie pas qu'elle est la plus importante, ou que l'importance des autres tâches en est réduite.

Il est important de reconnaître l'importance égale des diverses tâches de l'organisation ainsi que leur interdépendance. Autrement, on aboutit au concept de groupe dominant, considéré comme indépendant de toutes les autres contributions qui, de leur côté, en dépendent presque entièrement. Perrow (p. 856 et 861) attribue au groupe dominant un pouvoir quasi absolu, définissant la domination comme « un phénomène plus envahissant, plus profond et plus vaste que l'autorité ou le pouvoir. [...] C'est] la capacité de contrôler toutes ou presque toutes les actions des autres ».

Le comportement organisationnel ne peut pas être entièrement déterminé par les objectifs d'un groupe. Ces objectifs sont modifiés, conditionnés et limités par la nécessité de satisfaire les exigences des autres groupes dont le groupe dominant dépend pour réaliser ses propres objectifs ou, plus précisément, une partie de ses objectifs.

Pour illustrer ce point, Perrow utilise l'exemple des hôpitaux. Aucun des trois groupes qu'il mentionne — administrateurs, gestionnaires ou médecins — ne peut atteindre le degré de contrôle nécessaire à un groupe dominant, parce que la réalisation des objectifs de chaque groupe dépend des ressources que les autres groupes possèdent. C'est là que se trouve la réponse aux interrogations de Perrow (p. 859) concernant l'échec des médecins à dominer tous les hôpitaux, malgré la « complexité et la spécialisation croissantes des compétences des médecins, leur formation professionnelle, le pouvoir de la médecine organisée et le prestige qui leur est accordé dans la société ». Si importants que soient ces atouts, ils n'impliquent pas le contrôle total du temps, de l'argent, du prestige et des compétences multiples qui pourraient rendre les médecins suffisamment indépendants des autres collaborateurs, pour les rendre dominants au sens où Perrow l'entend. De plus, le pouvoir est distribué dans toute l'organisation. Des groupes autres que les médecins, les gestionnaires et les administrateurs contrôlent des ressources qui leur permettent de jouer un rôle important dans la détermination du comportement organisationnel, par exemple le personnel infirmier (voir Scheff, 1961 ; Mechanic, 1962).

Si les objectifs opérationnels devaient être identifiés dans l'étude extrêmement soignée que Perrow (p. 856) propose, y compris l'analyse de « séries de décisions mineures », les hôpitaux ressembleraient probablement plus à ce que Perrow (p. 860-861) décrit comme des organisations à leadership multiple qu'à des organisations dominées par un seul groupe.

Blau et Scott : *Cui bono* ?

Le paradigme de l'objectif, il faut le redire, n'est pas qu'un ajout à l'étude des organisations, ou un résidu d'une période moins sophistiquée qui peut facilement être éliminé afin de garder intactes la plupart des analyses portant sur les organisations. L'intérêt que l'on porte aux objectifs organisationnels est plus qu'une simple préoccupation intellectuelle pour pouvoir étudier le problème de l'efficacité organisationnelle. Cet intérêt découle de la croyance que les organisations sont des instruments servant à atteindre des objectifs, la poursuite d'objectifs devenant alors la variable primordiale qui détermine le comportement organisationnel. Cela apparaît clairement dans les tentatives qui sont faites pour construire des typologies basées sur un principe taxonomique unique (Burns, 1967, p. 119).

La typologie de Blau et Scott (1963) en est un bon exemple. La base de cette classification est le critère « *cui bono* » parce que « l'identité du bénéficiaire principal des opérations d'une organisation entraîne des conséquences importantes sur les caractéristiques structurales de cette organisation » (p. 57). Ce raisonnement découle de l'adhésion de Blau et Scott (p. 1) au paradigme classique de l'objectif, selon lequel les organisations sont « établies dans le but explicite d'atteindre certains objectifs ». Plus spécifiquement, les organisations sont créées pour servir les intérêts d'un groupe particulier, à savoir le bénéficiaire principal. Quatre types d'organisations sont alors identifiées : les mutuelles, les entreprises, les organisations de services et les organisations de l'État, qui profitent respectivement aux membres, aux propriétaires, aux clients et au public en général. Tout en soulignant que tous les groupes qui contribuent à l'organisation en tirent certains avantages, Blau et Scott (p. 43) affirment cependant l'utilité du concept de bénéficiaire principal, car « les avantages qu'en tire un groupe fournissent les raisons pour lesquelles l'organisation existe, tandis que les avantages qu'en tirent les autres groupes en sont essentiellement le coût ». L'illustration utilisée par Blau et Scott pour souligner la différence qui existe entre le bénéficiaire principal et les autres groupes, est le cas de l'entreprise où « le bénéficiaire principal est le propriétaire de la firme. Il l'a établie dans le but de faire un profit et il la fermera si elle fonctionne à perte pendant une longue période ».

Le problème avec cette définition du bénéficiaire principal, c'est que presque tous les groupes membres de l'organisation peuvent y correspondre. Par exemple, si les employés trouvent qu'il n'est plus dans leur intérêt de travailler pour l'organisation, ou les clients d'acheter les produits de cette organisation, alors l'organisation devra cesser ses opérations de la même façon qui si les profits des propriétaires cessent d'exister. La survie de l'organisation dépend donc de sa capacité d'obtenir une contribution des divers individus qui la composent, chacun faisant ses propres calculs de coûts−bénéfices. Par conséquent, pour que les contributions continuent, la structure et le fonctionnement de l'organisation doivent refléter ces calculs.

Par ailleurs, Blau et Scott reconnaissent que souvent les personnes qui prennent les décisions clés concernant la structure et le fonctionnement de l'organisation n'en sont pas les bénéficiaires principaux, comme dans les syndicats oligarchiques ou les entreprises publiques. Lorsque c'est le cas (et les études des organisations classées comme mutuelles, c'est-à-dire les « partis politiques, organisations de charité, clubs, associations de vétérans, organisations professionnelles et sectes religieuses » (p. 45), semblent indiquer que ces organisations sont en effet oligarchiques), il est clair que la valeur analytique de la typologie proposée par Blau et Scott s'en trouve sérieusement diminuée.

Toute tentative pour surmonter cette difficulté ne fait que l'augmenter plutôt que la réduire, puisque Blau et Scott sont obligés d'affirmer que le pouvoir doit résider entre les mains du bénéficiaire principal. Ainsi, un changement d'identité du groupe ayant le pouvoir dominant — par exemple, lorsque le pouvoir passe des membres à un leader oligarchique dans une mutuelle, ou des propriétaires aux cadres supérieurs dans une entreprise — signifie un changement de type d'organisation (p. 44). La typologie ne tient cependant pas compte de ces changements. À quelles catégories appartiennent les syndicats oligarchiques et les sociétés publiques ? L'argumentation de Blau et Scott est aussi problématique du fait que le groupe « qui doit retirer des avantages » de l'organisation peut le faire même si le pouvoir a changé de main. En effet, le fait que le bénéficiaire principal ait le pouvoir peut être nuisible aux avantages que recherche ce bénéficiaire principal. La raison pour laquelle « les contrôles démocratiques sont souvent sacrifiés » dans les syndicats est que le leadership oligarchique existe « dans le but de promouvoir l'accomplissement effectif des objectifs » (p. 48).

Le fait que les syndicats non démocratiques soient efficaces — peu importe que les motifs des chefs oligarchiques soient altruistes ou intéressés — n'indique-t-il pas que le bénéficiaire principal n'a pas changé ? Tout comme pour les syndiqués, les actionnaires peuvent accepter que le pouvoir soit exercé par le directeur pourvu que cela produise les récompenses qu'ils désirent. Bien que les récompenses que ces groupes exigent soient extrêmement importantes, il est par ailleurs clair que les contraintes qu'ils imposent aux élites organisationnelles peuvent être extrêmement vagues et tolérantes. Ces groupes demeurent-ils les plus importants dans l'étude de la structure et du changement organisationnels ?

LES BASES D'UN CONTRE-PARADIGME

Les analystes de l'organisation ont été incapables de comprendre la réalité des organisations parce qu'ils ne voient l'organisation que comme un tout : une entité non seulement plus grande que la somme de ses parties, mais aussi tellement supérieure qu'elle est soustraite à l'influence des parties qui la composent. L'ensemble est considéré non comme le produit de l'interaction entre les parties, mais comme l'élément qui les détermine. L'organisation est dotée d'une personnalité alors que les individus qui la composent sont dépersonnalisés, simples acteurs au service des objectifs de l'organisation. Alors qu'il est généralement reconnu que les individus prennent part aux organisations dans le but d'atteindre leurs propres objectifs, que les organisations doivent s'adapter à ces fins si elles veulent survivre et que cette adaptation doit être continuelle puisque les membres de l'organisation exploitent les occasions qu'ils trouvent ou créent afin d'accroître leurs récompenses, tout cela a peu d'effet sur la façon de concevoir les organisations.

Les organisations selon Barnard

Plus que tout autre, Barnard (1938) a dépassé l'image des organisations comme instruments servant à atteindre des objectifs. Il les voit comme des systèmes coopératifs distribuant des récompenses incitatives. Selon lui, les individus contribuent de leurs activités aux organisations en échange de récompenses, la contribution de chaque individu dans la poursuite de ses buts particuliers représentant une contribution à la satisfaction des buts des autres. Au lieu de prendre les objectifs comme clé du comportement organisationnel, Barnard considère les motifs des individus prenant part aux organisations comme les éléments les plus importants. Ce n'est que lorsque ces motifs sont satisfaits que l'organisation peut continuer à fonctionner. Barnard affirme (p. 139) :

> « Les contributions d'efforts personnels, qui constituent l'énergie des organisations, sont consenties parce qu'il existe des rétributions. Les motifs égoïstes de conservation et de satisfaction personnelles constituent donc les forces dominantes. Dans l'ensemble, les organisations n'existent que lorsqu'elles sont capables de satisfaire ces motifs à moins que, à la place, elles puissent changer ces motifs. *L'individu est toujours le facteur stratégique fondamental dans l'organisation.* » (Les italiques sont de nous.)

Barnard considère donc les buts comme un élément essentiel de l'organisation, mais ce concept, bien qu'ambigu, présente peu de ressemblance avec la notion d'objectifs utilisée par les auteurs dont nous avons discuté précédemment. Pour Barnard, le but de l'organisation n'est pas la fin vers laquelle l'organisation est orientée, mais le moyen par lequel les collaborateurs obtiennent une satisfaction personnelle ; le but sert à décrire l'activité à laquelle sont consacrées les énergies des individus. Barnard (p. 154) s'est donné beaucoup de mal, par exemple pour souligner le fait que le but des entreprises industrielles privées n'était pas le profit mais la production. Plus récemment, Katz et Kahn (1966) ont utilisé une formulation similaire mais, à l'inverse de Barnard, ils ont fait du but un *facteur stratégique fondamental.*

Dans l'analyse de Barnard, le but est subordonné aux exigences des collaborateurs ; il sera ignoré, mis de côté ou modifié si la satisfaction des collaborateurs l'exige. Dans ce contexte, le succès de l'organisation ne peut pas être établi à partir du degré d'atteinte d'un objectif organisationnel ; il ne peut être établi que par le « test absolu » du système d'incitation, c'est-à-dire par la capacité de l'organisation de survivre en obtenant les contributions dont elle a besoin en échange de récompenses jugées suffisantes.

Malgré ses limites, l'analyse de Barnard a jeté les bases d'un contre-paradigme. En développant sa perception de l'organisation comme le moyen par lequel les individus poursuivent une diversité d'objectifs personnels, et en résolvant les ambiguïtés et les tensions contenues dans son travail en concordance avec cette idée centrale, Barnard peut aider l'étude des organisations à sortir de l'impasse conceptuelle du paradigme de l'objectif.

Une comparaison entre l'analyse de l'incitation et le paradigme de l'objectif

Le paradigme de l'incitation peut fournir un schéma conceptuel plus réaliste pour comprendre les organisations, aboutir à des généralisations et orienter fructueusement la recherche. Ce paradigme peut permettre de comprendre certains problèmes mis à jour par les études empiriques mais qui se sont avérés insolubles à la lumière du paradigme de l'objectif. Le changement organisationnel, le conflit, le déplacement et la succession de buts sont compatibles avec une conception des organisations comme des systèmes d'incitation, comme le résultat d'un processus organisationnel central — pensons aux ajustements constants qui doivent être faits dans l'organisation parce que les individus et les groupes s'efforcent d'augmenter, de conserver ou d'échanger les récompenses qu'ils obtiennent de l'organisation en retour des contributions qu'ils apportent.

Le paradigme de l'objectif ne peut pas résoudre de tels problèmes. Le cas du déplacement de buts représente le cas le plus extrême. Ce phénomène est en contradiction avec le postulat fondamental de ce paradigme et, par conséquent, ne peut pas être expliqué par lui. [...] Cela ne signifie pas que les analystes adoptant le paradigme de l'objectif ne comprennent rien au changement organisationnel : ils ont des explications sophistiquées traitant de récompenses et d'intérêts différentiels des divers participants à l'organisation. Mais ces explications sont irréconciliables avec la proposition selon laquelle les organisations sont des instruments servant à atteindre des objectifs. La nature même de leurs explications souligne la nécessité d'un autre modèle conceptuel.

Encore une fois, il faut ici souligner que le fait que les tenants du paradigme de l'objectif aient une telle conception du comportement organisationnel ne signifie pas que le paradigme de l'objectif soit le résidu d'une période moins sophistiquée et plus mécaniste, et qu'il n'ait plus de valeur. L'adhésion au paradigme de l'objectif implique une dissociation entre le schéma conceptuel et la réalité, réduisant ainsi la possibilité d'obtenir des résultats importants de la recherche empirique. Plus important encore, ce paradigme déforme même les conclusions des recherches empiriques. Dans les généralisations sur les organisations, ce n'est pas la poursuite d'intérêts individuels et communs qui est le déterminant principal du comportement organisationnel, mais plutôt la poursuite d'objectifs organisationnels. C'est ainsi qu'Etzioni (1961), dans son étude sur plusieurs recherches empiriques, reconnaît le caractère critique de la contrainte et l'importance de la résistance. Cependant, en formulant ses hypothèses sur les sources et le sens des changements organisationnels, il identifie particulièrement (p. 87) la « tendance vers un type d'organisation plus efficace » et il affirme (p. 15) :

« Les types congruents sont plus efficaces que les types incongruents. Les organisations subissent des pressions pour être efficaces. Par conséquent, dans la mesure où leur environnement le permet, *les organisations tendent à changer leurs structures de contrainte en passant du type incongruent au type congruent, et les organisations qui ont des structures de contrainte congruentes ont tendance à mieux résister aux facteurs qui les poussent vers des structures de contrainte incongruentes.* » (Les italiques sont d'Etzioni.)

Etzioni n'a toutefois pas précisé les forces qui poussent les organisations à être efficaces. Il lui apparaissait évident, puisque les organisations sont des instruments servant à atteindre des objectifs, qu'elles doivent nécessairement chercher à être efficaces. Cela nous amène à la question de Burns (1967, p. 121) : « S'il y a une telle pression vers la congruence, comment les organisations en arrivent-elles à être d'abord incongruentes ? »

Perrow (1967, p. 205) affirme que l'analyse de Barnard n'a de sens que

« [... pour] une organisation ordinaire avec un environnement stable. [...] Lorsqu'il s'agit d'activités non courantes, il est difficile de mesurer les rétributions et les contributions, et le modèle nous aide peu si ce n'est pour affirmer que si une personne demeure dans l'organisation et continue à produire, c'est parce qu'elle reçoit une rétribution qui doit au moins égaler sa contribution. »

La difficulté de mesurer est un point important et Barnard (1938, p. 240-257) l'a lui-même souligné. Mais il serait injuste de conclure que le modèle est peu utile. L'idée selon laquelle les organisations sont constituées de groupes d'individus à la poursuite de leurs propres récompenses ouvre la voie à une classification des sortes de récompenses que les individus recherchent au sein des organisations et, partant, à une compréhension des sources et des types de conflit organisationnel, des raisons du changement organisationnel et de la direction que peut prendre ce changement.

L'analyse de l'incitation de Clark et Wilson : potentialités et limites

Le pouvoir explicatif d'une analyse d'un système d'incitation a été démontré par Clark et Wilson (1961). Développant la théorie de Barnard, ils postulent que le système d'incitation est la variable importante du comportement organisationnel. Utilisant comme base de classification le « stimulant principal » qu'utilise l'organisation afin d'obtenir des contributions, ils présentent une typologie des organisations à trois volets : utilitaire, solidaire et orientée vers un but.

Les organisations utilitaires reposent principalement sur des stimulants matériels, c'est-à-dire sur « des récompenses qui ont une valeur monétaire ou qui peuvent facilement être converties » (p. 134). L'organisation est préoccupée par l'obtention de ressources matérielles. Les activités à l'aide desquelles cela se fait sont relativement flexibles et « peu d'attention est accordée aux objectifs derrière ces activités » (p. 139). Lorsqu'on mentionne les objectifs, c'est de façon ritualiste et dans le but de gagner une légitimité publique pour l'organisation, mais ceci a peu d'influence sur son comportement. Les conflits ont trait à la distribution des ressources matérielles plutôt qu'aux activités de l'organisation ou à ses objectifs.

Les organisations solidaires ont des stimulants intangibles provenant essentiellement de « l'acte d'association et comprenant des récompenses comme la socialisation, le plaisir, le sentiment d'appartenance et d'identification, le statut de membre, etc. » (p. 134). On met l'accent sur l'obtention de ressources solidaires, par exemple en recrutant des individus sociables et de statut élevé pour, en échange, rehausser leur prestige. On porte beaucoup d'attention à la formulation des objectifs car ceux-ci sont importants pour attirer des collaborateurs : les objectifs doivent être socialement acceptables, voire socialement approuvés, car le prestige organisationnel est essentiel. Néanmoins, les objectifs demeurent secondaires. Comme ils doivent être acceptables pour les collaborateurs, ils se caractérisent par une ambiguïté considérable et ils sont souvent modifiés pour satisfaire les collaborateurs actuels ou futurs. C'est la capacité de fournir des stimulants solidaires qui détermine la structure et le comportement organisationnels, l'un et l'autre ayant comme but de rehausser le prestige et l'attrait exercé par l'organisation plutôt que de réaliser des objectifs. Les conflits sont provoqués par la distribution du statut et par l'inclusion dans l'organisation de membres qui ne peuvent pas contribuer par des ressources solidaires adéquates.

Les organisations orientées vers un but utilisent leurs objectifs explicites comme stimulants : « les membres considèrent que la valeur et la dignité des fins elles-mêmes justifient les efforts fournis » (p. 146). À cause de cela, les objectifs tendent à être très généraux, car toute tentative pour les rendre plus spécifiques peut entraîner la perte de membres. En conséquence, les organisations orientées vers un but peuvent rarement agir de façon décisive et elles accordent de l'importance à la création d'un sentiment d'accomplissement, qui peut souvent être fallacieux : « une rhétorique concernant « les victoires morales » remplace souvent des accomplissements concrets [car], lorsque la flexibilité tactique n'est pas possible, les victoires morales doivent remplacer les réalisations concrètes » (p. 148). Dans les organisations orientées vers un but, lorsque ce but peut être spécifié, comme dans le cas des partis politiques idéologiques, l'engagement des membres est tel qu'un changement d'objectif ou même de tactique entraînera la perte de collaborateurs qui estiment que la raison pour laquelle ils appartiennent à l'organisation est maintenant disparue. Les conflits majeurs concernent la déclaration des objectifs, le rapport entre les moyens et les fins et la responsabilité lorsqu'il y a échec dans l'atteinte des objectifs déclarés.

La principale limite de l'analyse de Clark et Wilson provient de leur réticence à accepter les implications de leur prémisse fondamentale. Bien que Clark et Wilson soient d'accord avec la vision de Barnard (1968, p. 139) selon laquelle « l'individu est le facteur stratégique fondamental », ils déclarent (1961, p. 131) que « la chose la plus importante à connaître sur une organisation, c'est qu'elle est une organisation et qu'elle cherche à durer ». L'individu est alors réduit à un facteur tactique, et la clé permettant de comprendre les organisations, c'est le concept de « persistance » ou de « survie », concept qui est non seulement extrêmement difficile à définir mais qui est, selon Clark et Wilson eux-mêmes (p. 164), « trop grossier » pour comprendre certains aspects importants du comportement organisationnel. Plus précisément, le changement de perspective (de la poursuite individuelle de stimulants par l'intermédiaire de l'organisation aux efforts que fait l'organisation pour persister) met un frein à l'analyse de l'incitation. Dans le traitement que Clark et Wilson font des dirigeants et du pouvoir, la subordination de l'analyse de l'incitation à l'analyse de la survie est évidente, de même que les problèmes qui y sont rattachés.

Le rôle du dirigeant — qu'il accomplit parce qu'il en tire « sa réputation et, dans certains cas, sa subsistance et son succès matériel » (p. 134) — c'est d'assurer le maintien de l'organisation. Le dirigeant est vu comme omniscient et omniprésent, distribuant des stimulants à ses collaborateurs selon l'importance de leur contribution pour la survie de l'organisation. Le contrôle des stimulants par le dirigeant découle de la distinction qui est faite entre les activités, c'est-à-dire les contributions des individus à l'organisation, et les stimulants, qui sont les récompenses provenant de l'organisation (p. 133). Le dirigeant contrôle les stimulants parce qu'il sert d'intermédiaire dans le processus d'échange ; c'est par ses efforts que des contributions sont obtenues, coordonnées et converties en stimulants. La production de stimulants est uniquement un processus organisationnel ; le dirigeant est le pivot de l'organisation et tous les échanges passent par lui.

Cette glorification du rôle de dirigeant (ainsi que de la préoccupation pour la survie de l'organisation) découle d'un intérêt implicite pour la question de l'ordre dans l'organisation. Ayant accepté que l'individu est le facteur stratégique fondamental de l'organisation et qu'il agit dans le but de réduire ses coûts et de maximiser ses bénéfices, Clark et Wilson ont beaucoup de mal à expliquer comment ces collectivités composées d'individus intéressés peuvent persister. Ils trouvent une solution dans le dirigeant, qu'ils définissent comme étant un homme au sein duquel s'accordent l'intérêt personnel, l'intérêt organisationnel et le pouvoir.

Cette solution est élégante mais elle crée deux problèmes majeurs. En premier lieu, l'équation de l'intérêt du dirigeant avec la perpétuation de l'organisation est difficile à justifier. Comme tous les autres collaborateurs, le dirigeant apprécie généralement l'organisation non pour ce qu'elle est, mais pour les récompenses qu'elle lui apporte. Par conséquent, il y participera en autant que ces récompenses lui parviennent et, dans certains cas, il se peut que son engagement soit considérablement inférieur à celui des autres membres de l'organisation. (Comparez l'engagement sans équivoque dans la survie de l'organisation du dirigeant selon Clark et Wilson à l'engagement conditionnel de ce personnage pas tout à fait imaginaire qu'est l'entrepreneur selon les économistes.) En second lieu, cette analyse est erronée en ce que l'échange de stimulants est considéré comme passant par le dirigeant et comme étant sanctionné par celui-ci, alors qu'en fait, les échanges ne passent pas par lui et ont lieu sans qu'il en ait connaissance, et même contre son gré. Par conséquent, la distinction entre activités et stimulants selon laquelle le dirigeant est la source des récompenses organisationnelles ne peut pas être soutenue. En effet, les activités des collaborateurs qui ne sont pas des cadres sont des stimulants pour les autres individus de l'organisation. Ces stimulants peuvent être directs, c'est-à-dire appréciés comme fins en elles-mêmes, ou indirects, c'est-à-dire constituant des moyens pour atteindre d'autres fins.

Il peut être difficile d'établir une distinction entre ces types de stimulants. Voici quelques exemples de stimulants directs : un garde chargé de la sécurité qui permet à un travailleur de sortir de la marchandise d'une usine en échange d'une part de celle-ci ; un gardien de prison qui prévient les détenus qu'il y aura une perquisition et devient de ce fait bien vu des détenus (Sykes, 1958, p. 54-55) ; les travailleurs maximisant les récompenses de solidarité et réduisant les contributions en contrôlant les règles et le rendement (Roy, 1954-1955). Et des exemples de stimulants indirects : la collaboration entre les contremaîtres et les ouvriers contre les cadres afin d'empêcher que ces derniers acquièrent du pouvoir et réduisent les stimulants offerts aux deux premiers groupes (Dalton, 1950) ; le fait de cultiver les secrétaires parce qu'elles contrôlent l'accès au patron (Wilensky, 1961, p. 227-229).

Ces exemples mettent également en lumière les limites qu'il y a à considérer le pouvoir comme déterminé par l'évaluation que fait le dirigeant de « l'effet sur la survie de l'organisation que peut avoir la présence ou l'absence d'un collaborateur » (Clark et Wilson, 1961, p. 154). Ils montrent la nécessité de plutôt situer et mesurer le pouvoir dans les relations qu'entretiennent les membres de l'organisation entre eux. En poussant au bout l'analyse de stimulants, il devient clair que l'organisation dans son ensemble est constituée d'une série complexe d'échanges ramifiés et entrecroisés entre les individus et les groupes, ayant pour but de maximiser les récompenses qu'ils tirent de l'organisation. Le pouvoir des collaborateurs dépend des contributions qu'ils font aux autres individus et groupes plutôt que de l'appréciation du dirigeant quant à leur contribution à la survie de l'organisation. Le terme de dirigeant est certes utile pour décrire la ou les personnes qui contrôlent des quantités disproportionnées de stimulants et qui ont une grande influence sur la structure du marché organisationnel. Le dirigeant ne contrôle cependant qu'une partie des stimulants disponibles au sein de l'organisation. Sur le plan analytique, le dirigeant ne constitue qu'une partie du processus d'échange de stimulants. Cela ne justifie donc pas le statut élevé que lui accordent Clark et Wilson.

DES NOTES POUR UN CONTRE-PARADIGME

À ce stade-ci, il peut sembler que le concept d'organisation, en tant qu'unité sociale analytiquement distincte, n'existe plus. Dans une large mesure, ce fut le but de la présente analyse, et cette disparition constitue l'élément central d'une nouvelle conception de l'organisation. Les autres éléments servant à définir un contre-paradigme sont apparus de façon quelque peu disparate lors de la critique du paradigme de l'objectif et lors de l'examen de Clark et Wilson ; ils doivent maintenant être rassemblés.

L'organisation en tant que centre d'intérêt arbitrairement défini

Si on veut comprendre le comportement organisationnel et le changement organisationnel, l'organisation doit être considérée comme un centre d'intérêt arbitrairement défini. Issue du réseau de relations sociales qui existe dans toute société, une forme de relation qui se différencie par son caractère apparent de décret et par l'existence de règles formelles, a été traitée comme si elle possédait une logique distincte et une motivation propre à l'égard de la réalisation d'objectifs organisationnels. Max Weber est au moins en partie responsable de cela (Gerth et Mills, 1946), car son type idéal de bureaucratie a induit en erreur les analystes. Ce type idéal accentue de façon tellement disproportionnée l'orientation vers des règles rationnelles que, malgré son utilité pour la comparaison historique entre les divers types d'administration et les formes d'autorité légitime qui y correspondent, il est trop éloigné des organisations concrètes pour être utile à l'analyse.

Les modes de comportement dans toutes les unités sociales, qu'on les appelle organisations ou non, reposent sur l'obtention et la contribution de stimulants et, à cet égard, les organisations ne peuvent pas être considérées comme une forme d'interaction dans laquelle l'échange de stimulants est intégré aux règles formelles. Les règles ne représentent qu'une sorte de processus d'échange, et elles sont constamment mises en vigueur, modifiées, non respectées ou appliquées de façon différente en fonction des récompenses espérées par les divers collaborateurs et des pouvoirs qu'ils ont pour les atteindre. De plus, les règles existent dans la plupart des formes d'interaction sociale ; c'est sur le plan de la *formalité* des règles que les organisations diffèrent, mais ceci n'est qu'une distinction formaliste et non analytique. (Même sur ce plan formel, la distinction entre les relations en émergence et les relations déjà structurées (Blau, 1968, p. 298) est ténue, car les relations en émergence tendent à formaliser leurs règles dès qu'elles ont persisté pendant suffisamment de temps.)

On ne peut pas non plus parler du caractère distinctif des organisations à partir du fait que les organisations sont des systèmes. La justification pour considérer une organisation comme un système réside dans le fait que les relations qui ont lieu à l'intérieur des frontières de l'organisation sont plus significatives pour comprendre l'organisation que celles qui ont lieu à l'extérieur de l'organisation. Cependant, les frontières n'ont jamais été définies de façon satisfaisante. Même lorsque l'organisation est considérée comme un système ouvert et qu'il y a des indications quant à la façon d'établir des frontières significatives pour l'analyse, on accepte au bout du compte des frontières définies par le sens commun (sachant qu'elles peuvent induire une erreur), et l'organisation qui est définie de façon conventionnelle est considérée comme un système valable sur le plan analytique (Katz et Kahn, 1966).

En résumé, on ne peut définir les organisations que par l'usage conventionnel : l'intérêt principal de l'analyste réside dans la compréhension du comportement qui existe au sein de ce que l'on appelle communément les organisations. C'est un centre d'intérêt arbitraire qui, bien qu'acceptable jusqu'à un certain point, fausse l'analyse s'il est poussé trop loin. La délimitation de ce centre d'intérêt n'a pas besoin de se transformer en système — ce terme ainsi que ceux de « frontière » et d'« environnement » peuvent être légitimement utilisés en tant que références au centre d'intérêt, mais on ne doit pas les convertir en concepts analytiques. Les relations qu'on doit examiner afin de comprendre le comportement au sein de l'« organisation », ne peuvent pas se limiter aux seules relations qui ont lieu à l'intérieur des frontières communément acceptées de l'organisation. Elles doivent également inclure ces relations qui ont un impact important sur le comportement organisationnel car, dans un sens analytique, celles-ci font tout autant partie de l'organisation que les relations qui ont lieu à l'intérieur des frontières plus conventionnelles.

L'individu comme élément fondamental au sein de l'organisation

Le facteur stratégique fondamental d'une organisation, c'est l'individu. On ne peut comprendre le comportement humain dans ce complexe de relations qu'on appelle « organisation » qu'en examinant les récompenses que les individus recherchent par l'intermédiaire de l'organisation.

Cela peut sembler difficile pour qui veut établir des typologies. Il y a cependant un moyen terme entre la multitude de types suggérés par une approche individuelle, et la conception globalisante de l'organisation qui est au coeur du paradigme de l'objectif. Les difficultés inhérentes à ce paradigme, même avec l'analyse de l'incitation, ont été rencontrées et reconnues par Clark et Wilson lors de l'élaboration de leur typologie portant sur les stimulants principaux selon le type d'organisation ; ces auteurs (1961, p. 137) soulignent maintenant la nécessité de combiner les stimulants au sein de certaines organisations. Le problème le plus évident provient du fait que, même si les récompenses recherchées par une majorité d'individus sont identifiées, un pouvoir important peut être exercé par des minorités qui reçoivent leur incitation d'une autre façon. Un problème connexe à celui-ci, auquel font allusion Clark et Wilson, est la nécessité de distinguer entre stimulants « principaux » et stimulants « opérationnels », c'est-à-dire entre ces stimulants qui peuvent être déterminants pour obtenir une contribution mais qui néanmoins peuvent ne pas être pertinents pour la compréhension de certains aspects du comportement. Barnard (1938, p. 145), par exemple, a noté qu'à partir d'un certain point, les stimulants matériels cessent d'être le principal facteur de motivation des individus et que « les occasions de distinction, de prestige, de pouvoir personnel et l'accession à une position dominante » deviennent les stimulants les plus importants.

La voie la plus prometteuse pour raffiner l'échelle des stimulants et caractériser leur rôle et leur importance au sein des organisations, réside dans l'analyse des catégories de membres de l'organisation qui recherchent le même type de récompenses. Les études empiriques portant sur une grande variété d'organisations contiennent déjà un matériel considérable pour identifier ces catégories et elles vont permettre de faire des affirmations quant à la façon dont les membres de ces catégories sont susceptibles de se comporter dans divers types d'organisations. En retour, cela permettrait de classer les organisations selon la configuration des catégories impliquées et selon la façon dont leurs membres vont vraisemblablement restreindre et modifier les stimulants et le comportement des autres.

Les résultats provenant de recherches menées auprès de professionnels nous apportent des éléments intéressants. On connaît beaucoup de choses à propos des récompenses recherchées par les professionnels au sein des organisations, et des conséquences que cela a sur l'organisation, à propos de la façon dont le comportement des professionnels est conditionné par les stimulants recherchés par les autres membres de l'organisation, et à propos des types d'échanges auxquels participent les professionnels. De plus, la catégorie « professionnels » peut être raffinée en divers sous-types comme « cosmopolitains » et « locaux » (Gouldner, 1957-1958).

Le pouvoir et le marché organisationnel

L'organisation est vue non comme un instrument servant à distribuer des stimulants, isolée des relations qu'entretiennent entre eux ses membres, mais comme un marché au sein duquel des stimulants sont échangés. Le pouvoir est alors considéré non comme une relation entre les collaborateurs et l'organisation, mais comme une relation entre les collaborateurs eux-mêmes. La détention du pouvoir est fonction de la capacité qu'a un individu de donner des stimulants à une ou à plusieurs personnes, et même à tous ceux qui contribuent à l'organisation. L'échange des stimulants et la possession du pouvoir sont présents partout dans l'organisation, puisque tout individu a un certain pouvoir du fait qu'il contribue à la satisfaction des besoins d'un autre individu. Il s'ensuit que le pouvoir change continuellement et est toujours le reflet de la situation (Riesman *et al.*, 1950, p. 257) ; on ne peut le saisir ni par l'analyse de la survie de l'organisation, ni par le paradigme de l'objectif. On doit le situer dans le contexte des relations d'échange concrètes auxquelles participent les collaborateurs de l'organisation. Par conséquent, quelle que soit la conclusion à laquelle on arrive quant à la contribution d'un des membres à la survie de l'organisation, quant à sa position dans la hiérarchie ou à sa participation au processus décisionnel, toute conclusion concernant le pouvoir qu'il détient devra encore tenir compte des facteurs suivants:

1)   Le(s) membre(s) avec qui l'échange a lieu ; par exemple, le pouvoir d'un contremaître sera habituellement différent selon qu'il s'applique aux ouvriers, au directeur général ou à un travailleur qui est son beau-frère.

2)   Le problème qui est en jeu ; par exemple, la capacité d'un directeur général de congédier un ouvrier varie selon que le congédiement fait suite à un écart de conduite admis ou qu'il est arbitraire, car dans ce dernier cas l'ouvrier pourra recevoir l'appui de son syndicat.

3)   Les effets du temps qui sont pertinents de deux façons : les changements quant à l'évaluation que les membres font des stimulants ; et la
grande capacité qu'ont les subordonnés de résister et de passer
outre aux directives de leurs supérieurs, en raison de leurs propres
stimulants.

Si le pouvoir des membres de l'organisation est considéré comme
une expression de leur capacité de fournir des stimulants aux autres membres, le pouvoir relatif des individus dans une relation va alors reposer sur le
fait qu'ils sont remplaçables ou non et que les stimulants qu'ils fournissent
sont aussi remplaçables ou non.

Le caractère remplaçable des membres

Le pouvoir d'un membre dans l'organisation est en partie fonction de
la capacité des autres membres à qui il fournit des stimulants, de le remplacer par quelqu'un qui pourrait leur fournir les mêmes stimulants de façon
« plus économique ». C'est souvent un problème complexe, comme le
montre l'exemple du directeur général qui congédie un ouvrier. La liberté
qu'a un employeur d'embaucher quelqu'un pour faire « un même travail »
mais à un salaire inférieur (c'est-à-dire agir rationnellement au strict sens
économique) est entravée par les coûts découlant : (a) de l'opposition du
syndicat au congédiement de l'ouvrier ; (b) des effets possibles sur la productivité, si l'ouvrier est populaire et que son congédiement démoralise les autres
ouvriers ; (c) des obligations contenues dans les lois contractuelles et industrielles touchant la relation employeur—employé. Par conséquent, la relation
stimulant—échange entre le directeur général et son employé n'est pas seulement une relation « salaire—travail » mais elle a des ramifications dans
toute l'organisation.

Le pouvoir considérable qu'on associe habituellement à la propriété
ou au contrôle juridique des biens matériels est en grande partie dû au
caractère remplaçable du membre organisationnel. Du point de vue des
employés, il n'est pas facile de remplacer le « patron », mais cela est certainement loin d'être impossible. Les gouvernements ont souvent racheté des services publics lorsque ceux-ci ne satisfaisaient pas les propriétaires privés
orientés vers le profit, et ils ont même acquis des firmes contre le gré de leurs
propriétaires.

Le caractère remplaçable des stimulants

Le pouvoir d'un membre organisationnel est en partie fonction du
degré auquel les récompenses qu'il fournit sont valorisées par les autres
membres de l'organisation. Alors que précédemment, on se concentrait sur
la personne qui fournissait des stimulants et qu'on considérait la valeur des

stimulants comme déterminée au départ, on se concentre ici sur les stimulants eux-mêmes. Cela signifie que plus la contribution de stimulants fournie par un membre est valorisée par les autres membres, plus ces derniers devront faire des concessions dans le processus d'échange, en supposant qu'ils ne peuvent pas obtenir ces récompenses à un coût moindre, c'est-à-dire en remplaçant la personne. La valeur attribuée à toute contribution qui vient des autres membres de l'organisation doit être mesurée en fonction des autres stimulants et à travers le temps.

Le pouvoir au sein des organisations est donc une réalité très complexe. Il reflète l'évaluation que font les membres de l'organisation du caractère indispensable ou remplaçable de chacun à l'intérieur du réseau complexe d'échanges. Cela contraste avec le paradigme de l'objectif selon lequel on considère la distribution et l'exercice du pouvoir comme une logique découlant d'un objectif supérieur. Il faut également noter que la conception actuellement prédominante du pouvoir (voir Dahrendorf, 1959, p. 157-173 ; Parsons, 1967 ; Weber, 1947, p. 152 ; Lehman, 1969) est en affinité avec le paradigme de l'objectif, dans l'accent qu'elle met sur l'atteinte des objectifs. Les limites du paradigme de l'objectif dans l'établissement des objectifs organisationnels, à travers lesquels on pourrait comprendre de façon satisfaisante le comportement au sein de l'organisation, nous amènent à penser que la conceptualisation du pouvoir en fonction de la réalisation de certaines fins par l'action sociale devrait être réexaminée. Il se peut que la notion de pouvoir doive être reformulée en tenant compte du fait que les résultats des relations de pouvoir peuvent rarement être comprises à travers la réalisation d'objectifs prédéterminés — qu'il s'agisse d'« objectifs collectifs » sur lesquels il y a consensus comme dans la théorie de Parsons, ou d'objectifs particuliers et imposés, comme dans l'analyse du conflit de Dahrendorf. L'accent devrait être mis sur la façon dont les objectifs poursuivis par les individus et les groupes (et les ressources qu'ils y consacrent) influencent le résultat des relations de pouvoir, résultat que souvent aucun des acteurs impliqués n'a voulu.

Conclusion

En conséquence, l'essentiel du contre-paradigme, c'est la conception selon laquelle l'émergence des organisations, leur structure de rôles, leur division du travail et leur distribution du pouvoir, de même que leur maintien, leur changement et leur dissolution, doivent être conçus comme les conséquences des échanges complexes qui existent entre des individus poursuivant des objectifs divers. Bien que l'intérêt premier réside dans le comportement au sein des organisations, et dans l'impact de l'environnement sur ce comportement, on doit également tenir compte de l'influence de l'organisation sur l'environnement. Comme les stimulants provenant du processus d'échange organisationnel ne sont pas tous utilisés dans les relations interpersonnelles des membres, les collaborateurs à l'organisation acquièrent des ressources avec lesquelles ils peuvent influencer l'environnement. Une partie de cette influence est exercée par les membres, à titre privé. Par exemple, la distribution par l'organisation de stimulants matériels à ses collaborateurs a un rapport avec leur rôle de consommateur, d'actionnaire, de donateur à des partis politiques, etc.

Chose encore plus importante, les membres de l'organisation sont en mesure d'utiliser leur contribution à l'organisation dans le but d'amener des changements dans l'environnement, et ce en tant que représentants du marché organisationnel. Par exemple, les administrateurs peuvent prendre des décisions touchant la structure des communautés ; ils déterminent si des usines seront ouvertes ou fermées et à quel endroit, ils négocient avec les gouvernements et fixent le prix des marchandises, etc. Cependant, la capacité de prendre ces décisions est fermement enracinée dans les échanges entre les membres de l'organisation, et la nature des décisions est, dans une large mesure, le résultat d'un processus complexe d'ajustement entre les diverses finalités recherchées à l'intérieur de l'organisation. Cela ne veut pas dire qu'on doive analyser tous les échanges au sein de l'organisation si on veut comprendre une décision particulière. Les échanges qui seront considérés comme particulièrement importants dépendront du secteur d'intérêt et du cas précis à l'étude. Cela signifie toutefois qu'une analyse plus adéquate de l'échange intra-organisationnel telle que rendue possible par le contre-paradigme devrait aider à la compréhension de l'impact que les organisations ont sur leur environnement.

Références

ALBROW, M.C. (1968) « The Study of Organizations — Objectivity or Bias ? », *in* J. Gould (édit.) *Penguin Social Sciences Survey*, Harmondsworth, Penguin, p. 146-167.

BARNARD, C.I. (1938) *The Functions of the Executive*, Cambridge, Harvard University Press.

BLAU, P.M. (1964) *Exchange and Power in Social Life*, New York, Wiley.

BLAU, P.M. (1968) « Theories of Organizations », *in* **The International Encyclopaedia of the Social Sciences**, vol. II, New York, MacMillan, p. 297-305.

BLAU, P.M. et SCOTT, W.R. (1963) **Formal Organizations : A Comparative Approach**, Londres, Routledge and Kegan Paul.

BURNS, T. (1967) « The Comparative Study of Organizations », *in* V.H. Vroom (édit.) **Methods of Organizational Research**, Pittsburg University Press, p. 113-170.

CLARK, B.R. (1956) « Organizational Adaptation and Precarious Values », **American Sociological Review**, 21, p. 327-336.

CLARK, P.B. et WILSON, J.Q. (1961) « Incentive Systems : a Theory of Organizations », **Administrative Science Quarterly**, 6, p. 129-166.

CRESSEY, D.R. (1958) « Achievement of an Unstated Organizational Goal », *Pacific Sociological Review*, 1, p. 43-49.

CYERT, R.M. et MARCH, J.G. (1963) *A Behavioral Theory of the Firm*, Englewood Cliffs, Prentice-Hall.

DAHLSTROM, E. (1966) « Exchange, Influence and Power », *Acta Sociologica*, 9, p. 237-284.

DAHRENDORF, R. (1959) *Class and Class Conflict in an Industrial Society*, Londres, Routledge and Kegan Paul.

DALTON, M. (1950) « Conflicts between Staff and Line Managerial Officers », *American Sociological Review*, 15, p. 342-351.

EMERSON, R.M. (1962) « Power—Dependence Relationships », *American Sociological Review*, 27, p. 31-41.

ETZIONI, A. (1960) « Two Approaches to Organizational Analysis : A Critique and a Suggestion », *Administrative Science Quarterly*, 5, p. 257-278.

ETZIONI, A. (1961) *A Comparative Analysis of Complex Organizations*, Glencoe, Ill., Free Press.

ETZIONI, A. (1964) *Modern Organizations*, Englewood Cliffs, Prentice-Hall.

FRIEDRICHS, R.W. (1970) *A Sociology of Sociology*, New York, Free Press.

GEORGIOU, P. (1970) « The Paradigm of Organizations », présenté à la conférence annuelle de l'Association des études politiques d'Australasie, Canberra, août 1970.

GERTH, H.H. et MILLS, C.W. (1946) *From Max Weber*, New York, Oxford University Press.

GOULDNER, A.W. (1955) « Metaphysical Pathos and the Theory of Bureaucracy », *American Political Science Review*, 49, juin, p. 496-507.

GOULDNER, A.W. (1957-1958) « Cosmopolitans and Locals : Towards an Analysis of Latent Social Roles : I and II », *Administrative Science Quarterly*, 2, p. 280-306 et 440-480.

GOULDNER, A.W. (1959) « Organizational Analysis », *in* R.K. Merton, L. Broom et L.S. Cottrell (édits). *Sociology Today*, p. 400-428, New York, Basic Books.

GROSS, E. (1969) « The Definition of Organizational Goals », *British Journal of Sociology*, 20(3), p. 277-294.

HOLT, R.T. et RICHARDSON, J.M. (1970) « Paradigms in Comparative Politics », *in* R.T. Holt et J.E. Turner (édits). *The Methodology of Comparative Research*, New York, Free Press, p. 20-71.

KATZ, D. et KAHN, R.L. (1966) *The Social Psychology of Organizations*, New York, Wiley.

KRUPP, S. (1961) *Pattern in Organizational Analysis*, New York, Holt, Rinehart and Winston.

KUHN, T.S. (1962) *The Structure of Scientific Revolutions*, University of Chicago Press.

LEHMAN, E.W. (1969) « Towards a Macrosociology of Power », *American Sociological Review*, 9, p. 463-465.

McGUIRE, J.W. (1961) « The Concept of the Firm », *California Management Review*, 3, p. 64-88.

MARCH, J.G. et SIMON, H.A. (1958) *Organizations*, New York, Wiley.

MAYO, E. (1945) *The Social Problems of an Industrial Civilization*, Londres, Routledge and Kegan Paul.

MECHANIC, D. (1962) « Sources of Power of Lower Participants in Complex Organizations », *Administrative Science Quarterly*, 7(3), p. 349-364.

MERTON, R.K. (1957) « Bureaucratic Structure and Personality », *in Social Theory and Social Structure*, Glencoe, Free Press, p. 195-206.

MICHELS, R. (1962) *Political Parties*, New York, Collier.

PARSONS, T. (1956) « Suggestions for a Sociological Approach to the Theory of Organizations : I and II », *Administrative Science Quarterly*, 1, p. 63-85 et 225-239.

PARSONS, T. (1967) « On the Concept of Political Power », *in Sociological Theory and Modern Society*, New York, Free Press, p. 297-354.

PERROW, C. (1961) « The Analysis of Goals in Complex Organizations », *American Sociological Review*, 26(2), p. 854-866.

PERROW, C. (1967) « A Framework for the Comparative Analysis of Organizations », *American Sociological Review*, 32(3), p. 194-208.

PERROW, C. (1968) « Organizational Goals », *in The International Encyclopaedia of the Social Sciences*, vol. II, New York, MacMillan, p. 305-316.

PRICE, J.L. (1968) *Organizational Effectiveness : An Inventory of Propositions*, Homewood, Irwin.

RIESMAN, D., DENNEY, R. et GLAZER, N. (1950) *The Lonely Crowd : A Study of the Changing American Character*, New Haven et Londres, Yale University Press.

ROETHLISBERGER, F.J. et DICKSON, W.J. (1939) *Management and the Worker*, Cambridge, Harvard University Press.

ROY, D. (1954-1955) « Efficiency and « The Fix » : Informal Intergroup Relationships in a Piecework Machine Shop », *American Journal of Sociology*, 60, p. 255-266.

SCHEFF, T.J. (1961) « Control over Policy by Attendants in a Mental Hospital », *Journal of Health and Human Behavior*, 2, p. 93-105.

SCOTT, W.R. (1964) « Theory of Organizations », *in* R.E.L. Faris (édit.) *Handbook of Modern Sociology*, Chicago, Rand McNally, p. 585-629.

SELZNICK, P. (1948) « Foundations of a Theory of Organizations », *American Sociological Review*, 13, p. 25-35.

SELZNICK, P. (1949) *TVA and the Grass Roots*, Berkeley et Los Angeles, University of California Press.

SELZNICK, P. (1957) *Leadership in Administration*, New York, Harper & Row.

SHUBIK, M. (1961) « Approaches to the Study of Decision Making Relevant to the Firm », *Journal of Business*, 34, p. 101-118.

SILLS, D.L. (1957) *The Volunteers : Means and Ends in a National Organization*, the Free Press of Glencoe.

SIMON, H.A. (1957) *Administrative Behavior : A Study of Decision-Making Processes in Administrative Organizations*, 2e éd., New York, Free Press.

SIMON, H.A. (1964) « On the Concept of Organizational Goal », *Administrative Science Quarterly*, 9(1), p. 1-22.

SYKES, G.M. (1958) *The Society of Captives : A Study of a Maximum Security Prison*, Princeton University Press.

THOMPSON, J.D. (1968) « Models of Organization and Administrative Systems », *in The Social Sciences : Problems and Orientations*, The Hague, Mouton/UNESCO, p. 395-405.

THOMPSON, J.D. et McEWEN, W.J. (1958) « Organizational Goals and Environment », *American Sociological Review*, 23, 1958, p. 23-31.

WALDO, D. (1968) « Public Administration », *in The International Encyclopaedia of the Social Sciences*, vol. 13, New York, MacMillan, p. 145-156.

WARNER, W.K. et HAVENS, A.E. (1968) « Goal Displacement and the Intangibility of Organizational Goals », *Administrative Science Quarterly*, 12, p. 539-555.

WEBER, M. (1947) *The Theory of Social and Economic Organization*, New York, Free Press.

WEBER, M. (1949) *The Methodology of the Social Sciences*, Glencoe, Free Press.

WILENSKY, H.L. (1961) « The Trade Union as a Bureaucracy », *in* A. Etzioni (édit.) *Complex Organizations : A Sociological Reader*, New York, Holt, Rinehart and Winston, p. 221-234.

WOLIN, S. (1961) *Politics and Vision : Continuity and Innovation in Western Political Thought*, Londres, Allen and Unwin.

WOLIN, S. (1968) « Paradigms and Political Theories », *in* P. King et B.C. Parekh (édits). *Politics and Experience : Essays Presented to Professor Michael Oakeshott*, Cambridge University Press, p. 125-153.

Objectifs d'organisation et environnement[*]

par *James D. Thompson*
et *William J. McEwen*

Dans l'analyse des organisations complexes, la définition d'objectifs d'organisation sert communément de critère pour l'évaluation du fonctionnement de l'organisation. Dans de telles analyses les objectifs de l'organisation sont souvent considérés comme une constante. Ainsi, une grande variété de données, telles que des documents officiels, des statistiques concernant les activités de travail, le rendement de l'organisation, ou des déclarations émanant de porte-parole de l'organisation, peuvent constituer la base à partir de laquelle sont définis les objectifs. Cette définition une fois établie, on cesse généralement de s'intéresser aux objectifs en tant qu'aspect dynamique de l'activité de l'organisation.

Il est possible, cependant, de considérer la fixation des objectifs (c'est-à-dire des buts principaux de l'organisation) non pas comme un élément statique mais comme un problème nécessaire et se posant périodiquement à toute organisation, commerciale, gouvernementale, militaire, industrielle, éducative, médicale, religieuse ou de tout autre type. Le problème de la fixation des objectifs tel qu'il est discuté ici, concerne essentiellement la relation entre l'organisation et la société en général, et se ramène à la question de savoir ce que la société (ou des éléments constitutifs de celle-ci) désire ou pourrait être amenée à soutenir.

LES OBJECTIFS EN TANT QUE VARIABLES DYNAMIQUES

Étant donné que la fixation des objectifs est essentiellement un problème de définition des relations désirées entre une organisation et son environnement, une altération de l'une ou de l'autre entraîne donc la reconsidération sinon la modification des objectifs. Même lorsque l'énoncé abstrait des objectifs reste invariable, leur mise en application nécessite une

---

[*] Tiré et traduit de : THOMPSON, J.D. et McEWEN, W.J. « Organizational Goals and Environment », *American Sociological Review*, 23, 1958, p. 23-31.
Reproduit avec la permission de ***Bordas, Dunod, Gauthier-Villars*** (1987).

redéfinition ou une interprétation à mesure que des changements surviennent dans l'organisation, dans l'environnement, ou dans les deux.

Les entreprises, par exemple, font face aux variations du marché en formant un personnel spécialisé auquel incombe l'étude continue et prévisionnelle des variations de marché et de demande du produit. Les institutions d'État, quel que soit leur mandat législatif, doivent reformuler ou réinterpréter leurs objectifs à mesure que d'autres institutions sont créées et dissoutes, que la population change, ou que des organisations non gouvernementales semblent avoir la même activité ou leur faire concurrence. Les objectifs abstraits des écoles et des universités sont sans doute permanents, mais leur clientèle, les besoins des élèves ou des étudiants, et les techniques pédagogiques se modifient et entraînent la redéfinition et la réinterprétation de ces objectifs. Les hôpitaux ont dû faire face à des problèmes nécessitant un élargissement de leurs objectifs afin de prendre en considération la médecine préventive, la pratique de l'hygiène publique, et le degré auquel les hôpitaux doivent étendre leurs activités au sein de la communauté. Les objectifs des hôpitaux psychiatriques et des prisons sont en cours d'être modifiés : l'accent mis auparavant sur la garde est actuellement porté sur la thérapie. Même l'Église transforme ses objectifs pragmatiques à mesure que des changements de la société exigent de nouvelles formes de morale sociale, et que le gouvernement et la philanthropie organisée prennent à leur compte certaines activités jadis laissées à la charge des organisations religieuses.

La réévaluation des objectifs apparaît donc comme un problème se reposant périodiquement aux grandes organisations : c'est, cependant, un problème plus constant lorsque l'environnement est instable que lorsqu'il est stable. De même, la réévaluation des objectifs semble plus difficile à mesure que le « produit » de l'entreprise devient moins tangible et plus difficile à assurer objectivement. La firme industrielle trouve dans son chiffre d'affaires un indice relativement simple de la mesure dans laquelle son produit est accepté ; bien qu'un chiffre de ventes faible puisse indiquer une qualité inférieure plutôt que l'antipathie du public envers le produit lui-même, les chiffres de ventes sont fréquemment complétés par des statistiques d'organisations professionnelles indiquant pour chaque firme quelle est sa « part du marché ». Ainsi, en quelques semaines seulement, une firme industrielle peut reconsidérer sa décision d'aborder le marché, et peut donc commencer à décider de la manière de se retirer de ce marché avec le minimum de pertes.

Une entreprise gouvernementale peut avoir des indications similaires concernant le degré auquel ses objectifs sont adaptés lorsqu'elle est engagée dans une production telle que celle d'électricité, mais lorsque son activité est orientée vers un but moins tangible, comme celui de maintenir des relations favorables avec des nations étrangères ; les indices d'une opération efficace seront sans doute moins précis et les estimations fantaisistes plus nombreuses.

Le degré de satisfaction qu'offre un gouvernement à sa clientèle peut se refléter périodiquement dans les élections, mais en dépit de ce que prétendent les représentants des partis, on peut rarement distinguer clairement la volonté du peuple concernant une entreprise gouvernementale déterminée, d'autant plus que le public n'est pas toujours fidèle à sa volonté.

L'université a peut-être des difficultés encore plus grandes à évaluer sa situation par rapport à son environnement d'après les réactions suscitées par ses réalisations. La gamme de ses « produits » est énorme, allant des astronomes aux zoologistes. La définition d'un spécialiste compétent n'a pas toujours une valeur standard et peut être variable, et la réussite de l'université quant à la formation d'individus « cultivés » est évaluée selon des critères nombreux et souvent contradictoires. Le produit de l'université s'élabore pendant au moins quatre années, et lorsqu'il est « sur le marché » il ne peut être jugé qu'imparfaitement. Les statistiques de placements professionnels peuvent sans doute donner quelques indications concernant la réussite des objectifs de l'université, mais le fait de procurer un emploi dans l'immédiat ne garantit pas un succès à plus long terme. De plus, le fait de pouvoir exercer une activité donnée n'est que l'une des possibilités que l'université est censée assurer à ses étudiants. Finalement, tel secteur d'une université peut considérer que sa réputation est bien en deçà de sa valeur réelle. Une « bonne » section peut fonctionner pendant des années avant d'obtenir une « bonne » réputation ; et une section sur le déclin peut vivoter pendant plusieurs années avant que le fait ne soit reconnu par les membres de la profession.

En résumé, les objectifs d'une organisation, qui déterminent les types de biens ou de services qu'elle produit et offre à l'environnement, sont souvent particulièrement difficiles à réévaluer. Lorsqu'il s'agit d'un produit facile à identifier et commode à mesurer, la réévaluation et le réajustement des objectifs peuvent être rapidement réalisés. Mais à mesure que ces objectifs concernent des produits plus intangibles et plus difficilement mesurables, la société rencontre des difficultés de plus en plus grandes à déterminer et à exprimer son appréciation dudit produit, et les signes par lesquels on reconnaît que les objectifs sont inacceptables sont moins efficaces et plus lents à se manifester.

LE CONTRÔLE DES OBJECTIFS PAR L'ENVIRONNEMENT

Une situation continue d'interaction nécessaire entre une organisation et son environnement introduit dans l'organisation un élément de contrôle des objectifs par l'environnement. Tandis que les mobiles du personnel, y compris ceux des cadres chargés de la fixation des objectifs, peuvent être l'obtention de profits, de prestige, de votes, ou le salut des âmes, leurs efforts doivent aboutir à quelque chose d'utile ou d'acceptable, tout au moins pour une partie de l'environnement de l'organisation, pour qu'elle continue à être soutenue[1]. Dans la société la plus simple, le contrôle social sur les activités productives peut s'exercer par des moyens plutôt informels et directs, tels que les commérages et le ridicule. À mesure qu'une société devient plus complexe et que ses activités productives sont organisées plus consciemment, les contrôles sociaux sont exercés par des moyens de plus en plus formels, tels que les contrats, les codes légaux, et les règlements gouvernementaux. La stabilité des perspectives créées par de tels moyens est obtenue par l'interaction, et souvent par l'exercice du pouvoir dans l'interaction.

On peut concevoir un continuum du pouvoir de l'organisation dans ses relations avec l'environnement, allant de l'organisation qui domine ses relations avec l'environnement à celle qui est complètement dominée par son environnement. Peu d'organisations se rapprochent de l'un ou l'autre de ces cas extrêmes. Certaines entreprises industrielles gigantesques, tels le Zaibatsu au Japon ou le Standard Oil Trust aux États-Unis autrefois, ont eu à un moment donné une position proche de celle de la domination de l'environnement mais cette position a finalement provoqué l'apparition de « pouvoirs compensatoires »[2]. L'exemple d'une organisation représentant le mieux celle qui est complètement impuissante par rapport à son environnement, est peut-être celle du système de transport interurbain ; bien qu'elle soit sans doute dans l'impossibilité de couvrir ses frais, elle est néanmoins considérée comme moyen utilitaire nécessaire et n'a pas la permission de cesser de fonctionner. La plupart des organisations complexes se situant entre les points extrêmes du continuum du pouvoir doivent employer une stratégie pour s'arranger avec leurs environnements. Ceci n'implique pas que de telles stratégies soient nécessairement choisies selon un processus rationnel ou délibéré. Une organisation survit aussi longtemps qu'elle s'adapte à sa situation ; la question de savoir si ce processus d'adaptation est maladroit ou habile est importante pour juger du degré de prospérité de l'organisation.

Quels que soient les moyens pour y parvenir, les stratégies utilisées dans les relations avec l'environnement d'une organisation peuvent être classées sommairement comme étant soit *compétitives* soit *coopératives*. Les deux sont importantes dans une société complexe du type « libre entreprise » ou de tout autre type[3]. Les deux assurent à l'environnement un certain degré de contrôle sur les organisations, en permettant aux éléments extérieurs, ou *outsiders* de participer au processus de prise de décision de l'organisation ou de le limiter.

Le processus de prise de décisions peut être conçu comme une série d'activités, conscientes ou non, aboutissant à un choix parmi plusieurs possibilités. Pour les besoins de cet article, nous considérerons que le processus de prise de décisions comprend les activités suivantes :

1) Reconnaître qu'il y a lieu de décider, c'est-à-dire un besoin ou une occasion ;

2) Analyser la situation existante ;

3) Identifier les alternatives d'actions possibles ;

4) Évaluer les conséquences probables de chaque possibilité ;

5) Choisir parmi ces différentes possibilités[4].

La discussion suivante indique que le plus tôt un élément extérieur participe au processus de prise de décision, plus son pouvoir potentiel s'accroît[5], et que la compétition et trois sous-catégories de stratégie coopérative — la négociation, la cooptation et la coalition — diffèrent à cet égard. Il est donc possible de classer ces formes d'interaction selon le degré auquel elles permettent à l'environnement de contrôler les décisions de l'organisation concernant la fixation des objectifs.

La compétition

Le terme de « compétition » implique un élément de rivalité. Dans le contexte où nous nous plaçons ici, il se rapporte à la forme de rivalité entre deux ou plusieurs organisations entre lesquelles un tiers sert de médiateur. Dans le cas d'une firme industrielle, le tiers peut être le client, le fournisseur, le représentant potentiel ou présent de la force ouvrière, ou d'autres encore. Dans le cas d'une organisation gouvernementale, le tiers par l'intermédiaire de qui la compétition a lieu peut être le comité législatif, la commision du budget, ou l'administrateur en chef, ou encore la clientèle potentielle et les membres potentiels de l'organisation.

La complexité de la compétition dans une société hétérogène est beaucoup plus grande qu'il n'est suggéré souvent par l'usage courant (pris surtout dans son sens économique). La société ne juge pas l'entreprise uniquement d'après son produit fini, mais aussi en considérant l'utilité qu'il y a à consacrer des ressources à ce dessein. Même l'organisation qui bénéficie du monopole d'un produit doit entrer en compétition pour l'obtention du soutien de la société. Elle doit obtenir de la société des ressources — le personnel, le financement et les matériaux — de même que des clients ou utilisateurs. Dans la sphère des affaires, dans une économie du type « libre entreprise » cette recherche des ressources et des utilisateurs a généralement lieu sur le marché ; cependant, en temps de crise, la société peut exercer un contrôle plus direct, tel que le rationnement ou l'établissement de priorités en temps de guerre. Le monopole entre en compétition avec des entreprises ayant des desseins ou des objectifs différents, mais utilisant les mêmes matières premières ; il entre en compétition avec beaucoup d'autres entreprises en ce qui concerne l'attachement des hommes et de leurs capacités, et avec de nombreuses activités en ce qui concerne le soutien des marchés financiers.

L'université, habituellement une organisation à but non lucratif, s'engage dans la compétition avec autant d'intensité qu'une entreprise commerciale quelconque, quoique sans doute d'une manière plus subtile[6]. En principe, toute université recherche, sinon un plus grand nombre d'étudiants, du moins des étudiants mieux qualifiés. Lors de la fixation annuelle du budget, les universités d'État entrent en compétition avec d'autres entreprises gouvernementales, pour la part qui leur reviendra des revenus des impôts. Les universités pourvues de dotations privées doivent entrer en compétition pour les donations et les legs, non seulement avec d'autres universités mais aussi avec des musées, organisations philanthropiques, jardins zoologiques et autres entreprises à buts non lucratifs. L'université américaine n'est qu'une des nombreuses organisations rivalisant pour l'appui des fondations, et elle est en compétition avec d'autres universités et d'autres types d'organisations pour son personnel.

Le système d'école publique — qui est peut-être l'une des formes les plus envahissantes d'un quasi-monopole — rivalise non seulement avec d'autres unités gouvernementales pour les subsides, et avec différents types d'organisations pour les enseignants, mais les programmes d'éducation adoptés par des éducateurs professionnels rivalisent eux aussi très sérieusement avec une certaine conception publique de la nature de l'enseignement — par exemple la « règle des trois R » (lire, écrire, compter), sans plus.

L'hôpital peut entrer en compétition avec la sage-femme, le guérisseur, le charlatan et le fabricant de spécialités médicales, ainsi qu'avec d'autres hôpitaux, bien que les hôpitaux publics n'utilisent pas la « publicité » et ne soient généralement pas considérés comme étant compétitifs.

La compétition est donc un réseau compliqué de relations. Elle comprend la lutte pour l'acquisition de subsides ainsi que celle d'utilisateurs ou de clients, et, dans une société complexe, elle comprend une rivalité pour des membres potentiels et pour leur attachement. Dans chacun des cas, un tiers fait un choix parmi les alternatives présentes, deux ou plusieurs organisations tentent d'influencer ce choix par un type quelconque « d'appel » ou d'offre, et le choix du tiers est une « motion » de soutien pour l'une des organisations concurrentes et un refus de soutien pour les autres.

La compétition est donc un moyen par lequel l'environnement contrôle partiellement le choix des objectifs de l'organisation. Elle tend à empêcher que ce choix ne soit fait de façon unilatérale ou arbitraire, ou bien à rectifier ce choix une fois fait. La compétition pour le soutien de la société est un moyen important pour éliminer, non seulement les organisations inefficaces, mais aussi celles qui cherchent à produire des biens ou des services que l'environnement n'est pas prêt à accepter.

La négociation

Le terme de négociation, tel qu'il est employé ici, s'applique à la négociation d'un accord pour l'échange de biens ou de services entre deux ou plusieurs organisations. Même lorsque des expectations relativement stables et sûres ont été définies avec d'importants éléments de l'environnement — avec des fournisseurs, distributeurs, législateurs, ouvriers, etc. — l'organisation ne peut pas être sûre que ces relations se perpétueront. La révision périodique de ces relations est nécessaire, et la négociation constitue un moyen important pour ce faire ; de cette façon, chaque organisation arrive par la discussion à décider de son comportement futur de façon satisfaisante pour les autres.

Le besoin d'un ajustement périodique des relations est démontré de la façon la plus dramatique par les négociations périodiques entre représentants syndicaux et directions des entreprises, au cours desquelles sont reconsidérés les fondements du soutien des membres de l'organisation. Mais la négociation intervient dans d'autres domaines importants, quoique moins frappants, de l'activité d'une organisation. L'entreprise commerciale doit négocier avec ses agents ou ses distributeurs et, quoique cela puisse paraître parfois être une action unilatérale, et donc pas précisément une négociation, il arrive qu'un contrat de représentation de longue date avec une agence peut lui-même être rompu par des offres concurrentes, à moins que le niveau de la satisfaction de l'agent ne soit constamment assuré par des révisions périodiques. Dans le cas où des fournisseurs doivent fournir de nouvelles installations répondant aux besoins particuliers d'une organisation, il arrive qu'il y ait négociation entre les deux.

L'université doit négocier également. Elle peut entrer en compétition pour obtenir des subsides libres et sans restrictions, mais elle est souvent obligée de faire des compromis en négociant en échange de subsides le nom d'un édifice ou d'une bibliothèque, ou en conférant des titres honorifiques. Les licenciés ou les membres de la faculté peuvent se voir octroyer des privilèges financiers ou autres, à seule fin de les empêcher de passer à d'autres institutions.

L'organisation gouvernementale peut aussi avoir utilement recours à la négociation. La police, par exemple, peut tolérer certaines violations des règlements afin de s'assurer l'appui de délinquants mineurs qui disposent de voies d'information autrement inaccessibles aux membres de la police. Il n'est pas rare que l'on fasse des concessions à ceux qui apportent des témoignages contre leurs complices ; de même, un ministère des Affaires étrangères peut avancer ou retarder la connaissance d'une puissance étrangère, afin de s'assurer un appui concernant d'autres aspects de sa politique, et une agence gouvernementale peut renoncer à certaines de ses activités afin d'obtenir l'approbation de la commission du budget concernant des objectifs plus importants.

Bien que la négociation se centre plus explicitement sur les subsides que sur les objectifs, le fait est qu'un objectif n'est effectif que s'il est au moins partiellement mis en œuvre. Dans la mesure où la négociation limite les ressources disponibles, ou les manières dont elles peuvent être utilisées, elle limite effectivement le choix des objectifs. Par conséquent, la négociation, de même que la compétition, entraîne le contrôle des objectifs de l'organisation par l'environnement et réduit les chances que les objectifs ne soient fixés de façon arbitraire ou unilatérale.

Cependant, à la différence de la compétition, la négociation implique l'interaction directe avec d'autres organisations de l'environnement, plutôt qu'avec un tiers. La négociation semble donc empiéter sur le processus même de prise de décision. Dans la mesure où l'appui de l'autre est nécessaire, celui-ci est en position d'exercer son veto sur le choix définitif effectué parmi les objectifs possibles, et il prend donc part à la décision.

La cooptation

La cooptation a été définie comme le processus qui consiste à absorber des éléments nouveaux dans la direction d'une organisation ou dans la structure qui détermine sa politique, de façon à écarter des menaces à sa stabilité ou à son existence même[7]. La cooptation empiète davantage encore sur le processus de décisions concernant les objectifs ; non seulement la décision doit convenir à l'élément coopté — individu ou organisation — mais, dans la mesure où la cooptation est effective, elle donne au représentant d'un outsider la possibilité de déterminer l'occasion d'une décision sur les objectifs, de participer à l'analyse de la situation existante, de suggérer des alternatives et de prendre part à la discussion sur les conséquences.

Le terme de « cooptation » n'a cours que depuis peu dans ce pays, mais le phénomène qu'il désigne n'est ni nouveau ni dépourvu d'importance. Il est d'usage depuis longtemps qu'une firme ayant d'importants engagements financiers, ou désirant à l'avenir avoir accès à des ressources financières, accepte de nommer à son conseil d'administration des délégués de banques ou d'autres institutions financières. Pour une université d'État, il peut être utile, sinon impératif, de nommer des législateurs à son conseil de tutelle, et le collège qui dépend de dotations peut se rendre compte que si un titre honorifique se traduit par un don symbolique, une nomination au conseil a souvent un résultat plus substantiel. Le corps médical local joue souvent un rôle décisif dans la détermination des objectifs de l'hôpital, car le soutien des médecins pratiquants est absolument indispensable à l'hôpital.

Du point de vue de la société cependant, la cooptation est davantage qu'un procédé utile. En donnant à un partisan potentiel une position de pouvoir et souvent de responsabilité dans l'organisation, celle-ci bénéficie du fait qu'il devient plus conscient et a une meilleure compréhension des problèmes auxquels elle doit faire face. Un comité consultatif composé d'hommes d'affaires peut constituer pour un gouvernement un procédé éducatif efficace, et une réunion sur l'éducation à la Maison-Blanche peut mobiliser des appuis « autochtones » dans des milliers de localités, à la fois en attirant l'attention sur le problème et en donnant à des personnes clés le sentiment de participer à la discussion sur les objectifs.

De plus, en facilitant l'appartenance simultanée à plusieurs organisations, la cooptation constitue un moyen social important qui accroît les chances pour que des organisations reliées entre elles par des liens complexes puissent trouver des objectifs compatibles. En réduisant ainsi les possibilités d'actions antithétiques de deux ou plusieurs organisations, la cooptation aide à l'intégration des éléments hétérogènes d'une société complexe. En même temps, la cooptation restreint encore la possibilité de choix arbitraires ou unilatéraux des objectifs d'une organisation.

La coalition

Tel qu'il est employé ici, le terme « coalition » se rapporte à une association de deux ou plusieurs organisations en vue d'un but commun. La coalition semble être le degré ultime ou extrême du conditionnement des objectifs de l'organisation par l'environnement[8]. Une coalition peut être instable mais, dans la mesure où elle est opérante, deux ou plusieurs organisations agissent comme si elles n'en formaient qu'une seule en ce qui concerne certains objectifs. La coalition est un moyen largement utilisé lorsque deux ou plusieurs organisations désirent poursuivre un objectif qui demande plus de soutien, et surtout plus de subsides, que ceux dont chacune d'entre elles peut disposer séparément. Les firmes commerciales américaines ont fréquemment recours à la coalition dans des buts de recherche ou de promotion d'un produit, et pour la construction d'ouvrages aussi gigantesques que des barrages ou des réacteurs atomiques.

La coalition d'organisations éducatives n'est pas rare. Les universités ont institué une action commune dans des domaines tels que la recherche nucléaire, la recherche archéologique et même la recherche en sciences sociales. Beaucoup de collèges de moindre importance se sont ligués pour se procurer des fonds. Le regroupement des écoles publiques d'un district est une autre forme de coalition (sinon de fusion), et le fait qu'il implique un partage ou un « empiètement » sur le pouvoir de fixation des objectifs est évident d'après les résistances amères qu'il rencontre dans des localités de tendance traditionaliste.

La coalition exige l'engagement de prendre en commun les décisions concernant les activités futures et limite ainsi les décisions unilatérales ou arbitraires. De plus, lorsqu'une organisation ne peut trouver de partenaire prêt à s'engager dans une coalition, la poursuite de cet objectif précis est automatiquement rendue impossible, ce qui constitue aussi une forme de contrôle social. Si le jugement collectif décide qu'une proposition est irréalisable, un désastre possible peut être évité et l'attribution de subsides non productifs prévenue.

LE DÉVELOPPEMENT DU SOUTIEN PAR L'ENVIRONNEMENT

Le contrôle de l'environnement n'est pas un processus à sens unique limité aux conséquences pour l'organisation d'actions exercées dans son environnement. Ceux qui sont soumis à ce contrôle font également partie de la société, et sont donc eux-mêmes des agents du contrôle social. Une entreprise qui est en compétition avec d'autres, non seulement est influencée dans la fixation de ses objectifs par ce que ses concurrents ou le tiers peuvent faire, elle-même exerce aussi une influence sur les deux. La négociation est également une forme d'influence mutuelle, réciproque ; la cooptation affecte aussi bien le coopté que le cooptant ; et la coalition impose clairement des limites aux deux parties engagées.

Les objectifs semblent donc résulter de l'interaction, à la fois au sein de l'organisation et entre l'organisation et son environnement. S'il est vrai que toute entreprise doit trouver un soutien suffisant pour ses objectifs, elle dispose d'une certaine initiative dans ce processus. Il est possible que la différence entre une organisation efficace et une organisation inefficace repose sur le degré d'initiative que prennent ceux de ses membres qui sont responsables de la fixation des objectifs.

Notes

(1)   Cette constatation semblerait exclure les organisations antisociales telles que les syndicats de criminels. Une analyse détaillée d'organisations de ce type serait utile à bien des fins ; il apparaît cependant nécessaire pour ces organisations d'acquérir une clientèle, des fournisseurs, etc., bien que leurs méthodes puissent être assez particulières.

(2)   Pour le cas du Zaibatsu, voir Japan Council. « The Control of Industry in Japan », Tokyo, Institute of Political and Economic Research, 1953, et E.O. Reischauer. *The United States and Japan*, Cambridge, Harvard University Press, 1954, p. 87-97.

(3)   Pour une documentation sur la Russie, voir D. Granick. *Management of the Industrial Firm in the U.R.S.S.*, New York, Columbia University Press, 1954, et J.S. Berliner. « Informal Organization of the Soviet Firm », *Quarterly Journal of Economics*, 66, août 1952, p. 353-365.

(4)   Cette analyse particulière est tirée de E.H. Lichtfield. « Notes on a General Theory of Administration », *Administrative Science Quarterly*, 1, juin 1956, p. 3-29. Nous sommes également redevables à R. Tannenbaum et F. Massarik lesquels, en divisant le pro-

cessus de prise de décisions en trois étapes, démontrent que des surbordonnés peuvent participer aux « décisions de la direction » même lorsque la direction fait le choix définitif. Voir « Participation by Subordinates in the Managerial Decision-Making Process », *Canadian Journal of Economics and Political Science*, 16, août 1949, p. 410-418.

(5) R.K. Merton fait une remarque semblable concernant le rôle de l'intellectuel dans la bureaucratie publique. Voir *Social Theory and Social Structure*, Glencoe, The Free Press, 1957, chap. 6.

(6) Voir L. Wilson. *The Academic Man*, New York, Oxford University Press, 1942, surtout le chap. 9 ; voir également W.G. Bennis. « The Effect on Academic Goods of their Market », *American Journal of Sociology*, 62, juillet 1956, p. 28-33.

(7) P. Selznick. *TVA and the Grass Roots*, Berkeley et Los Angeles, University of California Press, 1949.

(8) La coalition peut impliquer une action commune uniquement vers des aspects limités des objectifs de chaque membre. Elle peut impliquer l'engagement total de chaque membre pour une période définie ou indéfinie. Dans tous les cas, les membres conservent par devers eux le pouvoir de se retirer. Nous distinguons ainsi la coalition de la fusion, dans laquelle deux ou plusieurs organisations fusionnent de manière permanente. Dans la fusion, l'un ou tous les éléments primitifs peuvent perdre leur identité. Dans une telle situation, la fixation des objectifs ne soumet évidemment plus les partenaires à des contraintes interorganisationnelles.

PARTIE II
La technologie

Administration et technologie[*]

par Joan Woodward

INTRODUCTION

La recherche que nous décrivons dans cette monographie constitue la première tentative britannique pour découvrir si l'application de principes administratifs sous-tendus par un corpus théorique de plus en plus développé est reliée au succès des entreprises.

Cette étude a été réalisée entre 1953 et 1957 par l'Unité de recherche en relations humaines du Collège technique du sud-est de l'Essex. L'intention première des chercheurs était d'étudier d'une part, la répartition des responsabilités qui existe entre les dirigeants et les spécialistes qui appliquent la technologie à la production, et d'autre part, les facteurs qui déterminent leurs relations mutuelles. Cependant, ils ont très vite découvert que cette relation « line—staff » ne pouvait pas être étudiée de façon isolée, aussi allèrent-ils jusqu'à inclure dans leur étude la structure globale de supervision et d'administration. Cette importante recherche portant sur 91 % des entreprises manufacturières de plus de 100 employés du sud de l'Essex a montré qu'il existe des variations importantes dans les modèles d'organisation, et que ces variations ne peuvent être liées ni à la taille de l'entreprise, ni au type d'industrie, ni au succès dans les affaires.

Quand on a regroupé les entreprises selon la similarité de leurs objectifs et de leurs techniques de production, et qu'on les a classées selon la complexité technique de leurs systèmes de production, on a découvert que chaque système de production était associé à un modèle caractéristique d'organisation. Les méthodes de production sont donc apparues comme le facteur le plus important dans la détermination de la structure organisationnelle et du climat de relations humaines qui règne à l'intérieur des entreprises. L'hypothèse largement acceptée selon laquelle il existe des principes admi-

---

[*] Traduit de : WOODWARD, J. « Management and Technology », *in* T. Burns. **Industrial Man**, Norwich, Her Majesty's Stationery Office, 1958, p. 4-40.

Crown Copyright 1958. Translated and published by permission of the Controller of Her Majesty's Stationery Office (1986).

nistratifs valables pour tous les systèmes de production s'est donc vue mise en doute. Cette conclusion n'est pas sans avoir de larges implications pour l'enseignement de l'administration.

Après avoir achevé cette recherche, l'équipe a étudié de façon plus approfondie 20 entreprises, sélectionnées de façon à obtenir une échelle de complexité technique. Elle a également réalisé des études de cas de trois entreprises dans lesquelles les systèmes de production étaient mixtes ou variables.

Le résumé que nous faisons ici couvre les trois étapes de cette recherche. Il en décrit les phases préliminaires, fournissant assez d'éléments sur ce qui a été recueilli pour dégager les différences essentielles observées entre les modèles organisationnels qui étaient associés à chacun des systèmes de production. Puis, on utilise une information plus descriptive, obtenue lors de la deuxième étape de la recherche, pour donner une explication de ces différences. En dernier lieu, tout en évoquant brièvement les études de cas, on tentera de montrer comment l'analyse des changements techniques dus à l'innovation peut aider à prévenir certains problèmes de gestion qui peuvent en résulter.

L'ÉTUDE

La région

La carte montre la région couverte par l'étude. Le développement industriel est arrivé relativement tard dans le sud de l'Essex ; ce sont donc des industries plus récentes telles que les raffineries de pétrole, la radio, la photographie, les produits pharmaceutiques, les papeteries et les automobiles qui prédominent. Les bâtiments des usines sont somme toute modernes ; il en est de même de l'organisation administrative. Ici, la plupart des usines ont été construites quand les fonctions de propriété et d'administration étaient déjà séparées ; il existe donc peu d'affaires familiales établies depuis longtemps. Si un certain nombre d'entreprises familiales sont déménagées dans cette région, leur histoire montre toutefois que ces déplacements ont entraîné, pour la plupart d'entre elles, des changements importants dans leur structure administrative.

Les entreprises

On a limité l'enquête aux entreprises manufacturières de la région. On a donc exclu les entreprises rattachées aux mines et aux carrières, les contracteurs, les buanderies, ainsi que les entreprises de transport, les services publics et les administrations locales.

Une longue recherche nous a permis d'établir une liste aussi complète que possible de 203 entreprises manufacturières ; il est peu probable qu'une entreprise employant 100 personnes ou plus ait été oubliée (figure 1). Le nombre de travailleurs employés dans ces entreprises se situe approximativement entre une douzaine et 35 000 (tableau 1).

FIGURE 1 : La répartition de l'industrie dans le sud-est de l'Essex en 1954

Échelle : 0,5 pouce représente 1 mille

● Collège technique du sud-est de l'Essex
● Usines incluses dans l'étude
- - Frontières des gouvernements locaux
— Routes principales

On trouve des entreprises plus importantes dans le sud de l'Essex que dans le pays en général ; 9 % d'entre elles emploient plus de 1000 personnes contre 1,7 % pour l'ensemble. Les 203 entreprises couvrent un vaste champ d'industries. Dans la plupart d'entre elles, le nombre de travailleurs employés dans la région représente entre 1 et 2 % du total national. Dans le textile et le cuir, le pourcentage est particulièrement bas, alors que dans l'automobile et la chimie, il s'élève à 7 %.

TABLEAU 1 : La répartition selon la taille des entreprises manufacturières du sud de l'Essex

Nombre d'employés	Pourcentage des 203 entreprises	Pourcentage de la main-d'œuvre (119 400)
100 ou moins	46	3
101-250	24	7
251-500	12	8
501-1000	9	11
1001-2000	4	10
2001-4000	3	14
4001-8000	1	9
8000 et plus	1	38
Totaux	100	100

L'étude portant sur un échantillon constitué de 25 % des 95 entreprises employant moins de 100 personnes montre que, dans la plupart des cas, il n'existe aucun palier administratif clairement défini entre la direction et les opérations. L'étude principale s'est donc limitée aux 110 entreprises employant 100 personnes ou plus ; 100 entreprises, soit 91 %, ont accepté de collaborer à la recherche.

De ces 100 entreprises, 68 avaient à la fois leur établissement principal et leur siège social dans la région ; les autres n'y avaient que des succursales.

L'information obtenue

Un membre de l'équipe de recherche a visité chacune des entreprises. Il a obtenu l'information regroupée sous les titres suivants :

1)   Histoire, contexte et objectifs.

2)   Description des processus et des méthodes de fabrication.

3)   Formes d'organisation et procédures de fonctionnement de l'entreprise ; cela comprenait :

   a) Un organigramme ;

   b) Une analyse simple des coûts divisés en trois éléments principaux : salaires, matières premières et frais généraux ;

   c) Une analyse de la division du travail tenant compte de la portée de commandement à chacun des niveaux, et les ratios suivants :

— Proportion des ouvriers de production par rapport à l'ensemble du personnel,

— Proportion des ouvriers d'entretien par rapport aux ouvriers de production,

— Proportion des employés cléricaux et administratifs par rapport au personnel payé à l'heure,

— Proportion de l'ensemble des superviseurs par rapport à l'ensemble du personnel ;

d) Des données concernant l'organisation et le fonctionnement des services suivants : ventes, recherche et développement, administration du personnel, inspection, entretien et achats ;

e) Des données concernant les procédures utilisées pour le contrôle et la planification de la production ;

f) Des données concernant les procédures utilisées pour le contrôle des coûts ou le contrôle budgétaire ;

g) Des données concernant les qualifications et la formation des cadres dirigeants et des cadres de supervision ; des données concernant le recrutement et la politique de formation.

4)   Information nécessaire pour évaluer l'efficacité de l'entreprise.

L'évaluation de l'efficacité

Il n'est pas facile d'évaluer le succès d'une entreprise ou encore l'efficacité d'un aspect particulier de sa gestion. L'argument tautologique selon lequel un ensemble fonctionne bien puisqu'il existe est souvent difficile à éviter. Malgré tout, on a tenté une évaluation. Les entreprises ont été classées en trois catégories principales : succès moyen, succès en bas de la moyenne et succès au-dessus de la moyenne. Les critères que nous avons considérés comme les plus importants sont le profit, la part de marché, le taux de croissance et les plans futurs. On a également posé des questions sur l'unité de mesure communément appliquée au produit, le volume de production de l'industrie, la proportion de ce volume produite par l'entreprise concernée et la nature du marché. Enfin, on a considéré des facteurs plus subjectifs comme la réputation de l'entreprise, à la fois à l'intérieur de l'industrie et dans les entreprises locales, la qualité et les attitudes de la direction et de la supervision, le taux de roulement du personnel et la chance qu'a une personne d'y faire une carrière administrative complète et satisfaisante.

LES RÉSULTATS

Les différences organisationnelles entre les entreprises

Les 100 entreprises de l'étude sont organisées et fonctionnent de façon très différente. Les principes et les concepts issus de la théorie administrative semblent avoir influencé le développement organisationnel d'environ la moitié d'entre elles.

Dans 35 entreprises, il existe un type d'organisation essentiellement « hiérarchique » ou « militaire » ; deux entreprises sont organisées fonctionnellement, presque exactement comme le recommandait Taylor 50 ans auparavant (Taylor, 1910). Les autres suivent, à des degrés divers, un modèle d'organisation line–staff, c'est-à-dire qu'elles emploient un certain nombre de spécialistes fonctionnels comme staff pour conseiller ceux qui sont dans la ligne d'autorité hiérarchique.

Le nombre de paliers administratifs distincts entre la direction et les ouvriers varie de 2 à 12, tandis que la portée de commandement du cadre supérieur[1] s'étend de 2 à 19, et celle du premier niveau de supervision[2] de 7 à 90. (La portée de commandement d'un individu est fonction du nombre de personnes directement sous sa responsabilité.)

Les salaires oscillent entre 3 et 50 % des coûts totaux. La main-d'œuvre diffère également d'une entreprise à l'autre ; par exemple, la proportion du personnel clérical et administratif par rapport aux ouvriers payés à l'heure varie entre 3 pour 1 et 1 pour 14 ; et celle de la main-d'œuvre directe par rapport à la main-d'œuvre indirecte va de 1 pour 3 à 15 pour 1. La moitié des entreprises emploie des diplômés ou tout autre personnel qualifié. Trente entreprises ont promu leurs cadres de l'intérieur, et cinq uniquement de l'extérieur ; le reste utilise les deux sources selon les circonstances.

On n'a pas trouvé d'explication à ces différences de structure organisationnelle ; elles ne semblent être reliées ni à la taille, ni au type d'industrie. De plus, la conformité aux « règles » de la bonne administration ne débouche pas forcément sur le succès, pas plus que la non-conformité ne débouche nécessairement sur l'échec commercial. Des 20 entreprises évaluées comme « au-dessus de la moyenne » quant à leur succès, seulement 9 possèdent clairement un modèle organisationnel classique.

Des idées nouvelles sur l'administration

Qu'est-ce qui sous-tend ces différences ? Une explication possible est qu'elles reflètent la personnalité des cadres les plus âgés ; une autre explication met de l'avant l'histoire des entreprises. Bien que de tels facteurs influencent sûrement la situation, ils ne peuvent l'expliquer adéquatement ; ils ne sont pas toujours associés aux différences que l'on observe dans les modèles organisationnels ou dans la qualité des relations humaines.

Une autre approche, nouvelle celle-là, reconnaît que les entreprises diffèrent non seulement par leur taille, le genre d'industrie auquel elles appartiennent et leur structure organisationnelle, mais aussi par leurs objectifs. Puisque les entreprises dans notre étude sont toutes des entreprises manufacturières, leurs objectifs spécifiques dépendent donc de la nature du produit et du type de client. Ainsi, certaines entreprises œuvrent dans des industries plus compétitives que d'autres ; certaines fabriquent des biens périssables qui ne peuvent être emmagasinés, d'autres produisent pour stocker et d'autres encore fabriquent sur commande ; en fait, les conditions commerciales varient d'une entreprise à l'autre. Le but fondamental est aussi différent. Par exemple, une entreprise s'était d'abord lancée dans une industrie manufacturière pour démontrer que les produits de ses mines pouvaient être des substituts efficaces à des matières plus communément utilisées.

Ces différences dans les objectifs contraignent et limitent les techniques de production qui peuvent être employées. Une entreprise dont l'objectif était de construire des prototypes d'équipement électronique, par exemple, ne pouvait se servir des méthodes utilisées pour la production de masse. Le degré d'adéquation d'une structure organisationnelle réside dans sa capacité à servir les objectifs de l'entreprise et non, comme le suggère quelquefois l'enseignement de la gestion, dans sa conformité à un modèle prescrit. Il n'y a jamais une seule meilleure façon d'organiser une entreprise.

Cela n'est peut-être pas suffisamment reconnu : les théoriciens de l'administration ont toujours essayé de développer une « science » de l'administration applicable à tous les types de production. En conséquence, ils considèrent les nouvelles techniques, telles que la recherche opérationnelle et l'équipement automatisé, comme des aides à l'administration et à l'efficacité industrielle et non comme des développements qui peuvent changer la vraie nature de l'administration.

Pourtant, les preuves s'accumulent, notamment aux États-Unis, pour démontrer que l'automation et les autres changements technologiques sont souvent associés à de graves problèmes au sein des systèmes administratifs des entreprises concernées. De nouveaux outils commencent à modifier la tâche, et la nouvelle tâche commence elle aussi à changer l'organisation et les qualités requises pour l'exécuter avec succès. Par exemple, une étude menée aux États-Unis a montré que les qualités requises d'un contremaître sur une chaîne de montage d'automobiles semblent être très différentes de celles requises pour une production de type « transfer—line » (Walker et Guest, 1952). Des expressions comme « le leadership » ou « l'art de superviser », utilisées si fréquemment dans la littérature, perdent beaucoup de leur signification. S'il est possible, par exemple, que le leadership doive être directif, participatif ou encore de type laisser-faire, selon les circonstances, un bon leader dans une situation ne sera pas nécessairement un bon leader dans une autre.

Deux questions intéressantes ont donc surgi jusqu'ici :

— L'organisation administrative et les qualités de supervision requises dans une entreprise confrontée à un processus de changement technique radical sont-elles différentes de celles qu'il faut à une entreprise stable ?

— Le genre d'organisation requis varie-t-il selon le degré de complexité technique des méthodes de production manufacturière utilisées ?

Les différences dans les méthodes de production

Quand on eut regroupé les entreprises selon leurs méthodes de production, on vit apparaître 10 catégories (figure 2).

Toutefois, les entreprises d'une même industrie ne tombent pas nécessairement dans le même groupe. Par exemple, deux entreprises de coupe de vêtements, de taille approximativement égale, ont des systèmes de production très différents, l'une faisant des costumes sur mesure, l'autre des vêtements pour hommes fabriqués en série.

La mesure de la complexité technique

Les 10 groupes de production que l'on retrouve au tableau 1 sont classifiés selon le degré de complexité technique. (Ce terme est utilisé ici pour signifier jusqu'où le processus de production est contrôlable et ses résultats prévisibles.) Par exemple, on peut établir plus facilement des objectifs de production dans une usine chimique que dans les ateliers de fabrication en série même les plus modernes, puisque les facteurs qui limitent la production sont connus avec plus de précision, de sorte qu'une course continuelle à la productivité n'est pas nécessaire.

Quelques-unes des entreprises étudiées font appel à des techniques de recherche opérationnelle pour accroître leur contrôle sur les contraintes de production, mais celles-ci ne peuvent être efficaces qu'à l'intérieur des limites établies par les méthodes de production, qui demeurent toujours le facteur majeur déterminant l'ampleur du contrôle sur la production.

Les systèmes de production et le progrès technique

Classer les entreprises selon leur degré de complexité technique n'implique aucun jugement quant à leur caractère progressif ou rétrograde, et

FIGURE 2 : La classification des entreprises

**Groupe I
Production à l'unité
et en petite quantité**

**Groupe II
Production de masse
et en grande quantité**

**Groupe III
Production continue**

1) Production d'unités sur commande
   (5 entreprises)

2) Production d'unités techniquement complexes
   (10 entreprises)

3) Fabrication d'un vaste équipement par étapes
   (2 entreprises)

4) Production en petite quantité
   (7 entreprises)

5) Production en grande quantité de composants
   assemblés ultérieurement de façons diverses
   (3 entreprises)

6) Production en grande quantité, du type chaîne
   de montage
   (25 entreprises)

7) Production en série
   (6 entreprises)

8) Production continue combinée à la préparation
   d'un produit par des méthodes de production
   de masse ou en grande quantité
   (9 entreprises)

9) Production continue de produits chimiques par
   lots
   (13 entreprises)

10) Production à flux continu de gaz liquides et
    de formes solides
    (12 entreprises)

(8 entreprises n'ont pas été classées parce qu'elles
n'appartenaient à aucune catégorie précise.)

n'indique aucunement l'attitude de leurs directions envers l'innovation
technique. Chaque système de production a ses applications et ses limites
particulières. Tant qu'il reste une demande pour une limousine plaquée or
ou pour un costume fait sur mesure, tant que de gros articles d'équipement
doivent être construits, ou tant que le progrès dans des industries comme
l'électronique avance trop rapidement pour permettre la standardisation, il y
aura toujours place pour la production à l'unité, même si elle reste moins
avancée techniquement que les autres systèmes. De plus, bien que la production à flux continu soit applicable à la fabrication de composants uni-
ques, il est encore difficile de prévoir son usage dans le cas où plusieurs
composants différents doivent être assemblés.

Cependant, les développements techniques peuvent de temps en temps permettre à une entreprise de réaliser ses objectifs plus efficacement en modifiant son système de production. Par conséquent, un grand nombre d'entreprises manufacturières seront probablement, dans le futur, des entreprises utilisant un processus continu. En effet, bien que l'on considère que la production de masse et en grande quantité soit le système manufacturier typique, il y a moins du tiers des entreprises du sud de l'Essex qui utilisent à l'heure actuelle ce mode de production.

L'automation et les autres techniques avancées, bien que plus appropriées à certains systèmes qu'à d'autres, ne se limitent pas à un seul système. Le contrôle automatique peut être appliqué plus aisément à la production en série et à la production continue, mais même dans la production à l'unité ou en petite quantité, on peut appliquer des mécanismes de contrôle à des machines individuelles.

Seize des entreprises comprises dans notre recherche avaient introduit une certaine forme d'automation. Dans certaines d'entre elles, notamment dans les conserveries et les cartonneries, le système de production a changé en conséquence, dans d'autres pas. On peut donc introduire l'automation sans modifier le système de production et, à l'inverse, modifier le système de production sans automation.

L'ORGANISATION ET LA TECHNOLOGIE

La recherche a révélé que les entreprises utilisant des méthodes de production similaires avaient des structures organisationnelles analogues. On a observé que des technologies différentes imposaient des exigences différentes aux individus et aux organisateurs, et que ces exigences devaient être réunies sous une forme appropriée d'organisation. Il existe, bien sûr, un certain nombre de différences entre les entreprises — liées à des facteurs tels que l'histoire, les antécédents et les personnalités — mais elles ne sont pas aussi significatives que les différences observées entre un type de production et un autre, leur influence semblant limitée par les considérations techniques. Par exemple, il existe des différences entre les cadres supérieurs en ce qui a trait à leur facilité à déléguer l'autorité ; mais, en général, ils la délèguent davantage dans les entreprises de production continue que dans les entreprises de production en série.

L'organisation et la complexité technique

L'organisation semble donc changer au fur et à mesure que la technologie se complexifie. Des chiffres montrent que certaines caractéristiques organisationnelles varient en relation directe et progressive avec l'avancement de la technologie (terme employé dans ce rapport pour signifier « le système de techniques »). D'autres caractéristiques atteignent leur sommet avec la production en série et décroissent par la suite, de sorte qu'à certains égards, les productions à l'unité et continue tendent à se ressembler davantage qu'à ressembler à la méthode de production intermédiaire. Les figures 3 et 4 montrent ces deux tendances. (Les détails sont donnés pour les trois groupes principaux de systèmes de production définis à la figure 2.)

Le nombre de niveaux d'autorité dans la hiérarchie administrative augmente avec la complexité technique (figure 3).

La portée de commandement du contremaître, d'autre part, atteint un sommet dans la production en série et décroît par la suite (figure 4).

La proportion de cadres supérieurs et de personnel de supervision par rapport au personnel total dans les différents systèmes de production apparaît de façon détaillée dans la figure 5, indiquant les changements probables dans la demande de cadres supérieurs lorsque la production continue se généralise. Il y a trois fois plus de cadres supérieurs pour le même personnel dans les entreprises à production continue que dans les entreprises à production à l'unité. Les entreprises à production en série se situent entre les deux groupes.

Les caractéristiques mentionnées ci-dessous suivent le modèle présenté à la figure 3. On observe une relation directe et progressive avec le degré de complexité technique :

1)   *Les coûts de main-d'œuvre* décroissent quand la technologie se complexifie. En effet, les salaires comptent pour 36 % des coûts totaux dans la production à l'unité, pour 34 % dans la production en série et pour 14 % dans la production continue.

2)   *La proportion de travail indirect*, de personnel administratif et clérical par rapport aux travailleurs payés à l'heure, augmente au fur et à mesure que la technique devient plus complexe.

3)   *La proportion de diplômés* parmi le personnel de supervision employé à la production augmente également. Les entreprises à production à l'unité emploient plus de personnel qualifié que d'autres entreprises, en particulier dans les activités de recherche ou de développement. Dans les entreprises à production à l'unité et à production en série, c'est la complexité du produit qui détermine la proportion du personnel qualifié, tandis que dans l'industrie à production continue, c'est la complexité du processus qui détermine cette proportion.

4)   *La portée de commandement du dirigeant* s'élargit considérablement à mesure que la technique progresse.

FIGURE 3 : Le nombre de niveaux d'autorité dans la hiérarchie administrative

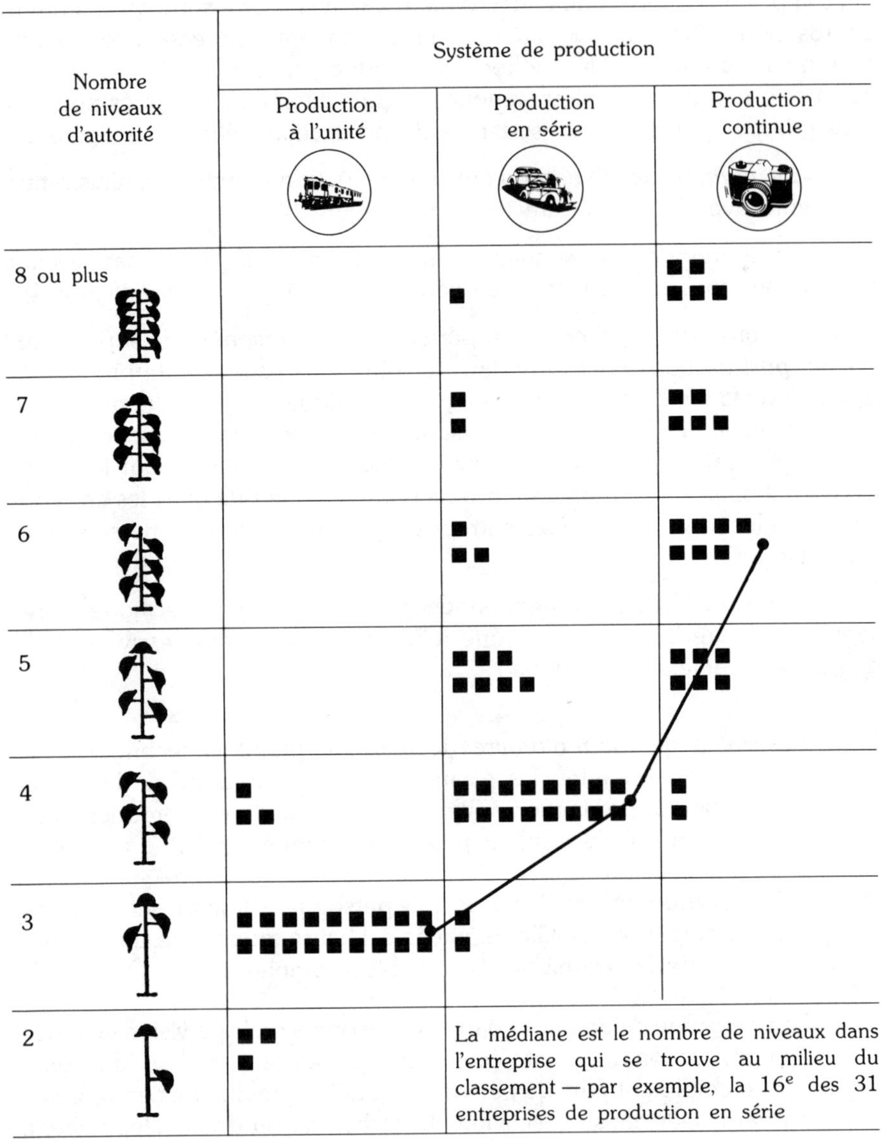

Nombre de niveaux d'autorité	Système de production		
	Production à l'unité	Production en série	Production continue
8 ou plus		■	■■ ■■■
7		■ ■	■■ ■■■
6		■ ■■	■■■■ ■■■
5		■■■ ■■■■	■■■ ■■■
4	■ ■■	■■■■■■■ ■■■■■■■	■ ■
3	■■■■■■■■ ■■■■■■■■	■ ■	
2	■■ ■	La médiane est le nombre de niveaux dans l'entreprise qui se trouve au milieu du classement — par exemple, la 16e des 31 entreprises de production en série	

■ 1 entreprise   ● la médiane

Les caractéristiques organisationnelles suivantes établissent le modèle décrit à la figure 4. Si les groupes de production situés aux extrêmes de l'échelle technique se ressemblent, ils diffèrent par ailleurs considérablement des groupes situés au milieu :

FIGURE 4 : La portée du commandement du 1ᵉʳ niveau de supervision

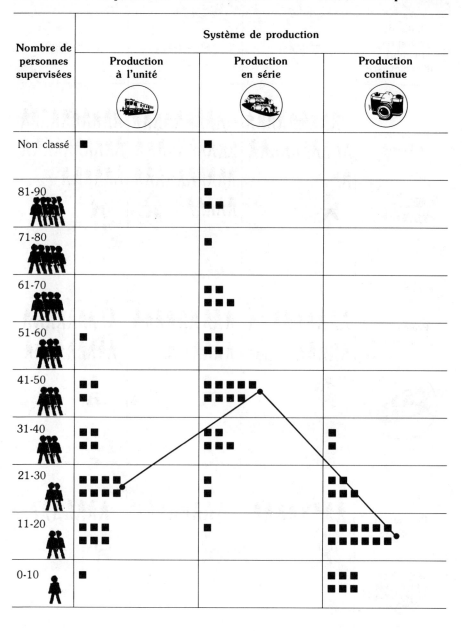

Nombre de personnes supervisées	Système de production		
	Production à l'unité	Production en série	Production continue
Non classé	■	■	
81-90		■ ■ ■	
71-80		■	
61-70		■ ■ ■ ■ ■ ■	
51-60	■	■ ■ ■ ■	
41-50	■ ■ ■	■ ■ ■ ■ ■ ■ ■ ■ ■	
31-40	■ ■ ■ ■	■ ■ ■ ■ ■	■ ■
21-30	■ ■ ■ ■ ■ ■ ■ ■	■ ■	■ ■ ■ ■
11-20	■ ■ ■ ■ ■ ■	■	■ ■ ■ ■ ■ ■ ■ ■ ■ ■ ■
0-10	■		■ ■ ■ ■ ■ ■

■ 1 entreprise   ● la médiane

1)   *L'organisation est plus flexible* aux deux extrémités de l'échelle, les devoirs et les responsabilités étant moins clairement définis.

FIGURE 5 : **La proportion de personnel de supervision**

Taille de l'entreprise (nombre d'employés)	400-500	850-1000	3000-4600
Production à l'unité			
Production en série			
Production continue			

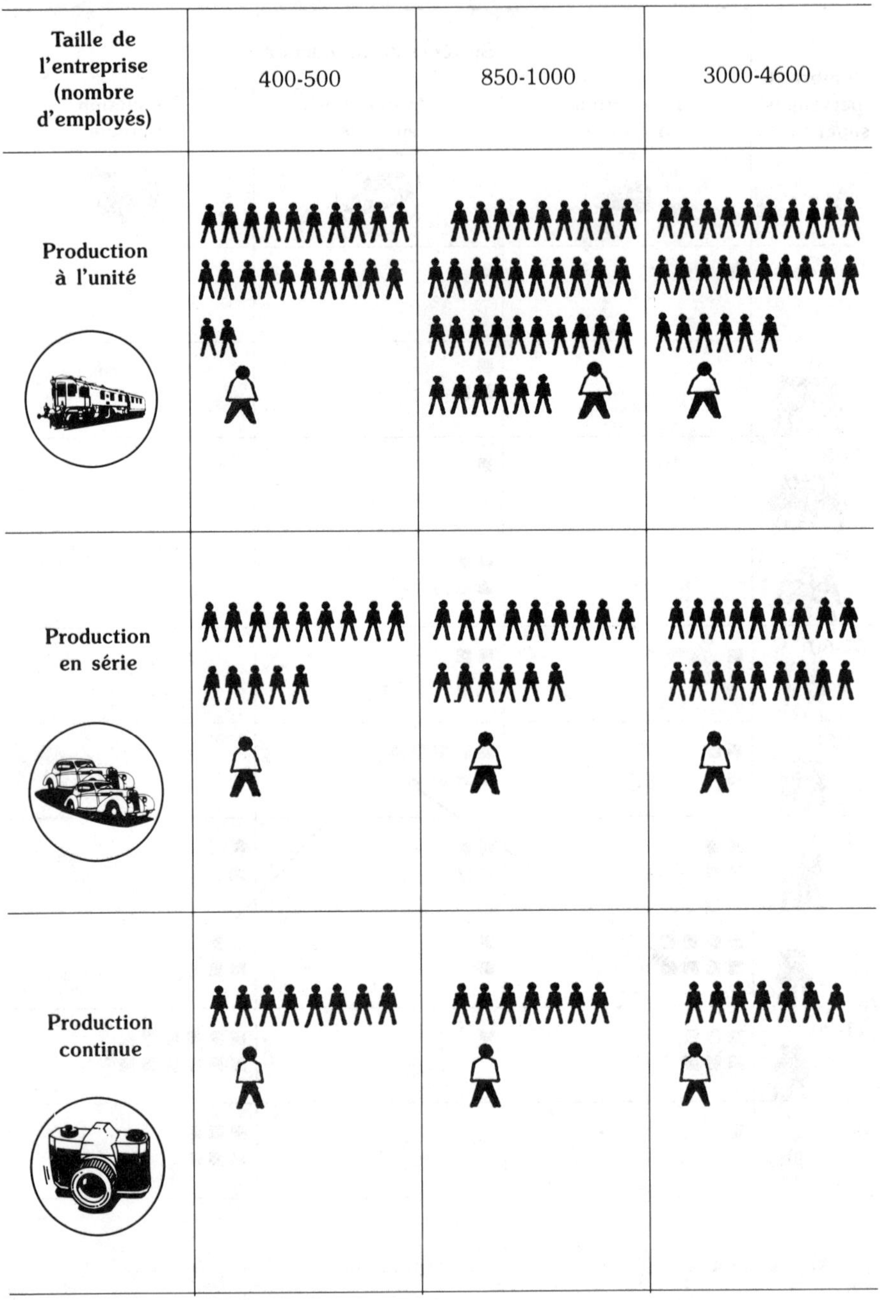

Le personnel de supervision est représenté en veste blanche — les autres catégories de personnel sont en noir.

2) La quantité de *communication écrite, par opposition à la communication verbale*, se multiplie jusqu'au moment où le système de production à la chaîne est adopté. Cependant, dans les entreprises à production continue, la plupart des communications redeviennent verbales.

3) *La spécialisation entre les fonctions administratives* est instituée plus fréquemment dans la production en grande quantité et en série que dans la production à l'unité ou continue. Dans la plupart des entreprises à production à l'unité, il y a peu de spécialistes ; on suppose que les administrateurs responsables de la production possèdent les habilités techniques nécessaires, bien que celles-ci soient plus souvent basées sur leur expérience et sur leur « savoir-faire » que sur des connaissances scientifiques proprement dites. Cependant, quand la production à l'unité est basée sur des composants produits en série, on emploie plus de spécialistes. Les entreprises de production en série ou en grande quantité se conforment généralement davantage au modèle traditionnel line—staff, le groupe administratif et superviseur éclate en deux sous-groupes ayant des idées et des objectifs différents et parfois conflictuels. Dans les entreprises à production continue, le modèle line—staff est absent dans la pratique, bien qu'il existe parfois sur le papier. Les entreprises tendent alors à adopter une organisation fonctionnelle du genre préconisé par Taylor (1910), ou à fonctionner sans spécialiste et sans connaissance technique et scientifique incorporée directement dans la structure hiérarchique. Par conséquent, la compétence technique dans la ligne de supervision devient de nouveau importante, bien que maintenant la demande va dans le sens de la connaissance scientifique plutôt que du savoir-faire technique.

4) Bien que le contrôle de production devienne de plus en plus important au fur et à mesure que la technologie se complexifie, *l'administration de la production* — ce que Taylor nommait « le cerveau de la production » — est très largement séparée de la supervision réelle des opérations dans les entreprises de production de masse et en grande quantité, où les techniques récentes de planification et de contrôle de la production, l'ingénierie des méthodes et l'étude du travail sont les plus développées. Au-delà de ce stade, ces deux fonctions ont tendance à être de plus en plus interreliées.

L'effet de la technologie sur les relations humaines

Les attitudes et le comportement du personnel administratif et de supervision, de même que le climat des relations de travail dans les entreprises, semblent aussi étroitement reliés à la technologie utilisée. Dans les entreprises situées aux extrêmes de l'échelle, les relations sont somme toute meilleures que dans les types du milieu. La pression sur les employés de tous les niveaux de la hiérarchie industrielle semble s'accroître au fur et à mesure que la technologie se complexifie. Elle devient plus forte dans la production avec chaîne de montage, et puis elle se relâche, réduisant ainsi les conflits personnels. Certains facteurs — le relâchement de la pression, les groupes de travail plus petits, l'augmentation du nombre de superviseurs par opérateur et la réduction du besoin d'économie de main-d'œuvre — conduisent à la paix industrielle dans la production continue. Donc, bien que certaines directions traitent leurs problèmes de personnel avec plus d'adresse que d'autres, ces problèmes sont beaucoup plus difficiles à régler pour les entreprises situées dans les rangs intermédiaires que pour celles utilisant la production à l'unité ou continue. Le système de production semble donc un facteur plus important pour déterminer la qualité des relations humaines que le nombre des employés.

La taille et la technologie

On n'a trouvé aucune relation significative entre la taille de l'entreprise et le système de production. En effet, il existe des entreprises petites, moyennes et grandes dans chacun des systèmes de production.

TABLEAU 2 : Les systèmes de production analysés selon le nombre d'employés

Système de production	Nombre de travailleurs employés			Nombre total d'entreprises
	101-250	251-1000	plus de 1000	
À l'unité	7	13	4	24
En série	14	12	5	31
Continue	12	9	4	25
Totaux	33	34	13	80

Il y a des entreprises qui emploient relativement peu de gens et possèdent néanmoins toutes les autres caractéristiques d'une grande compagnie, y compris une structure administrative bien définie et développée, des ressources financières importantes et un personnel hautement rémunéré, bénéficiant d'un prestige élevé dans la communauté industrielle locale. Ceci est particulièrement vrai pour les entreprises à production continue de petite taille. Certaines d'entre elles emploient moins de 500 personnes mais elles ont plus de caractéristiques en commun avec les grandes industries que les entreprises de production à l'unité ou en série qui ont deux ou trois fois plus d'employés. Comme nous l'avons déjà indiqué, on a constaté que le pourcentage de personnel administratif par rapport au nombre total des employés augmente au fur et à mesure que la technologie se complexifie. On a remarqué aussi que la taille du groupe de direction est une mesure beaucoup plus sûre de la « grosseur » d'une entreprise que le nombre total de ses employés.

De plus, bien qu'on n'ait trouvé aucune relation entre l'organisation et la taille dans le classement général des entreprises, l'existence d'une telle relation devient évidente quand chaque système de production est considéré séparément. Par exemple, dans le groupe de production en série et en grande quantité, le nombre de niveaux d'autorité et la portée de commandement du directeur général et du contremaître tendent tous les deux à augmenter avec la taille.

La structure et le succès

Encore ici, aucune relation entre la conformité aux « règles » de l'administration et le succès dans les affaires n'est apparue dans l'analyse préliminaire des données de recherche. Les 20 entreprises classées comme notablement prospères semblent avoir peu de choses en commun.

Cependant, quand les entreprises sont regroupées sur la base de leurs systèmes de production, celles qui sont particulièrement prospères ont au moins un trait en commun. Plusieurs de leurs caractéristiques organisationnelles se rapprochent de la médiane de leur groupe de production. Par exemple, dans les entreprises à production à l'unité prospères, la portée de commandement du contremaître s'étend de 22 à 28, la médiane pour l'ensemble du groupe étant 23 ; dans les entreprises à production en série prospères, elle varie de 45 à 50, la médiane pour le groupe étant 49 ; et dans les entreprises à production continue prospères, elle va de 11 à 15, la médiane pour le groupe étant 13 (voir figure 4). Inversement, les entreprises rangées sous la moyenne sur le plan du succès s'éloignent, dans la plupart des cas, amplement de la médiane.

Quand on étudie séparément les 31 entreprises à production en série et en grande quantité, on trouve une relation entre la conformité aux « règles » de l'administration et le succès dans les affaires. Les médianes approchent alors le modèle d'organisation préconisé par les chercheurs en gestion. Donc, à l'intérieur de ce type particulier de systèmes de production, l'observation de ces « règles » semble accroître l'efficacité administrative. Ceci est assez compréhensible parce que la théorie administrative est principalement basée sur l'expérience de praticiens dans ce domaine, praticiens qui ont œuvré surtout dans ce genre d'entreprises. En revanche, pour d'autres systèmes, il semble que de nouvelles « règles » soient nécessaires, et on devrait reconnaître qu'un autre type de structure organisationnelle serait certainement plus approprié.

LES ÉTUDES DE SUIVI

Les exigences organisationnelles des systèmes de production

Quelles sont les exigences posées par des méthodes de production différentes ? Est-il possible de tracer une relation entre un système de production et les modèles d'organisation qui lui sont associés ? Pour trouver réponse à de telles questions, 20 des entreprises comprises dans l'étude ont été choisies à intervalles réguliers sur l'échelle de complexité technique et elles ont été étudiées de façon plus détaillée.

Elles comprennent 6 entreprises à production à l'unité ou en petite quantité, 6 entreprises à production en grande quantité ou en série, 5 entreprises à production continue et 3 dans lesquelles la production continue est combinée avec la préparation du produit pour la vente par des techniques de production en grande quantité ou en série.

Dans chaque entreprise, les chercheurs ont étudié :

1)   Le processus de fabrication lui-même, analysant les tâches subsidiaires nécessaires à l'accomplissement des objectifs premiers ;

2)   Le nombre et la nature des décisions qui doivent être prises à chaque niveau hiérarchique ;

3)   Le genre de coopération requise entre les divers membres de l'équipe administrative ;

4)   Le genre de contrôle qui doit être exercé par les cadres supérieurs.

Puis, les chercheurs ont fait une analyse de ce qu'ils ont appelé « les exigences contextuelles » de chaque entreprise. Cette expression renvoie aux conséquences que peut avoir sur l'organisation la situation technique, le système technique imposé par les objectifs de l'entreprise. Ils ont étudié également quels expédients organisationnels et opérationnels pouvaient être efficaces pour satisfaire aux exigences contextuelles et jusqu'à quel point les structures organisationnelles existantes pouvaient les satisfaire réellement.

La relation entre les fonctions administratives

Une analyse de l'administration dans les fonctions fondamentales de l'organisation, à savoir dans le développement, la production et le marketing, révèle que le caractère de ces fonctions, leur séquence chronologique, leur degré d'intégration et leur importance relative par rapport au succès et à la survie de l'entreprise, dépendent du système technique utilisé par l'entreprise :

Le caractère et la séquence

Dans les entreprises à *production à l'unité*, le cycle de fabrication commence avec la fonction marketing ; la tâche initiale de l'administration consiste, dans la plupart des cas, à obtenir une commande. Les responsables du marketing doivent vendre, non pas un produit, mais l'idée que leur entreprise est capable de produire ce que le client exige. Le produit est fabriqué après que la commande ait été passée, la conception étant, dans de nombreux cas, modifiée pour convenir aux exigences du client. La production elle-même constitue l'étape finale dans le processus de fabrication.

Dans les entreprises à *production en série*, la séquence apparaît plus logique. La conception du produit vient en premier, puis la production, et finalement le marketing. Il est vrai qu'à la longue, les programmes de recherche et développement et les plans de production doivent s'ajuster selon l'information transmise par le personnel de vente. Mais bien que la transmission de l'information constitue souvent une partie importante du travail du vendeur, sa tâche fondamentale demeure dans chaque cas la vente de biens déjà produits. Il doit persuader le client, non pas que l'entreprise est capable de produire ce qu'il désire, mais qu'il désire ce que l'entreprise est capable de produire.

Dans la *production continue* également, la conception du produit demeure la première étape de fabrication. Dans ce genre d'industrie, le développement d'un produit implique souvent le développement d'un processus, le produit et le processus étant interdépendants. Dans ce cas-ci cependant, le produit nouvellement développé est habituellement mis sur le marché quand il atteint l'étape de l'expérimentation, car la production ne démarre normalement pas sur une grande échelle tant qu'un marché assuré n'a pas été trouvé. Dans l'industrie chimique, par exemple, l'histoire de la production de la pénicilline est un cas inhabituel ; c'est seulement dans des cas exceptionnels qu'un marché attend pour absorber un nouveau produit. Normalement, les produits pharmaceutiques sont d'abord fabriqués sur une base expérimentale par les manufacturiers. Par la suite, la profession médicale les teste avant qu'ils ne soient produits en grande quantité.

La coordination

La *production à l'unité* semble exiger une coordination entre les fonctions qui soit sur une base quotidienne. Dans plusieurs entreprises, la conception du produit est indissociable de la production proprement dite. Pour un vêtement fait sur mesure, par exemple, le tailleur conçoit et produit au même moment, ajustant ses dessins durant la fabrication pour convenir aux exigences de l'individu.

Si les entreprises à *production en série* possèdent des programmes de recherche et développement très élaborés, en revanche, le personnel responsable de la recherche n'est pas impliqué dans les problèmes quotidiens de production ou dans les activités de marketing. Toutes les décisions politiques que l'on prend à la suite de leur travail sont des décisions à long terme, et elles impliquent souvent des dépenses importantes ; aussi sont-elles prises uniquement au niveau le plus élevé de la direction. Dans certains cas, les fonctions sont physiquement séparées, la recherche et le développement étant assurés dans des lieux différents. Dans d'autres cas, les entreprises ne font aucune recherche ni aucun développement ; pour les nouvelles idées, elle comptent sur les laboratoires de recherche extérieurs ou sur des sources informelles. Mais quoique l'intégration quotidienne des fonctions ne semble pas nécessaire, et qu'elle pourrait entraîner des perturbations dangereuses, la coopération dans l'échange d'information demeure essentielle. Le personnel chargé du développement du produit compte à la fois sur l'information provenant du marketing pour savoir ce que les clients pensent et sur l'information provenant de la production pour connaître les possibilités de fabrication de nouveaux produits. (Tout ceci renvoie seulement à la recherche se rapportant au produit et non au développement des méthodes de production. La recherche des méthodes est une partie intégrante de la fonction de production et doit être étroitement intégrée aux autres activités de production.)

Dans la *production continue* également, les fonctions sont, dans bien des cas, indépendantes les unes des autres, bien que cela ne soit pas aussi évident que dans la production en série, à cause de la relation étroite qui existe entre le développement du produit et le développement du processus. La recherche plus fondamentale pour trouver de nouveaux produits est presque entièrement indépendante. Elle n'est pas contrôlée par les capacités de production existantes ou par les exigences des clients ; en effet, très souvent, un marché reste encore à trouver. Cependant, quand le développement atteint l'étape des essais, on exige une intégration plus étroite entre la recherche et la production ; dans certains cas, cela est requis au niveau du travail lui-même, dans d'autres cas, l'échange d'information est suffisant.

Tandis qu'on exige normalement plus de coordination entre ces trois fonctions fondamentales dans la production à l'unité que dans les productions en série ou continue, on l'exige occasionnellement dans les deux dernières. Par exemple, dans la production continue, on exige du personnel chargé du développement qu'il travaille en relation étroite avec le personnel de marketing au moment de la création du marché pour un nouveau produit. À la fois dans la production continue et en série, le personnel de développement doit coopérer avec le personnel de production au moment de la fabrication à grande échelle d'un nouveau produit.

L'importance relative

Dans les entreprises à *production à l'unité*, toutes les autres activités sont centrées sur le développement et dépendent de celui-ci. Le talent et l'habileté des responsables du développement constituent les facteurs les plus importants pour assurer le succès de l'entreprise.

Dans les entreprises à *production en série*, la production elle-même est l'activité centrale. Le succès dépend presque entièrement d'une gestion efficace de la production et d'une réduction progressive des coûts unitaires.

Dans les entreprises à *production continue*, le succès dépend largement de l'existence d'un marché, puisque l'entreposage des produits est souvent difficile ou impossible. Le taux d'absorption détermine indirectement le flux de la production, et, comme une usine chimique qui fonctionne à plein rendement est à la fois plus économique et plus facile à manœuvrer, l'efficacité de l'organisation du marketing compte pour beaucoup.

Les « exigences contextuelles »

Cette discussion clarifie le rôle des exigences contextuelles. Par exemple, chaque situation technique requiert un certain type de coopération entre les membres d'une équipe administrative. En conséquence, le système de communication qui sert la coopération doit aussi varier d'une situation à l'autre. Les systèmes de communication ne sont pas bons ou mauvais en eux-mêmes ; ils ne sont bons que s'ils regroupent les gens de façon à servir les objectifs de l'entreprise. Alors que la production à l'unité exige un système de communication qui regroupe les gens sur une base opérationnelle quotidienne, pour la production en série et continue, un tel système pourrait bien réduire leur efficacité.

Les mêmes principes s'appliquent si on analyse les fonctions de production, de développement et de marketing. La nature de ces fonctions, leur importance relative et les relations qu'elles ont entre elles varient selon les exigences techniques du processus. Par exemple, l'inspection, qui relève de la gestion de la production, a relativement peu d'importance dans la première étape du processus technologique. Le sens des responsabilités et la satisfaction que l'on retire de la production d'unités individuelles restent suffisants pour maintenir un standard raisonnablement élevé. Dans la production en grande quantité et en série, l'inspection devient par contre très importante. Dans les technologies plus complexes, elle perd de son importance puisque les systèmes autocorrecteurs et les mécanismes de contrôle s'incorporent de plus en plus au processus lui-même. On peut retrouver des modèles similaires pour d'autres fonctions, y compris pour le personnel, les achats et l'entretien de l'usine.

Les décisions administratives

Le nombre et la nature des décisions qui doivent être prises dépendent aussi des exigences techniques du processus de fabrication :

Dans la production à l'unité :

1)   On doit prendre plus de décisions que dans d'autres types de production, toutes ces décisions étant relativement à court terme et presque de même importance. Dans de nombreuses entreprises, une décision politique doit être prise chaque fois qu'une commande est acceptée, mais elle n'engage l'entreprise que pour la période durant laquelle cet article est produit. Pour de gros équipements tels que des émetteurs de télévision, la période peut être plus longue, pouvant même aller jusqu'à plusieurs années ; elle reste pourtant plus courte que la période observée dans les productions en série et continue.

2)   Il existe peu de distinction entre les décisions politiques et les décisions propres à résoudre des problèmes quotidiens, ces dernières se transformant la plupart du temps en décisions politiques.

3)   Un grand nombre de décisions prises touchent toutes les fonctions fondamentales associées à la fabrication. Par exemple, quand une matière première vient à manquer, la décision d'utiliser un substitut implique non seulement ceux qui sont concernés par la production mais aussi le personnel chargé du développement et du marketing ; il est même nécessaire quelquefois de réouvrir les négociations avec le client.

Dans la production en série, les décisions sont plus variées à la fois par leur caractère et leur importance :

1)   Les décisions politiques au sujet des objectifs, et les activités essentielles à l'atteinte de ces objectifs, sont moins nombreuses mais habituellement plus importantes que dans la production à l'unité parce qu'elles engagent plus le futur de l'entreprise. Elles doivent se baser sur une plus grande variété d'informations de base.

2) Les décisions propres à résoudre des problèmes quotidiens ne se transforment pas en décisions politiques aussi souvent que dans les entreprises à production à l'unité.

3) Comme les fonctions fondamentales de fabrication sont ici plus indépendantes les unes des autres, les décisions politiques ne touchent que quelquefois une fonction et elles peuvent souvent être prises par les cadres supérieurs responsables de cette fonction. La planification d'une organisation régionale des ventes, par exemple, n'implique généralement que le personnel de marketing. (Cependant, on a trouvé une exception, soit une entreprise où les directeurs de ventes régionaux sont reliés aux unités de production situées elles aussi dans diverses parties du pays. Donc, toute modification dans l'organisation des ventes modifie les plans des unités de production et doit par conséquent se baser sur une décision concertée des deux cadres supérieurs responsables respectivement du marketing et de la production.)

4) Les décisions sont aussi plus prévisibles — non pas leur contenu exact, évidemment, mais le genre de décisions le plus probable.

Dans la production continue :

1) Les décisions politiques sont moins nombreuses que dans les productions en série ou à l'unité, mais elles engagent davantage le futur des entreprises concernées. Une entreprise planifie de construire une nouvelle usine ; on estime qu'il faudrait 3 ans pour la bâtir et 20 ans pour obtenir un rendement sur l'investissement qui soit adéquat. Une fois déterminé, le système de production devient extrêmement difficile à modifier, comme c'est le cas dans la plupart des usines chimiques. Le succès dépend donc d'un marché assuré pour le produit durant les 20 prochaines années. Toutefois, même dans l'industrie à production continue, toutes les décisions politiques ne sont pas prises à aussi long terme ; néanmoins, beaucoup sont trop importantes pour relever de la responsabilité d'un seul individu. Les structures organisationnelles doivent permettre que les décisions soient prises conjointement par des cadres supérieurs, ce qui explique que l'on prenne plus de décisions au niveau du conseil d'administration que dans les autres systèmes.

2) D'autre part, les décisions propres à résoudre des problèmes quotidiens doivent être prises le plus près possible de la source du problème, car elles sont normalement associées aux difficultés opérationnelles et sont la plupart du temps très urgentes. Les décisions politiques se distinguent encore plus des décisions de nature opérationnelle que dans le cas de la production en série.

3)   Prendre des décisions devient un processus de plus en plus rationnel : les impondérables diminuent progressivement et on peut prévoir
plus exactement les conséquences du déroulement particulier d'une
action ; les intuitions de la direction sont de moins en moins nécessaires. Cela constitue peut-être le facteur le plus important qui relie la
technologie à l'organisation, et ses implications sont grandes.

Les effets de la rationalité accrue sur la production continue

Les discussions avec les administrateurs et les superviseurs montrent
que l'accroissement de la rationalité dans la prise de décisions signifie
que :

1)   Tout couple d'individus ayant des qualifications et des expériences
similaires et connaissant le même ensemble de faits, tendent à
prendre les mêmes décisions, excepté dans des occasions relativement rares où des jugements de valeur sont impliqués. Cela facilite
beaucoup la délégation de la responsabilité. Dans une industrie
moins avancée techniquement, les gestionnaires ont souvent peur
que les décisions prises par leurs subordonnés soient problématiques.
Ils trouvent la délégation plus facile s'ils peuvent s'assurer que, dans
une large mesure, leurs subordonnés prendront à peu près les mêmes
décisions qu'eux-mêmes.

2)   Les décisions sont rarement révoquées au haut de la hiérarchie
comme cela se produit dans la production à l'unité et en série. Aussi,
dans la production continue, les membres qui sont au bas de la hiérarchie éprouvent des sentiments de satisfaction et d'indépendance
beaucoup plus grands dans leurs fonctions.

3)   Les décisions politiques au niveau du conseil sont plus facilement prises ; de plus, elles tendent à être celles que les plus jeunes cadres ap-
prouvent et qu'ils auraient prises eux-mêmes dans des circonstances
analogues. Il y a une tendance marquée à les confier au conseil de
direction, constitué d'un grand nombre de directeurs techniques. La
gestion par comité semble aussi mieux fonctionner. Une autre caractéristique marquante est l'absence d'une personnalité détentrice de
l'autorité au sommet.

4)   La responsabilité des décisions propres à résoudre les problèmes
quotidiens étant largement déléguée, et la responsabilité des décisions politiques majeures demeurant au niveau du conseil de direction, le cadre supérieur, dans la production continue, semble prendre
moins de décisions que son homologue dans la production à l'unité
ou en série. Il consacre donc plus de temps à ses devoirs sociaux formels de chef d'une grande organisation, devoirs qui sont si importants

dans la vie corporative. Aussi, son travail porte davantage sur la coordination et le contrôle du processus d'administration. Il prend évidemment des décisions, relativement peu nombreuses, qui dépendent presque toutes de jugements de valeur et dont la plupart ont trait au domaine des relations humaines. Ceci signifie que, somme toute, les décisions relatives aux personnes sont prises à un niveau plus élevé.

5)   La performance de la direction devient plus facile à mesurer au fur et à mesure que la technologie se complexifie. Le besoin de compétence technique au sein du personnel de gestion rend la sélection pour la promotion beaucoup moins subjective et réduit de ce fait la tension et le stress qui y sont associés. La tendance qu'a un individu à s'attacher à un autre et à monter ou descendre avec lui est ici beaucoup moins marquée.

6)   En général, le comportement des gestionnaires est davantage conditionné par la position qu'ils occupent dans l'organisation que par leur personnalité. On a trouvé un cas extrême dans une grande usine à flux continu, où on a pu observer en trois ans et demi un taux de roulement du personnel administratif et de supervision (au-dessus du rang de contremaître) de l'ordre de 100 %. Si une partie du personnel a été promue d'un emploi à un autre, plusieurs personnes sont également venues, durant cette période, d'autres unités de production de l'entreprise, d'universités, ou encore d'entreprises extérieures. Malgré tout, l'usine continua à fonctionner avec beaucoup de succès, et il semble que, pour toutes les questions importantes, le directeur d'usine se comportait de la même façon que son prédécesseur, et comme son successeur le fera probablement.

L'effet sur les relations humaines

On a défini la complexité technique comme le degré possible de contrôle sur les contraintes physiques de la production. Au bas de l'échelle technique, il semble que les limites physiques soient si difficiles à contrôler qu'on tente peu d'y arriver ; en conséquence, les gens sont soumis à une pression relativement faible. Par exemple, personne n'essaie de presser les ingénieurs chargés de la conception d'une pièce compliquée de l'équipement ; au contraire, on considère habituellement qu'il leur est impossible de bien travailler « avec un revolver dans le dos ».

Dans les productions en grande quantité et en série, les efforts permanents pour repousser les limites de la production exercent une forte pression sur les employés. Les objectifs s'élèvent progressivement, des stimulants de toutes sortes sont offerts et la production tend à s'accroître par poussées.

Mais en dernier ressort, l'allure est encore réglée par la quantité d'effort que les travailleurs consentent à investir.

Au haut de l'échelle technique, l'exercice du contrôle est si mécanique et si exact que la pression sur les gens se réduit à nouveau au minimum. La productivité n'est liée qu'indirectement à l'effort humain ; somme toute, les gens subissent de la pression seulement quand les choses vont mal. De plus, l'usine elle-même constitue une structure de discipline et de contrôle. Toute exigence vis-à-vis des opérateurs provient en fait plus du processus que de la supervision. La plupart de ceux qu'on a interrogés semblent moins ressentir l'autorité quand elle est exercée par le processus que lorsqu'elle vient d'un superviseur.

À mesure que la technologie se complexifie, tout le concept d'autorité dans l'industrie peut changer. Dans les entreprises à production continue, la relation entre supérieur et subordonné ressemble beaucoup plus à celle qui existe entre un agent de voyage et ses clients qu'à celle qui existe entre un contremaître et ses ouvriers, comme c'est le cas dans la production en série. En production continue, le travail du contremaître consiste à arranger les choses à l'intérieur des limites établies par l'usine, limites que lui et les ouvriers comprennent et acceptent. Cette commune compréhension et acceptation des exigences du travail est très proche de celle que l'on retrouve dans la production à l'unité.

On remarque, par exemple, une attitude différente vis-à-vis du temps. Dans les entreprises à production en série que nous avons visitées, les contremaîtres doivent travailler fort pour empêcher les ouvriers de quitter leur poste de travail pour se laver les mains ou pour se rassembler à l'horloge de pointage avant l'heure ; par contre, dans les entreprises à production continue, les ouvriers de l'équipe de nuit arrivent plus tôt volontairement afin de permettre aux hommes qu'ils relèvent d'aller prendre rapidement un verre au local avant l'heure de fermeture. Les travailleurs à la production continue sont conscients que l'usine ne peut pas être laissée sans surveillance et ils procèdent eux-mêmes aux arrangements nécessaires.

De grandes différences apparaissent donc entre les systèmes de production dans la mesure où les exigences contextuelles créent des conditions favorables au bonheur humain. En effet, les cadres et les superviseurs tirent plus de satisfaction de leur travail lorsque la technologie utilisée est avancée. Chez les ouvriers aussi, il semble qu'une diminution de la pression et de meilleures relations entre le superviseur et ses subordonnés font plus que compenser la monotonie et l'ennui provenant des tâches de contrôle.

LES ÉTUDES DE CAS

On a procédé à trois études de cas détaillées dans des entreprises où les systèmes de production sont mixtes ou en train de changer, parce qu'il semblait, à première vue, que c'est là qu'on peut trouver les plus sérieux problèmes organisationnels. Les exigences contextuelles qui surviennent à différentes étapes du processus de fabrication peuvent être incompatibles ou conflictuelles ; il peut aussi être difficile d'édifier une organisation dans laquelle on peut répondre à toutes ces exigences. En fait, les problèmes organisationnels survenus dans ces trois entreprises ont confirmé nos constatations de départ.

L'usine A fabrique des produits qui sont assemblés de diverses façons à partir de pièces standardisées. Elle passe d'un système de production à l'unité à un système qui repose en partie sur des méthodes de production en série. Par le passé, cette entreprise a consacré ses ressources à la recherche et au développement encore plus qu'on ne le fait normalement dans les entreprises à production à l'unité ; la vive concurrence qui régnait dans le domaine de l'équipement de radiocommunication au début du siècle avait rendu cela nécessaire. De cette façon, elle s'est bâti une réputation de haute qualité qui a constitué la clé de son succès.

Juste après la dernière guerre, cette entreprise a été acquise par un important groupe industriel, ayant de larges intérêts en dehors de son domaine spécialisé, et étant réputé pour être davantage préoccupé par l'efficacité que par la qualité. Quoique les nouveaux propriétaires n'aient procédé à aucune réorganisation, l'usine A a tout de même senti les effets du changement, en partie à cause de la venue de sang nouveau, en partie à cause de son association à une tradition et à une culture différentes. Ce changement a encouragé probablement les efforts pour rendre les opérations de fabrication plus efficaces par l'introduction de techniques de production en série et en grande quantité dans un système qui était jusque là constitué de productions à l'unité et en petite quantité.

Il n'y a rien de révolutionnaire dans cette nouvelle approche de fabrication, ses principales caractéristiques étant une séparation grandissante entre la gestion de la production et la supervision réelle des opérations de production, et un resserrement des contrôles. On a eu besoin de superviseurs d'atelier pour fonctionner selon des caractéristiques plus détaillées ; un Service des méthodes spécifie maintenant comment chaque pièce d'équipement doit être fabriquée ; un Service de contrôle de la production indique à quel moment chaque phase de la fabrication doit démarrer et finir, et un Service fixant les taux indique ce que les frais de main-d'œuvre doivent être. Tout cela est assez courant chez les entreprises de production en série et en grande quantité.

Dans le cas de l'usine B, qui fabrique des produits pharmaceutiques, les développements qui ont eu lieu pendant et après la dernière guerre l'ont conduite à changer son objectif et sa technologie. De moins en moins de pharmaciens détaillants fabriquent aujourd'hui leurs médicaments alors que de plus en plus de médicaments tout préparés sont fabriqués par des industries. La préparation de produits chimiques pour la vente a donc entraîné le développement d'une production par lignes de produits ; on a introduit un système de technologie différent à côté des usines où les produits chimiques sont fabriqués. Cela signifie que les pharmaciens sont maintenant autant employés à fabriquer qu'à vendre des médicaments. Donc, tandis que dans l'usine A, une modification dans les méthodes de fabrication a eu lieu sans aucun changement notable dans les objectifs, dans l'usine B, un changement dans les objectifs a abouti à une modification des méthodes de production.

Dans l'usine C, une raffinerie, le changement technique a été associé à un changement dans les objectifs, mais cela n'a provoqué aucune modification fondamentale dans le système de production. Peu de pétrole brut était raffiné dans ce pays avant la dernière guerre. Originalement, l'usine C s'est surtout centrée sur les activités suivantes : importer, emmagasiner et distribuer les produits raffinés, et ce malgré le fait qu'entre 1916 et 1945 un certain nombre d'usines de distillation semi-automatique aient été construites pour raffiner davantage le pétrole importé, en particulier pour fabriquer des huiles, du bitume et de la paraffine. L'usine C a connu une expansion rapide après la dernière guerre, quand on a décidé de développer l'industrie de distillation du pétrole brut en Angleterre. Si les nouvelles usines de raffinage possèdent un plus grand nombre de contrôles automatiques que les anciennes, le système de production est demeuré le même : la production continue.

Comme on pouvait s'y attendre, ce changement technique a causé moins de perturbation organisationnelle dans l'usine C que dans les usines A ou B.

Changer les techniques mais non les objectifs

Au départ, c'est l'usine A qui était aux prises avec la situation potentiellement la plus difficile. La production en grande quantité et en série crée un environnement moins propice au bonheur humain que ne le font les productions continue et à l'unité. Aussi les usines A et B se dirigeaient-elles toutes deux vers une situation plus difficile. Or, le changement dans l'usine B a été associé à une augmentation importante du personnel, alors que dans l'usine A, les gens qui avaient travaillé dans l'ancien système devaient s'ajuster au nouveau.

Les changements dans l'usine A ont engendré une modification des relations entre les fonctions administratives ; la position de ceux qui sont concernés par la production a dû être élevée aux dépens de ceux qui sont employés aux Services de développement et des ventes. La position des dessinateurs s'est détériorée : autrefois, ils constituaient un lien essentiel de communication entre les ingénieurs chargés du développement et les artisans ; maintenant, un certain nombre de services spécialisés contrôlent eux-mêmes leur production.

Contrairement aux attentes, car l'importance de l'inspection augmente avec la production en série, la position du Service de l'inspection a été réduite. Ici cependant, ce Service avait préalablement regroupé les fonctions d'inspection et d'expérimentation ; comme il avait à faire plus d'inspection physique, ses responsabilités quant à l'expérimentation ont diminué. Dans ce genre d'industrie, cette tâche d'expérimentation procure un prestige plus élevé que celle de l'inspection, aussi ce Service a-t-il vu sa position réduite. De plus, les nouvelles méthodes de production ont réduit l'aire de juridiction des contremaîtres de la production, de sorte que le travail du Service de l'inspection est devenu plus routinier.

Dans le passé, les gens qualifiés étaient employés presque exclusivement dans les services chargés du développement. Mais maintenant, un nombre de plus en plus important d'entre eux travaillent dans la production elle-même, soit à titre d'ingénieurs de projet soit en tant que superviseurs de la production. Les superviseurs plus âgés ont protesté contre cette instrusion et contre cette plus grande pression qui s'exerce sur eux. Ils parlent avec nostalgie de « l'ambiance » qui régnait autrefois dans l'usine.

Cependant, en dépit de cette résistance, l'efficacité des opérations de production a augmenté, d'une part parce qu'il y avait de bonnes relations humaines où puiser, et d'autre part parce que des hommes possédant des capacités et des comportements exceptionnels ont été associés à ces changements. Le Service du contrôle de la production fonctionne remarquablement bien. À n'importe quel moment, il peut y avoir un millier d'articles en cours de production, chacun comprenant plus de mille composants. Dans ces conditions, ce n'est pas un mince exploit que d'assurer le respect des dates de livraison.

Mais en dépit de cette efficacité accrue de la production, de nombreux problèmes ont surgi. Les nouveaux propriétaires semblent avoir amené le développement de nouvelles méthodes sans savoir si elles permettraient d'atteindre efficacement les objectifs de l'entreprise. La réputation de l'entreprise dépend toujours des ses activités de développement ; cependant les nouvelles méthodes, en mettant davantage l'accent sur la production, semblent plus adaptées à un autre objectif, à savoir la production en série de biens standardisés à bas prix. Cela n'est pas sans amener des compromis difficiles entre ces deux objectifs : tandis que certains groupes et individus visent encore une grande qualité, d'autres sont davantage concernés par la réduction des coûts et par l'emploi le plus économique possible des ressources. Pour suivre les développements constants de l'électronique et maintenir la qualité, les divisions de développement et des ventes insistent fréquemment pour modifier un plan même après que la production soit commencée. Mais le succès de la production en série est basé sur une connaissance exacte des besoins dès le début des opérations, ce qui ne semble pas toujours possible. À plusieurs occasions, on utilise le Service de développement pour y réaliser le travail de production — preuve additionnelle que les efforts de simplification et de standardisation n'ont pas totalement atteint leurs objectifs.

Il est intéressant de comparer l'usine A avec une autre entreprise œuvrant dans la même industrie, où une tentative similaire d'augmenter l'efficacité de la production par de nouvelles techniques a été faite et ultérieurement abandonnée. Les normes de rendement s'étaient tellement détériorées à tous les niveaux de la hiérarchie que la réputation de l'entreprise d'être « la meilleure », sur laquelle reposait son succès, fut même mise en danger.

Une entreprise fabriquant des outils agricoles constitue l'exemple le plus réussi d'une combinaison de production en série d'éléments avec un montage diversifié. Cette entreprise doit produire une grande variété d'articles, mais elle ne met pas l'accent sur une haute qualité. Elle a le meilleur des deux univers ; elle peut réduire les coûts de production et satisfaire néanmoins les exigences individuelles. Cependant, dans l'usine A, tandis que les problèmes du passage de la production à l'unité à la production en série n'étaient pas insurmontables et ont effectivement été surmontés, il subsiste un certain doute quant à la pertinence du nouveau système pour réaliser les anciens objectifs.

Deux systèmes de production dans une usine

Le problème de l'usine B est de concevoir un modèle organisationnel qui puisse satisfaire avec une égale efficacité deux ensembles d'exigences contextuelles différents et, d'une certaine façon, antagonistes. Il semble que la difficulté la plus sérieuse soit de concilier les rôles de supervision hiérarchique avec ceux des spécialistes fonctionnels.

Le modèle traditionnel line—staff semble mieux fonctionner dans la production en série. Par exemple, le directeur du personnel de l'usine B remplit une fonction très utile dans la production en série. Les superviseurs hiérarchiques exercent une forte pression sur les ouvriers, et le Service du personnel fournit une soupape de sûreté efficace. Les superviseurs hiérarchiques eux-mêmes reconnaissent l'importance de cette soupape et, malgré le mythe habituel de la friction line—staff, les relations sont bonnes. Du côté de l'usine cependant, il existe des conflits occasionnels entre les superviseurs hiérarchiques et le Service du personnel, parce que ce dernier s'introduit dans cette relation étroite supérieur—subordonné qui est une des principales caractéristiques de l'industrie à production continue.

Les différences de tradition entre la production continue et la production en série se sont accentuées quand les deux systèmes ont été mis en contact. Il existe de grandes différences entre les deux parties de l'usine, tant sur le plan de l'habillement des gestionnaires et des superviseurs, que sur le plan de leur comportement et de leurs attitudes à l'égard du travail. Ceux qui ont été interrogés parlent du « mur » qui s'élève entre les deux. Il existe aussi une rivalité entre les deux parties, non seulement au sujet de leur contribution relative au succès de l'entreprise, mais aussi au sujet de leur relation avec le directeur général et le conseil de direction. Une situation comme celle-là crée de nombreux problèmes de relations interpersonnelles pour ceux qui sont au sommet de la hiérarchie et, quand l'étude a pris fin, certains problèmes n'étaient pas encore résolus.

De nouveaux objectifs pour une usine à production continue

L'usine C possède tous les avantages du système de production continue mentionnés précédemment. Les quelques problèmes organisationnels provenant des nouveaux développements ne sont pas directement associés à la technologie. Cependant, un problème a surgi à la suite d'un changement dans les objectifs : on a observé une réduction de l'importance de ceux qui étaient responsables des activités originales d'entreposage et de distribution au profit de ceux qui étaient employés aux activités de raffinage. D'autres problèmes ont surgi parce qu'il n'avait pas été possible de construire les nouvelles usines à moins de trois kilomètres des plus anciennes. Ces problèmes amènent des difficultés de communication et un certain dédoublement administratif. Au moment de la recherche, le siège social se trouvait situé dans le plus vieil emplacement. Alors, les deux sites avaient une importance presque égale ; les nouvelles usines ont une position de plein droit, tandis que les vieilles usines conservent la position qui leur vient d'une étroite association avec la haute direction.

On a rencontré dans leur forme extrême les caractéristiques organisationnelles associées à la production continue dans les usines les plus automatisées ; par exemple, la proportion de personnel administratif et de supervision par rapport aux travailleurs payés à l'heure y augmente progressivement. De plus, la distinction entre les fonctions line et staff, en particulier entre le personnel d'exécution et d'entretien, est moins clairement définie dans la nouvelle usine que dans l'ancienne. Cependant, la proportion de travail direct par rapport au travail indirect est demeurée à peu près la même dans les deux emplacements, apparemment parce que les vieilles usines exigent plus d'entretien tandis que les nouvelles usines sont plus économiques tant sur les plans de la production que de l'entretien.

Comparée à celle des autres usines étudiées, la qualité des relations interpersonnelles dans l'usine C est très élevée. Cette étude de cas fournit une excellente occasion d'examiner en détail comment le degré de complexité technique et le processus rationnel de prise de décisions qui lui est associé créent une situation particulièrement propice à des relations humaines harmonieuses.

CONCLUSION

Jusqu'à quel point cette analyse des exigences contextuelles imposées par les techniques de production est-elle utile ? Quelle contribution peut-elle apporter à l'étude des organisations ? Voilà les questions que l'on peut se poser. La réponse à ces questions est double.

D'une part, les études ont fourni, grâce à l'examen de plusieurs données, une explication à certaines différences organisationnelles observées entre les systèmes de production. D'autre part, les méthodes analytiques utilisées ont isolé les forces qui sont en jeu dans les entreprises où l'innovation technique a engendré des perturbations administratives.

Relier les études de cas à l'étude de base

Les études de cas confirment que les variations observées entre les entreprises sont presque toujours reliées aux différences dans les systèmes de production. Par exemple, les différences entre deux entreprises produisant en grande quantité, de taille approximativement égale, sont dues au fait que l'une d'elles, bien que fabriquant surtout en grande quantité, produit aussi quelques articles en fonction des exigences spécifiques des clients.

Donc, il est possible de tracer une relation « de cause à effet » entre un système de production et le modèle organisationnel qui lui est associé et, par conséquent, de prédire ce que les structures organisationnelles d'une entreprise deviendront, compte tenu de son système de production. Par exemple, on peut dégager les caractéristiques de chaque système technologique de production de la façon suivante :

1)   une coordination des fonctions et une centralisation de l'autorité dans la production à l'unité ;

2)   une vaste spécialisation et une délégation d'autorité dans la production en série ;

3)   dans la production continue, une spécialisation entre les fonctions de développement, de marketing et de production, conjuguée à leur intégration respective et à une prise de décisions collective.

L'étude diachronique des données montre que les entreprises qui réussissent se rapprochent des médianes (voir figure 3) du groupe auquel elles appartiennent. Cela indique que les médianes de chaque groupe représentent bel et bien un modèle d'organisation approprié à la technologie de chacun.

Bâtir une organisation

Les responsables des entreprises prospères sont-ils conscients des exigences de la technique, et cela affecte-t-il leurs décisions ? Les premières constatations suggèrent que c'est rarement le cas. Seulement trois entreprises ont analysé systématiquement les exigences contextuelles et déterminé l'organisation en conséquence.

L'organisation semble croître en réponse à un certain nombre de stimuli. Les entreprises « conscientes de l'organisation » ont tendance à s'inspirer des concepts de la théorie administrative, sans égard à leur pertinence par rapport aux conditions techniques. La mode est un autre facteur important. Les contrôleurs de matières premières et les ingénieurs industriels devenaient populaires au moment de la recherche, et il est intéressant de voir comment ils se propageaient d'une entreprise à l'autre. Enfin, l'organisation a été modifiée dans chaque entreprise pour accommoder des individus — par exemple, des « constructeurs d'empire » qui ont déformé le modèle afin de se doter d'une position, et des incompétents à qui on a dû trouver une sinécure quelconque. Ces distorsions demeurent souvent longtemps après que les personnes concernées soient mortes ou aient quitté l'entreprise.

Bien que les exigences contextuelles ne déterminent pas l'organisation formelle, elles semblent avoir une influence considérable sur le développement[3] spontané ou informel. Dans un certain nombre d'entreprises, l'organisation formelle ne satisfaisait pas les exigences contextuelles de façon adéquate, ce en quoi réussissait l'organisation informelle. Les chercheurs en sciences sociales croient généralement qu'un grand écart entre les organisations formelle et informelle est indésirable parce qu'il crée de la tension et des conflits. Certaines entreprises où la structure organisationnelle semble ne pas répondre aux exigences contextuelles peuvent alors être moins prospères parce que l'organisation informelle s'écarte du formel et non parce que les exigences de la situation technique n'ont pas été satisfaites.

Les entreprises les plus prospères sont donc probablement les entreprises qui ont une « conscience de l'organisation », et dont l'organisation formelle est appropriée aux conditions techniques. Ensuite viendraient les entreprises qui ont une moins grande conscience de l'organisation, mais où l'organisation informelle détermine principalement le modèle de relations. Les entreprises les moins prospères seraient probablement des entreprises qui ont une conscience de l'organisation, mais où l'organisation formelle est inappropriée et s'écarte de l'organisation informelle. Dans cette étude, on a trouvé certains exemples d'échecs dans les entreprises à production continue qui avaient une conscience de l'organisation, mais où l'organisation formelle a été développée à partir de principes d'administration traditionnels qui étaient plus appropriés à des entreprises produisant en grande quantité et en série.

Les contraintes contextuelles et le changement technique

L'analyse systématique des exigences contextuelles pourrait être utilisée pour prévoir les effets des changements techniques sur la structure administrative et pour planifier simultanément les changements organisationnels et techniques. La recherche montre que certains changements techniques ont plus d'effet sur l'organisation que d'autres ; on peut donc analyser systématiquement leur nature.

On a trouvé des exemples de différents changements techniques possibles. Le passage de la production à l'unité à la production en grande quantité et en série est le plus souvent associé à des changements d'objectifs ; on veut fabriquer un produit plus standardisé. Cependant, là où les unités individuelles sont produites à partir d'éléments standardisés fabriqués en série, les systèmes de production se sont modifiés tandis que les objectifs demeuraient les mêmes qu'auparavant. L'introduction d'un flux continu de production grâce à des processus autocontrôlés au sein d'une fabrication de formes solides — comme dans les papeteries, les laiteries, les conserveries et l'emballage — change les systèmes de production mais non leurs objectifs.

On a trouvé deux exemples de transferts de lignes de production. Dans une entreprise, de la machinerie a été introduite pour produire des bâtons de sucre d'orge et cela a abouti au passage de la production en grande quantité à la production continue. Mais dans l'industrie de l'automobile, l'introduction de lignes de transfert, bien que ce soit sur une beaucoup plus grande échelle, n'a pas fondamentalement changé le système de production ; elles ont produit seulement un très petit pourcentage des composants pour le montage.

En somme, les changements techniques qui ne sont pas associés à des changements d'objectifs du système de production ne créeront sans doute pas de grandes difficultés à l'organisation. Cependant, là où le changement technique proposé semble devoir créer de nouvelles exigences contextuelles, on peut mieux les prévoir grâce à une étude systématique de la nouvelle technologie. Car les développements techniques des 20 dernières années, aussi sensationnels qu'ils soient, n'ont abouti à aucun système de production entièrement nouveau. Ils n'entraînent donc pas de problèmes organisationnels pour lesquels on ne peut pas trouver au moins des solutions partielles dans l'expérience accumulée de l'industrie.

Les implications pour l'enseignement

On espérait que cette recherche produise des résultats sur lesquels les cours d'administration offerts au Collège technique du sud-est de l'Essex pourraient s'appuyer. À première vue, ce rapport suggère que ces cours ont une utilité limitée et qu'ils peuvent même, dans certaines circonstances, induire les étudiants en erreur. Il y a un danger à enseigner les principes de l'administration comme s'il s'agissait de lois scientifiques, alors qu'ils ne sont en réalité qu'un peu plus que des expédients administratifs, qui peuvent bien fonctionner dans certaines circonstances mais qui ne sont jamais testés de façon systématique. Cela ne signifie cependant pas pour autant que la théorie administrative n'ait aucune valeur : elle contient certaines informations et certaines idées importantes et valables, à condition que ses limites soient reconnues par tous et que ses principes soient soumis à une analyse critique.

Les études administratives n'ont pu jusqu'ici qu'identifier les symptômes et les remèdes. Si le soulagement des symptômes est utile en lui-même, c'est seulement par le diagnostic qu'un médecin peut être sûr de ce qu'il prescrit ou qu'il contribue utilement à la connaissance de la maladie. Il est donc important qu'en soulageant les symptômes, les médecins ne négligent pas les problèmes reliés au diagnostic. Pour compléter l'enseignement traditionnel de l'administration, on a donc besoin de nombreuses descriptions (comme celle que nous venons de faire) des circonstances dans lesquelles les différentes pratiques administratives ont démontré leur efficacité.

Notes

(1) Le cadre supérieur est dans certains cas le président, dans d'autres le directeur principal, et dans d'autres l'administrateur général ou celui des travaux. Dans tous les cas, il représente le plus haut niveau d'autorité travaillant à plein temps dans l'usine.

(2) C'est-à-dire le premier niveau d'autorité qui consacrait plus de 50 % de son temps aux tâches de supervision.

(3) L'organisation formelle implique des modèles stables et explicites de relations prescrites dans l'entreprise, tandis que l'organisation informelle implique des modèles qui émergent habituellement du fonctionnement quotidien.

Références

TAYLOR, F.W. (1910) *Shop Management*, New York, Harper.

WALKER, C.R. et GUEST, R.H. (1952) *The Man on the Assembly Line*, Cambridge, Harvard University Press.

Quelques conséquences sociales et psycholo- giques de la méthode des longs fronts de taille dans l'extraction du charbon*

Un examen de la situation psychologique et des mécanismes de défense d'un groupe de travail face à la structure sociale et au contenu technologique du système de travail

*par E.L. Trist
et K.W. Bamforth*

INTRODUCTION : CE QUE LES RÉCENTES INNOVATIONS NOUS ONT APPRIS

Depuis deux ans, nous suivons l'évolution de l'organisation du travail dans les mines de charbon, où un certain nombre d'innovations ont fait une apparition sporadique et plutôt timide depuis leur nationalisation. Quoique souvent différentes les unes des autres, ces innovations ont toutes engendré une certaine augmentation de la productivité, amenant parfois même celle-ci à dépasser celle des meilleurs mineurs utilisant des équipements sembla- bles dans un cadre plus traditionnel. Les innovations ont également amélioré de façon marquée la qualité de la vie sociale des travailleurs de fond. La cohé-

* Extrait et traduit de : TRIST, E.L. et BAMFORTH, K.W. « Some Social and Psychological Consequences of the Longwall Method of Coal-Getting », *Human Relations*, 4(1), 1951, p. 3-38.
Reproduit avec la permission de Plenum Publishing Corp. (1987).

sion des groupes s'en trouve renforcée ; les mineurs font état d'une plus grande satisfaction individuelle. On note aussi une diminution de certaines maladies et de l'absentéisme.

Jusqu'ici, les innovations ont eu lieu dans les puits où la qualité de la gestion technique et des relations de groupe, tant entre les travailleurs qu'avec les cadres, avait déjà créé une ambiance de sécurité telle qu'elle autorisait de nouvelles expériences. Plusieurs des travailleurs impliqués dans les étapes initiales ont eux-mêmes participé à l'analyse de la situation. Bien sûr, il n'y a rien d'étonnant à ce que des projets de ce type soient d'abord mis de l'avant d'une façon très sélective. Il reste que le caractère élitiste des unités-pilotes nous oblige à être prudents dans la projection des résultats et dans leur généralisation à l'ensemble du secteur.

De nombreuses personnes impliquées dans ces divers projets considéraient d'ailleurs toute étude de dissémination comme prématurée. Pour notre part, nous avons cru qu'il fallait avant tout effectuer l'étude détaillée du mode de travail actuellement en vigueur, connu sous le nom de méthode des longs fronts de taille. Deux hypothèses préliminaires se présentaient à nous : les améliorations enregistrées pouvaient être attribuées à quelques caractéristiques marquantes des innovations ; ou bien, une grosse partie de ces améliorations étaient en relation directe avec les insuffisances de la méthode des longs fronts de taille elle-même, tout changement, si modeste soit-il, ne pouvant manquer d'avoir un résultat positif.

Le contenu même des innovations nous incitait à opter pour la seconde hypothèse, puisque leur caractéristique commune était d'avoir enrichi les relations sociales du mineur. Les méthodes étaient parfois très simples, mais la modification était cruciale au niveau des relations de groupe. Dans certains cas, on a adopté la technique dite de « chambre avec piliers », très recommandée là où les filons sont épais, et qui permet une meilleure ambiance de groupe. Ailleurs, on a cherché à modifier les formes du travail en groupe au long front de taille lui-même. En ce qui concerne l'équipe de « chargeurs », par exemple, on l'a répartie en petits groupes en charge d'une zone commune au lieu de confier des « longueurs » individuelles à chaque chargeur. Il faut savoir que dans la méthode des longs fronts de taille, le travail est partagé entre trois équipes qui œuvrent séquentiellement, et que l'activité essentielle consistant à placer le charbon sur le convoyeur est connue sous le nom de « chargement ». L'équipe des chargeurs est celle qui connaît le plus de difficultés sur le plan social ; c'est aussi celle qui compte le plus d'hommes. La moindre amélioration est donc particulièrement bienvenue, sans que les innovations puissent être qualifiées de « remarquables » en elles-mêmes. Le besoin d'amélioration et le succès relatif de toute innovation font plutôt ressortir la mauvaise qualité sociale de l'organisation des longs fronts de taille — et l'importance vitale des relations de groupe dans l'univers souterrain.

La plupart des autorités compétentes admettent que les méthodes d'extraction « manuelle » qu'on utilisait avant la mise au point de la méthode des longs fronts de taille procuraient au travailleur de fond un équilibre social qui s'est perdu depuis lors, sans qu'on comprenne pourquoi. Avant la nationalisation des charbonnages, la gestion des effets psychologiques et sociaux de la méthode n'apparaissait pas clairement, car la mécanisation avait coïncidé avec la dépression économique et l'exacerbation des luttes entre mineurs et propriétaires. Seuls des médecins comme Dickson (1936) et Halliday (1949), inquiets de l'épidémie de maladies psychosomatiques parmi les travailleurs des mines mécanisées, mirent en valeur l'importance des facteurs psychologiques et sociologiques que nous étudierons dans ce texte. Une enquête médicale plus récente a été menée par Morris (1947). Aucun de ces auteurs n'a toutefois retracé en détail les relations entre la santé et la productivité du mineur d'une part, et la structure sociale du système de travail d'autre part.

Depuis la nationalisation des charbonnages, le transfert des problèmes psychosociaux dans la lutte économique a tendance à faire place au transfert des mêmes problèmes dans les relations entre les gestionnaires et les travailleurs. D'ailleurs, les difficultés de collaboration ne seront certes pas aplanies en ajoutant aux griefs des mineurs des critiques qui remettent en cause la méthode même des longs fronts de taille. Mais, confrontés à la faible productivité d'hommes disposant d'un équipement toujours amélioré, et à la démission des travailleurs en dépit de salaires supérieurs et de conditions de travail améliorées, les autorités ont été amenées à se pencher de plus en plus sur la question des innovations organisationnelles. Le secteur minier semble maintenant prêt à remettre en question une méthode qu'il avait pourtant adoptée avec enthousiasme. Pour évaluer l'apport des innovations récentes, nous avons cru qu'il faudrait d'abord analyser en détail les conséquences sociales et psychologiques de la méthode des longs fronts de taille.

Dans le texte qui suit, la méthode des longs fronts de taille sera considérée à la fois comme un système technologique découlant des principes fondamentaux de la production de masse, et comme une structure sociale consistant en rôles de travail institutionnalisés par l'usage. Nous postulons que ces structures technologiques et sociologiques combinées constituent des forces qui ont des effets psychologiques dans la vie du mineur de fond devant assumer un des rôles et exécuter une des tâches dans le système qu'elles forment, ou abandonner le travail de fond. La contribution du mineur à l'ensemble des variables réside dans le type et la qualité des attitudes et des relations qu'il développe dans l'exécution d'une des tâches et dans son identification à un des rôles. Dans leur ensemble, les forces et leurs effets forment le tout psychosocial qui constitue notre sujet d'étude.

Aux fins de cette étude, nous avons maintenu un contact presque continu pendant deux ans avec une vingtaine de sujets représentatifs des différentes occupations au front de taille, et possédant tous une expérience variée et prolongée de la vie de mineur. Nous avons eu de nombreuses discussions et entrevues avec les membres de ce groupe. Nous avons en outre rencontré fréquemment des représentants de tous les niveaux de direction, jusqu'au directeur régional. Nous avons dirigé des discussions de groupe de deux semaines dans deux écoles de formation de cadres pour le charbonnage. Nos sources comprennent aussi trois psychiatres possédant une vaste expérience des problèmes des mineurs, expérience acquise au cours d'une longue pratique dans les régions houillères ou lors des enquêtes sur la santé publique.

Nous décrirons d'abord la situation qui avait cours avant que la méthode des longs fronts de taille soit instaurée. Nous considérerons ensuite cette méthode elle-même. Les derniers paragraphes seront consacrés à l'étude de problèmes particuliers à certains sous-groupes de travailleurs des longs fronts de taille.

L'ÉQUILIBRE PRÉMÉCANIQUE ET LA NATURE DE LA PERTURBATION

Le système d'extraction manuelle et l'autonomie responsable du groupe de travail

Le modèle social de l'équilibre prémécanique se caractérisait par une organisation en petits groupes au front de taille. Les groupes se composent d'une paire de travailleurs interdépendants à laquelle peuvent être rattachés un ou deux autres individus. Très souvent, les deux mineurs — un piqueur et son compagnon — passent leur propre contrat avec la direction et s'engagent à exploiter un petit segment du front de taille avec l'aide d'un jeune herscheur. Cette unité de travail peut fonctionner avec toute une batterie de techniques, de type en avance ou en retrait, latéral ou frontal. Parfois le groupe s'élargit pour comprendre sept ou huit individus, trois ou quatre mineurs et leurs herscheurs pouvant alors travailler de concert[1].

Une organisation de travail primaire de ce type a l'avantage de confier globalement la responsabilité de la tâche d'extraction à un petit groupe, dont les membres se partagent la totalité du cycle des opérations. La tâche de chacun des participants s'inscrit dans un ensemble ; elle est intelligible et fermée sur elle-même de manière dynamique. Même si le contrat est signé par le piqueur, il demeure une entreprise collective. Le leadership et la surveillance relevant du groupe, celui-ci acquiert une qualité *d'autonomie responsable*. La capacité d'autorégulation des groupes est une fonction comprise dans la tâche, et cela est précisé dans le contrat. Le groupe tient son pouvoir de son indépendance, mais une partie du travail doit nécessairement être contrôlée de l'extérieur.

Chaque paire de mineurs regroupe la totalité des métiers de fond, chaque mineur étant un travailleur polyvalent, qui peut généralement se substituer à son compagnon. Malgré la simplicité de l'équipement, les tâches sont nombreuses et variées. Pour les exécuter de façon efficace et sûre, les mineurs ne peuvent compter que sur leurs talents individuels et collectifs. Le mineur affiche la fierté de son métier et l'indépendance d'un artisan. Ces caractéristiques compensent certaines difficultés sur le plan de la position et contribuent à l'autonomie responsable.

Le choix des compagnons est une affaire très importante. Ce sont les hommes eux-mêmes qui décident avec qui s'associer, en toute connaissance de cause et après une longue intimité les uns avec les autres. Il en résulte souvent des relations stables qui peuvent durer des années. Quand un homme est blessé ou tué, il n'est pas rare que son compagnon prenne en charge sa famille. Les relations de travail sont fréquemment renforcées par des liens de parenté, le système de contrat et l'autonomie du petit groupe permettant un rapport étroit mais spontané entre la famille et le travail, sans toutefois lier l'un à l'autre. Dans les collectivités minières isolées, le lien entre la famille et le travail peut être oppressant aussi bien que rassurant ; choisir un compagnon de travail hors de la famille peut cependant prémunir contre ce danger. À l'inverse, les barrières familiales préservent de la trop grande émotivité qui se développe parfois dans les relations entre associés non apparentés.

La globalité d'une tâche de travail, la multiplicité des compétences requises de chaque individu, l'autosélection du groupe, voilà l'ensemble des attributs du modèle d'autonomie responsable qui caractérisait les équipes de mineurs de fond dans les systèmes d'extraction manuelle.

L'adaptabilité du petit groupe à la vie au fond

Comme ils peuvent travailler leurs courts fronts de taille de manière continue, rien n'empêche les paires, ou quasi-paires, de s'arrêter là où ils en sont à la fin de la période de travail. Cette flexibilité dans le rythme du travail comporte de nombreux avantages dans la situation souterraine : quand les mineurs affrontent de mauvaises conditions, le processus d'extraction peut avancer inégalement selon la distribution des mauvaises conditions qui a tendance à être inégale le long d'un même filon. Dans tous les cas, les groupes sont libres de fixer leurs propres objectifs de production en fonction de l'âge ou de la vigueur de leurs membres.

Sous terre, les dangers se présentent dans l'obscurité, et l'obscurité éveille des peurs internes. Le besoin de partager avec d'autres l'anxiété soulevée par cette double menace est évident. Mais comme les possibilités de communications sont restreintes, il faut que les autres soient immédiatement présents pour constituer un facteur rassurant. Leur nombre est ainsi forcément limité. Il est donc extrêmement important que le mineur fasse partie d'un petit groupe primaire.

Une seconde caractéristique du travail de fond, c'est l'extrême dispersion des activités, les opérations couvrant d'habitude un très grand secteur. Les petits groupes des systèmes d'extraction manuelle finissent par être complètement isolés les uns des autres, même lorsqu'ils travaillent dans les mêmes séries de tailles, l'isolement du groupe, comme celui de l'individu, étant accentué par l'obscurité. Dans de telles conditions, il est impossible d'exercer une surveillance continue, au sens où on l'entend à l'usine, de l'extérieur du petit groupe primaire.

Le petit groupe autonome et responsable, capable de modifier son rythme de travail selon les conditions rencontrées, paraît représenter le type de structure sociale le mieux adapté à la situation souterraine. Il est intéressant de voir que les systèmes traditionnels d'extraction du minerai, bâtis sur l'expérience de générations successives, aient été fondés sur des groupes possédant précisément ces attributs.

Mais gagner sa vie dans une mine non mécanisée exigeait souvent des efforts physiques pratiquement surhumains : il fallait une habileté exceptionnelle pour assurer une simple subsistance à sa famille, pour peu que le filon soit dur ou le plafond mauvais. Le herschage était un « travail de cheval » ; on pouvait reconnaître les herscheurs aux marques, appelées boutons, qu'ils se faisaient au dos à force de racler le plafond en poussant leurs wagonnets dans les galeries basses. Il se fait encore de l'extraction manuelle de nos jours, car toutes les mines ne sont pas desservies par des convoyeurs et des haveuses (coupe-charbon). Dans certaines situations, ces équipements sont d'ailleurs inutilisables. Toutefois, la rudesse du travail et la qualité du groupe sont deux considérations différentes et indépendantes.

Le contrepoids de la grande collectivité indifférenciée

Ce système de travail en petits groupes, basé sur les relations entre deux travailleurs, avait des conséquences fort intéressantes qui n'ont que récemment retenu l'attention des spécialistes en dynamique de groupe (Bion, 1949). Il semble que le caractère fermé de ces relations prépare mal les groupes de ce type à s'intégrer à des structures sociales différenciées de plus grande dimension, même si cela ne semble pas les empêcher de participer à des collectivités beaucoup plus grandes ayant un simple caractère de masse. Dans la mine non mécanisée, on n'a pas besoin techniquement de structures intermédiaires — équivalentes aux différents services de l'entreprise — entre les unités primaires de deux mineurs et la grande collectivité appelée à se mobiliser dans des situations de crise ou de danger. Pour faire face aux situations nécessitant la mobilisation de la masse, il y a dans les communautés minières une tradition qu'on peut considérer comme plus solide que la norme des autres groupes professionnels de notre société. Cette qualité supranormative est également présente dans les traditions de l'organisation en petits groupes de deux. Mais entre ces deux extrêmes, il n'y a pratiquement rien.

Sociologiquement, cette situation rappelle assez bien celle qui existait dans des secteurs industriels qui, quoique de grande taille, ont connu un certain retard dans leur mécanisation. L'organisation par paires convient à la simplicité technologique de l'extraction manuelle, avec ses courts fronts de taille et ses groupes autonomes et faiblement coordonnés par zones. La collectivité de masse, quant à elle, reflète la grande taille du puits, l'unité industrielle globale. On n'y retrouve pas les structures des différents services de l'usine, avec leurs rôles fragmentés et définis par les étapes du processus de transformation et leur dépendance de la surveillance externe ; rien n'est plus étranger à l'autonomie du petit groupe et à la conception artisanale du métier de mineur.

Dans le modèle prémécanique, les unités primaires et les grandes collectivités relativement indifférenciées composent un système dynamiquement interrelié qui engendre un équilibre social durable. Les échanges intenses de l'équipe primaire, avec ses significations personnelles et familiales, et les identifications diffuses au grand groupe, faites de sentiments d'appartenance à une collectivité et à une classe, se renforcent mutuellement. Les équipes de fond peuvent assumer la responsabilité de leur autonomie à cause de la sécurité que leur procure l'appartenance à la collectivité de la mine.

Les difficultés proviennent essentiellement des rivalités et des conflits entre les différents groupes. Il est courant qu'on soudoie le porion (contremaître) pour obtenir un bon « bout », c'est-à-dire une taille où le plafond est solide et le charbon particulièrement mou et facile à abattre. Les herscheurs sont encouragés à recourir à des pratiques déloyales pour obtenir suffisamment de wagonnets, car ils sont souvent à court et la quantité de charbon que deux mineurs peuvent expédier vers le haut dépend de la débrouillardise de leur herscheur. Se rendant tôt au travail, celui-ci cache deux ou trois wagonnets de son côté de la galerie, affirmant par la suite qu'il n'en a pris qu'un seul. Les discussions dégénèrent souvent en rixes au fond de la mine ou au village. On dit que celui qui sait le mieux mentir, tricher et intimider fait le meilleur herscheur. Tout cela est accepté comme faisant partie intégrante du système.

Les conflits entre les équipes fournissent un exutoire à l'agressivité et contribuent ainsi à la cohésion du petit groupe. Au sein du grand groupe, l'agressivité s'exprime de façon structurée dans la lutte syndicale. Si les conflits sont rudes, ils sont au moins directs et clairs. Ils ne sont pas de cette sorte insidieuse qui fait perdre goût à la vie en détruisant l'ordre et le sens des choses — l'« anomie » décrite par Halliday (1949) après la transition aux longs fronts de taille. Les mauvais côtés du système peuvent coexister avec les bons côtés, sans les corrompre. L'équilibre demeure, en dépit d'un travail très dur, d'une rémunération souvent maigre et d'un climat social parfois rude et même violent.

La mécanisation et les problèmes de l'organisation intermédiaire

Avec l'avènement des haveuses et des convoyeurs mécaniques, la complexité technologique de l'extraction atteignit un niveau tout à fait différent. La mécanisation permet d'exploiter un seul long front de taille continu au lieu de répartir le travail en séries de courts fronts. Quand les filons sont minces, les fronts de taille courts augmentent les coûts puisqu'il faut creuser de nombreuses galeries (voir figure 1) plus hautes que le filon, pour permettre le roulage (transport). Dans les houillères britanniques, où les filons de moins de 1,25 m d'épaisseur sont courants, on eut donc tendance à tracer des fronts de taille très longs. C'est pour cela, entre autres raisons qu'il serait trop long d'exposer ici, que la méthode des longs fronts de taille s'est imposée graduellement. Applicable aux filons épais comme aux filons minces, elle s'est généralisée dans les charbonnages britanniques, où elle permettait d'extraire économiquement tout le charbon d'un puits moyen — qui peut contenir trois ou quatre filons d'épaisseur différente — suivant un seul plan organisationnel directeur. En Amérique, où les filons sont généralement épais, la mécanisation s'est développée avec des fronts de taille plus courts et des techniques de chambre avec piliers.

La complexité du travail mécanisé et l'accroissement de la taille de l'unité de travail primaire ont engendré une structure de relations sociales radicalement différente de celle qui était associée aux méthodes d'extraction manuelle. Le groupe de deux artisans, composé d'un mineur qualifié et de son compagnon, avec un ou deux assistants, ne pouvait servir de modèle à l'organisation du travail mécanisé. Il fallut inventer une unité de base rappelant la dimension et la complexité différenciée du petit service de l'usine, soit une nouvelle structure sociale intermédiaire. Les relations de travail, avec la production par longs fronts de taille, s'articulèrent désormais autour d'un groupe cyclique composé de 40 à 50 hommes, dotés d'un responsable des explosifs et de chefs d'équipe responsables auprès de la direction du travail dans son ensemble. Ce groupe cyclique constitue maintenant le contexte à l'intérieur duquel les différents sous-groupes doivent se trouver une fonction et une forme sociale.

L'émergence d'une structure différenciée intermédiaire ne pouvait manquer de détruire l'équilibre simple qui existait entre les très petits et le très grand groupe traditionnels, et d'affaiblir l'autonomie responsable. Les directions des mines n'étaient absolument pas préparées à faire face aux problèmes psychologiques et sociaux engendrés par les exigences technologiques du système des longs fronts de taille : on n'avait aucune expérience de ces problèmes tout à fait contraires à la tradition. On comprendra mieux les conséquences du conflit entre les exigences de la nouvelle situation et les ressources fournies par le passé quand nous aurons présenté en détail le fonctionnement du système des longs fronts de taille.

La méconnaissance de la nature des difficultés

On ne vit pas naître un nouvel équilibre. Comme on l'a mentionné dans l'introduction, les perturbations dues aux luttes industrielles et à la dépression économique masquèrent les problèmes inhérents à la méthode elle-même. Bien qu'on commence, depuis la nationalisation des charbonnages, à prendre conscience des problèmes psychosociaux, les problèmes qui s'exposent plus facilement en termes techniques, comme ceux du système de roulage, continuent à retenir l'attention. Ce n'est qu'avec la baisse du moral qui a accompagné les innovations apportées au travail, qu'on a pris conscience des problèmes inhérents aux longs fronts de taille. Tous ne sont d'ailleurs pas encore prêts à admettre qu'il faille les analyser d'un point de vue psychologique et sociologique. Les comptes rendus publiés sur ces innovations n'abordent d'ailleurs généralement que leurs aspects techniques.

Ceux qui ont recueilli les témoignages de mineurs plus âgés ayant vécu le passage aux longs fronts de taille ne peuvent manquer d'être frappés par leur regret du passé et par la consternation, mêlée de désespoir et d'indignation, qu'ils éprouvent face à la situation actuelle. Ceux qui ont fait du travail de réhabilitation y reconnaîtraient le ton des patients exprimant le contrecoup qu'ils ont subi de cette situation qu'ils acceptent comme irréversible.

La nationalisation fit naître un espoir de changement radical. Mais comme nous le disait un chargeur : « C'est pas parce que l'État a pris les mines en charge que mon charbon a changé. Il est toujours aussi noir. » Lorsque certains mineurs ont un regain de vie après avoir expérimenté certaines nouvelles méthodes d'organisation et qu'ils refusent ensuite de revenir à la méthode habituelle pour avoir découvert en eux et dans leurs camarades de nouvelles dimensions, on a déjà une bonne idée des déficiences des longs fronts de taille. Mais ce qu'on devine intuitivement doit encore être articulé logiquement. Les relations entre les différents facteurs sont si étroites qu'on ne peut en comprendre les aspects psychologiques et sociaux que si on isole ceux-ci du contexte technologique. Il faut donc comprendre comment le système technologique dans son ensemble fonctionne dans le contexte du travail aux longs fronts de taille. C'est ce que nous allons maintenant examiner.

LES CARACTÉRISTIQUES ET LES DIFFICULTÉS DE LA PRODUCTION AUX LONGS FRONTS DE TAILLE[2]

Les dimensions et la structure spatio-temporelle du cycle

Avec la méthode des longs fronts de taille, les mineurs taillent le charbon sur un front continu : des fronts de taille de 180 à 200 mètres sont courants, et des fronts plus longs ne sont pas rares. L'extraction se fait par une succession rigide d'opérations normalisées, avec un roulement de trois équipes travaillant chacune sept heures et demie, si bien qu'un cycle d'extraction peut être complété à chaque journée de la semaine de travail. Les 40 mineurs employés à un front de taille moyen sont répartis comme suit : 10 dans la première équipe (havage), 10 dans la seconde (percement) et 20 dans la troisième (chargement). La quantité de charbon à extraire prévue diffère selon les conditions mais elle se situe habituellement autour de 200 tonnes par cycle. Dans un puits de taille moyenne, avec trois filons, on peut exploiter simultanément entre 13 et 15 fronts de taille.

Ces fronts de taille sont disposés en secteurs, comme on le voit à la figure 1. Comme la méthode est surtout applicable aux filons minces, la figure 1 représente un filon de 1 m d'épaisseur. Le front qui s'allonge sur 80 m de chaque côté de la galerie principale est représentatif de ceux que l'on rencontre dans les filons de cette épaisseur. La hauteur du front de taille, celle du filon de 1 m lui-même, contraste avec les 3 et 2 m qu'atteignent respectivement les galeries principale et secondaires. Celles-ci sont en effet des structures permanentes avec des plafonds bien étayés et des parois renforcées. Les règlements exigent que les étais soient placés à tous les 1 m. La ligne d'étais représentée à la figure 1 B) est celle qui est placée immédiatement contre un front de taille prêt à être chargé. Le secteur marqué « détruit » représente le site dont on a déjà extrait le charbon. On y a laissé le toit s'écrouler. Seuls les tunnels des galeries principale et secondaires demeurent ouverts pour permettre la circulation des hommes et du matériel ainsi que la ventilation. Ces tunnels ont parfois plus de 3 km, entre la grande voie de transport vers le fond du puits (galerie des wagonnets) et le front de taille.

À chaque cycle d'extraction, l'avance faite dans le charbon est égale à la profondeur de l'entaille inférieure. Une entaille de 2 m de profondeur est normale dans un filon mince quand le plafond est bon. Tout l'équipement doit avancer en même temps que le charbon est abattu sur une certaine profondeur. À la figure 2, on voit le front de taille au moment où l'entaille inférieure est terminée ; il faut alors mettre le feu aux charges explosives, dernière tâche avant que les chargeurs n'arrivent. La largeur totale des allées marquées « nouvelle piste du convoyeur » et « nouvelle piste de rampement »

**FIGURE 1 : La disposition d'une zone selon la méthode des longs fronts
de taille**

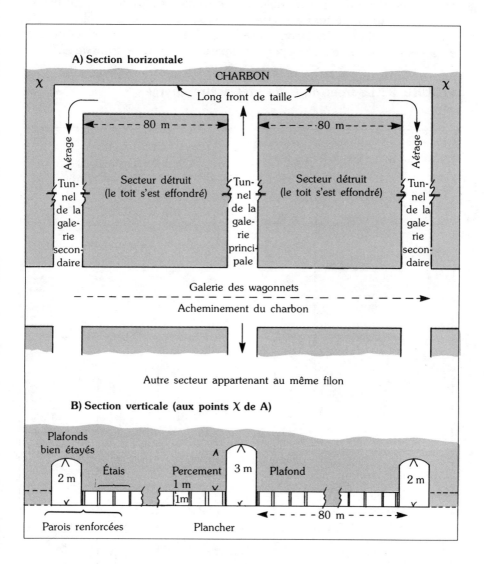

est égale à la profondeur du charbon extrait au cours du cycle précédent,
c'est-à-dire 2 m. Pendant la préparation du cycle (avant que les chargeurs
n'arrivent à nouveau), il faut déplacer le convoyeur de son ancienne position
dans l'« ancienne piste du convoyeur » à sa position actuelle désignée à la
figure 2 comme la « nouvelle piste du convoyeur », contre le front de taille.
En même temps, les deux rangées de poutres de chaque côté de l'« ancienne

piste de rampement » sont retirées (le plafond peut alors s'affaisser ou s'écraser) et jetées à côté du convoyeur afin que les chargeurs les utilisent pour étayer leur plafond à mesure qu'ils s'enfoncent dans la nouvelle portion de 2 m de charbon. Le terme « piste de rampement » désigne l'allée étayée, d'une largeur de 1 m, adjacente à l'allée occupée par le convoyeur mais du côté éloigné du charbon. Elle permet le passage le long du front de taille ; on

FIGURE 2 : Le front de taille prêt à être chargé

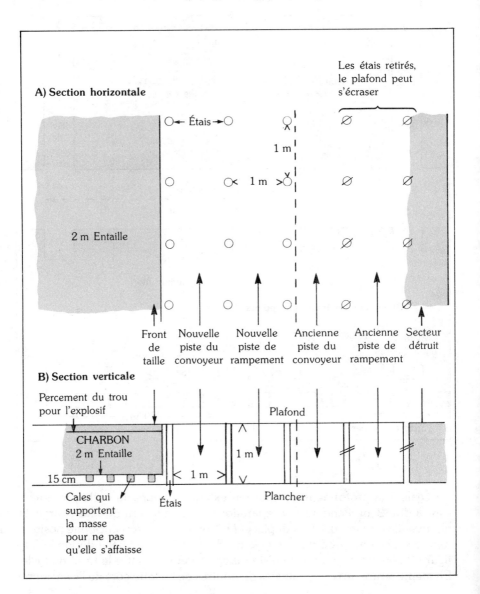

l'appelle piste de rampement parce que, dans les filons minces, on doit s'y déplacer sur les mains et les genoux car elle est basse.

Le caractère de production de masse de l'extraction par longs fronts de taille impose une organisation complexe et mobile comme celle que nous avons décrite. La structure spatio-temporelle imposée par la longueur du front de taille et le roulement des équipes rend l'habitat minier difficile. Comment peut-on, dans de telles conditions, assurer des communications efficaces et de bonnes relations entre 40 hommes, le responsable des explosifs et le contremaître ? D'une part, le groupe est réparti sur quelque 200 m dans un tunnel de 2 m de largeur, et de 1 m de hauteur, coupé seulement par les galeries principale et secondaires. D'autre part, le travail est réparti sur 24 heures et partagé entre 3 équipes de mineurs. Il est facile à l'ingénieur de la production de faire cette petite équation : 200 tonnes de charbon sont produites par 40 hommes travaillant sur un front de 200 m à chaque 24 heures. Mais on ne peut trouver une solution aussi simple aux problèmes psychologiques et sociaux qui sont les corollaires de ces impératifs technologiques. En effet, des difficultés psychologiques et sociales d'un ordre nouveau font inévitablement leur apparition dès que la dimension d'une tâche excède les limites d'une structure spatio-temporelle élémentaire, c'est-à-dire quand le travailleur ne peut plus compléter une tâche donnée en un endroit donné et en une seule fois, comme c'était le cas pour les petits groupes de travail.

Quand un travail dépasse les forces d'un seul groupe, il faut mettre sur pied un groupe multiple composé de plusieurs sous-groupes du type élémentaire. Dans les organisations différenciées d'une grandeur sociale intermédiaire, les problèmes des relations entre groupes se superposent aux tensions internes des groupes élémentaires. Dans l'unité de production aux longs fronts de taille, la dimension de la tâche impose une contradiction : la désintégration spatio-temporelle comme condition de l'intégration de groupes multiples.

La différenciation et l'interdépendance des tâches

Les rôles professionnels expriment la relation entre un processus de production et l'organisation sociale du groupe. D'une part, ils sont liés aux tâches, qui sont en relation les unes avec les autres ; d'autre part, ils sont liés à des individus qui sont aussi en relation entre eux. On distingue sept de ces rôles au niveau des travailleurs du front de taille : foreur, haveur, dégommeur, démanteleur du convoyeur, monteur du convoyeur, perceur et chargeur, c'est-à-dire sept rôles en relation avec les tâches composant le processus de production. Au tableau 1, on décrit en détail les fonctions que remplissent ces sept catégories d'emplois dans les structures interdépendantes du processus technologique et de la vie sociale. Aux fins de l'analyse, il

TABLEAU 1 : La structure des rôles dans le système des longs fronts de taille

Roulement des équipes	Rôle	Nombre de travailleurs	Mode de paiement	Organisation du groupe	Tâches	Aptitudes requises	Différences de position et de rang
Première (généralement appelée équipe de havage) Soit la nuit, 20:00–3:30, ou l'après-midi, 12:00–19:30 (les foreurs commencent 30 min plus tôt). S'ils alternent entre nuits et après-midi, les employés de l'équipe de havage ne travaillent jamais le jour.	Foreur	2	Au trou	Paire interdépendante inscrite sur la même feuille de paie	Forer les trous où seront placées les charges explosives, dans chaque longueur et à une profondeur égale à celle de l'entaille inférieure.	Maniement des marteaux-piqueurs électriques ou pneumatiques ; habileté à placer les trous, à juger du toit, de la dureté du charbon, etc.	4 ou 5, les deux foreurs sont égaux.
	Haveur	2	Au mètre	Paire interdépendante inscrite sur la même feuille de paie, un homme en avant et un en arrière	À l'aide du coupe-charbon, tracer une entaille régulière à une profondeur assignée sur toute la longueur du front de taille ; enlever (homme à l'avant) et replacer (homme à l'arrière) les étais au passage ; insérer les cales (homme à l'arrière).	Plus de connaissances techniques que pour les autres tâches ; aptitudes minières pour maintenir la régularité de l'entaille dans des conditions changeantes et pour surveiller le plafond.	1, l'homme à l'avant plus élevé est responsable de l'entaille ; l'homme à l'arrière l'aide. Le havage est la principale activité de préparation.

| Dégommeur | 4 | À la journée | Groupe indépendant attaché aux haveurs, mais le premier haveur n'a pas de pouvoir de supervision | Nettoyer l'entaille pour que le charbon puisse tomber sur le plancher. Le charbon qui reste entre l'entaille et le plancher s'appelle « les gommes ». | Travail non qualifié et dur qui doit être accompli très consciencieusement car des gommes qui restent en place empêchent le charbon de tomber en pièces au moment de l'explosion, nuisant au chargeur. | 7, ils sont égaux dans le groupe et ont des chances d'être éventuellement promus au rang de haveur. |
| Démanteleur | 2 | Au mètre | Paire interdépendante inscrite sur la même feuille de paie | Déplacer les moteurs et les bouts tenseurs pour qu'ils n'encombrent pas les perceurs, démonter le convoyeur dans son ancienne piste, placer les pièces dans la nouvelle, retirer les étais et remblayer. | Tâche technique assez simple ; le déplacement du moteur est difficile et fatigant ; le travail relatif aux étais implique une responsabilité quant au contrôle du plafond et nécessite une grande expérience du travail de fond. | 4 ou 5, les deux démanteleurs sont égaux. |

TABLEAU 1 (suite)

Roulement des équipes	Rôle	Nombre de travailleurs	Mode de paiement	Organisation du groupe	Tâches	Aptitudes requises	Différences de position et de rang
Deuxième (généralement appelée équipe de percement) Soit la nuit ou l'après-midi, en alternance avec l'équipe de havage (les perceurs commencent parfois le travail plus tard que les monteurs). L'équipe ne travaille jamais le jour à proprement parler.	Monteur du convoyeur	2	Au mètre	Paire interdépendante inscrite sur la même feuille de paie	Remonter le convoyeur dans la nouvelle piste ; replacer les monteurs et les bouts tenseurs ; vérifier le fonctionnement du convoyeur monté ; placer des supports ; consolider les parois si nécessaire.	Comme pour le démantèlement, la composante technique est assez simple ; les chargeurs auront plus de difficultés si le convoyeur est mal placé. Le contrôle du plafond nécessite une grande expérience de travail de fond.	4 ou 5, les deux monteurs sont égaux.
	Perceur	8	À la mesure cubique	Groupe fonctionnellement interrelié inscrit sur la même feuille de paie	« Percer » le sol des galeries principale et secondaires à une hauteur donnée ; placer les poutres et construire un toit qui soit une structure solide, sûre et durable ; consolider les parois	De plus grandes aptitudes à la construction que pour les autres tâches au front de taille ; une part du travail est très dure. Comme le travail est relativement permanent,	2, la position du premier perceur suit celle du haveur avant, mais il n'est pas payé à part. Le groupe est égalitaire mais on y retrouve tous les degrés d'expérience.

Fragments de colonnes reportées du tableau (haut de page) :

latérales. Cette équipe accomplit toutes les opérations nécessaires à la réalisation de sa tâche ; elle fait son propre forage ; le groupe accomplit cette tâche complète au cours de la période de travail.

le perceur est fier de son métier ; c'est de lui que dépend la sécurité dans les galeries d'accès.

4 ou 5, la position est égale dans tout le groupe ; les hommes des coins sont enviés ; une bonne réputation est très importante.

Équipe	Rôle	Nombre	Paiement	Structure sociale	Tâche	Conditions
Troisième (généralement appelée équipe de chargement) Soit le jour, 6:00 – 13:30, ou l'après-midi, 14:00 – 21:30. L'équipe ne travaille jamais la nuit.	Chargeur	20	Au poids : tonnage chargé sur le convoyeur	Ensemble d'individus responsables de longueurs égales, tous inscrits sur la même feuille de paie ; relations fragmentées ; beaucoup d'isolement	La dimension de la longueur est déterminée par la profondeur de l'entaille et l'épaisseur du filon. Avec un pic ou un marteau-piqueur et une pelle, le chargeur charge le charbon abattu sur le convoyeur jusqu'à ce qu'il ait terminé sa longueur. Il place une poutre à tous les 1 m à mesure qu'il avance.	Le chargeur reste au même endroit tandis que les conditions changent. Il faut beaucoup d'expérience pour faire face aux mauvaises conditions. Chaque homme est responsable du toit de sa section. Du mauvais travail de la part des autres équipes rend le

TABLEAU 1 (suite)

Roulement des équipes	Rôle	Nombre de travailleurs	Mode de paiement	Organisation du groupe	Tâches	Aptitudes requises	Différences de position et de rang
						travail du chargeur plus difficile. De toute façon, son travail est dur et varie dans les différentes parties du filon.	
3 équipes	7 rôles	40 hommes	5 méthodes	4 types	Les aptitudes communes requises quant aux connaissances et à l'expérience du « fond » sont plus importantes que les différences de tâches.		Faibles différences dans la position et la rémunération, à l'exception des dégommeurs.

est cependant préférable de traiter séparément ces deux aspects des rôles de travail. Dans cette section, nous démontrerons l'interdépendance des tâches composant le processus de production et nous analyserons les rôles dans le contexte de ce processus. Les tâches se répartissent en quatre catégories soit : (a) la préparation du front de taille en vue des explosions, (b) le déplacement du convoyeur, (c) le percement et la construction des galeries principale et secondaires et (d) le chargement du charbon sur le convoyeur.

Les tâches liées à la préparation du front de taille sont toutes effectuées par la première équipe. Il y a d'abord le forage des trous où seront placées les charges explosives. À l'aide de marteaux-piqueurs pneumatiques ou électriques, les foreurs percent des trous au sommet du filon jusqu'à la profondeur de l'entaille inférieure et à courte distance les uns des autres (même distance que celle qui sépare les chargeurs les uns des autres), sur toute la longueur du front de taille. Les haveurs pratiquent ensuite l'entaille inférieure à l'aide du coupe-charbon ; cette entaille est tracée à 15 cm du plancher, et il est important qu'elle soit bien égale. Il faut alors retirer les « gommes » pour que toute la masse de charbon puisse s'abattre librement et s'effriter quand les charges exploseront. En attendant, il faut placer des cales en dessous pour que la masse ne s'affaisse pas pendant le passage de la seconde équipe. Ces opérations sont effectuées dans l'ordre. Trois des sept rôles de travail y sont représentés : deux hommes sont affectés au forage des trous, deux au maniement du coupe-charbon et quatre au déblaiement de l'entaille.

L'efficacité des charges mises à feu après le passage de la seconde équipe dépend de la bonne exécution de chacune de ces tâches interdépendantes. Un relâchement à n'importe quel moment de la préparation diminuera, et pourra même réduire à néant, l'efficacité des coups de mine, entraînant les perturbations qu'on peut imaginer dans les sections touchées. Si les trous sont percés trop bas, il restera du charbon difficile à détacher du plafond ; c'est ce que les mineurs appellent un « plafond collant ». Si les trous ne sont pas assez profonds, il restera un « dos dur » puisque les charges n'auront eu aucun effet sur cette partie du charbon. Le coupe-charbon a trop souvent tendance à quitter le plancher et à « entrer dans le charbon », traçant ainsi une entaille inégale. Le chargeur dispose alors d'une moins grande hauteur de manœuvre et sa rémunération est inférieure puisqu'il y a du charbon perdu. Il se peut aussi qu'il reste des gommes et que les explosions ne donnent rien ; le charbon ne pourra alors s'écrouler faute de place et l'explosion ne créera qu'un souffle hors du trou. Le chargeur se retrouve alors face à une masse compacte de charbon. Enfin, si on a oublié de placer les cales dans l'entaille, le charbon s'affaissera légèrement sous son poids et, encore une fois, le coup de mine n'aura aucun effet.

Le déplacement du convoyeur implique deux séries d'opérations distinctes puisque la progression vers l'avant est bloquée par des poutres qui doivent rester en place. Un groupe démantèle donc le convoyeur dans l'ancienne piste et un autre groupe le remonte dans la nouvelle. Chacune de ces deux tâches nécessite deux hommes que nous appellerons ici démanteleurs et monteurs. Les démanteleurs font partie de la première équipe, suivant immédiatement les haveurs. Il faut en effet dégager les galeries des moteurs et des bouts tenseurs qui s'y trouvent placés quand le convoyeur est en marche afin de permettre l'opération de percement par la deuxième équipe. Le remontage du convoyeur est la seule tâche qui se fasse au front de taille proprement dit, avec la seconde équipe. Le convoyeur doit être monté avec précision, placé tout contre le front de taille et orienté parfaitement en ligne droite ; autrement, il se produira toutes sortes de difficultés et des arrêts fréquents qui compromettront le chargement du charbon. Notons que les types les plus modernes de bandes, les bandes de sol par exemple, ont facilité le travail : il n'est plus nécessaire de démonter et remonter des plaques. Les moteurs et les bouts tenseurs sont des machines lourdes et encombrantes qu'il faut néanmoins déplacer chaque jour. Le groupe doit aussi retirer les deux dernières rangées d'étais et les lancer en avant.

La troisième catégorie de tâches comprend le percement des galeries principale et secondaires jusqu'à la profondeur de l'entaille et le soutènement du plafond et des parois : les galeries de circulation et les cheminées d'aérage avancent ainsi au même rythme que l'extraction. Ce travail doit être accompli très consciencieusement puisque l'écroulement du plafond bloquerait les hommes et le matériel au front de taille. Sept ou huit perceurs en sont chargés.

C'est seulement quand toutes ces opérations sont terminées qu'on peut mettre le feu aux charges explosives ; tout est maintenant prêt pour les chargeurs. Pour l'opération de chargement, le front de taille est divisé en « longueurs » égales, à l'exception de celles des « coins » qui sont plus courtes parce que la proximité des moteurs et des bouts tenseurs y augmente la difficulté. Dans un filon de 1 m d'épaisseur, les longueurs auront entre 7 et 9 m et une vingtaine de chargeurs se partageront la tâche, soit 10 chargeurs pour chaque demi-front de taille de 80 à 90 m. Chaque chargeur doit déblayer tout le charbon de sa section du front de taille jusqu'à la profondeur de l'entaille, soit 2 m. Quand il a posé sa dernière pelletée de charbon sur le convoyeur, on dit qu'il a « chargé » ou « fini sa longueur ». Le chargeur doit aussi étayer le plafond à tous les 1 m. Ses outils comprennent le pic et la pelle ordinaires, ainsi qu'un marteau-piqueur pneumatique qui lui sert quand le charbon est très dur ou bien quand il doit remédier lui-même à certains problèmes causés par une mauvaise préparation.

Nous parlerons plus loin de la distribution des mauvaises conditions le long d'un front de taille. Notons pour l'instant que le front de taille n'est pas « chargé » tant que toutes et chacune des longueurs individuelles ne sont pas dégagées, et tant que cela n'a pas été fait, un nouveau cycle ne peut commencer. Toute désorganisation de l'équipe de chargement se répercute sur les équipes suivantes, et la désorganisation de l'équipe de chargement est souvent due à la mauvaise qualité de la préparation effectuée par les deux premières équipes. Chaque fois que le cycle est interrompu, la mine perd quelque 200 tonnes de charbon.

L'extrême interdépendance des tâches rend le système très vulnérable puisqu'il repose sur l'exécution parfaite de chacune des étapes. Le rapport entre les activités de préparation et le chargement constitue le point le plus délicat, et c'est aussi là que l'organisation sociale est la plus faible. Nous y reviendrons.

La segmentation de l'organisation sociale

L'institutionnalisation des rôles et la séparation entre les différentes catégories de travailleurs découlent d'une habitude qui veut qu'on forme chaque travailleur en vue d'une seule des sept tâches qu'il devra accomplir toute sa vie. La séparation des rôles est renforcée du fait qu'il y a, comme on l'a vu au tableau 1, cinq modes de rémunération différents, et qu'on exagère les différences de position, malgré l'expérience commune de mineurs de fond et la quasi-équivalence des revenus (excepté pour les dégommeurs qui sont moins bien payés).

La séparation des équipes accentue encore la ségrégation des rôles. Comme on le voit par les horaires des équipes, celles-ci ne se rencontrent jamais. Plus encore, les deux groupes de préparation alternent sur les deux horaires du soir, tandis que les chargeurs alternent le jour et l'après-midi. La division dans la vie de travail et dans la communauté va donc très loin. Les hommes des équipes du soir vont au travail ou en reviennent le soir, étant ainsi coupés de la vie de la collectivité pendant toute la semaine. Même en fin de semaine, ils sont au fond du puits soit le samedi après-midi ou le dimanche soir.

Pour ce qui est des groupes de travail primaires auxquels appartiennent les différentes catégories de travailleurs, on distingue quatre modèles radicalement différents : des paires interdépendantes que forment les foreurs, les démanteleurs et les monteurs du convoyeur ; l'organisation en une paire de travailleurs que forment les haveurs et les dégommeurs ; le groupe autosuffisant des 8 perceurs ; et, enfin, l'ensemble des 20 chargeurs répartis sur toute la longueur du front de taille. Concluons dès maintenant que l'inégalité, ajoutée à la ségrégation des rôles et des équipes, nuit à l'intégration sociale du groupe dans son ensemble. L'étroite interdépendance des tâches fait pourtant de cette intégration une condition sine qua non de l'efficacité du système.

Pour nous, la non-existence du groupe cyclique en tant que tout social et l'extrême interdépendance des tâches constituent la grande contradiction de la méthode des longs fronts de taille. L'organisation sociale reflète simplement la division des tâches. Mais ce n'est pas parce que celles-ci sont réintégrées en un tout technologique par la séquence cyclique que les différents groupes (rôles) seront réintégrés automatiquement en un tout social. La différenciation crée pourtant un besoin d'intégration tout autant social que technologique. Malheureusement, jusqu'à tout récemment, rien n'a été tenté pour réaliser une intégration sociale vivante des groupes primaires et des équipes. Cette omission est d'ailleurs caractéristique de tous les systèmes de production de masse.

LE STRESS DE LA PRODUCTION DE MASSE DANS LE TRAVAIL MINIER

L'interaction des mauvaises conditions et du mauvais travail

L'organisation de l'usine se caractérise par le partage du travail en tâches différenciées, par la rigidité des séquences et par des chaînes qui permettent la production en série et continue d'une grande quantité de biens. Même en usine, il n'est pas facile d'assurer le maintien d'une telle organisation de manière à profiter pleinement des possibilités technologiques du système. Au fond de la mine, les difficultés se multiplient puisqu'il est virtuellement impossible de contrôler l'environnement. On y rencontre une grande variété de conditions mauvaises et changeantes, que parfois rien ne laisse prévoir. Certaines de ces mauvaises conditions sont prévisibles, mais néanmoins inévitables.

L'usine et le front de taille diffèrent radicalement en ce qui a trait à la relation qui s'établit entre le processus de production et l'environnement. À l'usine, on arrive à contrôler assez étroitement le modèle complexe et mouvant du « processus » de production parce qu'il est possible de maintenir l'environnement dans une position relativement passive et constante. Au front de taille, le danger qu'un événement fâcheux se produise est toujours présent. L'organisation interne du travail est donc plus susceptible de se désorganiser. L'instabilité de l'environnement limite nécessairement l'applicabilité des méthodes inspirées de l'usine.

Les conditions naturelles défavorables — qu'il faut distinguer du « mauvais travail » résultant d'erreurs humaines — s'appellent les mauvaises conditions. Certaines parmi les plus redoutées, comme l'humidité, la chaleur ou la poussière, font partie en permanence du milieu de travail de certains fronts de taille. D'autres, moins connues en dehors du milieu des charbonnages, peuvent aussi rendre la tâche du mineur de fond à la fois plus difficile et dangereuse, même si l'endroit demeure bien aéré, frais et sec sans être poussiéreux. Le filon peut présenter des « boudins » ou des « failles ». On peut perdre le contrôle sur le plafond pendant un temps considérable : le milieu d'un long front et certains types de plafond sont plus susceptibles de s'affaisser. Le plancher peut se modifier, ce qu'on appelle le « plancher montant » n'étant pas rare. Comme certaines de ces mauvaises conditions réduisent la hauteur libre, leur apparition est particulièrement gênante dans les filons minces. Perdre 15 cm quand le filon a une hauteur de 2 m, cela ne fait pas une grande différence, mais perdre 15 cm dans un filon de 1 m de haut rend le travail presque insupportable. Un plafond hors de contrôle constitue toujours une affaire sérieuse, quelle que soit la hauteur du filon. En général, les mauvaises conditions signifient non seulement un danger additionnel, mais aussi du travail supplémentaire : ainsi, si le plafond menace de s'écrouler, le mineur devra évidemment ajouter des poutres.

Les tâches exceptionnelles de toute nature, c'est-à-dire les tâches qui ne font pas directement partie du travail régulier d'une catégorie donnée de mineurs, sont connues sous le nom de « travaux accessoires ». Si plusieurs de ces travaux ont gagné le titre d'activités spécialement rémunérées, les taux payés sont tels qu'ils procurent quand même un salaire moindre au mineur. Pour celui-ci, les mauvaises conditions signifient simplement un danger plus grand, plus de travail et un salaire plus bas ainsi que, souvent, des heures supplémentaires. Le prolongement du travail de une, de deux ou même de trois heures dans de mauvaises conditions excède parfois les limites d'endurance des mineurs, surtout s'ils sont plus âgés et si cela se répète sur une courte période.

Les mauvaises conditions engendrent souvent le mauvais travail, car l'enchaînement harmonieux des tâches du cycle de production a alors davantage tendance à être perturbé par des erreurs humaines. Naturellement, quand les conditions sont bonnes, il y a aussi du mauvais travail, alors attribuable à des erreurs ou à des tensions sociales indépendantes des mauvaises conditions. Il reste qu'il y plus d'erreurs humaines quand les mauvaises conditions apportent des difficultés additionnelles et, il faut l'avouer, des justifications commodes. Le processus peut déclencher un cercle vicieux et une succession de perturbations. Il faut prendre des mesures spéciales, revêtant souvent un caractère d'urgence, pour empêcher la confusion d'augmenter au point où le cycle s'arrête, les chargeurs n'arrivant plus à charger. Un système qui peut ainsi céder à tout instant engendre fatalement de la tension et de l'anxiété.

L'amplification des perturbations locales

C'est dans les mauvaises conditions qu'on peut constater l'extrême interdépendance fonctionnelle des tâches. Les erreurs ou les difficultés d'une équipe retombent sur l'équipe suivante, qui les repasse plus loin. L'aspect inflexible de la succession ne permet pas de procéder à une tâche tant que la précédente n'a pas été menée à bien, et l'extension temporelle augmente la probabilité que se produise un événement imprévisible (en dedans de 24 heures). Les techniques héritées de la production de masse (séquence rigide, interdépendance fonctionnelle, extension spatio-temporelle) deviennent vulnérables au fond de la mine. La longueur du front de taille a amené l'adoption d'un cycle amplifié, donc la séparation des tâches — puisque chaque tâche représente déjà beaucoup de travail — et une succession rigide de ces tâches. Dans une organisation de cette ampleur, des perturbations locales dans des points spécifiques, naissant de l'interaction des mauvaises conditions *et* du mauvais travail, se répercutent sur un espace social relativement grand et s'amplifient à chaque étape.

Une formulation plus stricte ferait sans doute mieux comprendre la dynamique de la situation. La dimension du secteur dans lequel le système existe comme tout, et le degré élevé de différenciation — à l'intérieur d'une cohérence interne unidirectionnelle — augmentent, dans un premier temps, le nombre de points où peuvent se produire de petites perturbations et, dans un deuxième temps, amplifient leurs effets dans une proportion égale à l'ampleur du tout. Comme ces effets se manifestent dans un système clos, tout événement donné peut déclencher un processus d'induction dans le champ énergétique qu'est le front de taille, et même rompre le cycle. Même si l'interruption du cycle ne se produit que dans des cas extrêmes, les perturbations et les tensions font toujours dans une certaine mesure partie du quotidien à cause de la présence de cette possibilité. La tension engendrée produit elle-même de nouvelles perturbations. Les mesures nécessaires pour empêcher la propagation des perturbations absorbent une quantité proportionnellement plus grande d'énergie.

Les variations dans le niveau de fonctionnement

On a déjà dit que les mauvaises conditions et le mauvais travail se caractérisent par le fait qu'ils se manifestent inégalement le long du front de taille : ils peuvent n'affecter que certains fronts, ou certaines zones d'un front, ou parfois seulement certaines tâches. Le niveau d'efficacité des travailleurs concernés baisse alors, d'autant plus que jouent les phénomènes de résonnances et de tensions dont on a parlé plus haut. Toute l'ambiance de travail est minée par cette incertitude : le travailleur finit par s'attendre que du mauvais travail fait par d'autres ou des conditions défavorables augmentent ses difficultés et l'empêchent de remonter à la fin de la période de travail. La méfiance qui en résulte colore ou influence toute la culture des longs fronts de taille ; elle affecte pour le pire toutes les relations de travail.

Les dimensions de l'étude actuelle ne nous ont pas permis de faire une enquête systématique sur la fréquence des arrêts de travail. À l'un des fronts de taille que nous connaissons bien, on se félicitait que les chargeurs aient été empêchés de charger seulement trois fois au cours de l'année précédente. D'autres sources bien informées prétendent que la moyenne se situerait autour de cinq ou six fois par an, soit à peu près une fois tous les deux mois. On nous a cité des cas d'arrêts plus fréquents dans de « mauvais fronts de taille » et dans de « mauvais puits ». Si la mine perd ainsi le travail d'une semaine chaque année, cela signifie que la perte est d'environ 2 %. Ce chiffre est relativement faible, mais il faudrait savoir combien d'efforts ont dû être faits pour contenir les perturbations avant qu'elles ne s'amplifient au point d'interrompre le cycle.

Les difficultés du contrôle sur l'ensemble du cycle

C'est le contremaître qui porte la grande responsabilité de limiter la fréquence des interruptions du cycle : il est le seul au front de taille qui ait un rôle défini en fonction de la totalité de la tâche d'extraction. Il nous a suffi de parler avec des contremaîtres pour comprendre combien leur tâche est difficile. Ils se plaignent souvent, et non sans raison, d'avoir des responsabilités trop grandes par rapport à leur autorité. Dans l'obscurité, avec des travailleurs éloignés les uns des autres, comment peut-on exercer une surveillance efficace ? En fait, il faut que ce soit les travailleurs eux-mêmes qui veillent à ce qu'il n'y ait pas de mauvais travail, quelles que soient les conditions rencontrées. Mais l'autonomie responsable des sous-groupes est battue en brèche par la méthode des longs fronts de taille. Nous reviendrons sur ce problème ultérieurement.

La direction se plaint donc de n'être pas soutenue par les hommes ; elle les accuse de ne s'intéresser qu'à leurs propres petites tâches sans se soucier des responsabilités plus larges du cycle entier. De leur côté, les mineurs se plaignent d'être manipulés et trompés par les représentants de la direction ; ils les considèrent comme des étrangers, de rares visiteurs et des « hommes à matraques » qui prétendent se mêler des affaires du groupe sans partager son dur labeur. Le contremaître est parfois obligé de négocier avec les hommes pour qu'ils acceptent d'effectuer des travaux accessoires. Les hommes prétendent qu'il ne tient jamais ses promesses et qu'on a trop souvent négligé de leur payer leurs travaux accessoires. Le contremaître répond qu'il n'a pas pu convaincre le directeur ou son assistant. A-t-il vraiment transmis les revendications des mineurs ? Comment l'a-t-il fait ? Pourquoi la direction a-t-elle refusé d'y accéder ? Toutes ces questions restent sans réponse car les communications ne parviennent pas aux travailleurs de fond. D'autre part, il n'est pas facile pour le contremaître de convaincre les mineurs de l'exagération ou de la mauvaise foi de certaines de leurs revendications.

Un contrôle du cycle si ardu a fini par engendrer une « culture » de négociations hostiles et méfiantes, qu'entretiennent les cadres et les travailleurs. Les tensions inévitables sont transportées soit vers le haut, soit vers le bas. La rage du sous-directeur à qui on annonce que les chargeurs ne pourront sans doute pas charger ce jour-là résonnera dans tout le puits.

L'institutionnalisation de la faible productivité

Dans tout travail de fond, il y a deux tâches simultanément présentes, soit celle qui entre dans le cycle de production et celle qui consiste à faire face aux dangers, réels ou potentiels. L'environnement ne se laisse jamais oublier, et les aptitudes nécessaires pour y faire face comprennent le fonds commun d'habileté et d'expérience des mineurs. Cette tâche seconde est à cet égard plus exigeante que les tâches productives proprement dites. Pour celles-ci, la formation initiale est très brève, de l'ordre de quelques mois, quoiqu'elle soit plus longue lorsque, comme pour le havage, une plus grande composante technique est en jeu. Mais ce n'est qu'avec les années que le mineur peut apprendre à affronter efficacement les conditions qui règnent au front de taille. Un système de travail véritablement adapté à la situation souterraine doit tenir compte des résultats d'une telle expérience, sinon il n'utilise pas toutes les capacités des mineurs, et condamne ceux-ci à un niveau de productivité inférieur à leurs capacités.

Notre enquête démontre que la méthode des longs fronts de taille est à cet égard un échec total. Les crises que sont les arrêts du cycle et les difficultés du travail de contremaître ne sont que des symptômes d'un problème généralisé qui résulte de l'institutionnalisation de la faible productivité. En effet, il a fallu définir des objectifs très peu ambitieux pour faire fonctionner, dans une situation pleine d'imprévus, un système lourd et rigide, emprunté intégralement à une culture technique adaptée à l'usine mais très éloignée de la réalité souterraine. À l'époque de la mise en application de la méthode des longs fronts de taille, on ne disposait pas de précédents qui auraient permis de modifier la technologie de manière à l'adapter à la situation du front de taille. L'emprunt culturel servile était d'ailleurs presque inévitable, faute d'une tradition minière pertinente. On ne disposait pas non plus à l'époque des éclaircissements apportés par la psychologie et les sciences sociales.

Certains problèmes découlent spécifiquement de la grande dimension de l'unité de production aux longs fronts de taille. D'ailleurs, les problèmes sont moins aigus, à un degré de mécanisation égal ou même supérieur, là où on a recouru aux techniques de chambre avec piliers ; les opérations s'y font sur une moins grande échelle car les fronts de taille sont moins longs, et l'adaptabilité aux conditions changeantes du sous-sol semble par conséquent y être meilleure. Il n'est cependant pas impossible d'atteindre un degré élevé d'efficacité fonctionnelle avec une grande unité mécanisée ; cela sera simplement plus difficile, surtout à cause de problèmes qui relèvent du domaine de l'organisation sociale. [...]

QUATRE MÉCANISMES DE DÉFENSE

L'organisation informelle

Pour contrer l'isolement à l'intérieur de son groupe, isolement qui le laisse « officiellement » seul devant son charbon, le chargeur essaie de former des petits groupes informels fondés sur des arrangements privés d'entraide entre deux, trois ou quatre voisins. Cette organisation purement interpersonnelle n'est pas très solide, car elle permet toutes les manipulations à des fins aussi antisociales et compétitives que de protection mutuelle. Il reste inévitablement des « isolés ». L'ensemble du groupe est incapable d'agir comme un tout socialement responsable, sinon de manière défensive, puisqu'il n'existe aucune notion d'allégeance en dehors du petit groupe informel. Les petits groupes ne disposent d'aucune autonomie reponsable ; en l'absence d'obligation mutuelle institutionnalisée, il n'existe aucune tâche de groupe comme telle, et chaque individu n'est en définitive responsable que du déblaiement de sa propre longueur. Les querelles individuelles suffisent à faire éclater les coalitions informelles, dont la mentalité se rapproche d'ailleurs plus de celle de la clique que de celle de l'équipe.

Nous avons toutefois recueilli des exemples de groupes stables qui ont duré et ont bien fonctionné sur de longues périodes. Une de nos sources déclarait à ce sujet : « Ici, les choses se passent comme dans l'ancien temps. » Les groupes de cette qualité sont enviés et critiqués parce qu'ils sont « trop fermés ». Leur cohésion semble être due soit à la présence d'un chef naturel, soit aux personnalités remarquablement équilibrées des membres. La plupart de nos sources sont d'avis que les différents types de personnes tendent à se regrouper ; comme il y a de bons et de mauvais fronts de taille, il y a de bonnes et de mauvaises cliques à l'intérieur du groupe des chargeurs à un front donné. Quoi qu'il en soit, la formation des groupes doit toujours beaucoup au hasard, le système lui-même n'y apportant aucun soutien.

Il semble que les « isolés » soient, ou des individualistes forcenés, « qui ne prêteraient pas un bout de bois », ou des hommes de mauvaise réputation, avec qui les autres refusent de travailler. Parmi ces derniers, on trouve des mineurs peu consciencieux qui « ne veulent pas donner un coup de main à la fin de la période de travail » ou qui sont souvent absents, et les faibles « qui ne peuvent pas se débrouiller quand les conditions sont mauvaises ». Ceux qui manquent de force et déblaient mal leurs longueurs, soit à cause de leur âge, de leur état de santé ou d'une névrose, sont rejetés par les groupes informels.

L'organisation par petits groupes informels ne satisfait donc que dans une faible mesure le besoin du chargeur de remplir un rôle dans un groupe primaire à l'intérieur de sa propre équipe. Pourtant, quand on pense à son extrême dépendance par rapport au travail des deux autres équipes, on voit bien que son besoin d'appartenance est nécessairement plus fort que celui des autres catégories de mineurs, tandis que les ressources dont il dispose à cet égard sont encore moins nombreuses.

L'individualisme

Avec l'échec du petit groupe, le chargeur est renvoyé à lui-même, seul contre tous les autres. Le deuxième mécanisme de défense contre l'isolement est une réaction individualiste, faite en général d'une bonne dose de réserve et de mystère. Entre membres de l'équipe, il y a des intrigues pour obtenir les meilleures places — on cherche à éviter les sections du milieu qu'on n'atteint qu'après avoir rampé longtemps — et il y a affluence pour les postes où les conditions sont bonnes.

À certains des fronts de taille qu'on nous a décrits, on craint la rancune du contremaître, qui peut envoyer le chargeur à une mauvaise place ; le contremaître fait d'autant plus facilement figure de persécuteur que la culpabilité découlant des intrigues et des mensonges monte les hommes contre lui et contre leurs pairs. Il est d'ailleurs bien facile de le tromper sur l'heure à laquelle on est remonté du puits ou sur la quantité qu'on a « envoyée en haut ». Cela n'empêchera d'ailleurs pas les hommes de faire des alliances avec lui contre les autres chargeurs, souvent pour de bien bonnes raisons, comme pour empêcher l'absence de certains, qui augmente la charge de travail des autres.

Il semble assez courant que les chargeurs cherchent à acheter (corrompre) des membres des autres équipes dans l'espoir d'avoir une longueur particulièrement bien préparée. On apporte des cigarettes au haveur, on paie une tournée aux dégommeurs le dimanche. Il faut voir dans ces pratiques plus un symptôme d'un état de fait qu'une véritable tradition généralisée.

L'individualisme défensif a pour effet de diminuer le sentiment d'appartenance à la grande collectivité du puits, qui était un des deux piliers de l'ancien équilibre.

La méfiance des membres des équipes les uns envers les autres apparaît le plus clairement au moment des discussions qui s'élèvent au sujet de travaux accessoires qui n'apparaissent pas sur la feuille de paie. Sur ce qu'on désigne sous le nom de « grande feuille » est inscrit tout le travail contractuel et accessoire effectué pendant la semaine par l'ensemble de l'équipe. Cette feuille de paie est remise à un homme identifié par son numéro de contrôle ; cet homme n'est en aucune façon un représentant mandaté par ses co-travailleurs, et il est rare qu'il s'agisse d'un leader informel. D'habitude, la feuille est remise à « l'homme du coin » parce que, sa longueur étant adjacente à la galerie, c'est à lui que le contremaître peut s'adresser le plus facilement. Ce chargeur du coin n'est pas toujours au courant du travail accessoire qui a été fait à l'autre bout du front de taille, et rien ne l'oblige à quitter son poste pour aller s'en informer. Mais si beaucoup d'hommes se plaignent de n'avoir pas été payés pour une tâche ou l'autre, très rares sont ceux qui se donnent la peine de vraiment se renseigner. Il se trouve des hommes qui ont travaillé à un front de taille pendant trois ou quatre ans et qui n'ont jamais vu leur propre grande feuille. Ce sont pourtant les premiers à accuser l'homme du coin ou le contremaître. On soupçonne le premier de ne jamais s'oublier lui-même et d'exagérer l'importance de sa propre contribution. On soupçonne souvent le deuxième de vouloir maintenir les coûts de son secteur au plus bas. On soupçonne souvent une collusion entre les deux. Les insatisfactions ne s'expriment ouvertement qu'au cours des véritables affrontements, qu'on cherche d'ailleurs à éviter le plus possible croyant qu'ils n'aboutissent qu'en querelles interminables et stériles.

Rivalité, intrigue, refus de vérifier ses soupçons, réserve personnelle, forment donc un des modèles de défense. Quelles que soient leurs aspirations personnelles, les hommes sont obligés de se battre pour eux-mêmes puisque la structure sociale leur refuse l'appartenance à un groupe qui pourrait légitimer leur interdépendance. À cet égard, l'individualisme est une interprétation logique de la structure sociale de l'équipe de chargement, et c'est la seule forme de comportement autorisé.

Le rejet mutuel des responsabilités

Les chargeurs ne voyant presque jamais ceux qui travaillent au sein des équipes du soir, le manque de contact permet de rejeter toutes les fautes sur ces boucs émissaires commodes. En temps de crise, quand l'équipe de chargement est empêchée de charger, on renvoie les responsabilités aux autres équipes — ou vice-versa si la désorganisation s'est produite à un autre moment. On accuse aussi le contremaître de n'avoir pas fourni suffisamment de remplaçants ou d'avoir envoyé des hommes trop vieux et incapables de soutenir le rythme.

Il est inutile de renvoyer la balle aux chargeurs, ceux-ci ne formant pas un groupe responsable qui pourrait être blâmé pour quoi que ce soit, et un chargeur individuel pouvant toujours se disculper. Comme les mauvaises conditions et le mauvais travail sont étroitement mêlés, il est généralement difficile d'attribuer avec précision les responsabilités sur d'autres. L'accusation mutuelle est un système qui se nourrit de lui-même : rien n'est jamais résolu, personne ne se sent coupable. La collusion avec un tel système est un mécanisme de défense qui permet à chacun de faire une « contribution anonyme » à la « mentalité collective » (Bion, 1949). On sabote à la fois les objectifs de productivité et les besoins individuels d'appartenance à un groupe satisfaisant. Chacun cherche à frapper les autres dans cette parodie de guerre où personne n'est jamais blessé mais où tout le monde souffre.

On pourrait croire que les mineurs cherchent par ce moyen détourné à retrouver l'unité perdue à cause de leur individualisme. Être en faute ensemble, c'est encore une façon d'être ensemble. Si la contribution de l'individu au groupe consiste à porter une part des fautes des autres, en retour, le groupe prend une part de ses propres fautes et lui accorde, par exemple, le privilège de retrait en passant sur certaines de ses absences. La « formule » arrive à fonctionner, puisqu'il n'est que trop facile d'admettre tacitement que les fautes du groupe et de l'individu sont uniquement attribuables aux fautes du système, lequel système est imposé au groupe qui n'a pas le pouvoir de le changer. Les effets sont perçus comme « provoqués » plutôt que comme « propres ». Le groupe et l'individu peuvent par conséquent nier leurs propres fautes et s'en débarrasser en les remettant au système. À l'inverse, le bon côté du groupe réside dans sa capacité de préserver ce qui est bon dans ses membres en limitant leur degré d'exposition au mauvais système. Il serait plus constructif de s'attaquer aux véritables insuffisances du système pour le rendre à la fois plus productif et plus satisfaisant pour les membres.

Le système n'est d'ailleurs pas perçu comme totalement mauvais puisque c'est lui qui permet de gagner sa vie et, à l'heure actuelle, de la gagner bien, tant sur le plan du salaire que sur celui de la position dans la communauté. Mais les bénéfices du système sont entièrement dissociés des activités de travail du groupe : on tolère le système de travail parce que c'est un moyen d'atteindre une fin extrinsèque ; on ne l'accepte pas de bon cœur comme une fin en soi ni à cause des satisfactions internes qu'il procure. On voit donc qu'il s'établit un équilibre relativement stable, mais au prix d'un mal social qui atteint aussi bien la productivité que le bien-être des travailleurs.

La compensation par l'absentéisme

Le retrait constitue le quatrième mécanisme de défense. Cette technique, qui complète celle du rejet des responsabilités sur des boucs émissaires, est bien connue dans les mines de charbon. Par exemple, un chargeur rentrant d'une semaine de congé payé se plaignit de ce que les deux premières équipes avaient tout fait pour le décourager : il restait des gommes, le charbon n'était pas tombé en morceau, il avait dû se servir du marteau-piqueur toute la journée. « Je les ai engueulés, et c'est inutile, je les ai suppliés, et c'est inutile. Je vais prendre une journée de congé pour ça. » Quand les choses commencent à mal tourner au front de taille, surtout quand de mauvaises conditions sont en vue, l'absentéisme des chargeurs se multiplie au point que ceux qui sont présents doivent parfois faire deux ou trois heures supplémentaires pour enlever le charbon. Si le problème dure plus d'une journée ou deux, ceux qui sont présents se réunissent aux douches à l'entrée du puits, avant de se présenter au travail. Si leur nombre est insuffisant, ils rentrent tous chez eux.

Cet absentéisme, par lequel l'individu a l'impression de compenser les persécutions du système, c'est aussi une manœuvre pour prolonger sa vie de travail au front de taille. Car sans le répit que procurent les absences occasionnelles, le mineur est convaincu qu'il ne pourrait pas tenir le coup long temps. Comme il y a de grandes différences de salaire et de position entre les mineurs du front et les employés aux réparations et au transport et le personnel de surface, le désir de demeurer au front aussi longtemps que possible constitue une motivation puissante pour le mineur de fond.

Ce qui suit provient d'entrevues et de discussions avec des mineurs. Ils ont souvent exprimé leur crainte de devenir trop vieux pour le travail au front de taille à partir de 40 ou même de 35 ans. Leur anxiété vient de leur connaissance des tensions douloureuses qui se produisent dans les familles de mineurs où un père, relégué à un travail de surface, voit son fils de 20 ans gagner plus du double de son salaire. On nous a cité des cas de querelles entre frères, sûrement teintées de vieilles rivalités légèrement névrotiques, qui affectent profondément la famille plus nombreuse quand l'aîné, atteint d'une maladie souvent psychosomatique, doit abandonner le front de taille. Dans la culture d'une famille de mineur, un mari travaillant au front de taille est l'objet d'attentions spéciales de la part de sa femme. Il y a des hommes qui pensent qu'ils ne méritent plus ces privilèges lorsqu'ils perdent leur position d'*élite*, et qu'ils gagnent moins d'argent ; c'est pourtant à ce moment qu'ils auraient besoin des soins les plus attentifs. Le mineur est confronté à un dilemme : il craint de perdre ses avantages familiaux mais il ne peut se résoudre à continuer à les accepter.

L'absentéisme comme mécanisme de compensation est une activité socialement acceptée mais qui obéit à un code compliqué : une certaine fréquence, certaines occasions, sont tacitement considérées comme acceptables. C'est à la fois un mécanisme de défense psychosocial inspiré par le désir de demeurer le plus longtemps possible au front de taille, et une sorte de conduite « institutionnalisée » qui jouent un rôle fonctionnel dans l'ensemble du système social découlant de la méthode des longs fronts de taille.

Avec les trois autres mécanismes de défense déjà mentionnés, l'absentéisme est un élément important dans la culture[3] du groupe de travail, quoiqu'il existe d'importantes variations selon les fronts de taille. Il y a certains fronts de taille où l'atmosphère de groupe reste assez longtemps à l'abri de ces influences ; en général, il s'agit de mines où, de l'avis des mineurs, l'ambiance est bonne.

Le grand danger réside dans le fait que l'habitude de travailler dans un mauvais système permet de laisser une grande part de ses propres fautes et de celles de son groupe *dans le système*. Cela lie les individus au système, en dépit de leur aversion pour ce système. Avec ses insuffisances, c'est leur propre haine qu'ils détestent dans le système : on refuse d'ailleurs avec autant d'obstination de l'admettre par rapport au travail que dans les groupes de thérapie. Les fronts de taille où l'ambiance de groupe est mauvaise se caractérisent par une collusion apparemment antipathique mais en fait stimulante de tous ceux qui sont en cause. Quand les mécanismes de défense n'ont pas tout envahi, que le modèle de culture est moins poussé et contraignant, il reste possible d'avoir une attitude critique plus indépendante, plus réaliste et plus constructive.

CONCLUSIONS

Les différents stimulants économiques visant à motiver les mineurs dans l'Entre-deux-guerres ne donnent plus de résultats. Les mineurs n'acceptent plus aussi docilement des conditions de travail pénibles et une organisation peu susceptible d'apporter des satisfactions individuelles. La chose est claire, même si les mineurs eux-mêmes ne parviennent pas toujours à expliciter la nature exacte de leur amertume et de leur hostilité. Le maintien de structures n'ayant aucune efficacité sociale aux longs fronts de taille constitue sans doute un des grands facteurs qui empêche toute amélioration du moral, qui rend le recrutement difficile et augmente le roulement du personnel.

Le succès de certaines innovations dans l'organisation sociale des groupes au front de taille montre que les changements organisationnels découlant de la nationalisation fournissent une occasion de s'attaquer aux problèmes que nous avons décrits. À l'intérieur du secteur minier, on possède les ressources et la créativité nécessaires pour mettre au point de nombreuses améliorations.

Il conviendrait d'abord d'étudier et d'évaluer les changements qu'on a essayé d'implanter. Nous pouvons cependant avancer dès maintenant l'idée qu'il faudrait procéder à des changements qualitatifs dans le caractère général de la méthode, si on veut qu'un système social coexiste avec la technologie. C'est seulement dans ce cas que les relations des groupes de travail pourront être intégrées et donner naissance à un nouvel équilibre social.

Dans l'immédiat, il s'agit de mettre sur pied une organisation formelle par petits groupes dans l'équipe de chargement, et de trouver une solution acceptable à la question d'autorité qui est soulevée dans l'équipe de havage. Mais il est difficile de voir comment on pourrait résoudre ces problèmes sans rendre l'autonomie responsable à tous les groupes primaires de l'ensemble du système, et sans faire en sorte que les groupes aient une tâche qui soit une sous-entité significative comportant une marge de flexibilité dans le rythme de travail. On enlèverait ainsi bien des tensions au contremaître, et sa responsabilité sur le maintien du cycle serait facilitée par l'appui spontané des groupes de travail primaires.

Il faudrait sans doute généraliser la tendance récente qui veut qu'on forme un mineur polyvalent, pour qu'une certaine rotation soit possible à l'intérieur des groupes de travail. D'autre part, pour résoudre le problème de séparation des équipes, il faudra absolument faire en sorte qu'un groupe soit organisé de manière permanente le jour et les autres la nuit. On pourrait peut-être penser à des échanges entre certains rôles de préparation et de chargement. Si les préposés à la préparation et les chargeurs comprenaient mieux leurs problèmes respectifs, il est probable qu'ils seraient plus portés à la tolérance.

Rappelons pour terminer que les méthodes de chambre avec piliers semblent accorder beaucoup d'importance au bon fonctionnement du groupe de travail primaire et que les machines les plus nouvelles, comme les chargeurs mécaniques et les mineurs continus, doivent être utilisées par des équipes bien intégrées et unies.

Notes

(1) Les méthodes manuelles ont connu bien des variations qu'il serait trop long d'exposer ici.

(2) Dans le texte, comme aux figures 1 et 2 et au tableau 1, nous avons construit un modèle du système en fonction des témoignages de mineurs employés à différents fronts de taille. Il ne s'agit donc que d'*une* version du système, même si celle-ci est courante. Il existe des fronts de taille deux fois plus longs que celui que nous décrivons. Dans les filons épais, il peut y avoir 40 ou 50 chargeurs, ou même plus, le nombre des autres travailleurs étant proportionnellement grand. Dans les filons minces avec des galeries hautes, il arrive qu'on embauche le double de foreurs, huit ou plus dans la galerie principale, et quatre ou six dans chaque galerie secondaire. Dans les fronts de taille plus courts, il peut n'y avoir qu'un foreur et au moins un dégommeur. Dans certains cas, l'étayage et le retrait des poutres ne sont pas faits par les préposés au convoyeur ; il arrive que le personnel au point d'embarquement du charbon soit inclus parmi les employés du front de taille. La nomenclature varie énormément selon les régions. Les variations peuvent dépendre des conditions naturelles (épaisseur du filon, dureté du charbon, type de plafond et de plancher, etc.), de préférences en matière d'installation globale, ou encore de la nature et de la quantité du matériel nécessaire ou disponible. Même avec un convoyeur, il y a souvent de l'abattage manuel là où le charbon est mou. Il peut y avoir deux unités de haveurs si le charbon est très dur ou si le front de taille est exceptionnellement long. Il y a de nombreux types de convoyeurs (à bande, en plaques, etc.). Quand le filon est assez épais pour qu'il ne soit pas nécessaire de percer des galeries distinctes, on peut utiliser un système à deux équipes. La productivité varie énormément selon chaque mode de travail, ainsi que la qualité des relations humaines et le niveau de stress. Ces modifications ne sont cependant que des variantes du modèle fondamental qui se retrouve partout.

(3) Le concept de « culture » en tant que technique psychosociale mise au point par un groupe dans une situation structurellement déterminée a été défini par Trist dans « Culture as a Psycho-Social Process », un mémoire présenté au Symposium sur le concept de culture, organisé par l'Association britannique, Section (H), Anthropologie et archéologie, Rencontre de Birmingham, 1950. Ce point de vue élargit celui de Curle, Curle et Trist, dans « Transitional Communities and Social Re-connection », **Human Relations**, 1(1),

p. 42-68, et (1)2, p. 240-288 ; il rejoint celui de Ruesch, dans « Experiments in Psychotherapy, II : Individual Social Technique », *The Journal of Social Psychology*, 29, 1949, p. 3-28 ; et de Ruesch et Bateson, dans « Structure and Process in Social Relations », *Psychiatry*, XII (2), 1949, p. 105-124.

Références

BION, W.R. (1949) « Experience in Groups, III », *Human Relations*, II(1), janv., p. 12-22.

DICKSON, D.E. (1936) « The Morbid Miner », *Edinburgh Medicine Journal,* p. 696.

HALLIDAY, J.L. (1949) *Psychosocial Medicine : A Study of the Sick Society*, Londres, Heinemann.

MORRIS, J.N. (1947) « Coal Miners », *Lancet*, vol. II, p. 341.

Le pouvoir hiérarchique de la technologie*

par Dario Salerni

Les technologies sont couramment assimilées à des phénomènes naturels autonomes. En fait les technologies incorporent les contraintes sociales à des degrés divers et notamment les effets de la résistance ouvrière aux normes de production. Mais en même temps qu'elle obéit aux contraintes sociales, la technologie produit une « culture », dont le déterminisme taylorien et le progrès technique sont des exemples. L'auteur en vient aussi à développer l'idée d'une « fonction hiérarchique » de la technologie.

DU « NATURALISME » TECHNOLOGIQUE

La notion de progrès technique, fréquente et répandue dans la culture économique et industrielle, paraît évidente en soi et est habituellement admise dans son acception courante sans l'aide de définitions.

En réalité, le concept même de progrès suppose un paramètre et ce paramètre est implicite. On entend par progrès technologique l'introduction de nouvelles techniques de production qui permettent d'accroître la capacité productive du travail, c'est-à-dire qui instaurent une nouvelle fonction de production. Le paramètre permettant de mesurer le progrès technologique appartient de ce fait à l'univers économique et indique la productivité du travail.

Une telle assertion implique qu'à chaque technologie correspond d'une manière univoque une valeur donnée de productivité. La productivité est donc conçue comme une propriété *naturelle* de la technologie assimilable à celle des corps ou des substances dans le monde naturel. Lorsque l'on affirme qu'une technologie est plus productive qu'une autre, on fait implicitement allusion à une caractéristique naturelle et on considère la productivité comme un attribut incorporé et consubstantiel à cette loi.

*   Tiré de : SALERNI, D. « Le pouvoir hiérarchique de la technologie », **Sociologie du travail**, n° 1, 1979, p. 4-18.
    Reproduit avec la permission de La Centrale des revues (1987).

Cette image de la technologie contient en réalité de nombreuses considérations implicites, qu'il est utile de mettre en évidence :

1) On peut définir une technologie comme étant un complexe de techniques, machines et instruments utilisés pour transformer les matières premières et les informations en produits en vue d'atteindre des résultats spécifiques.

2) Tout processus de transformation suppose des produits de base ou semi-ouvrés, de l'énergie et des informations permettant de gouverner un système physique passant d'un état à un autre.

3) Toute technologie contient dans sa structure, incorporée sous forme statique, une partie des informations nécessaires au processus de transformation. Les informations restantes doivent être élaborées par le travail humain.

4) Une part toujours importante de l'énergie nécessaire est fournie aux machines qui opèrent la transformation d'autres machines (moteurs) qui appartiennent à cette technologie ; l'énergie restante doit être fournie par le travail de l'homme.

5) Il est donc nécessaire, pour qu'une technologie réalise la productivité qui lui est associée, que le travail humain élabore les informations et fournisse l'énergie résiduelle (qui n'est pas incorporée à la technologie même), dans la proportion et selon les caractéristiques temporelles et spatiales programmées.

6) Si l'on considère qu'une technologie a la propriété de fournir une certaine productivité, et donc qu'elle la détermine d'une façon univoque, cela signifie que l'on suppose implicitement et de manière occulte qu'un flux d'énergie et d'informations provenant du travail humain se réalisera, de manière quantifiée, déterminée et selon les séquences définies par les nécessités de cette technologie.

7) Dans la mesure où le travail humain est un phénomène social et non pas naturel, une telle proposition suppose la mise en œuvre d'une action de commandement social, l'action d'un système de contrôle social. Toute technologie ne peut donc être associée de manière univoque à une valeur de productivité que si l'on pose le préalable d'une fonction hiérarchique.

8) Cette fonction hiérarchique peut être intérieure ou extérieure à la technologie, mais elle est en tout état de cause différente et distincte d'une propriété intrinsèque à la technologie.

9) Il n'est donc pas possible de définir le progrès technologique comme un espace conceptuel autonome, fermé, et qui se suffit à lui-même. L'espace conceptuel identifié par la technologie en incorpore d'autres, l'histoire de la technologie se trouve à l'intersection d'autres histoires et les subit.

10) La technologie présente une fonction occulte et une histoire latente qu'il est nécessaire de mettre en évidence et de définir si l'on veut comprendre les phénomènes observables. Cette histoire latente a débuté avec la naissance du processus d'organisation industriel.

On peut donc avancer que tout projet technologique, c'est-à-dire tout ensemble organique de décisions visant à mettre sous forme statistique et à incorporer dans des machines des informations et de l'énergie, a toujours tenu compte de l'univers effectif et potentiel des informations et de l'énergie disponibles et a consisté à réaliser une répartition optimale de ces dernières entre les hommes et les machines. Il a donc toujours pris en compte la capacité effective et potentielle du travail humain, socialement déterminé à fournir des informations et de l'énergie.

Cela s'est toujours produit, plus ou moins consciemment et rationnellement, depuis l'âge de la pierre taillée jusqu'à l'ère des ordinateurs, sans exception pour la période du taylorisme.

En d'autres termes, le projet technologique a toujours considéré le seuil potentiel de la fourniture humaine d'informations et d'énergie comme une contrainte. Ce seuil potentiel n'est pas fixe, mais déterminé historiquement et socialement par le degré d'instruction, les capacités mentales et physiques, les comportements et motivations dominants, la structure et la morphologie du consensus et des conflits sociaux, l'évolution et la composition du marché du travail. On en déduit que l'histoire de la technologie est par certains aspects l'histoire de l'incorporation progressive des contraintes sociales et économiques[1]. Le progrès technologique incorpore et objective, dans son évolution, les contraintes sociales dans la mesure et dans les formes, toujours nouvelles, dans lesquelles elles se manifestent[2].

En d'autres termes, puisque les machines, même les plus automatisées, ne produisent pas sans les hommes, elles sont conçues en fonction d'une combinaison avec le facteur travail. Ce n'est qu'en fonction de celle-ci qu'une technologie est optimale ou optimisable. Elle le sera d'autant plus que l'on aura été en mesure, au moment du projet, d'incorporer les contraintes sociales existantes.

C'est justement, et contrairement aux apparences, dans cet ensemble d'expérimentations, d'études, d'applications, habituellement regroupées sous le terme de *scientific management* et dont les principales références sont Taylor et Ford, que les contraintes sociales ont été incorporées de la manière la plus rationnelle et systématique. On a en effet essayé de *commander* au travail humain un modèle de production d'énergie et d'informations situé très au-dessous du potentiel effectif des capacités physiques et mentales de la main-d'œuvre. Le travail taylorien ne demande en effet rien d'autre que des qualités physiques primaires (activités réflexes, résistance) et des qualités intellectuelles générales (alphabétisation, calcul numérique). Il exige une routine d'exécution sensorimotrice (réduite à la pensée préopératoire), alors que le travail professionnel antérieur demandait des structures de connaissance adultes (avec intervention de la logique propositionnelle et de la pensée hypothético-déductive).

Il est vrai que le seuil effectif et potentiel des capacités utilisées est aussi déterminé par des attitudes, des motivations et le consentement de la main-d'œuvre. Mais le fait que l'organisation productive taylorienne ait dominé pendant plusieurs décennies, est la meilleure démonstration que la contrainte constituée par ces phénomènes sociaux était très faible par rapport au modèle commandé par les machines.

Si dans l'univers taylorien l'homme est conçu comme une « pièce de rechange », comme un appendice mécanique de la machine, comme un homme-robot, comme une personne « stupide et lente » assimilable au « boeuf », et le travail comme une « image spéculaire » du mouvement des machines, c'est parce qu'il était tel dans la réalité de *ce* processus productif, ou parce qu'on pouvait le faire devenir tel en utilisant des techniques appropriées.

Comme on le voit, le taylorisme avait bien identifié le seuil effectif ou potentiel, socialement déterminé, des informations et de l'énergie pouvant être commandées à la main-d'œuvre. Cette main-d'œuvre possédait les facultés physiques ou mentales requises, et le consensus actif ou passif[3] nécessaire pour les produire. Il n'est donc pas vrai que le projet technologique taylorien ignorait les contraintes sociales déterminées par l'époque dans laquelle il naquit ; au contraire il les détermina avec une précision et une rigueur inégalables.

Le fait que les contraintes sociales qui apparurent par la suite aient réduit en miettes le calcul et les paradigmes sur lesquels le projet taylorien se basait, ne change rien aux conditions sociales de son émergence.

Si la conception technologique s'oriente aujourd'hui dans des directions qui faussent le paradigme taylorien, c'est qu'elle a dû, depuis, incorporer des contraintes sociales nouvelles qui se sont manifestées ces dernières années. Mais il faut toujours nettement distinguer l'aspect culturel et l'aspect opérationnel des valeurs et des orientations dominantes dans le monde des managers. Ceci est tellement vrai qu'aujourd'hui encore, où la culture industrielle paraît en pleine période de révolution antitaylorienne, là où ces contraintes sociales n'existent pas, les technologies tayloriennes, loin d'être dépassées, se développent.

En effet, alors que la crise du taylorisme est au centre des débats entre théoriciens et praticiens et produit des modifications technologiques importantes (surtout dans les chaînes), des processus de taylorisation et de mise en chaîne poussée se déroulent dans d'autres zones ou sections du tissu productif. On peut en citer quelques-uns en ce qui concerne le cas de l'Italie :

1)   Alors que dans certaines grandes entreprises les technologies tayloriennes existantes sont modifiées, et que l'on projette de nouvelles
installations selon des critères opposés, dans de nombreuses petites
et moyennes entreprises, des processus tayloriens de mécanisation,
de mise en chaîne, de semi-automation se multiplient. Particulièrement importante est l'introduction des lignes de transfert.

2)   Dans les unités de production où l'on conçoit une technologie et une
organisation dans le cadre du travail directement productif, se développent entre les employés et les techniciens des processus de taylorisation et de mécanisation.

3)   Au sein même des entreprises qui mènent les transformations anti-
tayloriennes, des processus de linéarisation poussée sont promus
dans certaines usines qui opèrent à l'étranger, en Italie, voire dans la
même zone. C'est ainsi que, alors qu'une grande entreprise automobile italienne acceptait le défi d'une « nouvelle façon de faire l'automobile » et le lançait aux organisations syndicales, celles-ci l'accusaient
d'introduire massivement dans la branche des véhicules lourds « la
vieille façon de construire le camion ».

On assiste donc à un processus de transfert des technologies du
centre vers la périphérie. Mais ce transfert n'est plus aujourd'hui définissable
seulement selon des paramètres économiques (par exemple le marché des
matières premières, de la main-d'œuvre ou des produits). De même, le processus de transfert n'est pas exclusivement déterminé par des intérêts de
type économique. Enfin il ne l'est pas plus par les lois de la division internationale du travail et de la hiérarchie entre pays et régions structurés
par ces lois.

Ce transfert est commandé aujourd'hui par des préoccupations sociales. Les lignes directrices du transfert sont gouvernées par un calcul social
dans lequel le paramètre fondamental est la main-d'œuvre et sa capacité de
coalition et de protestation. Le transfert des grandes aux petites et moyennes
entreprises, des ouvriers aux employés, de certaines unités de production à
d'autres dans le cadre d'une même entreprise, a en effet une logique commune ; il cherche à échapper à la coalition de la main-d'œuvre et à sa capacité de résistance (effective ou potentielle). La périphérie est donc aujourd'hui
définissable comme une zone présentant une densité moindre de contraintes sociales.

Mais il ne s'agit pas seulement de cela : la modification constante des
technologies réalisée par certaines entreprises (quelquefois en extrayant
simplement certains segments du cycle et en les transférant à l'extérieur) a
pour rôle de désorganiser une structure donnée de contraintes, sédimentée
par un long processus social, et de construire un milieu technologique nouveau dans lequel les contraintes (ou entraves) sont déstructurées et raréfiées.

On peut donc, à ce point, établir une discrimination entre deux processus, l'un séculaire et l'autre cyclique, de formation des contraintes sociales de l'organisation du travail :

1) Le premier décrit le lent processus de genèse et de consolidation des contraintes, qui conduit à une réglementation croissante et progressive de l'utilisation de la main-d'œuvre :

a)   ampleur de l'espace temporel et de son utilisation : tendance séculaire à la réduction de l'horaire de travail ;

b)   mobilité spatiale et temporelle de la main-d'œuvre : entraves aux licenciements, aux déplacements internes, à la définition du travail par équipes et aux heures supplémentaires, etc. ;

c)   régulation du degré d'intensité de sa consommation : négociation des rythmes et des charges de travail, de la saturation, de la sécurité et de l'environnement du travail, préservation à l'égard des maladies professionnelles et des accidents de travail.

Le progrès technologique ne se limite cependant pas à incorporer ces contraintes : le concepteur d'une batterie de presses a pour objectif d'en réduire le bruit au-dessous d'une limite de décibels socialement et juridiquement acceptée ; le concepteur d'une machine-transfert à rythme flexible démontre sa parfaite connaissance des phénomènes de la « désaffection » et de la morphologie de la conflictualité industrielle. Le progrès technologique est dynamisé dans une certaine mesure par leur émergence.

2) Il existe ensuite un *processus cyclique*, qui accompagne l'introduction de toute technologie nouvelle. Il peut être ainsi décrit :

a)   une nouvelle technologie est introduite ;

b)   la main-d'œuvre vit un *premier* processus d'apprentissage : elle apprend à connaître les opérations (fourniture d'énergie ou d'informations) que cette technologie requiert et les effets qu'elle exerce à moyen terme sur ses conditions de vie et de travail ;

c)   apparaissent au sein de la main-d'œuvre des tensions déterminées à l'égard de cette technologie, induites par celle-ci ou par le système extérieur ;

d)   ces tensions se transforment en manifestations déviant de l'ensemble des procédures opérationnelles fondées par la technologie : ces manifestations s'intègrent au comportement de travail (dégradation de fait du rendement) ou conflictuel (protestations ouvrières) ;

e)   un *second* processus d'apprentissage de type expérimental se développe : la main-d'œuvre mesure non seulement l'échelle de possibilité des déviations des standards de production (c'est-à-dire la hiérarchie des sanctions qu'elles provoquent), mais les effets de celles-ci sur les standards de production et sur les niveaux organisationnels. Un système empirique de calcul des coûts-bénéfices se crée peu à peu sous forme du rapport entre sanctions reçues et sanctions infligées[4] ou d'économie de travail ;

f) la main-d'œuvre peut donc aussi bien optimiser l'efficacité des sanctions conflictuelles que l'économie du travail ;

g) cette dernière ne s'arrête pas au seuil des standards de production[5] mais les dépasse ;

h) au terme de ce processus, la productivité physique d'une technologie est minimisée et le coût du travail est maximisé, un système spécifique de contraintes s'instaure et se consolide ;

i) le management, qui a suivi et enregistré ce processus, conçoit et introduit une nouvelle technologie (évidemment en fonction de paramètres économiques avec lesquels il pondère les paramètres sociaux), en démantelant plus ou moins complètement le système de contraintes précédent ;

j) un nouveau cycle de socialisation *spécifique* de la main-d'œuvre commence.

Comme on le voit, ce processus cyclique est polarisé dans l'organisation de l'entreprise et dans celle, informelle ou formelle, de la main-d'œuvre (structure de la représentation et de l'association syndicales). Un double circuit de rétroaction à commande opposée opère : le management introduit la technologie et enregistre toutes les informations de *rétroaction* sur le comportement de la main-d'œuvre en fonction desquelles il règle et décide sa modification ; la main-d'œuvre conçoit et met en œuvre des actions contre la technologie, reçoit des informations de *rétroaction* sur les effets qu'elles provoquent et sur les réactions du management, et, en fonction de celles-ci, *règle* les actions successives, en essayant de les optimiser.

Ce cycle de socialisation de la main-d'œuvre à une technologie et contre elle peut être rapide ou très lent, selon l'intervention de très nombreuses variables internes ou extérieures au système productif.

Une tendance au raccourcissement des cycles (ou de leurs segments) et donc à une fréquence plus grande du mouvement cyclique semble aujourd'hui se manifester. Dans tous les cas il est possible de trouver une périodicité et de décomposer l'histoire de l'invention et de la diffusion technologique en macro- et micro-cycles de socialisation.

À ce stade, on peut souligner qu'il n'existe pas, entre la science et la technologie, un rapport tendu comme une corde de violon, ni un flux continu et direct. La science est pour la technologie un « poumon » constitué par l'ensemble des technologies disponibles et non réalisées.

La science peut être représentée comme une source de technologies réalisables qui ne débouchent pas immédiatement dans la technologie appliquée, mais sont accumulées en dépôt. Lorsqu'une technologie se révèle obsolète pour des raisons économiques, techniques ou sociales, on a recours à une technologie employée dans un domaine plus avancé ou, si l'obsolescence se produit dans un secteur de pointe, on a recours au réservoir des technologies disponibles et non réalisées (et l'on transfère généralement vers un secteur arriéré celle qui s'est révélée obsolète). C'est seulement dans le cas où il n'existe pas, parmi les technologies disponibles, de technologie adaptée aux phénomènes qui sont apparus, que l'on pousse et oriente la recherche scientifique à fournir de nouvelles technologies.

Le rapport entre science et technologie n'est donc pas de type mécanique direct. Le progrès technologique n'est pas un flux continu immédiat allant de la science vers la technologie mais un passage discontinu à travers une suite de vases communicants. Et toutes deux sont gouvernées par un paradigme social et non pas seulement scientifique, technique ou économique.

Ceci étant dit, un dernier phénomène doit être évoqué. Toute phase technologique structure une culture et une idéologie. Au moment de la pleine maturité de la phase, ces dernières sont congruentes et fonctionnelles par rapport aux paradigmes dominants internes de la technologie. Mais lorsque débute la phase descendante de la courbe de maturité d'une technologie, la culture qu'elle produit manifeste une certaine viscosité et inertie. Elle ne dépérit pas et ne se transforme pas avec la technologie, et même, dans la phase précritique, elle se transforme en une contrainte et un obstacle.

La phase technologique taylorienne a structuré une culture de type déterministe, fondée sur l'indépendance de l'évolution technique et sur l'idéologie de sa neutralité et de son objectivité. Elle a affirmé que la « technologie, en tant que science, est dégagée des jugements de valeur » ; parallèlement, les conceptions et les techniques de la programmation de la production sont elles aussi dégagées de jugements normatifs. En même temps, le taylorisme a diffusé l'image collective du progrès technologique comme élément positif en soi permanent et universel. Il a donc à la fois protégé la technologie de jugements de valeur négatifs et diffusé et socialisé des jugements de valeur positifs.

Cette opération reflétait, et en même temps cachait et protégeait, un certain type de contrôle social, où la main-d'œuvre était effectivement complètement subordonnée à la technologie, c'est-à-dire aux sujets sociaux qui en réglementaient le progrès et en gouvernaient le fonctionnement.

Mais, en même temps, cette culture et cette idéologie ont réduit la perméabilité de la conception technologique à l'observation des phénomènes sociaux. La culture taylorienne a mis les sciences humaines dans l'impossibilité d'intervenir dans l'évolution des études technologiques. Cette perméabilité a été réalisée à travers des processus empiriques, la science devenant une « pratique » des structures de direction.

Le technologue n'a donc pas pu bénéficier des techniques les plus modernes et les plus sophistiquées de la recherche sociale ni des résultats obtenus par les sciences humaines, ni non plus des évidences mêmes rassemblées par les observateurs sociaux. Le taylorisme, qui avait été un soutien social de la technologie dominante, est devenu une contrainte et un frein à la transformation nécessaire de celle-ci. Le tissu productif a été marqué par un retard du management qui a permis l'accumulation de tensions sociales incontrôlables. L'histoire de ces dernières années fournit à cet égard des enseignements précieux.

LA TECHNOLOGIE : ENTITÉ HIÉRARCHIQUE

On a précédemment indiqué que toute technologie a une fonction hiérarchique occulte. On a vu comment toute machine exige de l'opérateur un volume donné d'informations et d'énergie. Toutefois, elle ne détermine pas seulement ce volume mais le *type* d'information et le *type* d'énergie ; c'est-à-dire qu'elle définit le type d'opérations (composées selon un mélange très variable d'information et d'énergie[6]).

Toute machine détermine un ensemble donné d'opérations élémentaires (et non divisibles). Mais elle ne se limite pas à cela : elle détermine aussi, de manière plus ou moins rigide, la succession et les cadences de ces opérations et l'ensemble des réactions possibles à des événements déterminés mais non prévisibles dans le temps et dans l'espace.

Que la machine exige un ensemble donné d'opérations déterminées dans le temps signifie que si ces opérations ne sont pas effectuées il se produit un événement anormal ou dangereux soit dans la production (quantité et qualité) soit dans la machine elle-même.

Plus la rigidité de la prédétermination des opérations et de leurs cadences est grande, plus grande est la probabilité que se manifestent des déviations. Donc plus grande est la nécessité d'un système de contrôle et de commandement qui les minimise.

C'est la raison pour laquelle avec l'évolution technologique, la plus grande spécification des opérations, enregistrée dans la machine, s'accompagne d'un durcissement de la fonction hiérarchique propre à obtenir une exécution optimale. Cependant, l'*exigence* des opérations que la machine prédétermine et le *commandement* de leur exécution, sont deux aspects conceptuellement bien distincts.

Il est certes impensable d'envisager une chaîne qui requiert des opérations hautement décomposées et rigidement déterminées et cadencées (*exigences*) sans un transfert, c'est-à-dire un mécanisme de transport des produits hétérocommandé (*commandement*). Cependant, la rigidité des opérations que la technologie des « lignes de transfert » exige de l'opérateur est une chose, et autre chose est son pouvoir de les faire exécuter par celui-ci, même si dans la réalité de la production les deux variables doivent procéder de pair.

Si nous comparons une fabrication par tables d'assemblage et une fabrication à la chaîne, nous pouvons facilement constater cette synchronisation.

Dans une fabrication par tables d'assemblage, l'ensemble des opérations, même s'il est prédéterminé et standardisé, l'est d'une façon bien moins rigide que sur une chaîne, et ceci est encore vrai pour leur succession ; la cadence, enfin, est déterminée de manière extrêmement flexible pour chaque opération, pour chaque cycle d'opération ainsi que pour les intervalles qui les séparent.

Les malfaçons sont donc beaucoup moins probables et beaucoup moins dangereuses pour la machine et pour le produit. Mais en même temps, la machine n'exerce aucun commandement direct sur les opérations. Cela est vrai à tout moment, la cadence étant élastique, à tout moment l'opérateur peut effectuer ou ne pas effectuer une opération ; et dans un laps de temps même vaste un travailleur peut achever son lot de fabrication en quatre heures et se reposer pendant les quatre heures suivantes.

Dans un travail à la chaîne avec convoyeur, l'identification des opérations, leur succession et leur cadence sont rigidement déterminées et, s'il existait une « saturation » à 100 %, elles seraient définies d'une manière univoque. Il existe donc une marge de tolérance seulement dans les cadences, et cette marge est liée à la différence entre la « saturation effective » et la saturation théoriquement possible (100/100).

Les déviations sont donc à la fois plus probables et plus dangereuses. Mais en même temps, le commandement des opérations intervient beaucoup plus et il est incorporé et dicté par le convoyeur. On voit comment les deux variables décrites jusqu'à présent : *la vulnérabilité* et *le pouvoir hiérarchique* d'une technologie procèdent de pair dans l'évolution technologique. Même si cette distinction conceptuelle n'est pas claire et évidente pour le technologue, elle a toujours, implicitement, guidé son action.

On peut donc affirmer que toute machine est une entité hiérarchique et qu'une technologie est un ensemble donné d'entités hiérarchiques. Venons-en maintenant à analyser plus en détail quelques aspects de la fonction hiérarchique de la technologie.

1) En premier lieu, celle-ci prend ses racines dans un *processus psychologique* : dans un milieu rigidement défini, le comportement peut être

modelé par la répétition de la réponse correcte qui sera contrôlée par le truchement d'un système de récompenses et de punitions.

Il convient de souligner que ce système externe, de récompenses et de punitions, n'est que le moyen transitoire d'un processus d'intériorisation et de stabilisation d'un comportement[7] qui, une fois réalisé, le rend superflu. En outre, en avouant l'intention d'économiser les efforts et de simplifier le travail, mais en réalité dans le but de planifier la production et d'*éliminer l'élément d'incertitude inhérent à la personne humaine*, l'ingénieur parvient a supprimer la cybernétique opérationnelle, à annuler la rétroaction, pour *ne laisser subsister* qu'un mécanisme à circuit ouvert, du type stimulus—réaction.

2)   Cette fonction hiérarchique de la technologie se fonde sur la *perception que l'opérateur a de son propre travail*. Pensons, dans ce contexte, aux deux principes d'évaluation du travail élaborés par l'Institut Tavistock :

a)   dans tout poste de travail on peut faire la distinction entre un contenu prescrit et une marge discrétionnaire ;

b)   l'élément discrétionnaire est presque toujours latent car les travailleurs sont difficilement conscients de toute l'autonomie, de toute la liberté et de toute l'initiative qu'ils exercent en fait sur le travail, même dans le travail en apparence le plus élémentaire et contraignant.

On peut estimer que le pouvoir hiérarchique d'une technologie est d'autant plus grand que la part occulte d'autonomie, associée à une technologie donnée, est plus élevée, et que sont donc plus nombreuses les opérations qui sont perçues comme naturelles et inévitables et non comme le résultat d'un choix, caché aux yeux de son auteur et effectué mécaniquement et résolu toujours dans le même sens[8].

3)   Enfin, la fonction hiérarchique d'une technologie dépend de la manière dont sont perçues : (a) son image, et (b) l'image des produits auxquels elle donne lieu.

Pour ce dernier aspect (b), il suffit de penser à l'identification au travail (c'est-à-dire l'intériorisation de la fonction hiérarchique) bien connue des travailleurs qui travaillent sur des pièces de très haute valeur ou à très haut contenu technologique.

Pour le premier aspect (a), il suffit de penser au problème de la sauvegarde des installations dans les entreprises chimiques ou sidérurgiques. La très haute valeur des installations et leur grande vulnérabilité à d'éventuelles déviations des opérations prescrites (et les dangers qu'elles comportent) sont le fondement d'un pouvoir hiérarchique élevé de telles technologies sur les opérations. Elles interdisent tout velléité de se soustraire au travail (qu'elle soit individuelle : en évitant des processus opérationnels pour moins travail-

ler ; ou conflictuelle et collective : non seulement sous forme de grèves traditionnelles mais aussi, par exemple, sous forme de grève perlée). Le fait que
le processus productif ne peut s'arrêter commande la main-d'œuvre qui doit
le servir avec un *despotisme* sans pareil.

La main-d'œuvre du *steam-cracking* de l'éthylène ou des cokeries
n'est pas seulement un appendice mécanique et organique de l'installation,
elle est, dans un certain sens, incorporée organiquement à celle-ci. L'emprise
sur la main-d'œuvre atteint des niveaux aujourd'hui impensables même
dans les organisations les plus hiérarchisées telles que l'armée, et l'on peut
parler comme le font certains de main-d'œuvre « militarisée ». Dans ce cas,
le pouvoir hiérarchique extérieur à la technologie (la chaîne) joue un rôle
absolument auxiliaire par rapport au pouvoir interne de la technologie. Ce
n'est pas par hasard si une enquête menée il y a quelques années auprès de
cadres intermédiaires de la sidérurgie italienne, les décrit comme des « gardiens » des conditions opérationnelles optimales, des « surveillants » du fonctionnement optimal des installations, et définit leur action sur le personnel
comme des « interventions d'exception ». Dans ce cas il n'existe pas de rapport direct (homme—homme) entre hiérarchie et main-d'œuvre, mais un
rapport médiat et gouverné par les installations (homme—machine—homme).

À la lumière de ces considérations, on peut réexaminer les cycles de
socialisation technologique décrits précédemment.

Toute nouvelle technologie s'accompagne de l'instauration d'un nouveau système hiérarchique, en partie incorporé en elle, en partie façonné et
structuré par elle à travers la réélaboration des systèmes auxiliaires de commandement et de contrôle (chaînes, contrôle de qualité, entretien).

Puis s'amorce un processus de socialisation de la main-d'œuvre au
nouveau système hiérarchique, qui après des tensions et des conflits initiaux
(erreurs d'enfance du système), manifeste une dynamique d'adaptation. À
son terme, commence une période de pleine maturité, où le système hiérarchique s'installe et domine. Puis, par suite de phénomènes extérieurs
(tensions revendicatives ou sociales) et internes (appréhension de la vulnérabilité du système) commence la phase de crise, d'abord lente, puis aiguë
et traumatisante.

C'est fondamentalement une crise de légitimation du système hiérarchique lié à une technologie, qui ne coïncide pas avec le processus de son
obsolescence déterminée par des phénomènes techniques ou économiques —
même si parfois elle est perçue ou dissimulée sous cette forme.

Pour illustrer ce fait on peut mentionner l'évolution technologique
intervenue dans les productions en grande série. En schématisant au maximum, on peut affirmer que, dans une première phase, les opérations de
montage, d'abord autonomes et individualisées, ont été mécanisées.

Dans les dernières années, par contre, tout au moins en Italie, on voit se multiplier les exemples d'abandon du travail à la chaîne, d'assouplissement des rythmes de transfert, de retour à des fabrications échelonnées, avec des stocks intermédiaires, ou même des fabrications autonomes et individualisées[9].

Au processus de décomposition et de parcellisation croissante des tâches a fait suite un processus de recomposition. Ce processus a comporté des transformations technologiques. Dans de nombreux cas on peut constater que la chaîne a laissé la place à des tables de montage assez semblables à celles que la chaîne de montage avait remplacées.

Il ne s'agit donc pas, évidemment, de transformations technologiques découlant de la découverte de technologies nouvelles et plus avancées.

La crise des chaînes de montage n'est donc pas une crise technologique mais une *crise sociale* ; ce n'est pas un processus d'obsolescence qui pousse à remplacer ou à modifier les chaînes, mais un processus de crise et de contestation de leur pouvoir hiérarchique[10].

Que l'on repense un instant à la corrélation entre *vulnérabilité* et *pouvoir hiérarchique* d'une installation, que l'on a précédemment évoquée. Si une telle corrélation existe effectivement, plus cette vulnérabilité et cette puissance hiérarchique sont grandes (et elles sont bien plus grandes dans le travail à la chaîne que sur les tables de montage ou dans les machines-outils autonomes) et plus grands seront les dommages de la crise de la puissance hiérarchique (en raison même de la vulnérabilité). Il se produit en effet un phénomène de *renversement* des avantages, en dommages, liés à la vulnérabilité.

Pour cette raison les « lignes de transfert », qui s'étaient imposées comme le système productif de montage le plus sophistiqué et le plus efficace (car elles avaient maximisé à des niveaux extrêmes la détermination des opérations de travail), se sont transformées en dangereux instruments antiproductifs quand la crise de leur puissance hiérarchique a donné lieu à de multiples déviations et résistances : non-exécution ou exécution non optimale des opérations, petites grèves, absentéisme, refus de la mobilité entre les différentes tâches, limitation des cadences par voie de négociation.

Le pouvoir hiérarchique de la technologie ayant fait défaut, toute sa vulnérabilité est apparue.

Du reste, l'expansion des systèmes de contrôle de qualité, que l'on enregistre dans quelques entreprises ou productions industrielles, témoigne de l'émergence d'une crise générale du pouvoir hiérarchique de la technologie et des systèmes auxiliaires.

L'évidence de tous ces phénomènes est une raison suffisante pour reconsidérer l'histoire de l'évolution technologique — sous l'angle de l'incorporation progressive du travail humain dans les machines (voir par exemple l'échelle de Bright et Teani) — comme histoire de la puissance hiérarchique des machines.

Il semble que l'on puisse affirmer que cet aspect caché de l'histoire de la technologie n'a pas été suffisamment étudié et explicitement défini. En effet le technologue tend à subsumer le pouvoir productif *direct* d'une machine (sa capacité de produire davantage à égalité de travail fourni) et son pouvoir *indirect* (sa capacité de commander des opérations et de freiner des déviations) sous le même concept de productivité d'une technologie.

À ce stade il est nécessaire d'apporter une précision. Identifier conceptuellement le pouvoir hiérarchique d'une technologie ne nous conduit pas à la considérer comme une propriété interne, mécanique, naturelle de la machine. Nous avons mis en évidence la courbe évolutive de la puissance hiérarchique de cette même technologie (chaînes de montage). Ceci dépend évidemment de phénomènes sociaux externes et internes à l'entreprise. Mais il ne s'agit pas seulement de cela.

La puissance hiérarchique de la technologie n'existe pas de manière autonome. Elle présuppose, pour pouvoir opérer, un processus de socialisation industrielle de la main-d'œuvre, c'est-à-dire un processus d'acceptation et d'intériorisation d'un ensemble de valeurs, de normes et de règles. En outre, elle est toujours associée à d'autres systèmes hiérarchiques.

Le principal, parmi ces systèmes, est celui de la chaîne. La chaîne se sert à son tour de systèmes voisins de contrôle : contrôle de la production, contrôle de qualité, entretien. Ces systèmes fournissent des informations de rétroaction à la « chaîne » qui s'en sert pour effectuer des opérations de régulation de type hiérarchique. Parallèlement à la fonction hiérarchique de la technologie, fonctionne donc un système articulé et intégré de contrôle et de commandement.

L'importance relative des deux fonctions hiérarchiques peut varier[11], dans l'espace et dans le temps, et en fonction de nombreuses variables, mais il ne fait point de doute que le système du commandement sur les opérations se présente comme un système diarchique (et dans certains cas polyarchique).

Si on analyse plus en détail les deux sections (technologie—chaîne) de ce système diarchique, deux relations hiérarchiques apparaissent : le rapport machine—homme et le rapport chef—dépendant.

Elles se fonctionnalisent et se légitiment mutuellement. Il existe donc, entre elles, une intersection et une interdépendance.

La hiérarchie de l'organisation contrôle le respect des normes fournies par la machine ; elle en maximise la conscience et l'intériorisation, elle s'en sent légitimée et les légitime ; puisque la relation hiérarchique *organisa-*

tionnelle *(organisatrice)* est *l'unique relation directement sociale, elle façonne à son image l'image collective de la relation technologique*[(12)] ; elle en fonde la légitimation sociale à travers la production idéologique et le système de normes et d'opérations ; elle tire de cette image la possibilité de légitimer sa fonction sociale et organisatrice comme neutre et objective : en effet, les idéologies industrielles sont *technologiques*, et seulement dans un deuxième temps, et de manière dépendante, *organisationnelles* (organisatrices).

La relation hiérarchique organisationnelle est médiatisée par la technologie, présentée idéologiquement comme le fondement et la direction de l'organisation. L'autorité, fondée sur la technologie, dissout donc ses contenus sociaux.

Dans une *première* phase historique et logique, c'est l'organisation, en tant que sujet de l'investissement qui légitime la technologie comme source hiérarchique ; dans une *seconde* phase c'est la technologie qui fonde, alimente et reproduit la relation hiérarchique d'organisation ; dans une *troisième* phase, la crise de légitimation, d'autorité et d'acceptation des normes atteint les deux systèmes hiérarchiques et les deux crises s'alimentent mutuellement ; le rapport d'interdépendance change de signe et apparaissent en même temps le caractère social du rapport hiérarchique organisationnel, le caractère hiérarchique (et social) de la relation technologique et la provenance idéologique de sa légitimation.

Les travailleurs perçoivent en effet les deux rapports comme des systèmes homogènes de commandement sur les opérations et de cœrcition au travail — et ils en appréhendent l'importance, la compacité, l'intégration — dans l'expérience du travail.

Ils recomposent et reconstruisent, selon un processus d'apprentissage empirique, l'unité conceptuelle des deux relations hiérarchiques (pour le travailleur industriel, la machine est une entité hiérarchique autant que le chef d'atelier). Et cela est si vrai que c'est contre elle qu'il se révolte tout d'abord, à l'aube de l'industrialisation, et contre ses lois, dans l'industrie moderne par la restriction du travail.

Notes

(1) Une subdivision temporelle schématique de ce processus pourrait aboutir à la définition de cinq périodes successives, historiquement ou logiquement superposées, et en tous cas entrelacées, parfois simultanées mais présentes dans des zones technologiques ou géographiques différentes : a) développement technologique relativement spontané et indépendant ; b) entravé par le marché du travail ; c) entravé par le comportement de la main-d'œuvre ; d) entravé par la coalition et par le comportement conflictuel ; e) entravé par la négociation (en particulier par la structure contractuelle des salaires).

(2) Il suffit de penser au fait que le refus de l'indemnisation des nuisances et le tournant pris par la politique syndicale italienne pour l'éliminer, ont obligé les organismes chargés

d'élaborer les nouvelles installations à planifier des technologies modifiées qui répondent aux conditions socialement requises. Ce processus tend à structurer un nouveau rapport entre projet et production, à instituer un canal de rétroaction entre l'une et l'autre sous forme d'enquêtes et de recherches préliminaires conduites par les sociétés d'études auprès des travailleurs et qui tendent à modeler les caractéristiques des nouvelles installations (ou à modifier les anciennes) selon les exigences et les attitudes nouvelles. Pour démontrer que la construction des machines est renouvelée, non seulement techniquement, mais socialement, un exemple suffira : les entreprises qui produisent des machines bruyantes, fabriquent des machines destinées à la même production pour les pays différents, dans lesquels les limites maximales de bruit tolérées, tant socialement que légalement, sont différentes. Ces machines présentent des standards de bruit très différents : or les plus bruyantes sont ensuites présentées, par les entreprises qui les utilisent, comme les seules et les meilleures possible.

(3)   Selon Taylor, l'ouvrier devrait être *obligé à collaborer*. Pour le processus productif, la distinction entre consensus actif ou passif et cœrcition n'a aucune importance. Toutes ces formes produisent un même résultat : elles réduisent la composante travail à un facteur de production, que l'on peut traiter et gouverner comme les autres facteurs inertes.

(4)   La détérioration des standards de production est assimilée aux bénéfices de la main-d'œuvre car elle augmente la possibilité de transformer les revendications en *résultats* contractuels, formels ou effectifs.

(5)   Il ne s'agirait, dans ce cas, que d'un phénomène physiologique, ou du processus naturel d'érosion des cadences, bien connu des analystes, qui suit toujours plus ou moins rapidement l'introduction de nouvelles machines ou de nouvelles techniques.

(6)   Comme chacun sait, ce mélange d'informations et d'énergie demandé au travail humain s'est profondément transformé dans le temps, dans le sens d'une réduction de l'énergie.

(7)   On peut identifier un autre moyen d'intériorisation et de stabilisation dans les systèmes d'évaluation : le *job analysis evaluation* par exemple, en primant et en stimulant la prescription des tâches, en valorisant l'assimilation en tant que comportement obligatoire assimilable à un phénomène quasi naturel.

(8)   Si l'opérateur fait une erreur et découvre dans cette erreur une alternative décisionnelle pour le moins binaire, il perçoit donc un caractère discrétionnaire caché dans l'image de son comportement soi-disant naturel. Ainsi plus l'opérateur découvre son autonomie, à travers un processus d'apprentissage en partie régulier et en partie de type stochastique, plus il découvre et conteste, *ipso facto*, le commandement hiérarchique de la machine. Son autonomie, c'est-à-dire la découverte de l'ensemble d'alternatives possibles, peut ensuite conduire à un usage intentionnel des décisions possibles, précédemment occultes et désormais évidentes, contre le processus productif.

(9)   Dans d'autres cas, au contraire, il se produit des processus d'automatisation et de robotisation. Cette double solution à la « crise » de la chaîne montre l'intervention d'un paramètre social (et non seulement technico-économique). En général, il semble que l'on puisse affirmer que l'on revient à des opérations de fabrication autonomes là où l'on estime possible de transférer au travailleur « recomposé » ou au groupe autonome la fonction hiérarchique sous forme d'autocommandement ; dans les autres cas on procède à une automation complète.

(10)   On pourrait formuler des considérations analogues en ce qui concerne le *pouvoir* hiérarchique des intallations de processus. De nombreuses manifestations inhérentes au comportement professionnel ou conflictuel de la main-d'œuvre montrent sa crise. Le fait qu'il y ait eu des grèves ou des ralentissements dans la production, déterminés par

les ouvriers dans des installations de cokerie ; que les opérations d'entretien ordinaire soient parfois escamotées ; que des manifestations de conflit latent, d'entorse aux cadences de transports, aux temps de réchauffement ou de refroidissement dans les traitements thermiques (cokeries, hauts fourneaux, transport de fonte, transport de la fosse de coulée aux lingotières, démoulages, travail des fours-pit et des fours poussants), tout cela montre que même le pouvoir hiérarchique fondé sur la « sauvegarde des installations » manifeste des signes de crise. Le fait que non seulement la productivité, mais surtout la durée de vie moyenne des installations sidérurgiques, aient enregistré des diminutions significatives montre bien que de tels phénomènes de crise sont assez répandus.

(11) Alors que dans les façonnages autonomes c'était le commandement hiérarchique au sens étroit qui dominait, dans les productions en chaîne ce commandement se réduit, comme on l'a vu, à un système auxiliaire du commandement hiérarchique des installations.

(12) Plus l'organisation est hiérarchisée et plus la machine contraint et commande le comportement du travailleur dans le travail (et elle est d'autant plus présentée comme neutre) ; plus elle est fondée sur l'autorité et plus elle émane de normes rigides et univoques et produit des tabous. Dans des périodes de « déhiérarchisation », la machine se présente comme plus souple envers la conduite du travail et la relation hiérarchique et unilatérale devient un rapport bilatéral d'adaptation (entre homme et machine), déterminé socialement.

PARTIE III
Les structures
formelle et informelle

Une taxonomie empirique des structures d'organisations du travail[*]

par D.S. Pugh, D.J. Hickson
et C.R. Hinings

[...] En théorie des organisations, les classifications ont souffert de deux limitations. D'une part, elles étaient englobantes, se fondant non seulement sur la supposition valable que le contexte, les objectifs, la structure et le fonctionnement d'une organisation sont intimement interreliés, mais aussi sur la supposition beaucoup moins valable que chacune de ces interrelations reflète une interdépendance univoque et complète de chaque aspect avec tous les autres. Ainsi, on a cru possible de prendre n'importe quel aspect servant à effectuer une classification de base, et de supposer que les autres aspects pouvaient en être dérivés. D'autre part, il s'agissait toujours de classifications a priori, basées sur des généralisations globales dérivées du sens commun, la seule concession aux complexités empiriques consistant à admettre que ces classifications sont en quelque sorte pures, idéales, ou archétypales.

Confronté à des organisations réelles, le chercheur a souvent trouvé ces classifications inadéquates et il a dû leur ajouter de nouveaux types. Ainsi, la classification des organisations de Weber (Gerth et Mills, 1948) s'est vu ajouter de nouveaux types par Gerth (1952), Constas (1961), Gouldner

[*] Tiré et traduit de : PUGH, D.S., HICKSON, D.J. et HININGS, C.R. « An Empirical Taxonomy of Structures of Work Organizations », *Administrative Science Quarterly*, 14(1), sept. 1969, p. 115-126.
Reproduit avec la permission de *Administrative Science Quarterly* (1985).

(1955), Presthus (1961), Stinchcombe (1959) et d'autres. Admettant certains problèmes de classification dans leur plan, Blau et Scott (1962, p. 43) ont écrit : « À ce stade-ci, notre typologie n'est pas aussi claire qu'elle devrait l'être. » Hall, Haas et Johnson (1967), en appliquant les typologies de Blau et Scott (1962) et d'Etzioni (1961) à un groupe hétérogène de 75 organisations, ont trouvé que de nombreuses attributions étaient quelque peu arbitraires (Hall *et al.*, 1967, tableaux 1 et 2). Il n'est pas surprenant qu'avec de telles classifications a priori, les relations trouvées entre les classifications des premiers bénéficiaires ou les formes de subordination, et les classifications des aspects contextuels et structurels des organisations, soient limitées.

Le présent article présente non pas une typologie des organisations, mais une taxonomie des structures organisationnelles dérivée de l'analyse des corrélations de Pugh *et al.* (1968). Le terme « taxonomie » signifie que cette classification est fondée sur des données qui sont mesurables et établies empiriquement. Les regroupements d'organisations qui en résultent peuvent être qualifiés de types, sachant que ces types sont dérivés de données empiriques plutôt que postulés comme des listes a priori de catégories discrètes et discontinues. Une taxonomie est donc une classification multidimensionnelle.

Haas, Hall et Johnson (1966) ont développé une taxonomie à partir d'un nombre important et hétérogène de variables caractéristiques des organisations ; la classification qui en a résulté était fondée sur des variables qui ont produit des regroupements relativement homogènes. La taxonomie que nous présentons ici est fondée sur trois dimensions déjà établies, et elle s'applique aux structures organisationnelles et non aux organisations en général. On ne tient pas compte d'autres aspects de l'organisation, ce qui rend possible l'examen empirique des relations entre les trois dimensions. La taxonomie des structures organisationnelles peut donc être considérée comme un ensemble de variables dépendantes relativement à leur contexte, et comme un ensemble de variables indépendantes relativement à la performance et au comportement organisationnels (Pugh *et al.*, 1963).

Haas *et al.* (1966) énumèrent les usages possibles d'une taxonomie qui a une base empirique : (1) elle peut être stratégiquement utile pour préciser les hypothèses ; (2) elle peut contribuer à l'examen de la validité et de la pertinence des typologies construites intuitivement ; (3) elle peut servir de base pour prédire les décisions ou le changement organisationnels. On pourrait ajouter qu'elle est un sommaire des modèles fondamentaux complexes. Nous discuterons ci-après l'à-propos de la présente taxonomie en fonction de ces critères.

Pugh *et al.* (1968, 1969) ont déjà décrit en détail l'échantillon et les méthodes utilisés dans la présente analyse. On s'est servi de l'ensemble des 52 organisations de travail pour construire cette taxonomie.

LES DIMENSIONS DE LA STRUCTURE

On a construit 64 échelles afin d'opérationaliser les cinq variables de base de la structure :

1) la spécialisation des fonctions, la division du travail au sein de l'organisation ;

2) la standardisation des procédures, l'existence de règles visant à couvrir toutes les circonstances et valables pour tous ;

3) la formalisation de la documentation : jusqu'à quel point les règles, les procédures, les instructions et les communications sont écrites ;

4) la centralisation de l'autorité, le lieu de la prise de décisions ;

5) la configuration des postes, la forme de la structure de rôles.

Ces variables recouvrent plusieurs des concepts utilisés dans la littérature sur la structure organisationnelle. On a constaté que la variance mesurée par ces échelles était largement due à quatre dimensions fondamentales de la structure, révélées par l'analyse factorielle. Chacune de ces dimensions étant responsable de la majeure partie de la variance après que les dimensions précédentes aient été extraites. Ce sont les trois premières de ces dimensions qui servent de base à notre taxonomie.

La première dimension, c'est la *structuration des activités* : jusqu'à quel point le comportement des employés est défini de façon explicite ; cela inclut le degré de spécialisation des rôles dans l'attribution des tâches, le degré de standardisation des occupations organisationnelles et le degré de formalisation des procédures écrites.

La deuxième dimension, c'est la *concentration de l'autorité* : jusqu'à quel point la prise de décisions est entre les mains d'unités de commandement extérieures à l'organisation et est centralisée aux plus hauts niveaux hiérarchiques à l'intérieur de l'organisation. Les mesures de cette dimension ont été développées par des comparaisons entre les organisations : il s'agissait de voir quel échelon de la hiérarchie avait l'autorité formelle de prendre une des décisions inscrites sur une liste standard de décisions qui reviennent régulièrement.

La troisième dimension, c'est le *contrôle hiérarchique du cheminement du travail de production* : jusqu'à quel point le contrôle est exercé par le personnel hiérarchique ou par l'intermédiaire de procédures impersonnelles. Cette dimension explique les différences qui demeuraient après que les deux premiers facteurs aient été extraits. C'est ainsi que, pour un degré donné de structuration, il existe des différences systématiques entre les organisations quant au lien que cette structuration a avec le contrôle hiérarchique du cheminement du travail par l'intermédiaire d'un nombre restreint de subordonnés par superviseur, plutôt qu'avec un contrôle impersonnel par l'intermédiaire de l'enregistrement formel de la performance de rôles.

Les regroupements d'organisations sur deux dimensions

Si les dimensions structurelles sont comparées pour les 52 organisations étudiées, on trouve des regroupements d'organisations ayant des caractéristiques similaires. La figure 1 met en relation la concentration de l'autorité et la structuration des activités. Comme ces dimensions sont orthogonales, il y a un étalement considérable mais également un regroupement important dans tous les quadrants sauf dans le quadrant supérieur droit. Par conséquent, on peut faire un premier pas vers l'établissement d'une taxonomie en se concentrant sur la description des structures organisationnelles dans les trois quadrants qui présentent des regroupements. La coïncidence de ces regroupements structurels peut-elle être expliquée ? Ces organisations ont-elles quelque chose en commun ? À partir de l'analyse de corrélation faite antérieurement, on peut supposer l'existence d'un modèle distinctif de résultat à partir de variables contextuelles (c.-à-d. indépendantes) comme la taille, la propriété, la dépendance, la technologie, la charte, l'emplacement, et l'histoire (Pugh *et al.*, 1969).

FIGURE 1 : La concentration de l'autorité

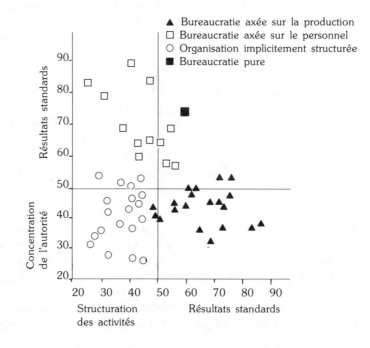

Après examen, on constate que les organisations qui sont fortement structurées et qui ont une faible concentration d'autorité (quadrant inférieur droit) sont des organisations de grande taille et surtout indépendantes ; on remarque également que leur production est relativement très intégrée, par exemple dans les usines de pièces d'automobiles, de construction mécanique standard, de denrées alimentaires et de produits en caoutchouc, qui ont des programmes de production, des procédures d'inspection de la qualité, des dossiers de rendement par ouvrier et par machine, et ainsi de suite. Cette combinaison structurelle particulière est celle qui a été développée par l'industrie manufacturière de grande taille, désignée ici sous le terme de *bureaucratie axée sur la production*.

On retrouve, regroupées principalement dans le quadrant supérieur de gauche, les organisations qui présentent une forte concentration d'autorité et une faible structuration de leurs activités. Dans ces organisations, l'autorité est centralisée, généralement concentrée au sein d'un comité à l'extérieur et au-dessus de l'unité elle-même ; dans la plupart des cas, ce genre d'organisation ne structure pas beaucoup ses activités quotidiennes de travail. Leurs résultats sur l'échelle des procédures visant à la standardisation de la sélection, de l'avancement, etc., indiquent cependant que ces organisations standardisent ou structurent l'activité touchant le personnel. Elles possèdent des procédures centralisées d'embauchage, de sélection, de discipline et de congédiement, appliquées par des conseils formellement constitués, ainsi que des procédures d'appel, etc. Une telle organisation s'appelle une *bureaucratie axée sur le personnel* puisqu'elle bureaucratise tout ce qui a trait au personnel mais non l'activité quotidienne de travail. On la retrouve typiquement dans différentes divisions des ministères et dans les petites usines filiales de grandes sociétés.

En général, la structuration des activités au sein des organisations de services est moins formelle que celle qui existe dans les industries manufacturières. De plus, lorsque les organisations de services sont dispersées géographiquement ou sont étatisées, la concentration de l'autorité augmente et elles deviennent des bureaucraties axées sur le personnel. Comme exemple de l'influence exercée par l'étatisation, on peut mentionner la différence qui existe entre une compagnie d'omnibus qui appartient à une ville et une autre qui est une des plus grandes organisations de transport « privées » qui restent dans le pays. Le gouvernement central, par l'intermédiaire d'un holding, possède la moitié des actions de la compagnie privée, mais il ne participe pas directement à sa gestion. Les deux organisations utilisent des technologies identiques (des résultats de 6 sur l'échelle pour l'intégration de la production) et sont de dimension équivalente (8618 et 6300 employés) ; ainsi, leur profil structurel est similaire, *sauf* en ce qui a trait à une plus grande concentration de l'autorité au sein de l'entreprise municipale, ce qui vient de sa forte dépendance à la structure gouvernementale locale.

Dans le quadrant inférieur gauche, il y a un regroupement d'organisations qui ont de faibles résultats sur les *deux* dimensions. On pourrait penser que cette faible structuration et cette autorité dispersée vont donner lieu à un chaos non réglementé. Cela indique plutôt que ce genre d'organisation obtient de faibles résultats relativement aux caractéristiques structurelles mesurées avec des échelles portant particulièrement sur une réglementation manifeste. Elles ne peuvent cependant pas être dites non structurées, car leur structure, pour ce qui est des mesures utilisées, est probablement implicite. Ce genre d'organisation est appelé ici *organisation implicitement structurée*. Ces organisations sont gérées, non pas par une réglementation explicite, mais par une pratique implicitement transmise, comme c'est généralement le cas dans les petites ou moyennes organisations, où la propriété et la gestion se chevauchent encore. Ces organisations implicitement structurées sont des usines relativement petites ; elles ont tendance à avoir peu de liens externes ; et elles ont des résultats quant à la concentration de la propriété qui indiquent que le contrôle opérationnel de l'organisation est demeuré aux mains des propriétaires dirigeants (Pugh *et al.*, 1969).

Le quadrant supérieur droit de la figure 1 comprend les organisations qui montrent des résultats élevés sur les deux dimensions et qui, par conséquent, présentent les caractéristiques des bureaucraties axées sur la production *et* des bureaucraties axées sur le personnel. Les quelques organisations situées dans ce quadrant sont près de la moyenne quant à l'une ou l'autre des dimensions et, par conséquent, pourraient être considérées comme appartenant à l'un ou l'autre type. En fait, une seule organisation est clairement au-dessus de la moyenne (c.-à-d. plus de cinq points au-dessus du résultat standard) relativement aux deux dimensions. (Le profil structurel de cette organisation est le quatrième dans la figure 2, *in* Pugh *et al.*, 1968, p. 90.) Cette organisation serait donc censée présenter les caractéristiques d'une bureaucratie axée sur la production (par exemple, la standardisation des procédures de contrôle des tâches), comme au sein des sociétés manufacturières de grande taille, ainsi que d'une bureaucratie axée sur le personnel (par exemple, l'autorité centralisée pour la prise de décisions), comme au sein des ministères. On a trouvé que c'était en effet le cas. Il s'agit d'une usine filiale d'un ministère, la seule de ce type dans le présent échantillon. Elle peut donc être considérée comme étant une *bureaucratie pure*.

L'ajout d'une troisième dimension

Notre tentative pour identifier des regroupements d'organisations à partir des deux premières dimensions de la structure organisationnelle peut maintenant être développée par l'ajout d'une troisième dimension structurelle, à savoir le contrôle hiérarchique du cheminement du travail de production. La figure 2, qui met en relation ce contrôle hiérarchique de la production et la structuration des activités, sera ici suffisante pour notre dis-

FIGURE 2 : La structuration des activités

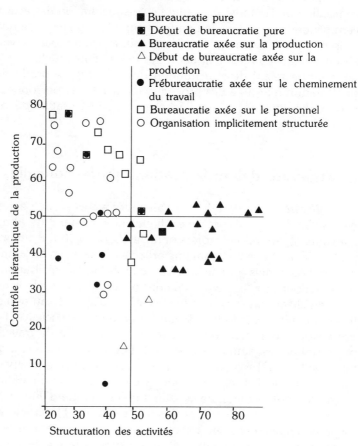

cussion, bien qu'une figure à trois dimensions eût été préférable, puisque cette dimension est orthogonale par rapport aux deux autres. Des résultats élevés relativement au contrôle hiérarchique indiquent que l'exercice du contrôle se fait par l'intermédiaire de l'autorité hiérarchique, plutôt que par l'intermédiaire de services « staff » et de documents touchant la performance.

Encore une fois, il convient de souligner qu'il y a peu d'organisations dans le quadrant supérieur droit, et que ces organisations sont regroupées près des moyennes ; il n'y a pas d'organisation ayant plus de cinq points au-dessus du résultat standard, pour les deux dimensions. Il n'y a pas de contrôle hiérarchique élevé du cheminement du travail joint à une forte structuration des activités. Les organisations très structurées, les bureaucraties axées sur la production, sont toutes situées dans ou sous la moyenne quant au contrôle hiérarchique.

D'autre part, les bureaucraties axées sur le personnel, avec une forte concentration d'autorité mais une faible structuration des activités, se retrouvent généralement dans le quadrant supérieur gauche, ce qui indique une proportion relativement élevée de superviseurs par travailleur et une absence relative de formalisation des documents touchant la performance. Le manque relatif de structuration des activités de production, joint à la structuration marquée des procédures touchant le personnel, apparaissent dans les résultats élevés sur l'échelle de standardisation de la sélection, de l'avancement, etc.

La structure des organisations professionnelles

Notre description des bureaucraties axées sur le personnel présente des similitudes avec les caractéristiques que la littérature attribue généralement aux organisations professionnelles. Scott (1965) a défini l'organisation professionnelle comme étant une organisation au sein de laquelle « les groupes professionnels jouent un rôle central dans la réalisation des objectifs organisationnels », et il a fait une distinction utile entre l'« organisation professionnelle autonome », comme le cabinet d'avocats, au sein duquel le professionnel n'est soumis qu'à la juridiction de ses associés, et l'« organisation professionnelle hétéronome », comme une agence de travail social, où le professionnel est soumis à une juridiction externe (souvent gouvernementale). Hall (1967) a ajouté une troisième catégorie, le « Service professionnel », comme la division de recherche d'une organisation manufacturière, où le groupe professionnel ne constitue qu'une partie d'une organisation plus vaste. Dans ces trois cas, les professionnels forment la structure hiérarchique de gestion (bien que ce ne soit qu'au sein des organisations professionnelles autonomes qu'ils assument la direction supérieure), et ils ne sont pas indûment contrôlés par des procédures administratives en ce qui a trait à leurs tâches professionnelles. Ainsi, ces organisations obtiennent un résultat élevé quant au contrôle hiérarchique et un résultat faible quant à la structuration des activités. Notre taxonomie nous permet de considérer ces affirmations comme des hypothèses et de les vérifier avec les résultats des organisations.

Si on se base sur la classification de Scott et Hall, on constate qu'il n'y a pas d'organisation professionnelle autonome dans notre échantillon ; trois organisations, un service d'éducation municipal (incluant le personnel enseignant), un service de génie civil municipal, et un service d'inspection gouvernemental (avec un personnel d'ingénieurs qualifiés), sont clairement des organisations professionnelles hétéronomes ; deux organisations, une filiale d'ingénierie d'un groupe manufacturier important, et la division de recherche d'une grande organisation métallurgique, sont des services professionnels.

Jusqu'à quel point la structure de ces organisations soutient-elle notre hypothèse ? Les trois organisations hétéronomes appartiennent totalement au modèle supposé, étant bien au-dessus de la moyenne relativement au contrôle hiérarchique du cheminement du travail de production et considérablement en-dessous en ce qui concerne la structuration des activités. Donc, lorsque la hiérarchie se compose de professionnels, ces derniers exercent le contrôle directement et personnellement (fort contrôle hiérarchique), et ils ne développent pas de procédures de contrôle bureaucratiques (faible structuration des activités), étant donné que les activités des subordonnés sont assujetties à des normes professionnelles. Lorsque de telles organisations font partie d'une structure gouvernementale locale avec contrôle statutaire global, elles montrent une forte concentration d'autorité, et les professionnels n'ont pas le contrôle des politiques générales. Une étude de Tauber (1968) montre qu'en utilisant les présentes mesures sur un échantillon de six hôpitaux (psychiatriques ou généraux) de Birmingham faisant partie du *British National Health Service*, tous les six faisaient partie de ce groupe. Le modèle structurel typique de l'organisation professionnelle hétéronome représente donc un cas particulier de la bureaucratie axée sur le personnel.

Aucun des deux services professionnels n'est conforme à ce modèle. L'autorité y étant plus dispersée, la division de recherche semble plus près de l'organisation implicitement structurée.

Les autres regroupements d'organisations

Quatre des organisations expérimentalement identifiées comme étant des bureaucraties axées sur le personnel dans la figure 1 se trouvent dans ou sous la moyenne relativement au contrôle hiérarchique et, dans deux cas, très au-dessous, c'est-à-dire qu'elles possèdent beaucoup d'éléments de l'appareil de contrôle impersonnel. Elles sont parmi les bureaucraties axées sur le personnel les plus structurées, avec des résultats regroupés autour de la moyenne (entre 43 et 54). Puisqu'elles ont également des résultats élevés quant à la concentration d'autorité, elles pourraient développer les caractéristiques d'une bureaucratie pure. Ce genre d'organisation, comme le service professionnel de génie civil, est un exemple de *début de bureaucratie pure*. Avec un appareil de contrôle impersonnel déjà en place, l'augmentation de la taille ou l'augmentation de l'intégration de la production par la technologie pourraient avoir comme résultats d'accroître la structuration des activités de travail et de rendre ces quatre organisations semblables à la bureaucratie pure de l'usine gouvernementale. Comme le suppose un article précédent (Pugh *et al.*, 1969), l'existence même d'une structure impersonnelle de contrôle peut conduire à des changements contextuels du type suggéré.

Lorsque les organisations classées à l'origine comme implicitement structurées (quadrant inférieur gauche de la figure 1) sont envisagées à la lumière de notre troisième dimension structurelle, une distinction additionnelle apparaît. Un peu moins de la moitié des organisations apparaissent dans le quadrant supérieur gauche de la figure 2, comportant un contrôle hiérarchique de la production élevé. Ce sont des organisations implicitement structurées, combinant une absence de structure et une décentralisation avec un contrôle hiérarchique élevé à tous les niveaux administratifs, d'une manière traditionnelle. Plus de la moitié des organisations implicitement structurées se trouvent dans ou sous la moyenne en ce qui concerne le contrôle hiérarchique (quadrant inférieur gauche de la figure 2). Ces organisations ont plusieurs des caractéristiques du contrôle impersonnel. Elles ont un nombre relativement élevé de subordonnés par superviseur, et le contrôle s'effectue par la tenue de dossiers de performance (exécution des tâches, etc.). Bien qu'elles soient de la même taille que les organisations implicitement structurées, elles sont beaucoup plus intégrées du point de vue de la technologie (c.-à-d. une production automatisée, continue, à séquence fixe). Ce regroupement comprend typiquement des petites firmes manufacturières qui pourraient se transformer en bureaucraties axées sur la production à la suite d'une croissance ou d'un changement technologique. On appelle ce genre d'organisation une *prébureaucratie axée sur la production*.

Une distinction finale peut être utile. Si les bureaucraties axées sur la production sont des organisations se trouvant clairement au-dessus de la moyenne quant à la structuration des activités (résultats de 55 et plus) et si les prébureaucraties axées sur la production sont des organisations se trouvant clairement au-dessous de la moyenne (résultats de 45 et moins), on peut alors distinguer un regroupement d'organisations dont les résultats sont situés autour de la moyenne (entre 45 et 55). Ces organisations ont en commun certaines caractéristiques contextuelles. Il s'agit typiquement des filiales de groupes manufacturiers, et elles sont plus importantes que les prébureaucraties axées sur la production ; mais elles ressemblent aux bureaucraties axées sur la production sur les plans de l'autorité dispersée et d'un contrôle impersonnel. On les appelle des *débuts de bureaucraties axées sur la production*.

LES TYPES D'ORGANISATIONS

La taxonomie des structures organisationnelles basée sur une classification multidimensionnelle donne ainsi naissance à sept types distincts :

Bureaucratie pure,
  Début de bureaucratie pure,
Bureaucratie axée sur la production,
  Début de bureaucratie axée sur la production,

TABLEAU 1 : Une taxonomie des organisations (*N*=52)

Produit ou service du groupe et de l'organisation

Bureaucratie pure (*N* = 1)
Réparations pour un service gouvernemental

Début de bureaucratie pure (*N* = 4)
Entreprise de génie civil
Fabricant d'abrasifs
Service de transport municipal
Fabricant de papier

Bureaucratie axée sur la production (*N* = 15)
Fabricant de véhicules
Producteur d'aliments
Fabricant de pâtisseries
Fabricant de pneus
Fabricant de métaux non ferreux
Imprimeur
Trois fabricants de pièces de moteur
Fabricant de véhicules commerciaux
Compagnie d'omnibus
Fabricant de verre
Fabricant de pièces de moteur métalliques
Fabricant d'équipement lourd pour le génie électrique
Fabricant de pièces d'avion

Début de bureaucratie axée sur la production (*N* = 5)
Fabricant de produits métalliques
Fabricant de pièces détachées
Brasserie
Fabricant de pièces d'ingénierie
Fabricant d'appareils électroménagers

Prébureaucratie axée sur la production (*N* = 11)
Quatre fabricants de pièces métalliques
Fabricant de pièces de moteur
Deux fabricants de pièces métalliques
Fabricant de wagons
Fabricant d'outils mécaniques
Producteur d'aliments

Bureaucratie axée sur le personnel (*N* = 8)
Service d'inspection gouvernemental
Service de piscines municipales
Chaîne coopérative de commerces de détail
Service d'éducation municipal
Caisse d'épargne
Service de génie civil municipal
Producteur d'aliments
Service local d'approvisionnement en eau

Organisations implicitement structurées (*N* = 8)
Fabricant de pièces
Chaîne de commerces de détail
Grand magasin
Compagnie d'assurances
Division de recherche
Chaîne de cordonneries
Entreprise de construction
Fabricant de jouets

Prébureaucratie axée sur la production,
Bureaucratie axée sur le personnel,
Organisation implicitement structurée.

Le tableau 1 situe les organisations de notre échantillon à l'intérieur de cette classification.

Les regroupements de structures organisationnelles n'ont été décrits ici qu'en termes généraux, mais leurs dimensions structurelles opérationnelles sont définies au tableau 2. Les points limites des définitions de ces regroupements sont arbitraires, mais les dimensions elles-mêmes ne le sont pas. Comme elles représentent des variables continues et non des catégories discrètes, elles peuvent être utilisées en tant qu'outils taxonomiques multidimensionnels pour générer des classes de structures organisationnelles qui peuvent alors être testées.

TABLEAU 2 : Les définitions des regroupements (résultats quant à leurs dimensions structurelles*)

Symbole utilisé dans la figure 2	Groupe	Structuration des activités	Concentration de l'autorité	Contrôle hiérarchique du travail de production	Nombre d'organisations
■ Bureaucratie pure		plus de 55	plus de 55	moins de 55	1
■ Début de bureaucratie pure		moins de 55	plus de 55	moins de 55	4
▲ Bureaucratie axée sur la production		plus de 55	moins de 55	moins de 55	15
△ Début de bureaucratie axée sur la production		44 à 55	moins de 55	moins de 55	5
● Prébureaucratie axée sur la production		moins de 45	moins de 55	moins de 55	11
□ Bureaucratie axée sur le personnel		moins de 55	plus de 55	plus de 55	8
○ Organisation implicitement structurée		moins de 45	moins de 55	plus de 55	8

* Pugh *et al.*, 1968.

Les structures organisationnelles dans leurs contextes

Cette classification des structures organisationnelles est expérimentale, et il se peut que des travaux ultérieurs conduisent à des classifications plus utiles. Les résultats structurels moyens des sept groupements sont donnés au tableau 3, de même que leurs résultats quant aux variables contextuelles.

Les *bureaucraties pures* obtiennent des résultats relativement élevés quant à la structuration des activités et à la concentration de l'autorité, un taux élevé de dépendance (étant la propriété du gouvernement), et un résultat relativement faible quant à l'intégration du travail de production par la technologie. Elle présente des résultats élevés quant à la standardisation des procédures de sélection et d'avancement, etc., et à la formalisation de la définition des rôles ; c'est la seule organisation de l'échantillon ayant les caractéristiques à la fois de la bureaucratie axée sur le personnel *et* de la bureaucratie axée sur la production. Une autre étude (Inkson *et al.*, 1969) portant sur un nouvel échantillon d'organisations mais utilisant les présents concepts confirme l'existence de ce type organisationnel dans les organisations publiques s'occupant des chemins de fer, de la fourniture d'électricité et autres. Les *débuts de bureaucratie pure* possèdent ces mêmes caractéristiques, mais à un degré moindre.

Les *bureaucraties axées sur la production* sont caractérisées par des résultats élevés quant à la structuration des activités et des résultats relativement faibles quant aux deux autres facteurs structurels. Leur utilisation de mécanismes de contrôle impersonnels se traduit par des résultats élevés quant à la formalisation de l'enregistrement de la performance des rôles de même que par un pourcentage élevé de personnel et de commis ne faisant pas partie de la production. Ce regroupement comprend les organisations les plus importantes de l'échantillon et présente les mêmes résultats élevés en intégration de la production que les industries manufacturières. Il ne comprend qu'une organisation de service, une compagnie d'omnibus. Les organisations à *début de bureaucratie axée sur la production* montrent les mêmes caractéristiques, mais à un degré moindre, et elles sont d'une taille considérablement plus petite. Les *prébureaucraties axées sur la production* ont des résultats considérablement plus faibles quant à la structuration des activités, mais elles suivent le modèle des bureaucraties axées sur la production quant à l'autorité dispersée et au contrôle hiérarchique impersonnel. Elles sont de taille plus réduite que les débuts de bureaucratie axée sur la production, mais elles sont beaucoup plus indépendantes, ayant des résultats élevés quant à la concentration de la propriété avec le contrôle.

Les *organisations implicitement structurées* ont une faible structuration de leurs activités, une autorité dispersée et un contrôle hiérarchique élevé. Ce groupe comprend les plus petites organisations de l'échantillon, et

TABLEAU 3 : Les résultats standards moyens des groupes*

Groupe	Dimensions structurelles			Variables structurelles					Variables contextuelles			
	Structuration des activités	Concentration de l'autorité	Contrôle hiérarchique du cheminement du travail de production	Standardisation des procédures de sélection et d'avancement, etc.	Formalisation de l'enregistrement de la performance des rôles	Nombre de subordonnés par superviseur	Pourcentage du personnel ne faisant pas partie de la production	Pourcentage de commis	Taille	Intégration de la production	Dépendance	Concentration de la propriété avec le contrôle
Bureaucratie pure	57,0	76,0	46,0	67,0	62,0	54,0	46,0	49,0	49,0	37,0	71,0	41,0
Début de bureaucratie pure	50,0	63,8	41,3	56,5	63,5	56,8	44,3	48,0	45,8	47,3	69,0	42,5
Bureaucratie axée sur la production	69,5	44,9	45,5	54,9	62,4	49,8	60,7	56,5	65,8	57,2	47,9	47,5
Début de bureaucratie axée sur la production	51,4	42,8	36,2	34,4	59,6	58,8	64,0	49,2	48,4	57,6	46,4	48,0
Prébureaucratie axée sur la production	40,1	39,5	40,7	33,7	47,0	61,5	45,7	41,9	42,8	57,4	41,4	58,1
Bureaucratie axée sur le personnel	41,4	73,0	68,8	68,1	35,9	36,0	39,8	48,4	49,3	40,8	64,4	37,6
Organisation implicitement structurée	34,4	42,6	67,1	49,7	30,3	37,9	44,3	42,1	40,7	32,3	41,7	65,6

* Pugh et al., 1968 et 1969.

il présente des résultats faibles quant à l'intégration de la production (parce qu'il s'agit de petites entreprises manufacturières, de commerces de détail, d'une compagnie d'assurances ainsi que d'une entreprise de construction). Les organisations ici regroupées sont relativement indépendantes, avec des résultats élevés quant à la concentration de la propriété avec le contrôle.

Les *bureaucraties axées sur le personnel*, bien que similaires aux organisations implicitement structurées dans les faibles résultats quant à la structuration et dans les résultats élevés quant au contrôle hiérarchique diffèrent sensiblement de ces dernières par un résultat élevé quant à la concentration de l'autorité. Cela est associé à leurs caractéristiques résultats élevés quant à la dépendance et faibles quant à la concentration de la propriété avec le contrôle. Le groupe propriétaire-dirigeant est toujours à l'extérieur et au-dessus de l'organisation en exploitation, puisqu'il s'agit du gouvernement ou d'un conseil municipal. Cela se concrétise en résultats élevés quant à la centralisation des décisions et à la standardisation des procédures de sélection, d'avancement, etc.

Les types de structures organisationnelles générés par la présente taxonomie apparaissent dans la représentation graphique à trois dimensions présentée à la figure 3.

FIGURE 3 : Les relations entre les groupes

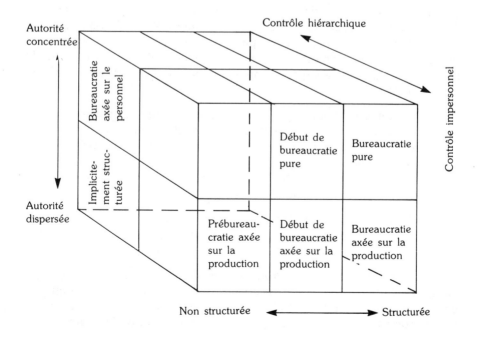

LES SÉQUENCES DE DÉVELOPPEMENT

La terminologie utilisée pour désigner les diverses sortes de bureaucraties axées sur la production implique une certaine forme de séquences de développement. La classification va des organisations implicitement structurées aux bureaucraties axées sur la production elles-mêmes, en passant par les prébureaucraties axées sur la production et les débuts de bureaucraties axées sur la production. Les termes « implicite », « pré- » et « début » impliquent une certaine progression vers la bureaucratie axée sur la production. Quel est ce processus ? Si dans une étude statistique comme la nôtre, on peut obtenir une classification ordonnée selon une dimension historique, il est alors possible de faire des hypothèses sur les séquences de développement.

On peut affirmer que les deux dimensions qui établissent des distinctions entre les différentes bureaucraties axées sur la production sont toutes deux le résultat d'un changement historique. La première de ces dimensions, c'est la structuration, l'existence de définitions de rôles et de procédures. Les organisations implicitement structurées, qui ont des résultats faibles relativement à cette dimension, sont de petite taille comparativement aux bureaucraties axées sur la production qui sont complètement développées. La croissance des organisations fait partie du processus de développement de l'économie. Florence (1964) a décrit ce processus d'augmentation de la taille pour des usines et des organisations de Grande-Bretagne. Boulding (1953) a parlé de « révolution organisationnelle » et Gross (1964) de « révolution administrative », affirmant : « La présente révolution administrative a été caractérisée par un accroissement du nombre d'organisations, par des organisations de plus grande taille, par plus de bureaucratie et plus d'administrateurs. » La grande organisation d'il y a cinquante ans est devenue la petite ou la moyenne organisation d'aujourd'hui. Citons encore Gross (1964, p. 40) :

> « La dimension des organisations peut être mesurée par leurs actifs, leur utilisation de la main-d'œuvre et des autres ressources, ou leur production de biens ou services. Quelle que soit la mesure utilisée, une portion vaste et toujours croissante de l'activité humaine passe maintenant par des organisations administratives de grande taille. »

La corrélation de 0,67 entre la taille et la structuration des activités, présentée dans une autre étude (Pugh *et al.*, 1969), nous montre clairement qu'une plus grande structuration va de pair avec une plus grande taille.

En second lieu, le *contrôle hiérarchique par rapport au contrôle impersonnel* aide à établir des distinctions parmi les organisations qui ont une faible concentration d'autorité. Dans une situation de contrôle hiérarchique, le contrôle est exercé par le personnel faisant partie de la production lui-même et par ses supérieurs hiérarchiques plutôt que par des procédures impersonnelles. Encore ici, il est possible de constater qu'avec des changements dans l'industrie, la distribution professionnelle de la société a elle aussi changé, et que de plus en plus de gens sont engagés dans des tâches de contrôle et de tenue de dossiers plutôt que dans des tâches de production (Miller et Form, 1964). Woodward (1965), Touraine (1962) et Blauner (1964) ont tous produit des classifications du développement de la technologie, résultant d'une tendance à long terme à l'augmentation de la mécanisation et de la standardisation des produits. Avec ces changements, l'impersonnalité s'accroît à mesure que le contrôle passe du travailleur de production individuel et ses superviseurs directs aux procédures dictées par la standardisation et aux nouveaux spécialistes qui conçoivent ces procédures.

Il est par conséquent possible de voir certaines tendances de développement dans l'association de variables contextuelles avec des regroupements d'organisations similairement structurées. Il y a l'organisation implicitement structurée, à contrôle hiérarchique, originellement de petite taille et avec une technologie flexible. Au sein de la prébureaucratie axée sur la production, il y a un changement du contrôle hiérarchique au contrôle « staff », comme le montre Bendix (1959) dans son analyse de l'évolution du rôle du contremaître. Avec le début de bureaucratie axée sur la production, on assiste aux débuts de la structuration, à l'apparition de spécialistes, et à l'expansion du contrôle par procédures. Avec la bureaucratie axée sur la production, les spécialistes apparaissent, produisant plus de procédures et renforçant le contrôle hiérarchique au moyen d'une réglementation bureaucratique impersonnelle. La même séquence de raisonnement pourrait s'appliquer à l'égard du développement des débuts de bureaucraties pures en bureaucraties pures.

Ce genre de séquence développementale ne semble cependant pas s'appliquer pour la dimension « concentration de l'autorité ». Les organisations ayant des résultats élevés relativement à cette dimension semblent présenter plus une différence de genre, les bureaucraties axées sur le personnel ayant les caractéristiques contextuelles particulières des services publics contrôlés par l'État. On s'attend que les organisations implicitement structurées, comme une chaîne de commerces de détail ou une compagnie d'assurances, ne développent les caractéristiques structurelles des bureaucraties axées sur le personnel que si elles sont acquises par des autorités gouvernementales ou municipales et administrées comme des services publics.

RÉSUMÉ ET CONCLUSIONS

L'utilisation taxonomique de trois dimensions sous-jacentes à la structure organisationnelle a abouti à une classification comprenant sept types. Chaque regroupement d'organisations a été associé à un modèle type de variables contextuelles, à partir desquelles on pouvait l'identifier. Les variables contextuelles étaient la taille de l'organisation, sa dépendance à l'égard de facteurs externes, le degré d'intégration de sa technologie et son type de propriétaire. Des séquences de développement peuvent être identifiées, à la suite des effets de certains changements dans ces variables contextuelles sur la structure.

Les groupements d'organisations décrits nous amènent à repenser le concept de bureaucratie. On a soutenu (Pugh *et al.*, 1968) que l'existence de dimensions structurelles orthogonales démontre que la « bureaucratie n'est pas unitaire, et que les organisations peuvent être bureaucratiques à bien des égards ». Le groupement des bureaucraties axées sur le personnel montre que le stéréotype populaire à propos des bureaucraties publiques est en partie fondé ; elles sont une sorte particulière de bureaucratie. Ce que le stéréotype a obscurci, c'est que les bureaucraties axées sur la production sont elles aussi d'une sorte particulière.

Weber n'avait jamais soupçonné cela. Donnant des exemples de « bureaucraties plutôt développées et de taille plutôt grande », il a cité l'Égypte, la Chine, et l'Église catholique romaine, ainsi que les « entreprises publiques depuis l'époque de l'absolutisme princier » et « la grande entreprise capitaliste moderne » (Gerth et Mills, 1948). Sa perspicacité l'a amené à voir la bureaucratisation prochaine de l'industrie. Ce qui n'était pas apparent, c'est que *la bureaucratie peut prendre différentes formes dans différents milieux.* Les groupements qu'on a identifiés ne prétendent pas être exhaustifs ; ils évoquent ce qu'on peut découvrir grâce à une étude multidimensionnelle.

Références

BENDIX, R. (1959) **Work and Authority in Industry**, New York, Wiley.

BLAU, P.M. et SCOTT, W.R. (1962) **Formal Organizations**, San Francisco, Chandler.

BLAUNER, R. (1964) **Alienation and Freedom**, Chicago University Press.

BOULDING, K. (1953) **The Organizational Revolution**, New York, Harper.

CONSTAS, H. (1961) « The U.S.S.R. — From Charismatic Sect to Bureaucratic Society », **Administrative Science Quarterly**,, 6, p. 282-298.

ETZIONI, A. (1961) **A Comparative Analysis of Complex Organizations,** The Free Press of Glencoe.

FLORENCE, P.S. (1964) **Economics and Sociology of Industry**, Londres, Watts.

GERTH, H.H. (1952) « The Nazi Party : Its Leadership and Composition », *in* R.K. Merton *et al.* (édits) **Reader in Bureaucracy**, Glencoe, Ill., Free Press, p. 100-113.

GERTH, H.H. et MILLS, C.W. (édits) (1948) **From Max Weber : Essays in Sociology**, Londres, Routledge.

GOULDNER, A.W. (1955) *Patterns of Industrial Bureaucracy*, Londres, Routledge and Kegan Paul.

GROSS, B.M. (1964) *The Managing of Organizations*, The Free Press of Glencoe.

HAAS, J.E., HALL, R.H. et JOHNSON, N.J. (1966) « Toward an Empirically Derived Taxonomy of Organizations », *in* R.V. Bowers (édit.) *Studies on Behavior in Organizations*, Athènes, University of Georgia, p. 157-180.

HALL, R.H. (1967) « Some Organizational Considerations in the Professional-Organizational Relationship », *Administrative Science Quarterly*, 12, p. 462-477.

HALL, R.H., HAAS, J.E. et JOHNSON, N.J. (1967) « An Examination of the Blau-Scott and Etzioni Typologies », *Administrative Science Quarterly*, 12, p. 118-139.

INKSON, J.H.K., HICKSON, D.J. et PUGH, D.S. (1969) « Organization Context and Structure : An Abbreviated Replication » (à paraître).

MILLER, D.C. et FORM, W.H. (1964) *Industrial Sociology*, New York, Harper & Row.

PRESTHUS, R.V. (1961) « Weberian Versus Welfare Bureaucracy in Traditional Society », *Administrative Science Quarterly*, 6, p. 1-24.

PUGH, D.S., HICKSON, D.J., HININGS, C.R., MACDONALD, K.M., TURNER, C. et LUPTON, T. (1963) « A Conceptual Scheme for Organizational Analysis », *Administrative Science Quarterly*, vol. 8, p. 289-315.

PUGH, D.S., HICKSON, D.J., HININGS, C.R. et TURNER, C. (1968) « Dimensions of Organization Structure », *Administrative Science Quarterly*, vol. 13, p. 65-105.

PUGH, D.S., HICKSON, D.J., HININGS, C.R. et TURNER, C. (1969) « The Context of Organization Structures », *Administrative Science Quarterly*, 14(1), p. 91-114.

SCOTT, W.R. (1965) « Reactions to Supervision in a Meteronomous Professional Organization », *Administrative Science Quarterly*, 10, p. 65-82.

STINCHCOMBE, A.L. (1959) « Bureaucracy and Craft Administration of Production : A Comparative Study », *Administrative Science Quarterly*, 4, p. 168-187.

TAUBER, I. (1968) *A Yardstick of Hospital Organization* », thèse, Birmingham, The University of Aston, 1968.

TOURAINE, A. (1962) « An Historical Theory in the Evolution of Industrial Skills », *in* C.R. Walker (édit.) *Modern Technology and Civilization*, New York, McGraw-Hill, p. 425-437.

WOODWARD, J. (1965) *Industrial Organization : Theory and Practice*, Londres, Oxford University Press.

Structure en 5 points : une synthèse de la recherche sur les formes organisationnelles[*]

par Henry Mintzberg

INTRODUCTION

Cinq est un chiffre singulier. « Il est le signe de l'union, le nombre nuptial selon les pythagoriciens, ainsi que le nombre du centre, de l'harmonie et de l'équilibre. » Le ***Dictionnaire des symboles*** ajoute que le cinq est le « symbole de l'homme [...] de même que de l'univers [...] le symbole de la volonté divine qui ne cherche que l'ordre et la perfection ». Pour l'ancienne Chine, cinq était l'essence des lois universelles, il y avait « cinq couleurs, cinq saveurs, cinq tons, cinq métaux, cinq viscères, cinq planètes, cinq orients, cinq régions de l'espace, cinq sens évidemment, [sans mentionner] les cinq couleurs de l'arc-en-ciel »[(1)].

Dans notre tentative de dégager un sens de l'importante littérature qui touche la structuration organisationnelle, ce nombre cinq est sans cesse ressorti. D'abord, il nous semblait logique d'isoler cinq composantes de base à l'intérieur de l'organisation, puis de distinguer cinq mécanismes fondamentaux de coordination, et enfin d'identifier cinq types fondamentaux de décentralisation. Quand la littérature fit apparaître avec insistance l'existence de cinq « configurations » de structure, c'est-à-dire de cinq types purs ou « idéaux », et quand on découvrit une correspondance logique entre tous

[*] Traduit de : MINTZBERG, H. « Structure in 5's : A Synthesis of the Research on Organization Design », ***Management Science***, 26(3), mars 1980, p. 322-341.
Reproduit avec la permission de l'Institute of Management Sciences (1985).

ces quintettes, l'harmonie historique associée au chiffre « cinq » nous parut confirmée.

Cet article débute donc par une description des principaux éléments que l'on peut retrouver dans la littérature portant sur la structuration des organisations. Jusqu'à présent, et ce afin de permettre une comparaison entre paires d'éléments, on a eu trop tendance à plutôt les traiter d'un point de vue analytique que d'un point de vue synthétique. L'idée qui sous-tend cet article est que l'on peut arriver à une meilleure compréhension de la structuration organisationnelle en utilisant une combinaison de groupes d'éléments établis en types idéaux ou purs, que nous appellerons des *configurations*. Cet article présente une typologie des cinq principales configurations qui a été inspirée de la recherche sur la structure organisationnelle.

LES ÉLÉMENTS DE LA STRUCTURE

Pour comprendre la structure, il nous semble tout d'abord utile de préciser à la fois les composantes fondamentales des organisations et les principaux systèmes que celles-ci mettent en place pour coordonner le travail. Il devient alors approprié de faire appel aux moyens que les organisations ont à leur disposition pour édifier leurs structures — ce que nous appelons ici les *éléments constitutifs de la structure*. On peut dans un premier temps les analyser suivant les principaux *facteurs contextuels* qui influencent leur façon de se structurer.

Les composantes fondamentales de l'organisation

Comme le montre la figure 1, on peut décrire l'organisation suivant cinq composantes fondamentales :

1) Le *centre opérationnel* qui inclut tous les employés qui produisent eux-mêmes les biens et les services de base de l'organisation ou en soutiennent directement la production.

2) Le *sommet stratégique* qui est composé des cadres dirigeants de l'organisation et de leurs conseillers.

3) L'*élément médian* qui comprend tous les cadres moyens qui siègent dans une ligne directe d'autorité formelle entre les membres du sommet stratégique et ceux du centre opérationnel.

4) La *technostructure* qui est composée des analystes ; situés en dehors de la structure d'autorité formelle, ces analystes font appel à certaines méthodes afin de concevoir et de maintenir la structure et afin d'adapter l'organisation à son environnement (par exemple les comptables, les ingénieurs, les planificateurs à long terme).

5) Le *personnel fonctionnel* qui comprend tous les services qui fournissent un soutien indirect au reste de l'organisation (par exemple, dans
la firme industrielle typique, le conseil juridique, les relations publiques,
le Service de la paye, de la cafétéria).

FIGURE 1 : Les cinq composantes fondamentales de l'organisation

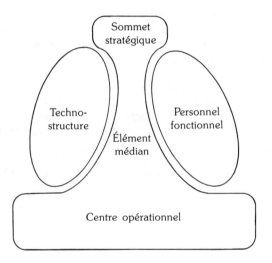

Deux points sont à retenir au sujet de cette conception de l'organisation. D'une part, on continue à maintenir une distinction entre « line » et
« staff ». Cela ne signifie pas que l'on ignore pour autant les critiques faites à
ces notions classiques, mais bien que l'on tient compte de l'utilité de cette
distinction dans certains types de structures. D'autre part, on distingue deux
genres de staff, puisque généralement quand on parle de staff, on renvoie
uniquement à la technostructure *de conseil.* Si le personnel fonctionnel peut
en effet conseiller, son rôle principal consiste avant tout à fournir des services spéciaux à l'organisation. Or la littérature distingue rarement cette fonction, en dépit du fait qu'un rapide coup d'oeil à l'« organigramme »
(diagramme organisationnel) de la majorité des grandes organisations
montre qu'elle constitue bel et bien une composante importante en chiffres
absolus.

Les mécanismes de coordination

Évidemment, la structuration organisationnelle met d'abord l'accent sur la division du travail, et ensuite sur la coordination de toutes ces tâches pour accomplir le projet organisationnel de façon intégrée. Selon la littérature, il existe cinq grandes façons d'effectuer cette coordination :

1)   La *supervision directe* : un individu (généralement un cadre supérieur) donne des ordres spécifiques aux autres et de cette manière coordonne leur travail.

2)   La *standardisation des processus de travail* : la coordination du travail se fait par l'imposition (généralement par les analystes de la technostructure) de normes qui en guident l'accomplissement en tant que tel, par exemple les descriptions de tâche, les règles et les règlements, etc.

3)   La *standardisation de la production* : la coordination du travail est assurée par la mise en place (de nouveau, ce rôle est souvent rempli par les analystes de la technostructure) de mesures d'évaluation de la performance standardisée ou de spécifications précises concernant la production.

4)   La *standardisation des qualifications* : la coordination du travail est alors assurée par l'acquisition pour les employés d'habiletés et de connaissances spécifiques, habituellement avant qu'ils commencent le travail.

5)   L'*ajustement mutuel* : les individus coordonnent leur propre travail en communiquant de façon informelle les uns avec les autres.

Les éléments constitutifs de la structure

La littérature portant sur la structuration organisationnelle met l'accent également sur un certain nombre de mécanismes que les organisations utilisent pour établir leurs structures — en fait, ce sont les éléments dont elles disposent pour assurer la division du travail et la coordination. Parmi les mécanismes les plus communément étudiés, on retrouve les neuf mécanismes suivants :

1)   *La spécialisation des tâches* constitue le paramètre principal pour déterminer la division du travail, elle renvoie au nombre de tâches, à l'ampleur de chacune de ces tâches dans une position donnée (spécialisation horizontale du tavail) et au contrôle que le travailleur exerce sur elles (spécialisation verticale du travail). Les tâches fortement spécialisées à la fois horizontalement et verticalement tombent généralement dans la catégorie des travaux *non spécialisés*, alors que

celles qui sont spécialisées horizontalement mais « élargies » verticalement sont généralement qualifiées de *professionnelles*.

2)   *La formalisation du comportement* est l'élément structurel selon lequel les processus de travail sont standardisés au moyen de règles, de procédures, de codes de conduite, de descriptions d'emplois, de fiches d'instructions, etc. Hickson (1966-1967) a bien montré combien cet élément constitutif de la structure avait dominé les écrits portant sur la gestion des entreprises tout au long de ce siècle. Ce sont généralement les travaux non spécialisés qui sont le plus fortement formalisés. Les structures qui comptent sur la standardisation pour réaliser la coordination (du processus de travail ou d'autres processus) sont généralement qualifiées de *bureaucratiques*, alors que celles qui comptent sur la supervision directe ou l'adaptation mutuelle sont dites *organiques*.

3)   *La formation et l'éducation* sont l'instrument par lequel les qualifications et la connaissance sont standardisées, grâce à la mise en œuvre d'importants programmes d'éducation, habituellement dispensés hors de l'organisation et avant même que l'individu commence à travailler (notamment dans le cas de l'apprentissage). Ceci constitue un élément structurel clé pour tout travail qui se définit comme professionnel.

Les deux éléments structurels suivants sont plus particulièrement associés à la conception de la superstructure :

4)   *Le regroupement en unités*, c'est l'élément structurel par lequel la supervision directe se fait le mieux (c'est aussi un élément utilisé pour influencer l'adaptation mutuelle). Il renvoie aux critères à partir desquels on regroupe des postes en unités et des unités en unités toujours plus grandes, jusqu'à ce qu'elles soient elles-mêmes toutes regroupées sous un même sommet stratégique. Les critères possibles de regroupement — la compétence, la connaissance, le processus de travail, la fonction, le produit, la clientèle, le secteur — peuvent se réduire à deux critères fondamentaux : d'une part la *fonction*, c'est-à-dire les moyens que l'organisation met en place pour produire ses biens et ses services, et d'autre part le *marché*, c'est-à-dire les buts et les caractéristiques propres des marchés que l'organisation dessert.

5)   *La taille des unités* (habituellement appelée la portée du contrôle) renvoie au nombre de postes ou de sous-unités qui sont regroupés dans une unité élémentaire. La littérature affirme que plus on fait confiance à la standardisation pour assurer la coordination (soit du processus de travail, de production, ou de compétence), plus la taille des unités est importante, tout simplement parce qu'on a moins besoin de supervision directe, et qu'on peut donc regrouper plus de

postes ou d'unités sous l'autorité d'un cadre ; elle affirme également que les personnes qui ont une grande confiance dans l'adaptation mutuelle ont tendance à maintenir la taille des unités petite, toute communication informelle exigeant un petit groupe de travail (Ouchi et Dowling, 1974 ; Filley *et al.*, 1976, p. 417-418).

Deux éléments structurels permettent l'existence de liens latéraux pour réduire la superstructure :

6)   *Les systèmes de planification et de contrôle* constituent l'élément structurel par lequel on standardise la production de l'organisation. On peut considérer deux types de systèmes. D'une part *la planifica-tion des actions*, qui s'attache à la prédétermination des résultats de décisions ou d'actions spécifiques, comme percer des trous de deux centimètres de diamètre ou encore introduire de nouveaux produits en septembre. D'autre part *le contrôle de la performance*, qui se con-centre sur l'établissement de mesures d'évaluation de toutes les déci-sions ou actions d'un poste ou d'une unité spécifique pour une période de temps donnée ; ce sera par exemple la mesure de la crois-sance des ventes d'une division au cours du premier trimestre de l'année.

7)   *Les mécanismes de liaison* sont les moyens par lesquels l'organisation encourage l'adaptation mutuelle aussi bien à l'intérieur qu'entre les unités. Comme l'a montré Galbraith (1973), ceux-ci peuvent se situer grosso modo sur un continuum d'élaboration et de formalisme crois-sants, depuis les postes de liaison, les groupes de travail et les comités mis en place, qui assurent l'acheminement des informations à travers les unités, en passant par les gestionnaires intégrateurs à qui on donne une certaine autorité formelle (limitée) sur les décisions des unités qu'ils relient, jusqu'aux structures matricielles pleinement déve-loppées qui sacrifient le principe classique d'unité de commandement au profit d'une coresponsabilité de deux ou plusieurs cadres ou unités sur certaines décisions.

Enfin, il y a les paramètres qui sont associés à la conception du système de prise de décisions, et que l'on dit généralement *de décentralisation* (défini comme le degré de dispersion du pouvoir décisionnel entre les membres de l'organisation). Ces paramètres peuvent être divisés en deux groupes :

8)   *La décentralisation verticale* nous indique jusqu'à quel point le pou-voir formel est « délégué » en bas de la chaîne d'autorité hiérar-chique.

9)   *La décentralisation horizontale* nous indique jusqu'à quel point le pouvoir circule informellement hors de cette chaîne d'autorité hiérar-chique (c.-à-d. au niveau des analystes, du personnel fonctionnel et des travailleurs constituant le centre opérationnel)[2].

Lorsqu'on associe ces deux éléments structuraux avec deux autres types de décentralisation, d'une part une décentralisation dite *sélective*, dans laquelle le pouvoir est réparti en plusieurs endroits suivant les décisions à prendre, et d'autre part une décentralisation dite *parallèle*, dans laquelle le pouvoir de décision est réparti au même endroit, cela entraîne cinq types de décentralisation, comme le montre la figure 2. Dans *la centralisation verticale et horizontale*, les pouvoirs formel et informel demeurent surtout situés au sommet stratégique. Dans *la décentralisation horizontale limitée*, le pouvoir informel passe de façon sélective aux représentants de la technostructure qui jouent des rôles majeurs dans la standardisation du travail de tous les autres, tandis que le pouvoir formel demeure toujours entre les mains du sommet stratégique. Dans *la décentralisation verticale limitée*, une bonne partie du pouvoir formel est déléguée en parallèle aux responsables des unités créées pour chaque segment de marché, habituellement appelées « divisions ».

FIGURE 2 : Les cinq types de décentralisation

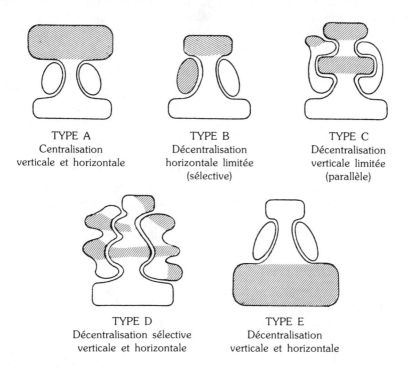

TYPE A
Centralisation
verticale et horizontale

TYPE B
Décentralisation
horizontale limitée
(sélective)

TYPE C
Décentralisation
verticale limitée
(parallèle)

TYPE D
Décentralisation sélective
verticale et horizontale

TYPE E
Décentralisation
verticale et horizontale

N.B. — La partie gonflée des parties ombrées indique leur pouvoir décisionnel spécifique et non leur taille.

(Comme le montre la figure 2, une certaine décentralisation horizontale prend aussi place ici au profit des analystes qui conçoivent les systèmes de contrôle de la performance mis en place pour contrôler les résultats de ces divisions.) Dans *la décentralisation verticale et horizontale* , le pouvoir descend parallèlement jusqu'aux derniers échelons de l'échelle hiérarchique et de là, passe aux travailleurs du centre opérationnel. Enfin, dans *la décentralisation sélective* (horizontale et verticale), le pouvoir décisionnel est dans une large mesure cédé à des « constellations de travail » que l'on retrouve à plusieurs niveaux et qui incluent différentes combinaisons de dirigeants, d'experts fonctionnels et d'opérateurs.

Les facteurs contextuels

Dans les vingt dernières années, la recherche dans le domaine de la structuration organisationnelle a mis l'accent sur les effets de divers *facteurs contextuels* sur les éléments structuraux dont nous venons de parler. Cette recherche se fonde sur ce qu'on pourrait appeler l'hypothèse de *congruence*, selon laquelle une structuration efficace implique que le facteur contextuel et l'élément structurel concordent, autrement dit que la structure est à la mesure de la situation. Quatre ensembles de facteurs contextuels ont particulièrement été considérés : l'ancienneté et la taille, le système technique, l'environnement et le pouvoir.

1)   La recherche a montré que *l'ancienneté et la taille* comportent toutes deux d'importants effets sur la structure. En particulier, on a remarqué que plus une organisation est ancienne ou imposante, plus son comportement est formalisé (Inkson *et al.*, 1970 ; Samuel et Mannheim, 1970 ; Pugh *et al.*, 1968 ; Udy, 1965). On a également observé que plus l'organisation est grande, plus la taille de son unité moyenne est importante (Dale, 1952 ; Blau et Schoenherr, 1971) et plus sa structure est élaborée, c'est-à-dire ses tâches spécialisées, ses unités différenciées, et la composante administrative de l'élément médian et de la technostructure développée (Blau *et al.*, 1976 ; Reimann, 1973 ; Pugh *et al.*, 1968). Finalement, Stinchcombe (1965) a montré que la structure d'une organisation reflète souvent l'époque à laquelle a été fondée l'industrie.

2)   On a trouvé aussi que *le système technique* modifiait certains éléments structuraux de façon significative. Tout d'abord, plus le système technique joue un rôle régulateur — en d'autres termes, plus il contrôle le travail à partir du centre opérationnel —plus le travail se formalise et plus la structure du centre opérationnel se bureaucratise (Woodward, 1965 ; Pugh *et al.*, 1968 ; Hickson *et al.*, 1969 et 1970 ; Child et Mansfield, 1972). Ensuite, plus un système technique est sophistiqué — c'est-à-dire plus il est difficile à comprendre — plus la structure administrative est élaborée, en particulier, plus le personnel fonctionnel est nombreux et professionnel, plus la décentralisation

sélective (des décisions techniques envers ce personnel) est grande, et plus l'emploi de mécanismes de liaison (pour coordonner le travail de ce personnel) devient important (Woodward, 1965 ; Khandwalla, 1974 ; Udy, 1959 ; Hunt, 1970 ; Hickson *et al.*, 1969). Enfin, Woodward a bien montré comment l'automatisation du travail du centre opérationnel tend à transformer une structure bureaucratique en une structure organique.

3) *L'environnement* est un autre facteur contextuel majeur qui a été étudié par la littérature. Ainsi, on a tour à tour identifié des environnements dynamiques avec des structures organiques (Duncan, 1973 ; Burns et Stalker, 1966 ; Burns, 1967 ; Harvey, 1968 ; Lawrence et Lorsch, 1967), et des environnements complexes avec des structures décentralisées (Hage et Aiken, 1967 ; Pennings, 1975[3]). Toutefois, certaines données de la recherche suggèrent que des environnements hostiles peuvent conduire certaines organisations à centraliser temporairement leurs structures (Hamblin, 1958). Des différences marquées dans l'environnement semblent également encourager la décentralisation sélective jusqu'à conduire à des constellations de travail différenciées (Hlavacek et Thompson, 1973 ; Khandwalla, 1973 ; Lawrence et Lorsch, 1967). Enfin, on possède un grand nombre de données selon lesquelles la diversification des marchés d'une organisation encourage l'utilisation d'une structure segmentée par marché que l'on retrouve aux échelons supérieurs, dans l'espoir de réaliser de bonnes économies d'échelle (Chandler, 1962 ; Wrigley, 1970 ; Rumelt, 1974 ; Channon, 1973 ; Dyas et Thanheiser, 1976).

4) Enfin, on a montré que les facteurs associés au *pouvoir* ont eux aussi certains effets sur la structure. Surtout, le contrôle extérieur semble accroître la formalisation et la centralisation (Samuel et Mannheim, 1970 ; Heydebrand, 1973 ; Holdaway *et al.*, 1975 ; Pugh *et al.*, 1969b ; Reimann, 1973 ; Pondy, 1969). L'aspiration au pouvoir des différents membres de l'organisation peut aussi influencer la distribution de l'autorité décisionnelle, en particulier dans le cas d'un chef d'entreprise dont le profond besoin de pouvoir tend à accroître la centralisation (Dill, 1965). Enfin, la mode exerce également une influence sur la structure, conduisant même parfois les organisations à favoriser des structures totalement inappropriées (Woodward, 1965 ; Lawrence et Lorsch, 1967 ; Rumelt, 1974 ; Franko, 1974 ; Child et Keiser, 1978 ; Azuni et McMillan, 1975).

LES CONFIGURATIONS DE STRUCTURE

L'hypothèse de la congruence cherche à ramener l'efficacité organisationnelle à une association adéquate entre un élément structurel et un facteur contextuel donnés. Mais une seconde hypothèse est aussi possible — on peut l'appeler hypothèse de la *configuration* — selon laquelle toute structuration efficace nécessite une cohérence interne entre les éléments structurels. Khandwalla (1971) a soutenu cette idée en constatant dans sa recherche qu'aucune variable structurelle simple n'était corrélée de façon significative avec la performance ; en revanche, quand il divisa son échantillon d'entreprises entre celles qui sont très performantes et celles qui le sont moins, onze relations entre les diverses variables structurelles apparurent pour les entreprises performantes uniquement, huit pour les deux groupes, et seulement deux pour les entreprises à faible performance.

Nous pouvons donc combiner ces deux hypothèses pour en proposer une troisième que nous appellerons l'hypothèse de la *configuration étendue*, selon laquelle toute structure efficace requiert une cohérence à la fois parmi les éléments structurels et avec les facteurs contextuels. En d'autres mots, nous pouvons essayer de découvrir des regroupements ou des configurations naturels entre les éléments structurels et avec les facteurs contextuels. L'idée qui est derrière cette hypothèse est que les deux ensembles de facteurs forment des systèmes qui interagissent, que les éléments structurels « amènent » les facteurs appelés contextuels tout autant que les facteurs contextuels influencent le choix des éléments structurels. Si une organisation peut se bureaucratiser au fur et à mesure qu'elle grandit, les bureaucraties ont aussi tendance à prendre de l'ampleur. Si les environnements dynamiques peuvent amener des structures organiques, les organisations aux structures organiques recherchent également des environnements dynamiques, où elles peuvent déjouer les bureaucraties. Nos ensembles d'éléments nous fournissent donc suffisamment d'informations pour commencer à spéculer sur ce que certaines de ces configurations pourraient être.

Revenons à ce nombre cinq. Il doit sûrement y avoir plus qu'une coïncidence dans le fait que nous ayons cinq mécanismes de coordination, cinq composantes de l'organisation, cinq types de décentralisation. En fait, en recherchant des façons de combiner nos divers éléments en configurations, cinq d'entre elles sont ressorties de façon évidente. Cela nous a conduits naturellement à étudier les correspondances parmi tous ces quintettes, correspondances qui furent assez évidentes. Ainsi, il se trouve que dans chaque configuration un mécanisme différent de coordination domine, une composante particulière de l'organisation constitue la clé, et un différent type de décentralisation est utilisé[4]. L'organisation est alors tiraillée dans cinq directions différentes par chacune de ses composantes. Si la plupart des organisations éprouvent ces cinq tiraillements, dans la mesure où les conditions favorisent un élément aux dépens des autres, l'organisation est alors souvent amenée à se structurer selon l'une des configurations.

1)   Le sommet stratégique peut pousser à la centralisation, grâce à laquelle il peut conserver le contrôle sur la prise de décisions. Ce phénomène se produit quand on compte sur la supervision directe pour la coordination. Dans la mesure où les conditions favorisent cette poussée, la configuration qui en résulte est qualifiée de *structure simple*.

2)   La technostructure peut pousser à une standardisation — en particulier pour les processus de travail — parce que la conception des normes est la principale raison d'être. Ce phénomène entraîne une décentralisation horizontale limitée. Dans la mesure où les conditions favorisent un tel élan, l'organisation adopte la structure d'une *bureaucratie mécanique*.

3)   Par contre, les membres du centre opérationnel peuvent chercher à réduire l'influence des gestionnaires — autant celle des dirigeants que celle des analystes — sur leur travail. Ils encouragent alors une décentralisation à la fois horizontale et verticale. Quand ils réussissent, ils travaillent de façon relativement autonome, et la coordination nécessaire se fait grâce à la standardisation des qualifications. Les membres du centre opérationnel exercent alors une poussée vers le professionnalisme. [...] Dans la mesure où les conditions favorisent une telle poussée, l'organisation adopte la structure d'une *bureaucratie professionnelle*.

4)   Si les cadres de l'élément médian tentent également d'acquérir plus d'autonomie, ils doivent l'obtenir autrement, notamment en faisant descendre le pouvoir du sommet stratégique et, si nécessaire, en le faisant monter du centre opérationnel pour le concentrer dans leurs propres unités. Ce faisant, ils favorisent une décentralisation verticale limitée. Ils tendent alors à balkaniser la structure, à la diviser en unités pour chaque segment du marché afin d'exercer un contrôle sur leurs propres décisions, la coordination demeurant restreinte à la standardisation de la production. Dans la mesure où les conditions favorisent cette poussée, c'est une *forme décomposée en divisions* qui en résulte.

5)   Enfin, le personnel fonctionnel peut quant à lui gagner de l'influence dans l'organisation non pas quand il reste autonome mais bien quand on fait appel à sa collaboration, à son expertise. Ce phénomène survient généralement quand l'organisation se structure en constellations de travail au profit desquelles le pouvoir est décentralisé sélectivement et qui demeurent libres de se coordonner elles-mêmes et entre elles par une adaptation mutuelle. Dans la mesure où les conditions favorisent cette poussée à collaborer, l'organisation adopte la configuration de l'*adhocratie*.

TABLEAU 1 : Les éléments des cinq configurations structurelles

	Structure simple	Bureaucratie mécanique	Bureaucratie professionnelle	Forme décomposée en divisions	Adhocratie
PRINCIPAUX MÉCANISMES DE COORDINATION	Supervision directe	Standardisation des processus du travail	Standardisation des qualifications	Standardisation de la production	Ajustement mutuel
ÉLÉMENTS STRUCTURELS Spécialisation des tâches				(entre siège social et divisions)	
– horizontale	Faible	Forte	Forte	Moyenne	Forte
– verticale	Forte	Forte	Faible	Moyenne	Faible
Formation	Faible	Faible	Forte	Moyenne (des responsables des divisions)	Forte
Éducation	Faible	Faible	Forte (formation)	Moyenne	Variable
Formalisation du comportement bureaucratique ou organique	Faible Organique	Forte Bureaucratique	Faible Bureaucratique	Forte (au sein des divisions) Bureaucratique	Faible Organique
Regroupement en unités	Généralement fonctionnel	Généralement fonctionnel	Fonctionnel et selon le marché	Selon le marché	Fonctionnel et selon le marché
Taille des unités	Grande	Grande à la base, étroite ailleurs	Grande à la base, étroite ailleurs	Grande entre siège social et divisions	Étroite partout
Systèmes de planification et de contrôle	Peu de planification et de contrôle	Planification des actions	Peu de planification et de contrôle	Contrôle des performances	Planification limitée des actions (surtout dans une adhocratie administrative)

Mécanismes de liaison	Peu de mécanismes de liaison	Peu de mécanismes de liaison	Quelques mécanismes dans l'administration	Peu de mécanismes de liaison	Nombreux mécanismes de liaison
Décentralisation	Centralisation	Décentralisation horizontale limitée	Décentralisation horizontale et verticale	Décentralisation verticale limitée	Décentralisation sélective
ÉLÉMENTS CONTEXTUELS					
Ancienneté (en général)	Jeune	Ancienne	Variable	Ancienne	Jeune (adhocratie d'exploitation)
Taille (en général)	Petite	Grande	Variable	Très grande	Variable
Système technique					
– Directivité	Faible	Forte	Faible	Forte	Faible
– Complexité	Faible	Faible	Faible	Faible	Faible (adhocratie d'exploitation) Forte (adhocratie administrative)
– Automatisation	Nulle	Nulle	Nulle	Nulle	Nulle (adhocratie d'exploitation) Fréquente (adhocratie administrative)
Environnement					
– Complexité	Faible	Faible	Forte	Faible	Forte
– Dynamisme	Fort	Faible	Faible	Faible (marchés diversifiés)	Fort (parfois disparate)
Pouvoir					
– Principal détenteur	Sommet stratégique	Technostructure Souvent extérieur	Professionnels	Cadres moyens	Experts
– Suit la mode	Non	Non	Oui	Oui	Oui beaucoup

Ces cinq configurations constituent des types « idéaux » ou « purs ». L'objet central de cet article est donc de présenter cette typologie, de façon à rassembler les divers éléments de structuration examinés jusqu'ici dans la littérature tout en intégrant simultanément plusieurs des principales découvertes de la recherche[5] dans ce domaine. Cela dit, on espère qu'on considérera cette typologie comme un outil pour comprendre et analyser le comportement des organisations. Le tableau 1 montre comment les divers éléments que nous venons d'examiner se placent dans la typologie des cinq configurations. Le reste de cet article présente une description des cinq configurations.

La structure simple

Comme l'indique la figure 3, la structure simple se caractérise avant tout par son absence d'élaboration. La plupart du temps, elle a peu ou pas de technostructure, un personnel fonctionnel réduit, une division du travail souple, une différenciation minime parmi ses unités et un petit élément médian. Une faible partie de son comportement est formalisée, et elle fait un usage minimal de la planification, de la formation ou des mécanismes de liaison. Autrement dit, elle est surtout organique. Sa coordination s'effectue en grande partie par supervision directe. De façon générale, le pouvoir sur toutes les décisions importantes tend à être centralisé entre les mains du cadre dirigeant. Si le sommet stratégique émerge comme la partie clé de la structure, la structure ne consiste pas seulement en ce sommet stratégique réduit à une personne avec un centre opérationnel organique. Le regroupement en unités — quand il existe — se fait plus souvent qu'autrement sur une base fonctionnelle flexible. Dans cette structure, la communication circule de façon informelle, notamment entre le cadre dirigeant et tous les autres membres de l'organisation. Enfin, les décisions se prennent elles aussi de façon informelle, la centralisation du pouvoir permettant une réponse rapide.

Surtout, l'environnement d'une telle configuration tend à demeurer simple et dynamique. Un environnement simple est facilement compréhensible par un seul individu, et lui permet de mieux contrôler la prise de décisions. Par ailleurs, un environnement dynamique exige une structure organique : comme on ne peut jamais prédire l'état futur de l'environnement, l'organisation ne peut assurer une coordination par standardisation. Une autre caractéristique propre à la structure simple est l'absence d'un système technique sophistiqué et régulateur. Un système sophistiqué exige une structure de soutien élaborée, à laquelle on délègue le pouvoir sur les décisions techniques, tandis qu'un système régulateur nécessite une bureaucratisation du centre opérationnel. Les jeunes et les petites organisations tendent aussi à utiliser la structure simple parce qu'elles n'ont pas encore eu le temps, ou pas encore atteint le niveau d'opérations, exigé pour se bureaucratiser. Enfin, l'hostilité extrême qui règne dans leurs environnements force la plupart de ces organisations à utiliser la structure simple, quelle que soit la manière dont elles sont normalement organisées. Pour faire face aux crises, les organisations tendent à se centraliser au sommet de façon temporaire, et à suspendre leurs procédures d'opérations standardisées.

FIGURE 3 : La structure simple

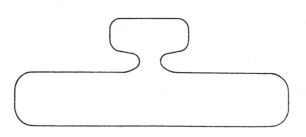

L'illustration classique de la structure simple est, évidemment, l'entreprise à propriétaire unique. Elle est agressive et souvent innovatrice, recherchant sans cesse des environnements à risque où les entreprises bureaucratiques hésitent à s'engager. Mais il est aussi prudent de rester dans un marché simple que l'entrepreneur peut comprendre parfaitement. Les entreprises à propriétaire unique sont généralement petites, de sorte qu'elles peuvent rester organiques, leurs entrepreneurs pouvant toujours exercer un contrôle serré. Aussi sont-elles souvent jeunes, en partie parce que le taux d'attrition parmi ces entreprises est très élevé, et en partie parce que celles qui survivent tendent à se bureaucratiser avec l'âge. À l'intérieur de cette structure, tout tourne autour de l'entrepreneur. Les objectifs de l'entreprise sont les siens, la stratégie de l'entreprise coïncide avec la vision qu'il a de la place de l'entreprise dans le monde. La plupart des entrepreneurs abhorrent les procédures bureaucratiques parce qu'elles réduisent leur flexibilité. Leur action cherche donc à garder toujours leurs structures souples, flexibles et organiques.

Khandwalla (1977) a trouvé ce type de configuration dans sa recherche portant sur les compagnies canadiennes. Pugh *et al.* (1969a) font aussi allusion à cette forme lorsqu'ils parlent « des organisations implicitement structurées », tandis que Woodward (1965) décrit une telle structure lorsqu'elle fait allusion aux entreprises à processus continu dotées d'une petite unité de production et d'un objectif unique.

La bureaucratie mécanique

Une deuxième configuration structurelle qui ressort clairement de la recherche est la bureaucratie mécanique. Elle présente les caractéristiques suivantes : des tâches fortement spécialisées, des tâches opérationnelles routinières, des procédures très formalisées, des unités de grande taille au niveau du centre opérationnel, une confiance dans la base fonctionnelle pour regrouper les tâches au sein de la structure, un faible usage de la formation et des mécanismes de liaison, un pouvoir décisionnel relativement centralisé avec un certain usage des systèmes de planification, et une structure administrative élaborée qui conserve une distinction très forte entre « line » et « staff ». C'est la structure que Woodward (1965) a mise en évidence dans les entreprises de production de masse, Burns et Stalker (1966) dans l'industrie textile, Crozier (1964) dans le monopole du tabac, Lawrence et Lorsch (1967) dans l'entreprise de conteneurs ; c'est la structure à laquelle le groupe d'Aston (Pugh *et al.*, 1969a) renvoie quand il parle de « bureaucratie axée sur le débit de travail ».

Malgré sa très forte distinction entre line et staff, la bureaucratie mécanique compte surtout sur la standardisation des processus de travail pour assurer la coordination. Comme c'est la technostructure qui procède à la standardisation, c'est elle qui émerge comme l'élément clé de la structure. Ces analystes développent donc un certain pouvoir informel, avec le résultat que l'organisation s'oriente vers une décentralisation horizontale limitée. Les analystes gagnent beaucoup de pouvoir aux dépens à la fois des exécutants, dont ils formalisent fortement le travail, et des cadres de première ligne, qui autrement superviseraient directement les exécutants. Mais l'accent mis sur la standardisation s'étend bien au-delà du centre opérationnel et, avec lui, l'influence des analystes se répand. Les règles et les règlements, qui constituent avec le contrôle une obsession dans ce type de configuration, pénètrent la structure tout entière ; la communication formelle est favorisée à tous les niveaux ; la prise de décisions tend à suivre la chaîne formelle de l'autorité hiérarchique. C'est seulement au sommet stratégique que les différentes responsabilités fonctionnelles se rassemblent ; c'est donc uniquement à ce niveau que les décisions majeures peuvent être prises, entraînant par là même une centralisation verticale de la structure.

On associe généralement la bureaucratie mécanique à des environnements simples et stables. En effet, de même qu'on ne peut pas rationaliser et simplifier le travail qu'exigent des environnements complexes, on ne peut prédire celui des environnements dynamiques et les rendre ainsi répétitifs et standardisés. Autrement dit, la bureaucratie mécanique répond à un environnement simple et stable et, à son tour, cherche à s'asurer que son environnement demeure ainsi. Cela nous permet d'expliquer l'importance qu'a le personnel fonctionnel dans la bureaucratie mécanique, comme le montre la figure 4. Pour assurer sa stabilité et exercer un contrôle étroit, la bureaucratie mécanique préfère faire plutôt qu'acheter afin d'approvisionner ses propres services de soutien partout où c'est possible. On retrouve habituellement ce type de configuration dans une organisation mûre, c'est-à-dire dans une entreprise à la fois assez grande pour avoir une échelle des opérations qui permette la répétition et la standardisation, et assez vieille pour avoir été capable de s'établir sur de telles normes. On tend aussi à identifier les bureaucraties mécaniques avec des systèmes techniques régulateurs, puisque ceux-ci ont tendance à rendre le travail routinier et par là même à le standardiser. En revanche, on ne les trouve généralement pas avec les systèmes techniques sophistiqués ou automatisés parce que, comme on le notait précédemment, l'un disperse le pouvoir parmi le personnel fonctionnel alors que l'autre nécessite une structure administrative qui conduirait l'organisation vers une configuration différente. Enfin, on associe souvent la bureaucratie mécanique au contrôle externe: Comme nous l'avons mentionné précédemment, plus le contrôle externe d'une organisation est étendu, plus sa structure tend à être centralisée et formalisée, constituant par là même les deux éléments structurels principaux de la bureaucratie mécanique.

FIGURE 4 : La bureaucratie mécanique

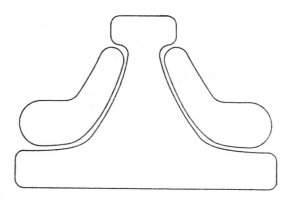

Les entreprises de production de masse, les entreprises de services dont le travail reste simple et répétitif telles que les compagnies d'assurances et de téléphone, les organisations gouvernementales telles que le Service des postes et le ministère du Revenu, et les organisations qui ont des exigences particulières de sécurité, telles que les compagnies aériennes et les services d'incendie constituent des exemples types d'organisations attirées par ce genre de configuration.

La bureaucratie professionnelle

Les organisations peuvent être bureaucratiques sans être centralisées, autrement dit, leur comportement peut être standardisé par un mécanisme de coordination qui permet la décentralisation. Ce mécanisme de coordination est la standardisation des compétences, dont l'adoption détermine la configuration appelée bureaucratie professionnelle. On la retrouve généralement dans les systèmes scolaires, les services sociaux, les cabinets comptables, et les entreprises industrielles possédant une main-d'œuvre très qualifiée. C'est une organisation qui emploie, dans son centre opérationnel, des spécialistes hautement formés — appelés professionnels — et qui leur donne une autonomie considérable. Ceux-ci travaillent relativement librement, non seulement par rapport à la hiérarchie administrative mais aussi par rapport à leurs collègues. Une grande partie de la coordination est donc assurée par la conception — la standardisation des qualifications qui prédéterminent leur comportement. Cette autonomie au niveau du centre opérationnel signifie par ailleurs que les unités d'opération sont généralement de très grande taille, comme le montre la figure 5, et que la structure est décentralisée à la fois verticalement et horizontalement. C'est la raison pour laquelle une grande partie du pouvoir formel et informel de la bureaucratie professionnelle demeure dans son centre opérationnel, qui constitue ainsi la composante clé. Les professionnels ne se contentent pas de contrôler leur propre travail, ils tendent aussi à exercer un contrôle collectif sur l'appareil administratif. Les cadres de l'élément médian, s'ils veulent avoir le pouvoir dans la bureaucratie professionnelle, doivent être eux-mêmes des professionnels, et doivent compter sur le soutien des professionnels qui s'occupent des opérations et avec lesquels ils partagent plusieurs tâches administratives. Au niveau administratif, par opposition au niveau opérationnel, les tâches exigent beaucoup d'ajustement mutuel, qui se réalise en grande partie à travers des comités, des réunions de groupe et d'autres dispositifs de liaison.

La technostructure reste minimale dans cette configuration parce qu'on ne peut pas aisément formaliser le travail complexe des professionnels, ou encore standardiser leurs services au moyen de systèmes de planification et de contrôle de la performance. La structure du personnel fonctionnel est cependant très élaborée, comme l'indique la figure 5, mais surtout pour exécuter le travail plus simple, plus routinier, et pour soutenir le travail de professionnels la plupart du temps hautement rémunérés. C'est la raison pour laquelle, parallèlement à la bureaucratie professionnelle, le personnel fonctionnel tend à travailler au sein d'une petite bureaucratie mécanique. Pour le personnel fonctionnel de ces organisations, il n'y a donc pas de démocratie, mais seulement une oligarchie de professionnels. Enfin, un des traits curieux de cette configuration est qu'elle utilise simultanément des critères fonctionnels et des critères de marché pour le regroupement à l'intérieur de son centre opérationnel. Ainsi, les clients sont généralement classifiés et servis selon les disciplines fonctionnelles, par exemple, à l'université les étudiants de chimie sont pris en charge par le Département de chimie, et dans un hôpital les malades cardiaques par le Département de cardiologie[6].

La bureaucratie professionnelle apparaît la plupart du temps dans un environnement à la fois complexe et stable. En effet, si la complexité nécessite l'utilisation de compétences et de connaissances que l'on peut seulement apprendre au cours de longs programmes de formation, la stabilité permet à ces qualifications de s'institutionnaliser pour devenir plus tard les procédures standardisées de l'organisation. L'ancienneté et la taille jouent un rôle minime dans cette configuration : peu importe combien elle est petite ou jeune, l'organisation tend à utiliser les mêmes qualifications standardisées parce que ses professionnels les amènent avec eux quand ils entrent dans l'organisation. Aussi, contrairement à la bureaucratie mécanique qui doit concevoir ses propres normes, on n'y perd pas de temps et on n'a besoin d'aucune échelle pour en établir. En revanche, le système technique est important dans cette configuration dans la mesure où il n'est ni régulateur, ni sophistiqué, ni automatisé. N'importe laquelle de ces caractéristiques détruirait l'autonomie individuelle de l'opérateur au profit de l'administration ou des groupes de pairs, et ainsi conduirait l'organisation vers une confi-

FIGURE 5 : La bureaucratie professionnelle

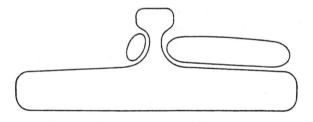

guration différente. Enfin, la mode est un facteur à considérer, tout simplement parce qu'elle a démontré les avantages qu'avaient toutes les catégories du personnel à voir leur travail se professionnaliser ; cela leur permet en effet d'exiger plus d'influence et d'autonomie dans l'organisation. Pour cette raison, la bureaucratie professionnelle est devenue une structure très en vogue.

La forme décomposée en divisions

La forme divisée en unités n'est pas tant une structure complète que la superposition d'une structure sur d'autres. Cette organisation est avant tout basée sur le marché, avec un siège social qui surveille un ensemble de divisions, chacune chargée de servir un marché distinct. Cela nécessite donc un minimum d'interdépendance et de coordination entre les divisions (au-delà de cela, Thompson (1967) parlera du type « pool »). On laisse donc à chaque division beaucoup d'autonomie. Il en résulte une forme limitée et parallèle de décentralisation verticale[7], où l'élément médian émerge comme la composante clé de l'organisation. De plus, sans avoir besoin d'une coordination étroite, un grand nombre de divisions peuvent alors se rapporter directement au siège social. La principale préoccupation de celui-ci devient alors de trouver un mécanisme pour coordonner les objectifs des divisions avec les siens, sans sacrifier leur autonomie. Il le fait en fixant des standards de production aux divisions — notamment en imposant des systèmes de contrôle de la performance pour évaluer les divisions et contrôler leurs résultats. La figure 6 montre la technostructure d'un petit siège social qui est chargé de concevoir et d'appliquer le système de contrôle des résultats. On y retrouve aussi un personnel fonctionnel de petit siège social, incluant ces unités qui servent toutes les divisions (par exemple, le conseil juridique) et d'autres unités de soutien dispersées dans les divisions pour répondre à des besoins particuliers (par exemple, les relations industrielles).

Enfin, il s'agit de voir quelle structure se trouve à l'intérieur des divisions elles-mêmes. Quoique, en principe, la forme décomposée en divisions soit supposée fonctionner avec n'importe quel genre de structure à l'intérieur des divisions, en fait, on a des raisons de croire, comme l'illustre la figure 7, que celles-ci sont poussées à fonctionner comme des bureaucraties mécaniques. La forme décomposée en divisions requiert l'établissement pour chaque division de normes de performance clairement définies, dont l'existence repose sur deux postulats. D'une part, on doit traiter chaque division comme un tout intégré avec un ensemble cohérent d'objectifs. Autrement dit, tandis que les divisions peuvent s'associer les unes aux autres de façon souple, on pose le postulat que chacune reste étroitement associée aux autres de l'intérieur. D'autre part, ces objectifs doivent être opérationnels, autrement dit, être eux-mêmes utilisables pour mesurer quantitativement la performance. Ces deux postulats ne se retrouvent que dans une seule configuration, à savoir celle qui est à la fois bureaucratique (c.-à-d. qui fonctionne dans un environnement assez stable pour être capable d'établir des normes de performance) et intégrée, en d'autres termes dans la bureaucratie mécanique. De plus, comme on le notait précédemment, le contrôle externe conduit les organisations vers la bureaucratie mécanique. Dans ce cas-ci, c'est le siège social qui se charge du contrôle externe des divisions.

FIGURE 6 : La forme décomposée en divisions

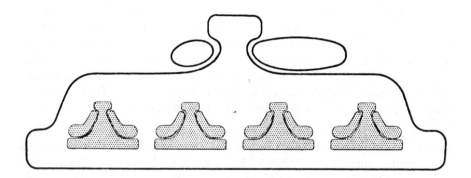

FIGURE 7 : L'adhocratie

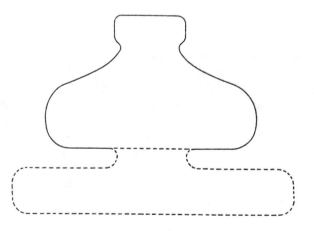

Un facteur encourage tout particulièrement l'usage de ce type de configuration, à savoir la diversification des marchés, notamment celle des produits et des services. (La diversité uniquement sur le plan de la région ou du
client conduit, comme Channon (1976) l'a montré, à une forme incomplète
de décomposition avec certaines fonctions « critiques » concentrées au siège
social, comme dans le cas du Service des achats d'une chaîne de magasins
diversifiée sur le plan régional.) On a également trouvé que la décomposition encourage d'autres diversifications (Rumelt, 1974, p. 76-77 ; Fouraker

et Stopford, 1968), le siège social y étant encouragé à la fois par la facilité avec laquelle il peut augmenter le nombre de divisions et par les pressions que peuvent exercer des directeurs généraux agressifs provenant des éléments médians de telles structures. Par ailleurs, en tant que structure qui sous-tend des bureaucraties mécaniques, la forme décomposée en divisions partage plusieurs caractéristiques de cette bureaucratie : un environnement qui n'est ni très complexe ni très dynamique et une organisation qui est généralement de grande taille et qui est arrivée à maturité. En effet, la forme décomposée constitue la réponse structurelle normale d'une bureaucratie mécanique qui a diversifié horizontalement ses lignes de produits ou de services (par exemple, selon le mode des conglomérats).

La forme décomposée est aujourd'hui très à la mode dans l'industrie ; on la retrouve sous une forme totale ou partielle dans la majorité des plus grandes entreprises d'Amérique, les exceptions notables étant constituées par celles qui bénéficient d'économies d'échelle géantes sur leurs marchés traditionnels (Wrigley, 1970 ; Rumelt, 1974). Si on la retrouve aussi hors de la sphère des affaires (dans les églises, les confédérations syndicales et le gouvernement lui-même), elle n'existe la plupart du temps que sous une forme imparfaite en raison des difficultés à développer des mesures d'évaluation de la performance qui soient adéquates.

L'adhocratie

L'innovation sophistiquée exige une cinquième configuration structurelle très différente, une configuration qui est capable de regrouper divers spécialistes dans des projets fonctionnant sans heurt. L'adhocratie constitue une telle configuration, ayant une structure organique de comportement relativement peu formalisée. Ces principales caractéristiques sont : une spécialisation des tâches horizontale extensive basée sur une formation bien établie ; une tendance à grouper les professionnels dans des unités fonctionnelles pour atteindre les objectifs fixés, et une tendance également à les disperser en petites équipes selon des critères de marché pour réaliser leur projet ; un recours aux mécanismes de liaison pour encourager l'adaptation mutuelle — le mécanisme de coordination clé — à l'intérieur et entre ces équipes ; une décentralisation sélective de ces équipes, qui sont situées en divers endroits de l'organisation et impliquent divers regroupements de cadres hiérarchiques et d'experts conseillers et fonctionnels. De toutes les configurations, c'est l'adhocratie qui respecte le moins les principes classiques du management. D'une part, elle donne une autorité quasi formelle au personnel staff, estompant de ce fait la traditionnelle distinction «line—staff », et d'autre part, elle compte largement sur une structure matricielle, en combinant à la fois les critères fonctionnels et les critères commerciaux pour regrouper le personnel et, par le fait même, se dispenser du principe d'unité de commandement.

Les adhocraties peuvent être divisées en deux types principaux : l'adhocratie d'exploitation et l'adhocratie administrative. Dans *l'adhocratie d'exploitation*, l'innovation est mise à exécution directement au nom des clients, comme dans le cas des firmes d'ingénieurs-conseils, des agences de publicité et des compagnies cinématographiques. En effet, à chaque bureaucratie professionnelle correspond une adhocratie d'exploitation qui accomplit un travail similaire tout en ayant une orientation plus large. Pour la firme d'ingénieurs-conseils qui cherche à classer le problème de chaque client selon la technique standard la plus appropriée, il en existe une autre qui traite ce problème comme une question unique exigeant une solution originale. La première, à cause de sa standardisation, peut permettre à ses professionnels de travailler indépendamment, alors que la seconde, afin de susciter l'innovation, doit regrouper ses professionnels dans des équipes multidisciplinaires pour encourager l'adaptation mutuelle. Dans l'adhocratie d'exploitation, les tâches administratives et opérationnelles tendent donc à se regrouper en une seule unité. Le travail de type projet *ad hoc* ne distingue en effet jamais clairement la planification et la conception du travail de son exécution.

Dans *l'adhocratie administrative*, le projet sert l'organisation elle-même, comme dans le cas des entreprises chimiques et des agences spatiales. Dans ce cas-ci, les composantes administratives et opérationnelles se différencient nettement. En fait, le centre opérationnel demeure généralement dissocié du reste de l'organisation — on le considère comme une structure séparée, hors-contrat ou automatisée —, ce qui permet à la composante administrative de fonctionner très souvent comme une adhocratie.

Le schéma 7 présente les deux types d'adhocratie avec l'effacement de la distinction line—staff dans les deux cas et le retrait du centre opérationnel (indiqué par le pointillé), ou bien, comme c'est le cas pour l'adhocratie d'exploitation, son intégration dans la masse des activités du centre administratif. Le schéma montre aussi un effacement partiel du sommet stratégique par rapport au reste de la structure, et cela parce que dans la gestion par projet, la stratégie n'est pas imposée d'en haut mais émerge plutôt du flot des décisions *ad hoc* prises pour tous les projets. Dès lors, toute personne qui est associée à un projet — et dans le cas de l'adhocratie cela peut aller jusqu'à chaque membre de l'organisation — devient impliquée dans la décision stratégique. On doit souligner ici le rôle clé joué par le personnel fonctionnel, en particulier dans le cas de l'adhocratie administrative car plusieurs de ses experts en font partie.

On retrouve généralement l'adhocratie dans des environnements qui sont à la fois dynamiques et complexes. Ce sont des environnements qui demandent une innovation sophistiquée, le genre d'innovation qui exige par ailleurs une structure organique très décentralisée. Des forces disparates dans l'environnement, en encourageant la décentralisation sélective pour différencier les constellations de travail, peuvent également encourager l'usage de l'adhocratie, en particulier de l'adhocratie administrative. L'ancienneté — ou plutôt la jeunesse — est une autre condition associée à ce type de configuration parce que le temps pousse plutôt une organisation à se bureaucratiser, par exemple en fixant l'ensemble des compétences qu'elle remplit le mieux, passant ainsi d'une adhocratie d'exploitation à une bureaucratie professionnelle. De plus, parce que les adhocraties d'exploitation en particulier sont des structures très vulnérables — elles ne peuvent en effet jamais être sûres de la provenance de leur prochain projet — elles tendent à être très jeunes en moyenne, car beaucoup d'entre elles soit meurent tôt, soit tendent à se bureaucratiser pour échapper à l'incertitude.

Les adhocraties de type administratif sont aussi associées à des systèmes techniques sophistiqués et automatisés. La sophistication exige que le pouvoir décisionnel en ce qui a trait au système technique soit confié à des spécialistes du personnel fonctionnel. Elle crée de ce fait une décentralisation sélective qui prend la forme d'une constellation de travail utilisant énormément de mécanismes de liaison. L'automatisation du centre opérationnel transforme une structure administrative bureaucratique en une structure organique parce qu'elle délivre l'organisation du besoin de contrôler les opérateurs par des normes technocratiques, les normes étant établies directement par les machines. En effet le personnel fonctionnel, étant chargé de la sélection et de l'ingénierie de l'équipement automatisé, s'empare de la fonction de conception du travail du centre opérationnel. Il en résulte une configuration d'adhocratie.

Enfin, la mode joue aussi un rôle important, car chaque caractéristique de l'adhocratie est très en vogue aujourd'hui grâce à l'accent mis à la fois sur l'expertise, la structure organique et matricielle, les équipes de travail, la décentralisation, les systèmes techniques sophistiqués et automatisés, la jeunesse et les environnements complexes et dynamiques. En fait, le meilleur soutien à la thèse de Stinchcombe, dont nous avons parlé précédemment et selon laquelle la structure d'une organisation reflète l'âge de l'industrie, vient de la constatation suivante : alors que l'adhocratie semblait encore peu présente dans les industries de pointe avant la Deuxième Guerre mondiale, on la retrouve en revanche dans la plupart des industries qui sont nées par la suite. C'est ce qu'ont noté Lawrence et Lorsch (1967) dans les compagnies de plastique, Chandler et Sayles (1971) dans la NASA, Woodward (1965) dans les processus de production modernes et Galbraith (1973) dans la compagnie Boeing. L'adhocratie semble clairement constituer la structure de *notre* époque.

AU-DELÀ DE CES CINQ CONFIGURATIONS

Dans cet article, on a fait allusion à plusieurs reprises à nos cinq configurations comme à des types purs ou idéaux. La question qui se pose alors est si on peut vraiment les trouver et où. Il est clair que chaque configuration reste une simplification qui ne rend pas justice à la réelle complexité de toutes les structures organisationnelles, même des plus simples. En ce sens, chaque phrase contenue dans notre description des configurations constitue une exagération (y compris celle-ci!). Toutefois notre propre lecture de la littérature sur le sujet suggère que dans de nombreux cas une des cinq poussées examinées précédemment peut dominer les quatre autres dans une organisation spécifique, ce qui a pour conséquence d'entraîner sa structure vers une configuration particulière. C'est probablement à la fois la recherche de l'harmonie structurelle et la situation qui poussent une organisation à favoriser un des types purs.

Évidemment, d'autres structures émergent également. Certaines semblent être en transition d'un type pur à un autre, en réponse à une situation nouvelle. D'autres présentent des structures que l'on peut décrire comme hybrides peut-être parce que des forces diverses les poussent vers des types purs différents. L'orchestre symphonique, par exemple, semble s'appuyer sur une combinaison à la fois de structure simple et de bureaucratie professionnelle : en effet, d'une part il engage des musiciens hautement formés et compte largement sur leurs qualifications pour produire sa musique, d'autre part il exige aussi un chef fort, quelquefois même autocratique, pour les souder dans une unité étroitement coordonnée. D'autres structures hybrides semblent être dysfonctionnelles ; c'est le cas de l'organisation qui, sitôt donnée à ses cadres intermédiaires une autonomie surbordonnée au contrôle de la performance, comme dans la forme décomposée, la reprend par la supervision directe, comme dans la structure simple. Ainsi, les systèmes scolaires, les forces de police et d'autres organisations semblables sont souvent forcés de centraliser le pouvoir de façon inappropriée à cause des contrôles externes qui leur sont imposés. Les bureaucraties professionnelles se transforment alors en bureaucraties mécaniques, au grand regret à la fois de l'opérateur et du client.

Le point principal n'est donc pas que les cinq configurations représentent une typologie pure et idéale, mais que l'ensemble qu'elles forment représente une structure conceptuelle que l'on peut utiliser pour mieux comprendre le comportement des organisations : comment les structures émergent, comment et pourquoi elles changent avec le temps et pourquoi certaines pathologies ont un effet sur la forme de certaines organisations.

En guise de conclusion

Existe-t-il une sixième configuration structurelle ? Jusqu'à présent l'arc-en-ciel n'a encore que cinq couleurs[8]. Mais il y a plus de cinq planètes. Nous semblons même être sur le point de reconnaître un sixième sens. Alors, pourquoi pas une sixième configuration ? Aussi longtemps, évidemment, qu'elle maintient l'harmonie de la théorie : elle doit posséder son propre système de coordination et une nouvelle sixième composante de l'organisation doit la dominer.

En fait, nous avons une organisation susceptible d'être cette sixième configuration. Sa coordination repose sur la socialisation, soit la standardisation des normes ; elle utilise l'endoctrinement comme élément structurel principal ; et sa composante dominante est l'idéologie, sixième composante de toute organisation, qui indique dans ce cas-ci une volonté missionnaire. La *configuration missionnaire* émergera peut-être comme la structure à la mode de l'âge postadhocratique[9].

Notes

(1) ***Dictionnaire des symboles***, sous la direction de Jean Chevalier avec la collaboration de Alain Gheerbrant, Robert Laffont, 1969, p. 208.

(2) Un troisième emploi du terme décentralisation se rapporte à la dispersion physique des services. Puisque ceci n'a rien à voir avec la dispersion du pouvoir décisionnel en soi, on ne peut le considérer ici comme un type de décentralisation. Le terme « concentration » est utilisé à la place, et est associé au groupement d'unités (c.-à-d., à la détermination de l'endroit où les unités de soutien sont regroupées).

(3) Pennings a trouvé de faibles corrélations entre les variables de l'environnement et les éléments de structure dans son étude des bureaux d'agents de change. Une exception importante touchait la complexité, qui montrait certaines corrélations significatives avec les mesures qui sont inhérentes à la décentralisation. Mais, parce que Pennings ne fit pas de distinction conceptuelle entre ses variables environnementales — il les considérait toutes comme étant « caractérisées par l'incertitude » (p. 394) — au lieu de conclure au soutien de cette hypothèse, il rejeta entièrement l'hypothèse de congruence.

(4) Au risque de mettre en cause ma crédibilité, j'aimerais indiquer que cette correspondance n'a pas été fabriquée. C'est seulement après avoir décidé des cinq configurations structurelles que j'ai été frappé par la correspondance avec les cinq mécanismes de coordination et les cinq composantes organisationnelles. Cependant, les cinq configurations m'ont suggéré une légère modification dans la typologie des cinq types de décentralisation (qui la rendait plus logique).

(5) Cette typologie est aussi compatible avec un certain nombre de typologies présentées par d'autres chercheurs. Par exemple, la structure simple suivie de la bureaucratie mécanique et de la forme décomposée en divisions corrrespond aux diverses théories « des étapes de croissance » (Starbuck, 1965 ; Filley et House, 1976 ; Chandler, 1962 ; Scott, 1971 ; Whyte, 1969), tandis que les quatre types fondamentaux d'organisations de Perrow (1970) correspondent à notre structure simple dans un environnement simple et dynamique, à notre bureaucratie mécanique dans un environnement simple et stable, à notre bureaucratie professionnelle dans un environnement complexe et stable, et à notre adhocratie dans un environnement complexe et dynamique. Segal (1974) et Van de Ven (1976) présentent des typologies tristructurelles qui correspondent à trois des nôtres, de même qu'à deux de celles de Lawrence et Lorsch (1967) et de Pugh *et al.* (1969a).

(6) Il est intéressant de noter que dans la critique que fait Simon (1957, p. 30) dans ***Administrative Behavior*** de l'ambiguïté propre à la distinction classique entre regroupement par processus ou par objectif, tous les exemples sont tirés d'un travail professionnel.

(7) « Limitée » signifie qu'identifier la décomposition en divisions à la « décentralisation », comme on le fait beaucoup dans la littérature, est simplement incorrect. En fait, comme Perrow (1974, p. 38) l'indique, l'exemple le plus célèbre de décomposition en divisions — celui de General Motors dans les années 1920 — était clairement un exemple d'une *centralisation* relative de la structure.

(8) En fait, diverses sources que j'ai consultées faisaient allusion à cinq, six et sept couleurs. J'ai même essayé de compter, mais il demeure une ambiguïté considérable dans l'exemple que j'ai choisi. De toute façon, l'arc-en-ciel a presque certainement le même nombre de couleurs qu'il a toujours eu.

(9) Cet article est tiré de *Structuring of Organizations : A Synthesis of the Research*, Prentice-Hall, 1979. L'auteur souhaite exprimer sa reconnaissance à Andy Van de Ven qui a commenté de façon élaborée et très utile une première version de cet article, et à Arie Lewin, parce que les éditeurs qui travaillent fort obtiennent rarement la reconnaissance qu'ils méritent.

Références

AZUMI, K. et McMILLAN, C.J. (1975) « Culture and Organizational Structure : A Comparison of Japanese and British Organizations », *International Studies of Management and Organization*, 5(1), p. 35-47.

BLAU, P.M. et SCHOENHERR, P.A. (1971) *The Structure of Organizations*, New York, Basic Books.

BLAU, P.M., FALBE, C.M., McKINLEY, W. et TRACY, D.K. (1978) « Technology and Organization in Manufacturing », *Administrative Science Quarterly*, vol. 21, p. 20-40.

BURNS, T. (1967) « The Comparative Study of Organization », *in* V. Vroom (édit.) *Methods of Organizational Research*, Presses de l'Université de Pittsburgh.

BURNS. T. et STALKER, G.M. (1966) *The Management of Innovation*, 2e éd., Londres, Tavistoci .

CHANDLER, A.D. (1962) *Strategy and Structure*, Cambridge, Mass., MIT Press.

CHANDLER, M.K. et SAYLES, L.B., (1971) *Managing Large Systems*, New York, Harper & Row.

CHANNC N, D.F. (1973) *The Strategy and Structure of British Enterprise*, Division of Research, Harvard Graduate School of Business Administration.

CHANNON, D.F. (1976) « Corporate Evolution in the Service Industries 1950-1974 », *in* _ Hannah (é dit.) *Corporate Strategy and Management Organization*, Londres, MacMillan.

CHILD, J. et KEISER, A. (1978) « Organization and Managerial Roles in British and West German Companies — An Examination of the Culture-Free Thesis », *in* C.J. Lamers et D.J. Hickson (édits). *Organizations Alike and Unlike*, Londres, Routledge and Kegan Paul.

CHILD, J. et MANSFIELD, R. (1972) « Technology, Size and Organization Structure », *Sociology*, p. 369-393.

CONRATH, D.W. (1973) « Communications Environment and Its Relationship to Organizational Structure », *Management Science Quarterly*, n° 2, p. 586-602.

CROZIER, M. (1966) *The Bureaucratic Phenomenon*, Presses de l'Université de Chicago.

DALL, E. (1952) *Planning and Developing the Company Organization Structure*, American Management Association.

DALTON, M. (1959) *Men Who Manage*, New York, John Wiley & Sons.

DILL, W.R. (1965) « Business Organizations », *in* J.G. March (édit.) *The Handbook of Organizations*, Rand McNally, chap. 25.

DUNCAN, R.B. (1973) « Multiple Decision-Making Structures in Adapting to Environmental Uncertainty : The Impact on Organizational Effectiveness », *Human Relations*, p. 273-291.

DYAS, G.P. et THANHEISER, H.T. (1976) *The Emerging European Enterprise : Strategy and Structure in French and German Industry*, Londres, MacMillan.

FAYOL, H. (1949) *General and Industrial Management*, Pitman ; d'abord publié en français en 1916.

FILLEY, A.C. et HOUSE, R.J. (1969) *Managerial Process and Organizational Behavior*, Glenview, Ill., Scott, Foresman ; aussi 2e éd., S. Kerr, 1976.

FOURAKER, L.E. et STOPFORD, J.M. (1968) « Organizational Structure and the Multinational Strategy », *Administrative Science Quarterly*, p. 47-64.

FRANKO, L.G. (1974) « The Move Toward a Multidivisional Structure in European Organizations », *Administrative Science Quarterly*, p. 493-506.

GALBRAITH, J.R. (1973) *Designing Complex Organizations*, Reading, Mass., Addison-Wesley.

GERTH, H.H. et MILLS, C.W. (édits) (1958) *From Max Weber : Essays in Sociology*, Presses de l'Université d'Oxford.

HAGE, J. et AIKEN, M. (1967) « Relationship of Centralization to Other Structural Properties », *Administrative Science Quarterly*, p. 72-92.

HAMBLIN, R.L. (1958) « Leadership and Crises », *Sociometry*, p. 322-335.

HARVEY, E. (1968) « Technology and the Structure of Organization », *American Sociological Review*, 33(2), p. 247-259.

HEYDEBRAND, W.V. (1973) « Autonomy, Complexity, and Non-bureaucratic Coordination in Professional Organization », *in* W.V. Heydebrand (édit.) *Comparative Organizations*, Englewood Cliffs, Prentice-Hall, p. 158-189.

HICKSON, D.J. (1966-1967) « A Convergence in Organization Theory », *Administrative Science Quarterly*, p. 224-237.

HICKSON, D.J., PUGH, D.S. et PHEYSEY, D.C. (1969) « Operations Technology and Organization Structure : An Empirical Reappraisal », *Administrative Science Quarterly* p. 378-379.

HLAVACEK, J.D. et THOMPSON, V.A. (1973) « Bureaucracy and New Product Innovation », *Academic Management Journal*, p. 361-372.

HOLDAWAY, E.A., NEWBERRY, J.F., HICKSON, D.J. et HERON, R.P. (1975) « Dimensions of Organizations in Complex Societies : The Educational Sector », *Administrative Science Quarterly*, p. 37-58.

HUNT, R.G. (1970) « Technology and Organization », *Academic Management Journal*, p. 235-252.

INKSON, J.H.K., PUGH, D.S. et HICKSON, D.J. (1970) « Organization, Context and Structure : An Abbreviated Replication », *Administrative Science Quarterly*, p. 318-329.

KHANDWALLA, P.N. (1971) « Report on the Influence of the Techno-Economic Environment on Firms' Organization », report of research findings presented to participating corporations in a study of organizational structure, McGill University.

KHANDWALLA, P.N. (1973) « Effect of Competition on the Structure of Top Management Control », *Academic Management Journal*, p. 481-495.

KHANDWALLA, P.N. (1974) « Mass Output Orientation of Operations Technology and Organizational Structure », *Administrative Science Quarterly*, 19, p. 74-97.

KHANDWALLA, P.N. (1977) *The Design of Organizations*, Harcourt, Brace, Jovanovich.

KIMBERLY, J.R. (1976) « Organizational Size and the Structuralist Perspective : A Review, Critique, and Proposal », *Administrative Science Quarterly*, p. 571-597.

KLATZKY, S.P. (1970) « Relationship of Organizational Size to Complexity and Coordination », *Administrative Science Quarterly*, p. 428-438.

LAWRENCE, P.R. et LORSCH, J.W. (1967) *Organization and Environment*, Homewood, Ill., Irwin.

OUCHI, W.G. et DOWLING, J.B. (1974) « Defining the Span of Control », *Administrative Science Quarterly*, p. 357-365.

PENNINGS, J.M. (1975) « The Relevance of the Structural-Contingency Model for Organizational Effectiveness », *Administrative Science Quarterly*, p. 393-410.

PERROW, C. (1970) *Organizational Analysis : A Sociological Review*, Belmont, Calif., Wadsworth.

PERROW, C. (1974) « Is Business Really Changing ? », *Organizational Dynamics*, été, p. 31-44.

PFEFFER, J. et LEBLEBICH, H. (1973-1974) « The Effect of Competition on Some Dimensions of Organizational Structure », *Social Forces*, p. 268-279.

PONDY, L.R. (1969) « Effects of Size, Complexity, and Ownership on Administrative Intensity », *Administrative Science Quarterly*, p. 47-60.

PUGH, D.S., HICKSON, D.J., HININGS, C.R. et TURNER, C. (1968) « Dimensions of Organization Structure », *Administrative Science Quarterly*, vol. 13, p. 65-105.

PUGH, D.S., HICKSON, D.J. et HININGS, C.R. (1969a) « An Empirical Taxonomy of Structures of Work Organizations », *Administrative Science Quarterly*, 14(1), p. 115-126.

PUGH, D.S., HICKSON, D.J., HININGS, C.R. et TURNER, C. (1969b) « The Context of Organization Structures », *Administrative Science Quarterly*, p. 91-114.

REIMANN, B.C. (1973) « On the Dimensions of Bureaucratic Structure : An Empirical Reappraisal », *Administrative Science Quarterly*, p. 462-476.

ROETHLISBERGER, F.J. et DICKSON, W.J. (1939) *Management and the Worker : An Account of a Research Program Conducted by the Western Electric Company, Hawthorne Works, Chicago*, Cambridge, Mass., Harvard University Press.

RUMELT, R.P. (1974) *Strategy, Structure, and Economic Performance*, Division of Research, Graduate School of Business Administration, Harvard University.

SAMUEL, Y. et MANNHEIM, B.F. (1970) « A Multidimensional Approach Toward a Typology of Bureaucracy », *Administrative Science Quarterly*, p. 216-228.

SCOTT, B.R. (1971) *Stages of Corporate Development, Part I*, working Paper, Harvard Business School, 14-371-294 ; BP993.

SEGAL, M. (1974) « Organization and Environment : A Typology of Adaptability and Structure », *Public Administration Review*, p. 212-220.

SIMON, H.A. (1957) *Administrative Behavior*, 2e éd., New York, MacMillan.

SPROULL, L.S. (1975) *Seminars on Organizations*, II(1), Stanford University Graduate School of Business, automne.

STARBUCK, N.H. (1965) « Organizational Growth and Development », *in* J.G. March (édit.) *Handbook of Organizations*, Chicago, Rand McNally, chap. 11.

STINCHCOMBE, A.L. (1965) « Social Structure and Organizations », *in* J.G. March (édit.) *Handbook of Organizations*, Chicago, Rand McNally, chap. 4.

STOPFORD, J.M. et WELLS, L.T. Jr (1972) *Managing the Multinational Enterprise : Organization of the Firm and Ownership of the Subsidiaries*, New York, Basic Books.

THOMPSON, J.D. (1967) *Organizations in Action*, New York, McGraw-Hill.

UDY, S.H. (1959) *Organization of Work*, New Haven, Conn., HRAF Press.

UDY, S.J. Jr (1965) « The Comparative Analysis of Organization », *in* J.G. March (édit.) *Handbook of Organizations*, Rand McNally, chap. 16.

VAN DE VEN, A.H. (1976) « A Framework for Organizational Assessment », *Academic Management Review*, p. 64-78.

WHYTE, W.F. (1969) *Organizational Behavior : Theory and Application*, Georgetown, Irwin-Dorsey.

WOODWARD, J. (1965) *Industrial Organization : Theory and Practice*, Londres, Oxford University Press.

WRIGLEY, L. (1970) *Diversification and Divisional Autonomy*, D.B.A. thesis, Harvard Business School.

Les interrelations des actions formelles et informelles*

par Melville Dalton

LA DIMENSION CACHÉE DES ORGANISATIONS

[...] Cerner une organisation est une tâche plus difficile qu'il n'y paraît à première vue. Quand on considère l'ensemble de son personnel, savoir à partir d'*où* et à partir de *quand* une organisation existe n'est pas un problème simple. Les mutiples actions et les nombreux liens qu'elle entretient avec d'autres firmes aussi bien qu'avec la communauté font qu'il est difficile de préciser ses contours. Et puisqu'elle existe sous une forme non officielle, avant sa naissance formelle de même qu'après sa mort officielle, ce n'est pas une simple question académique que de chercher à savoir de façon précise à quel moment elle existe et à quel moment elle n'existe pas.

En dépit du côté à la fois futile et séduisant de cette question, permettez-nous néanmoins d'éviter la métaphysique et de présumer que lorsqu'une organisation planifiée ou formelle commence à fonctionner, elle fonctionne bel et bien comme ses fondateurs l'ont espéré. Mais cela dure peu, car les organisations ne peuvent pas continuer à vivre en vase clos selon leurs croyances, leurs méthodes et leurs buts premiers. Dans un monde en changement, les organisations deviennent jusqu'à un certain point périmées, et elles doivent fonctionner avec un minimum de succès pour survivre[1]. Cette condition, ajoutée à d'autres facteurs comme la division du travail, l'identification départementale, l'ambition personnelle, le taux de roulement du personnel, etc., suscite de nombreux aspects informels au sein de l'organisation, qui sont plus ou moins proches des méthodes et des objectifs. En conséquence, la lettre de la règle doit être parfois violée pour préserver l'esprit[2].

---

* Traduit de : DALTON, M. « The Interconnections of Formal and Informal Action », *in* **Men Who Manage**, New York, John Wiley & Sons, 1959, p. 222 à 232. Reproduit avec la permission de Melville Dalton (1984).

Pendant des siècles, de nombreux observateurs et leaders ont noté des différences entre le comportement formel et le comportement informel au sein des organisations. Le fait que l'on continue aujourd'hui ces distinctions sous des appellations variées montre qu'on est en présence d'un phénomène apparemment universel. Depuis au moins l'époque de César Auguste[3], ces distinctions ont été reconnues et se sont incarnées dans les termes *de jure* (de droit) et *de facto* (de fait), termes qui sont à peu près équivalents aux plus contemporains *légal* ou *officiel* et *réel* mais *non officiel*. Aujourd'hui, dans l'industrie et les affaires, on entend cette même signification sous les expressions « administration versus politique », « théorie versus pratique », « paperasserie administrative versus relations de travail », « imagination versus faits », etc. Dans d'autres cercles, les concepts tournent autour de « idéal–réel », « planifié–non planifié », « contrôlé–spontané », « ouvert–fermé », « mythe–réalité », « officiel–social », « règle–coutume », « formel–social », « respectable–secret »[4], « autorité hiérarchique–autorité fonctionnelle »[5], « structure manifeste–structure latente »[6].

Dans les premiers chapitres[7], nous avons évidemment utilisé de tels couples de concepts, par exemple « formel–informel » et « officiel–non officiel », où « formel » et « officiel » ont la signification qu'on leur accorde habituellement, et « informel » et « non officiel » font référence aux liens spontanés et souples qui existent entre les membres d'une organisation, guidés par des sentiments et des intérêts personnels indispensables au fonctionnement de l'organisation formelle, mais trop fluides pour être complètement formalisés. Cependant, toutes ces expressions déforment et simplifient la réalité, et la grande erreur réside dans le fait qu'on confond souvent ces termes avec la réalité. C'est un phénomène auquel nous n'échapperons pas nous-mêmes, dans une certaine mesure, les contraintes d'espace nous interdisant d'étudier en profondeur les relations et les différences qui peuvent exister entre les actions formelles et informelles. Si de tels efforts peuvent apporter une contribution valable à la connaissance des organisations, ils ne font souvent, malheureusement, que satisfaire l'intérêt exceptionnel des étudiants pour les exercices intellectuels, tout en permettant à l'auteur de se laisser aller à une démonstration de pure logique devant un public choisi. De telles analyses répugnent à ceux qui sont responsables d'agir concrètement en situation de crise. Ces derniers accusent rapidement le chercheur généraliste « d'être dans les nuages », et d'être « un de ces intellectuels qui n'écrit que pour ses collègues ».

Malgré cette piètre opinion qu'ils peuvent avoir du chercheur, les cadres eux-mêmes rencontrent inévitablement ce problème quand ils doivent faire face aux lacunes des règlements et aux échecs de la planification. Adoptant un langage familier pour parler d'une erreur typique que l'on commet à propos des contremaîtres, Stein[8], dans une analyse éclairante, déplora l'influence des dynamiques sociales de l'usine sur la description des tâches :

« À la vitesse où vont les choses, il est impossible d'avoir une description précise des tâches. Elle doit être revue chaque jour. Les choses changent trop vite. Le marché change, votre personnel change, les relations avec le syndicat changent. Le siège social réorganise sans cesse le fonctionnement. Les conseillers se creusent sans arrêt la tête pour trouver des améliorations d'un genre ou d'un autre. Les gens luttent sans cesse pour des promotions et quand ils les obtiennent, ils remplissent tous les mêmes tâches de façon différente — il n'y a pas deux hommes qui accomplissent une tâche de façon semblable. Des changements technologiques surviennent tout le temps. Cela bouleverse sans cesse la planification. Vous ne pouvez pas trop insister sur le fait que les hommes ne remplissent pas leurs tâches de la même manière. Un homme donné, pour une tâche donnée, change ses façons de faire. Comme tout le monde, il subit toujours la pression pour que les choses soient faites ; aussi recherche-t-il toujours des raccourcis. Nous n'avons aucune chance de standardiser les raccourcis parce qu'ils changent trop vite. Alors il y a toujours un ensemble de choses cachées et les gens font tout pour les dissimuler. Chacun prend garde à soi et désire faire les choses à sa façon. S'il fait une erreur, il la dissimule. Je reviens au même point —vous ne pouvez dissocier la tâche de l'homme qui l'exécute. Un homme prendra toujours des initiatives et il essaiera toujours de faire beaucoup de choses — il essaiera d'avoir plus d'autorité qu'il en a. Il courra après les ennuis tout en entraînant son patron avec lui. Un autre homme ne peut faire une chose sans en avertir son patron. Prenez Svendsen, par exemple. Il descend pour voir Hardy à propos de tout et de rien. S'il sent que l'on a besoin de quatre ventilateurs dans son service, et bien il court chez Hardy pour en discuter ; quelle insignifiance ! Si j'avais son poste et que j'étais certain que le service ait besoin de quelque chose, je le commanderais ! Mais vous voyez, il n'y a pas deux personnes qui remplissent une tâche de la même façon. Votre contremaître est à peu près le seul homme au niveau de la supervision qui ait une tâche claire et nette. (*sic*) »

L'évolution en général, et la relation entre le visible et le caché dans le comportement humain, ne sont pas des questions nouvelles. On peut revenir à Héraclite, au VIe s. av. J.-C., pour trouver des idées utiles à la théorisation des organisations en mouvement. Par analogie, sa réflexion sur le lien inhérent entre la théorie et la pratique est applicable aux organisations. Il a montré, par exemple, que le conflit et la lutte sont indispensables, que l'harmonie n'est qu'une tension entre contraires sans que l'un ne prenne le pas sur l'autre, mais tous deux étant nécessaires. Il avança ultérieurement le principe, soutenu aujourd'hui par la science moderne, que toutes les choses se trouvent dans un état d'échange dynamique. Présentant la réalité comme une tension et une interrelation, il considérait la stabilité plus comme une condition, ou comme un processus, que comme une substance[9]. Barnard dit à peu près la même chose à propos des organisations en affirmant que le formel et l'informel sont « des aspects interdépendants du même phénomène »[10].

Mais ce n'est probablement qu'avec l'historien observateur participant Thucydides et son *Histoire de la guerre du Péloponèse* (entre Athènes et Sparte et leurs alliés, 431 à 404 av. J.-C.)[11] que l'étude des relations entre les apparences et les intentions au sein des organisations et des groupes a véritablement vu le jour pour la première fois dans l'histoire.

Dans le livre 5 de *La Politique*[12], Aristote montre également de façon implicite les liens qui unissent fortement les actions officielles et non officielles quand il cherche à identifier les causes de passages d'une forme de gouvernement à une autre, et énumère des techniques pour maintenir une monarchie au pouvoir.

Bien qu'amplement condamné pour les propos amoraux de ses écrits, Machiavel, quelque 1800 années plus tard, abordera ces interrelations dans le Discours n° 6 des *Discours*[13] : « À propos des conspirations ».

Dans le même ordre d'idées, Francis Bacon, circulant dans les hautes sphères de la société et ayant d'excellentes occasions d'y participer — avant d'être pris, condamné, emprisonné, et gracié pour sa conduite déviante —, analysa implicitement la relation entre les actions formelles et informelles. On les retrouve exposées dans ses essais, « Du conseil », « De la négociation », et « Des disciples et des amis ».

Aux environs de 1788, James Madison eut un commentaire sur l'existence de telles interrelations en notant le caractère inéluctable des factions :

> « Les théoriciens de la politique qui ont défendu ce genre de gouvernement [la démocratie idéale] ont supposé à tort qu'en rendant les hommes égaux dans leurs droits politiques, ils le deviendraient en même temps dans leurs biens, leurs opinions et leurs passions. [...] Nous en arrivons donc à la conclusion que les causes de factions ne peuvent être éliminées et qu'une solution ne peut être trouvée que dans les moyens mis en place pour contrôler ses effets. »[14]

Évidemment, avant et après Madison, des dizaines d'écrivains tels que Lucien, Juvenal, Molière, Voltaire, Swift, Ibsen, Shaw, etc. ont fait l'analyse ou la satire des comportements sociaux. Nous avons nous-mêmes déjà eu l'occasion de faire référence à l'ouvrage *Du patronage et de la vantardise*, dans lequel William Hazlitt anticipe par près d'un siècle un des thèmes favoris de Veblen. Et Joyce Cary mourant ne défendait-il pas encore récemment « le choix et les accommodements en matière de vérité » des politiciens, au cours d'une analyse portant sur les conflits et les échappatoires sociaux[15].

LES NOTIONS DE FORMEL ET D'INFORMEL

Toutefois, l'intérêt systématique pour les notions de « formel » et « d'informel » dans les organisations ne débuta vraiment qu'avec la théorie de Barnard[16] exposée en 1938. Celle-ci fut renforcée par les données de Roethlisberger et Dickson[17] l'année suivante, qui renvoyaient surtout à l'existence d'activités informelles chez les travailleurs étudiés. Depuis, ces termes ont été couramment employés par les sociologues et par de nombreux autres chercheurs[18]. Cependant, les récentes prises de position et les recherches contemporaines ont montré que des relations multiples, soumises à une interaction et à un changement continuels, deviennent trop dynamiques pour être entièrement saisies par un tel système conceptuel. Les chercheurs sont de plus en plus conscients qu'il s'agit là du même genre de piège que les oppositions « forme versus substance », « individualisme versus collectivisme », « romantisme versus classicisme ». Si le schéma formel—informel est utile, il reste cependant inadéquat pour aborder tous les aspects du comportement dont nous avons parlé. En effet, une confiance exclusive dans cette dualité ne tient pas compte de toutes les zones grises où il existe des « mélanges », et où de nouvelles actions formelles et informelles s'instituent mystérieusement. Bien qu'il soit impossible d'aborder ces zones concrètement, nous devrions au moins reconnaître qu'il existe de nombreuses relations concurrentes, interreliées ou non, dont l'importance est plus ou moins grande pour l'organisation.

Le terme *informel* est en effet devenu de nos jours particulièrement problématique dans les organisations. Pour certains, il ne renvoie qu'à la conspiration. Et quand il est utilisé comme pôle d'une dualité, il est difficile de dire quand l'informel finit et quand le *formel* commence. L'acception est en effet si large qu'elle nécessite le plus souvent une délimitation et une redéfinition. Si « informel » signifie « interrelié fonctionnellement au formel », cela suppose une connaissance complète des attentes formelles du groupe informel étudié. Or ceci mérite réflexion.

Probablement sous l'influence des études portant sur les ralentissements du travail utilisés comme mécanisme de défense informel par les ouvriers, les sentiments moraux de certains s'enflamment en raison de leur expérience avec le terme en question. Ils pensent tout de suite au « travail payé mais non effectué », à « l'absence de lutte ouverte », etc. De façon répétée, mes étudiants provenant de disciplines différentes posent des questions sur les distinctions entre, d'un côté l'informel, et de l'autre l'intrigue, le complot, les couvertures, « ou tout autre comportement douteux ». Ils ont besoin d'informations pour être capables de voir que l'action informelle peut agir dans d'autres occasions : pour changer et préserver l'organisation, pour protéger les individus vulnérables, pour punir ceux qui se trompent et récompenser les autres, pour recruter du nouveau personnel et pour maintenir la dignité des structures formelles, aussi bien que pour perpétuer les luttes de pouvoir ou pour atteindre des buts que nous désapprouvons tous.

En deuxième lieu, quand une clique est reconnue ou que les réseaux sont identifiés et que tous comptent sur eux, ou encore quand la haute administration tient compte d'une telle clique ou d'une telle pratique dans l'élaboration de ses politiques, l'informel a tendance à se formaliser dans la plupart des cas. Lorsque tous l'utilisent et qu'il lui manque seulement une reconnaissance officielle [19], il serait plus correct de le qualifier de *non officiel* plutôt que d'informel.

Troisièmement, on peut considérer l'organisation informelle comme le fait Barnard, c'est-à-dire comme une association fortuite ou accidentelle n'ayant aucun projet [20], mais cette distinction, en incluant certaines histoires et des petits propos de tous genres, confine beaucoup trop le terme à une « clique spontanée ». Si de telles associations accidentelles peuvent servir de base à des activités ultérieures de coopération, c'est toujours en relation avec les agents de socialisation qui, de façon calculée, ont à l'intérieur de l'organisation d'autres objectifs en tête. Aussi, si nous voulons mettre davantage l'accent sur les *liens* entre le formel et l'informel, nous devons considérer beaucoup plus que les éléments de base potentiels à une activité commune ; nous devons considérer l'activité elle-même. Quant à nous, c'est cette action largement consciente que nous désignons par « informel ».

Enfin, quand on utilise le terme « informel » pour désigner la contrepartie nécessaire du « formel », cela a pour conséquence que ces deux termes s'associent et s'équilibrent l'un l'autre, et que ceux qui participent à l'activité informelle sont conscients des attentes formelles. C'est une conception simpliste d'un comportement humain. Comme nous l'avons vu, il ne semble pas réaliste de présumer que tous les cadres d'une entreprise ont une complète connaissance des attentes formelles puisque : 1) il existe toujours un écart oscillant et instable entre les influences officielles et réelles des membres ; 2) les membres plus engagés ne partagent pas nécessairement leurs secrets avec les membres périphériques ; 3) certaines directives sans objet ne sont connues que d'une minorité, l'objectif officiel formel n'étant quant à lui connu de tous que d'une manière très générale. Par exemple, un changement de politique est souvent caché aux subordonnés de peur qu'ils réagissent défavorablement. De plus dans certaines entreprises, les procédures, les demandes de la clientèle, etc., peuvent changer si rapidement que les employés situés aux échelons intermédiaires et inférieurs n'ont qu'une connaissance partielle des attentes formelles. Il existe également des actions aveugles et indifférentes au sein de l'organisation, qui se situent en dehors de ce schéma simpliste.

Ces critiques ne sont pas là pour rejeter la dualité « formel–informel », « officiel–non officiel », etc., mais pour bien souligner leurs limites et montrer le besoin d'étudier ce qui se passe réellement.

LE FORMEL ET L'INFORMEL EN TANT QU'ASPECTS D'UNE ORGANISATION

Les spécialistes évaluent différemment ces deux aspects de l'activité humaine. Un bref commentaire sur les mérites attribués à chacun d'eux, ou à celui qu'on étudie le plus, est cependant nécessaire avant de parler de la façon dont les deux interagissent.

Pour Dimock, l'approche mécanique et l'approche psychologique correspondent à ce que nous appelons respectivement l'officiel et le non officiel[21]. Étant donné que ces deux éléments participent à la constitution de l'activité des organisations, Dimock exige donc un effort supplémentaire pour les relier. Il fait remarquer qu'insister sur l'officiel peut engendrer « des problèmes psychologiques » chez l'individu. Quand l'organisation essaie de contrôler totalement l'incertitude, on lui affuble généralement le qualificatif péjoratif de « bureaucratie ». Selon lui, une telle « routine est l'équivalent institutionnel de l'introversion personnelle »[22]. Naguère, le sociologue Tönnies [23] niait déjà implicitement la possibilité d'une structure purement officielle ou planifiée, et Urwick ridiculisait l'accent mis sur « les canaux officiels ». Si ce dernier admettait par ailleurs leur nécessité, il les voyait là juste « pour la forme », sauf dans le cas d'un changement de direction ou dans le cas d'une rupture des « bonnes relations ». En règle générale, seul un simple d'esprit peut penser qu'une collaboration efficace ne peut être obtenue que par l'intermédiaire d'une procédure formelle[24]. Dans le même sens, Stryker affirme que la « fiction » selon laquelle le président « dirige » l'entreprise est construite sur le respect que la direction a des relations formelles. Les administrateurs expérimentés savent que les choses se font de façon informelle, et que l'informel constitue pour l'administration à la fois « l'actif immatériel le plus important » et « le plus délicat secret de Polichinelle »[25].

Donham, Roethlisberger, Mayo, Whitehead, Homans et d'autres[26] ont beaucoup insisté sur les mérites de l'informel. Un cadre apprécie l'informel parce qu'il peut l'intégrer dans la routine quotidienne sans l'officialiser. Cela lui permet d'atteindre des buts non officiels sans soulever de discussions[27].

Comme pour le formel, on peut mettre l'accent sur les aspects informels. C'est ainsi que certains groupes peuvent faire de la communication informelle une fin en soi. Là où cela arrive, on peut voir la procédure formelle comme un mal qui n'est même pas nécessaire. L'informel prend alors une telle importance que les repas pris à l'intérieur de l'usine et la socialisation hors de l'usine peuvent devenir les principaux moyens de communication. Comme l'a remarqué Willkie[28], la facilité à organiser des soirées, en tant que moyen idéal pour élaborer une politique, devient une condition informelle nécessaire à son acceptation.

Certains chercheurs accentuent implicitement l'importance de l'organisation formelle, en concédant qu'« il y a toujours un minimum »[29] d'activité informelle au sein des organisations, qu'on le veuille ou non.

Ceux qui considèrent la bureaucratie comme une structure administrative destinée à accélérer scientifiquement le mouvement vers des buts précis, mettent davantage l'accent, évidemment, sur les aspects formels[30]. En plus de leurs analyses et de celles de Barnard, de Urwick et de Dimock, le poids des aspects formels dans la pratique organisationnelle est clairement démontré par l'absence de discussion sur les questions de délégation et par les raffinements accompagnant ladite délégation d'autorité.

L'ACTION FORMELLE ET INFORMELLE

Par exemple, on a observé[31] comment Rees, le chef des relations industrielles chez Milo, espérait encourager les contremaîtres en leur donnant l'impression d'être tout à fait indépendants, alors que c'était lui qui, de manière informelle, prenait les décisions. Les rédacteurs de **Fortune**[32] citent des cas similaires, dans de grandes entreprises, de communications subtiles, « voire inconscientes », entre les cadres de niveau supérieur et ceux de niveau inférieur qui habilitent ces derniers à prendre « les bonnes décisions ». Ainsi, les cadres subordonnés « préservent leur ego » en ayant une apparence d'autorité, tandis que les dirigeants continuent de prendre les véritables décisions.

Une étude anglaise a également montré le poids qu'exerce l'organisation formelle, même quand les hauts placés cherchent à partager leur autorité. Le « directeur général » d'une usine, qui avait longtemps essayé « d'élever le niveau de participation démocratique », a découvert par la suite que les cadres subordonnés étaient prêts à interpréter une soudaine délégation d'autorité — leur permettant d'agir entièrement à leur guise — comme une punition dissimulée et comme une tentative de la part de leur supérieur d'abdiquer ses responsabilités[33].

Shartle, quant à lui, attribue ironiquement des avantages à un formalisme excessif, par exemple quand « la paperasserie administrative » ralentit l'action qui, selon l'avis d'un certain service, devrait être retardée, ou quand elle empêche l'interférence avec un programme à exécuter rapidement[34].

Ces façons de voir conflictuelles illustrent bien le fossé qui peut se développer entre le formel et l'informel. Cependant, Emmerich croit que ces deux aspects « sont si intimement liés que la tentative de les dissocier peut être aussi erronée que la tendance plus nouvelle à les considérer comme équivalents »[35].

En d'autres mots, d'aucuns voient le problème comme une coupure entre le formel et l'informel et proposent, comme solution, leur *intégration*. Urwick, par exemple, parle d'une réorganisation, ou d'une « évolution continuelle », qui doit être constamment guidée par l'appareil permanent mis au point à cet effet[36]. Van Der Schroeff et Vonk parlent de la même façon lorsqu'ils évoquent « un état perpétuel de développement »[37].

L'INTERRELATION ENTRE LE FORMEL ET L'INFORMEL

Toutes ces discussions sur les activités officielles et informelles dans la dynamique, le développement, la réorganisation et l'évolution de l'organisation n'abordent pas, il faut encore le répéter, l'interrelation entre le formel et l'informel. Malgré les difficultés inhérentes à ce genre d'étude, nous devons nous concentrer davantage sur les interconnexions entre le formel et le non-officiel quand ils se dissocient l'un de l'autre, s'affrontent ou remplissent irrégulièrement leurs fonctions[38]. Bien que ces relations soient parfois influencées par des facteurs économiques, individuels, voire par le hasard, nous avons déjà vu de nombreuses interrelations surgir de ce désordre ordonné...

Les principaux éléments et mécanismes qui relient le formel et l'informel et qui leur permettent de maintenir l'action sont les suivants : 1) les réunions officielles, 2) l'ordre donné par le supérieur à ses subordonnés pour qu'ils accomplissent une action non officielle, 3) les requêtes informelles des subordonnés pour obtenir l'autorisation de s'engager dans des actions spécifiques non officielles, 4) les rôles de transition, 5) le recours aux justifications toutes faites, 6) l'emploi d'« agents de liaison », et 7) l'adoption — admise ou non — par le formel de pratiques non officielles très répandues qui ont fait leurs preuves ou sont devenues un fait accompli.

Les réunions

Comme nous le savons tous, les conférences peuvent servir à d'autres fins qu'à échanger des propos officiels. Ce n'est un secret pour personne que les réunions périodiques dans les milieux des affaires et de l'industrie ressemblent parfois aux assemblées parlementaires[39].

Les luttes politiques internes du monde des affaires et de l'industrie étant par ailleurs largement occultées ou devant rester secrètes, il est clair que l'effervescence des activités non officielles peut être parfois plus intense qu'au cours des activités parlementaires[40]. C'est ainsi que pour les échelons inférieurs de l'organisation, les réunions sont souvent le théâtre d'escarmouches exploratoires, d'allusions autoritaires envers les écarts de conduite, l'occasion d'étudier des mouvements du visage et des inflexions de la voix, pour saisir ce qui se passe et pour vérifier certaines intuitions, etc. La rencontre formelle est le lieu de fronts où des courants d'action sans orientation précise, déviants ou dominants émergent pendant un moment, de façon superficielle pour certains, de façon émotive pour d'autres. Si tous quittent la réunion avec de nouvelles idées pour poursuivre des voies plus ou moins modifiées, il y a cependant rarement unanimité.

Dans ces réunions on retrouve plusieurs cadres qui sont là pour résoudre des problèmes occasionnés par leurs propres activités informelles, auxquelles ils sont liés naturellement. À la réunion, ils peuvent apprendre — comme le firent les conseillers de Milo en transformant leurs repas en réunions — jusqu'à quel point leur problème est connu des autres participants, et ils peuvent tirer avantage des réponses aux questions épineuses qu'ils se posent. Les conversations avant et après les réunions avec les membres de la clique tiennent compte de ces réponses. Quand l'écart entre les aspects formels et informels s'élargit, certains cadres cherchent à résoudre leurs problèmes par des réunions, tentant ainsi d'échapper à l'engagement qu'implique l'écrit. Nous l'avons vu au chapitre 5[41]. Si cela permet aux esprits indépendants et aux tacticiens de s'exprimer plus facilement, cela suscite par ailleurs de la crainte chez ceux qui subissent les règles[42]. L'« équilibre » existant entre les actions formelles et informelles est en partie remis en question par les variantes au sein de ces deux types d'individus. C'est la raison pour laquelle on choisit, jusqu'à un certain point, les nouveaux venus en fonction de leur capacité à s'ajuster à cet équilibre.

Le temps total passé en réunion peut nous donner une idée à la fois de la rapidité du changement et de l'intensité de l'interaction qui existe entre le formel et l'informel ; il peut aussi, évidemment, nous renseigner sur le manque d'assurance dans les décisions de ceux qui convoquent des réunions. À Milo et à Fruhling, on retrouvait de neuf à plus d'une douzaine de réunions périodiques différentes. Les chefs de service passaient environ six heures par jour en conférences. L'interaction entre les aspects formels et informels se retrouvait surtout lors des réunions portant sur la politique générale, la planification de la production, les relations staff—line et les questions financières. Les rapports et les accords apparemment définitifs qui en résultaient n'étaient souvent que provisoires. Quand ils étaient sujets de désapprobation et de rejet à des niveaux plus élevés de la hiérarchie ou encore de la part d'individus « puissants », les rapports perdaient leur caractère officiel étant donné qu'on exigeait souvent qu'ils soient carrément écrits au crayon — une précaution supplémentaire pour que le jeu des intérêts puisse toujours faire l'objet de révisions et « d'analyses graphologiques ».

L'action non officielle ordonnée

Dans des situations d'urgence ou inhabituelles, les échelons élevés de la hiérarchie peuvent exiger de la part des subordonnés une action non officielle limitée, et même illégale. [...] Cependant, quand l'exigence englobe un personnel trop nombreux, on peut assister à des désordres moraux. [...] Une exigence restreinte, limitée à un personnel qui a fait ses preuves est un phénomène plus répandu et plus sûr pour atteindre des buts formels sans porter atteinte à la dignité des personnes. Le changement organisationnel nécessaire introduit de cette façon se mêle ainsi peu à peu à l'activité en cours.

Les déviations autorisées

Lorsque la camaraderie est assez forte pour que les subordonnés ne craignent pas une sanction non officielle de la part des supérieurs, ils peuvent demander la permission de résoudre certains problèmes de façon informelle. [...] Évidemment, cela peut avoir des effets sur la production. Dans de nombreux cas moins importants, le formel et l'informel peuvent être reliés de façon analogue sans que le formel en souffre. Par exemple, la négociation entre services, la récompense — ou même la punition — d'un individu avec qui l'on doit vivre, le maniement de certaines questions touchant les relations usine—communauté, etc., se trouvent simplifiés par l'accord, et quelquefois la coopération de la direction, quoique le supérieur immédiat, dans d'autres cas, puisse préférer demeurer officiellement ignorant[43].

Les actions informelles exigées ou autorisées sont la plupart du temps suivies de rapports officiels qui viennent couvrir ces actions, et qui les transforment ainsi en « ordres purement factices ». Bien sûr, l'intention n'est habituellement connue que des personnes directement concernées. Un ordre factice peut constituer un voile temporaire dans le but de couvrir une action délibérée ; ou il peut jouer le rôle d'un substitut occasionnel et même devenir quasi permanent quand les conditions montrent que l'abandonner entraînerait des problèmes plus graves. Des ordres factices peuvent aussi être expédiés à des niveaux inférieurs pour menacer les formalistes ou pour aller dans le sens de la procédure disciplinaire établie. [...]

Le rôle de transition

Les « ordres factices » sont en relation avec les rôles de transition non officiels. De façon générale, on peut affirmer que l'influence accumulée à partir de tels rôles est peu de chose en comparaison de celle provenant de facteurs qu'ils peuvent amener. Habituellement, ces rôles proviennent de fonctionnements défectueux, qui peuvent avoir été provoqués par une action informelle ; ils sont établis pour faire avancer le travail et concilier des objectifs vagues. Ils peuvent être instaurés par des ordres officieux, ou créés par l'action volontaire d'un cadre qui désire expérimenter quelque chose de nouveau, activer une action en cours, ou qui rassemble des tâches que les autres ont négligées — ou encore qu'ils connaissent et désirent éviter. Dans tous les cas, il s'agit d'une personne détenant un rôle officiel, qui remplit des fonctions « temporaires » [...] qui par la suite deviennent plus importantes que prévues. Cette personne peut devenir si qualifiée dans ces fonctions officieuses qu'elle en vient à négliger sa contribution officielle. S'identifiant à cette fonction, elle peut y être maintenue sans changements officiels. Si elle réclame une rémunération, elle peut ou non la recevoir, mais alors la fonction se formalisera et quelqu'un remplira le rôle.

Lorsque cette interrelation étroite de l'informel et du formel conduit à un changement officiel, le rôle formel peut tout simplement être élargi afin d'inclure les fonctions informelles, sans aucun changement officiel, et ce selon les compétences de la personne remplissant le rôle en question.

Les justifications toutes faites

Les réunions ne sont qu'un des lieux où s'instituent des relations entre le formel et l'informel. Les conflits, les ruptures, les intérêts globaux et spécifiques, l'action des personnes peu intéressées et partiellement impliquées s'entremêlent aux mécanismes de défense provisoire préétablis[44] pour dissimuler une grande partie de ce qui se passe à l'intérieur et à l'extérieur des réunions.

Puisque l'intégrité du formel doit être préservée, le fossé entre le formel et l'informel doit se situer à l'intérieur d'un degré de tolérance. Là où le personnel doit s'écarter des attentes (il s'agit de déviances volontaires ou tacitement exigées quand on les compare aux déviances commandées ou encouragées), il se sent obligé d'avoir sous la main des explications toutes faites. Le cadre qui se heurte à des irrégularités dont il n'est pas responsable, et que certaines personnes non impliquées connaissent, doit faire un rapport et doit exiger une explication. Il ne peut pas dire à *chacun* : « Faites ce que vous voulez mais faites en sorte que je ne vous vois pas. » Dans de nombreux cas, il doit agir suivant ce qu'il sait ou, comme nous l'avons remarqué à maintes reprises, feindre l'ignorance. Parce qu'il n'aime pas avoir à agir quand ses subordonnés peuvent aisément l'en dispenser, ceux-ci, comme dans le cas d'une clique verticale très unie, se chargent généralement de sauver les apparences. Évidemment, les subordonnés, tout comme leur supérieur, ont intérêt à protéger les aspects formels[45] de l'organisation.

Par crainte de s'aliéner un supérieur susceptible, mais aussi pour le protéger, les subordonnés développent des explications logiques pour couvrir des actions irrégulières mais qui sont essentielles. Il ne s'agit pas nécessairement de défier le système. L'action peut aussi cacher l'amorce d'une nouvelle procédure qui n'est pas encore au point. Si les mécanismes de défense peuvent se révéler des moyens détournés pour épargner du temps et économiser des ressources limitées, ils exigent par ailleurs un excellent jugement dans leur utilisation. C'est pour cette raison qu'ils ne peuvent jamais être adoptés comme pratique courante. La justification peut aussi masquer un obstacle interdit. Dans tous les cas, si le cadre concerné n'affiche pas l'utilisation de cet expédient, il s'empressera en revanche de préparer une justification. S'il était découvert et questionné par son chef, sa réponse convaincante leur épargnerait un embarras mutuel. Les justifications peuvent évidemment devenir des prétextes[46] pour masquer les mauvaises actions.

Les mécanismes de défense peuvent être utilisés par un individu ou par un groupe. Certains supérieurs n'hésitent pas à encourager ouvertement les idées et les déviances constructives. Mais lorsque les rivalités individuelles sont fortes au sein d'un groupe, ou lorsque le supérieur « ne veut pas de problèmes », la déviance, malgré l'intérêt qu'elle présente, peut demeurer secrète, être utilisée de façon privée, découragée ou sérieusement combattue. Lorsqu'aucune question concernant le changement ou le progrès de l'entreprise ne mobilise les déviants, ils peuvent en revanche « rêver en couleurs » ou « utiliser des réponses toutes faites ». Nous assistons à un comportement comparable à celui des cadres qui se préparent à affronter les effets des rapports de conseillers externes[47].

Au fur et à mesure que le domaine en question devient plus individuel que collectif, l'interrelation entre le formel et l'informel diminue et les mécanismes de défense peuvent devenir de simples subterfuges personnels, par exemple lorsqu'un subordonné ambitieux et quémandeur supplie son chef obligeant, au moyen de prétextes convaincants, de prévoir les objections des autres pour les faveurs qu'il reçoit. Cependant, en maintenant des apparences harmonieuses, tous les services et les cadres clés doivent parfois épuiser leurs justifications et avoir recours à certains prétextes. Entre autres choses, c'est une pratique évidente de la plupart des services de masquer celles de leurs activités qui sont en contradiction avec la logique de l'entreprise. Une connaissance incomplète des pratiques qui ont cours dans les autres services oblige tout département à adopter un ensemble de prétextes pour faire face aux critiques et ainsi pouvoir contrôler, jusqu'à un certain point, les autres services et gagner leur appui le cas échéant.

Les agents de liaison

Toute entreprise possède ses propres forces destructives qui sont alimentées par des points de vue différents, par des disputes autour de la « reconnaissance due », par la peur que les supérieurs punissent secrète-

ment ceux qui s'opposent à eux, et par la mise à l'écart de certaines personnes compétentes à l'occasion de décisions, et ce en raison de conflits
de personnalité.

De telles conditions entraînent généralement l'acceptation[48] feinte
des directives par les mécontents qui peuvent limiter leur implication et
même résister. Dans les deux cas, on peut dire — trop simplement — que le
formel provoque l'informel et que le non officiel réagit. Mais quand les problèmes grossissent et deviennent insolubles, la dignité officielle et la communication peuvent en souffrir. Les compromis et l'espoir de sauver la face
conduisent alors à la communication par personne interposée.

Nous remarquions précédemment les efforts anonymes que faisaient
des individus insatisfaits pour communiquer une information supposément
importante par téléphone ou par lettre aux cadres plus élevés. Cette action
résulte peut-être dans une certaine mesure de l'interrelation qui existe entre
le formel et l'informel. Mais habituellement, cette action a peu d'effet en raison de son anonymat ; c'est aussi un artifice trop incertain pour qu'il soit utilisé systématiquement par les factions en présence. Dans les grands conflits
politiques impliquant les gouvernements et les organisations, il est commun
depuis toujours d'utiliser des médiateurs et intermédiaires, de façon à la fois
officielle et officieuse, pour résoudre le problème. Nécessitant des agents
loyaux et astucieux, ce rôle est aussi utilisé dans les affaires et l'industrie
pour jeter un pont entre les actions formelles et informelles. Mais quand on
doit sauver la face et masquer certaines situations, un autre rôle apparaît,
similaire par la fonction mais plus flou, que l'on appelle communément
« agent de liaison ». En général, ce rôle consiste à communiquer de l'information dont personne ne désire assumer la responsabilité, la paternité ou la
connaissance. La personne qui remplit un tel rôle n'est pas choisie pour sa
loyauté ou pour son astuce, mais presque pour le contraire — pour son aptitude à « persuader » et son aptitude à transmettre des « secrets » à la bonne
personne, c'est-à-dire à celle qui assurera une communication prévisible.

L'agent de liaison tire généralement une grande satisfaction à « connaître tout le monde », ou à le prétendre, et à être au courant de tout. En plus
de la gratification personnelle (ou de l'illusion) d'avoir un statut privilégié,
ces personnes habituellement de rang inférieur se mettent de l'avant officieusement. Si elles peuvent rendre de petits services, fournir une certaine
information, voire être bien vues par certaines personnes haut placées, elles
sont également capables de garder le silence pour conserver cette intimité.
Quand les situations l'exigent, une clique peut confier à l'agent de liaison un
pseudo-secret, un projet, ou encore un futur plan d'action à transmettre
comme une ruse ou un ballon d'essai à une autre clique, ou à ceux qui
comprendront et répondront probablement de façon significative. Naturellement, il peut y avoir des fuites intentionnelles de la part de haut placés frus-
trés qui ne recourent pas à l'agent de liaison, mais cette pratique demeure
maladroite et dangereuse comparée à la communication par les agents de

liaison. Connus pour ce qu'ils sont par les membres de toutes les factions, les agents de liaison sont extrêmement utiles. Les sans grades simplifient parfois à l'extrême en les qualifiant de pigeons d'argile. Cependant, l'agent de liaison n'est ni un appât, ni un mouchard, selon la signification que l'on donne communément à ces termes, parce qu'il n'est pas partisan et parce qu'aucune promesse explicite ou aucun engagement ne lui est fait. Par exemple, un rôle informel comme celui d'espion exige des personnes totalement acceptées, engagées et qui savent qu'elles seront récompensées. Ceci n'est pas vrai de l'agent de liaison.

Là où les relations entre les factions syndicales et patronales sont problématiques ou absentes, les faiseurs de griefs et les cadres choisissent leurs agents de liaison parmi les ouvriers de production et ils les utilisent pour faire le pont entre leurs actions officielles et officieuses. De la même manière, ils utilisent des personnes ambitieuses et de rang inférieur autant dans certaines communications entre staff et line que dans les échanges hiérarchiques à l'intérieur des deux groupes.

Dans des entreprises plus petites, un agent de liaison est généralement adéquat pour surmonter les divisions temporaires qui surgissent, mais dans des usines plus grandes, chaque service peut en avoir un pour maintenir sa place dans le système. Par ailleurs, les agents de liaison ne sont manifestement pas plus à l'abri de la sottise que les canaux officiels de communication. Quand les messages délivrés spontanément s'égarent ou reviennent en force, les personnes concernées tentent d'échapper la plupart du temps à la situation en utilisant les réponses habituelles, à savoir que l'information, l'action ou les implications « venant d'une telle source ne sont que fabulation ». Cependant, la signification d'une telle action demeure claire pour tout le monde afin que personne ne perde la face, la communication de ce qui est officiellement incommunicable est faite, et l'objectif de compréhension est atteint. Le voile d'incertitude qui pèse sur les responsables est levé, tandis que les personnes périphériques tièdes et irresponsables ne peuvent s'opposer à l'action, quoiqu'elles aient peut-être des questions à se poser en repassant leurs conversations avec l'agent de liaison. Le chercheur n'a pas à rechercher des agents de liaison : habituellement on les lui indique.

L'agent de liaison est très utile au début et au milieu d'un échange entre des groupes formels et informels qui veulent modifier les conditions existantes, ou encore en instaurer de nouvelles. Dans le « passage » de l'informel au formel à propos d'une action précise, la phase informelle se transforme peu à peu en projet. Au fur et à mesure que le nombre de gens impliqués augmente, les mécanismes de défense évoluent et viennent renforcer de nombreux accords non officiels. L'importance de l'agent de liaison décline au moment où les pratiques de la minorité sont devenues générales et évidentes pour tous. Certaines des anciennes procédures officielles se sont en effet transformées. Même le plus formaliste des cadres supérieurs s'aperçoit alors qu'il doit modifier la structure pour la rendre compatible avec les nouvelles pratiques qui ont vu le jour, qui se sont multipliées et qui ont montré leur utilité[50].

Évidemment, dans cette interrelation, plusieurs personnes ou plusieurs groupes peuvent choisir, par peur ou par intérêt, de combattre catégoriquement l'informel en s'accrochant à l'officiel qui leur fournit une certaine protection et offre toujours un rempart sémantique. Ceci encourage l'informel à accélérer son processus de légitimation à travers la reconnaissance officielle de ce qu'il représente. Mais dans certains cas, il sera naturellement contraint de marquer un temps d'arrêt, ou même de « se retirer » indéfiniment.

L'acceptation officielle de l'informel est probablement plus subtile que déclarée, car même là où les haut placés sont prêts à accepter le fait accompli, il existe des obstacles à sa reconnaissance pleine et entière. Par exemple, ni la dignité du rang ni la contribution personnelle des chefs ne doivent être réduits dans ce processus. [...]

CONCLUSION

Fondre les aspects apparents et cachés de l'organisation constitue un vieux problème. Nombreux sont les moralistes, les écrivains, les philosophes et les scientifiques qui ont réfléchi et débattu ce sujet. Si certains chercheurs ont résolu le problème en excluant l'un ou l'autre des aspects comme étant une fiction, personne n'a encore exclu les deux à la fois. La reconnaissance de ces deux extrêmes à travers l'histoire indique qu'ils demeurent des éléments essentiels, même s'ils peuvent être considérés comme des fictions au sens philosophique du terme[51].

Si l'on part du principe qu'ils sont bel et bien « réels » au sens concret de ce terme, on doit alors considérer leurs interrelations et leur importance relative dans l'action organisationnelle. Acceptant d'utiliser les termes « formel » et « informel » pour signifier les deux pôles de cette action, nous avons vu qu'un certain nombre de mécanismes les maintiennent ensemble, à savoir les réunions, les déviations du formel autorisées ou ordonnées officieusement, les rôles de transition, les justifications toutes faites, le rôle de l'« agent de liaison », et l'éventuelle formalisation de pratiques établies qui peuvent avoir été taboues auparavant.

L'accent que nous avons mis sur l'informel en tant qu'agent de changement, complément du formel, protecteur des valeurs individuelles et collectives de divers « mouvements » sociaux, biologiques et culturels, exige par ailleurs une explication sur les fonctions minimales des aspects formels.

En plus de fournir des canaux de communication efficaces et de fixer les responsabilités, le formel constitue autant une voie d'échange sûre pour les différentes fonctions adverses au sein d'une organisation qu'une barrière à l'entrée d'indésirables.

Néanmoins, le formel reste toujours l'objet de pressions pour qu'on l'élargisse ou l'assouplisse afin que les distinctions entre les deux aspects s'estompent. Une telle éventualité s'accroît avec la participation des membres aux décisions qui les gouvernent. Les périodes informelles contribuent souvent à empêcher une définition et une planification trop claires qui menacent de limiter la liberté d'action et servent à sauver la face. Les tenants de l'informel désirent la liberté nécessaire pour réarranger les questions afin que ni la victoire ni la défaite, à l'occasion des manœuvres des groupes antagonistes, ne puissent causer de dommage à l'organisation[52].

Mais si l'informel opère sur une base irrégulière pour entraîner des changements, pour contrôler les extrêmes de l'action officielle ou d'autres actions informelles, si l'informel peut être vague ou non pertinent, le formel le contraint d'au moins trois façons. Tout d'abord, le formel ordonne la direction que prendra l'informel. Ensuite, il façonne en conséquence la spécificité des mécanismes de défense mis de l'avant par l'informel. Enfin, quelles que soient la force et les caractéristiques du formel dans la contradiction, il exige toujours une conformité évidente à ses principes. N'importe quelle préoccupation concernant l'état des opérations ou la direction des événements organisationnels est directement ou indirectement concernée par le formel, qu'il soit seulement sous-entendu ou officiellement explicité. Cependant, en cours d'action, le formel se restructure lui-même en cherchant à contenir et à inclure ce que les tenants du formel considèrent comme des activités floues.

L'interrelation entre le formel et l'informel n'est évidemment pas toujours aussi intense ; elle n'est pas non plus en soi une relation « à couteaux tirés », comme la discussion la présente habituellement. Dans les rares occasions où ces deux aspects peuvent se fusionner, l'interrelation serait même négligeable ou nulle. Mais l'intensité des mouvements qui les relient reste soumise à de nombreuses variables et, malgré tous les efforts de planification, leur action réciproque n'est pas sans conduire certains à la souffrance personnelle. [...] Pour d'autres, cette interrelation est « naturelle » au point de servir de garantie.

Notes

(1) Ceci renvoie au concept beaucoup plus général de « décalage culturel ». Voir W.F. Ogburn. **Social Change**, New York, Viking Press, 1922 et 1950, p. 200-280 ; H. Hart. « The Hypothesis of Cultural Lag : A Present Day View », *in* F.R. Allen *et al.* **Technology and Social Change**, New York, Appleton-Century Crofts, 1957, p. 417-434.

(2) M. Dalton. « In-Plant Politics at the Executive and Supervisory Levels », **I.R. News**, Institute of Industrial Relations at UCLA, févr. 1957, p. 2.

(3) De ses *lex Julia majestatis*, une des lois « juliennes ». Voir W. Blackstone. **Commenta-ries on the Laws of England**, vol. 4, Philadelphie, Rees, Welsh and Co., 1900, p. 1481-1482.

(4) T.W. Arnold. **The Folklore of Capitalism**, Yale University Press, 1937, p. 368. Voir aussi les chapitres 5, 7 et plus particulièrement 14, « Some Principles of Political Dynamics ».

(5) M. Parker-Follett, *in* H.C. Metcalf et L. Urwick (édits). **Dynamic Administration : The Collected Papers of Mary Parker Follett**, Londres, Management Publications Trust Ltd, 1941, p. 146-160.

(6) M.J. Levy, Jr. **The Structure of Society**, Princeton University Press, 1952, p. 83-88.

(7) Il est à noter que l'auteur fait référence ici à son ouvrage **Men Who Manage**.

(8) Voir le chapitre 6 *in* M. Dalton. **Men Who Manage**, New York, John Wiley & Sons, 1959.

(9) **Heracleitus on the Universe, in Hippocrates and the Fragments of Heracleitus**, vol. 4, Londres, The Loeb Classical Library, Heinemann Ltd, 1923-1931, p. 449-509 ; **Cambridge Ancient History**, vol. 4, Cambridge University Press, 1939, p. 38 ; B. Russell. **A History of Western Philosophy**, New York, Simon and Schuster, 1945, p. 46-47.

(10) C.I. Barnard. **The Functions of the Executive**, Cambridge, Harvard University Press, 1938, p. 120. Et W.G. Summer a parlé de « coopération antagoniste » comme de « la forme la plus productive dans une civilisation avancée » ; voir son **Folkways**, Boston, Ginn and Co., 1906, p. 16-18.

(11) Cette analyse du livre 3, chap. 82, pourrait être appliquée à de nombreuses situations « modernes ».

(12) Londres, The Loeb Classical Library, Heinemann Ltd., 1982, p. 459-475.

(13) **The Discourses of Machiavelli**, traduit et édité par L.J. Walker, New Haven, Yale University Press, 1950 ; voir spécifiquement vol. 1, p. 470-491, et vol. 2, p. 154-168.

(14) A. Hamilton, J. Jay et J. Madison. **The Federalist**, papier n° 10.

(15) « Political and Personal Morality », **The Saturday Review**, 31 déc. 1955, p. 5-6 et 31-32. Une des discussions les plus élaborées sur ce problème de la politique professionnelle — par un historien qui le nie — est celle de F.S. Oliver dans **The Endless Adventure**, Londres, MacMillan and Co. Ltd., 1930-1935. Voir en particulier vol. 1, p. 3-111 ; vol. 2, p. 280-286 et 297-302 ; vol. 3, p. 147-178. Voir aussi E. Ehrlich. **Fundamental Principles of the Sociology of Law**, Cambridge, Harvard University Press, 1936, chap. 6-9 ; et V. Pareto. **The Mind and Society**, édité et traduit par A. Livingstone et A. Bongiorno, New York, Harcourt, Brace and Co., 1935, spécialement les paragraphes numérotés 889-990, 991-1088, 1687-2059.

(16) C.I. Barnard. **The Functions of the Executive**, Cambridge, Harvard University Press, 1938, p. 65-123.

(17) F.J. Roethlisberger et J. Dickson. **Management and the Worker**, Cambridge, Harvard University Press, 1939, chap. 7 et 17.

(18) D.C. Miller et W.H. Form. **Industrial Sociology**, New York, Harper and Brothers, 1951, chap. 6 et 9 ; W.E. Moore. **Industrial Relations and the Social Order**, 2ᵉ éd., New York, MacMillan Co., 1951, chap. 12 ; R. Dubin. **Human Relations in Administration**, New York, Prentice-Hall, 1951, p. 47-48 ; L. Broom et P. Selznick. **Sociology**, Evanston,

Row, Peterson and Co., 1955, p. 206-216 ; R. Bierstedt. *The Social Order*, New York, McGraw-Hill Book Co., 1957, p. 291-298 ; J.M. Pfiffner. *A Tentative Syllabus for the Study of Informal Organization*, School of Public Administration, UCLA, 1949, et *The Supervision of Personnel : Human Relations in the Management of Men*, New York, Prentice-Hall, 1951, chap. 8 ; E.W. Bakke. *The Fusion Process*, New Haven, Labor and Management Center of Yale University, 1953 (Ce livre aborde exclusivement la relation formel—informel, les problèmes de statut, et les autres éléments qui lui sont associés) ; K. Davis. *Human Relations in Business*, New York, McGraw-Hill Book Co., 1957, chap. 6 ; P.M. Blau. « Formal Organization : Dimensions of Analysis », *American Journal of Sociology*, juill. 1957, 63, p. 58-69 ; R. Bendix. « Bureaucracy : The Problem and Its Setting », *American Sociological Review*, oct. 1947, 12, p. 493-507 ; C. Argyris. *Personality and Organization*, New York, Harper and Brothers, 1957, p. 54-75 ; J.F. Scott and R.P. Lynton. *Three Studies in Management*, Londres, Routledge and Kegan Paul, 1952, chap. 5 et 6.

(19) C.E. Redfield. *Communication in Management*, The University of Chicago Press, 1953, p. 10-11.

(20) C.I. Barnard. *The Functions of the Executive*, Cambridge, Harvard University Press, 1938, p. 65-123.

(21) M.E. Dimock. *The Executive in Action*, New York, Harper and Brothers, 1945, p. 9, 156-157, 160, 164, 171-172, et chap. 20.

(22) *Ibid.*, p. 240.

(23) R. Herberle. « The Sociological System of Ferdinand Tönnies », *in* H.E. Barnes (édit.) *An Introduction to the History of Sociology*, University of Chicago Press, 1948, p. 234.

(24) L. Urwick. *Some Notes on the Theory of Organization*, New York, American Management Association, 1952, p. 72 ; et *The Pattern of Management*, Minneapolis, University of Minnesota Press, 1956, p. 86-88.

(25) P. Stryker et les éditeurs de *Fortune*. *A Guide to Modern Management Methods*, New York, McGraw-Hill Book Co., 1954, p. 108.

(26) W.B. Donham. *Education for Responsible Living*, Harvard University Press, 1944 ; F.J. Roethlisberger et W.J. Dickson. *Management and the Worker*, et Roethlisberger. *Management and Morale*, Cambridge, Harvard University Press, 1947 ; E. Mayo. *The Human Problems of an Industrial Civilization*, New York, MacMillan Co., 1933, et *The Social Problems of an Industrial Civilization*, Division de recherche, Boston, Harvard Graduate School of Business Administration, University Press, 1945 ; T.N. Whitehead. *Leadership in a Free Society*, Cambridge, Harvard University Press, 1937 ; W.F. Whyte. *Human Relations in the Restaurant Industry*, New York, McGraw-Hill Book Co., 1948 ;G.C. Homans. *The Human Group*, New York, Harcourt, Brace and Co., 1950.

(27) E. Ginzberg (édit.) *What Makes an Executive ?*, New York, Columbia University Press, 1955, p. 112.

(28) H.F. Willkie. *A Rebel Yells*, D. Van Nostrand Co., 1946, p. 186 et 188.

(29) C. Shartle. *Executive Performance and Leadership*, Englewood Cliffs, N.J., Prentice-Hall, 1956, p. 60.

(30) Voir *From Max Weber : Essays in Sociology*, traduit par H. Gerth et C. Wright Mills, New York, Oxford University Press, 1946, p. 196-244 ; M. Weber. *The Theory of Social and Economic Organization*, traduit par A.M. Henderson et T. Parsons, New York,

Oxford University Press, 1947 ; M. Rheinstein (édit.) *Max Weber on Law in Economy and Society*, traduit par E. Shils et M. Rheinstein, Cambridge, Harvard University Press, 1954, en particulier p. 349-356 ; R. Michels. *Political Parties*, Glencoe, Ill., The Free Press, 1949. Pour avoir un large éventail des discussions concernant à la fois le formel et l'informel par divers spécialistes, et une importante bibliographie, voir R.K. Merton *et al.* (édits) *Reader in Bureaucracy*, Glencoe, Ill., The Free Press, 1952.

(31)   M. Dalton. *Men Who Manage*, New York, John Wiley & Sons, 1959, chap. 5.

(32)   Voir chap. 8. « How Executives Delegate », par P. Stryker, *in The Executive Life*, Garden City, N.Y., Doubleday and Co., 1956.

(33)   E. Jaques. *The Changing Culture of a Factory*, New York, The Dryden Press, 1952, p. 212-213. Voir aussi C. Argyris. *Personality and Organization*, New York, Harper and Brothers, 1957, p. 205.

(34)   C. Shartle. *Executive Performance and Leadership*, Englewood Cliffs, N.J., Prentice-Hall, 1956, p. 201. L'ironie est encore plus grande quand on compare le commentaire de Shartle aux observations faites dans l'industrie soviétique. Selon la recherche de Berliner, « les employés comptent sur de longs retards bureaucratiques pour les aider à éviter la détection des irrégularités » ; voir J.S. Berliner.*Factory and Manager in the U.S.S.R.*, Cambridge, Harvard University Press, 1957, p. 299. Évidemment, ou peut-être « manifestement », les êtres humains se comportent, dans des structures organisationnelles semblables, un peu de la même façon en matière de « officiel−non officiel », bien qu'ils puissent être placés dans des économies ayant de grandes différences culturelles et idéologiques.

(35)   H. Emmerich. « New Bridges between Theory and Practice », *in* L.D. White (édit.) *The State of the Social Sciences*, University of Chicago Press, 1956, p. 385.

(36)   L. Urwick. *Some Notes on the Theory of Organization*, New York, American Management Association, 1952, p. 16. Voir aussi P. Selznick. *TVA and Grass Roots*, University of California Press, 1949, p. 250-259.

(37)   H.J. Van Der Schroeff et W. Vork. « Conditions for an Equilibrium », *in* H.J. Kruisinga (édit.) *The Balance Between Centralization and Decentralization in Managerial Control*, Leiden, N.V., H.E. Stenfert Kroese, 1954, p. 44-54. Si le terme de « développement » est en pratique utilisable dans ce contexte, il comporte par ailleurs de sérieuses faiblesses théoriques. En effet, le concept de *développement* fait plus appel à un processus rationnel qu'il ne le fait voir de prime abord. L'interrelation entre le formel et l'informel ne suit pas de façon automatique les lignes « d'autorité progressive ». [...] Tout montre, comme le sous-entend Urwick, qu'un état d'alerte permanent et une direction constante sont essentiels pour entraîner l'organisation dans une voie donnée. Le processus n'est pas exclusivement mécanique, pas plus que les buts initialement « construits » ne sont automatiquement valables à long terme. Voir C.I. Barnard. *The Functions of the Executive*, Cambridge, Harvard University Press, 1938, p. 91.

(38)   Plusieurs sociologues qui servirent comme officiers dans la marine américaine durant la Deuxième Guerre mondiale ont fait des analyses perspicaces de ces interrelations impliquant des individus et des groupes de tailles variées. Voir en particulier C.H. Page. « Bureaucracy's Other Face », *Social Forces*, 25, oct. 1946, p. 88-94 ; R.H. Turner. « The Navy Disbursing Officer as a Bureaucrat », *American Sociological Review*, 12, juin 1947, p. 342-348 ; A.K. Davis. « Bureaucratic Patterns in the Navy Officer Corps », *Social Forces*, 27, déc. 1948, p. 143-153. Voir aussi W.F. Whyte. « The Social Structure of the Restaurant », *American Journal of Sociology*, 54, janv. 1949, p. 302-308, et *Human Relations in the Restaurant Industry*, New York, McGraw-Hill Book Co., 1948.

Des chercheurs spécialisés pourraient également consulter G. Simmel. **Conflict**, traduit par K.H. Wolff, et **The Web of Group-Affiliations**, traduit par R. Bendix, Glencoe, Ill., The Free Press, 1955 ; et L.A. Coser. **The Functions of Social Conflict**, Glencoe, Ill., The Free Press, 1956.

(39) Voir E. Ginzberg (édit.) **What Makes an Executive ?**, New York, Columbia University Press, 1955, p. 148.

(40) C.I. Barnard. **The Functions of the Executive**, Cambridge, Harvard University Press, 1938, p. 226, note le peu de « dissension ouverte sur les questions formelles » que l'autorité peut tolérer. De là la quantité importante d'activités informelles dans les deux cas.

(41) L'auteur fait référence ici à son ouvrage **Men Who Manage**.

(42) Par exemple, E. Flandin, un contremaître général et un formaliste de la procédure, refusait de participer aux réunions. Il déclarait : « Je suis là et j'écoute. Il vaut mieux être spectateur que de dire n'importe quoi. Vous êtes perdant avant d'aller à une réunion. Si vous parlez sans réserve et vous vous plaignez, vous devrez prouver ce que vous avancez et vous blesserez une dizaine d'individus. Si vous faites une suggestion, il se trouvera une dizaine d'individus pour s'y opposer parce que, d'une façon ou d'une autre, elle les ennuiera ou dévoilera leurs ruses. Aussi, je préfère me la fermer et toucher ma paye. »

(43) Ici encore, l'industrie et les affaires n'ont aucun monopole sur l'action non officielle. Dans au moins une communauté d'un État dans lequel il est interdit aux étudiants des écoles publiques de donner des cadeaux à leurs professeurs, les étudiants obtiennent parfois secrètement de leur directeur bien-aimé la permission d'en donner.

(44) En tant que stratégie de rechange planifiée, en tant que dissimulation de méthodes inacceptables mais exploitables, en tant que raisons toutes faites et à toute épreuve pour les accidents, les erreurs, etc., l'usage des mécanismes de défense à divers niveaux de supervision devrait faire l'objet de recherche supplémentaire. Les mécanismes de défense sont une clé pour comprendre la rapidité du changement, la force relative du formel, et la relative tolérance de l'originalité dans l'organisation. Tout en étant conscient des risques d'intellectualiser à l'excès toute enquête, on pourrait étudier la fréquence d'utilisation des mêmes mécanismes de défense, et voir comment ces mécanismes sont perçus à différents niveaux et dans différents services de l'entreprise. On découvrirait ainsi le poids relatif du formel par le nombre des mécanismes de défense utilisés, par le type de mécanismes qui sont copiés, à travers les endroits où les mécanismes sont le plus utilisés, et par les grandes questions qui suscitent de tels mécanismes. En ce qui concerne la tolérance, les mécanismes de défense sont probablement liés au type et à l'âge de l'organisation et à ses traditions.

(45) Comme le note Moore, le cadre qui occupe un poste donné de n'importe quelle organisation complexe a réellement intérêt à protéger tous les aspects formels qui le soutiennent. Voir W.E. Moore. **Industrial Relations and the Social Order**, 2e éd., New York, MacMillan, 1951, p. 93. On peut même défendre les aspects formels dans leurs *erreurs* pour des raisons à la fois sociales et économiques. Un entrepreneur de la côte ouest a été pris avec un problème (une variante anecdotique qui n'est qu'une attaque de plus contre la structure bureaucratique en général) qui illustre les contradictions logiques qui peuvent se produire dans une grande organisation aux divisions dispersées. Un ouvrier de production reçut 250 $ de plus que prévu. Son chèque était établi par le Service de la paye, qui était éloigné. L'homme consulta son chef de division qui fit certains calculs, puis lui conseilla de garder le chèque et de ne rien dire à ce propos, car les frais de classement, de rassemblement et d'envoi des dossiers, passant par plusieurs services et par de nombreuses personnes, dépasseraient les 2000 $, et que ça ne rendrait par conséquent pas service à la compagnie.

(46) Jusqu'à un certain point, les justifications recoupent les prétextes ou la supercherie, pour des raisons purement personnelles. Puisque ces éléments sont aussi liés à l'interrelation des actions officielles et non officielles, une recherche approfondie est ici nécessaire. On peut retrouver dans toute la littérature administrative des allusions aux « ordres factices », aux « faux alibis », aux « secrets », etc. En plus de clarifier les échanges entre le formel et l'informel, ce type de recherche pourrait autant faire découvrir les justifications — prétextes propres aux niveaux de supervision que les liens typiques qui peuvent exister entre les prétextes et des variables comme la profession, le niveau d'instruction, ou d'autres catégories communes. Voir C.E. Redfield. **Communication in Management**, The University of Chicago Press, 1953, p. 31 et 52-53 ; W.H. Whyte Jr et al. **Is Anybody Listening ?**, Simon and Schuster, 1952, p. 52.

(47) Voir B.B. Gardner et D.G. Moore. **Human Relations in Industry**, 3ᵉ éd., Homewood, Ill., R.D. Irwin, 1955, p. 71-73.

(48) M.E. Dimock. **The Executive in Action**, New York, Harper and Brothers, 1945, p. 237.

(49) Il n'y a, bien sûr, aucun passage *définitif*, puisqu'il y a rarement une finalité, mais seulement une succession de changements qui, parfois, peuvent aller dans l'une ou l'autre direction.

(50) Au cours de l'histoire, nombreux sont les cas où l'on a « coupé l'herbe sous le pied de l'ennemi » et les exemples d'interrelation qui unit les actions officielles et non officielles dans des organisations données. Parmi les cas les mieux documentés, on peut citer le conflit qui opposa le pape Alexandre VI et Savonarole ainsi que leurs disciples compagnons ; voir P. Villari. **Life and Times of Girolamo Savonarola**, Londres, T.F. Unwin, 1888, p. 373-480, 517-556. On peut rappeler également l'introduction par saint François et saint Dominique de pratiques pour préserver le formel (l'Église), pratiques qui étaient antérieurement dénoncées lorsque utilisées par les hérétiques ; voir **Cambridge Medieval History**, vol. 6, New York, The MacMillan Co., 1929, p. 727-742.

(51) H. Vaihinger. **The Philosophy of As If**, New York, Harcourt, Brace and Co., 1924.

(52) L. Bryson aborde ce point dans des termes différents ; Voir ses « Notes on a Theory of Advice », **Political Science Quarterly**, 66, sept. 1951, p. 321-339.

Les déterminants de la structure organisationnelle*

par *Graeme Salaman*

Il ne fait aucun doute que les organisations diffèrent sur le plan des structures, principalement dans les degrés de diversification, de spécialisation, de spécification et d'autonomie que l'on observe dans le travail. Qu'est-ce qui est responsable de cette variation ? La réponse à cette question n'est pas simple puisque chaque tentative de classification des organisations met de l'avant certaines variables spécifiques qui en déterminent la forme ou la structure.

Blau et Scott soutiennent que les différents bénéficiaires des organisations établissent certains problèmes prioritaires qui, si on veut les résoudre efficacement, *exigent* des structures, des formes et des processus organisationnels appropriés. Dans le même ordre d'idées, Etzioni isole des types d'organisation comme étant la variable qui établit la structure de l'organisation : si une organisation est orientée vers certains objectifs, alors un mode d'organisation se montrera plus *efficace* que les autres.

Le modèle de Parsons affirme également la primauté explicative et causale d'une variable :

> « *La primauté de l'orientation vers la réalisation d'un but spécifique* est utilisée comme la caractéristique définissant une organisation, qui la distingue des autres types de systèmes sociaux. Ce critère n'est pas sans avoir des implications à la fois pour les relations externes et pour la structure interne du système que l'on définit ici comme une organisation » (Parsons, 1970, p. 75).

---

* Traduit de : SALAMAN, G. « The Determinants of Organizational Structure », *in* G. Salaman (édit.) **Work Organizations : Resistance and Control**, Londres et New York, Longman, 1979, chap. 7, p. 81-100.
Reproduit avec la permission de Longman Group Ltd (1985).

De leur côté, Burns et Stalker soutiennent que les différences structurelles qu'ils qualifient de types *organique* et *mécanique* sont le résultat de réactions organisationnelles à certains facteurs *environnementaux* :

> « Quand l'innovation et l'instabilité à la fois du marché et de l'information technique deviennent le cours normal des choses, un système de gestion fondamentalement différent de celui qui s'applique à un environnement commercial et technique relativement stable *s'impose* » (1966, p. viii).

Plus loin, ces auteurs ajoutent que, par « environnement » ils signifient « les bases technologiques de production et [...] la conjoncture du marché ».

D'autres chercheurs ont mis l'accent sur une autre variable importante dans la structuration des organisations : la taille. La thèse classique relative à cet argument est que les organisations se complexifient et se différencient au fur et à mesure qu'elles grandissent. Comme l'écrivent Blau et Schoenherr (1971, p. 81), « la taille d'une organisation exerce une influence prédominante sur sa structure formelle, sa technologie et ses frais généraux administratifs ».

Blau et Schoenherr se font ainsi les défenseurs de l'importance et de l'irréductibilité du plan structurel dans l'étude des organisations. Ils insistent tout particulièrement sur le fait que les organisations présentent des régularités dont plusieurs sont en relation avec la taille de l'organisation ; ces régularités ne peuvent être comprises en fonction de la personnalité des membres et elles sont indépendantes du caractère des personnes. Si c'est un point qui mérite d'être développé et approfondi, il nous laisse toutefois avec une série de questions : Comment expliquer les régularités, les corrélations entre la taille et les autres variables organisationnelles à travers un grand nombre d'organisations ? Quels *facteurs ou mécanismes* amènent les organisations à se différencier au fur et à mesure qu'elles grossissent ? Ce n'est pas tout d'affirmer la primauté de l'approche structurelle, il faut encore préciser ces mécanismes causaux autrement que sur de simples corrélations.

Car il y a des liens causaux. Considérons ce passage :

> « Si une organisation est de grande taille, elle *ne peut pas fonctionner* sans une quelconque forme de division des responsabilités ; si une telle différenciation dans les composantes structurelles apparaît, on suppose implicitement un accroissement de sa complexité structurelle ; *une confusion totale régnerait* alors si la direction ne réagissait pas à la complexité structurelle accrue en nommant davantage de superviseurs pour effectuer la coordination (Blau et Schoenherr, 1971, p. 326, nous soulignons).

Les passages que nous avons soulignés montrent que Blau et Schoenherr, comme tous ceux qui cherchent à classifier les organisations selon certaines variables déterminées, utilisent comme factèur causal une certaine notion d'efficacité, de rendement, de réussite et d'adaptation. Notez le nombre de fois où, dans les passages de Parsons, Blau et Scott, Etzioni, Burns et Stalker, Blau et Schoenherr, on retrouve des guillemets autour des mots « doit », « s'impose », « exige », « efficace », etc. L'emploi de tels mots devrait nous avertir que ces auteurs établissent leurs classifications sur l'idée que les organisations qui ne s'ajustent pas ou ne réagissent pas selon des manières « normales » et des directions communes à une variable déterminée — que ce soit la taille, la technologie, les buts ou l'environnement — seront moins efficaces que les autres. Cela entraînera chez elles des tensions, de l'inefficacité, et peut-être même l'échec. Ces classifications sont donc établies à partir de la performance des organisations. Si l'organisation ne réagit pas de façon appropriée à une variable déterminée, alors son efficacité diminuera. Comme Child l'a écrit : « Une théorie de la structure organisationnelle doit [...] tenir compte de la performance » (1973, p. 98). Et comme Barnard et bien d'autres chercheurs l'ont également prétendu, « l'existence d'une organisation dépend de sa capacité de mettre à exécution son dessein » (1970, p. 69). Nous devons cependant insister sur les difficultés et les dangers qui entourent l'utilisation de cette notion d'efficacité comme facteur de relation entre une variable déterminée (quelle qu'elle soit) et la structure de l'organisation.

D'abord, il est loin d'être clair que le rendement ou l'efficacité sert de lien entre quelque facteur contextuel que ce soit et la structure organisationnelle. Child conclut lui-même, sur la base de son bilan de recherches, que :

> « Le plan structurel n'a probablement qu'un *effet* limité sur le niveau de performance réalisé par l'organisation, [...] conclure que la structure organisationnelle peut avoir une influence réduite sur les niveaux de performance, et que les standards de performance peuvent eux-mêmes contenir un certain *flottement*, vient affaiblir la proposition générale selon laquelle les facteurs contextuels exerceraient une forte contrainte sur le choix du plan structurel. En pratique, on observe une certaine variation dans la structure d'organisations par ailleurs comparables, une variation qui se maintient sans que cela ait beaucoup d'effet apparent sur le succès ou l'échec de l'organisation » (1973, p. 100).

Deuxièmement, même si, ou encore dans la mesure où, l'efficacité *est* pertinente pour comprendre le plan et la structure de l'organisation, nous ne devons jamais oublier de nous poser les questions suivantes : Pour *qui* l'organisation est-elle productive ? Quels groupes organisationnels ont intérêt à contrôler les niveaux de productivité et quelle connaissance et quelle théorie appliquent-ils pour adapter une organisation à des standards qui se détériorent ? Comment l'efficacité est-elle définie ? Pour *quoi* l'organisation est-elle efficace ?

La plupart de ces questions tournent autour ou dérivent de l'idée que les organisations sont des ensembles qui poursuivent des buts, et que le degré de réalisation de ces buts permet de mesurer aisément leur efficacité.

Certes, nous devrions être familiers avec l'idée que les organisations existent pour atteindre certains buts et que leur efficacité peut se mesurer en fonction de ces buts. Après tout, ce sont bel et bien les termes avec lesquels nous exprimons notre indignation envers ce que nous jugeons comme de l'incompétence organisationnelle, ou de la « paperasserie administrative ». Dans le même ordre d'idées, la plupart des organisations produisent, de temps à autre, en particulier dans leurs débuts, des déclarations péremptoires concernant leurs buts et leurs projets. Par exemple, dans son discours inaugural, le chancelier de l'Université libre, Lord Crowther, n'hésitait pas à affirmer ceci :

> « [L'Université est] ouverte, d'abord, au peuple. Il ne s'agit pas pour nous d'élever prudemment le niveau d'éducation, objectif des universités traditionnelles [...] la première tâche, et aussi la plus urgente, à laquelle nous sommes confrontés est de dispenser à des milliers de gens tout à fait capables de le recevoir un enseignement supérieur auquel, pour une raison ou une autre, ils n'ont pas eu encore accès. [...] Partout où il existe un besoin non satisfait d'enseignement supérieur, il y a notre institution, cherchant à compléter la formation existante. [...] Nous sommes ouverts aux lieux. [...] Nous sommes ouverts aux méthodes. [...] Nous sommes ouverts, *enfin*, aux idées » (Lord Crowther, 1969, cité dans le **Prospectus de l'Université libre**, 1972).

En quoi de telles déclarations sont-elles utiles ou réelles ? En fait elles n'ont avant tout qu'une portée d'ordre général, et elles ne constituent jamais une source de justification et de légitimation. Par exemple, la plupart des critiques ou des soutiens apportés à l'Université libre se sont exprimés par rapport aux objectifs établis par Lord Crowther. Alors en quoi de telles déclarations sont-elles utiles pour guider la *structure* ou l'*activité* organisationnelle concrète ? Le problème le plus évident et le plus immédiat qui se pose est qu'en dépit de telles déclarations publiques, il demeure toujours difficile de savoir au juste ce que sont réellement les buts d'une organisation. Nous pourrions évidemment nous contenter de ces grands manifestes rhétoriques. Mais ils demeurent eux-mêmes la plupart du temps abstraits et vagues, et en outre, ils peuvent être entièrement démentis par l'activité organisationnelle.

Les organisations en soi n'ont pas de buts. Ce sont les groupes et les individus à l'intérieur de l'organisation qui ont des buts et qui les poursuivent. Cela signifie qu'il est nécessaire, tout d'abord, de faire la distinction entre ce que Cicourel (1958) appelle la « façade » et l'« arrière-scène » d'une organisation, et entre les pratiques considérées légitimes, que l'organisation peut donc faire valoir, et celles considérées comme illégitimes, qui doivent être cachées. Perrow (1961) a fait une distinction semblable en ce qui a trait aux buts organisationnels quand il distingue les buts « officiels » des buts « opérationnels », ces derniers étant ceux que l'on peut déduire des pratiques organisationnelles véritables.

Par ailleurs, comme Michels (1970), Sills (1970) et d'autres l'ont affirmé, les buts organisationnels peuvent changer avec le temps. Thompson et McEwen (1958) écrivent par exemple ceci :

> « Il est possible de considérer la définition des buts (c'est-à-dire des principaux objectifs organisationnels) non pas comme un processus statique, mais comme un problème nécessaire et récurrent auquel doit faire face n'importe quelle organisation. »

Si les organisations peuvent avoir une multiplicité d'objectifs, les uns cachés, les autres pas, et si ceux-ci peuvent changer avec le temps, alors comment pouvons-nous dire au juste ce que sont les buts d'une organisation ? Est-ce que les buts sont ceux qui sont déclarés par les porte-parole de l'organisation ? ou leurs dirigeants ? Doit-on les déduire de l'activité organisationnelle véritable, ou les interpréter à la lumière de la recherche ? Les difficultés ici sont énormes et elles sont multipliées par le fait que chaque groupe et chaque fonction défendra des buts et des intérêts distincts tout en cherchant inévitablement à les promouvoir en les apparentant au but vague et abstrait de l'organisation.

Une autre question se pose également : Comment la structure de l'organisation est-elle reliée à ces buts multiples, confus, contradictoires et abstraits ? Il est évident, comme l'a remarqué Albrow (1968), qu'en plus des buts de l'organisation, beaucoup d'autres facteurs jouent un rôle dans la détermination de la structure, par exemple la politique du gouvernement, la législation, les philosophies administratives, etc.

Malgré tout, il reste qu'on peut trouver quelque mérite à l'approche qui met l'accent sur les buts. En premier lieu, il est vrai qu'à leur fondation, les organisations s'accompagnent souvent d'organigrammes hiérarchisés et symboliques, ou de déclarations d'objectifs, qui sont importants pour fournir non seulement une perspective à l'activité de l'organisation (même si celle-ci peut « se modifier » au cours des années) mais aussi un symbole de légitimation (Strauss *et al.*, 1973).

En deuxième lieu, les organisations ne sont pas des ensembles homogènes à l'intérieur desquels tous les membres s'engagent et coopèrent spontanément pour atteindre un but que tous partagent ; au contraire, elles constituent des entités au sein desquelles les membres et les groupes coopèrent tout en luttant les uns contre les autres pour réaliser ou défendre leurs propres buts en tentant de manipuler ou de contrôler les activités des autres.

On justifie fréquemment de telles activités au nom du ou des buts organisationnels symboliques.

Le problème avec une telle approche n'est pas simplement qu'elle ignore très souvent les difficultés exprimées précédemment, mais qu'elle suppose un degré irréaliste de consensus interne, qu'elle ignore la fonction symbolique et la fonction de légitimation des buts, qu'elle met de côté leur multiplicité et leur caractère changeant. À la place, elle propose un regard naïf et apolitique sur la relation existant entre le but, la structure et le processus de l'organisation. Or si un tel lien existe, c'est avant tout parce que les membres dirigeants de l'organisation ont plus de pouvoir et plus de ressources pour s'assurer que leurs intérêts (c'est-à-dire les buts de l'organisation) soient réalisés plutôt que ceux des autres groupes. Blau et Schoenherr (1971) insistent sur la nécessité de se concentrer sur les aspects structuraux et « d'écarter définitivement les hommes » des explications sociologiques concernant la structure et l'activité d'une organisation. Il reste qu'en affirmant ainsi un lien simpliste, mécanique, inaltérable et inexorable entre des facteurs tels que les buts, la taille et la structure (un lien qui occulte la médiation et l'implication de l'être humain ou du groupe, et qui passe directement d'une variable à une autre, comme si cette relation se trouvait au-delà des changements ou des débats), ces auteurs oublient à quel point les groupes dominants dans l'organisation imposent leurs intérêts ou leurs buts spécifiques, leur conception du « but organisationnel », et à quel point ils tentent de les atteindre à travers leurs notions de procédures correctes, nécessaires et adaptées.

La structure d'une organisation se constitue à travers ce que les membres de l'organisation font et affirment avec une certaine régularité et une certaine continuité. Ces régularités sont le résultat des efforts faits par les membres dirigeants pour réglementer et structurer le comportement des autres membres afin qu'ils contribuent à la réalisation des priorités qu'ils ont eux-mêmes définies. Cependant, nous devons nous rappeler que ces autres membres ont aussi *leurs* propres priorités, et qu'ils ne demeurent jamais les simples instruments de la haute administration. En conséquence, une structure entraînera toujours un certain degré de négociations et de conflits. Et le fait que, dans ces luttes, certains groupes aient beaucoup moins de pouvoir que d'autres est directement relié à ces conflits d'intérêts. Les intérêts qui seront soutenus par les plus grandes ressources (c.-à-d. ceux de la haute administration) seront présentés comme le but *organisationnel* (et non comme le but d'un groupe spécifique). Ainsi, comme l'écrit si justement Elger :

> « Les modèles de relations sociales qui constituent la structure organisationnelle résultent d'un processus continuel de négociation et d'interprétation, à travers lequel des participants aux ressources distinctes et aux intérêts contradictoires construisent les réalités sociales de l'organisation sous la juridiction des

priorités et des programmes de cette même organisation »
(1975, p. 102).

Au cours de ces luttes et de ces négociations, les buts « opérationnels » ou réels des membres dirigeants prédomineront, et leur idée de la
technologie et de la structure organisationnelle correcte et appropriée exercera une influence considérable, voire déterminante.

C'est en étudiant la division du travail au sein des organisations que
l'on découvre les buts véritables de ceux qui possèdent ou dirigent l'organisation. Cette étude peut évidemment venir contredire les déclarations officielles et publiques. Il est en effet très courant que les intentions et les
priorités qui surgissent de la division du travail, et qui donnent la signification de la structure de l'organisation, soient niées par les membres dirigeants,
ou définies comme se situant au-delà des buts et des intérêts ou encore
comme leur étant indifférentes. La technologie et la division du travail sont
souvent présentées comme des *moyens* inévitables et nécessaires pour
atteindre les buts de l'organisation ; des moyens qui entraînent par ailleurs,
comme nous allons le voir, des conséquences considérables sur la structure
de l'organisation. Ainsi, cette structure (qui engendre des écarts importants
en matière de répartition des gratifications, des dangers, des privations, des
joies, etc.) se voit dépolitisée et définie comme une nécessité malheureuse,
comme une conséquence normale de l'engagement des individus envers les
objectifs de l'organisation. Or comme nous l'avons déjà affirmé, les organisations n'ont aucun but : les buts dominants que l'organisation du travail et la
technologie servent sont ceux de quelques membres de l'organisation, et
rien d'autre.

Même si les intentions qui se cachent derrière l'activité organisationnelle sont partiales et sont le fait d'un petit groupe, comme nous venons de
l'affirmer, on peut toujours soutenir que la division du travail de même que
le choix et l'emploi de procédés technologiques particuliers résultent inévitablement de moyens mis en place pour réaliser efficacement ces buts. Une
telle conception impliquerait probablement que les membres subordonnés,
c'est-à-dire ceux qui ont peu de pouvoir, même s'ils ne se sentent pas engagés dans la poursuite des buts de l'organisation, réalisent tout de même leurs
buts personnels en travaillant, tout en compensant par ailleurs leurs insatisfactions au travail par leur vie hors du travail.

L'intérêt évident de cette argumentation est que, pendant qu'elle
admet la nature politique des buts organisationnels (c.-à-d. le fait qu'ils bénéficient à certains groupes au détriment des autres), elle maintient le caractère
inévitable et inexorable de la structure organisationnelle et de sa technologie. Elle dépolitise à nouveau la structure de l'organisation. Dès lors, les
caractéristiques de la structure, telles qu'elles sont vécues par la plupart des
membres, sont perçues comme le prix à payer pour s'assurer d'une production efficace, come une cruelle nécessité. Considérons maintenant d'un peu
plus près cette argumentation.

C'est en effet une argumentation lourde de sens car il peut toujours subsister un léger doute quant au rôle significatif que la technologie joue dans la structuration de l'organisation. Si on peut donc démontrer de façon convaincante qu'un certain type de technologie est inévitable, à cause de son efficacité fonctionnelle, alors tout ce qui a été dit au sujet de la nature politique de l'ensemble des membres de l'organisation devient caduc. Comme il ne peut y avoir de politique sans choix, la seule question « politique » concernera désormais la sélection de types variés de situation organisationnelle, sélection qui se justifiera en faisant appel aux idéologies de la réalisation, de la compétence et de l'intelligence personnelles.

LA TECHNOLOGIE ET LA STRUCTURE ORGANISATIONNELLE

Les organisations font des choses, elles créent des produits, des services, des nouvelles, du savoir et d'autres biens. Or ce qu'elle font, la manière dont elles le font, et ce qu'elles en font, n'est pas sans avoir des implications pour la structure de l'organisation. Lorsqu'ils travaillent pour une organisation, les membres sont contraints à entrer dans des types d'interactions et d'activités qui correspondent à ce qu'on entend par structure organisationnelle. Cette structure est façonnée par les besoins d'exécuter, de guider et de coordonner les activités de l'organisation.

Une étude célèbre, réalisée par Joan Woodward, et dont l'objectif était d'étudier les applications de divers principes de gestion, révéla une variation considérable dans les modèles d'organisation mis de l'avant par les entreprises étudiées. Woodward affirmait que ces différences ne pouvaient s'expliquer par la taille, le succès ou le type d'industrie. Qu'est-ce qui en était alors la cause ? Woodward répondit à cette question de la façon suivante :

> « Quand les entreprises étaient regroupées selon la similarité de leurs objectifs et de leurs méthodes de production, et classées selon le degré de complexité technique de leurs systèmes de production, on découvrit que chaque système de production était associé à un modèle spécifique d'organisation » (1969, p. 196).

Elle distingue ainsi trois types de « système de production » : la production à l'unité et en petite quantité, la production en série et en grande quantité, et la production continue. Ces trois types diffèrent quant à leur degré de *complexité technique*, défini comme « le point à partir duquel le processus de production est contrôlable et ses résultats prévisibles » (p. 203). Diverses caractéristiques structurelles sont reliées à ces trois types de production.

Hickson *et al.* sont venus appuyer, un peu plus tard, certains résultats obtenus par Woodward. Utilisant une définition plus précise et plus spécifique de la technologie, ces auteurs ont trouvé que « bien que l'hypothèse hâtive du *déterminisme technologique* n'ait pas été confirmée, on a quand même identifié au cours de nos études sur l'industrie manufacturière sept variables résiduelles qui ont bel et bien des associations avec la technologie » (1972, p. 148). Ces caractéristiques sont celles qui sont le plus directement reliées à la technologie utilisée par l'organisation, à savoir la proportion du personnel que l'on retrouve dans l'entretien ou l'inspection, « des variables structurelles qui seront associées à la technologie des opérations uniquement dans le cas où ces opérations sont centrées sur le processus continu » (p. 150).

Perrow a également soutenu que la technologie possède deux caractéristiques pertinentes en ce qui a trait à la formation de la structure organisationnelle :

> « [La première] c'est le nombre de cas d'exceptions que l'on rencontre dans le travail, [...] la seconde est la nature du processus de recherche qui est entrepris par l'individu quand les exceptions surviennent. À cet égard, nous distinguons deux types de processus de recherche. Le premier implique une recherche d'ordre logique, analytique [...]. Le second survient quand le problème est si vague et si pauvrement conceptualisé qu'il devient virtuellement inanalysable [...]. Dans ce cas-là, on capitalise alors sur le résidu de l'expérience inanalysable ou sur l'intuition » (1972, p. 49-50).

Ces aspects de la technologie sont reliés à la manière dont on définit la matière première de l'organisation. La matière première peut être classifiée en fonction de sa complexité et de son caractère stable ou variable. Perrow remarque que les dirigeants des organisations tentent de réduire la variabilité de leur matière première ainsi que le nombre des situations exceptionnelles. S'ils y réussissent, cela aura des implications directes pour la technologie et la structure des organisations. Autrement dit, si la matière première est stable et constante, l'organisation sera capable de définir les activités de ses membres plus précisément que si le caractère variable de la matière première exige de l'initiative et de l'autonomie de la part de ses membres.

Hage et Aiken signalent que l'hypothèse de Perrow concernant la relation entre le caractère routinier de la technologie et la structure de l'organisation semble se confirmer : « Plus l'organisation a une activité routinière, plus la prise de décisions en ce qui concerne les politiques organisationnelles est centralisée, plus l'existence d'un manuel de règlements et de descriptions de tâches est possible et plus la tâche est précise (1972, p. 70). Perrow et Woodward soutiennent tous deux non seulement que la technologie renvoie à la structure de l'organisation mais aussi que des rôles organisationnels fortement réglementés et structurés (c.-à-d. des emplois à faible autonomie et de nombreuses règles et procédures formalisées) seront d'autant plus efficaces que la matière première sera standardisée et stable.

Si en revanche, la technologie devient la variable déterminée, qu'est-ce qui déterminera alors le type et le niveau de technologie qui seront utilisés ? La réponse est claire : pour une matière première donnée, ou une opération donnée (ou un but), on considère les technologies disponibles, on les sélectionne et on les met en place en fonction de leur *rendement* : « Les différences dans les objectifs contrôlent et limitent les techniques de production qui peuvent être utilisées » (Woodward, 1969, p. 202). Selon cette conception, les types de technologie avec toutes les implications qu'elles comportent pour la structure, la division du travail, les insatisfactions ou les privilèges des membres de l'organisation suivent très étroitement les efforts faits par l'organisation pour mettre sur pied et utiliser les moyens les plus efficaces pour atteindre ses buts. Comme Child l'a signalé, on présume que les sanctions et les dangers qui pourraient peser sur l'efficacité de la haute administration agissent comme une contrainte sur l'« indétermination » qui peut toujours exister dans la relation entre la technologie et la structure.

Toujours selon cette approche, la technologie, en dépit de ses conséquences malheureuses sur la division du travail, reste fortement déterminée par les efforts que fait l'organisation pour atteindre efficacement ses buts. Aussi on situe la technologie et la division du travail au-delà des débats ou des changements, et on les définit comme des conséquences inévitables et inexorables du besoin qu'a l'organisation d'être efficace dans sa production. Fox a clairement décrit cette « interprétation admise » en ces termes :

> « Cette conception conventionnelle voit la présente division du travail et des tâches, avec les profondes différences en matière de pouvoir, d'autonomie, d'occasions de croissance personnelle et de satisfaction pour les individus, avec les classes qui leur sont associées et toutes les différences de statut ... comme ayant été *créée* par les progrès scientifiques, technologiques et organisationnels de la révolution industrielle. Selon cette conception, cette poussée technologique et organisationnelle, se développant en réponse à ce qui était *nécessaire* ou *approprié* par rapport aux exigences des conditions économiques existantes, est en elle-même neutre. Comme telle, la division du travail et les aménagements de la tâche que *nécessite* cette technologie ont constitué simplement des réponses aux exigences inévitables de l'industrialisation, des réponses à la recherche constante d'une efficacité et d'une productivité accrues qui (cela a été démontré) nous a tous profité (1976, p. 48).

L'argument technologique comprend donc deux éléments qui sont interreliés. Tout d'abord, la technologie prise au sens des méthodes et des techniques de travail — la machinerie, les processus scientifiques, etc. — est tenue responsable du plan des processus de travail et des spécifications de la tâche, en particulier en ce qui concerne le degré de différenciation, le niveau d'autonomie, etc. Cette première partie de l'argumentation devient très évidente quand la direction explique pourquoi les procédures de travail spécialisé établies doivent faire place à davantage de tâches où la machine domine, ou quand l'habileté et le jugement de l'individu doivent être centralisés dans une planification informatisée, ou encore quand les habiletés humaines sont remplacées par des processus automatisés. La cause de tels changements est généralement attribuée au besoin urgent d'installer la technologie la plus moderne et la plus efficace. S'y opposer, c'est s'opposer au progrès. Le second élément de l'argumentation définit la machinerie, les techniques et les outils de travail, ainsi que les formes d'organisation du travail, l'assignation des activités et la division du travail, comme de la technologie. Il relie tous ces éléments à la structure globale et à la fréquence des réglementations, à la standardisation, etc. que l'on y rencontre. Ces deux formes de technologie (toutes deux considérées comme cruciales pour la structure de l'organisation), ont été définies par Fox (1974, p. 1), d'une part comme une technologie « matérielle », et d'autre part comme une technologie « sociale » ; et par Perrow de la façon suivante : « La *technologie* n'est pas employée ici dans son sens banal de machines ou de systèmes sophistiqués mis en place pour atteindre un haut degré de rendement [...] mais dans son sens générique de l'étude des techniques ou des tâches » (1972, p. 166).

Si ce sens accordé à la technologie inclut, évidemment, les simples machines, il signifie plus que cela, il devrait sous-entendre également les variables explicatives utilisées par Burns et Stalker, soit la stabilité et la prévisibilité des tâches et des conditions organisationnelles. Naturellement, ces deux sens s'appliquent aux organisations du secteur tertiaire telles que les banques, les bureaux, les administrations, etc. Qu'est-ce qui peut bien être alors erroné dans la conception selon laquelle les différences majeures observées dans la structure organisationnelle — en particulier celles soulignées précédemment entre le fort pouvoir de décision, le travail indifférencié et non fragmenté, et le travail spécialisé, routinier, morcelé, à faible pouvoir de décision — naissent surtout de l'utilisation par les organisations de technologies différentes ?

D'abord, bien qu'il semble exister une relation particulière entre la technologie et la structure de l'organisation, la relation n'est pas aussi claire que beaucoup l'ont prétendu. Blauner écrit :

> « Le seul facteur important qui donne à une industrie un caractère distinctif est sa *technologie*. La technologie renvoie à l'ensemble des objets physiques et des opérations techniques (à la fois manuelles et mécaniques) régulièrement employés afin de produire les biens et les services industriels » (1964, p. 6).

Blauner soutient que le type de technologie utilisé est influencé par trois facteurs : les connaissances techniques et scientifiques disponibles, les ressources économiques et industrielles des entreprises, et la nature du produit
manufacturé.

En ce qui concerne le produit, la variable la plus importante demeure
son degré de spécificité ou de standardisation, auquel on doit également
ajouter son caractère générique qui conditionne aussi le type de technologie
utilisé — c.-à-d. la technologie associée à la machine, la technologie associée
à la chaîne de montage, les technologies associées au processus continu
et à l'artisanat.

Derrière le choix de technologies appropriées aux différents produits,
matières premières et opérations, se cache « la norme de rationalité technologique et économique » (Blauner, 1964, p. 7). Cependant Blauner reconnaît que, « tandis que la technologie limite l'organisation du travail, elle ne la
détermine jamais complètement, puisqu'il peut exister au sein d'un même
système technologique différentes organisations du processus de travail »
(p. 9). Cela introduit ici une possibilité importante : si la technologie *limite*
l'organisation du travail et la structure d'une organisation, elle ne la *détermine* jamais. Cette idée est soutenue par les études des membres de l'Institut
Tavistock des relations humaines. Ces auteurs ont soutenu à plusieurs reprises qu'à l'intérieur de méthodes technologiques particulières, il existe toujours un certain degré de flexibilité ou de choix par rapport à la structure
organisationnelle.

> « Le choix fait par la direction repose sur certaines supposi-
> tions quant à ce qui se montrerait le plus efficace. [... En géné-
> ral, de tels choix reflètent] des hypothèses conventionnelles
> d'ingénierie concernant le type de production, à savoir la
> nécessité d'avoir un haut degré de spécialisation des tâches, de
> considérer les travailleurs comme des individus isolés, et de
> séparer les fonctions de planification, de coordination et de
> contrôle de l'exécution » (Parker *et al.*, 1977, p. 95).

Afin de recouvrer « l'autonomie responsable », les chercheurs de l'Institut
Tavistock ont d'ailleurs suggéré la création de groupes de travail capables
d'accomplir plusieurs de ces tâches.

Les récents écrits de John Child (1973) et d'Argyris (1973) ont aussi
soutenu que la relation entre la technologie et la structure peut être moins
directe qu'on ne le pense habituellement, et que les relations existantes peuvent être *corrélées* sans être *causales*. Blau et Schoenherr croient que nous
ne devons pas attribuer la nature et la structure des organisations à la psychologie de leurs membres, mais plutôt nous concentrer sur l'analyse des
relations entre différentes caractéristiques organisationnelles. Ils préconisent :

> « [...] l'étude systématique de la structure formelle des organi-
> sations. [...] Réduire les êtres humains à des rectangles dans

des organigrammes et ensuite réduire ces mêmes organigrammes à des variables quantitatives peut sembler une étrange
procédure, mais elle est légitime tant que l'on considère la
structure formelle en soi plutôt que les personnes qui y vivent »
(1971, p. 18).

Si une telle insistance est tout à fait légitime, Argyris a par ailleurs
observé que l'insistance sur la relation entre certaines caractéristiques organisationnelles, comme la taille et la centralisation, a entraîné ces auteurs et
bien d'autres comme eux à contribuer involontairement à dépolitiser l'analyse organisationnelle. De simples *corrélations* sont alors généralement présentées comme *lois* en matière de structure organisationnelle. Ces corrélations
ne sont pas la conséquence inévitable de la recherche, de la part de
l'organisation, du maximum d'efficacité, mais bien le résultat de décisions
prises par les *membres dirigeants de l'organisation*. La structure organisationnelle n'est pas la résultante inévitable des technologies utilisées par l'organisation, elles-mêmes sélectionnées pour maximiser le rendement, mais
bel et bien une conséquence des objectifs des membres dirigeants et de la
conception que ces derniers se font de la nature de leurs subordonnés : « L'organisation formelle est une stratégie cognitive portant sur la
manière dont les planificateurs ont l'intention de jouer leur rôle, à partir de
leur propre conception de la nature humaine » (Argyris, 1973, p. 79). En
particulier, Argyris attribue la corrélation entre certaines variables, découverte par Blau et Schoenherr, au fait que les membres dirigeants de ces
organisations partageaient justement des philosophies, des conceptions et
des objectifs similaires, et par conséquent réagissaient de façon analogue
aux mêmes pressions ou changements organisationnels.

Ensuite, Argyris suggère que la relation entre la structure organisationnelle et un certain déterminant qui lui est attribué (par exemple, la
technologie) pourrait être moins directe qu'on ne le pense généralement : elle
peut en effet être moins la conséquence de « la norme de rationalité technologique et économique » (avec son aspect sous-entendu inévitable) que celle
d'un *choix*, choix déterminé et structuré par des intérêts particuliers et par
certaines conceptions quant aux objectifs et au personnel.

Dans le même ordre d'idées, Child suggère que là « coalition dominante » au sein d'une organisation bénéficie d'un champ d'action considérable à l'intérieur des contraintes que lui imposent la technologie, l'environnement,
etc., pour choisir la façon de structurer l'organisation et de planifier le travail.
De plus, on peut également choisir la technologie elle-même. Child écrit que
les choix qui sont faits par la coalition dominante peuvent s'étendre jusqu'au
« contexte à l'intérieur duquel l'organisation fonctionne, aux standards de
performance à partir desquels la pression des contraintes économiques doit
être évaluée, et à la structure de l'organisation elle-même » (1973, p. 91). Et
il note que « quand on incorpore le choix stratégique dans une théorie de
l'organisation, on reconnaît par là même le fonctionnement d'un processus

essentiellement politique dans lequel les contraintes et les chances sont fonction du pouvoir exercé par ceux qui prennent les décisions à la lumière de certaines valeurs idéologiques » (p. 104).

Autrement dit, il est tout à fait possible qu'on ait pris une simple corrélation entre la technologie et la structure pour la cause et que, bien qu'une technologie donnée puisse exercer une certaine contrainte, on en ait surestimé l'importance. La relation entre la performance et la productivité d'une part, et la structure organisationnelle d'autre part, est loin d'être claire : il existe toujours un certain « jeu ». On observe que les organisations possédant des structures différentes, tout en ayant par ailleurs de nombreux autres traits en commun, ne semblent pas en effet varier sur le plan de l'efficacité (Child, 1973, p. 100). Les « normes de l'efficacité » influencent le choix des technologies mais ne les imposent pas. La structure d'une organisation peut donc être due autant aux philosophies administratives, aux conceptions du projet organisationnel et aux idées sur la nature et sur les capacités du personnel qu'à n'importe quelle logique invariable.

Quelles conceptions et quels desseins autres que la nécessité de rendement pourraient alors influencer le choix d'une technologie particulière, avec son cortège de contraintes ? Selon nous, deux facteurs semblent particulièrement importants.

D'abord, nous devons nous souvenir que les technologies elles-mêmes — au sens « matériel » — ne sont jamais des dons du ciel. En effet, si certains progrès technologiques sont acceptés avec empressement, d'autres sont rejetés, si certaines possibilités restent ignorées, d'autres sont exploitées. D'aucuns ont même soutenu que l'objectif principal derrière la conceptualisation, la sélection et la mise en place de certaines technologies ne vise pas l'accroissement de la production en soi, mais bien l'accroissement du contrôle et de la discipline, et notamment la substitution du contrôle que le travailleur avait sur son travail ou sur son produit par le contrôle du gestionnaire sur le travailleur. Dickson, par exemple, a suggéré que « l'innovation technologique a été une des nouvelles techniques de gestion. Les facteurs économiques, malgré leur importance primordiale à long terme, sont en effet souvent subordonnés aux besoins à court terme pour négocier avec la main-d'œuvre » (1974, p. 79). Et Braverman a soutenu :

> « La machinerie offre à la direction la possibilité de faire par des moyens entièrement mécaniques ce qu'on a précédemment essayé de faire par l'organisation et des moyens disciplinaires. Le fait que de nombreuses machines puissent être supervisées et contrôlées par des décisions centralisées, et que ces contrôles puissent donc être entre les mains de la direction [...] est justement d'un aussi grand intérêt pour la direction que le fait que les machines multiplient la productivité du travail » (1974, p. 195).

Cependant, de tels objectifs sont dissimulés : on présente la technologie comme neutre, apolitique, faisant partie intégrante du progrès humain (malgré d'occasionnels effets négatifs). Si la technologie renvoie, selon les termes de Dickson, à l'« idéologie de l'industrialisation », une idéologie qui met l'accent sur les bénéfices de la mécanisation et sur l'aspect irrésistible des « avances » techniques, elle occulte en revanche la progression constante des formes oppressives d'organisation du travail et des intérêts de classe.

Nous devons donc faire attention de ne pas accepter l'existence et la fonction des dirigeants, des techniciens, des administrateurs et des experts comme des données qui ne doivent leur existence qu'aux exigences de l'industrie moderne ou qu'à leur propre intelligence et à leurs propres succès (Offe, 1976) ; au contraire, nous devons considérer les questions suivantes, énumérées par Gorz (1972, p. 28) :

« 1a) leur fonction est-elle requise par le processus de production matérielle comme tel ou

b) par l'intérêt du capital à réglementer et à contrôler le processus de production d'en haut ?

2a) leur fonction est-elle requise par la préoccupation pour la plus grande efficacité possible au niveau de la technologie de production ? ou

b) est-ce que la préoccupation pour une technologie efficace de la production vient seulement en second derrière la préoccupation pour une « technologie sociale », c'est-à-dire pour conserver une main-d'œuvre disciplinée, enrégimentée et divisée de façon hiérarchique ?

3a) la présente définition de la maîtrise et du savoir technologique est-elle surtout requise par la division technique du travail et ainsi basée sur des données scientifiques et idéologiquement neutres ? ou bien

b) la définition de la maîtrise et du savoir technologique est-elle surtout sociale et idéologique, en tant que produit naturel de la division sociale du travail ? »

Gorz lui-même affirme que la fonction des travailleurs techniques ne s'explique qu'en rapport avec les priorités capitalistes, et que leur rôle est fondamentalement technique et idéologique, c'est-à-dire intéressé à maintenir avant tout la structure hiérarchique des organisations capitalistes, et à s'assurer que le maximum de surplus (plus-value) en soit tiré et que le contrôle soit réalisé.

Marglin (1976) a poussé un peu plus loin cette argumentation. Tout en étant d'accord avec cette conception de la technologie, il soutient par ailleurs que les deux caractéristiques décisives des organisations capitalistes — d'une part le développement de la division parcellaire du travail, et d'autre part le développement de l'organisation centralisée qui caractérise le système de manufactures — ne résultent pas de leur supériorité technique, mais bel et bien des efforts faits par les capitalistes pour conceptualiser une forme d'organisation qui confie un rôle intermédiaire crucial au propriétaire ou au gestionnaire. Ce dernier, s'étant emparé du contrôle assuré jusque-là par les travailleurs, peut dorénavant exploiter le potentiel que constituent ces employés désormais non expérimentés, dépendants et prolétarisés.

On peut également voir dans le choix de certaines technologies organisationnelles — au sens à la fois social et matériel — un reflet des représentations de classes concernant la « fiabilité » et les capacités des travailleurs appartenant aux échelons les plus bas. Pendant que le type de division du travail décrit précédemment par Bosquet peut se justifier aux yeux de la direction comme une exigence malheureuse de progrès technologique et organisationnel inévitable, il reste que ce sont des manifestations claires de l'importance et de la nature de la subordination des membres de l'organisation.

Bosquet est clair sur les implications d'une telle division du travail :

> « [...] les innovations technologiques ont toujours eu un double objectif : rendre le travail humain aussi productif que possible, et contraindre l'ouvrier à travailler à la limite de ses capacités. Le besoin de cette contrainte s'impose sans discussion aux yeux du patron classique. Le travailleur est par définition suspecté de paresse ; comment pourrait-il en être autrement ? Ni le produit lui-même, ni l'objectif de la manufacture n'a quelque chose à voir avec lui » (1977, p. 8).

D'autres auteurs ont également soutenu que les structures organisationnelles modernes, les technologies et les types de division du travail sont de bons indices des représentations que se font les dirigeants à propos de la paresse, de l'intelligence et de la fiabilité de leurs employés (et, évidemment, servent à confirmer le bien-fondé de leurs propos par leurs conséquences aliénantes). Les principes sous-jacents à ce type de tâches routinières, à faible autonomie, fortement fragmentées et spécialisées, dont on a parlé précédemment, ne reposent donc pas seulement sur l'efficacité et la productivité mais aussi sur le contrôle, un contrôle considéré comme nécessaire étant donné la nature des membres inférieurs de l'organisation.

Davis et Taylor ont procédé à une revue exhaustive des évidences concernant « le comportement structurel et organisationnel concomitant de la technologie ». Ils concluent leur tour d'horizon en suggérant qu'« il existe une flexibilité considérable dans la nature de la technologie, qui questionne la notion largement acceptée de déterminisme technologique » (1976, p. 410). Mais leur travail possède un intérêt plus grand encore ; ils soutiennent que la technologie et les systèmes de travail apparentés sont *choisis* par les membres de l'organisation : « Il y a des choix disponibles, basés sur des valeurs et des affirmations concernant le système social » (p. 380), et ces choix révèlent fortement les « affirmations psychosociales » qui sont mises de l'avant : « Presque toute la technologie est déjà contenue dans certains postulats relatifs à l'humain et au travail » (p. 411). Ils poursuivent un peu plus loin :

> « Les hypothèses formulées sur la nature de l'homme incor-
> poré dans un système technique sont opérationalisées dans la
> structure du système. [...] Quand on affirme qu'un système est
> formé d'éléments techniques fiables et d'éléments sociaux ins-
> tables, alors, afin d'obtenir une fiabilité totale du système, l'or-
> ganisation technique doit considérer les différents groupes de
> travailleurs comme des éléments mécaniques remplaçables
> devant être réglés par le système technique ou par une
> superstructure de contrôle du personnel » (p. 412).

Les hypothèses sous-jacentes à la technologie moderne et à la division du travail ne sont pas difficiles à préciser ; elles peuvent se résumer ainsi : les travailleurs sont considérés la plupart du temps comme des révoltés en puissance, le contrôle de la direction se révèle toujours supérieur au contrôle exercé par les travailleurs, les membres au bas de l'échelle « profiteront » de n'importe quelle liberté qui leur sera accordée, et on ne peut en aucun cas leur faire confiance. De nombreux auteurs n'ont pas manqué de commenter les jugements de valeur implicites dans l'émiettement et la rationalisation extrêmes du travail (Lockwood, 1958 ; Gouldner, 1955). Fox soutient que l'application croissante des principes scientifiques d'administration (encadrement du travail) ne sert qu'à accroître la profonde opposition, le ressentiment et l'absence de coopération qu'elle est censée surmonter et résoudre. Les membres appartenant au bas de l'échelle de l'organisation sont conscients des conséquences de ce type de division du travail, malgré tous les efforts faits par la direction pour la présenter comme inévitable et neutre. Ils réagissent en réduisant leur implication, ou encore en se mobilisant et en résistant collectivement. Ces réactions amènent la direction à faire d'autres efforts pour réduire le potentiel explosif, et diminuer la capacité d'agitation de ses salariés.

Dans les organisations, l'arrangement du travail à faible autonomie, fortement émietté, différencié et spécialisé — partout où on le retrouve, c'est-à-dire dans l'atelier, le bureau, le Service postal, la section informatique, la salle de perforation — ne peut s'expliquer uniquement en fonction de la technologie ou des principes modernes, avancés et efficaces de division du travail. Il résulte avant tout de la primauté de certains intérêts sur d'autres, de l'hégémonie de certains groupes sur les autres. Il reflète et révèle bel et bien sa nature de classe. Comme Marx l'a signalé, quand l'organisation du travail concentre « l'intelligence productive » dans une partie de l'organisation, « elle disparaît dans beaucoup d'autres » :

> « Ce qui est perdu par les ouvriers est concentré entre les mains du capital qui les emploie. C'est une des conséquences de la division du travail dans les manufactures, que l'ouvrier soit confronté aux capacités intellectuelles du processus matériel de production en tant que propriété d'un autre et en tant que pouvoir dominant » (1954, p. 341).

Fox (1976) a également mis l'accent sur le fait que la technologie et l'organisation du travail incorporent et révèlent les valeurs de classe propres au capitalisme tout en assurant la suprématie de certains intérêts de classe au travail. Cette constatation est tout à fait fondamentale pour quiconque veut comprendre le développement de la centralisation dans les organisations et de l'émiettement du travail, ainsi que le développement des technologies qui est associé à ces deux phénomènes.

LA NATURE DES TÂCHES À LARGE AUTONOMIE

Cependant, une question reste en suspens : pourquoi plusieurs tâches ne sont-elles pas définies et conceptualisées de cette façon ? Pourquoi certaines tâches sont-elles très structurées et très émiettées, tandis que d'autres — celles qui permettent une grande autonomie — demeurent indifférenciées et non fragmentées ? Comment peut-on expliquer les différences observées entre la division du travail dans le domaine de l'éducation et celle que l'on observe sur une chaîne de montage d'automobile, ou encore entre le travail de direction et le travail de bureau ?

On a déjà donné une partie de la réponse. Si on doit concevoir l'organisation, la sélection et l'installation de la technologie elle-même en fonction de valeurs et d'intérêts, il reste que le type de technologie matérielle appliquée contraint toujours d'une certaine façon l'organisation du travail. Néanmoins, pendant que la technologie se fonde sur des affirmations et des priorités et pendant que la relation entre les outils de travail et la division du travail est moins directe et rigide qu'on ne le suggère souvent, il reste quand même vrai qu'il est impossible de comprendre les différences entre la division du travail observée chez les universitaires et celle observée chez les ouvriers de l'automobile sans considérer les bases technologiques très différentes de ces deux types de travail.

Quels facteurs déterminent donc l'application de technologie et de formes de travail qui dissocient le « travail manuel du travail intellectuel » et qui, en intégrant toute prise de décisions et tout contrôle dans la structure de la machine ou du processus de travail, transforment l'employé de l'organisation en un simple appendice de la machine ?

Perrow soutient que certaines matières premières et certaines opérations sont plus susceptibles d'être fragmentées et d'être différenciées que d'autres. Les facteurs critiques, comme nous l'avons vu, demeurent le caractère variable de la matière première et le caractère routinier des opérations. L'assemblage de voitures peut être organisé de façon hautement répétitive, standardisée et fragmentée, parce que les matières premières sont elles-mêmes très standardisées et uniformes (par exemple, la qualité de l'acier pressé ne varie pas d'un jour à l'autre), et parce que les activités demeurent très prévisibles. D'autre part, la matière première des universités — les étudiants — varie énormément, et la complexité de la tâche enseignante, la diversité de ses exigences, l'importance du jugement de l'universitaire rendent difficiles, sinon impossibles, l'organisation et l'imposition de procédures spécifiques. Bien sûr, on pourrait réduire le rôle professoral à des tâches beaucoup plus limitées et détaillées, et obtenir ainsi une plus grande spécification. Perrow a remarqué que les différences dans les objectifs réels des organisations professionnelles sont fonction de la possibilité que l'on a d'émietter ou non les tâches :

> « Le travail de garde dans un hôpital psychiatrique peut être émietté, mais celui qui est orienté vers le traitement ne peut pas l'être [...] on peut profiter des avantages de la bureaucratie dans la situation de routine ; l'organisation non routinière quant à elle doit payer un prix considérable pour de longues périodes de formation du personnel, pour l'embauchage d'employés professionnels, pour la confusion et le gaspillage de matériel, pour les essais, les résultats imprévisibles, etc. » (1972, p. 167).

Cependant, cet argument selon lequel les variations dans la complexité des tâches et des opérations et le caractère variable des matières premières limitent la possibilité d'établir des technologies et des procédures routinières, ne fournit qu'une partie de la réponse. Il peut aider à expliquer pourquoi certaines tâches *ne* sont *pas* émiettées, mais ce n'est qu'une explication nécessaire et non suffisante des raisons qui poussent la direction à profiter du fait que certaines tâches s'y prêtent bien pour les rendre routinières. En agissant ainsi, ils démontrent, comme nous l'avons déjà soutenu, le conflit d'intérêts fondamental qui règne au sein de l'organisation, et leurs propres priorités et intérêts de classe.

Il en est de même pour les tâches autonomes et non fragmentées, comme celles des gestionnaires, des experts et des scientifiques. Si ces emplois possèdent jusqu'à un certain point ces caractéristiques à cause des tâches, des opérations, de la connaissance et des habiletés qui leur sont associées, ces caractéristiques sont elles-mêmes le résultat de la coupure qui existe entre le travail manuel et le travail intellectuel. Comme Braverman l'a remarqué, on ne peut voir le développement d'une expertise importante et complexe au sein d'une organisation sans que d'autres emplois soient dépouillés d'expertise :

> « Le nombre relativement petit de personnes à qui on réserve un savoir et une formation spécialisés sont dégagées autant que possible de l'obligation d'un simple travail [...] on fournit une structure [...] polarisant à l'extrême ceux dont le temps est infiniment précieux et ceux dont le temps ne vaut presque rien » (1974, p. 82-83).

Cette polarisation des activités qui est directement reliée à l'émiettement possible ou non de la tâche, provient elle-même de la nature de classe des organisations.

De la même façon, la complexité et l'importance du travail autonome proviennent soit du rôle que les gestionnaires et les experts jouent dans la coordination et le contrôle des employés non qualifiés, soit du développement de systèmes professionnels et experts de contrôle, de division du travail, de comptabilité, de bien-être social, etc., qui sont critiques pour le succès des organisations de ce type, soit d'autres fonctions spécialisées et professionnelles. Ces diverses formes de fonction, qui revêtent une importance et une signification considérables au sein des organisations, ne sont elles-mêmes pas neutres. Comme la structure des organisations dans lesquelles elles sont situées, elles révèlent fondamentalement la nature de classe des organisations hiérarchisées.

Quand Braverman remarque qu'au sein de n'importe quelle organisation il existe certains membres dont le temps est infiniment précieux et d'autres dont le temps ne vaut presque rien, il souligne un autre facteur significatif sous-jacent à l'adoption de technologies et de procédures routinières de travail, à savoir l'importance de leur contribution et, par conséquent, leur degré d'implication. Si certains rôles organisationnels cruciaux sont essentiellement complexes, comportant des éléments d'autonomie et exigeant de l'habileté et du jugement, alors l'implication et la « fiabilité » de ceux qui les remplissent deviennent des facteurs très importants. Ceux qui remplissent des rôles associés au travail à large autonomie sont dotés d'un pouvoir organisationnel considérable. Par conséquent, la direction doit veiller à ce qu'ils soient traités et récompensés de façon à s'assurer de leur continuelle identification à l'organisation et à sa structure :

> « Quand la haute direction prend soin de fournir les récompenses et les privilèges considérés comme appropriées au statut associé à ces rôles, de peur que les détenteurs abusent de leur pouvoir de décision ou quittent carrément l'organisation, elle manifeste la conscience d'une relation de pouvoir » (Fox, 1974, p. 60).

Les détenteurs de ces rôles s'attendront que leur importance au sein de l'organisation leur garantisse que « leurs récompenses, leurs privilèges et leur avenir sont bel et bien ceux auxquels les membres de la fraternité des haut placés ont droit ».

Mais si le caractère non routinier de certaines tâches découle de la nature même des emplois et de l'importance de la fonction, laquelle accorde de l'autonomie et du pouvoir dans l'organisation, c'est aussi, jusqu'à un certain point, une conséquence de la capacité qu'ont les membres intéressés de résister à l'émiettement et à la bureaucratisation, suivant leurs ressources et leurs idéologies de classe extra-organisationnelles. Fox a remarqué que même lorsque l'émiettement des tâches est possible, la haute direction peut ne pas procéder à de tels changements par peur de certaines conséquences aliénantes qu'ils pourraient entraîner et par peur de ruptures provoquées par la résistance des salariés. Freidson a également soutenu qu'un groupe professionnel est d'autant plus apte à résister au contrôle externe et à la bureaucratisation qu'il a obtenu « une position privilégiée, légale ou politique, qui le protège de l'empiétement, [c'est-à-dire] un code d'éthique ou quelque autre bannière de bonnes intentions rendue publique, [il est alors capable de] contrôler la production et en particulier l'application du savoir et des qualifications dans le travail qu'il accomplit » (1970, p. 134-135). Dans le même ordre d'idées, Elger a bien souligné les dangers que l'on court à expliquer le pouvoir organisationnel de certains groupes uniquement en fonction de « compétences techniques ou de contextes de production, car ces attributs s'inscrivent eux-mêmes dans une matrice de processus sociaux » (1975, p. 124).

Si, comme Freidson le souligne, les institutions et les traditions professionnelles qui peuvent être mobilisées, s'avèrent particulièrement importantes, nous devons aussi considérer la société dans son ensemble, en particulier son évaluation de classes et ses définitions des travaux à haute position et à basse position, définitions qui sont elles-mêmes reliées aux fonctions remplies par la profession concernée. Autrement dit, le pouvoir dans l'organisation est le reflet à la fois d'une société de classes et des ressources dont disposent les employés. Nous devons enfin considérer l'argument selon lequel l'utilisation de technologies et de structures modernes de travail marquées par la routine résulte de « la rationalité technologique et économique », c'est-à-dire de la *productivité*. Nous devons nous demander « efficace pour qui ? » Et pour quoi ? De telles technologies et de tels principes de division du travail apparaissent en effet clairement non profitables pour les employés concernés. Pour eux, ils constituent même un obstacle à la liberté d'utiliser leurs capacités créatives et intellectuelles. Nous avons soutenu précédemment que leur efficacité se situe justement dans la réduction de leur *autonomie* et de leur autocontrôle au profit d'un contrôle centralisé, administratif et expert. [...] Selon Bosquet, l'efficacité de ce système réside dans sa capacité de contrôler et de discipliner une force de travail qui est systématiquement aliénée des processus de travail et du produit. Bosquet remarque également qu'il est impossible de relâcher ce contrôle car, dans ces conditions de travail, l'aliénation demeure si grande qu'elle rend l'employé toujours plus récalcitrant et « irresponsable ».

Cet argument est encore plus clairement mis en évidence par le travail de Fox (1974). Fox note comment les rôles à faible autonomie engendrent de l'aliénation et une démobilisation chez leurs détenteurs, ce qui renforce les croyances et les affirmations de la direction, et conduit très souvent à un nouveau resserrement du contrôle, souvent à travers l'étude des processus de travail, à un accroissement de la surveillance et des réglementations, à un renforcement de la discipline et de la supervision ou à d'autres moyens de réduire le pouvoir de décision. Cela accentue la méfiance qui existe entre les supérieurs et les subordonnés. C'est donc seulement dans le contexte d'employés aliénés qu'on peut considérer ces pratiques de travail et ces technologies comme étant « rationnelles » du point de vue technologique ou économique. C'est en vertu du besoin de contrôler une main-d'œuvre qui accomplit un travail contraire à ses intérêts et dont elle tire peu de bénéfices que les pratiques de la gestion scientifique, la centralisation bureaucratique et les techniques de travail « avancées », peuvent être considérées comme « efficaces » et rationnelles. L'aliénation qui est inhérente à cette forme d'organisation entraîne une division du travail et un contrôle qui exacerbent les griefs des employés. Pour la direction, cela équivaut à un « problème de motivation ».

De façon notable, de nombreux auteurs ont fait remarquer récemment que ces technologies et ces principes « rationnels » pourraient être moins efficaces qu'on ne le prétendait à première vue. Les niveaux d'aliénation et de résistance qu'ils entraînent pourraient bien être en effet assez élevés pour rendre ces méthodes inefficaces même dans leurs propres modalités (voir Fox, 1974 et 1976 ; Bosquet, 1977 ; Argyris, 1968 ; Blauner, 1964 ; Walker et Guest, 1952). Mais, renverser ces structures et ces principes fondamentaux et les remplacer par une participation et une démocratisation authentiques, aboutirait à la perte par la direction de son « droit » de contrôler et d'administrer la force de travail, et accroîtrait la volonté de la part des employés du bas de l'échelle de jouer un rôle à la fois dans la détermination des buts et des activités de l'organisation et dans la distribution des récompenses et des privilèges. Ce risque est trop grand. On doit considérer les plus récents efforts pour « enrichir » le travail et obtenir la participation des employés dans le contexte beaucoup plus vaste du contrôle d'une force de travail aliénée, et non comme des tentatives pour remplacer le contrôle de la direction par le contrôle des employés.

Cette inefficacité et ces « problèmes » rattachés aux formes modernes de travail et de structure organisationnelle sont les conséquences directes pour les humains de la spécialisation, de la subdivision et du contrôle extrême. Ces derniers sont rendus nécessaires par un système économique et politique qui évalue et organise les gens non en fonction d'eux-mêmes ou en vertu de leurs besoins, mais bien en vertu des priorités et des intérêts des employeurs et de leurs administrateurs. Dans ces conditions, on comprend pourquoi il est nécessaire de morceler et de séparer l'exécution de la conception car, de cette façon, on réduit beaucoup la contribution individuelle et l'importance de chaque ouvrier — il devient facilement remplaçable parce qu'il est déqualifié. Et le temps de formation diminue au fur et à mesure que le pouvoir de décision et l'autonomie sont réduits, le contrôle administratif s'accroît, et l'exploitation s'intensifie.

Références

ALBROW, M.C. (1968) « The Study of Organizations — Objectivity or Bias ? », *in* J. Gould (édit.) *Penguin Social Sciences Survey*, Harmondsworth, Penguin.

ARGYRIS, C. (1968) « The Organization : What Makes It Healthy ? », *Harvard Business Review*, 36, p. 107-116.

ARGYRIS, C. (1973) « Peter Blau », *in* G. Salaman et K. Thompson (édits). *People and Organizations*, Londres, Longman, p. 76-90.

BARNARD, C.I. (1970) *The Functions of the Executive*, Cambridge, Harvard University Press.

BLAU, P.M. et SCHOENHERR, R.A. (1971) *The Structure of Organizations*, New York, Basic Books.

BLAUNER, R. (1964) *Alienation and Freedom*, Chicago University Press.

BOSQUET, M. (1977) « Prison Factory », *in Capitalism in Crisis and Everyday Life*, Hassocks, Harvester Press, p. 91-101.

BRAVERMAN, H. (1974) *Labour and Monopoly Capital*, New York, Monthly Review Press.

BURNS, T. et STALKER, G.M. (1966) *The Management of Innovation*, Londres, Tavistock.

CHILD, J. (1973) « Organizational Structure, Environment and Performance : The Role of Strategic Choice », *in* G. Salaman et K. Thompson (édits). *People and Organizations*, Londres, Longman, p. 91-107.

CICOUREL, A. (1958) « The Front and Back of Organizational Leadership », *Pacific Sociological Review*, vol. 1, p. 54-58.

DAVIS, L.E. et TAYLOR, J.C. (1976) « Technology, Organization and Job Structure », *in* R. Dubin (édit.) *Handbook of Work, Organization and Society*, Chicago, Rand McNally, p. 379-420.

DICKSON, D. (1974) *Alternative Technology*, Londres, Fontana/Collins.

ELGER, A.J. (1975) « Industrial Organizations — a Processual Perspective », *in* J.B. McKinlay (édit.) *Processing People : Cases in Organizational Behaviour*, Londres, Holt, Rinehart and Winston, p. 91-149.

FOX, A. (1974) *Beyond Contract : Work, Power and Trust Relations*, Londres, Faber and Faber.

FOX, A. (1976) « The Meaning of Work », *in People and Work*, Milton Keynes, Open University Press, p. 9-60.

FREIDSON, E. (1970) *Professional Dominance : The Social Structure of Medical Care*, New York, Atherton.

GORZ, A. (1972) « Technical Intelligence and the Capitalist Division of Labour », *Telos*, 12, p. 27-41.

GOULDNER, A.W. (1955) « Metaphysical Pathos and the Theory of Bureaucracy », *American Political Science Review*, 49, juin, p. 496-507.

HAGE, J. et AIKEN, M. (1972) « Routine Technology, Social Structure and Organizational Goals », *in* R.H. Hall (édit.) *The Formal Organization*, New York, Basic Books, p. 55-72.

HICKSON, D.J. *et al.* (1972) « Operations Technology and Organization Structure : An Empirical Reappraisal », *in* K. Azumi et J. Hage (édits). *Organizational Systems*, Lexington, Heath, p. 137-150.

LOCKWOOD, D. (1958) *The Blackcoated Worker*, Londres, Allen and Unwin.

MARGLIN, S.A. (1976) « What do Bosses Do ? — The Origins and Functions of Hierarchy in Capitalist Production », *Review of Radical Political Economics*, 6, p. 60-112.

MARX, K. (1954) *Capital*, Moscou, Progress Publishers.

MICHELS, R. (1970) « Oligarchy », *in* O. Grusky et G.A. Miller (édits). *The Sociology of Organizations : Basic Studies*, New York, Free Press.

OFFE, C. (1976) *Industry and Inequality*, Londres, Edward Arnold.

PARKER, S.R., BROWN, R.K., CHILD, J. et SMITH, M.A. (1977) *The Sociology of Industry*, Londres, Allen and Unwin.

PARSONS, T. (1970) « Social Systems », *in* O. Grusky et G.A. Miller (édits). *The Sociology of Organizations : Basic Studies*, New York, Free Press.

PERROW, C. (1961) « The Analysis of Goals in Complex Organizations », *American Sociological Review*, 26(6), p. 854-866.

PERROW, C. (1972) « A Framework for the Comparative Analysis of Organizations, *in* M.B. Brinkerhoff et P.R. Kunz (édits). *Complex Organizations and Their Environments*, Dubuque, Wm. C. Brown, p. 48-67.

PERROW, C. (1972) *Complex Organizations : A Critical Essay*, Glenview, Ill., Scott, Foresman.

SILLS, D.L. (1970) « Preserving Organizational Goals », *in* O. Grusky et G.A. Miller (édits). *The Sociology of Organizations : Basic Studies*, New York, Free Press, p. 227-236.

STRAUSS, A. *et al.* (1973) « The Hospital and Its Negotiated Order », *in* G. Salaman et K. Thompson (édits). *People and Organizations*, Londres, Longman, p. 303-320.

THOMPSON, J.D. et McEWEN, W.J. (1958) « Organizational Goals and Environment », *American Sociological Review*, 23, p. 23-31.

WALKER, C.R. et GUEST, R.H. (1952) *The Man on the Assembly Line*, Cambridge, Harvard University Press.

WOODWARD, J. (1969) « Management and Technology », *in* T. Burns (édit.) *Industrial Man : Selected Readings*, Harmondsworth, Penguin Books, p. 196-231.

PARTIE IV
La division du travail

De la division du travail[*]

par Adam Smith

Les plus grandes améliorations dans la puissance productive du travail, et la plus grande partie de l'habileté, de l'adresse et de l'intelligence avec lesquelles il est dirigé ou appliqué, sont dues, à ce qu'il semble, à la *division du travail*.

On se fera plus aisément une idée des effets de la *division du travail* sur l'industrie générale de la société, si l'on observe comment ces effets opèrent dans quelques manufactures particulières. On suppose communément que cette *division* est portée le plus loin possible dans quelques-unes des manufactures où se fabriquent des objets de peu de valeur. Ce n'est peut-être pas qu'elle y soit portée réellement plus loin que dans des fabriques plus importantes ; mais c'est que, dans les premières, qui sont destinées à de petits objets demandés par un petit nombre de personnes, la totalité des ouvriers qui y sont employés est nécessairement peu nombreuse, et que ceux qui sont occupés à chaque différente branche de l'ouvrage peuvent souvent être réunis dans un atelier, et placés à la fois sous les yeux de l'observateur. Au contraire, dans ces grandes manufactures destinées à fournir les objets de consommation de la masse du peuple, chaque branche de l'ouvrage emploie un si grand nombre d'ouvriers, qu'il est impossible de les réunir tous dans le même atelier. On ne peut guère voir à la fois que les ouvriers employés à une seule branche de l'ouvrage. Ainsi, quoique, dans ces manufactures, l'ouvrage soit peut-être en réalité divisé en un plus grand nombre de parties que dans celles de la première espèce, cependant la division y est moins sensible, et, par cette raison, elle y a été moins bien observée.

Prenons un exemple dans une manufacture de la plus petite importance, mais où la *division du travail* s'est fait souvent remarquer : une manufacture d'épingles.

---

[*] Tiré de : SMITH, A. **Recherches sur la nature et les causes de la richesse des nations**, Paris, Gallimard, coll. Idées, 1976, p. 37-55.
Reproduit avec la permission des Éditions Gallimard (1985).

Un homme qui ne serait pas façonné à ce genre d'ouvrage, dont la *division du travail* a fait un métier particulier, ni accoutumé à se servir des instruments qui y sont en usage, dont l'invention est probablement due encore à la *division du travail*, cet ouvrier, quelque adroit qu'il fût, pourrait peut-être à peine faire une épingle dans toute sa journée, et certainement il n'en ferait pas une vingtaine. Mais de la manière dont cette industrie est maintenant conduite, non seulement l'ouvrage entier forme un métier particulier, mais même cet ouvrage est divisé en un grand nombre de branches, dont la plupart constituent autant de métiers particuliers. Un ouvrier *tire le fil à la bobine*, un autre le *dresse*, un troisième *coupe la pointe dressée*, un quatrième *empointe*, un cinquième est employé à *émoudre* le bout qui doit recevoir la *tête*. Cette *tête* est elle-même l'objet de deux ou trois opérations séparées : la *frapper* est une besogne particulière ; *blanchir* les épingles en est une autre ; c'est même un métier distinct et séparé que de *piquer* les papiers et d'y *bouler* les épingles ; enfin l'important travail de faire une épingle est divisé en dix-huit opérations distinctes ou environ, lesquelles, dans certaines fabriques, sont remplies par autant de mains différentes, quoique dans d'autres le même ouvrier en remplisse deux ou trois. J'ai vu une petite manufacture de ce genre qui n'employait que dix ouvriers, et où par conséquent quelques-uns d'entre eux étaient chargés de deux ou trois opérations. Mais, quoique la fabrique fût fort pauvre et, par cette raison, mal outillée, cependant, quand ils se mettaient en train, ils venaient à bout de faire entre eux environ douze livres d'épingles par jour : or chaque livre contient plus de quatre mille épingles de taille moyenne. Ainsi, ces dix ouvriers pouvaient faire plus de quarante-huit milliers d'épingles dans une journée ; donc chaque ouvrier, faisant une dixième partie de ce produit, peut être considéré comme faisant dans une journée quatre mille huit cents épingles. Mais s'ils avaient tous travaillé à part et indépendamment les uns des autres, et s'ils n'avaient pas été façonnés à cette besogne particulière, chacun d'eux assurément n'eût pas fait vingt épingles, peut-être pas une seule, dans sa journée, c'est-à-dire pas, à coup sûr, la deux cent quarantième partie, et peut-être pas la quatre mille huit centième partie de ce qu'ils sont maintenant en état de faire, en conséquence d'une division et d'une combinaison convenables de leurs différentes opérations.

Dans tout autre art et manufacture, les effets de la division du travail sont les mêmes que ceux que nous venons d'observer dans la fabrique d'une épingle, quoique dans un grand nombre de cas le travail ne puisse pas être aussi subdivisé ni réduit à des opérations d'une aussi grande simplicité. Toutefois, dans chaque art, la *division du travail*, aussi loin qu'elle peut y être portée, donne lieu à un accroissement proportionnel de la puissance productive du travail. C'est cet avantage qui paraît avoir donné naissance à la séparation des divers emplois et métiers.

En général, cette séparation est poussée plus loin dans les pays qui jouissent du plus haut degré de perfectionnement : ce qui, dans une société encore un peu grossière, est l'ouvrage d'un seul homme, devient, dans une société plus avancée, la besogne de plusieurs. Dans toute société avancée, un fermier n'est que fermier, un fabricant n'est que fabricant. Le travail nécessaire pour produire complètement un objet manufacturé est presque toujours divisé entre un grand nombre de mains. Que de métiers différents sont employés dans chaque branche des ouvrages manufacturés, de toile ou de laine, de l'ouvrier qui travaille à faire croître le lin et la laine jusqu'à celui qui est employé à blanchir et à lisser la toile ou à teindre et à lustrer le drap!

Cette grande augmentation dans la quantité d'ouvrage qu'un même nombre de bras est en état de fournir, en conséquence de la *division du travail*, est due à trois circonstances différentes : premièrement, à un accroissement d'habileté dans chaque ouvrier individuellement ; deuxièmement, à l'épargne du temps, qui se perd ordinairement quand on passe d'une espèce d'ouvrage à une autre ; et troisièmement enfin, à l'invention d'un grand nombre de machines qui facilitent et abrègent le travail, et qui permettent à un homme de remplir la tâche de plusieurs.

Premièrement, l'accroissement de l'habileté dans l'ouvrier augmente la quantité d'ouvrage qu'il peut accomplir, et la *division du travail*, en réduisant la tâche de chaque homme à quelque opération très simple et en faisant de cette opération la seule occupation de sa vie, lui fait acquérir nécessairement une très grande dextérité. Un forgeron ordinaire qui, bien qu'habitué à manier le marteau, n'a cependant jamais été dans l'usage de faire des clous, s'il est obligé par hasard de s'essayer à en faire, viendra très difficilement à bout d'en faire deux ou trois cents dans sa journée ; encore seront-ils fort mauvais. Un forgeron qui aura été accoutumé à en faire, mais qui n'en aura pas fait son unique métier, aura peine, avec la plus grande diligence, à en fournir dans un jour plus de huit cents ou d'un millier. Or, j'ai vu des jeunes gens au-dessous de vingt ans, n'ayant jamais exercé d'autre métier que celui de faire des clous, qui, lorsqu'ils étaient en train, pouvaient fournir chacun plus de deux mille trois cents clous par jour. Toutefois, la façon d'un clou n'est pas une des opérations les plus simples. La même personne fait aller les soufflets, attise ou dispose le feu quand il en est besoin, chauffe le fer et forge chaque partie du clou. En forgeant la tête, il faut qu'elle change d'outils. Les différentes opérations dans lesquelles se subdivise la façon d'une épingle ou d'un bouton de métal sont toutes beaucoup plus simples, et la dextérité d'une personne qui n'a pas eu dans sa vie d'autres occupations que celles-là, est ordinairement beaucoup plus grande. La rapidité avec laquelle quelques-unes de ces opérations s'exécutent dans les fabriques, passe tout ce qu'on pourrait imaginer ; et ceux qui n'en ont pas été témoins ne sauraient croire que la main de l'homme fût capable d'acquérir autant d'agilité.

En second lieu, l'avantage qu'on gagne à épargner le temps qui se perd communément en passant d'une sorte d'ouvrage à une autre, est beaucoup plus grand que nous ne pourrions le penser au premier coup d'œil. Il est impossible de passer très vite d'une espèce de travail à une autre qui exige un changement de place et des outils différents. Un tisserand de la campagne, qui exploite une petite ferme, perd une grande partie de son temps à aller de son métier à son champ, et de son champ à son métier. Quand les deux métiers peuvent être établis dans le même atelier, la perte de temps est sans doute beaucoup moindre ; néanmoins elle ne laisse pas d'être considérable. Ordinairement un homme perd un peu de temps en passant d'une besogne à une autre. Quand il commence à se mettre à ce nouveau travail, il est rare qu'il soit d'abord bien en train ; il n'a pas, comme on dit, le cœur à l'ouvrage, et pendant quelques moments il niaise plutôt qu'il ne travaille de bon cœur. Cette habitude de flâner et de travailler sans application et avec nonchalance, est naturelle à l'ouvrier de la campagne, ou plutôt il la contracte nécessairement en étant obligé de changer d'ouvrage et d'outils à chaque demi-heure et de mettre la main chaque jour de sa vie à vingt besognes différentes ; elle le rend presque toujours paresseux et incapable d'un travail sérieux et appliqué, même dans les occasions où il est le plus pressé d'ouvrage. Ainsi, indépendamment de ce qui lui manque en dextérité, cette seule raison diminuera considérablement la quantité d'ouvrage qu'il sera en état d'accomplir.

En troisième et dernier lieu, tout le monde sent combien l'emploi de machines propres à un ouvrage abrège et facilite le travail. Il est inutile d'en chercher des exemples. Je ferai remarquer seulement qu'il semble que c'est à la *division du travail* qu'est originairement due l'invention de toutes ces machines propres à abréger et à faciliter le travail. Quand l'attention d'un homme est toute dirigée vers un objet, il est bien plus propre à découvrir les méthodes les plus promptes et les plus aisées pour l'atteindre, que lorsque cette attention embrasse une grande variété de choses. Or, en conséquence de la *division du travail*, l'attention de chaque homme est naturellement fixée tout entière sur un objet très simple. On doit donc naturellement attendre que quelqu'un de ceux qui sont employés à une branche séparée d'un ouvrage, trouvera bientôt la méthode la plus courte et la plus facile de remplir sa tâche particulière, si la nature de cette tâche permet de l'espérer. Une grande partie des machines employées dans ces manufactures où le travail est le plus subdivisé, ont été originairement inventées par de simples ouvriers qui, naturellement, appliquaient toutes leurs pensées à trouver les moyens les plus courts et les plus aisés de remplir la tâche particulière qui faisait leur seule occupation. Il n'y a personne accoutumé à visiter les manufactures, à qui on n'ait fait voir une machine ingénieuse imaginée par quelque pauvre ouvrier pour abréger et faciliter sa besogne. Dans les premières machines à feu, il y avait un petit garçon continuellement occupé à ouvrir et à fermer alternativement la communication entre la chaudière et le cylindre, suivant que le piston montait ou descendait. L'un de ces petits garçons, qui avait envie de jouer avec ses camarades, observa qu'en mettant un cordon au manche de la soupape qui ouvrait cette communication, et en attachant ce cordon à une autre partie de la machine, cette soupape s'ouvrirait et se fermerait sans lui, et qu'il aurait la liberté de jouer tout à son aise. Ainsi une des découvertes qui a le plus contribué à perfectionner ces sortes de machines depuis leur invention, est due à un enfant qui ne cherchait qu'à s'épargner de la peine.

Cependant il s'en faut de beaucoup que toutes les découvertes tendant à perfectionner les machines et les outils, aient été faites par les hommes destinés à s'en servir personnellement. Un grand nombre est dû à l'industrie des constructeurs de machines, depuis que cette industrie est devenue l'objet d'une profession particulière, et quelques-unes à l'habileté de ceux qu'on nomme *savants* ou *théoriciens*, dont la profession est de ne rien faire, mais de tout observer, et qui, par cette raison, se trouvent souvent en état de combiner les forces des choses les plus éloignées et les plus dissemblables. Dans une société avancée, les fonctions philosophiques ou spéculatives deviennent, comme tout autre emploi, la principale ou la seule occupation d'une classe particulière de citoyens. Cette occupation, comme toute autre, est aussi subdivisée en un grand nombre de branches différentes, chacune desquelles occupe une classe particulière de savants, et cette *subdivision du travail*, dans les sciences comme en toute autre chose, tend à accroître l'habileté et à épargner du temps. Chaque individu acquiert beaucoup plus d'expérience et d'aptitude dans la branche particulière qu'il a adoptée : il y a au total plus de travail accompli, et la somme des connaissances en est considérablement augmentée.

Cette grande multiplication dans les produits de tous les différents arts et métiers, résultant de la *division du travail*, est ce qui, dans une société bien gouvernée, donne lieu à cette opulence générale qui se répand jusque dans les dernières classes du peuple. Chaque ouvrier se trouve avoir une grande quantité de son travail dont il peut disposer, outre ce qu'il en applique à ses propres besoins ; et comme les autres ouvriers sont aussi dans le même cas, il est à même d'échanger une grande quantité des marchandises fabriquées par lui, contre une grande quantité des leurs, ou, ce qui est la même chose, contre le prix de ces marchandises. Il peut fournir abondamment ces autres ouvriers de ce dont ils ont besoin, et il trouve également à s'accommoder auprès d'eux, en sorte qu'il se répand, parmi les différentes classes de la société, une abondance universelle. [...]

DU PRINCIPE QUI DONNE LIEU À LA DIVISION DU TRAVAIL

Cette *division du travail*, de laquelle découlent tant d'avantages, ne doit pas être regardée dans son origine comme l'effet d'une sagesse humaine qui ait prévu et qui ait eu pour but cette opulence générale qui en est le résultat ; elle est la conséquence nécessaire, quoique lente et graduelle, d'un certain penchant naturel à tous les hommes, qui ne se proposent pas des vues d'utilité aussi étendues : c'est le penchant qui les porte à trafiquer, à faire des trocs et des échanges d'une chose pour une autre.

Il n'est pas de notre sujet d'examiner si ce penchant est un de ces premiers principes de la nature humaine dont on ne peut pas rendre compte, ou bien, comme cela paraît plus probable, s'il est une conséquence nécessaire de l'usage de la raison et de la parole. Il est commun à tous les hommes, et on ne l'aperçoit dans aucune autre espèce d'animaux, pour lesquels ce genre de contrat est aussi inconnu que tous les autres. Deux lévriers qui courent le même lièvre ont quelquefois l'air d'agir de concert. Chacun d'eux renvoie le gibier vers son compagnon ou bien tâche de le saisir au passage quand il le lui renvoie. Ce n'est toutefois l'effet d'aucune convention entre ces animaux, mais seulement du concours accidentel de leurs passions vers un même objet. On n'a jamais vu de chien faire de propos délibéré l'échange d'un os avec un autre chien. On n'a jamais vu d'animal chercher à faire entendre à un autre par sa voix ou ses gestes : *Ceci est à moi, cela est à toi ; je te donnerai l'un pour l'autre.* Quand un animal veut obtenir quelque chose d'un autre animal ou d'un homme, il n'a pas d'autre moyen que de chercher à gagner la faveur de celui dont il a besoin. Le petit caresse sa mère, et le chien qui assiste au dîner de son maître, s'efforce par mille manières d'attirer son attention pour en obtenir à manger. L'homme agit quelquefois de même avec ses semblables, et quand il n'a pas d'autre voie pour les engager à faire ce qu'il souhaite, il tâche de gagner leurs bonnes grâces par des flatteries et par des attentions serviles. Il n'a cependant pas toujours le temps de mettre ce moyen en œuvre. Dans une société civilisée, il a besoin à tout moment de l'assistance et du concours d'une multitude d'hommes, tandis que toute sa vie suffirait à peine pour lui gagner l'amitié de quelques personnes. Dans presque toutes les espèces d'animaux, chaque individu, quand il est parvenu à sa pleine croissance, est tout à fait indépendant, et, tant qu'il reste dans son état naturel, il peut se passer de l'aide de toute autre créature vivante. Mais l'homme a presque continuellement besoin du secours de ses semblables, et c'est en vain qu'il l'attendrait de leur seule bienveillance. Il sera bien plus sûr de réussir, s'il s'adresse à leur intérêt personnel et s'il les persuade que leur propre avantage leur commande de faire ce qu'il souhaite d'eux. C'est ce que fait celui qui propose à un autre un marché quelconque ; le sens de sa proposition est ceci : *Donnez-moi ce dont j'ai besoin, et vous aurez de moi ce dont vous avez besoin vous-même* ; et la plus grande partie de ces bons offices qui nous sont si nécessaires, s'obtient de cette façon. Ce n'est pas de la bienveillance du boucher, du marchand de bière ou du boulanger, que nous attendons notre dîner, mais bien du soin qu'ils apportent à leurs intérêts. Nous ne nous adressons pas à leur humanité, mais à leur égoïsme ; et ce n'est jamais de nos besoins que nous leur parlons, c'est toujours de leur avantage. Il n'y a qu'un mendiant qui puisse se résoudre à dépendre de la bienveillance d'autrui ; encore ce mendiant n'en dépend-il pas en tout : c'est bien la bonne volonté des personnes charitables qui lui fournit le fond entier de sa subsistance ; mais quoique ce soit là en dernière analyse le principe d'où il tire de quoi satisfaire aux besoins de sa vie, cependant ce n'est pas celui-là qui peut y pourvoir à mesure qu'ils se font sentir. La plus grande partie de ses besoins du moment se trouvent satisfaits comme ceux des autres hommes, par traité, par échange et par achat. Avec l'argent que l'un lui donne, il achète du pain. Les vieux habits qu'il reçoit d'un autre, il les troque contre d'autres vieux habits qui l'accommodent mieux, ou bien contre un logement, contre des aliments, ou enfin contre de l'argent qui lui servira à se procurer un logement, des aliments ou des habits quand il en aura besoin.

Comme c'est ainsi par traité, par troc et par achat que nous obtenons des autres la plupart de ces bons offices qui nous sont mutuellement nécessaires, c'est cette même disposition à trafiquer qui a dans l'origine donné lieu à la *division du travail*. Par exemple, dans une tribu de chasseurs ou de bergers, un individu fait des arcs et des flèches avec plus de célérité et d'adresse qu'un autre. Il troquera fréquemment ces objets avec ses compagnons contre du bétail ou du gibier, et il ne tardera pas à s'apercevoir que, par ce moyen, il peut se procurer plus de bétail et de gibier que s'il allait lui-même à la chasse. Par calcul d'intérêt donc, il fait sa principale occupation de fabriquer des arcs et des flèches, et le voilà devenu une espèce d'armurier. Un autre excelle à bâtir et à couvrir les petites huttes ou cabanes mobiles ; ses voisins prennent l'habitude de l'employer à cette besogne, et de lui donner en récompense du bétail ou du gibier, de sorte qu'à la fin il trouve qu'il est de son intérêt de s'adonner exclusivement à cette besogne et de se faire en quelque sorte charpentier et constructeur. Un troisième devient de la même manière forgeron ou chaudronnier ; un quatrième est le tanneur ou le corroyeur des peaux ou cuirs qui forment le principal vêtement des sauvages. Ainsi la certitude de pouvoir troquer tout le produit de son travail qui excède sa propre consommation contre un pareil surplus du produit du travail des autres qui peut lui être nécessaire, encourage chaque homme à s'adonner à une occupation particulière, et à cultiver et perfectionner tout ce qu'il peut avoir de talent et d'intelligence pour cette espèce de travail.

Dans la réalité, la différence des talents naturels entre les individus est bien moindre que nous ne le croyons, et les aptitudes si différentes qui semblent distinguer les hommes de diverses professions quand ils sont parvenus à la maturité de l'âge, ne sont pas tant la cause que l'effet de la *division du travail*, en beaucoup de circonstances. La différence entre les hommes adonnés aux professions les plus opposées, entre un philosophe, par exemple, et un portefaix, semble provenir beaucoup moins de la nature que de l'habitude et de l'éducation. Quand ils étaient l'un et l'autre au commencement de leur carrière, dans les six ou huit premières années de leur vie, il y avait peut-être entre eux une telle ressemblance que leurs parents ou camarades n'y auraient pas remarqué de différence sensible. Vers cet âge ou bientôt après, ils ont commencé à être employés à des occupations fort différentes.

Dès lors a commencé entre eux cette disparité qui s'est augmentée insensiblement, au point qu'aujourd'hui la vanité du philosophe consentirait à peine à reconnaître un seul point de ressemblance. Mais, sans la disposition des hommes à trafiquer et à échanger, chacun aurait été obligé de se procurer lui-même toutes les nécessités et commodités de la vie. Chacun aurait eu la même tâche à remplir et le même ouvrage à faire, et il n'y aurait pas eu lieu à cette grande différence d'occupations, qui seule peut donner naissance à une grande différence de talents.

Comme c'est ce penchant à troquer qui donne lieu à cette diversité de talents, si remarquable entre hommes de différentes professions, c'est aussi ce même penchant qui rend cette diversité utile. Beaucoup de races d'animaux, qu'on reconnaît pour être de la même espèce, ont reçu de la nature des caractères distinctifs et des aptitudes différentes beaucoup plus sensibles que celles qu'on pourrait observer entre les hommes, antérieurement à l'effet des habitudes et de l'éducation. Par nature, un philosophe n'est pas de moitié aussi différent d'un portefaix, en aptitude et en intelligence, qu'un mâtin l'est d'un lévrier, un lévrier d'un épagneul, et celui-ci d'un chien de berger. Toutefois ces différentes races d'animaux, quoique de même espèce, ne sont presque d'aucune utilité les unes pour les autres. Le mâtin ne peut pas ajouter aux avantages de sa force en s'aidant de la légèreté du lévrier, ou de la sagacité de l'épagneul, ou de la docilité du chien de berger. Les effets de ces différents degrés d'intelligence ou aptitudes, faute d'une faculté ou d'un penchant au commerce et à l'échange, ne peuvent être mis en commun, et ne contribuent pas le moins du monde à l'avantage ou à la commodité commune de l'espèce. Chaque animal est toujours obligé de s'entretenir et de se défendre lui-même à part et indépendamment des autres, et il ne peut retirer la moindre utilité de cette variété d'aptitudes que la nature a réparties entre ses pareils. Parmi les hommes, au contraire, les talents les plus disparates sont utiles les uns aux autres ; les différents produits de leur industrie respective, au moyen de ce penchant universel à troquer et à commercer, se trouvent mis, pour ainsi dire, en une masse commune où chaque homme peut aller acheter, suivant ses besoins, une portion quelconque du produit de l'industrie des autres.

De la manufacture à la fabrique automatique[*]

par Karl Marx

LA MANUFACTURE

[...] Le mécanisme spécifique de la période manufacturière, c'est l'ouvrier collectif lui-même, composé de beaucoup d'ouvriers parcellaires. Les différentes opérations, que le producteur d'une marchandise exécute alternativement et qui se fusionnent dans l'ensemble de son procès de travail, le sollicitent à des titres divers. Il lui faut déployer tantôt plus de force, tantôt plus d'habileté, tantôt plus d'attention ; or, le même individu ne possède pas toutes ces qualités au même degré. Une fois les différentes opérations séparées, isolées et rendues indépendantes, les ouvriers sont répartis, classés et groupés suivant leurs aptitudes particulières. Si leurs particularités naturelles constituent la base sur laquelle vient s'implanter la division du travail, la manufacture, quand elle est introduite, développe des forces de travail, qui naturellement ne sont aptes qu'à des fonctions spéciales. L'ouvrier collectif possède alors toutes les capacités productives au même degré de virtuosité et les utilise en même temps de la façon la plus économique, en appliquant uniquement à leurs fonctions spécifiques tous ses organes, individualisés dans des ouvriers particuliers ou des groupes d'ouvriers. Plus l'ouvrier parcellaire est incomplet et même imparfait, plus il est parfait comme partie de l'ouvrier collectif[1]. L'habitude d'une fonction unique le transforme en organe infaillible de cette fonction, tandis que la connexion du mécanisme total le contraint à travailler avec la régularité d'une pièce de machine[2].

Les différentes fonctions de l'ouvrier collectif étant plus ou moins simples ou complexes, inférieures ou supérieures, ses organes, les forces de travail individuelles, exigent des degrés différents de développement, et possèdent donc des valeurs différentes. La manufacture développe donc une

---

[*] Tiré de : MARX, K. *Le Capital*, Paris, Éd. Sociales, p. 25-40.
Reproduit avec la permission de Diffusion Dimedia (1987).

hiérarchie des forces de travail, à laquelle correspond une échelle des salaires. Si, d'un côté, l'ouvrier individuel est approprié et attaché toute sa vie durant à une fonction spéciale, les différentes opérations de cette hiérarchie sont appropriées également aux capacités naturelles ou acquises[3]. Mais tout procès de production réclame certaines manipulations simples dont tout homme, quel qu'il soit, peut venir à bout. Elles aussi sont maintenant séparées de leur rapport variable avec les facteurs plus importants de l'activité et deviennent des fonctions exclusives. Dans tout métier qu'elle englobe, la manufacture produit donc une classe d'ouvriers dits maladroits que le métier excluait impitoyablement. Après avoir, aux dépens de la capacité de travail tout entière, développé jusqu'à la virtuosité la spécialité particulière, elle se met à faire une spécialité du manque de tout développement. À côté de la gradation hiérarchique, nous avons alors la division des ouvriers en habiles et inhabiles. Pour les derniers, les frais d'apprentissage disparaissent ; pour les premiers, ils baissent, comparativement aux artisans, par suite de la simplification des fonctions[4]. Dans les deux cas, la valeur de la force de travail diminue. Il y a exception, pour autant que la décomposition des procès de travail produit de nouvelles fonctions générales, qui ne se rencontraient pas, ou du moins pas au même degré, dans les simples métiers. La dépréciation relative de la force de travail, qui résulte de la disparition ou de la diminution des frais d'apprentissage, entraîne pour le capital un accroissement immédiat de la plus-value ; car tout ce qui réduit le temps nécessaire à la reproduction de la force de travail agrandit le domaine du surtravail. [...]

Dans la manufacture comme dans la coopération simple, le corps de travail qui fonctionne est une forme d'existence du capital. Le mécanisme social de production, composé de nombreux ouvriers parcellaires individuels, appartient au capitaliste. La force productive résultant de la combinaison des travaux apparaît donc comme force productive du capital. La manufacture proprement dite soumet l'ouvrier, autrefois indépendant, aux ordres et à la discipline du capital ; mais elle crée en outre une gradation hiérarchique parmi les ouvriers même. Alors que la coopération simple n'apporte pas grand changement au mode de travail de l'individu, la manufacture le bouleverse de fond en comble et s'attaque à la racine même de la force de travail individuelle. Elle estropie l'ouvrier et fait de lui une espèce de monstre, en favorisant à la manière d'une serre, le développement de son habileté de détail par la suppression de tout un monde d'instincts et de capacités. C'est ainsi que, dans les États de La Plata, l'on tue un animal pour la seule peau ou la seule graisse. Non seulement les travaux partiels sont répartis entre des individus différents, mais l'individu est lui-même divisé, transformé en mécanisme automatique d'un travail partiel[5], si bien que se trouve réalisée la fable absurde de Menenius Agrippa, représentant un homme comme un simple fragment de son propre corps[6]. À l'origine, l'ouvrier vend sa force de travail au capital, parce qu'il lui manque les moyens matériels nécessaires à la production d'une marchandise ; et maintenant, sa force de travail individuelle refuse tout service à moins d'être vendue au capital. Elle ne fonctionne plus que dans un ensemble qui n'existe qu'après sa vente, dans l'atelier du capitaliste. Rendu incapable, de par sa condition naturelle, de faire quelque chose d'indépendant, l'ouvrier de manufacture ne développe plus d'activité productive que comme accessoire de l'atelier du capitaliste. De même que le peuple élu portait inscrit sur le front qu'il appartenait à Jéhovah, la division du travail imprime à l'ouvrier de manufacture un cachet qui le consacre propriété du capital.

Les connaissances, l'intelligence et la volonté que le paysan ou l'ouvrier indépendant développe, ne fût-ce que dans une faible mesure, de même que le sauvage met en œuvre tout l'art de la guerre sous forme de ruse personnelle, ne sont plus exigées maintenant que pour l'ensemble de l'atelier. Ces puissances intellectuelles de la production se développent d'un côté, parce qu'elles disparaissent de beaucoup d'autres. Tout ce que perdent les ouvriers parcellaires se concentre dans le capital. La division manufacturière du travail leur oppose les puissances intellectuelles du procès matériel de production comme une propriété étrangère, une puissance qui les domine. Cette scission commence dans la coopération simple, où le capitaliste représente, vis-à-vis de chaque ouvrier particulier, l'unité et la volonté du corps de travail social. Elle se développe dans la manufacture, qui fait de l'ouvrier un ouvrier estropié parcellaire. Elle s'achève dans la grande industrie, qui fait de la science une puissance productive indépendante du travail et l'affecte au service du capital[7].

Dans la manufacture, l'ouvrier collectif et par conséquent le capital ne peuvent s'enrichir en force productive sociale que si l'ouvrier s'appauvrit en forces productives individuelles.

« L'ignorance est la mère de l'industrie comme de la superstition. La réflexion et l'imagination sont soumises à l'erreur ; mais l'habitude de remuer le pied ou la main ne dépend ni de l'une, ni de l'autre. Aussi pourrait-on dire que, par rapport aux manufactures, la perfection consiste à pouvoir se passer de l'intelligence, en sorte que l'atelier puisse être considéré comme une machine dont les parties seraient des hommes. »[8]

En fait, vers le milieu du XVIIIe siècle, certaines manufactures employaient pour quelques opérations simples, qui formaient des secrets de fabrique, de préférence des ouvriers à moitié idiots[9].

« L'esprit de la plupart des hommes, dit A. Smith, se développe nécessairement de et par leurs occupations de chaque jour. Un homme qui passe toute sa vie à s'acquitter de quelques opérations simples, n'a pas l'occasion d'exercer son intelligence. Il devient en général aussi stupide et aussi ignorant qu'une créature humaine puisse le devenir. »

Après avoir dépeint l'hébétement de l'ouvrier parcellaire, Smith continue :

> « L'uniformité de sa vie stationnaire corrompt naturellement aussi la vaillance de son esprit. [...] Elle détruit même l'énergie du corps et le rend incapable d'employer sa force, avec quelque vigueur et persévérance, si ce n'est dans l'occupation de détail à laquelle il est attaché. Il semble donc qu'il n'ait acquis de l'habileté dans un métier particulier qu'aux dépens de ses capacités intellectuelles, sociales et guerrières. Mais dans toute société industrielle et civilisée, la classe ouvrière, c'est-à-dire la grande masse du peuple, doit nécessairement en arriver à cet état. »[10]

Pour empêcher le rabougrissement complet de la masse ouvrière, résultant de la division du travail, A. Smith recommande l'instruction populaire obligatoire, mais à doses restreintes, homéopathiques. G. Garnier, son traducteur et commentateur français qui, sous le premier Empire, fut naturellement sénateur, s'attaque avec une certaine logique à cette conception. L'instruction populaire, dit-il, est contraire à la division du travail ; en l'introduisant, « on proscrirait tout notre système social ».

> « Comme toutes les autres divisions du travail, celle qui existe entre le travail mécanique et le travail intellectuel[11], se prononce d'une manière plus forte et plus tranchante à mesure que la société avance vers un état plus opulent. [C'est à juste titre qu'il applique ce terme de société au capital, à la propriété foncière et à l'état qui est le leur.] Cette division, comme toutes les autres, est un effet des progrès passés et une cause des progrès à venir. [...] Le Gouvernement doit-il donc travailler à contrarier cette division de travail, et à la retarder dans sa marche naturelle ? Doit-il employer une portion du revenu public pour tâcher de confondre et de mêler deux classes de travail qui tendent d'elles-mêmes à se diviser ? »

Un certain rabougrissement intellectuel et physique est inséparable même de la division du travail dans la société en général. Mais comme la période manufacturière pousse beaucoup plus loin cette scission sociale des branches de travail, et ne s'attaque à la racine de la vie de l'individu que par la division qui lui est propre, c'est elle qui, la première, fournit l'idée et la matière de la pathologie industrielle[12].

Subdiviser un homme, c'est l'exécuter, s'il a mérité la peine de mort, c'est l'assassiner, s'il ne la mérite pas. La subdivision du travail est l'assassinat d'un peuple[13].

La coopération fondée sur la division du travail, ou la manufacture, est primitivement quelque chose de naturel. Mais, dès qu'elle a pris un peu de consistance et d'étendue, elle se change en forme consciente, méthodique et systématique du mode de production capitaliste. L'histoire de la manufacture proprement dite nous montre que la division du travail qui lui est propre acquiert d'abord expérimentalement, en quelque sorte à l'insu des intéressés, sa forme convenable, mais qu'ensuite, tout comme les métiers corporatifs, elle essaie de maintenir cette forme par la tradition et réussit parfois à la maintenir durant des siècles. Excepté dans ses accessoires cette forme ne change jamais que par suite d'une révolution dans les instruments de travail. La manufacture moderne — je ne parle pas de la grande industrie fondée sur l'emploi des machines — , ou bien trouve, dans les grandes villes où elle prend naissance, tout préparés les membres épars dont parle le poète, et n'a qu'à les rassembler ; tel est le cas de la manufacture de vêtements ; ou bien le principe de la division est d'application évidente, en ce que les diverses opérations de la production professionnelle, de la reliure par exemple, sont exclusivement assignées à des ouvriers spécialistes. Une expérience de quelques jours permet, dans ces cas, de trouver le nombre relatif d'ouvriers nécessaires à chaque fonction[14].

Par l'analyse de l'activité professionnelle, la spécification des instruments de travail, la formation d'ouvriers parcellaires, leur groupement et leur combinaison dans un mécanisme d'ensemble, la division manufacturière du travail crée l'enchaînement qualitatif et la proportionnalité quantitative du procès social de production, par conséquent une organisation déterminée du travail social et développe en même temps une nouvelle force productive sociale du travail. En tant que forme spécifiquement capitaliste du procès social de production — et, sur les bases données, elle ne pouvait prendre que cette forme capitaliste — elle n'est qu'une méthode particulière de produire de la plus-value relative ou d'augmenter, aux dépens des ouvriers, le rendement du capital, la richesse des nations ou richesse sociale. Elle développe la productivité sociale de l'ouvrier non seulement pour le capitaliste en lieu et place de l'ouvrier, mais encore en estropiant l'ouvrier individuel. Elle produit de nouvelles conditions de la domination du capital sur le travail. D'une part, elle apparaît donc comme progrès historique et facteur nécessaire de développement dans le procès de formation économique de la société ; mais d'autre part, elle se révèle comme un moyen d'exploitation civilisée et raffinée. [...]

LA FABRIQUE

[...] Tout travail à la machine exige, de la part de l'ouvrier, un apprentissage précoce, pour qu'il apprenne à adapter son propre mouvement au mouvement uniforme et continuel de l'automate. Comme l'ensemble de la machinerie constitue lui-même un système de machines différentes, combinées et fonctionnant en même temps, la coopération, à laquelle il sert de base, exige la répartition des différents groupes d'ouvriers entre les différentes machines. Mais la nécessité n'existe plus de donner, comme dans la manufacture, une forme définitive à cette répartition, en condamnant toujours les mêmes ouvriers aux mêmes fonctions[15]. Comme le mouvement d'ensemble de la fabrique part non pas de l'ouvrier, mais de la machine, le personnel peut changer constamment, sans qu'il y ait interruption du procès de travail. Nous en trouvons la preuve évidente dans le système des relais appliqué en Angleterre pendant la grande crise de 1848-1850. Enfin, la rapidité avec laquelle les enfants apprennent à travailler à la machine supprime la nécessité de former des classes spéciales d'ouvriers pour le travail aux machines[16]. Quant aux services des simples manœuvres, on peut les faire faire en partie par des machines[17] ou bien, à cause de leur extrême simplicité, changer continuellement et à n'importe quel moment le personnel chargé de cette besogne fastidieuse.

Mais, bien qu'au point de vue technique la machinerie ait bouleversé de fond en comble l'ancien système de la division du travail, celui-ci continue d'abord, appuyé sur l'habitude, à se maintenir péniblement comme tradition de la manufacture ; puis, le capital le reproduit et le consolide, sous la forme la plus répugnante, comme moyen d'exploitation de la force de travail. Au lieu d'être spécialisé, pour toute la vie, dans le maniement d'un outil parcellaire, l'ouvrier le sera dans la conduite d'une machine parcellaire. On abuse de la machinerie pour faire de l'ouvrier, dès l'âge le plus tendre, un élément d'une machine parcellaire[18]. Ainsi se trouvent diminués, dans une large mesure, les frais nécessaires à la reproduction de l'ouvrier ; celui-ci, en outre, est rendu complètement dépendant de l'ensemble de la fabrique, c'est-à-dire du capitaliste. Ici comme partout, une distinction s'impose entre le surcroît de productivité dû au développement du procès social de production et le surcroît provenant de l'exploitation capitaliste.

Dans la manufacture et le métier, l'ouvrier se sert de l'outil, à la fabrique il sert la machine. Dans le premier cas, c'est lui qui fait mouvoir le moyen de travail, dans le second cas, il n'a qu'à suivre le mouvement. Dans la manufacture, les ouvriers sont les membres d'un mécanisme vivant ; dans la fabrique, ils ne sont que les compléments vivants d'un mécanisme mort qui existe indépendamment d'eux.

> « La pitoyable routine d'un labeur sans fin, où le même procès mécanique se renouvelle sans cesse, ressemble au travail de Sisyphe ; comme le rocher, le poids du travail retombe toujours sur l'ouvrier épuisé. »[19]

En même temps que le travail mécanique fatigue à l'extrême le système nerveux, il supprime le jeu varié des muscles et confisque toute libre activité physique et intellectuelle[20]. Même la facilité plus grande du travail devient un moyen de torture, puisque la machine ne dispense pas l'ouvrier du travail, mais enlève à celui-ci son intérêt. Toute production capitaliste, en tant qu'elle crée non seulement de la valeur, mais encore de la plus-value, a ceci de particulier : l'ouvrier ne domine pas les conditions du travail, il est dominé par elles ; mais ce renversement des rôles ne devient réel et effectif au point de vue technique qu'avec l'emploi des machines. Transformé en automate, le moyen de travail, pendant le procès de travail, se dresse devant l'ouvrier sous forme de capital, de travail mort, qui domine et exploite la force de travail vivante. La séparation des puissances intellectuelles du procès de travail d'avec le travail manuel et leur transformation en moyens par lesquels le capital s'assujettit le travail s'opèrent, ainsi que nous l'avons indiqué plus haut, dans la grande industrie basée sur le machinisme. L'habileté particulière, individuelle, de l'ouvrier ainsi dépouillé n'est plus qu'un accessoire infime et disparaît devant la science, les forces naturelles énormes et la masse de travail social qui, incorporées au système mécanique, constituent la puissance du « Maître ». Ce maître, dont la pensée unit indissolublement la machinerie et son propre monopole, peut donc, en cas de conflit, tenir à ses ouvriers ce langage méprisant :

> « Les ouvriers de fabrique feraient sagement de ne pas oublier que leur travail n'est en réalité qu'une espèce inférieure de travail habile ; que nul autre ne s'apprend plus aisément et n'est mieux payé en tenant compte de la qualité ; qu'il suffit de quelques directions pour y adapter, en fort peu de temps, toute une foule de forces nouvelles. Les machines du patron jouent, dans l'affaire de la production, un rôle beaucoup plus important que le travail et l'habileté des ouvriers, qui s'acquièrent par un apprentissage de six mois et sont accessibles au dernier valet de ferme. »[21]

La subordination technique de l'ouvrier à la marche uniforme du moyen de travail et la composition particulière du corps de travail, faite d'individus d'âge et de sexe différents, créent une discipline toute militaire, qui devient le régime complet des fabriques et développe, dans toute leur ampleur, le travail déjà mentionné des surveillants et la distinction des ouvriers en travailleurs et en surveillants, en soldats et sous-officiers de l'industrie.

> « La difficulté principale, dans la fabrique automatique, consistait en ceci : par l'établissement d'une discipline indispensable, faire perdre aux ouvriers leurs habitudes d'irrégularité, pour les identifier avec la régularité immuable du grand automate. Mais, l'élaboration et l'application d'un tel code de discipline, approprié aux besoins et à la célérité du système automatique, étaient une entreprise digne d'Hercule. C'est Arkwright qui accomplit cette noble tâche. Même à l'époque actuelle, où le système est arrivé à son plein épanouissement, il est presque impossible de trouver parmi les ouvriers[22] qui ont passé l'âge de la puberté, des gens pouvant utilement seconder le système automatique. »

Ce code, dans lequel le capital, sans y introduire la division des pouvoirs, si chère aux bourgeois, ni le système représentatif qui lui est encore plus cher, a formulé, de sa propre autorité et arbitrairement, son pouvoir absolu sur les ouvriers, n'est que la caricature capitaliste de la réglementation sociale du procès de travail qui devient nécessaire dès qu'il y a coopération sur une grande échelle et que l'on emploie des moyens de travail communs, surtout des machines. Le code de punitions du surveillant a pris la place du fouet de l'ancien conducteur d'esclaves. Toutes les punitions se résolvent en amendes ou retenues de salaire, et la sagacité législative des Lycurgues de la fabrique leur rend la violation de leurs lois encore plus fructueuse que l'observation de ces mêmes lois[23].

Nous ne faisons qu'indiquer les conditions matérielles dans lesquelles s'accomplit le travail à la fabrique. Tous les organes des sens sont incommodés à la fois par l'élévation artificielle de la température, l'air saturé de déchets de matières premières, le bruit assourdissant, etc., sans parler du danger de mort au milieu des machines trop serrées qui, avec la régularité des saisons, publient leurs bulletins de batailles industrielles[24]. L'économie des moyens sociaux de production, mûrie comme en serre chaude dans le système de fabrique, devient entre les mains du capital un vol systématique pratiqué sur les conditions vitales de l'ouvrier pendant son travail, sur l'espace, l'air, la lumière et les moyens de protection personnelle contre les conditions dangereuses ou insalubres dans lesquelles il travaille, pour ne pas mentionner les arrangements visant à la commodité de l'ouvrier[25]. Fourier a-t-il donc tort, en parlant des fabriques, de les appeler des bagnes modérés ?[26]

Notes

(1)   Par exemple, développement excessif de certains muscles, déformation de certains os, etc.

(2)   Le commissaire enquêteur lui ayant demandé comment il maintenait l'activité parmi ses jeunes ouvriers, M. Marshall, directeur général d'une verrerie, répond fort justement : « Ils ne peuvent songer à négliger leur travail ; une fois qu'ils ont commencé, ils ne peuvent plus s'arrêter ; ils sont en quelque sorte des pièces de machine. » (**Child. Empl. Com. Fourth Report**, 1865, p. 247.)

(3)   Le Dr Ure, dans son apothéose de la grande industrie, découvre les caractères particuliers de la manufacture avec plus de netteté que les économistes anciens, qui n'avaient pas le même intérêt à la polémique, mieux même que ses contemporains, par exemple Babbage, qui lui est supérieur comme mathématicien et mécanicien, mais ne considère à vrai dire la grande industrie qu'au point de vue manufacturier. Ure dit : « L'approbation des ouvriers à chaque opération particulière forme l'essence de la division du travail. » Ailleurs, il définit cette distribution des travaux : l'adaptation des travaux aux différentes capacités individuelles, et caractérise enfin tout le système manufacturier comme « un système de gradations suivant le degré d'habileté ». (A. Ure. **The Philosophy of Manufacturers**, tome I, p. 28-35.)

(4) « Un ouvrier, en se perfectionnant par la pratique sur un seul et même point, devient [...] moins coûteux. » (A. Ure. **The Philosophy of Manufacturers**, p. 28.)

(5) Pour D. Stewart les ouvriers de manufacture sont des automates vivants ... employés dans les détails d'un ouvrage. (**Lectures on Pol. Ec.**, Edinburgh, 1855, p. 318.)

(6) Chez les coraux, chaque individu forme en réalité l'estomac du groupe entier. Mais il lui apporte de la nourriture au lieu de la lui enlever, comme le faisait le patricien romain.

(7) Le savant et l'ouvrier productif sont complètement séparés ; et la science, au lieu d'augmenter, entre les mains de l'ouvrier, les forces productives de celui-ci et de l'en faire profiter, est presque partout dirigée contre lui. Le savoir devient un instrument qui peut se séparer du travail et même lui être opposé. (W. Thompson. **An Inquiry into the Principles of the Distribution of Wealth**, Londres, 1824, p. 274.)

(8) A. Ferguson. **History of Civil Society**, tome II, p. 134, 135.

(9) J.D. Tuckett. **A History of the Past and Present State of the Labouring Population**, Londres, 1846, tome I, p. 149.

(10) A. Smith. **Wealth of Nations**, livre V, chap. I, art. 2. Comme disciple de Ferguson, qui avait exposé les conséquences funestes de la division du travail, A. Smith savait à quoi s'en tenir sur ce point. Au début de son ouvrage, où il célèbre *ex professo* la division du travail, il se contente de l'indiquer en passant comme la source des inégalités sociales. Ce n'est que dans le 5e livre, où il est question des revenus de l'État, qu'il reproduit Ferguson. Dans **Misère de la philosophie**, j'ai suffisamment discuté le rapport historique entre Ferguson, A. Smith, Lementey et Say dans leur critique de la division du travail. C'est également là que, pour la première fois, j'ai montré que la division manufacturière du travail est la forme spécifique du mode de production capitaliste.

(11) Ferguson dit déjà : « L'art de penser, dans une période où tout est séparé, peut lui-même former un métier à part. »

(12) C'est en 1713 que Ramazzini, professeur de médecine pratique à Padoue, publia son ouvrage **De morbis artificum**, traduit en français en 1781, réimprimé en 1841 dans l'Encyclopédie des sciences médicales, 7e dis. Auteurs classiques. Il va de soi que la période de la grande industrie a considérablement augmenté ce catalogue des maladies des ouvriers. Voir entre autres **Hygiène physique et morale de l'ouvrier dans les grandes villes en général, et dans la ville de Lyon en particulier**, par le Dr A.L. Fonterel, Paris, 1858, et **Die Krankheiten, welche verschiednen Ständen, Aeltern und Geschlechtern eigentümlich sind**, 6 Bände, Ulm, 1860. En 1854, la Society of Arts nomma une commission d'enquête sur la pathologie industrielle. La liste des documents réunis par cette commission se trouve dans le catalogue du Twickenham Economie Museum. Les officiels Reports on Public Health sont importants. Voir également E. Reich. **Ueber die Entartung der Menschen**, Erlangen, 1868.

(13) D. Urquhart. **Familiar Works**, Londres, 1855, p. 119. Hegel avait, sur la division du travail, des opinions très hérétiques. « Sous le nom d'hommes cultivés, il faut entendre en premier lieu ceux qui savent faire tout ce que font d'autres », dit-il dans sa **Philosophie du droit**.

(14) La foi naïve au génie inventif que chaque capitaliste déploierait a priori dans la division du travail, ne se rencontre plus guère que chez certains professeurs allemands, tels que Roscher, par exemple. Pour remercier le capitaliste d'avoir fait jaillir la division du travail toute faite de sa tête olympienne, Roscher lui accorde « divers salaires de travail ». La plus ou moins grande application de la division du travail dépend de la grandeur de la bourse et non de la grandeur du génie.

(15)   Ure l'admet. Il dit qu'en cas de besoin le directeur peut à son gré faire passer l'ouvrier d'une machine à l'autre, et s'écrie d'un ton de triomphe : « Ce changement se trouve en contradiction manifeste avec la vieille routine qui divise le travail et fait fabriquer par l'un la tête et par l'autre la pointe d'une épingle. » Il aurait dû plutôt se demander pourquoi, dans la fabrique automatique, on ne renonce à cette vieille routine qu'en cas de besoin.

(16)   Lorsque le besoin commande, comme ce fut le cas pendant la guerre de Sécession, le bourgeois n'hésite pas à employer, à titre exceptionnel, l'ouvrier de fabrique aux travaux les plus grossiers, tels que construction de routes, etc. Entre les ateliers nationaux anglais de 1862, réservés aux chômeurs de l'industrie cotonnière, et les ateliers nationaux français de 1848, il y avait une grande différence : dans ceux-ci l'ouvrier exécutait, aux frais de l'État, des travaux improductifs, tandis que dans ceux-là il exécutait, au bénéfice du bourgeois, des travaux municipaux productifs, et même à meilleur compte que l'ouvrier ordinaire, avec qui on le faisait entrer ainsi en concurrence. « L'apparence physique des ouvriers cotonniers s'est évidemment améliorée. La cause en est, du moins pour les hommes ... en ce qu'ils se livrent au grand air à des travaux publics. » (Il s'agit des ouvriers de la fabrique de Preston, qui furent occupés dans les marais de la ville.) **Reports of the Inspectory of Factories for 31st Oct. 1865**, p. 59.)

(17)   Un exemple : les différents appareils mécaniques que l'on a introduits, depuis la loi de 1844, dans les fabriques de laine pour remplacer le travail des enfants. Dès que les enfants de messieurs les fabricants sont astreints eux-mêmes à faire « leurs classes » comme manœuvres, ce domaine presque inexploré de la mécanique ne tarde pas à prendre un essor remarquable. Les *mules-jenny* automatiques sont peut-être aussi dangereuses que n'importe quelle machine. La plupart des accidents se rapportent aux enfants, parce que ceux-ci, pendant que les mules sont en marche, se glissent dessous pour nettoyer le sol. Les inspecteurs ont intenté des poursuites judiciaires contre certains surveillants et les ont fait condamner pour des fautes de ce genre, mais sans obtenir de changement notable. Si les constructeurs pouvaient inventer une balayeuse automatique qui dispenserait les enfants de cette besogne dangereuse, ce serait une contribution heureuse à nos mesures de protection. (**Reports of The Inspectory of Factories for 31st Oct. 1866**, p. 63.)

(18)   Cela permet de juger l'idée abracadabrante de Proudhon qui voit dans la machine non pas une synthèse des moyens de travail, mais une synthèse des travaux partiels pour les ouvriers eux-mêmes.

(19)   F. Engels. **Situation des classes ouvrières en Angleterre**, p. 217. Même un libre-échangiste ordinaire et optimiste, M. Molinari, écrit :
> « Un homme s'use plus vite en surveillant quinze heures par jour l'évolution uniforme d'un mécanisme qu'en exerçant dans le même espace de temps sa force physique. Ce travail de surveillance, qui servirait peut-être d'utile gymnastique à l'intelligence s'il n'était pas trop prolongé, détruit à la longue, par son excès, et l'intelligence et le corps même. » (G. de Molinari. **Études économiques**, Paris, 1846.)

(20)   F. Engels. **Op. cit.**, p. 216.

(21)   The Master Spinner's and Manufacturer's Defence Fund. **Report of the Committee**, Manchester, 1854, p. 17. On verra plus tard que le « Maître » entonne une tout autre chanson, dès qu'il se sent menacé de perdre ses automates vivants.

(22)   A. Ure. **The Philosophy of Manufacturers**, p. 22, 23. Quiconque est au courant de la vie d'Arkwright se gardera bien d'accoler le terme « noble » à cet ingénieux barbier. De tous les grands inventeurs du XVIIIe siècle, il fut incontestablement celui qui fut le drôle le plus effronté et sut le mieux voler les inventions d'autrui.

(23)　　　« L'esclavage dans lequel la bourgeoisie a enchaîné le prolétariat ne se
manifeste nulle part plus clairement que dans le système des fabriques.
Ici, toute liberté cesse, en droit et en fait. Il faut que l'ouvrier soit à la
fabrique à 6 heures du matin ; s'il arrive quelques minutes en retard, il
est mis à l'amende ; s'il est en retard de 10 minutes, on lui refuse l'entrée jusqu'à l'heure du déjeuner et il perd le quart de son salaire. Il est
obligé de manger, de boire, de dormir sur ordre. La cloche despotique
le force à quitter son lit, son déjeuner, son dîner. Et à la fabrique ? Ici le
fabricant est le législateur absolu. Il édicte des règlements suivant son
bon plaisir ; il apporte à son gré des additions et des modifications à
son code. Il y ajouterait les insanités les plus évidentes, que les tribunaux diraient à l'ouvrier : « C'est librement que vous avez accepté ce
contrat ; il faut donc vous y soumettre. » Et les ouvriers sont condam-
nés à vivre, de l'âge de neuf ans jusqu'à la mort, sous la férule, physiquement et intellectuellement. » (F. Engels. *Op. cit.*, p. 217 sqq.)

Je vais montrer par deux exemples ce que disent les tribunaux. Le premier cas se passe
à Sheffield, fin 1866. Un ouvrier s'y était embauché pour deux ans dans une usine
métallurgique. À la suite d'un désaccord avec le patron, il quitta l'usine, déclarant que
sous aucun prétexte il ne travaillerait plus pour ce fabricant. Accusé de rupture de contrat, il fut condamné à deux mois de prison. (Si le fabricant rompt le contrat, il ne peut
être traduit que devant les tribunaux civils et ne risque qu'une amende.) Une fois sa
peine terminée, l'ouvrier est invité par le patron à reprendre sa place à l'usine, en exécution de son contrat. Il refuse, faisant valoir qu'il a déjà payé sa rupture de contrat. Nouvelle plainte du patron, nouvelle condamnation du tribunal, bien que l'un des juges,
M. Shee, ait publiquement stigmatisé cette monstruosité juridique, d'après laquelle un
homme pourrait, toute sa vie durant, être périodiquement puni pour le même délit. Ce
jugement fut rendu, non point par les *Great Unpaid* de la province ou de la campagne,
mais à Londres, par une des plus hautes cours de justice. Le deuxième cas se passe à
Wilshire, fin novembre 1863. Environ 30 tisseuses, travaillant au métier à vapeur dans
l'usine d'un certain Harrupp, fabricant de drap à Leower's Mill, Westbury Leigh, se
mirent en grève, parce que ce M. Harrupp avait la plaisante habitude de faire des retenues sur leurs salaires pour chaque retard du matin : 6 d. pour 2 minutes, 1 sh. pour
3 minutes, 1 sh. 9 d. pour dix minutes. Cela donnerait, à 9 sh. l'heure, 4 l. st. 10 sh. par
jour, alors que leur salaire moyen ne dépasse jamais 12 sh. par semaine. Harrupp avait
également chargé un enfant de sonner l'heure de rentrée. Parfois il sonnait lui-même
avant 6 heures du matin. Si les ouvriers ne sont pas là quand la sonnerie s'arrête, on
ferme les portes et les retardataires sont à l'amende. Et comme la fabrique n'a pas d'horloge, les ouvriers sont à la merci du gamin inspiré par Harrupp. Les ouvrières grévistes,
jeunes filles et mères de famille, déclarèrent qu'elles reprendraient le travail quand le
gardien serait remplacé par une horloge et que le barème des punitions serait modifié
raisonnablement. Harrupp traduisit 19 ouvrières devant les tribunaux pour rupture de
contrat. Au milieu des protestations du public, elles furent condamnées chacune à 6 d.
d'amende et 2 sh. 6 d. de frais. Harrupp rentra chez lui, accompagné des sifflets de la
foule. Une des opérations favorites des patrons consiste à faire des retenues sur le
salaire des ouvriers, afin de punir ceux-ci des défectuosités des matières qui leur ont été
livrées. Cette méthode provoqua en 1866 une grève générale dans les poteries anglai-
ses. Les rapports de la « Ch. Empl. Com. » (1863-1866) citent des cas où l'ouvrier, au
lieu de toucher le salaire dû à son travail, finit, grâce au régime des amendes, par devenir le débiteur de son noble patron. La dernière crise cotonnière nous édifie également
sur l'ingéniosité que déploient les patrons autocrates quand il s'agit d'opérer des retenues sur les salaires.

　　　« Il y a quelque temps, dit l'inspecteur R. Baker, je me vis forcé d'inten-
ter des poursuites judiciaires contre un fabricant de coton pour le fait
suivant : dans ces temps si difficiles, il avait forcé quelques-uns de ses

jeunes ouvriers, âgés de plus de 13 ans, à lui verser 10 d. en échange du certificat médical établissant leur âge, alors qu'il n'avait lui-même payé que 6 d., que la loi ne permet qu'une retenue de 3 d. et que la tradition n'en autorise pas du tout. [...] Un autre fabricant, afin d'arriver au même but sans entrer en conflit avec la loi, met à la charge de chacun de ces pauvres enfants qui travaillent pour lui la somme de 1 sh. en paiement de l'apprentissage de l'art et du secret de la fabrication, dès que le certificat médical les déclare mûrs pour cette opération (le filage). Il existe donc des courants cachés qu'il faut connaître si l'on veut comprendre des phénomènes aussi extraordinaires que les grèves à notre époque (il s'agit d'une grève des tisseurs de Darwen en juin 1863). » (*Reports of the Inspectory of Factories for 30th April 1863*. Ces rapports s'étendent toujours au-delà de leur date.)

(24) Les lois relatives à la protection contre des machines dangereuses ont eu des résultats bienfaisants.

« Mais [...] il existe actuellement de nouvelles sources d'accidents, inconnues il y a 20 ans, surtout la vitesse plus grande des machines. Roues, cylindres, broches et métiers sont actionnés par une force accrue et toujours croissante ; il faut que les doigts mettent plus de rapidité et de sûreté à rattraper le fil cassé ; la moindre hésitation, la moindre imprudence leur est dangereuse. Un grand nombre d'accidents est causé par le zèle que mettent les ouvriers à faire rapidement leur besogne. Il faut nous rappeler que les patrons ont tout intérêt à faire marcher leurs machines sans interruption, c'est-à-dire de produire des filés et des tissus. Tout arrêt d'une minute est une perte de force et de production. C'est pourquoi des surveillants, intéressés à la quantité produite, ont mission de pousser les ouvriers à toujours faire marcher les machines. Et ceci est tout aussi important pour les ouvriers qui travaillent au poids ou aux pièces. Bien que dans la plupart des fabriques il soit interdit de nettoyer les machines pendant qu'elles sont en mouvement, on le fait généralement. Cette seule cause a produit dans les 6 derniers mois 906 accidents. [...] Bien que le nettoyage se fasse chaque jour, c'est d'ordinaire l'après-midi du samedi qui est consacrée à un nettoyage à fond des machines, que la plupart du temps on n'arrête pas pour cela. [...] Ce travail n'est pas payé ; aussi les ouvriers cherchent-ils à s'en débarrasser au plus vite. C'est pourquoi le nombre des accidents est bien plus grand le vendredi et le samedi que les autres jours de la semaine. Le vendredi, l'excédent est d'environ 12 %, le samedi de 25 %. Mais si l'on considère que le samedi la journée de travail ne compte que 7 h ½ au lieu de 10 h ½, l'excédent monte à plus de 65 %. » (*Reports of the Inspectory of Factories for 31st Oct. 1866*, p. 9, 15, 16, 17.)

(25) Au chapitre I du livre III, je parlerai d'une campagne toute récente des fabricants anglais contre les articles par lesquels la loi sur les fabriques essaie de protéger les membres des ouvriers contre les machines dangereuses. Je ne donne ici qu'un extrait d'un rapport officiel de l'inspecteur L. Horner :

« Certains fabricants m'ont parlé avec une frivolité inexcusable de certains accidents, tels que la perte d'un doigt, qu'ils considèrent comme une bagatelle. La vie et l'avenir d'un ouvrier dépendent à tel point de ses doigts qu'une telle perte constitue pour lui un événement très important. Quand j'entends ces paroles absurdes, je demande : « Supposez que vous avez besoin d'un ouvrier supplémentaire et qu'il s'en présente deux, tous deux également capables, mais l'un n'ayant plus de pouce ou plus d'index ; lequel choisiriez-vous ? » Sans un instant d'hésitation, ils choisissaient celui qui avait ses doigts au complet. [...] Messieurs les fabricants ont de faux préjugés contre ce qu'ils appellent une législation pseudo-philanthropique. » (**Reports of the Inspectory of Factories for 31**st **Oct. 1855.**)

Ces messieurs sont des gens avisés ; ce n'est pas pour rien qu'ils applaudirent à la révolte des esclavagistes.

(26)   Dans les fabriques soumises depuis le plus long temps à la loi sur les fabriques et à sa limitation obligatoire du temps de travail, ainsi qu'à ses autres régulatives, bien des abus ont disparu. Arrivé à un certain point, le perfectionnement de la machinerie exige lui-même une meilleure construction des bâtiments de fabrique, laquelle profite aux ouvriers. (**Reports of the Inspectory of Factories for 31**st **Oct. 1863**, p. 109.)

Origines et fonctions de la parcellisation des tâches[*]

À quoi servent les patrons ?

par Stephen A. Marglin

INTRODUCTION

L'organisation économique et sociale est-elle déterminée par la technologie ou la technologie par l'organisation économique et sociale ?

Le travail peut-il favoriser l'épanouissement des individus dans une société industrielle complexe ou bien faut-il payer la prospérité matérielle au prix de l'aliénation dans le travail ? Toutes discussions concernant les chances de réussite d'une révolution véritable en reviennent tôt ou tard à cette question. Si l'autorité hiérarchique est indispensable pour atteindre une productivité élevée, l'épanouissement dans le travail sera au mieux le privilège d'une petite minorité, et cela quel que soit le régime social et économique. Et les satisfactions de cette minorité seront toujours perverties par le fait que, sauf dans de très rares cas, elles reposent sur l'oppression des autres. Mais l'organisation du travail est-elle déterminée par la technologie ou la société ? L'autorité hiérarchique est-elle réellement nécessaire pour obtenir des niveaux de production élevés ? Ou bien la prospérité matérielle est-elle compatible avec une organisation du travail non hiérarchique ?

Les tenants du capitalisme sont profondément convaincus que la hiérarchie est inéluctable. Leur ultime argument est que la pluralité des hiérarchies capitalistes est préférable à une hiérarchie socialiste unique. Ils peuvent même appeler un allié inattendu à la rescousse : Friedrich Engels. Sous l'effet, peut-être, d'un égarement passager, Engels soutint à une certaine époque de sa vie que l'autorité était technologiquement, et non socialement, déterminée :

[*] Tiré de : MARGLIN, S.A. « Origines et fonctions de la parcellisation des tâches », *in* A. Gorz (édit.) **Critique de la division du travail**, Paris, Seuil, coll. Points, 1973, p. 41-89. Reproduit avec la permission de Diffusion Dimedia inc. (1987).

> « Si l'homme, à force de savoir et de génie inventif, a domesti-
> qué les forces de la nature, ces dernières prennent leur revan-
> che sur lui en le soumettant, dans la mesure où il les emploie, à
> un véritable despotisme *indépendant de toute organisation*
> *sociale.* Vouloir abolir l'autorité dans la grande industrie
> revient à vouloir abolir l'industrie elle-même, à détruire le
> métier mécanique pour en revenir au rouet. »[1]

En revenir au rouet est évidemment absurde et si le producteur doit
par nature recevoir des ordres, on voit mal comment, en règle générale, le
travail pourrait ne pas être aliénant.

Si les sciences sociales étaient expérimentales, il serait facile de savoir
si l'organisation hiérarchique du travail est ou n'est pas indispensable à une
productivité élevée : on mettrait au point des techniques de production permettant une organisation égalitaire du travail et on en expérimenterait le
fonctionnement réel. L'expérience dirait si l'organisation égalitaire du travail
est utopique ou non. Mais les sciences sociales ne sont pas expérimentales.
Aucun d'entre nous n'en sait suffisamment sur la fabrication de l'acier ou du
drap pour créer une nouvelle technologie, qui soit de surcroît aussi radicalement différente de la norme actuelle que l'exigerait une tentative sérieuse
pour changer l'organisation du travail. En outre, dans une société dont les
institutions de base — de l'école à l'usine — reposent sur la hiérarchie, toute
tentative de changement ponctuel est probablement vouée à l'échec. Malgré
tous ses défauts, la théorie néo-classique a indubitablement raison quand
elle met l'accent sur l'équilibre *général* au détriment de l'équilibre *partiel.*

Au lieu de chercher à créer d'autres modèles d'organisation, il nous
faut donc emprunter une voie plus détournée. Nous nous demanderons
pourquoi, au cours du développement capitaliste, le producteur direct a
perdu le contrôle de la production. Comment est né le rapport hiérarchique
ouvrier—patron qui caractérise la production capitaliste ? Et quelle fonction
sociale la hiérarchie capitaliste remplit-elle ? S'il apparaît que l'origine et la
fonction de la hiérarchie capitaliste n'ont pas grand-chose à voir avec l'efficacité, il restera encore à déterminer si l'organisation hiérarchique de la production est indispensable pour assurer un niveau de vie matériel élevé. Et les
travailleurs — manuels, techniques et intellectuels — pourraient prendre suffisamment au sérieux la possibilité d'une organisation égalitaire du travail
pour se demander comment changer ces institutions sociales, économiques
et politiques qui les condamnent tous — à de rares exceptions près — à ne
voir dans le travail qu'un moyen de vivre et non une partie intégrante de la
vie elle-même.

Nous allons le montrer dans cet essai : ce n'est pas pour des raisons
de supériorité technique que les patrons ont adopté les deux mesures décisives qui ont dépossédé les travailleurs de leur contrôle sur le produit et le
processus de production :

1)   Le développement de la division parcellaire du travail qui caractérise le *putting-out system* (« fondé sur la distribution de la matière première à des artisans auxquels on rachète le produit fini », R. Marx. *La Révolution industrielle en Grande-Bretagne*, Paris, A. Colin, 1970, p. 124, NdT) ;

2)   Le développement de l'organisation centralisée qui caractérise le *système de fabrique (factory system)*.

Loin d'accroître la production à facteurs constants, ces innovations dans l'organisation du travail furent introduites pour que le capitaliste reçoive une plus large part du gâteau.

L'organisation hiérarchique du travail n'a pas pour fonction sociale l'efficacité technique, mais l'accumulation. En s'interposant entre le producteur et le consommateur, l'organisation capitaliste permet de dépenser pour l'expansion des installations et l'amélioration des équipements beaucoup plus que ne le feraient les individus s'ils pouvaient contrôler le rythme d'accumulation du capital. Ces idées, qui font l'objet de cette étude, peuvent être regroupées en quatre propositions :

1)   La division capitaliste du travail — typifiée par l'exemple célèbre de la manufacture d'épingles, analysée par Adam Smith — a été adoptée non pas à cause de sa supériorité technologique, mais parce qu'elle garantissait à l'entrepreneur un rôle essentiel dans le processus de production : celui du coordinateur qui, en combinant les efforts *séparés* de ses ouvriers, obtient *un* produit marchand.

2)   De même, l'origine et le succès de la fabrique ne s'expliquent pas par une supériorité technologique mais par le fait qu'elle dépossède l'ouvrier de tout contrôle et donne au capitaliste le pouvoir de prescrire la nature du travail et la quantité à produire. L'ouvrier, dès lors, n'est plus libre de décider comment et combien il veut travailler pour produire ce qui lui est nécessaire, mais il lui faut choisir de travailler aux conditions du patron ou de ne pas travailler du tout, ce qui ne lui laisse guère de choix.

3)   La fonction sociale du contrôle hiérarchique de la production consiste à permettre l'accumulation de capital. L'individu, en règle générale, ne choisit pas délibérément et consciemment d'épargner. Trop de pressions s'exercent sur lui pour l'inciter à la dépense. Quand il y a épargne personnelle (celle des ménages), cela résulte d'un déphasage des habitudes de dépense par rapport à l'augmentation du revenu, car la dépense, comme toute activité, a besoin d'être apprise et l'apprentissage prend du temps. Ainsi, l'épargne individuelle est la conséquence de la croissance et n'en constitue pas une cause indépendante.

Les sociétés acquisitives — pré-capitalistes, capitalistes, ou socialistes — créent des institutions grâce auxquelles les collectivités déterminent le taux d'accumulation. Dans la société capitaliste moderne, le taux d'accumulation est déterminé principalement par la grande firme, le trust. Sa hiérarchie — c'est là une de ses fonctions sociales essentielles — décide quelle part des recettes sera affectée à l'accroissement des moyens de production. En l'absence de contrôle hiérarchique de la production, la société devrait soit créer des institutions égalitaires pour assurer l'accumulation de capital, soit se contenter du niveau de capital déjà accumulé.

4)   L'accent mis sur l'accumulation explique en grande partie l'échec du socialisme de type soviétique « à rattraper et à dépasser » le monde capitaliste en matière de formes égalitaires d'organisation du travail. En accordant la priorité à l'accumulation de capital, l'Union soviétique a répété l'histoire du capitalisme, au moins en ce qui concerne la relation des hommes et des femmes à leur travail. Leur échec n'a pas été celui, décrit par Santayana, des gens qui, ne connaissant pas l'histoire, la répètent involontairement. C'est consciemment et délibérément que les Soviétiques ont adopté la manière capitaliste de produire. Et les défenseurs de la voie soviétique de développement économique ne songeraient pas à s'en excuser : après tout, plaideraient-ils sans doute, des institutions et une mentalité égalitaires ne pouvaient être créées du jour au lendemain et l'Union soviétique était trop pauvre pour accepter un arrêt indéfini de l'accumulation. Maintenant, hélas, les Soviétiques chevauchent le tigre du « rattraper et dépasser les États-Unis » ; chez eux autant que dans le monde capitaliste, il faudrait une révolution pour transformer l'organisation du travail.

Nous allons maintenant reprendre dans le détail chacune de ces propositions, en espérant montrer qu'elles rendent compte des faits.

DIVISER POUR RÉGNER

Les capitalistes n'ont pas inventé la hiérarchie ni l'organisation hiérarchique de la production. Dans les sociétés pré-capitalistes, la production industrielle était organisée selon une stricte hiérarchie maître—compagnon—apprenti, qui ne survit aujourd'hui que dans notre enseignement supérieur. Hiérarchie capitaliste et hiérarchie pré-capitaliste diffèrent sur trois points. En premier lieu, au sommet comme à la base de la hiérarchie pré-capitaliste, on trouvait un producteur. Le Maître-artisan travaillait avec son apprenti, au lieu de simplement lui dire ce qu'il devait faire. Ensuite la hiérarchie était linéaire et non pyramidale : l'apprenti sera un jour compagnon et, vraisemblablement, maître. Sous le capitalisme, il est rare qu'un ouvrier devienne seulement contremaître ; ne parlons même pas de ses chances de devenir entrepreneur ou PDG. Enfin, et c'est peut-être le plus important, l'artisan membre d'une corporation n'était pas séparé du marché par un intermédiaire. Il vendait généralement un produit, non son travail, et par conséquent contrôlait à la fois le produit et le processus de travail.

Pas plus que la hiérarchie, la division du travail n'est née avec le capitalisme. La division *sociale* du travail, la spécialisation des tâches, est une caractéristique de *toutes* les sociétés complexes et non un trait particulier des sociétés industrialisées ou économiquement évoluées : il suffit de penser à la division du travail par castes et à la hiérarchie qui l'accompagne dans la société hindoue traditionnelle. La division *technique* du travail non plus n'est pas propre au capitalisme ou à l'industrie moderne. La production de drap, par exemple, même sous le système corporatif, était divisée en tâches séparées, dont chacune était contrôlée par des spécialistes. Mais, comme nous l'avons dit, l'artisan membre d'une guilde contrôlait le produit et le processus de production. Ce que nous devons expliquer c'est pourquoi la division du travail de type corporatif l'a cédé à la division du travail de type capitaliste, dans laquelle la tâche du travailleur devint si spécialisée et parcellaire qu'il n'avait pratiquement plus de produit à vendre et devait, par conséquent, s'en remettre au capitaliste pour combiner son travail avec le travail d'autres ouvriers et faire du tout un produit marchand.

Adam Smith soutenait que la division capitaliste du travail est apparue en raison de sa supériorité technologique ; selon lui, l'avantage qu'il y avait à diviser le travail en tâches toujours plus spécialisées et parcellaires, n'était limité que par la dimension du marché[2]. Pour comprendre les limites de cette explication, il nous faut préciser le sens de « supériorité technique », et des idées voisines d'efficacité et d'inefficacité ; en fait ces idées sont au centre de cette étude.

Disons, en accord avec l'usage admis, qu'une méthode de production est technologiquement supérieure à une autre si elle crée *plus* de produit avec les *mêmes* facteurs. Pour être technologiquement supérieure, il ne suffit pas qu'une nouvelle méthode fournisse une plus grande production journalière car — à supposer que le travail soit le seul facteur en jeu — il se peut que cette nouvelle méthode exige plus d'heures de travail, ou un effort plus intense, ou des conditions de travail plus désagréables : dans ce cas elle fournira *plus* de produit contre *plus* de facteurs, et non contre la *même* quantité. Nous allons montrer plus loin que — contrairement à la logique néo-classique — une nouvelle méthode de production n'a pas à être technologiquement supérieure pour être adoptée ; l'innovation dépend aussi des institutions économiques et sociales, de ceux qui contrôlent la production et des contraintes dont ce contrôle est assorti.

Les expressions « efficacité technologique » et « inefficacité technologique », telles que les utilisent les économistes, ont un sens légèrement différent de l'idée d'amélioration et de détérioration qu'elles évoquent dans le langage ordinaire. Une méthode de production est dite technologiquement efficace s'il n'existe aucune autre méthode technologiquement supérieure. Ainsi, il peut y avoir, et il y a en général, plus d'une méthode de production technologiquement efficace pour un même produit : le blé, par exemple, peut être produit efficacement avec beaucoup de terre et relativement peu d'engrais, comme au Kansas, ou avec beaucoup d'engrais et relativement peu de terre, comme en Hollande.

Mais si l'on considère la supériorité et l'efficacité technologiques du point de vue de l'économie globale, ces concepts sont ramenés, dans certains cas, à la supériorité et à l'efficacité *économiques*. Dans les hypothèses des manuels concernant la concurrence parfaite et universelle, la méthode de production technologiquement efficace est celle qui coûte le moins, et la réduction du coût est un indice de supériorité technologique[3]. Dans la réalité, les choses sont moins simples car le développement du capitalisme, loin de se conformer au modèle concurrentiel, exigeait nécessairement le refus, et non l'accomplissement, des hypothèses de concurrence parfaite.

Revenons à Adam Smith : **La Richesse des nations** avance trois arguments en faveur de la supériorité technologique d'une division du travail aussi poussée que la dimension du marché le permet.

> « [Cette] grande augmentation dans la quantité d'ouvrage qu'un même nombre de bras est en état de fournir, en conséquence de la division du travail, est due à trois circonstances différentes : premièrement, à un accroissement d'habileté chez chaque ouvrier individuellement ; deuxièmement, à l'épargne du temps qui se perd ordinairement quand on passe d'une espèce d'ouvrage à une autre ; et troisièmement, enfin, à l'invention d'un grand nombre de machines qui facilitent et abrègent le travail et qui permettent à un homme de remplir la tâche de plusieurs. »[4]

De ces trois arguments, l'un — le gain du temps — est sans aucun doute important. Mais où a-t-on pris que des gains de temps sont obtenus par la spécialisation parcellaire qui caractérise la division *capitaliste* du travail ? Un paysan, par exemple, labourera généralement un champ en entier avant de le herser, plutôt que de labourer puis herser chaque sillon l'un après l'autre, afin de gagner du temps sur l'organisation de son travail. Mais l'agriculture paysanne est l'antithèse de la spécialisation capitaliste ; le paysan individuel se charge normalement de toutes les tâches nécessaires pour mener une récolte de la semence au produit marchand. Rien, sur le plan de la mise en place des outils, ne différencie l'agriculture de l'industrie. Pour gagner sur « le temps qui est communément perdu en passant d'une sorte de travail à une autre », il suffira de poursuivre une seule et même activité assez longtemps pour que le temps de mise en place devienne une portion insignifiante du temps de travail total. L'économie de temps exigerait au plus que chaque ouvrier poursuive une seule activité des jours durant. L'économie de temps implique la *séparation* des tâches et la *durée* d'une activité, non la *spécialisation*.

Le troisième argument de A. Smith — la propension à l'invention — n'est pas très convaincant. En fait, c'est Smith lui-même qui en fit une critique accablante dans un chapitre ultérieur de **La Richesse des nations** :

> « Dans les progrès que fait la division du travail, l'occupation de la très majeure partie de ceux qui vivent de travail, c'est-à-dire de la masse du peuple, se borne à un très petit nombre d'opérations simples, très souvent à une ou deux. Or l'intelligence de la plupart des hommes se forme nécessairement par leurs occupations ordinaires. Un homme qui passe toute sa vie à remplir un petit nombre d'opérations simples, dont les effets sont aussi peut-être toujours les mêmes, ou très approximativement les mêmes, n'a pas lieu de développer son intelligence, ni d'exercer son imagination à chercher des expédients pour écarter des difficultés qui ne se rencontrent jamais ; il perd donc naturellement l'habitude de déployer ou d'exercer ces facultés et devient en général aussi stupide et aussi ignorant qu'il soit possible à une créature humaine de le devenir. [...]

> « Il en est autrement dans les sociétés barbares, ainsi qu'on les appelle communément, de chasseurs, de pasteurs et même de cultivateurs, quand l'agriculture en est au stade rudimentaire qui précède le perfectionnement des fabrications. Dans de telles sociétés, les occupations variées de chaque homme l'obligent à développer son aptitude et à inventer des expédients pour écarter les difficultés qui se présentent continuellement. L'imagination reste en éveil et l'esprit ne souffre pas de tomber dans cette stupidité somnolente qui, dans une société civilisée, semble engourdir l'intelligence de presque toutes les couches les plus basses de la société. »[5]

En fait la question n'est pas de choisir entre la stupidité et la barbarie mais entre un ouvrier ayant une marge de contrôle suffisante pour comprendre ce qu'il fait, ou un ouvrier réduit à exécuter une tâche monotone, coupée du contexte et donc dénuée de sens. Il serait surprenant que la propension à inventer du travailleur n'ait pas été affaiblie par la spécialisation extrême qui caractérise la division capitaliste du travail.

« L'accroissement d'habileté chez chaque ouvrier individuellement » apparaît donc finalement comme la seule justification de la spécialisation des tâches. On l'admettrait volontiers si Adam Smith parlait de musiciens, de danseurs ou de chirurgiens, ou même s'il parlait de la division du travail entre fabricants d'épingles et fabricants de draps. Or il ne parle de rien de tout cela, mais tout bonnement de la division parcellaire d'activités industrielles banales en différentes spécialités.

> « [...] De la manière dont cette industrie est maintenant conduite, non seulement l'ouvrage entier forme un métier particulier, mais même cet ouvrage est divisé en un grand nombre de branches, dont la plupart constituent autant de métiers particuliers. Un ouvrier tire le fil à la bobine, un autre le dresse, un troisième coupe la pointe dressée, un quatrième empointe, un cinquième est employé à émoudre le bout qui doit recevoir la tête. Cette tête est elle-même l'objet de deux ou trois opérations séparées ; la frapper est une besogne particulière ; blanchir les épingles en est une autre ; c'est même un métier distinct et séparé que de piquer les papiers et d'y bouter les épingles ; enfin l'important travail de faire une épingle est divisé en dix-huit opérations distinctes ou environ, lesquelles, dans certaines fabriques, sont remplies par autant de mains différentes, quoique dans d'autres le même ouvrier en remplisse deux ou trois. J'ai vu une petite manufacture de ce genre qui n'employait que dix ouvriers et où, par conséquent, quelques-uns d'entre eux étaient chargés de deux ou trois opérations. Mais, quoique la fabrique fût fort pauvre et, par cette raison, mal outillée, cependant quand ils se mettaient en train, ils venaient à bout de faire entre eux environ douze livres d'épingles par jour : or chaque livre contient plus de quatre mille épingles de taille moyenne. Ainsi, ces dix ouvriers pouvaient faire plus de quarante-huit milliers d'épingles dans une journée ; donc, chaque ouvrier, faisant une dixième partie de ce produit, peut être considéré comme faisant dans sa journée quatre mille huit cents épingles. Mais s'ils avaient tous travaillé à part et indépendamment les uns des autres, et s'ils n'avaient pas été façonnés à cette besogne particulière, chacun d'eux assurément n'eût pas fait vingt épingles, peut-être pas une seule dans sa journée ... »[6]

Dans la mesure où les qualifications en question sont difficiles à apprendre, on peut admettre qu'il y a avantage à diviser la production en spécialités séparées. Mais à en juger par les salaires des divers spécialistes engagés dans la fabrication d'épingles, aucun n'avait de qualification spéciale méritant un salaire supérieur. Dans une manufacture d'épingles dont les archives assez détaillées, datant du début du XIXe siècle, ont survécu, T.S. Ashton a relevé des salaires d'hommes adultes se montant à vingt shillings par semaine, quelle que fût la tâche à laquelle ils fussent employés[7]. Les femmes et les enfants, ainsi qu'il était d'usage, gagnaient moins mais, ici encore, il ne semble pas qu'il y ait eu de grands écarts entre les diverses tâches. Il semblerait que les secrets de cette fabrication aient été relativement vite appris et que la division parcellaire des tâches ait très rapidement porté à son maximum la dextérité de chacun. Il est décidément difficile de tirer de l'industrie des épingles une justification quelconque de la spécialisation étroite des ouvriers[8].

Au contraire, il aurait été techniquement possible de gagner *sans* spécialisation sur le temps de la mise en place. Un artisan, avec sa femme et ses enfants, aurait pu passer d'une tâche à l'autre, tirer assez de fil pour une centaine ou un millier d'épingles, puis le dresser, puis couper la pointe dressée et ainsi de suite, en bénéficiant ainsi des avantages d'une division de tout le « processus » de production en tâches successives.

Pourquoi donc la division du travail dans le *putting-out system* entraîna-t-elle la spécialisation et la séparation des tâches ? Sans doute parce que c'était là le seul moyen pour le capitaliste de rendre son rôle indispensable. Si chaque producteur avait pu combiner lui-même les différentes tâches entrant dans la fabrication des épingles, il aurait vite découvert qu'il pouvait se placer sur le marché de l'épingle sans la médiation du *patron* (*putter-outer* : littéralement : celui qui fait faire un travail à l'extérieur, NdT) et empocher lui-même le profit. Ce n'est qu'en séparant les tâches spécialisées assignées à chaque ouvrier que le capitaliste pouvait, avant l'introduction de machines coûteuses, s'assurer le contrôle de la production. Aussi la spécialisation des producteurs de sous-produits fut-elle le signe distinctif du *putting-out system*.

La division capitaliste du travail, telle qu'elle s'est développée dans le *putting-out system*, appliquait en somme le principe sur lequel les puissances impériales ont de tout temps assis leur domination : diviser pour régner. En exploitant ou en créant les différends entre Hindous et Musulmans en Inde, les Britanniques purent se prétendre indispensables à la stabilité du sous-continent. Et ils purent, parfois avec une satisfaction mal dissimulée, invoquer les millions de morts qui suivirent le Partage pour prouver combien ils avaient été nécessaires. Mais cette tragédie prouve seulement que les Britanniques s'étaient *rendus* indispensables comme médiateurs.

De même, le développement d'un système industriel reposant sur la médiation du capitaliste ne prouve pas que le morcellement des tâches séparées ait été technologiquement supérieur à leur combinaison par le producteur lui-même. Ce n'est pas parce qu'il était seul capable de combiner les travaux des ouvriers que le capitaliste pouvait s'enrichir sur leur dos ; mais au contraire parce qu'il les avait lui-même mis dans l'incapacité d'exercer la fonction qu'il désirait se réserver.

Mais s'il en est ainsi, comment le capitaliste a-t-il pu empêcher chacun de ses sous-traitants de mettre lui-même sur le marché un produit fini, et même de vendre ce produit meilleur marché que le capitaliste, puisque aucun patron n'aurait prélevé son bénéfice sur les épingles, le drap ou la poterie des producteurs indépendants ? Pourquoi aucun homme entreprenant et de talent n'organisa-t-il les producteurs en vue d'éliminer le *putter-outer* capitaliste ? La réponse, c'est que sa peine eût été mal récompensée : si l'organisateur était lui-même un producteur, il aurait dû se contenter d'un salaire de producteur. Ses compagnons se seraient cotisés pour offrir un dîner en son honneur ou lui donner une montre en or, mais il est douteux que leur gratitude les eût poussés à faire beaucoup plus. Pour tirer profit du travail d'organisation, il fallait devenir *putter-outer* capitaliste ! Il faut ajouter que ceux qui avaient les moyens de s'établir dans ce métier n'avaient pas, à cette époque, besoin de se concerter entre eux : il était de l'intérêt de chacun et de tous de confier des tâches séparées à des ouvriers séparés. Il ne fallait pas être grand clerc pour comprendre que la prospérité de chaque *putter-outer*, et même son existence, dépendait de ce système[9].

L'avantage qu'il y avait à s'interposer entre le producteur et le marché, était déjà apparu à l'époque des corporations. Les études de George Unwin sur l'industrie du XVIe et du XVIIe siècles l'amenèrent à penser que « les divers corps de métier étaient en fait engagés dans une lutte constante, chacun cherchant à s'interposer entre les autres et le marché »[10]. Et Unwin note —mais malheureusement il ne développe pas ce point — que « cet entrecroisement des intérêts du négociant et de l'artisan ouvrit progressivement la voie à une nouvelle forme d'organisation comprenant les deux classes, cherchant à étendre son autorité sur la manufacture aussi largement que possible »[11].

Il n'est évidemment pas facile d'obtenir la preuve concluante que le souci de « diviser pour régner », et non la recherche de l'efficacité, fut à l'origine de la division capitaliste du travail. On ne peut demander au capitaliste, ou à quiconque a intérêt à préserver la hiérarchie et l'autorité, de proclamer publiquement que la production est organisée pour exploiter l'ouvrier. Quant à l'ouvrier assez fin pour s'en rendre compte, il pouvait, dans les sociétés relativement mobiles où la révolution industrielle commençait à prendre pied, rejoindre les rangs des exploiteurs.

Néanmoins, il arrive que la vérité sorte de la bouche des patrons eux-mêmes. En voici un qui, à une époque à peine postérieure au *putting-out system*, défend la spécialisation en tant que méthode de domination : il s'agit de Henry Ashworth Jr, dirigeant de l'une des entreprises de coton Ashworth. Dans son journal, il loue un concurrent de ne permettre à aucun de ses employés, pas même à son directeur, de mélanger le coton ; il ajoute que son directeur Henry Hargreaves *ne connaît rien* aux mélanges et au coût du coton, afin qu'il ne puisse jamais le déposséder de son affaire ; chaque surveillant a une tâche complètement séparée de celle des autres et donc personne, hors lui-même, ne sait ce qui se fait exactement au total[12].

Cette histoire a un parallèle récent. Je connais un homme qui, pendant un temps, fabriqua des sandales. Pour apprendre le métier, il s'engagea chez un « maître » fabricant de sandales. Le digne homme lui apprit systématiquement tous les secrets du métier — sauf l'art d'acheter le cuir. Mon ami aurait pu apprendre cet aspect capital du métier s'il avait disposé du millier de dollars nécessaire. Incapable de trouver cette somme, il ne put jamais s'établir à son propre compte.

Un autre commentaire du XIXe siècle laisse à penser qu'aux débuts du capitalisme industriel, les gens discernaient mieux que nous le faisons aujourd'hui le rôle que jouait la division du travail dans le maintien de la hiérarchie sociale. **The Spectator** approuvait la coopération entre les maîtres et leurs gens tant qu'elle ne menaçait pas le capitalisme. Car, tant que la coopération se bornait à l'intéressement aux bénéfices, elle pouvait renforcer le capitalisme et en consolider la hiérarchie. Les coopératives de travailleurs, en revanche, représentaient une menace expresse, menace que **The Spectator** trouvait nécessaire de conjurer avant de prôner les vertus de l'intéressement aux bénéfices :

> « Jusqu'ici, ce principe de coopération n'a été mis en œuvre en Angleterre que par les associations d'ouvriers, mais les expériences de Rochdale, aussi importantes et réussies qu'elles fussent, furent incomplètes sur un ou deux points. Elles montrèrent que les associations d'ouvriers pouvaient gérer des ateliers, des moulins et toute forme d'industrie avec succès, et elles améliorèrent grandement la condition des ouvriers, *mais elles ne laissaient toutefois pas aux maîtres une place clairement définie.* C'était un défaut et cela pour trois raisons. »[13]

Il est intéressant d'examiner ces raisons :

> « D'abord, il y a en Angleterre de grandes quantités d'argent détenues par des individus ; deuxièmement, il existe parmi nous, largement répandue, une aptitude à l'administration ou, comme l'on dit, aux affaires, ce qui est de la plus haute valeur pour diriger avec sagesse le travail des associations d'ouvriers, qui augmente grandement la valeur de leur travail, mais qui répugne à s'y consacrer sur un pied d'égalité stricte. Toute fonction autre que celle de patron n'est pas payante, dit Mr Brassey. Et enfin la coopération entre ouvriers ne convient pas aussi bien au génie national que la coopération entre maîtres et ouvriers — nous avons la monarchie limitée dans le sang — et un système qui s'harmonise avec le génie national est vite accepté tandis qu'un système qui ne correspond pas à ce génie, même s'il est intrinsèquement supérieur, ne progresse en fait que très lentement. »[14]

La première raison — à savoir que « de grandes quantités d'argent sont détenues par les individus » — ne peut justifier l'organisation hiérarchique que si l'on considère la répartition de la richesse comme intangible. De fait, on peut retourner l'argument : la production hiérarchique exige de grandes inégalités de richesse ! La seconde raison — que « l'aptitude à l'administration augmente grandement la valeur du travail » mais « répugne à s'y consacrer sur un pied d'égalité stricte » — est contredite par les succès attribués aux expériences de Rochdale. La troisième — le « génie naturel » pour « la monarchie limitée » — est une ficelle un peu grosse : si on la prenait au sérieux, on ne mettrait jamais le statu quo en question.

Il reste, nous l'avons dit, qu'il est difficile de prouver que la division capitaliste du travail cherchait avant tout à « diviser pour régner ». Mais faute de preuves directes décisives, n'y aurait-il pas des preuves indirectes ? Si les ouvriers ont été spécialisés pour permettre au capitaliste de les contrôler, on peut s'attendre à ne point trouver de spécialisation parcellaire là où le capitaliste peut régner sans diviser.

Et il en va bien ainsi dans un cas, au moins, qui est d'ailleurs le seul dont j'aie connaissance : celui de l'industrie charbonnière britannique où la division capitaliste du travail n'a jamais pris pied. La méthode d'extraction à la main, aussi primitive sur le plan technique que la manufacture dans le *putting-out system*, était encore en usage au XXe siècle dans les charbonnages britanniques :

« La responsabilité de tout le travail d'extraction repose franchement sur les épaules d'un seul petit groupe autonome qui accomplit le cycle entier des opérations. »[15] Ce groupe passait contrat directement avec la direction des houillères et, « bien que le contrat pût être au nom du piqueur de houille, il était considéré comme une entreprise commune. Le groupe assurait lui-même l'organisation et le contrôle du travail commun, il constituait une unité autonome et responsable. »[16] En outre « chaque mineur [était] un ouvrier polyvalent généralement capable de remplacer son équipier. [...] Il avait l'orgueil du métier et l'indépendance de l'artisan. »[17] Il semble que le propriétaire de la mine n'éprouvait pas le besoin de spécialiser les hommes ; les gisements étaient peu nombreux, ils avaient tous leur propriétaire, de sorte que les ouvriers n'avaient aucune chance de s'établir à leur compte.

Mais c'est là seulement le début de l'histoire. Son chapitre le plus intéressant commence quand la mécanisation de l'extraction exige une nouvelle organisation du travail. Comme l'écrivent Trist et Bamforth, la mécanisation « fit naître le besoin d'une équipe comparable par sa dimension et sa complexité à un petit département d'usine »[18]. Selon quel modèle ? « À l'époque où la méthode d'exploitation par longue taille se développa, on n'avait encore aucune expérience dans l'utilisation des processus mécaniques à la mine. Aussi, faute d'expérience pertinente s'inspira-t-on des méthodes en usage dans l'industrie »[19] : on spécialisa chaque homme dans une seule tâche.

L'idée de base du système de longue taille (*longwall method*) était de diviser le travail entre les équipes : chaque équipe devait être responsable d'un sous-ensemble des opérations nécessaires pour amener le charbon à la surface.

« Le travail est décomposé en une suite d'opérations dont le cycle complet est étalé sur trois équipes travaillant chacune sept heures et demie par jour ; il faut vingt-quatre heures ouvrables pour boucler un cycle complet.

« La spécialisation des équipes se fait sur la base suivante (pour un front de taille moyenne) : les deux premières équipes, de dix hommes chacune, sont affectées au havage et à l'abattage ; la troisième équipe, de vingt hommes, est chargée du remblayage. »[20]

Ces méthodes, toutefois, n'eurent pas le résultat escompté. L'on n'avait aucun moyen de contrôler et de coordonner les groupes spécialisés chacun dans une seule des trois opérations[21].

La solution que l'on trouva finalement fut de reconstituer des groupes de travail de manière que chaque équipe fût « responsable de toute la séquence des tâches plutôt que d'une tâche prédéterminée. [...] La responsabilité de la coordination et du contrôle revenait au groupe lui-même. »[22] Ce nouveau système, appelé « système par longue taille en équipe polyvalente (*composite longwall system*) » avait quatre caractéristiques :

« *La méthode de travail*

« Conformément à la tradition de polyvalence, les hommes de l'équipe montante devaient reprendre le travail là où l'équipe descendante l'avait laissé. Quand une équipe avait accompli sa tâche principale, les hommes devaient entreprendre les tâches suivantes, que celles-ci fissent partie du même cycle ou du cycle suivant.

« *Les ouvriers*

« Pour assurer ce déroulement continu du travail, il fallait que les ouvriers de chaque groupe — quelle que fût leur qualification officielle — fussent assez compétents pour accomplir toutes les tâches qui pouvaient se présenter. Il n'était pas indispensable que chaque membre du groupe polyvalent sache tout faire, mais il fallait que le groupe ait assez d'hommes compétents dans chaque équipe pour faire face aux tâches qui pouvaient surgir.

« *Les groupes de travail*

« Chaque équipe polyvalente devait s'être constituée de son propre chef. Le groupe devait lui-même répartir entre ses membres les différentes tâches que la direction avait prescrites. Pour plus de régularité, le groupe finit par introduire un système de rotation des tâches et des équipes.

« *Méthode de paiement*

« Comme dans les systèmes d'extraction à la main, le groupe recevait une rémunération collective et chacun de ses membres en touchait une part égale puisque chacun était censé fournir la même contribution. »[23]

L'industrie charbonnière anglaise est l'un des rares endroits où la comparaison directe de différentes méthodes d'organisation du travail ait été tentée. L'expérience n'est pas absolument concluante, car les différentes méthodes ne peuvent être appliquées successivement sur un seul et même front de taille. Néanmoins les résultats sont frappants : on a constaté que la méthode d'exploitation par équipes polyvalentes produisait vingt pour cent de plus que la méthode conventionnelle[24].

L'effet de la réorganisation sur la direction n'est pas non plus sans intérêt pour notre propos :

« L'auto-organisation du groupe eut finalement pour effet de simplifier la structure de direction de la mine. *Un contremaî-tre fut retiré* ; on s'aperçut qu'il n'y avait pas de travail pour lui. »[25]

Il n'est pas difficile d'imaginer les difficultés que la réorganisation aurait rencontrées si le contremaître avait été chargé de son application.

Si les patrons ont accepté qu'on réintroduise dans la mine des groupes de travail auto-organisés, non spécialisés et non hiérarchisés, c'est que les risques étaient négligeables : les gisements de charbon étaient rares et tous appartenaient à un propriétaire[26]. Si les mineurs avaient été capables de se mettre à leur propre compte, la direction aurait peut-être jugé nécessaire de recourir à la spécialisation comme moyen de maintenir l'ouvrier à sa place —et donc le patron à la sienne.

La mine de charbon est assez caractéristique de l'étape du développement industriel qui *suivit* le *putting-out system* ; mais il est faux, à mon avis, d'attribuer une importance primordiale à la croissance du capital fixe, aux coûts élevés des moyens de production, pour expliquer la prolétarisation de la force de travail [...]. En effet, la transformation du producteur indépendant en travailleur salarié a eu lieu avant que les machines deviennent coûteuses. Elle a été une conséquence directe de la spécialisation des hommes dans des tâches parcellaires caractéristiques du *putting-out system*. Certes, le capital jouait un rôle dans ce système. Le *putter-outer* était après tout déjà un « capitaliste ». Mais les machines dans le *putting-out system* étaient primitives ; le capital *fixe* était sans importance. Le capital fourni par le fabricant consistait surtout en capital circulant — stocks de biens en cours de fabrication — et en avances de salaire.

Le rôle joué par les avances de salaire mérite plus d'attention qu'on ne lui en a prêté, car, dans certaines professions au moins, les avances semblent avoir été un important moyen d'asservissement[27] : elles créaient un lien de dépendance complémentaire de celui qui résultait de la spécialisation [...].

L'ESSOR DE LA FABRIQUE

La spécialisation parcellaire caractéristique du *putting-out system* ne fit disparaître que l'un des deux aspects du contrôle ouvrier de la production : le contrôle sur le produit. Le contrôle ouvrier du processus de travail restait encore entier : l'ouvrier était libre de choisir les heures et l'intensité de son travail. Cette liberté ne lui fut enlevée que par la fabrique.

Les historiens de l'économie expliquent habituellement le développement de la fabrique par la supériorité technologique des grandes machines qui, en raison de leurs besoins en eau et en énergie, devaient nécessairement se concentrer à proximité de sources d'énergie nouvellement domestiquées. Les premières fabriques, selon T.S. Ashton, surgirent au début du XVIIIᵉ siècle quand, *pour des raisons techniques*, de petits groupes d'ouvriers furent rassemblés dans des ateliers ou de petits moulins à eau[28]. Mais les débuts de la fabrique moderne sont généralement associés à Richard Arkwright, dont les filatures remplacèrent la fabrication domestique du fil de coton. Le *water-frame* (métier à eau) d'Arkwright, dit-on, exigeait l'organisation en fabrique du filage : « À la différence de la *jenny*, le métier exigeait pour sa mise en œuvre une puissance supérieure à celle des muscles humains, et ainsi, dès ses débuts, la fabrication fut *exécutée dans des moulins ou des fabriques*. »[29] D'autres spécialistes sont du même avis. Ainsi Paul Mantoux : « L'usage des machines est ce qui distingue la fabrique du *putting-out system*, ce qui caractérise la forme nouvelle de la production par rapport à toutes les précédentes. »[30] Et plus récemment David Landes écrivait :

> « La révolution industrielle exigeait des machines qui non seulement remplaçaient le travail à la main, mais encore imposaient la concentration de la production dans des fabriques —en d'autres termes, des machines dont les besoins en énergie étaient trop grands pour les sources domestiques et dont la supériorité mécanique permettait de briser la résistance des formes plus anciennes de production à la main. »[31]

Ces spécialistes, il faut le dire, reconnaissent les autres avantages qu'offrait la fabrique, en particulier un système de discipline et de surveillance qui était impossible dans le *putting-out system*. Comme le dit Ashton, « ce besoin de contrôle conduisit Peter Stubbs à rassembler dans ses ateliers de Warrington les fabricants de limes dispersés »[32]. Mantoux note aussi « les avantages évidents du point de vue de l'organisation et de la surveillance »[33] qu'il y a à rassembler de nombreux ouvriers dans un seul atelier. Selon Landes, le besoin de discipline et de surveillance amena « les employeurs à penser aux ateliers où les hommes seraient rassemblés pour travailler sous le contrôle de contremaîtres vigilants »[34]. Et ailleurs, Landes est encore plus explicite : « L'essence de la fabrique », écrit-il dans son introduction à un volume d'essais sur le développement du capitalisme, « est la discipline et les possibilités de direction et de coordination du travail qu'elle offre. »[35]

Néanmoins, pour expliquer le succès du système de fabrique, les auteurs n'accordent habituellement qu'une importance secondaire aux plus grandes possibilités de contrôle et de discipline qu'il offre.

Mantoux, constatant les avantages de la fabrique, conclut que « le système de fabrique était la conséquence nécessaire du machinisme »[36]. De même, tout en faisant de la discipline l'essence de la fabrique, Landes attribue son succès à des facteurs technologiques : « Le triomphe de la concentration sur la dispersion fut en fait rendu possible par les avantages du machinisme. La fabrique a dû battre l'industrie à domicile sur le terrain du marché, et ce ne fut pas une victoire facile. »[37]

On reconnaît le raisonnement qui sous-tend cette interprétation : la fabrique a survécu, il faut donc qu'elle ait été une méthode de production moins coûteuse que les autres. Et puisque, dans une économie de marché concurrentielle, seules les méthodes de moindre coût sont technologiquement efficaces, il faut donc que la fabrique ait été technologiquement supérieure aux autres solutions. Mais il faut nous méfier de ce raisonnement : nos auteurs eux-mêmes reconnaissent que l'une des raisons qui ont poussé les patrons à adopter le système des fabriques, c'est la plus grande facilité avec laquelle on y pouvait imposer la surveillance et la discipline. Mais dès l'instant où l'on admet que l'une et l'autre — autant dire l'astreinte au travail — furent plus contraignantes dans les fabriques, il faut admettre aussi que celle-ci a violé les règles non écrites de la concurrence parfaite : opposant des ouvriers surveillés et disciplinés à des ouvriers à domicile, elle a pu réduire ses coûts sans pour autant adopter nécessairement une technologie plus efficace. L'argument de la supériorité technologique n'est donc ni nécessaire ni suffisant pour expliquer l'essor et le succès de la fabrique.

La thèse que nous allons défendre sera donc celle-ci : la concentration des ouvriers dans des fabriques fut une conséquence logique du *putting-out system* (ou, si l'on préfère, de ses contradictions internes) et son succès n'avait pas grand-chose à voir avec la supériorité technologique des grandes machines. Le secret du succès de la fabrique, la raison de son adoption, c'est qu'elle enlevait aux ouvriers et transférait aux capitalistes le contrôle du processus de production. Discipline et surveillance pouvaient réduire les coûts en l'absence d'une technologie supérieure.

Au moins un des observateurs de l'époque, Andrew Ure, en était nettement conscient. Dans un livre publié en 1835, cet avocat du système de fabrique attribua très explicitement le succès d'Arkwright à ses prouesses administratives :

« La difficulté principale [rencontrée par Arkwright] n'était pas tant, j'en ai peur, d'inventer un mécanisme automatique pour étirer et tordre le coton en un fil continu, que d'apprendre aux hommes à se défaire des habitudes de travail désordonnées et à s'identifier avec la régularité invariable de l'automate complexe. *Édicter et mettre en vigueur un code efficace de discipline industrielle, approprié aux nécessités de la grande production, telle fut l'entreprise herculéenne, l'œuvre grandiose d'Arkwright.* Même de nos jours, alors que le système est parfaitement organisé, et bien que le travail y soit allégé au maximum, il est pratiquement impossible de transformer, après l'âge de la puberté, des gens venus d'occupations rurales ou artisanales en bons ouvriers d'usine. Après qu'on a lutté un moment pour vaincre leurs habitudes de nonchalance ou d'indocilité, ou bien ils renoncent spontanément à leur emploi, ou bien ils sont congédiés par les contremaîtres pour fait d'inattention.

« Si la fabrique Briareus avait pu être créée grâce au seul génie mécanique, elle aurait dû voir le jour trente ans plus tôt ; car plus de quatre-vingt-dix ans se sont maintenant écoulés depuis que John Wyatt, de Birmingham, non seulement inventa la série de cylindres cannelés (« les doigts à filer », généralement attribués à Arkwright), mais breveta et construisit « une machine à filer sans le secours des mains » dans sa ville natale. [...] Wyatt était un homme de bonne éducation, jouissant d'une position respectable, très estimé par ses supérieurs et donc avantageusement placé pour mûrir son admirable projet. Mais c'était un homme d'un caractère doux et passif, peu qualifié pour venir à bout des difficultés qu'entraîne la création d'une entreprise. Il fallait, au vrai, un homme ayant l'audace et l'ambition d'un Napoléon pour venir à bout de l'attitude récalcitrante d'ouvriers habitués à ne s'appliquer que de façon irrégulière et sporadique ... Tel était Arkwright. »[38]

Les efforts de Wyatt et son échec final restent enveloppés de mystère. En fait, il est impossible de distinguer son apport propre de celui de son collaborateur, Lewis Paul. Aucun modèle de la machine Wyatt-Paul n'existe plus ; mais Mantoux pense tout comme Ure que Wyatt et Paul devancèrent Arkwright sur le plan technique. La machine d'Arkwright, selon Mantoux, « ne diffère de celle de Wyatt que par des détails. Ces différences mineures ne sauraient expliquer le succès triomphal d'Arkwright. »[39]

Des documents d'époque donnent à penser que l'échec de Wyatt-Paul est dû en grande partie aux difficultés qu'ils éprouvèrent à se faire obéir des ouvriers. La correspondance entre les patrons et leurs « cadres » montre que la discipline était l'un de leurs soucis permanents. Edward Cave, commanditaire et licencié du procédé de Wyatt, se lança dans la fabrication à la main, en attendant de trouver une installation hydraulique convenable. Bientôt il écrivait à Paul : « Pas la moitié de mes gens ne sont venus travailler aujourd'hui et je n'éprouve pas un grand enthousiasme à l'idée de dépendre de gens pareils. »[40] La discipline ne s'améliora pas quand la fabrique fut mécanisée. Quand Wyatt visita la nouvelle filature, à Northampton, en 1743, il trouva « que quatre métiers seulement travaillaient de façon régulière car il y avait rarement assez d'ouvriers pour cinq »[41]. La recherche de nouvelles méthodes de mise au pas continuait. Un mois plus tard, le « lieutenant » de Cave écrivait à Wyatt :

> « Je pense qu'ils [les ouvriers] en ont fait autant en quatre jours cette semaine qu'en une semaine quand vous étiez là ... Il n'y avait pas assez de bras pour faire marcher les cinq machines, mais quatre fonctionnaient au complet, ce qui a fait plus de 100 écheveaux par jour, l'une et même certaines en faisaient 130. L'une des raisons de ce progrès est que M. Harrisson [le directeur de la fabrique] a acheté quatre mouchoirs, un par machine, valant environ un demi penny l'un, et les a suspendus au-dessus des machines comme primes aux filles qui en feraient le plus. »[42]

Ces tentatives grossières de « venir à bout de l'attitude récalcitrante des ouvriers » échouèrent apparemment. Leur échec est l'un des rares faits bien établis en ce qui concerne les tentatives de Wyatt-Paul.

Mais un autre fait encore prouve que le succès du filage industriel n'était pas dû à une supériorité technologique. Le filage industriel prit pied dans l'industrie de la laine aussi bien que dans celle du coton, et son succès dans la branche de la laine ne peut avoir que des raisons organisationnelles. Pendant de nombreuses années, après l'apparition de la fabrique, la technique du filage de la laine n'avait pas évolué : c'était celle de l'industrie domestique[43]. Or, selon J.L. et B. Hammond, le filage en fabrique était devenu prédominant dès le début du XIXe siècle :

> « Vers 1803, la transformation était pratiquement achevée. Les drapiers avaient, l'un après l'autre, adopté le système des « ateliers de filage » pour leur industrie domestique et les tisserands craignaient fort de devoir travailler à leur tour sous le toit de leur employeur. »[44]

Il se peut que certains aient employé l'énergie hydraulique pour faire marcher les machines à filer[45], mais il ne semble pas que cela ait été le cas général. Benjamin Gott, que Mantoux appelle le « premier des grands filateurs du Yorkshire »[46], n'utilisa que l'énergie humaine dans ses ateliers de filature et de tissage, ce qui ne semble pas l'avoir empêché de réaliser un profit confortable[47]. Durant ses vingt-cinq années de carrière, Gott n'a pourtant jamais confié le filage et le tissage à des ateliers domestiques qui auraient pu l'effectuer aussi bien, pour n'assurer dans ses fabriques que les opérations (cardage et foulage) pour lesquelles il employait des machines à vapeur. Ce fait est d'autant plus remarquable qu'à l'époque où Gott ouvrit sa fabrique (en 1793) le cardage et le foulage, d'une part, le filage et le tissage, d'autre part, constituaient deux branches distinctes[48].

Pour le tissage, le cas est même plus clair que pour le filage. Les grands ateliers de tissage à la main de Gott n'étaient pas les seuls en leur genre. Bien avant les métiers mécaniques, les tisserands à la main étaient rassemblés dans des ateliers où ils tissaient selon les mêmes techniques que celles employées dans l'industrie à domicile. Il est évident que les ateliers de métiers manuels ne se seraient pas maintenus si l'entrepreneur n'y avait pas trouvé son profit ; et il est tout aussi évident que la source de ce profit ne pouvait pas résider, en l'occurrence, dans la supériorité de la technologie employée : en effet, le métier manuel utilisé dans la fabrique capitaliste ne différait en rien, semble-t-il, de celui utilisé par le tisserand à domicile.

Je n'ai pas trouvé d'estimations chiffrées de l'importance relative des fabriques employant des métiers manuels, et il faudrait sans doute un effort de recherche plus important pour émettre ne serait-ce qu'une hypothèse[49]. Une étude récente de l'histoire du tissage à la main du coton conclut que « quoiqu'il n'ait jamais été la forme d'organisation prédominante dans le tissage de coton, le nombre des grands ateliers de tissage à la main n'était pas négligeable et leur production ne se limitait pas aux articles de fantaisie »[50]. L'auteur de cette étude poursuit :

> « Selon l'historien de Rossendale, dans les années 1815-1830, alors que « le tissage du coton à la main était le plus répandu, il y avait, selon les estimations les plus faibles, trente grands ateliers de tissage, sans compter les métiers dans les maisons d'habitation, à Rossendale ». L'originalité des grands ateliers était d'employer de nombreux tisserands à des métiers manuels hors de leurs propres maisons et familles ; ils étaient sensiblement plus grands que les ateliers de quatre ou six [métiers] tenus par un maître tisserand et ses apprentis dans certaines des branches les plus spécialisées à Bolton ou Paisley. On a trouvé des cas isolés d'ateliers comptant cent cinquante ou deux cents métiers manuels, quelques-uns en comptant entre cinquante et cent et un nombre considérable vingt ou plus. On pouvait trouver ce type d'atelier dans les villes et les campagnes, dans toute la zone de filage.

« [...] Tant pour l'employeur que pour l'ouvrier, le grand atelier de métiers manuels représentait dans l'organisation du tissage de coton une étape de transition entre le vrai système domestique et la fabrique mécanisée. Il ne s'ensuit pas nécessairement, toutefois, que le grand atelier de métiers manuels fût une forme d'organisation relativement tardive dans le secteur du coton, ou qu'il fût une imitation consciente de la fabrique équipée de métiers mécaniques. Avec l'introduction du *dandyloom* [un métier manuel amélioré], à la fin des années 1820, il y eut probablement une augmentation du nombre de ces ateliers. Mais des notes publiées dans les journaux locaux prouvent qu'ils existaient déjà dans les années 1780-1790. »[51]

Même à une date aussi tardive que 1838, c'est contre l'atelier de métiers manuels et son propriétaire, non contre le métier mécanique, que se dirigeait l'animosité des tisserands, notamment de Thomas Excell, du Gloucestershire. Excell, selon Wadsworth et Mann, « se plaignait de la concentration de métiers manuels et de machines à filer dans l'atelier du drapier » quand il écrivait : « Ils nous ont chassés de nos maisons et de nos jardins pour travailler comme prisonniers dans leurs fabriques et leurs écoles de vice. »[52]

Durant les premières années du XIXe siècle, la concentration des ouvriers en ateliers gagna d'autres branches également. Le désir de contrôler la main-d'œuvre fut pour Peter Stubbs non seulement « un motif de rassembler les fabricants de limes dans ses ateliers à Warrington », mais une raison économique suffisante pour maintenir une organisation industrielle au lieu du *putting-out system*. L'étude détaillée faite par Ashton de l'entreprise Stubbs[53] ne propose aucun argument d'ordre technologique en faveur du rassemblement des fabricants de limes, du moins aucun argument qu'il juge décisif. Ashton ne dit pas davantage que la nouvelle méthode d'organisation du travail ait jamais été abandonné. Au contraire, certains ateliers de cette époque existaient encore de son temps[54].

Il ne s'agit pas ici de nier l'importance des changements technologiques qui ont eu lieu depuis le XVIIIe siècle. Mais ces changements ne furent pas des causes indépendantes de la naissance de la grande industrie. Au contraire, l'organisation industrielle modelait et déterminait les formes particulières que prenait le changement technologique. Ce n'est pas un hasard si le changement technologique déclina dans la cadre du *putting-out-system* après l'introduction de la machine à filer de Hargreaves et s'épanouit au sein de la fabrique. Côté demande, le capitaliste fournissait un marché aux inventions et améliorations, et c'était son intérêt — pour des raisons de contrôle et de discipline — d'adopter le système de fabrique. Côté offre, la situation n'était qu'un peu plus complexe. En principe, un inventeur pouvait obtenir un brevet et autoriser les fabricants ou, en fait, des producteurs indépendants, à utiliser ses inventions. En pratique, tant que la production se faisait dans des maisons dispersées, il était difficile, sinon impossible, de détecter et de punir les fraudes sur les brevets. Il était beaucoup plus facile de sauvegarder les droits de l'inventeur si la production se concentrait dans les fabriques, et ce fait suffit à orienter l'activité inventive vers le marché le plus rémunérateur. De nombreux perfectionnements n'étaient, de par leur nature même, pas susceptibles d'être brevetés et leurs avantages ne pouvaient être mis en évidence et monnayés que dans le cadre de l'organisation capitaliste des fabriques.

Peut-on en conclure que la fabrique offrait une *dynamique* technologique supérieure et un climat plus propice au progrès technique ? Nous répondrons qu'un climat propice à l'innovation n'implique pas nécessairement une supériorité technologique, dynamique ou statique. Car la supériorité de la fabrique dans ce domaine reposait à son tour sur un ensemble particulier de dispositions institutionnelles concernant, en particulier, la rémunération des inventeurs par la concession de monopoles légaux dévolus aux brevets. Une invention, comme le savoir en général, est un « bien public » : l'utilisation d'une idée par une personne ne réduit pas le stock de savoir à la manière dont la consommation d'une miche de pain réduit le stock de blé. Il est patent que les « biens publics » ne peuvent être efficacement distribués par le mécanisme du marché ; aussi ne peut-on défendre les brevets au nom de l'efficacité économique.

En fait, on les défend généralement en leur attribuant la vertu de stimuler l'invention. Mais l'argument n'est guère convaincant. On ne voit pas a priori pourquoi la société ne trouverait pas d'autres moyens de récompenser les inventeurs. Au XVIIIᵉ siècle, par exemple, on attribua à Thomas Lombe quatorze mille livres au lieu de renouveler son brevet pour la machine à organiser la soie ; c'était une petite somme si on la compare aux cent vingt mille livres que son brevet lui avait rapportées en quatorze ans, mais la somme suffisait sans doute à inciter le plus soupçonneux des génies à livrer ses secrets[55]. À en juger par la pratique anglaise, la récompense publique des inventeurs était, certes, une solution aléatoire et peu sûre, mais cela ne signifie pas que, si on l'avait voulu, on aurait pu trouver un moyen de faire marcher ce système. Si l'institution des brevets n'avait pas fait le jeu des capitalistes les plus puissants, favorisant ceux qui disposaient des sommes suffisantes pour acheter des licences (et contribuant incidemment à la polarisation des classes productrices en patrons et ouvriers), le système de brevets ne serait pas devenu le principal mode de rémunération des inventeurs.

Il nous reste à examiner une dernière question : pourquoi le mécanisme du marché, dont les défenseurs, à commencer par Adam Smith, supposaient qu'il ajusterait l'intérêt particulier du producteur à l'intérêt général, n'a-t-il pas réussi à engendrer un contrôle et une discipline adéquats sous le *putting-out system* ? La réponse, c'est que la discipline et le contrôle n'étaient en défaut que *du point de vue du capitaliste*, non de celui de l'ouvrier. Et bien que, dans un modèle suffisamment abstrait de concurrence parfaite, les profits soient conformes à l'intérêt public autant qu'à l'intérêt privé, cette identité d'intérêts ne caractérise aucune économie capitaliste réelle, pas plus que le capitalisme « concurrentiel » du temps d'Adam Smith que le capitalisme de monopole contemporain. Dans le modèle parfaitement concurrentiel, il n'y a ni capitalistes ni ouvriers, il n'y a que des ménages disposant chacun d'une certaine quantité de ressources qui toutes — travail y compris — sont échangées sur des marchés où personne ne possède de pouvoir économique. Dans ce modèle, il est impossible de dire si les ouvriers louent le capital ou si les capitalistes louent le travail, et la firme ne joue aucun rôle notable dans l'analyse. En réalité, le *putting-out system* avait comme caractère distinctif une spécialisation si parcellaire qu'elle interdisait à l'ouvrier le marché relativement large (concurrentiel !) qui existait pour les produits et l'assujettissait au marché très étroit d'un sous-produit que, dans une zone géographique donnée, un petit nombre de fabricants pouvaient contrôler[56]. Cette dénaturation du principe de concurrence, qui est au cœur de la division capitaliste du travail, faisait de la discipline et de la surveillance une affaire de classe plutôt que d'efficacité technologique ; un manque de discipline et de contrôle pouvait être désastreux pour le profit, sans être inefficace. L'indiscipline des classes laborieuses ou, plus crûment, leur paresse, a été largement notée par les observateurs du XVIIIe siècle :

> « C'est un fait bien connu [...] que la pénurie, jusqu'à un certain degré, encourage l'industrie et que l'ouvrier qui peut subvenir à ses besoins en travaillant trois jours sur sept sera oisif et ivre le reste de la semaine. [...] Les pauvres, dans les comtés où il y a des manufactures, ne travailleront jamais un plus grand nombre d'heures qu'il n'en faut pour se nourrir et subvenir à leurs débauches hebdomadaires. [...] Nous pouvons dire sans crainte qu'une réduction des salaires dans les manufactures lainières serait une bénédiction et un avantage pour la nation, et ne ferait pas de tort réel aux pauvres. Par ce moyen, nous pourrions préserver notre commerce, soutenir nos rentes et réformer les gens par-dessus le marché. »[57]

En d'autres mots, si les ouvriers choisissaient de travailler moins quand les salaires augmentaient, ils faisaient preuve d'indiscipline. En termes plus neutres, on dira que la paresse traduisait simplement une préférence pour le loisir ! Loin d'être « une inversion déraisonnable des lois du comportement économique rationnel »[58], une courbe d'offre de travail à pente négative est un phénomène des plus naturels tant que l'ouvrier contrôle l'offre de travail.

En tout cas, aucun partisan de l'interprétation traditionnelle (en termes de courbes d'indifférence des choix entre la demande de loisirs et la consommation de biens) n'oserait prétendre qu'il y ait quoi que ce soit d'anormal à une courbe d'offre de travail à pente négative[59]. La distinction entre effets de substitution et de revenu est le pivot de l'analyse des choix de consommation en termes de courbes d'indifférence. Une hausse de salaire rend le loisir relativement plus cher pour l'ouvrier. Mais, jouant en sens contraire de cet effet de substitution négatif, on doit considérer l'effet de revenu : outre qu'elle modifie les termes d'échange entre loisirs et biens, une hausse de salaire est comme une aubaine qui permet à l'ouvrier de s'offrir plus de loisir. Tant que le loisir est un bien « normal » (pour lequel l'effet de revenu est positif), les effets de substitution et de revenu fonctionnent en sens contraire. Et le résultat est imprévisible ; il est certain qu'aucun économiste néo-classique sérieux ne dirait que l'effet de substitution doit être plus fort que l'effet de revenu[60].

Sur un marché concurrentiel, toutefois, la forme de la courbe d'offre globale de travail a peu d'importance. Par définition, tout capitaliste peut louer autant d'ouvriers qu'il le désire au taux de salaire courant. Le prix de marché de son produit reflète les salaires qu'il verse. Il perçoit le taux de profit déterminé par la concurrence, que le salaire courant soit faible ou élevé. Mais pour le petit groupe de fabricants demandeurs de main-d'œuvre, le fait qu'une augmentation de salaire poussait les ouvriers à travailler moins n'était pas seulement pervers mais désastreux. En 1769, Arthur Young notait « l'opinion généralisée » parmi les manufacturiers de coton de Manchester « que leur meilleure arme est de constituer des réserves importantes »[61].

Le succès même du capitalisme pré-industriel contenait en germe sa propre transformation. Alors que le commerce intérieur et le commerce extérieur de la Grande-Bretagne se développaient, les salaires montèrent et les ouvriers exigèrent d'échanger une part de leurs gains contre davantage de loisirs. Si raisonnable que fût cette réaction de leur point de vue, elle n'aidait pas le capitaliste entreprenant à aller de l'avant.

Son premier recours était la loi. Au XVIIIe siècle, le Parlement, par deux fois, promulgua des lois exigeant des ouvriers à domicile qu'ils finissent et renvoient le travail dans les délais impartis. En 1749, le délai fut fixé à 21 jours et, en 1777, ramené à huit jours[62]. Mais une action plus directe se révéla nécessaire. Le salut du capitaliste était de fixer lui-même les parts respectives de travail et de loisirs. Les intérêts du capitaliste exigeaient que l'ouvrier n'ait plus le choix qu'entre se soumettre au patron ou ne pas travailler du tout ; le système de fabrique ne lui laissera pas d'autre issue.

Dans une large mesure, surveillance et discipline revenaient au même dans la fabrique. Sous l'oeil vigilant du contremaître, l'ouvrier n'était plus libre d'établir sa propre cadence. Mais la surveillance était importante pour une autre raison encore : dans le *putting-out system*, l'ouvrier disposait de la matière première durant le processus de fabrication. Une multitude d'occasions d'augmenter ses gains se présentaient alors à lui : un ouvrier travaillant la laine pouvait en substituer de la médiocre à de la bonne, ou cacher des imperfections dans le filage, ou mouiller la laine pour la faire paraître plus lourde[63]. Il avait surtout la possibilité de détourner carrément de la marchandise. Il est vraisemblable que ces possibilités se multiplièrent avec le développement et la croissance du commerce, l'écoulement de biens détournés devenant plus facile avec l'expansion et la multiplication des débouchés. En tout cas, les capitalistes eurent un recours de plus en plus fréquent aux pouvoirs législatifs, policier et judiciaire de l'État au cours du XVIIIe siècle[64]. Même la maxime traditionnelle de la justice anglaise — un homme est innocent tant que sa culpabilité n'est pas prouvée — eut peu de poids là où un danger si clair et si pressant menaçait le profit. Un Acte du Parlement de 1777 permettait de perquisitionner au domicile d'un ouvrier sur simple présomption de détournement de marchandises. Si l'on trouvait des biens suspects sur les lieux, c'était à l'ouvrier de prouver son innocence, faute de quoi il était présumé coupable, même si on ne trouvait aucune preuve[65].

La « malhonnêteté » de l'ouvrier, comme sa « paresse », ne pouvait être guérie par le recours à la loi, quelle que fût la diligence avec laquelle le Parlement essayât de servir les intérêts de la classe capitaliste. Peut-être les magistrats locaux, en particulier s'ils étaient membres de la petite noblesse terrienne, ne reconnaissaient-ils pas suffisamment les besoins des maîtres-manufacturiers[66]. La justice fut en tout cas d'une grande lenteur, surtout là où les productions étaient dispersées sur un territoire étendu. Il n'est pas étonnant que, comme le dit Landes, « les employeurs se mirent à penser à des ateliers où les hommes seraient rassemblés pour travailler sous le contrôle de contremaîtres vigilants ». À une date aussi tardive que 1824, un correspondant du **Blackburn Mail** encourageait à recourir au système de fabrique pour combattre le détournement de marchandises :

> « Il est grand temps [...] que nous adoptions les ateliers ou les fabriques équipées de métiers soit manuels soit mécaniques, quand le vol atteint un sixième au moins de la production d'articles de coton. »[67]

On remarquera que la discipline et la surveillance de la fabrique n'avaient donc rien à voir avec l'efficacité, au moins au sens où ce terme est utilisé par les économistes. Discipliner la force de travail signifiait qu'on augmentait les quantités produites en augmentant le travail fourni, la productivité du travail restant la même[68]. La surveillance de la main-d'œuvre — dans la mesure où elle ne se confondait pas avec la discipline — réduisait simplement le salaire réel : en faisant cesser les détournements de marchandises et autres formes de fraude, on modifiait le partage du gâteau en faveur des capitalistes. Dans le modèle concurrentiel, il est impossible d'améliorer la position d'un individu ou d'un groupe aux dépens des autres. Mais l'histoire des relations patrons—ouvriers dans le *putting-out system* dément le modèle concurrentiel. Le détournement de marchandises et les autres formes de

fraude étaient de petites manifestations d'un « pouvoir compensateur »[69].
La fabrique mit effectivement un terme à la fois à la « malhonnêteté »
et à la « paresse ».

Le système de fabrique, donc, n'avait pas de supériorité technologique sur le *putting-out system*, au moins jusqu'au moment où la technologie
fut remodelée en fonction du travail en fabrique. Mais la nouvelle technologie était-elle plus efficace ? Était-elle supérieure aux autres techniques de
production non seulement pour le capitaliste, mais aussi pour l'ouvrier de
fabrique qui, après tout, gagnait davantage que l'ouvrier à domicile ? Les
ouvriers n'avaient-ils pas « choisi » la fabrique — aucune contrainte légale
ne les forçait à y aller travailler — marquant ainsi une « préférence » pour
l'organisation industrielle, ou du moins, pour la combinaison du mode d'organisation et du mode de rémunération propres à la fabrique ?[70] C'est là,
en tout cas, ce qu'insinue la théorie néo-classique. Mais regardons-y de
plus près.

D'abord, il est assez étrange de parler de liberté de choix quand il
s'agit seulement d'absence de contrainte légale. À en juger par l'origine de la
main-d'œuvre recrutée par la fabrique à ses débuts, les ouvriers n'avaient
guère le choix effectif :

> « Le personnel des fabriques fut, au début, composé des élé-
> ments les plus disparates : paysans chassés de leurs villages
> par l'extension des grandes propriétés, soldats licenciés, indi-
> gents à la charge des paroisses, le rebut de toutes les classes et
> de tous les métiers. »[71]

La question n'est pas tant de savoir s'il valait mieux travailler dans une
usine que mourir de faim, mais si le travail d'usine valait mieux que d'autres
formes d'organisation productive qui auraient laissé à l'ouvrier une part de
contrôle sur le produit et le processus de production, même au prix d'une
production et de gains plus faibles[72]. Cette question, les capitalistes du XIXᵉ
siècle britannique ne se la posaient même pas (pas plus qu'aujourd'hui).
Puisque le contrôle ouvrier du produit et du processus de production ne laissait, en fin de compte, pas de place au capitaliste, il n'est guère surprenant
que le développement du capitalisme, en étendant le règne du marché de la
sphère du travail, et en étendant l'éventail des spécialisations, n'ait pas créé
beaucoup d'emplois où les ouvriers évincés des métiers traditionnels de
leurs parents auraient pu contrôler le produit et le processus de production.

Il est prouvé que là où c'était possible, les ouvriers se détournaient de
l'usine et allaient en masse vers d'autres emplois. Le tissage à domicile était
l'une des rares solutions de rechange — et peut-être la seule importante — au
travail en fabrique pour ceux qui n'avaient pas de métier. Et en dépit du
niveau extrêmement bas des salaires, quelque deux cent cinquante mille tis-
serands·de coton à domicile subsistèrent au début du XIXᵉ siècle. Le fait que

ce nombre de tisserands se soit longtemps maintenu en dépit des décès et de l'émigration prouve que ce métier continuait à faire de nouveaux adeptes[73]. Toutefois, par le fait que les fabriques devinrent les destinataires à peu près exclusifs des inventeurs, les techniques artisanales devinrent de moins en moins compétitives[74]. Le *putting-out system*, avec ses pitoyables vestiges de contrôle ouvrier, disparut pratiquement en Grande-Bretagne au milieu du siècle. Le tissage fut à peu près le dernier bastion de l'industrie à domicile. Quand cette voie se ferma, la liberté de l'ouvrier de refuser la fabrique n'était plus que la liberté de mourir de faim.

Et même là où l'homme adulte avait réellement le choix[75], sa femme et ses enfants, qui constituaient la majorité écrasante des travailleurs dépendants aux débuts de la fabrique, ne s'embauchaient pas par choix mais parce que leur mari ou leur père le leur demandait.

Dans les cas des enfants de l'Assistance publique, les choses étaient plus claires encore : vendus par les autorités paroissiales comme « apprentis d'usine » pour une durée pouvant aller jusqu'à dix ans ou plus, de manière à épargner au contribuable local le coût de leur nourriture, de leur habillement et de leur gîte, ces infortunés n'avaient pas le moindre choix, légal ou autre. L'apprentissage lui-même n'était pas nouveau, pas plus que ne l'était le placement des enfants assistés par les autorités paroissiales. Mais, à la fin du XVIIIe siècle, l'institution de l'apprentissage n'était plus un moyen de limiter l'accès des métiers et des professions et d'en garantir le niveau. En accord avec les exigences de l'entreprise capitaliste, l'apprentissage était devenu un système de servitude à long terme[77]. À mesure que les fabriques imprimaient leur marque au paysage, des annonces comme celles-ci devinrent courantes :

> « À louer, le travail de 260 enfants avec ateliers et tout ce qu'il faut pour traiter le coton. Pour plus de détails, s'adresser à M. Richard Clough, Common Street, Manchester. »[78]

Mantoux va jusqu'à dire que, dans les premiers temps des fabriques, jamais des parents n'auraient permis que leurs enfants y entrent, si bien que les apprentis fournis par l'Assistance publique étaient « les seuls enfants employés dans les fabriques »[79]. Mais, malgré le témoignage contemporain cité par Mantoux à l'appui de ses dires, c'est peut-être un peu exagéré. L'usine Oldknow à Mellor semble avoir fonctionné au commencement grâce à des groupes familiaux (mères et enfants) et Unwin suggère que Samuel Oldknow se souciait toujours de fournir un emploi aux pères, généralement en dehors de l'usine. Mais les apprentis assistés constituaient néanmoins une part importante de la main-d'œuvre à Mellor : jusqu'à vingt-cinq pour cent à la fin du XVIIIe siècle[80].

Notre propos n'est pas d'entrer dans une discussion sur la moralité du travail des enfants en général, ou de l'apprentissage des assistés en particulier[81]. Compte tenu de l'existence des fabriques, le travail des enfants était très vraisemblablement un mal nécessaire, du moins au début. Ainsi que l'écrivait Ure :

> « Il est pratiquement impossible, passé l'âge de la puberté, de transformer les gens venus d'occupations rurales ou artisanales en bons ouvriers d'usine. Après qu'on a lutté un moment pour vaincre leurs habitudes de nonchalance ou d'indocilité, ou bien ils renoncent spontanément à leur emploi ou bien ils sont congédiés par les contremaîtres pour fait d'inattention. »

Il ne devait pas en être toujours ainsi, comme l'a montré l'histoire : la fabrique, après tout, a survécu à l'abolition du travail des enfants. Il n'est pas surprenant que seul le recrutement de la première génération d'ouvriers de fabrique ait posé un problème crucial. Pour les enfants de cette génération, la fabrique faisait partie de l'ordre naturel, peut-être du seul ordre naturel. Parvenue à l'âge adulte, fortifiée par la discipline de l'Église et de l'École, la génération suivante put probablement être recrutée pour la fabrique sans plus de difficulté que les fils de mineurs pour la mine ou les fils de soldats de métier pour l'armée.

Le recrutement de la première génération d'ouvriers désireux et capables de se soumettre à une discipline extérieure a été un obstacle constant à l'expansion du système de fabrique. Même l'Amérique du milieu du XXe siècle a dû affronter ce problème, et là aussi l'absence de choix a joué un rôle important. Juste après la Deuxième Guerre mondiale, General Motors introduisit des cadences imposées dans une usine de montage à Framingham, Massachusetts. Plus de quatre-vingt-cinq pour cent d'un échantillon[82] d'ouvriers interviewés par une équipe de sociologues, sous la direction de Charles Walker et Robert Guest, avaient auparavant occupé des postes où ils déterminaient eux-mêmes leur cadence. Dans l'enquête de 1949, menée par l'équipe Walker-Guest, la moitié de l'échantillon indiqua que l'impossibilité de trouver un autre emploi l'avait incitée à s'embaucher à GM. Et environ un quart d'entre eux affirmèrent qu'ils accepteraient une diminution de salaire s'ils pouvaient seulement trouver un autre travail[83]. L'un d'entre eux déclara :

> « J'accepterais pratiquement n'importe quel travail pour partir d'ici. C'est physiquement insupportable. Ma santé passe avant tout. À quoi sert l'argent si l'on ruine sa santé ? »[84]

Mais si l'obstacle qui s'opposait à la concentration des travailleurs était l'absence d'une main-d'œuvre disciplinée et soumise — et non l'absence d'une technologie convenable — pourquoi le système de fabrique n'apparaît-il qu'à la fin du XVIIIe siècle ? La vérité c'est qu'il remonte à une époque beaucoup plus lointaine, au moins à l'époque romaine : le système de fabrique, selon Tenny Frank, était le mode d'organisation dominant pour fabriquer au moins deux marchandises, les briques et la poterie à vernis rouge[85]. La main-d'œuvre des fabriques romaines — le fait est intéressant pour notre propos — semble avoir été presque exclusivement composée d'ouvriers qui avaient une liberté de choix aussi faible que les enfants assistés au XVIIIe siècle en Angleterre : c'est-à-dire d'esclaves. Par contre, les fabriques étaient très rares dans les activités dominées par les hommes libres. Frank en énumère plusieurs — fabrication des lampes d'argile, d'articles de métal, de bijoux, tuyaux d'eau — où les esclaves étaient relativement rares. Toutes ces activités étaient organisées en corps de métier restreints[86]. Ce dualisme n'est pas surprenant après tout. Des artisans indépendants produisant directement pour le marché n'ont pas besoin qu'on les contrôle, tandis que la main-d'œuvre servile est évidemment difficile à mobiliser sans surveillance. La fabrique offrait au monde ancien comme au monde moderne une organisation favorable à une surveillance stricte[87].

Il se peut que nos connaissances de l'époque soient trop minces pour être probantes, mais elles incitent fortement à penser que l'organisation du travail en corps de métiers ou en fabrique était, à l'époque romaine, déterminée non par des considérations technologiques mais par la puissance relative des deux classes productrices. Les hommes libres et les citoyens avaient assez de pouvoir pour maintenir une organisation de type corporatif. Les esclaves n'avaient pas de pouvoir et échouaient dans les fabriques.

Ce raisonnement est corroboré par le développement du capitalisme dans les temps modernes. L'organisation corporative de la production et de la distribution ouvrit finalement la voie au *putting-out system* pour deux raisons : celui-ci était plus profitable à la classe qui était en mesure de s'interposer entre le producteur et le marché et, fait également important, les profits conférèrent à la classe capitaliste naissante le pouvoir politique d'abattre les institutions corporatives — règles strictes d'apprentissage, association stricte de la production et du négoce, et ainsi de suite — et de les remplacer par des institutions favorables au *putting-out system* : le libre marché du travail aussi bien que des marchandises, étayé par les règles strictes de la discipline industrielle, avec répression sévère du détournement de marchandises et d'autres infractions. Tant que le pouvoir politique des petits maîtres et compagnons ne fut pas brisé, le *putting-out system* ne put prospérer, car la division du travail qui en était l'essence s'opposait à la fois à l'accession de l'apprenti au métier du maître et à la confusion du producteur et du marchand en une seule et même personne.

En même temps, le *putting-out system* était nécessairement un système de transition. Une fois créé un libre marché du travail, il fallait s'attendre à ce que tôt ou tard le patron se servît de la fabrique come moyen de réprimer ces libertés qui faisaient baisser les profits. Les dispositions légales élaborées avec soin pour protéger l'employeur contre la « paresse » et la « malhonnêteté » des ouvriers n'étaient, comme nous l'avons vu, jamais applicables à la pleine satisfaction du capitaliste.

Il semble en fait que la fabrique aurait fait son apparition bien plus tôt qu'elle ne le fit en réalité si petits maîtres et compagnons, menant le combat de la corporation contre le capitalisme, n'avaient été en mesure, pendant un moment, d'utiliser à leurs fins propres la stratégie « diviser pour régner ». Prenant avantage de divisions entre classes plus puissantes, petits maîtres et compagnons furent capables de conclure des alliances provisoires qui, pendant un temps au moins, enrayèrent l'avènement de la fabrique. Par exemple, l'alliance du petit maître tisserand avec le gros négociant permit de maintenir un strict contrôle de l'apprentissage jusqu'au XVIIe siècle[(88)].

Cette stratégie eut pour résultat — et c'est un des exemples les plus frappants du succès de ces alliances avec des intérêts plus puissants — une interdiction parlementaire des ateliers de métiers à tisser. L'Acte des tisserands de 1555, deux cents ans avant Arkwright, s'exprime ainsi :

> « Les tisserands de ce royaume, aussi bien pendant la présente session du Parlement qu'en divers autres temps, se sont plaints que les riches drapiers les oppriment de maintes façons : certains installent et gardent dans leurs maisons plusieurs métiers à tisser et les mettent aux mains d'ouvriers à la journée et de personnes sans apprentissage, au détriment d'un grand nombre d'artisans éduqués dès l'enfance dans l'art de tisser. [...] Pour remédier à la situation ci-dessus et éviter toutes les fâcheuses conséquences qui peuvent en advenir si elles ne sont prévenues à temps, il est ordonné et arrêté par l'autorité de ce présent Parlement qu'aucune personne exerçant la profession de drapier et demeurant hors d'une cité, d'un bourg, d'une ville de marché ou d'une municipalité constituée, n'aura dans sa maison ou en sa possession plus d'un métier à tisser la laine [...] »[(89)]

Il se peut que le but principal de cet Acte, comme le suggère Unwin, ait été « de laisser le contrôle de l'industrie aux mains des employeurs des villes [auquel l'Acte ne s'appliquait pas] en freinant la croissance d'une classe de capitalistes ruraux[(90)] ». Ce fut précisément en s'accrochant aux basques d'intérêts plus puissants que petits maîtres et compagnons furent capables de préserver leurs intérêts propres aussi longtemps qu'ils le firent.

En fait il n'est pas très important de savoir exactement qui était pour et qui était contre l'Acte de 1555 ; ce qui est important, c'est son existence même à une date aussi précoce. Il n'y a pas de fumée sans feu et il devait donc y avoir quelque motif puissant de concentrer les ouvriers, bien avant que la machine à vapeur ou à eau ne se justifie. Sauf en période de chasse aux sorcières, les corps législatifs importants n'ont pas pour habitude de promulguer des lois contre des maux imaginaires. Pour avoir donné lieu à une répression parlementaire, les ateliers de métiers à tisser ont dû être une menace économique réelle pour les tisserands indépendants dès le XVIe siècle. De plus, il devait y avoir une classe cherchant à tirer profit du développement de l'organisation de la fabrique. Le XVIe siècle se distingue des siècles ultérieurs par le rapport des forces entre cette classe et les classes opposées au développement de l'entreprise capitaliste.

Le capitalisme industriel n'a pas pris le pouvoir d'un seul coup ; sa progression se fit plutôt par étapes et irrégulièrement ainsi que le démontre l'ouvrage d'Unwin[91]. Mais à la fin du XVIIIᵉ siècle, le processus était à peu près achevé. L'abrogation complète des lois limitant l'apprentissage ou ré-glementant l'exploitation capitaliste ne faisait que refléter les nouvelles réali-tés. À cette époque, la transformation de l'organisation du travail dans un sens plus favorable aux intérêts de la classe capitaliste était en plein dévelop-pement. Ce n'est pas la fabrique à vapeur qui nous a donné le capitalis-me ; c'est le capitalisme qui a engendré la fabrique à vapeur.

Harvard University, août 1971.

*Traduit de l'anglais par
Marie-France Lacoue-Labarthe.*

Notes

(1)   F. Engels. « On Authority », publié d'abord dans **Almenacco Republicano**, 1894 ; tra-duction anglaise *in* Marx, K. et Engels, F. **Basic Writings in Politics and Philosophy**, L. Feuer (éd.), Garden City, N.Y., Doubleday and Co., 1959, p. 483.

(2)   Cet argument est même plus ancien. **Considerations upon the East-India Trade** de H. Martyn fut publié en 1701.

(3)   On trouve une discussion concise et élégante de la relation entre l'efficacité technologi-que et les méthodes de production au moindre coût dans T. Koopmans. **Three Essays on the State of Economic Science**, New York, McGraw-Hill, 1957, essai 1, spéciale-ment p. 66-126.

(4)   A. Smith. **The Wealth of Nations**, New York, Random House, 1937, p. 7. Traduction française : **Recherches sur la nature et les causes de la richesse des nations**, publié avec introduction, notes, résumés marginaux par E. Cannan, Paris, Alfred Costes, 1950, p. 13.

(5)   A. Smith. **Op. cit.**, p. 734-735.

(6)   A. Smith. **Op. cit.**, p. 4-5 ; traduction française, **Op. cit.**, p. 9.

(7)   T.S. Ashton. « The Records of a Pin Manufactory, 1814-21 », **Economica**, nov. 1925, p. 281-292.

(8)   Autre exemple : le tissage à la main du coton, bien que décrit par J.L. et B. Hammond dans un ouvrage intitulé **The Skilled Laborer** (Londres, Longmans Green, 1919), était apparemment un métier facile à apprendre (p. 70). Un fabricant britannique déclara devant une commission parlementaire qu'« un adolescent de quatorze ans peut en acquérir une connaissance suffisante en six semaines ». **The Handloom Weaver**, de D. Blythell (Cambridge University Press, 1969), qui cite ce témoignage est très explici-te : « Le tissage à la main du coton, depuis son origine, était un emploi ne demandant ni habileté ni attention particulières, qui fournissait un emploi domestique à temps partiel à des milliers de femmes et d'enfants ... » (p. 270).

La facilité apparente avec laquelle, selon J.L. et B. Hammond, les femmes remplacèrent dans le tissage de la laine les hommes partis combattre Napoléon, donne à penser que ce tissage-là n'était pas non plus bien difficile à apprendre (*The Skilled Laborer*, p. 60-162). En fait, la concurrence des femmes, dans certaines branches du secteur du coton, était telle qu'au moins une fois les hommes se sentirent obligés de s'engager collectivement « à ne permettre à aucune femme d'apprendre le métier » (*Ibid.*, p. 162), action qui n'aurait guère été nécessaire si la force ou l'habileté requises avaient été au-delà des possibilités féminines. Le rôle joué par les pénuries de main-d'œuvre occasionnées par la guerre dans le renversement des obstacles artificiels à l'emploi des femmes, et les difficultés consécutives au rétablissement de ces obstacles, rappellent l'expérience américaine de la Deuxième Guerre mondiale.

(9) Cela ne veut pas dire que le fabricant, ou « maître-manufacturier », n'ait jamais apporté rien d'important sur le plan technologique dans le processus de production. Mais quand le capitaliste a vraiment contribué à une innovation technologique utile, il a pu s'approprier efficacement les avantages de ce qui, en termes économiques, est un « bien collectif », en empêchant les autres, et en particulier ses ouvriers, d'apprendre et d'imiter ses secrets de métier. Quel meilleur moyen d'assurer le secret que d'insister pour que chaque ouvrier ne connaisse qu'une partie de l'ensemble ? Le système du brevet était notoirement inefficace et les rétributions d'une nation reconnaissante trop aléatoires pour qu'on s'y fie, en particulier en ce qui concerne les améliorations marginales qui représentaient le maximum que pouvaient réaliser la plupart des innovateurs.

(10) G. Unwin. *Industrial Organization in the Sixteenth and Seventeenth Centuries*, édité d'abord par The Clarendon Press, Oxford, 1904, et réimprimé par Cass, Londres, 1957, p. 96

(11) *Ibid.*, p. 96.

(12) Cité dans R. Boyson, *The Ashworth Cotton Enterprise*, Oxford University Press, 1970, p. 52.

(13) *The Spectator*, Londres, 26 mai 1866, p. 569.

(14) *Ibid.*, p. 569.

(15) E.L. Trist et K.W. Bamforth. « Some Social and Psychological Consequences of the Longwall Method of Coal Getting », *Human Relations*, 4(1), 1951, p. 6.

(16) *Ibid.*, p. 6.

(17) E.L. Trist et K.W. Bamforth. *Op. cit.*, p. 6.

(18) *Ibid.*, p. 9.

(19) *Ibid.*, p. 23-24.

(20) *Ibid.*, p. 11.

(21) Comme on le verra, le besoin de surveillance était un problème inhérent à la spécialisation dans le *putting-out system*. Le système de fabrique apportait une solution à ce problème, solution qui reflétait les intérêts du capitaliste plutôt qu'une prétendue supériorité technologique.

(22) Harvard Business School Case Study. « British Coal Industries (C) », préparé par Gene W. Dalton sous la direction de P.R. Lawrence, et basé sur E.L. Trist et H. Murray. « Work Organization at the Coal Face », doc. n° 506, Londres, Institut Tavistock.

(23) Harvard Business School Case Study. « British Coal Industries (B) », *Ibid.*

(24) « British Coal Industries (C) », *Op. cit.*

(25) *Loc. cit.*

(26) La nationalisation n'a pas transformé le concept de propriété ; elle a simplement trans-féré le titre de propriété de la mine à l'État.

(27) T.S. Ashton (*An Eighteenth Century Industrialist*, Manchester University Press, 1939, chap. 2-3) relève l'importance des avances de salaire dans la transformation des métaux. Les avances aux tisserands étaient couramment pratiquées par le fabricant Samuel Oldknow. Elles étaient toutefois d'un montant relativement réduit, de l'ordre d'une semaine de salaire. (G. Unwin *et al. Samuel Oldknow and the Arkwrights*, Manchester University Press, 1924, p. 49.) Si, en fait, la métallurgie était le seul secteur où les avances de salaire constituaient un instrument de contrôle capitaliste important, il serait intéressant d'en connaître la raison. George Unwin cite un exemple de l'enchaîne-ment endettement-emploi forcé sous le règne de Henri VII déjà (*Industrial Organization in the Sixteenth and Seventeenth Centuries*, p. 52).

(28) T.S. Ashton. *The Industrial Revolution 1760-1830*, Londres, Oxford University Press, 1948, p. 33. Traduction française : *La Révolution industrielle, 1760-1830*, Paris, Plon, 1955, p. 43.

(29) *Ibid.*, p. 72. Traduction française, p. 95.

(30) P. Mantoux. *The Industrial Revolution in the Eighteenth Century*, New York, Harper and Row, 1962, p. 39. (Première édition anglaise : 1928.) Traduction française : *La Révolution industrielle au dix-huitième siècle*, Paris, Génin, 1959, p. 17.

(31) D.S. Landes. *The Unbound Prometheus*, Cambridge University Press, 1969, p. 81.

(32) T.S. Ashton. *The Industrial Revolution 1760-1830*, p. 109. Traduction française, p. 143. Voir aussi Ashton. *An Eighteenth Century Industrialist*, p. 26.

(33) *The Industrial Revolution in the Eighteenth Century*, p. 246. Traduction française, p. 248.

(34) D.S. Landes. *The Unbound Prometheus*, p. 60.

(35) D.S. Landes (sous la direction de), *The Rise of Capitalism*, New York, MacMillan, 1966, p. 14.

(36) P. Mantoux. *The Industrial Revolution in the Eighteenth Century*, p. 246. Traduction française, p. 248.

(37) *Ibid.*, p. 14. Voir H. Heaton. *The Yorkshire Woolen and Worsted Industries*, Oxford University Press, 1920, p. 352 : «L'avantage économique de la fabrique provient princi-palement du fait qu'elle utilise des machines capables d'accomplir le travail rapidement et que l'utilisation de l'énergie les rend capables de fonctionner à grande vitesse. »

(38) A. Ure. *The Philosophy of Manufacturers*, Londres, Charles Knight, p. 15-16. Les com-paraisons militaires abondent dans les observations contemporaines des débuts de la fabrique. Boswell décrivait Mathew Boulton, l'associé de Watt dans la fabrication de machines à vapeur, comme « un capitaine du fer au milieu de ses troupes », après une visite aux ateliers en 1776. (Cité par Mantoux. *The Industrial Revolution in the Eighteenth Century*, p. 376 ; traduction française, p. 393.)

(39) P. Mantoux. *Op. cit.*, p. 223 ; traduction française, p. 222. Wadsworth et Mann ne sont pas de cet avis. Voir A.P. Wadsworth et J.D. Mann. *The Cotton Trade and Industrial Lancashire*, Manchester University Press, 1931, p. 482-483.

(40) Cité par J.D. Mann, dans « The Transition to Machine-Spinning », *in* A.P. Wadsworth et J.D. Mann. *Op. cit.*, p. 433.

(41) *Ibid.*, p. 436.

(42) *Ibid.*, p. 437.

(43) « Jusqu'à la fin des années 1820 et probablement après 1830, date à laquelle la *mule* de Crompton devint automatique, elle ne fit aucun progrès dans l'industrie du coton. » (W.B. Crump. *The Leeds Woolen Industry, 1780-1820*, Leeds, Thoresby Society, 1931, p. 25.)

(44) J.L. Hammond et B. Hammond. *The Skilled Laborer*, p. 146.

(45) *Ibid.*, p. 148.

(46) P. Mantoux. *The Industrial Revolution in the Eighteenth Century*, p. 264. Traduction française, p. 268.

(47) W.B. Crump. *The Leeds Woolen Industry, 1780-1820*, en particulier p. 24-25 et 34.

(48) *Ibid.*, p. 24.

(49) A.P. Usher (*An Introduction to the Industrial History of England*, Boston, Houghton Mifflin, 1920) donne quelques statistiques pour 1840 mais sans citer ses sources : « À Coventry, dans le district du ruban, il y avait 545 métiers à bras dans les fabriques, 1264 métiers à bras employés par les capitalistes en dehors des fabriques et 121 métiers détenus par des maîtres indépendants. À Norwich, il y avait 656 métiers dans les fabriques sur un total de 3398 pour tout le district globalement» (p. 353).

(50) D. Blythell. *The Handloom Weaver*, p. 33.

(51) *Ibid.*, p. 33-34.

(52) A.P. Wadsworth et J.D. Mann. *The Cotton Trade and Industrial Lancashire*, p. 393.

(53) T.S. Ashton. *The Industrial Revolution 1760-1830*.

(54) *Ibid.*, p. 26.

(55) P. Mantoux. *The Industrial Revolution in the Eighteenth Century*, p. 195-196 ; traduction française, p. 191. Dans le cas de Lombe et de son frère, le génie, indépendamment de leur talent d'organisateurs, consista à voler une invention italienne.

(56) En ce qui concerne le pouvoir des patrons sur les ouvriers, voir, entre autres, D.S. Landes. *The Rise of Capitalism*, p. 56 ; E.P. Thompson. *The Making of the English Working Class*, New York, Random House, 1963, chap. 9, en particulier les citations qui y ont trait, p. 280 et 297. A. Smith (*The Wealth of the Nations*, livre I, chap. 8, p. 66-67. Traduction française, p. 103) était très explicite :

> « Les maîtres sont en tout temps et partout dans une sorte de ligue, mais constante et uniforme, pour ne pas élever les salaires au-dessus du taux actuel. Violer cette règle est partout une action de faux-frère et un sujet de reproche pour un maître parmi ses voisins et ses pareils. À la vérité, nous n'entendons jamais parler de cette ligue, parce qu'elle est l'état habituel et, on peut dire, l'état naturel de la chose et que personne n'y fait attention. »

(57) J. Smith. *Memoirs of Wool*, 1747 ; cité par E.P. Thompson. *The Making of the English Working Class*, p. 277.

(58) Ce jugement est de Landes (*The Unbound Prometheus*, p. 59).

(59) Contrairement à ce que sous-entend Landes, pour qu'une courbe d'offre d'un bien ou d'un service à pente renversée procure un avantage au vendeur (comme le temps), il

n'est pas nécessaire « de définir de manière très stricte un niveau de vie considéré comme décent » (**Loc. cit.**).

(60) Il est bien curieux que l'application du modèle de courbe d'indifférence à l'un des problèmes les plus fondamentaux du choix économique suppose une condition importante qui est incompatible avec le capitalisme. Pour qu'on puisse appliquer le modèle de courbe d'indifférence aux choix entre consommation de biens et demande de loisir, il faut que l'ouvrier ait le contrôle de son temps de travail.

(61) A. Young. **Northern Tour**, cité par A.P. Wadsworth et J.D. Mann. **The Cotton Trade and Industrial Lancashire**, p. 389.

(62) Heaton. **The Yorkshire Woolen and Worsted Industries**, p. 422. Ces lois avaient des précédents historiques. Unwin cite un arrêté municipal datant de 1570 à Bury St Edmunds, qui exigeait des femmes célibataires qu'elles travaillent six livres de laine par semaine. Les employeurs devaient avertir les autorités au cas où quelqu'un négligerait d'obéir à cet ordre (**Industrial Organization in the Sixteenth and Seventeenth Centuries**, p. 94).

(63) Heaton. **Ibid.**, p. 418.

(64) Heaton. **Ibid.**, p. 418-437, traite de l'industrie de la laine, A.P. Wadsworth et J.D. Mann. **Op. cit.**, p. 395-400, de l'industrie du coton.

(65) Heaton. **Op. cit.**, p. 428.

(66) **Loc. cit.**

(67) Cité par D. Blythell. **The Handloom Weaver**, p. 72.

(68) En termes techniques, le fait que c'est non plus l'ouvrier mais le capitaliste qui a le pouvoir de choisir entre plus de consommation de biens et plus de loisir, s'analyse comme un déplacement *le long* d'une fonction de production donnée et non comme un déplacement de la fonction elle-même.

(69) Tout commentaire sur la prétendue immoralité de ces manifestations de résistance est probablement superflu. C'était après tout une époque où les syndicats étaient des ententes illégales, interdites et tombant sous le coup de la Loi sur les conspirations, avant de faire l'objet des Lois générales sur les ententes (Combination Act, 1799).

(70) Les salaires offerts par la fabrique pour le tissage à la main étaient plus élevés que les salaires offerts pour le même travail effectué à domicile — probablement pour compenser l'obligation de se soumettre à la surveillance et à la discipline de la fabrique. Voir D. Blythell. **The Handloom Weaver**, p. 134.

(71) P. Mantoux. **The Industrial Revolution in the Eighteenth Century**, p. 375 ; traduction française, p. 391.

(72) « Préférable » est utilisé ici dans un sens plus large que celui conventionnellement admis par les économistes en comparant différents assortiments de biens, même quand ils prennent la peine de compter le loisir comme l'un de ces biens. L'intégrité —personnelle et culturelle — ne peut guère être représentée sur une courbe d'indifférence. Pour une discussion des effets du changement économique sur l'intégrité culturelle, voir K. Polanyi. « Class Interest and Social Change », publié d'abord dans **The Great Transformation**, New York, Rinehart, 1944 ; réimprimé dans **Primitive, Archaic and Modern Economies**, sous la direction de George Dalton, Garden City, Doubleday, 1968, p. 38-58.

(73) Sur l'importance des effectifs dans le secteur du tissage de coton à domicile, voir D.S. Landes. **The Unbound Prometheus**, p. 86-87 ; D. Blythell. **The Handloom Weaver**, chap. 6 et annexes ; S.J. Chapman. **Lancashire Cotton Industry**, Manchester University Press, 1904, p. 43-44.

(74) Ce qui est étonnant, c'est que les tisserands à domicile aient tenu aussi longtemps, preuve, comme le dit Landes, « de l'obstination et de la ténacité d'hommes qui refusaient d'échanger leur indépendance contre la discipline, mieux payée, de la fabrique » (**The Unbound Prometheus**, p. 86).

La répugnance des tisserands à domicile à se soumettre à la discipline de la fabrique fit l'objet de nombreux commentaires de la part des contemporains. En 1836 encore, un célèbre détracteur de la fabrique, John Fielden, écrivait : « Ils n'iront pas plus dans les fabriques qu'ils ne supporteront d'y envoyer leurs enfants » (cité par D. Blythell. **The Handloom Weaver**, p. 252). Un autre, témoin devant une Commission d'enquête parlementaire, déclara qu'un tisserand à domicile ne chercherait pas à se faire embaucher en fabrique, parce qu'« il y serait soumis à une discipline qu'aucun tisserand ne saurait supporter ». (Commission d'Enquête sur les pétitions des tisserands sur métiers à bras, 1834 ; cité par E.P. Thompson. **The Making of the English Working Class**, p. 307.)

Que l'incapacité de s'adapter à la fabrique ait été une question de goût ou ait tenu à l'absence des attitudes psychologiques essentielles à la discipline de fabrique, c'est un problème dont la portée est aussi bien actuelle qu'historique. (Ure — son opinion vaut ce qu'elle vaut — se range clairement du côté de ceux qui pensent que le tisserand à domicile ne pouvait pas s'adapter, s'opposant à ceux qui pensent qu'il ne le voulait pas). L'idée que le rôle de l'école est précisément d'inculquer des attitudes favorables à la discipline de travail, est développée par H. Gintis. « Education, Technology and the Characteristics of Worker Productivity», **American Economic Review**, mai 1971.

(75) Pour des hommes, l'emploi en fabrique pouvait être très attirant. La concentration des ouvriers n'avait pas résolu d'un seul coup tous les problèmes de discipline. Dans les filatures, par exemple, des hommes adultes formaient en quelque sorte un « corps de sous-officiers », les femmes et les enfants étaient la piétaille. Et l'embauchage à la fabrique était relativement attirant pour ces « aristocrates du travail ». Citons Ure :

> « Il se peut que l'économiste se demande [...] comment les salaires des bons fileurs peuvent être maintenus à leur taux élevé actuel. À cette question, l'un des manufacturiers le mieux informé me fit cette réponse : « Nous trouvons peu d'avantages à économiser sur les salaires en comparaison du contentement qu'ils procurent, et nous les gardons en conséquence aussi élevés que nous le pouvons, pour être en droit d'obtenir la meilleure qualité de travail. Un fileur espère tirer de la responsabilité d'une paire de *mules* beaucoup d'argent pendant sa vie, il fera en conséquence le maximum pour garder sa situation et pour maintenir la qualité élevée de notre filé. » » (A. Ure. **The Philosophy of Manufacturers**, p. 366).

(76) Par exemple, à la filature Oldknow de Mellor, dix pour cent seulement des ouvriers (sans même compter les enfants apprentis) étaient des chefs de famille. G. Unwin *et al.* **Samuel Oldknow and the Arkwrights**, Angleterre, Manchester University Press, 1924, p. 167.

(77) Voir T.S. Ashton. **An Eighteenth Century Industrialist**, p. 28, qui se réfère à O.J. Dunlop. **English Apprenticeship and Child Labor**, p. 196. Voir également D. Blythell. **The Handloom Weaver**, p. 52 ; A.P. Wadsworth et J.D. Mann. **The Cotton Trade and Industrial Lancashire**, p. 407-408.

(78) **Wheelers Manchester Chronicle**, 7 août 1784. Cité par A.P. Wadsworth et J.D. Mann. **Op. cit.**, p. 408. Si l'on penchait pour une affaire de plus modeste envergure, on pouvait être tenté par l'offre globale d'une usine de seize métiers et du travail de douze apprentis. **Manchester Mercury**, 1er décembre 1789, cité par D. Blythell. **The Handloom Weaver**, p. 52.

(79)   P. Mantoux. *The Industrial Revolution in the Eighteenth Century*, p. 411 ; traduction française, p. 433.

(80)   G. Unwin *et al. Samuel Oldknow and the Arkwrights*, p. 166-175.

(81)   Le diable prêche pour ses saints ... et il suffira peut-être de noter qu'un homme comme Unwin révèle plus que tout la pauvreté de son imagination quand, se mettant en quatre pour être honnête et objectif, il défend le système en se fondant sur sa supériorité si on le compare à la solution des *workhouses*.

(82)   L'échantillon représentait à peine un peu plus du cinquième des ouvriers au total.

(83)   C.R. Walker et R.H. Guest. *The Man on the Assembly Line*, Cambridge, Mass., Harvard University Press, 1952, chap. 6. Une enquête suivie sur les attitudes des ouvriers serait passionnante : dans quelle mesure ceux qui, initialement, s'opposaient à l'aspect déshumanisant du travail à la chaîne et s'en offensaient, en vinrent-ils à l'accepter — en échange de salaires relativement élevés et de la sécurité de l'emploi ? Par quel processus les valeurs et les critères des ouvriers changèrent-ils à la suite de leur emploi à GM ? Dans quelle mesure cherchèrent-ils par la suite un travail qui leur convienne mieux ?

(84)   *Ibid.*, p. 88. Il semblerait que, parfois, le problème du recrutement d'une main-d'œuvre convenable soit résolu d'une manière qui inhibe au lieu de stimuler les attitudes envers le travail nécessaire à l'expansion du capitalisme industriel. L'abondance des chômeurs totaux ou partiels en Inde, par exemple, paraît avoir permis aux entrepreneurs étrangers et indiens de greffer un système de fabrique exogène sur la société indigène sans développer pour autant la discipline caractéristique de la main-d'œuvre occidentale. Les travailleurs indiens ont une mobilité d'emploi beaucoup plus grande que leurs homologues occidentaux, car un contingent de remplaçants se tient prêt à boucher les trous à la demande. A.K. Rice. *Productivity and Organization : The Ahmedabab Experiment*, Londres, Tavistock, 1958, p. 79-118, soutient incidemment cette hypothèse.

(85)   T. Frank. *An Economic History of Rome*, 2e éd. rev., Baltimore, John Hopkins University Press, 1927, chap. 14.

(86)   *Ibid.*, chap. 14.

(87)   Les hommes libres, il faut le noter, travaillaient apparemment contre un salaire, bien que hors des fabriques. L'existence d'un prolétariat semble incontestable. *Ibid.*, p. 269-270 et chap. 17.

(88)   G. Unwin. *Industrial Organization in the Sixteenth and Seventeenth Centuries*, p. 199.

(89)   Philip and Mary, c. II. Cité par P. Mantoux. *The Industrial Revolution in the Eighteenth Century*, p. 34-35 ; traduction française, p. 12.

(90)   G. Unwin. *Industrial Organization in the Sixteenth and Seventeenth Centuries*, p. 93.

(91)   *Loc. cit.*

PARTIE V
Le pouvoir

La démocratie
et la loi d'airain
de l'oligarchie*

par Robert Michels

Alors que la plupart des écoles socialistes croient qu'il sera possible, dans un avenir plus ou moins éloigné, de réaliser une véritable démocratie et que la plupart de ceux qui professent en politique des idées aristocratiques estiment que la démocratie, malgré les dangers qu'elle présente pour la société, n'en est pas moins réalisable, il existe, d'un autre côté, dans le monde de la science, un courant conservateur qui nie résolument et pour tous les temps une possibilité de ce genre.

Nous avons déjà dit[1] que ce courant jouit d'une faveur particulièrement grande en Italie où il est représenté par un homme de grande valeur, Gaetano Mosca : il proclame qu'un ordre social n'est pas possible sans une « classe politique », c'est-à-dire sans une classe politiquement dominante, une classe de minorité.

Ceux qui ne croient pas dans le dieu de la démocratie ne se lassent pas de qualifier celle-ci de fable puérile et d'affirmer que toutes les expressions du langage qui impliquent des notions telles que domination des masses, État, droits de citoyen, représentation populaire, nation, énoncent seulement un principe légal, non un état de fait réel.

Ils défendent la théorie d'après laquelle les luttes éternelles entre aristocraties et démocraties, dont nous parle l'histoire, n'auraient jamais été que des luttes entre une vieille minorité défendant sa prédominance et une nouvelle minorité ambitieuse qui cherchait à conquérir le pouvoir à son tour, soit en se mélangeant à la première, soit en prenant sa place.

D'après cette théorie, ces luttes ne consisteraient qu'en une succession pure et simple de minorités au pouvoir. Les classes sociales qui se li-

*   Tiré de : MICHELS, R. « La démocratie et la loi d'airain de l'oligarchie, *in* **Les Partis politiques**, Paris, Flammarion, 1971, p. 279-293.
Reproduit avec la permission de la Librairie Ernest Flammarion (1985).

vrent sous nos yeux des batailles si gigantesques sur la scène de l'histoire, batailles ayant dans les antagonismes économiques leur cause la plus éloignée, pourraient ainsi être comparées à deux groupes de danseurs exécutant un chassé-croisé.

La démocratie se complaît à donner aux questions importantes une solution autoritaire. Elle est assoiffée à la fois de splendeur et de pouvoir. Lorsque les citoyens eurent conquis la liberté, ils mirent toute leur ambition à posséder une aristocratie.

Gladstone a dit un jour que l'amour de la liberté n'a d'égal, chez le peuple, que son amour pour la noblesse. On peut dire de même que le plus grand orgueil des socialistes consiste dans l'aptitude à maintenir une discipline qui, tout en étant jusqu'à un certain point volontaire, n'en signifie pas moins la soumission de la majorité, sinon aux ordres de la minorité, tout au moins aux règlements édictés par celle-ci en exécution des ordres de celles-là.

Vilfredo Pareto a même recommandé le socialisme comme un moyen favorable à la création, au sein de la classe ouvrière, d'une nouvelle élite, et il voit dans le courage victorieux avec lequel les chefs du socialisme affrontent persécutions et colères un indice de leur vigueur et la première condition à laquelle doit satisfaire une nouvelle « classe politique ».

Il convient de dire toutefois que la *théorie de la circulation des élites*, formulée par M. Pareto, ne peut être acceptée qu'avec des réserves, en ce sens qu'il s'agit bien moins souvent d'une succession pure et simple des élites que d'un mélange incessant, les anciens éléments attirant, absorbant et assimilant sans cesse les nouveaux.

La nécessité d'un groupe social dominant est sans doute reconnue depuis bien plus longtemps qu'on ne le suppose.

Gaetano Mosca qui, avec Vilfredo Pareto, est de nos jours l'interprète le plus éminent et en même temps le plus habile et le plus autorisé de cette conception, Mosca, disons-nous, tout en disputant à M. Pareto la priorité scientifique de cette théorie, n'en reconnaît pas moins dans Hippolyte Taine et dans Ludwig Gumpie-Wicz ses précurseurs.

Mais, fait moins connu, bien que non moins intéressant, la théorie de Mosca et de Pareto a ses premiers et ses plus considérables ancêtres intellectuels dans l'école même contre laquelle elle dirige de préférence ses flèches, c'est-à-dire parmi les penseurs socialistes et plus particulièrement dans les anciennes théories socialistes françaises : c'est en effet dans celles-ci qu'on peut découvrir les germes de la doctrine que Mosca et Pareto devaient élever plus tard à la dignité d'un système sociologique.

Tout en estimant que le concept de classe sera un jour dépouillé de tout attribut économique, l'école de Saint-Simon ne se figurait pas un avenir sans classes.

Elle rêvait la création d'une nouvelle hiérarchie, fondée non sur des privilèges de naissance, mais sur des privilèges acquis, les hommes possédant ces privilèges étant « les plus aimants, les plus intelligents et les plus forts, personnification vivante du triple progrès de la société » et « capables de diriger celle-ci dans une plus vaste carrière ».

À la tête de leur État socialiste, les saint-simoniens voulaient mettre ceux qu'ils appelaient les « hommes généreux », ayant la faculté d'assigner à chaque personne son *quantum* de travail social ; et pour tenir compte des aptitudes spéciales de chacun, on s'en remettait au jugement discrétionnaire de ces surhommes.

Un des disciples les plus convaincus de Saint-Simon, partisan enthousiaste de la « nouvelle dynastie », obligé de se défendre de l'accusation de vouloir par sa doctrine préparer le terrain au despotisme, n'hésita pas à affirmer que la majorité des hommes doit obéir aux ordres des plus capables : « Ils le doivent, disait-il, aussi bien par amour de la divinité que par égoïsme personnel, et pour cette raison encore que l'homme, alors même qu'il pourrait vivre isolé, aurait toujours besoin d'un pouvoir social sur lequel il puisse s'appuyer. »

La nécessité du commandement d'un côté, et celle de l'obéissance de l'autre, sont justifiées par des raisons métaphysiques. L'autorité ne serait qu'une « transformation politique de l'amour qui unit tous les hommes en Dieu. Et pouvez-vous lui préférer cette triste indépendance qui aujourd'hui isole les sentiments, les opinions, les efforts et qui, sous un nom pompeux, n'est pas autre chose que l'égoïsme accompagné de tous les maux qu'il enfante ? »

Le système des saint-simoniens est d'un bout à l'autre autoritaire et hiérarchique. Les disciples de Saint-Simon ont été si peu choqués par le césarisme de Napoléon III que la plupart d'entre eux y adhérèrent avec joie, croyant y voir la réalisation des principes de socialisation économique.

L'école de Fourier alla plus loin encore. Avec une minutie qui frisait le pédantisme et qui avait plus d'un trait grotesque, Fourier avait imaginé tout un système vaste et complexe et a construit, sous la forme de tableaux appropriés, une hiérarchie sphérique « de mille degrés », comprenant toutes les formes possibles de gouvernement, depuis l'« anarchie » jusqu'à l'« omniarchie », chacune avec ces « hautes dignités » et ses « hautes fonctions » spéciales.

Sorel a relevé avec raison le lien étroit qui rattache le socialisme antérieur à Louis-Philippe à l'ère du grand Napoléon, et montré que les utopies saint-simoniennes et fouriéristes ne purent naître et prospérer que sur le terrain de l'idée d'autorité à laquelle le grand Corse avait réussi à donner une nouvelle splendeur. Et d'après Berth, le système entier de Fourier, pour pouvoir fonctionner, exigerait l'ubiquité invisible, mais réelle et indispensable, de

Fourier lui-même qui seul serait capable, tel le Napoléon du socialisme, de mettre en action et en harmonie les diverses passions humaines.

Les socialistes de la période suivante, et avant tout les socialistes révolutionnaires, sans nier, pour un avenir éloigné, la possibilité d'un gouvernement démocratique de majorité, contestaient absolument sa possibilité dans le présent.

Bakounine était l'adversaire de toute participation de la classe ouvrière aux élections. Il était en effet convaincu que dans une société où le peuple est dominé, sous le rapport économique, par une majorité possédante, le plus libre des systèmes électoraux ne peut être qu'une vaine illusion. « Qui dit pouvoir, dit domination, et toute domination présume l'existence d'une masse dominée. »

La démocratie est même réputée le pire de tous les régimes bourgeois.

La république, qui nous est présentée comme la forme la plus élevée de la démocratie bourgeoise, possède au plus haut degré, selon Proudhon, ce « zèle gouvernemental », fanatique et mesquin, qui croit pouvoir tout oser impunément, parce qu'il est toujours à même de justifier ses actes de despotisme par le commode prétexte du bien de la république et de l'intérêt général. La révolution politique elle-même n'est autre chose qu'un « déplacement de l'autorité ».

La seule doctrine scientifique qui puisse se vanter d'avoir une réponse sérieuse à toutes les théories, vieilles ou nouvelles, qui affirment la nécessité immanente d'une « classe politique », est la doctrine *marxiste*.

Elle identifie (et Bakounine, disciple de Marx, tira de cette identification les extrêmes conséquences) l'État avec la classe dominante. Celui-là n'est que le comité exécutif de celle-ci ; ou, pour nous servir de l'expression d'un néo-marxiste moderne, l'État n'est qu'un « syndicat formé pour défendre les intérêts du pouvoir existant », opinion dont la théorie conservatrice de Gaetano Mosca se rapproche beaucoup.

Celui-ci a en effet tiré des mêmes données diagnostiques le même pronostic, tout en s'abstenant de lamentations et de récriminations à propos d'un fait qu'il considère, conformément à sa doctrine, non seulement comme inévitable, mais même comme avantageux pour la société.

Un socialiste français qui, notons-le en passant, a su trouver le chemin qui conduit au gouvernement, a poussé la notion marxiste de l'État jusqu'à ses extrêmes limites : il a notamment conseillé aux ouvriers d'abandonner les luttes économiques isolées et locales, les grèves partielles, pour donner à l'État un assaut d'ensemble, à l'aide de la grève générale, car, disait-il, pour frapper la bourgeoisie, il faut détruire l'État (Briand).

La théorie marxiste de l'État, s'ajoutant à la foi dans l'énergie révolutionnaire des masses et dans les effets démocratiques de la socialisation des moyens de production, aboutit logiquement à la conception d'un nouvel ordre social que l'école de Mosca doit trouver utopique.

D'après les marxistes, le mode capitaliste de production transforme la grande majorité de la population en prolétaires et prépare ainsi ses propres fossoyeurs. À peine devenu adulte et mûr, le prolétariat ne tardera pas en effet a s'emparer du pouvoir politique et à proclamer la transformation de la propriété privée en propriété de l'État. Mais par cet acte il s'élimine lui-même, puisqu'il supprime ainsi toutes les différences sociales et, par conséquent, tous les antagonismes de classes.

En d'autres termes, le prolétariat annule l'État dans ce qui le caractérise comme l'État. La société capitaliste, divisée en classes, avait besoin de l'État en vue de l'organisation de la classe dominante, et afin d'assurer à celle-ci le maintien du système de production fondé sur l'exploitation du prolétariat répondant à ses besoins et à ses intérêts. La fin de l'État signifie donc tout simplement la fin de l'existence de la classe dominante.

Mais la nouvelle société collectiviste, la société sans classes, qui s'édifiera sur les ruines de l'ancien État, aura besoin, elle aussi, de représentants élus.

On nous dira que, grâce à l'observation des règles préventives formulées par Rousseau dans le **Contrat social** et reprises plus tard par la **Déclaration des droits de l'homme**, grâce notamment à l'application rigoureuse du principe de révocabilité constante de toutes les charges, l'activité de ces représentants pourra être maintenue dans des limites très étroites. Mais il n'en reste pas moins que la richesse sociale ne pourra être administrée d'une façon satisfaisante que par l'intermédiaire d'une bureaucratie étendue.

Or, ici surgissent des objections qui conduisent, si on raisonne logiquement, à nier purement et simplement la possibilité d'un État sans classes.

L'administration d'une fortune énorme, surtout lorsqu'il s'agit d'une fortune appartenant à la collectivité, confère à celui qui l'administre une dose de pouvoir au moins égale à celle que possède le possesseur d'une fortune, d'une propriété privée. Aussi les critiques anticipés du régime social marxiste se demandent-ils s'il n'est pas possible que l'instinct qui pousse les propriétaires, de nos jours, à laisser en héritage à leurs enfants les richesses amassées, incite également les administrateurs de la fortune et des biens publics dans l'État socialiste, à profiter de leur immense pouvoir pour assurer à leurs fils la succession dans les charges qu'ils occupent.

La formation d'une nouvelle minorité dominante sera encore grandement favorisée par la façon spéciale dont, selon la conception marxiste de la révolution, s'opérera la transformation sociale.

Marx prétend qu'entre la destruction de la société capitaliste et l'établissement de la société communiste, il y aura une période de transition révolutionnaire, période économique, à laquelle correspondra une période de transition politique et « pendant laquelle l'État ne pourra être autre chose que la dictature révolutionnaire du prolétariat » ; ou, pour employer une expression moins euphémique, nous assisterons alors à la dictature des chefs qui auront eu l'astuce et la force d'arracher aux mains de la société bourgeoise mourante, au nom du socialisme, le sceptre de la domination.

La dictature révolutionnaire a été également prévue dans le programme minimal du parti républicain de Giuseppe Mazzini. Ce point avait même provoqué la rupture entre la Jeune Italie et les éléments socialistes des carbonari.

L'ami et biographe de Gracchus Babeuf, le Florentin Filippo Buonarotti, s'opposait de toutes ses forces au projet de concentrer le pouvoir des carbonari entre les mains d'un seul. Ayant pris pendant quelque temps une part héroïque à la Révolution française, il a eu l'occasion de voir de près les révolutionnaires victorieux, cherchant à maintenir l'inégalité et à former une nouvelle aristocratie. La principale raison par laquelle il justifiait sa conduite était que la dictature individuelle n'était qu'un marchepied qui permet d'arriver à la monarchie.

Il objectait à Mazzini et à ses amis que tous les changements politiques qu'ils rêvaient étaient de nature purement formelle et visaient seulement à la satisfaction de leurs besoins personnels, et avant tout à l'acquisition et à l'exercice d'une autorité illimitée.

C'est pourquoi Buonarotti s'opposa au soulèvement armé organisé par Mazzini dans le Piémont en 1833, et cela par un décret secret dans lequel il défendait à ses camarades carbonari de prêter main-forte aux insurgés, dont le triomphe éventuel ne pouvait, d'après lui, que donner naissance à une nouvelle aristocratie ambitieuse. « La république idéale de Mazzini, écrivait-il encore, ne différait de la monarchie qu'en ce qu'elle comportait une dignité en moins et une charge élective en plus. »

Par ses effets, la dictature d'un individu ne se distingue pas essentiellement de celle d'un groupe d'oligarques. Or, il est de toute évidence que le concept de *dictature* est aux antipodes de celui de *démocratie*. Vouloir mettre celle-là au service de celle-ci, c'est comme si on voulait se servir de la guerre comme du moyen le plus efficace pour défendre la paix ou de l'alcool pour lutter contre l'alcoolisme.

Il est tout à fait probable qu'un groupe social, en possession des instruments du pouvoir collectif, fera tout son possible pour les conserver. Théophraste avait déjà noté que le plus fort désir des hommes qui se trouvent au sommet d'un État populaire, consiste moins à acquérir des richesses qu'à fonder peu à peu, aux dépens de la souveraineté populaire, leur propre souveraineté.

Il est, en effet, à craindre que la révolution sociale ne substitue à la classe dominante visible et tangible, qui existe de nos jours et agit ouvertement, une oligarchie démagogique clandestine, opérant sous le faux masque de l'égalité.

On doit reconnaître que les marxistes possèdent une doctrine économique et une philosophie de l'histoire susceptibles d'exercer sur ceux qui pensent une très grande attraction. Mais l'une ou l'autre les laissent en défaut, dès qu'ils s'engagent dans le domaine du droit public et administratif, sans parler du domaine psychologique.

Toutes les fois que la théorie socialiste avait voulu entourer de garanties la liberté personnelle, elle a abouti aux nébulosités de l'anarchisme individualiste ou à des propositions qui, à l'encontre des bonnes intentions de leurs auteurs, ne pouvaient faire de l'individu que l'esclave de la masse.

Citons un exemple : pour assurer à la société socialiste une littérature élevée et morale et pour éliminer a priori toute production littéraire licencieuse, August Bebel propose de nommer une commission compétente, laquelle déciderait ce qui doit être imprimé et ce qui ne le doit pas.

Mais pour prévenir tout danger d'injustice et protéger la libre manifestation de la pensée, Bebel ajoute à cette proposition une autre, à savoir que chaque écrivain ait le droit d'en appeler à la collectivité. Inutile de dire qu'une telle procédure présenterait pour la société une impossibilité technique et intellectuelle, parce qu'elle exige que les plus gros volumes soient imprimés à des millions d'exemplaires et distribués au public, afin que celui-ci puisse juger si l'ouvrage est ou non digne d'être publié.

Le problème du socialisme n'est pas seulement un problème économique. Autrement dit, le socialisme ne cherche pas seulement à résoudre la question de savoir si et jusqu'à quel point il est possible de réaliser une distribution équitable et économiquement productive des richesses. Il implique encore un problème d'administration, un problème de démocratie, aussi bien au sens technique et administratif qu'au sens psychologique.

C'est dans la question individualiste que gît le noyau le plus résistant de tout cet ensemble de questions dont le socialisme a entrepris la solution.

Le socialisme fera naufrage pour n'avoir pas aperçu l'importance que présente pour notre espèce le problème de la liberté ; de même qu'ont fait naufrage toutes les conceptions antérieures au socialisme qui, éblouies par la splendeur du spectacle qu'offrait à leurs yeux l'effet total, oublièrent d'analyser toutes les nombreuses sources de lumière qui concoururent à produire cet effet.

Le jeune parti ouvrier allemand ne se fut pas plutôt détaché, au prix d'âpres luttes, de la démocratie bourgeoise qui l'avait jusqu'alors traîné à sa suite, qu'un des ses plus sincères amis le mit en garde contre les dangers au-devant desquels il courait.

Dans sa lettre ouverte au comité de l'Association allemande de Leipzig, Rodbertus écrivait ceci :

« Vous vous séparez d'un parti politique parce que celui-ci, comme vous le pensez avec raison, ne représente pas suffi-samment vos intérêts sociaux. Or, vous avez l'intention de fon-der à votre tour un nouveau parti politique. Fort bien. Mais qui vous garantit que les adversaires de votre classe (*die antisozia-len Elemente*) ne finiront pas un jour par s'infiltrer dans le parti que vous fondez et par s'en emparer ? »

Cette observation de Rodbertus résume l'essence même du parti poli-tique. Pour voir jusqu'à quel point il était dans le vrai, il convient d'examiner les éléments qui entrent dans la composition d'un parti.

Un parti n'est ni une unité sociale, ni une unité économique. Sa base est formée par son programme. Celui-ci peut bien être l'expression théori-que des intérêts d'une classe déterminée. Mais, dans la pratique, chacun peut adhérer à un parti, que ses intérêts privés coïncident ou non avec les principes énoncés dans le programme.

C'est ainsi, par exemple, que le parti socialiste est le représentant idéologique du prolétariat. Mais il n'est pas pour cela un organisme de clas-se : il est plutôt, au point de vue social, un mélange de classes, composé qu'il est d'éléments qui ne remplissent pas la même fonction dans le processus économique. Mais le programme, étant celui d'une classe, exige néanmoins une apparente unité sociale.

Tous les socialistes comme tels, quelle que soit leur situation écono-mique dans la vie privée, admettent en théorie l'absolue prééminence d'une grande classe : celle du prolétariat. Même les éléments non prolétariens ou non purement prolétariens qui sont affiliés au parti adoptent l'angle visuel de la classe ouvrière et reconnaissent celle-ci comme une classe prépondé-rante.

Il est donc tacitement convenu que les membres du parti n'apparte-nant pas à la classe que ce parti représente, renonceront à leur intérêt per-sonnel, toutes les fois qu'il se trouvera en conflit avec l'intérêt de cette classe. Les éléments hétérogènes se soumettent en principe à l'« idée » d'une classe qui leur est étrangère.

Telle est la théorie. Dans la pratique, l'acceptation du programme ne suffit pas à aplanir le profond conflit d'intérêts qui existe entre le capital et le travail.

Or, parmi les membres des couches sociales supérieures ayant adhéré à l'organisation politique des ouvriers, il s'en trouvera quelques-uns qui sauront à l'occasion se sacrifier, c'est-à-dire se « déclasser ». Mais la plupart continueront, malgré l'extérieure communauté d'idées avec le prolétariat, à avoir leurs racines économiques dans des intérêts opposés.

Ce qui décide entre les intérêts, c'est leur force respective, c'est-à-dire les rapports qu'ils présentent avec les principales nécessités de la vie. De sorte que rien ne s'oppose a priori à ce qu'il naisse entre les membres bourgeois et les membres prolétariens du parti un conflit économique et que celui-ci, en s'amplifiant, aboutisse à des dissensions politiques. L'antagonisme économique étouffe la superstructure idéologique. Le programme devient alors lettre morte, et sous la bannière « socialiste » il se déroule, au sein du parti, une véritable lutte de classes.

L'expérience nous enseigne que dans leur conduite à l'égard des personnes qui sont à leur service, les bourgeois-socialistes ne subordonnent pas toujours leurs intérêts particuliers à ceux de leur classe adoptive. Malgré toute leur bonne volonté personnelle et malgré la pression que le parti exerce sur eux, les socialistes patrons et industriels ne se comportent pas à l'égard de leurs employés et ouvriers autrement que leurs collègues dont les convictions sont en rapport avec leur fonction économique, c'est-à-dire qui pensent non en socialistes, mais en « bourgeois ».

Mais il existe un autre danger encore : la direction du parti socialiste peut tomber entre les mains d'hommes dont les tendances pratiques sont en opposition avec le programme ouvrier. Il en résultera que le mouvement ouvrier sera mis au service d'intérêts diamétralement opposés à ceux du prolétariat. Ce danger est particulièrement grand dans les pays où le parti ouvrier ne peut se passer de l'aide (et de la direction) de capitalistes qui n'en dépendent pas économiquement ; il est minime dans les pays où le parti n'a pas besoin de ces éléments ou est tout au moins en mesure de les tenir à l'écart de la direction de ses affaires.

Quand les chefs, qu'ils soient d'origine bourgeoise ou ouvrière, sont, en qualité d'employés, rattachés à l'organisme même du parti, leur intérêt économique coïncide en règle générale avec l'intérêt de celui-ci. Mais avec cela ne se trouve éliminé qu'un seul aspect du danger. L'autre aspect, plus grave, parce que général et inévitable, réside dans l'opposition qui se déclare entre la masse des adhérents et le groupe des chefs, à mesure que le parti grandit.

Le parti, en tant que formation extérieure, mécanisme, machine, ne s'identifie pas nécessairement avec l'ensemble des membres inscrits, et encore moins avec la classe. Devenant une fin en soi, se donnant des buts et des intérêts propres, il se sépare peu à peu de la classe qu'il représente.

Dans un parti, les intérêts des masses organisées qui le composent sont loin de coïncider avec ceux de la bureaucratie qui le personnifie.

L'intérêt, toujours conservateur, du corps des employés peut exiger dans des situations politiques données une politique défensive, voire régressive, alors que les intérêts de la classe ouvrière exigeraient une politique audacieuse et agressive. Dans d'autres cas, assez rares il est vrai, c'est l'inverse qui peut se produire.

Or, c'est une loi sociale inéluctable que tout organe de la collectivité, né de la division du travail, se crée, dès qu'il est consolidé, un intérêt spécial, un intérêt qui existe en soi et pour soi. Mais des intérêts spéciaux ne peuvent exister au sein de l'organisme collectif, sans se trouver aussitôt en opposition avec l'intérêt général. Plus que cela : des couches sociales remplissant des fonctions différentes tendent à s'isoler, à se donner des organes aptes à défendre leurs intérêts particuliers et à se transformer finalement en classes distinctes.

Les phénomènes sociologiques, dont nous avons esquissé ici et dans les chapitres précédents les traits généraux, offrent donc aux attaques des adversaires de la démocratie de nombreux points vulnérables.

Ils semblent démontrer jusqu'à l'évidence que la société ne peut subsister sans une classe « dominante », que celle-ci est la condition nécessaire de celle-là et que la classe dirigeante, tout en étant sujette dans sa composition à un fréquent renouvellement partiel, n'en constitue pas moins l'unique facteur dont l'action se manifeste suffisamment durable dans l'histoire du développement humain.

Conformément à cette conception, le gouvernement ou, si l'on préfère, l'État ne saurait être autre chose que l'organisation d'une minorité. Et cette minorité impose au reste de la société l'« ordre juridique », lequel apparaît comme une justification, une légalisation de l'exploitation à laquelle elle soumet la masse des ilotes, au lieu d'être l'émanation de la représentation de la majorité.

Cette dernière se trouverait toujours dans l'impossibilité, voire peut-être dans l'incapacité de se gouverner elle-même.

Alors même que les foules mécontentes réussissent à dépouiller les bourgeois de leur pouvoir il ne s'agirait là, d'après Mosca, que d'une apparence : il surgit toujours et nécessairement, au sein des masses, une nouvelle minorité organisée qui s'élève au rang d'une classe dirigeante. Éternellement mineure, la majorité des hommes se verrait ainsi obligée, voire prédestinée par la triste fatalité de l'histoire, à subir la domination d'une petite minorité issue de ses flancs et à servir de piédestal à la grandeur d'une oligarchie.

Le principe d'après lequel une classe dominante se substitue fatalement à une autre, et la loi que nous en avons déduite, à savoir que l'oligarchie est comme la forme préétablie de la vie en commun des grands agrégats sociaux, ce principe et cette loi, loin d'affaiblir la conception matérialiste de l'histoire ou de se substituer à elle, la complètent et la renforcent.

Il n'existe aucune contradiction essentielle entre la doctrine d'après laquelle l'histoire ne serait qu'une continuelle lutte de classes, et cette autre d'après laquelle les luttes de classes aboutiraient toujours à la création de nouvelles oligarchies se fusionnant avec les anciennes.

L'existence d'une classe politique n'est pas un fait qui aille à l'encontre du marxisme considéré comme une philosophie de l'histoire : dans chaque cas particulier, ce fait n'est en effet que la résultante des rapports existant entre les différentes forces sociales qui se disputent la suprématie, ces forces étant naturellement considérées non au point de vue quantitatif mais au point de vue dynamique.

Le socialiste russe Alexandre Herzen, dont les œuvres présentent un grand intérêt psychologique, prétendait qu'à partir du jour où l'homme est devenu un accessoire de la propriété, et sa vie une lutte continuelle pour l'argent, les groupes politiques du monde bourgeois se sont divisés en deux camps : les propriétaires se cramponnant avec ténacité à leurs millions, et les citoyens ne possédant rien, qui voudraient bien exproprier les premiers, mais ne disposent pas pour cela de la force nécessaire. D'où d'un côté les avares, de l'autre les envieux.

L'évolution historique ne serait qu'une succession ininterrompue d'oppositions, au sens presque parlementaire du mot, qui « parviendraient l'une après l'autre à la possession du pouvoir, passant ainsi rapidement de l'envie à l'avarice.

C'est ainsi que la révolution sociale n'apporterait aucune modification à la structure intérieure de la masse. La victoire des socialistes ne sera pas celle du socialisme, lequel périra au moment même où triompheront ses sectateurs.

On est tenté de qualifier ce processus de tragicomédie, attendu que les masses, après avoir accompli des efforts titaniques, se contentent de substituer un patron à un autre. Il ne reste aux ouvriers que l'honneur de « participer au recrutement gouvernemental ». Résultat assez modeste, si l'on tient compte de ce phénomène psychologique que même le plus pur des idéalistes est impuissant à se soustraire, pendant les quelques années de sa carrière de chef, à la corruption du pouvoir.

Il existe, dans les milieux ouvriers français, le proverbe « Homme élu, homme foutu ». La révolution sociale se réduirait, comme la révolution politique, à une opération consistant, comme le dit le proverbe italien, à changer de maître de chapelle, la musique restant la même.

Fourier a défini la société moderne comme un mécanisme où règne la licence individuelle la plus effrénée et qui n'offre aucune garantie, ni à l'individu contre les usurpations des masses, ni aux masses contre les usurpations de l'individu.

L'histoire semble nous apprendre qu'il n'est pas de mouvement populaire, quelque énergique et vigoureux qu'il soit, qui soit capable de provoquer dans l'organisme social du monde civilisé des transformations profondes et permanentes. C'est que les éléments prépondérants du mouvement, à savoir les hommes qui le dirigent et l'alimentent, finissent par s'éloigner peu à peu des masses et par être attirés dans l'orbite de la « classe politique » dominante. Ils apportent peut-être à celle-ci peu d'« idées nouvelles », mais en revanche d'autant plus de force créatrice et d'intelligence pratique et lui insufflent ainsi une jeunesse nouvelle.

La « classe politique », pour nous servir toujours de l'expression de Mosca, possède incontestablement un sentiment très fin de ses possibilités et de ses moyens de défense. Elle déploie une force d'attraction et une capacité d'absorption puissantes et qui restent rarement sans effet, même sur ses adversaires les plus acharnés et les plus intransigeants. Au point de vue historique, les antiromantiques sont tout à fait dans le vrai lorsqu'ils résument leur scepticisme dans cette satire caustique : « Qu'est-ce qu'une révolution ? Des gens qui se tirent des coups de fusil dans une rue : cela casse beaucoup de carreaux ; il n'y a guère que les vitriers qui y trouvent du profit. Le vent emporte la fumée. Ceux qui restent dessus mettent les autres dessous ... C'est bien la peine de remuer tant d'honnêtes pavés » (Théophile Gautier).

Note

(1)   Il est à noter que l'auteur fait allusion ici à son ouvrage **Les Partis politiques**.

La théorie de l'autorité*

par Chester I. Barnard

LA SOURCE DE L'AUTORITÉ

S'il est vrai que toutes les organisations complexes sont des assemblages d'organisations simples et qu'elles ne se sont développées qu'à partir de celles-ci, nous pouvons postuler que, quelle que soit la nature de l'autorité, elle est inhérente à toute unité simple et que toute bonne théorie de l'autorité doit être compatible avec ce que l'on observe dans ces organisations simples. Nous allons donc observer des situations réelles dans le but de découvrir ce qui est essentiel dans les organisations simples de base.

I.

La première chose qui nous frappe, c'est à quel point l'autorité peut être inefficace dans certaines occasions. Elle est si inefficace qu'on accepte sa violation comme allant de soi, sans en considérer les conséquences. Il est vrai que nous sommes parfois consternés par l'importance des activités criminelles, mais nous traitons très légèrement les violations universelles, de lois somptuaires particulièrement, qui sont aussi « valides » que n'importe quelles autres lois. Même les clauses des constitutions, et les statuts qui leur donnent effet, tel le 18e amendement, sont violés sur une grande échelle.

Cependant, la violation de la loi n'est pas propre à notre pays. Dans un État totalitaire, sous un dictateur — là où l'on suppose que la liberté personnelle est minimale et l'autorité arbitraire maximale —, on a récemment observé de nombreuses violations à la loi ou aux décrets, certaines d'entre elles de façon publique et sur une grande échelle ; et on a su de source sûre que d'autres violations existaient.

Cette situation n'est pas non plus particulière à l'autorité de l'État. C'est également vrai de l'autorité des Églises. Les dix commandements, les prescriptions et les interdits d'autorité religieuse sont violés de façon régulière par ceux qui prétendent par ailleurs reconnaître leur autorité formelle.

* Tiré et traduit de : BARNARD, C.I. « The Theory of Authority », *in **The Functions of the Executive**,* Cambridge, Harvard University Press, p. 161-184. Copyright 1938, © 1968 by the President and Fellows of Harvard College, © 1966 by Grace F. Noera Barnard. Reproduit avec la permission de Harvard University Press (1985).

Ces observations ne signifient pas que tous les citoyens soient sans loi et qu'ils défient l'autorité, ni que tous les chrétiens soient athées, ou que leur conduite ne soit pas influencée par les principes de leur foi. Il est évident que, dans une large mesure, la conduite des citoyens est régie par les gouvernements, et que celle des chrétiens est réellement influencée par les prescriptions de leurs églises. Cela signifie simplement que chaque citoyen décide, dans des situations spécifiques, à quelles lois il obéira ou désobéira. C'est ce que nous entendons par la responsabilité individuelle. Cela signifie aussi que l'individu détermine à un moment et dans une situation donnés à quelles prescriptions de l'Église il désobéira. C'est ce que nous entendons par la responsabilité morale.

On peut penser que le caractère inopérant de l'autorité existe surtout dans des situations impliquant l'État et l'Église, mais non dans des organisations plus petites qui sont plus unies ou dirigées plus concrètement. Ce n'est pas vrai. Il est surprenant de constater jusqu'à quel point ce qui, en théorie, est autoritaire, en réalité manque d'autorité, dans les meilleures organisations — ou, pour parler clairement, jusqu'à quel point les ordres sont généralement bafoués. Depuis de nombreuses années, j'observe ce phénomène avec intérêt, dans les organisations avec lesquelles je suis directement lié et dans d'autres. Dans toutes ces organisations, l'armée, la marine, les universités, les institutions pénitentiaires, les hôpitaux, les organisations de secours, les corporations, les mêmes situations ont cours : on n'ose abolir des lois, des règlements, des règles mortes auxquels nul ne se soumet ; on ferme soigneusement les yeux sur les cas évidents de désobéissance ; il y a des pratiques vitales et des institutions importantes pour lesquelles n'existe aucune autorité, comme le Parti démocrate et le Parti républicain, et qui ne sont pas reconnus par la Constitution.

II.

Nous reviendrons ultérieurement sur ce point. Ce que nous en retenons ici, c'est une première définition de l'autorité : l'autorité c'est, dans une organisation, le caractère d'une communication (ordre) formelle en vertu duquel un collaborateur ou un « membre » de l'organisation accepte qu'elle dirige son action, c'est-à-dire qu'elle dirige ou détermine ce qu'il fait ou ce qu'il ne doit pas faire, en autant que l'organisation est concernée. Selon cette définition, la notion d'autorité revêt deux aspects : premièrement, un aspect subjectif et personnel, *l'acceptation* d'une communication comme faisant autorité, aspect abordé dans cette partie ; et deuxièmement, un aspect objectif, soit le caractère de la communication en vertu duquel elle est acceptée, c'est-à-dire *le système de coordination*, abordé dans la seconde partie.

Si celui auquel s'adresse un ordre l'accepte, l'autorité de cette communication est confirmée ou établie pour cette personne. Elle est admise comme base d'action. La désobéissance à une telle communication représenterait, pour lui, un déni d'autorité. Donc, d'après cette définition, ce sont les personnes auxquelles un ordre s'adresse qui décident si cet ordre fait autorité ou non, et non pas « les personnes en position d'autorité » ou celles qui émettent ces ordres.

Cela est tellement contraire à l'opinion largement répandue par les personnes bien informées appartenant à différents niveaux hiérarchiques et à diverses professions, tellement contraire aussi aux conceptions légalistes, et tellement opposé à l'expérience commune, qu'il apparaît utile de citer deux opinions de personnes respectables. Il ne s'agit pas d'« argumenter à partir d'autorités » mais, avant d'aborder le sujet, il est au moins bon de voir que ces opinions largement répandues ne sont pas acceptées par tous. Roberto Michels, dans son article sur l'autorité publié dans ***Encyclopaedia of the Social Sciences***[1], affirme :

> « Que l'autorité soit d'origine personnelle ou institutionnelle, elle est créée et maintenue par l'opinion publique qui, à son tour, est conditionnée par le sentiment, l'affection, le respect ou le fatalisme. Même quand l'autorité s'appuie sur une simple coercition physique, elle est *acceptée*[2] par ceux qui sont sous sa domination, bien que l'acceptation puisse être due à la peur de la force. »

Dans le même ordre d'idées, le général James G. Harbord, un militaire de grande expérience et, depuis sont départ de l'Armée, un cadre supérieur éminent, écrit dans son ouvrage ***The American Army in France***[3] :

> « Un président démocratique a oublié que la plus grande de toutes les démocraties se trouve dans l'Armée. La discipline et la morale influencent le vote silencieux qui est pris spontanément par des masses d'hommes, quand l'ordre d'avancer arrive — une variante de la psychologie de masse qui l'incline à suivre un chef —, mais l'Armée n'avance pas tant que le mouvement n'est pas amorcé. Le « consentement unanime » ne fait que suivre la coopération des *individus* dans les rangs. »

Ces opinions montrent que, même dans les cas où la force physique est impliquée, voire dans une situation extrême comme le combat ou sous un régime totalitaire, l'autorité repose toujours sur l'acceptation ou le consentement des individus. Évidemment, de telles conceptions, si elles sont justifiées, modifient profondément notre compréhension de l'organisation, notamment celle des fonctions de gestion.

Sans aucun doute, notre définition de l'autorité, de même que celle de la démocratie dans l'Armée selon le général Harbord, apparaîtra comme une source de chaos à ceux qui sont concernés uniquement par la survie des organisations. Et c'est exactement le cas ; on n'a qu'à voir le nombre considérable de tentatives organisationnelles qui échouent. Elles échouent parce qu'elles ne peuvent maintenir aucune autorité, c'est-à-dire qu'elles ne peuvent s'assurer d'une contribution suffisante de la part des individus pour être efficaces, ou qu'elles ne peuvent pas utiliser leur contribution de façon efficace. En dernière analyse, l'autorité échoue parce qu'un nombre suffisant d'individus considèrent qu'il est contre leur intérêt d'accepter le fardeau qu'implique l'acceptation des ordres ; ils se retirent alors ou mettent fin aux contributions indispensables à la survie de l'organisation.

III.

On ne peut donc pas appuyer notre définition sur l'opinion générale. On n'échappe pas à la nécessité de l'assentiment de l'individu pour établir une autorité *pour lui*. Pour qu'une personne puisse accepter une communication pour autorité, quatre conditions doivent exister simultanément :

1)   la personne est capable de comprendre et comprend la communication ;

2)   *au moment de prendre sa décision*, elle croit que celle-ci n'est pas incompatible avec le but poursuivi par l'organisation ;

3)   *au moment de prendre sa décision*, elle croit que celle-ci est compatible avec son intérêt personnel en tant que tel ;

4)   elle est capable mentalement et physiquement d'agir en accord avec cette décision.

1)   Une communication qui ne peut être comprise ne *peut* avoir quelque autorité que ce soit. Par exemple, un ordre émis dans un langage inintelligible pour le destinataire n'est pas un ordre — et personne ne le considérerait ainsi. Plusieurs ordres sont souvent extrêmement difficiles à comprendre. Ils doivent souvent être émis en termes si généraux, dans plusieurs cas, que les personnes qui les émettent ne pourraient pas elles-mêmes les exécuter. Jusqu'à ce qu'ils soient interprétés, ils n'ont aucune signification. Le destinataire doit alors, soit les négliger, soit faire de petites choses qui semblent aller dans le sens des ordres.

Par conséquent, une partie considérable du travail administratif consiste à interpréter et à réinterpréter les ordres afin de les appliquer aux circonstances concrètes qui n'étaient pas ou ne pouvaient être prises en compte au départ.

2)   Une communication que le destinataire pense être incompatible avec le but de l'organisation tel qu'il le comprend ne peut pas être acceptée. L'action est alors entravée par des buts contradictoires. L'exemple le plus

fréquent est celui des conflits entre les ordres. Ils ne sont pas rares. Une personne intelligente niera l'autorité d'un ordre qui contredit un but tel qu'*elle* le comprend. Dans les cas extrêmes, de nombreux individus sont virtuellement paralysés par des ordres conflictuels. Ils sont littéralement incapables de s'y conformer — par exemple, un employé d'un système hydraulique à qui on donne l'ordre de briser une pompe essentielle, ou des soldats à qui on donne l'ordre de tirer sur leurs propres camarades. Tous les cadres expérimentés savent que lorsqu'on doit émettre des ordres qui apparaîtront aux destinataires comme étant contraires au but principal qui a cours dans la pratique quotidienne, il est généralement nécessaire et toujours opportun d'expliquer ou de démontrer pourquoi l'apparence de conflit n'est qu'une illusion. Autrement, les ordres ne seront probablement pas exécutés, ou ils le seront de façon inadéquate.

3) Si une communication semble nuire à l'avantage que tire une personne de sa relation avec l'organisation, elle n'aura alors aucun motif d'y contribuer. L'existence d'un stimulant évident est la seule raison d'accepter de *n'importe quel* ordre qu'il fasse autorité. Par conséquent, si un tel ordre est émis, on doit lui désobéir (l'éluder, dans les cas les plus courants), celui-ci étant totalement incompatible avec les motifs personnels qui sont à la base de l'acceptation d'un ordre. Les cas de démission volontaire pour cette seule raison sont fréquents dans toutes sortes d'organisations, mais la paresse et le manque intentionnel de dévouement constituent les réactions les plus fréquentes.

4) Si une personne est incapable de se conformer à un ordre, elle doit évidemment lui désobéir, ou mieux, l'écarter. Ordonner à un homme qui ne sait pas nager de traverser une rivière est un exemple de ce type d'ordre. De tels cas extrêmes ne sont pas fréquents, mais ils existent. Le cas le plus courant, c'est d'ordonner à un homme de faire des choses un peu au-dessus de ses capacités ; mais ce qui est légèrement impossible demeure cependant impossible.

IV.

Naturellement le lecteur se demandera comment on peut s'assurer d'une coopération importante et permanente de la part des individus si, en théorie et en pratique, la détermination de l'autorité est l'affaire du subordonné. Cette coopération est possible si les décisions des individus se prennent dans les situations suivantes :

1) les ordres délibérément émis dans les organisations qui fonctionnent bien remplissent généralement les quatre conditions mentionnées ci-dessus ;

2)   il existe une « zone d'indifférence » chez chaque individu, à l'intérieur de laquelle les ordres sont acceptables sans qu'on mette en cause leur autorité ;

3)   les intérêts des personnes qui, comme groupe, contribuent à une organisation exercent une influence sur le sujet, ou sur l'attitude de l'individu, ce qui maintient une certaine stabilité de cette zone d'indifférence.

1)   Dans les bonnes organisations, il n'y a pas de principe de conduite mieux établi que celui de ne pas émettre d'ordres auxquels on ne pourra ou ne voudra pas obéir. Les gestionnaires et la plupart des personnes d'expérience qui ont réfléchi à la question, savent que cela détruit l'autorité, la discipline et la morale[4]. Pour des raisons qu'on précisera plus bas, ce principe ne peut pas être admis formellement, ou du moins ne peut pas être ouvertement professé. Quand il apparaît nécessaire d'émettre des ordres qui semblent inacceptables, il faut éduquer soigneusement les gens, essayer de les persuader ou leur offrir des stimulants, de manière qu'aucun problème ne se pose, que le déni d'autorité ne survienne pas, et qu'on obéisse aux ordres. En général, ce sont les nouveaux cadres intermédiaires ou inférieurs qui ont le plus de difficulté à admettre ce fait, et ils sont souvent coupables de « désorganiser » leurs groupes à cause de cela, comme le font des cadres expérimentés qui perdent leur sang-froid ou leur équilibre à cause de l'illusion du pouvoir ou pour quelque autre raison. Les personnes inexpérimentées prennent à la lettre les notions courantes d'autorité ; on dit alors « qu'elles ne savent pas comment utiliser l'autorité » ou « qu'elles abusent de l'autorité ». Leurs supérieurs ont souvent les mêmes croyances au sujet de l'autorité, mais on observe que leur pratique fructueuse s'éloigne de leur théorie.

2)   On peut expliquer l'expression « zone d'indifférence » de la façon suivante : si on classait tous les ordres (pour des actions raisonnablement faisables) selon leur caractère acceptable ou non par la personne concernée, on verrait qu'il en existe un certain nombre qui sont clairement inacceptables, c'est-à-dire auxquels la personne n'obéira certainement pas, qu'il existe un autre groupe d'ordres plus ou moins neutres, c'est-à-dire tout juste acceptables ou inacceptables, et qu'il existe un troisième groupe d'ordres indiscutablement acceptables. Ce dernier groupe se situe dans la « zone d'indifférence ». La personne concernée acceptera les ordres qui se situent dans cette zone et elle sera relativement indifférente à l'ordre en lui-même, en autant que la question de l'autorité est concernée. Un tel ordre s'inscrit à l'intérieur d'un champ qui a généralement été prévu au moment où la personne a pris contact avec l'organisation. Par exemple, si un soldat s'enrôle, volontairement ou non, dans une armée où les hommes se déplacent ordinairement à l'intérieur d'une large région, il est indifférent que l'ordre soit d'aller vers A ou B, C ou D, et ainsi de suite, et les mouvements vers A, B, C, D, etc., sont dans sa zone d'indifférence.

La zone d'indifférence sera d'autant plus large ou plus étroite que les stimulants offerts dépasseront ou non les charges et les sacrifices qui caractérisent l'adhésion de l'individu à l'organisation. Il s'ensuit que les ordres acceptés seront peu nombreux chez ceux qui reçoivent peu de stimulants pour leur contribution au système.

3) Puisque l'efficacité de l'organisation dépend de la façon dont les individus adhèrent aux ordres, refuser l'autorité d'une communication organisationnelle constitue une menace pour les intérêts de tous les individus qui tirent un net avantage de leur relation avec l'organisation, à moins que les ordres soient inacceptables pour eux aussi. En conséquence, il existe chez la plupart des collaborateurs un grand intérêt personnel à maintenir l'autorité des ordres qui se situent dans *leur* zone d'indifférence. Le maintien de cet intérêt est largement fonction de l'organisation informelle. Elle s'exprime sous les noms de « opinion publique », « opinion de l'organisation », « sentiment dans les rangs », « attitude du groupe », etc. Ainsi, le sens commun de la communauté arrive informellement à influencer l'attitude des individus et à les rendre, en tant qu'individus, peu enclins à remettre en cause l'autorité qui est à l'intérieur ou proche de leur zone d'indifférence. Il existe un mythe selon lequel l'autorité va de haut en bas, du général au particulier. Ce mythe suppose tout simplement que les subordonnés sont enclins à accepter les ordres venant des supérieurs, évitant ainsi les remises en question qui les exposeraient à un sentiment d'asservissement ou encore à une perte de statut personnel ou individuel vis-à-vis de leurs camarades.

Donc, les collaborateurs désirent maintenir l'autorité des communications parce que si on s'assure que seulement des communications acceptables sont émises, la plupart d'entre elles tombent dans la zone d'indifférence personnelle, et parce que le sens commun influence la plupart du temps les motifs de la majorité des collaborateurs. L'instrument pratique, c'est le mythe de l'autorité supérieure, mythe qui permet habituellement de traiter une question personnelle de façon impersonnelle.

Le mythe[5] de l'autorité supérieure est nécessaire pour deux raisons principales :

1) C'est le processus par lequel l'individu délègue soit à une personne au-dessus de lui, soit à l'organisation, la responsabilité d'une décision organisationnelle — une action qui est dépersonnalisée par le fait de son caractère coordonné. Cela signifie qu'en n'obéissant pas à un ordre, on accepte le risque qu'un cadre ait tort, risque que l'individu ne peut pas prendre et qu'habituellement il ne prendra pas à moins que sa position soit au moins aussi bonne que celle de ce cadre en ce qui concerne l'évaluation de la situation. La plupart des personnes sont disposées à admettre l'autorité parce qu'elles n'aiment pas la responsabilité personnelle, responsabilité qu'elles acceptent par ailleurs, quand elles n'ont pas le choix. Les difficultés pratiques de fonctionne-

ment de l'organisation tiennent rarement au fait que les individus veulent assumer à tout prix leur responsabilité ou celle des autres face à l'action de l'organisation, mais plutôt au fait qu'elles répugnent à y endosser la responsabilité de leurs propres actions.

2)   Le mythe affirme que ce qui est en jeu, c'est le bien de l'organisation. Si l'autorité objective est bafouée pour des raisons arbitraires ou purement fantasques, si, en d'autres mots, il existe une tentative délibérée de transformer un besoin de l'organisation en avantage personnel, plutôt que de protéger convenablement un intérêt personnel substantiel, c'est alors une attaque délibérée contre l'organisation elle-même. [...] Faillir intentionnellement à un engagement est un acte d'hostilité qu'aucune organisation ne peut permettre ; elle doit donc y répondre par une action punitive qui peut même aller jusqu'à incarcérer ou exécuter le coupable. C'est généralement le cas dans les organisations où les personnes ont consenti à l'avance que l'organisation le fasse. Laisser tomber une organisation n'est pas souvent tolérable.

La justesse de ce qui précède apparaît encore mieux lorsqu'on réfléchit à la différence qui existe entre l'action d'un cadre en situation d'urgence et dans des conditions « normales ». En temps de guerre, la discipline d'une armée est renforcée — il est assez évident pour tous que son succès et la sécurité de ses membres en dépendent. Dans d'autres organisations, non seulement on tolère la rudesse de commandement en temps de crise, mais on compte sur elle, car son absence pourrait avoir un effet réellement démoralisant. C'est sur cette justification d'une situation extraordinaire que repose l'exercice du droit de veto par l'autorité finale qui se situe au bas de l'échelle. C'est une expérience courante pour les cadres de direction, mais il est rare qu'on en parle[6].

LE SYSTÈME DE COORDINATION

Jusqu'à maintenant, nous avons porté notre attention sur l'aspect subjectif de l'autorité. Cependant, le cadre de direction est occupé de façon prédominante non par cet aspect subjectif, qui est fondamental, mais par le caractère objectif d'une communication qui entraîne l'acceptation.

I.

On a défini l'autorité comme le « caractère d'une communication dans une organisation formelle ». Selon nous, un « supérieur » n'est pas l'autorité et, strictement parlant, il n'a pas d'autorité ; une communication ne fait pas non plus autorité sauf quand nous disons que les individus ne peuvent exercer l'autorité que s'ils agissent « officiellement », un principe bien établi sur le plan juridique et, de façon générale, dans la pratique laïque et religieuse. De là l'importance attribuée au moment, au lieu, à la tenue vestimentaire, à la cérémonie, et à l'authentification d'une communication pour établir son caractère officiel. Ces pratiques permettent d'affirmer que l'autorité est liée à une communication « dans une organisation formelle ». Il y a souvent des situations où un pouvoir compulsif s'exerce par des individus et des groupes hostiles ; mais l'autorité a toujours trait à quelque chose *à l'intérieur* d'un système organisé. À cet égard, l'usage courant se conforme à la définition. Le mot « autorité » est rarement employé sauf dans les cas où on spécifie ou sous-entend une relation avec l'organisation formelle (à moins, évidemment, que la référence soit manifestement au sens figuré).

Ces circonstances proviennent du fait que le caractère autoritaire des communications dans les organisations repose sur le *degré d'assentiment* de ceux auxquels elles sont destinées. Par conséquent, elles s'adressent uniquement aux collaborateurs ou aux « membres » de l'organisation. Puisque toutes les communications qui font autorité sont officielles et ne se rapportent qu'à l'action de l'organisation, elles n'ont aucune signification pour ceux dont les actions ne sont pas incluses dans le système coopératif. Cela est tout à fait en accord avec le sens commun. Les lois d'un pays n'ont aucune autorité sur les citoyens d'un autre pays, sauf dans des circonstances spéciales. Les employeurs n'émettent pas d'instructions pour les employés d'autres organisations. Les fonctionnaires qui donneraient des ordres à ceux qui sont hors de leur juridiction apparaîtraient incompétents.

Une communication est présumée faire autorité quand elle vient de sources d'information de l'organisation — un centre de communication par exemple — plutôt que de sources individuelles. Cependant, la communication perd ce caractère si elle n'est pas située dans les limites ou dans le champ de ce centre, ou si elle n'est pas appropriée à la situation réelle de son destinataire.

Donc, les êtres humains attribuent de l'autorité aux communications provenant des rangs supérieurs, en autant que celles-ci soient raisonnablement compatibles avec la supériorité des compétences et de l'importance qu'on attribue à ces rangs. Cette autorité est donc considérablement indépendante des capacités personnelles du détenteur d'une position. On reconnaît souvent que, bien que la capacité personnelle du détenteur puisse être limitée, ses avis peuvent être considérés comme supérieurs uniquement en raison de l'avantage que lui confère son rang. Cela s'appelle *l'autorité découlant du rang*.

Mais il est évident que certains hommes ont des capacités supérieures. Leurs connaissances et leur compréhension des faits, indépendamment de leur rang, commandent le respect. Dans une organisation, on attribue alors de l'autorité à ce qu'ils disent, pour cette unique raison. C'est *l'autorité découlant du leadership*. Quand cette autorité est combinée à l'autorité découlant du rang, les hommes qui sont en relation avec l'organisation admettront généralement cette autorité et ils accepteront des ordres qui sont largement en dehors de leur zone d'indifférence. La confiance engendrée peut même faire de l'acquiescement un stimulant en soi.

Néanmoins, la détermination de l'autorité repose toujours sur l'individu. Que les personnes dans des fonctions d'autorité montrent une quelconque inaptitude, une quelconque ignorance de la situation, une quelconque difficulté à communiquer ce qui devrait être fait, ou que le leadership (surtout dans ses actions concrètes) ne reconnaisse pas sa dépendance par rapport à la relation entre l'individu et l'organisation, alors l'autorité, si elle est mise à l'épreuve, disparaîtra.

Cette autorité objective n'est maintenue que si les personnes en position d'autorité ou les leaders continuent d'être informés adéquatement. Dans de très rares cas, des personnes ayant une grande connaissance, une grande perspicacité, ou une grande habilité, obtiennent cette information sans occuper une position de cadre supérieur. Ce qu'ils disent devoir être fait ou devoir ne pas être fait, sera accepté, mais il s'agit habituellement d'un avis personnel, au risque et péril de celui qui l'accepte. De telles personnes ont en fait plus d'influence que d'autorité. Dans la plupart des cas, ces véritables leaders, qui donnent un avis sur l'organisation, se verront offrir des postes de responsabilité, car la reconnaissance de l'applicabilité de leur savoir ou de leur jugement à l'action concrète de *l'organisation* et non aux problèmes abstraits est essentielle pour donner à ce qu'ils disent valeur d'autorité au sein de l'organisation. En d'autres mots, ils ont une personnalité organisationnelle, distincte de leur personnalité individuelle[7], qui est proportionnelle à l'influence de leur leadership. De façon générale, il semble qu'il ne peut pas y avoir d'autorité sans responsabilité correspondante. On pourrait dire plus exactement qu'on ne peut attribuer une autorité objective aux personnes en position d'autorité dans l'organisation, à moins qu'elles ne soient dominées subjectivement par l'organisation en ce qui a trait à leurs décisions.

Alors, on peut dire que le maintien d'une autorité objective suffisante pour entretenir le mythe de l'autorité supérieure, et apte à faire de la zone d'indifférence une réalité, dépend du fonctionnement du système de communication que l'on retrouve dans l'organisation. La fonction de ce système consiste à fournir une information adéquate aux personnes qui occupent des positions d'autorité et à faciliter l'émission des ordres. Pour ce faire, on exige donc certaines aptitudes de la part de ceux qui sont capables d'être des leaders. Les positions de haute direction qui ne bénéficient pas d'un tel soutien voient leur autorité affaiblie, de la même façon que des hommes forts en situation d'infériorité.

Ainsi l'autorité dépend, d'une part d'une attitude coopérative des individus, et d'autre part du système de communication qui existe dans l'organisation. Sans ce dernier, le premier ne peut être maintenu. Les membres les plus dévoués à une organisation la quitteront si son système aboutit à des ordres inadéquats, contradictoires, inappropriés, de sorte qu'ils ne peuvent pas savoir qui est qui, quoi est quoi, ou avoir le sentiment qu'il existe une coordination efficace.

Ce système de communication, et son ████████n, est un problème permanent, primordial et fondamental pour tou████████isation formelle. Toute autre question pratique concernant l'efficacité████e rendement — c'est-à-dire les facteurs de survie — en dépend. Dans le █████age technique, on qualifie souvent le système de communication dont nous sommes en train de parler de « lignes d'autorité ».

II.

On a montré précédemment[8] que les besoins de communication déterminent la taille des organisations de base, le regroupement des unités et le rassemblement des groupes d'organisations de base. Nous pouvons maintenant considérer certains facteurs qui interviennent dans la détermination du système de communication en tant que système d'autorité objective.

1) Le premier facteur, c'est *la connaissance précise des canaux de communication.* On exprime en général ce principe par la formule suivante : « On doit établir avec précision les lignes d'autorité. » La méthode pour y arriver consiste à rendre officielles les positions par l'assignation d'une place à chaque individu, par des avis généraux, des organigrammes, par la formation et, par-dessus tout, en comptant sur l'habitude, c'est-à-dire en s'assurant de la plus grande stabilité possible du système. On peut mettre l'accent soit sur la position, soit sur les personnes ; mais il reste qu'habituellement l'autorité repose à la fois sur la position occupée et, de façon moins accentuée, sur les personnes.

2) Ensuite, nous pouvons affirmer que *toute autorité objective exige un canal de communication défini et formel pour chaque membre de l'organisation.* Cela signifie que « chacun doit rendre des comptes à quelqu'un » (communication dans un sens) et que « chacun doit être subordonné à quelqu'un » (communication dans l'autre sens). En d'autres mots, dans les organisations formelles, chacun doit avoir une relation formelle définie par rapport à l'organisation[9].

3) Un autre facteur, c'est que *la ligne de communication doit être aussi directe et courte que possible.* Fondamentalement, toute communication formelle est verbale (écrite ou orale), et le langage, en tant que véhicule de communication, est limité et source d'incompréhension. De nombreuses

communications se font nécessairement sans préparation, et même les communications qui sont préparées avec soin exigent une interprétation. En outre, plus la position hiérarchique sera élevée, plus les communications seront faites en termes généraux. Il s'ensuit que l'on pourra perdre certaines informations ou en retrouver de nouvelles à chaque étape du processus de transmission, en particulier quand la communication se fait oralement ou quand, à chaque étape, plusieurs communications se combinent. Quand les communications proviennent des positions les plus élevées, on doit souvent les rendre plus spécifiques et à mesure qu'elles descendent la hiérarchie ; et, en sens inverse, devra les rendre plus générales. En outre, plus une communication passe par un grand nombre de centres, plus elle est ralentie, toutes choses étant égales par ailleurs. En conséquence, plus on raccourcit la ligne d'autorité, plus la communication sera rapide et moins on aura de risque d'erreur.

On peut voir l'importance de ce facteur dans le fait que le nombre de niveaux de communication n'est pas tellement plus grand dans les grandes organisations complexes que dans des organisations plus petites. Dans la plupart des organisations employant 100 ou 200 personnes, les niveaux de communication varient entre trois et cinq. Dans l'Armée, on retrouve les niveaux suivants : le président (le secrétaire d'État à la guerre), le général, le major général, le brigadier général, le colonel, le major, le capitaine, le lieutenant, le sergent, les hommes de troupe — c'est-à-dire neuf ou dix. Chez Bell Téléphone, qui emploie plus de 300 000 travailleurs, le nombre oscille entre huit et dix[10]. Sur le plan administratif, l'Église catholique possède elle aussi une ligne de communication remarquablement courte.

Pour ce faire, l'organisation emploie plusieurs méthodes, suivant le but poursuivi et les conditions techniques : usage d'un pouvoir exécutif étendu à chaque niveau ; usage de services de conseil (*staff*) (technique, expert, conseil) ; répartition du travail des cadres dans des bureaux fonctionnels ; délégation des responsabilités avec une coordination automatique au moyen de réunions, de comités mis sur pied pour des fonctions temporaires spéciales, etc.

4) En principe, *on devrait habituellement utiliser la ligne complète de communication*. Cela signifie que toute communication, de haut en bas de l'organisation, doit passer par chaque niveau de la ligne d'autorité, dans le but d'éviter les communications conflictuelles (dans les deux directions) qui pourraient survenir (et surviendraient) si on sautait un des niveaux de l'organisation. Ce principe est aussi nécessaire pour interpréter les communications et pour maintenir la responsabilité[11].

5) En outre, *la compétence des personnes remplissant la fonction de centres de communication, à savoir les présidents et les cadres supérieurs, doit être adéquate*. Plus le bureau de communication devient central et plus l'organisation grossit, plus la compétence exigée portera sur une

habilité *générale* par rapport au travail de l'organisation entière. Car la fonction du centre de communication dans une organisation consiste à transformer les messages qui viennent de l'extérieur, le progrès des activités, les
succès, les échecs, les difficultés, les dangers, en messages traitant de nouvelles activités, de démarches préparatoires, etc., toutes modelées en fonction
de buts à court et à long terme. Pour ce faire, on devra connaître les technologies utilisées, les capacités du personnel, l'organisation informelle, le caractère et l'importance des filiales, les principes d'action relatifs au but,
l'interprétation des facteurs environnementaux ; on devra aussi être capable
de distinguer les communications qui peuvent faire autorité, parce qu'elles
sont clairement compatibles avec *toutes* les situations pertinentes, de celles
qui ne feront pas autorité, parce qu'elles ne sont pas ou ne peuvent
pas être acceptées.

De nos jours, on ne s'attend pas que tous les individus possèdent les
habilités nécessaires pour ce genre de position au sein de grandes organisations modernes. À elles seules, les limites individuelles quant au temps et à
l'énergie empêchent une telle habilité personnelle ; de plus, la complexité
des technologies ou de tout autre savoir spécifique rend la chose impossible.
C'est la raison pour laquelle chaque centre important de communication est
lui-même organisé, quelquefois de façon très élaborée. Le personnel proche
du dirigeant, comprenant des adjoints, des employés en chef et des assistants, constitue l'unité de direction de l'organisation, dont peut-être un seul
membre est un « cadre dirigeant », c'est-à-dire occupe une *position* d'autorité ; les questions techniques sont confiées à des services de conseil ou à des
organisations d'experts. De tels services de conseil sont souvent en partie
spécialisés dans un domaine au sens où ils font des recherches ou se procurent de l'information à propos de faits ou de situations externes aux
organisations ; mais dans la plupart des cas, ils compilent et traduisent
l'information provenant de leur domaine, et ils préparent les plans, les ordres,
etc., en vue de leur transmission. Dans cette fonction, ils font office en quelque sorte de conseillers ou de cadres adjoints. Cependant, en pratique, ces
assistants remplissent une fonction de conseil à moitié formelle, sous certaines conditions, auprès de l'ensemble de l'organisation. De cette façon, les
canaux formels et l'organisation informelle sont tous deux aidés par ces processus intermédiaires.

Dans certains cas, le dirigeant (soit le chef ou un cadre de direction)
peut ne pas être une personne mais un conseil d'administration, une législa-
ture, un comité. Toutes les organisations d'importance (à l'exception de certaines églises et de certains gouvernements absolus) ont leur autorité
objective la plus élevée logée dans un groupe de direction *organisé*, c'est-à-
dire dans l'unité « la plus élevée » de l'organisation.

6) *On ne devrait pas interrompre la ligne de communication pendant que l'organisation fonctionne.* De nombreuses organisations (usines,
magasins) fonctionnent de façon intermittente, étant fermées ou presque

durant la nuit, le dimanche, etc. D'autres, telles l'Armée, la police, les compagnies de chemins de fer, les entreprises de téléphone, ne cessent jamais leurs activités. Quand les organisations sont en service, la ligne d'autorité ne devrait, en principe, jamais être brisée ; dans la pratique, ceci est pratiquement, pour ne pas dire toujours, le cas. C'est une des raisons qui explique l'importance qu'on attache à la succession héréditaire dans certains États, et à la règle qui existe dans la plupart des organisations (à l'exception peut-être de petites organisations très personnalisées) pour automatiquement remplir de façon temporaire les fonctions de direction lorsqu'il y a incapacité ou vacance à ces postes. Ces règles, de même que l'accent qui est mis sur *l'emploi* plutôt que sur *l'homme* (ce qui constitue un sujet d'endoctrinement dans de nombreuses organisations, en particulier dans celles où « la discipline » est une caractéristique importante »), accentuent le caractère à la fois impersonnel et de communication de l'autorité organisationnelle.

Une telle nécessité ne tient pas simplement au fait que la communication en tant que telle ne pourrait pas être réalisée autrement. C'est aussi que l'organisation *informelle* se désintègre très rapidement si « la ligne d'autorité » formelle se brise. Dans le langage de l'organisation, la « politique » contient l'émeute. Ainsi, si un poste est vacant sans qu'on le sache, une organisation peut fonctionner pendant un bon moment sans perturbation sérieuse, sauf en cas d'urgence. Mais si cela se sait, l'organisation peut se désorganiser très rapidement.

7)   Le dernier facteur porte sur *l'authentification de chaque communication*. Cela signifie que la personne qui communique doit occuper réellement et officiellement la « position d'autorité » concernée, que cette position doit inclure le type de communication concernée — c'est-à-dire que cette communication se situe « à l'intérieur de son autorité » —, et qu'il doit s'agir réellement d'une communication autorisée provenant de ce bureau. Un tel processus d'authentification variera selon les organisations, les situations et les positions. Si avec les techniques modernes, la pratique subit des changements rapides, les principes demeurent cependant les mêmes. Les cérémonies d'investiture, les inaugurations, l'assermentation, les avis de nomination et de début de mandat sont des moyens appropriés pour faire connaître la personne qui occupera une position et ce que la position lui confère comme autorité. Afin que ces *positions* puissent fonctionner, il est souvent nécessaire que les nominations soient soulignées, ce qui constitue un processus essentiel pour l'installation de l'autorité *au bas de l'échelle*, là où fondamentalement elle ne peut qu'être située — c'est-à-dire là où il est essentiel d'inculquer aux gens le « sens de l'organisation ». Autrement dit, cela est essentiel pour développer la « loyauté et la solidarité des individus par rapport à l'organisation ». Rendre hommage aux positions supérieures, c'est une façon importante d'honorer *toute* forme de relation avec l'organisation ; c'est un phénomène qui a été bien étudié dans les organisations religieuses et politiques, là où il est de mise de porter une grande attention aux aspects subjectifs de l'« adhésion à l'organisation ».

Cet exposé sur les principes des systèmes de communication organisationnelle, du point de vue du maintien de l'autorité objective, a été orienté vers les organisations complexes puisque, dans une simple organisation de base, les applications concrètes de ces principes se chevauchent. Il est alors difficile d'en isoler les principes. Il va de soi que dans les organisations simples, les canaux de communication sont connus et qu'ils sont généralement évidents ; ils sont bien définis ; ils sont les plus courts possible ; les seules lignes d'autorité sont des lignes complètes ; et il y est peu question d'authentification. Par contre, les points qui demeurent problématiques dans ces organisations ont trait à la compétence du leader (qu'on ne doit jamais considérer comme acquise, même dans les organisations simples) et à l'exercice du leadership quand l'organisation est en fonction. Cependant, globalement, le maintien de l'équilibre de ces aspects du leadership est à la base de l'autorité objective dans l'organisation simple, de la même manière que le maintien des manifestations plus formelles et observables des mêmes aspects est à la base de l'autorité dans les organisations plus complexes.

LA RÉCONCILIATION AVEC LES CONCEPTIONS LÉGALISTES

Les conceptions légalistes de l'autorité, qui sont quelque peu différentes de celles que nous avons présentées ici, semblent s'appliquer quand il s'agit de relations entre les organisations mères et les filiales. Par exemple, une corporation est assujettie à la loi de l'État. N'est-ce pas un cas où l'autorité vient réellement d'en haut, c'est-à-dire d'une organisation supérieure ? Au même titre que les individus acceptent l'autorité objective, comme nous l'avons décrit précédemment, une organisation filiale ou dépendante doit accepter la loi pour que celle-ci ait de l'autorité. Les unités d'une organisation, les complexes intégrés d'organisations et les organisations dépendantes prennent et doivent prendre la décision subjective de l'autorité, tout comme le font les individus. Une corporation peut fermer, et elle ferme souvent, si elle ne peut pas obéir à la loi en continuant d'avoir une raison précise d'exister. Elle n'est pas plus en mesure de mettre à exécution une loi inintelligible qu'un individu ; elle ne peut pas plus faire l'impossible qu'un individu ; et elle montrera la même incapacité de se conformer aux lois conflictuelles qu'un individu.

La seule différence qui existe entre les organisations filiales ou dépendantes, les organisations simples ou les groupes d'organisations et les individus réside dans le fait que le refus de l'autorité peut provenir directement de l'individu, alors qu'il peut provenir directement ou indirectement de l'unité, du groupe ou du complexe dépendant. Quand cela se produit directement, l'effet de la loi ou de l'ordre se fait sentir sur l'organisation dans son ensemble ; quand cela se produit indirectement, l'effet se fait sentir sur les individus dont les efforts contribuent à produire l'ensemble des activités. Donc aucun complexe organisationnel ne peut mettre à exécution un ordre supérieur si ses membres (soit les organisations de base, soit les individus) ne sont pas en mesure de le faire. Par exemple, ordonner juridiquement des conditions de travail qui seront refusées par les employés, quand bien même l'employeur les accepterait, est inutile. Son autorité sera en fait rejetée, les employés quitteront et l'organisation mourra.

Mais en dernière analyse, ces différences ne sont pas très importantes, sauf dans quelques cas concrets. La filiale, à vrai dire, tire la majeure partie de son autorité de ses propres « membres » pris individuellement. Ils peuvent la quitter s'ils n'acceptent pas les ordres, indépendamment de l'autorité « ultime » ; et aucune autorité absolue ou externe ne peut obliger à fournir un effort au-delà d'un minimum insuffisant pour maintenir le fonctionnement efficace de l'organisation. Une conséquence importante de l'origine juridique d'une partie de l'autorité formelle des organisations filiales et indépendantes consiste à obscurcir la nature de l'autorité réelle qui gouverne la plus grande partie de l'effort coopératif de telles organisations.

Il existe cependant une différence importante en ce qui a trait à l'organisation informelle, c'est-à-dire l'opinion publique et le sentiment général. Ce n'est pas une différence de principe, mais simplement une différence de relation entre la taille de l'organisation informelle et l'individu ou le groupe formel. Un individu fort peut résister à la domination de l'opinion d'un petit nombre de personnes, mais il résistera rarement s'il s'agit de l'opinion d'un nombre écrasant, surtout si cette opinion est exprimée activement de façon hostile. La taille de n'importe quelle organisation filiale est petite lorsqu'on la compare à l'organisation informelle qui existe au sein de l'État ; et cette large organisation informelle soutiendra généralement « la loi et l'ordre », sans égard aux mérites, si la question en cause est pour elle mineure. La pression exercée sur l'attitude subjective des individus ou des organisations filiales ou dépendantes, est ordinairement assez forte pour amener l'acceptation de la loi dans une société « ordonnée ».

Mais ce soutien informel de l'autorité objective de l'État dépend essentiellement des mêmes principes que dans les organisations ordinaires. Le caractère inapproprié de la loi et de l'administration du gouvernement, un manque de compréhension du fondement ultime de l'autorité, l'indifférence face aux motifs qui gouvernent le soutien individuel, une législation inopportune ou impossible détruisent « le respect pour la loi et l'ordre », c'est-à-dire l'autorité politique objective. Dans les démocraties, la réaction normale consiste à changer la loi et l'administration à travers l'action politique. Mais quand les majorités ne sont pas capables de comprendre que l'autorité s'appuie fondamentalement sur le consentement des minorités aussi bien que des majorités, ou quand le système est autocratique et absolu, la liquidation de la tyrannie passe par la révolution ou par la guerre civile. L'autorité repose toujours sur celui à qui elle s'applique. La coercition crée l'illusion contraire, mais l'usage de la force *ipso facto* détruit l'autorité recherchée. Elle crée une nouvelle autorité, une nouvelle situation, un nouvel objectif qui existent quand la force est acceptée. Plusieurs personnes ont détruit toute l'autorité qui pesait sur elles en mourant plutôt que de s'y soumettre.

À première vue, il peut sembler que la communication dans l'organisation ne soit qu'en partie reliée à l'autorité, mais lorsqu'on y regarde de plus près, on s'aperçoit que la communication, l'autorité, la spécialisation et le but sont tous des aspects inclus dans la coordination. Toute communication renvoie à la formulation du but et à la transmission de règles qui coordonnent l'action ; elle s'appuie ainsi sur l'habileté à communiquer avec ceux qui veulent coopérer.

L'autorité est une autre façon de parler du consentement et de la capacité des individus de se soumettre aux nécessités des systèmes coopératifs. L'autorité provient des limites technologiques et sociales des systèmes coopératifs d'une part, et des individus d'autre part. En conséquence, le statut de l'autorité dans une société constitue en quelque sorte une mesure à la fois du développement des individus et des conditions technologiques qui prévalent dans cette société à un moment donné.

Notes

(1) New York, MacMillan.

(2) Les italiques sont de nous.

(3) Boston, Little, Brown and Co., 1936, p. 259.

(4) Sauf pour des cas individuels relativement peu nombreux, quand l'attitude de l'individu indique une probabilité de désobéissance (soit avant que la relation avec l'organisation ait lieu, soit après), la relation aura pris fin, avant même que la question formelle ne se pose.

Ici, il semble à propos de faire une mise en garde contre une interprétation de cet exposé en fonction de la « démocratie », que ce soit dans les organisations gouvernementales, religieuses ou industrielles. L'affirmation dogmatique selon laquelle « la démocratie » ou « les méthodes démocratiques » sont (ou ne sont pas) en accord avec les principes discutés ici n'est pas soutenable. Comme il sera plus évident après avoir considéré l'autorité objective, les questions impliquées sont beaucoup trop complexes et subtiles pour être prises en compte par *n'importe quel* schéma formel. Sous de nombreuses conditions politiques, religieuses et industrielles, les processus démocratiques créent des problèmes artificiels plus ou moins logiques, au lieu des véritables problèmes, qui relèvent du sentiment, de l'appropriation et de l'organisation informelle. En simplifiant à l'extrême, cela peut détruire l'autorité objective. Sans aucun doute, dans de nombreuses circonstances, les processus démocratiques formels peuvent constituer un élément important dans le maintien de l'autorité, c'est-à-dire dans le maintien de la cohésion de l'organisation mais, dans d'autres circonstances, ils peuvent être perturbateurs, et ils ne seraient probablement jamais suffisants en eux-mêmes. D'autre part, la solidarité de certains systèmes coopératifs (l'armée du général Harbord, par exemple) peut, dans de nombreuses situations, ne pas être efficace, bien qu'exigeant des processus formellement autocratiques.

De plus, on ne devrait jamais oublier que l'autorité dans son ensemble provient de *tous* les collaborateurs du système coopératif, et que le poids accordé à l'attitude des individus varie. On oublie souvent que, dans les organisations industrielles (ou politiques), les mesures qui sont acceptables en bas de l'échelle peuvent être tout à fait inacceptables pour l'ensemble des cadres qui ne rempliront pas plus leurs fonctions essentielles que les autres, si les conditions leur semblent inacceptables. Le point sur lequel il faut insister, c'est que le maintien des contributions nécessaires à la survie d'une organisation requiert l'autorité de *tous* ses contributeurs essentiels.

(5)   On utilise le mot « mythe » car, d'un point de vue strictement logique, il explique simplement des actes publics. D'un point de vue de cadre dirigeant ou de subordonné, cependant, l'« autorité » est bel et bien réelle.

(6)   Il est intéressant de citer une affirmation qui a été faite après que ces lignes ont été écrites, dans un dépliant intitulé « Business — Well on the Firing Line » (n° 9 dans les séries « What Helps Business Helps You », *in* **Nation's Business**) :

« Les lois ne créent pas le jeu d'ensemble pas plus qu'elles ne peuvent l'installer de force. Pour chaque règle écrite, il existe des milliers de règles informelles qui guident le cours des affaires, qui gouvernent les millions de transactions quotidiennes dont les affaires sont faites. Ces règles ne sont pas appliquées de haut en bas, par une autorité arbitraire. Elles surgissent d'une pratique réelle — de bas en haut. Elles sont fondées sur la compréhension mutuelle et le compromis, sur le désir d'accomplir des buts communs et de promouvoir le bien commun. On les observe *volontairement*, parce qu'elles reposent sur l'expérience et le sens commun. »

(7)   Voir C.I. Barnard. **The Functions of the Executive**, Cambridge, Harvard University Press, chap. VII, p. 88.

(8)   **Ibid.**, chap. VIII, « The Structure of Complex Formal Organizations », p. 106 sqq.

(9)   Cependant, dans certains types d'organisation, il n'est pas rare qu'une personne ait deux ou trois « supérieurs » à qui rendre des comptes ; dans ce cas, les fonctions des supérieurs sont définies et sont en principe mutuellement exclusives.

(10)   En laissant de côté les aspects corporatifs de l'organisation, et en n'incluant pas les conseils d'administration.

(11)   Cela n'est pas une liste exhaustive des motifs. La nécessité de maintenir le prestige personnel des cadres de direction en tant que *stimulant* à leur fonction constitue généralement une autre importante raison.

Le pouvoir comme fondement de l'action organisée*

*par Michel Crozier
et Erhard Friedberg*

Un contexte, un construit, ce sont avant tout des relations. Dans la perspective stratégique qui est la nôtre, ces relations sont des relations de pouvoir. Si donc la réflexion sur la stratégie de l'acteur constitue le point de départ indispensable de la démarche, car c'est l'acteur seul qui est le porteur et le témoin du construit organisationnel, c'est la réflexion sur le pouvoir qui va nous permettre d'analyser ce construit car, en tant que mécanisme fondamental de stabilisation du comportement humain, c'est le pouvoir qui est le fondement de l'ensemble de relations qu'il constitue[1].

Nous allons l'aborder en continuant à suivre la démarche stratégique, c'est-à-dire en commençant par une réflexion sur la relation de pouvoir du point de vue des acteurs[2].

LE POUVOIR DU POINT DE VUE DES ACTEURS

Le phénomène du pouvoir est simple et universel, mais le concept de pouvoir est fuyant et multiforme. Nous allons donc partir d'une formulation simple de ce qui constitue en quelque sorte le dénominateur commun de toutes les manifestations du pouvoir : quel que soit en effet son « type », c'est-à-dire ses sources, sa légitimation, ses objectifs ou ses méthodes d'exercice, le pouvoir — au niveau le plus général — implique toujours la possibilité pour certains individus ou groupes d'agir sur d'autres individus ou groupes[3].

---

* Tiré de : CROZIER, M. et FRIEDBERG, E. « Le pouvoir comme fondement de l'action organisée », *in* C. Benabou et H. Abravanel (édits). ***Le Comportement des individus et des groupes dans l'organisation***, Chicoutimi, Gaëtan Morin, 1986, p. 351 à 369.
Reproduit avec la permission de l'École des HEC (1982). Toute reproduction ou traduction est interdite.

Pour vague qu'elle soit, une telle formulation a l'avantage de ne pas préjuger d'une théorie sur l'essence du pouvoir, de s'appliquer également à toute forme de pouvoir et surtout de diriger l'attention sur ce qui constitue à nos yeux l'essentiel : le caractère relationnel du pouvoir. En effet, agir sur autrui, c'est entrer en relation avec lui[4], et c'est dans cette relation que se développe le pouvoir d'une personne A sur une personne B.

Le pouvoir est donc une relation, et non pas un attribut des acteurs. Il ne peut se manifester — et donc devenir contraignant pour l'une des parties en présence — que par sa mise en œuvre dans une relation[5] qui met aux prises deux ou plusieurs acteurs dépendants les uns des autres[6] dans l'accomplissement d'un objectif commun qui conditionne leurs objectifs personnels. Plus précisément encore, il ne peut se développer qu'à travers l'*échange* entre les acteurs engagés dans une relation donnée. Car, dans la mesure où toute relation entre deux parties suppose échange et adaptation de l'une à l'autre et réciproquement, le pouvoir est inséparablement lié à la négociation : *c'est une relation d'échange, donc de négociation,* dans laquelle deux personnes au moins sont engagées.

De là découlent un certain nombre de considérations qui permettent de préciser davantage la nature de cette relation.

D'une part, c'est une *relation instrumentale.* Dire cela n'est pas nier que son existence entraîne toujours toute une série de phénomènes affectifs extrêmement[7] puissants qui conditionnent profondément son déroulement[7]. Cela ne signifie pas davantage que toutes les conséquences et tous les effets d'une relation de pouvoir soient toujours conscients ou intentionnels. Pour reprendre l'exemple de D. Wrong[8], il n'est bien sûr pas dans l'intention d'une mère surprotectrice et dominatrice de « féminiser » le caractère de son fils. Là comme ailleurs, l'action motivée des individus entraîne son lot de conséquences imprévisibles, inattendues et « dysfonctionnelles ». Enfin, on n'exclut pas par là de l'analyse toutes les formes de domination et de contrôle social qui — parfaitement intériorisées par les différents acteurs — donnent naissance aux phénomènes bien connus sous les termes d'« ajustement déférentiel » ou d'« ajustement par anticipation »[9] et qui, de ce fait, ne nécessitent plus un engagement conscient de ressources de la part de l'un quelconque des acteurs[10]. Dire que toute relation de pouvoir est instrumentale vise simplement à souligner que, comme toute relation de négociation, le pouvoir ne se conçoit que dans la perspective d'un but qui, dans une logique instrumentale, motive l'engagement de ressources de la part des acteurs.

D'autre part, c'est une *relation non transitive* : si une personne A peut facilement obtenir d'une personne B une action X, et B peut obtenir cette même action d'une personne C, il se peut néanmoins que A soit incapable de l'obtenir de C. Mais si le pouvoir est ainsi inséparable des acteurs engagés dans une relation, il l'est aussi des actions demandées : chaque action constitue un enjeu spécifique autour duquel se greffe une relation de pouvoir particulière. Ainsi, A obtiendra facilement de B une action X, plus difficilement une action Y, et sera impuissant à obtenir une action Z qu'en revanche une autre personne C obtiendra, elle, facilement.

Enfin, c'est une *relation réciproque, mais déséquilibrée*. Elle est réciproque, car qui dit négociation dit échange. Or, si une des deux parties en présence n'a plus aucune ressource à engager dans une relation, elle n'a plus rien à échanger : elle ne peut donc plus entrer dans une relation de pouvoir à proprement parler. En d'autres termes, si B ne peut plus marchander sa volonté de faire ce que A lui demande, il ne peut plus y avoir de relation de pouvoir entre les deux, car B cesse alors d'exister en tant qu'acteur autonome face à A, pour ne devenir qu'une chose[11]. Mais c'est aussi une relation déséquilibrée. Si A et B ont les mêmes atouts et que donc l'échange est égal, il n'y a pas de raison de considérer que l'une des personnes se trouve en situation de pouvoir à l'égard de l'autre. Mais que l'échange soit déséquilibré en faveur de l'une ou de l'autre, et que cette inégalité corresponde à la situation respective des deux parties : on sera alors en droit de parler de relation de pouvoir[12].

Le pouvoir peut ainsi se repréciser comme une relation d'échange, donc réciproque, mais où les termes de l'échange sont plus favorables à l'une des parties en présence. *C'est un rapport de force, dont l'un peut retirer davantage que l'autre, mais où, également, l'un n'est jamais totalement démuni face à l'autre.* Ou, paraphrasant la définition déjà citée de R. Dahl, on pourrait dire que le pouvoir de A sur B correspond à la capacité de A d'obtenir que dans sa négociation avec B les termes de l'échange lui soient favorables[13].

Quelle est la source, quels sont les fondements du pouvoir ? La réponse à cette question semble aller de soi : ce sont tout naturellement les atouts, les ressources et les forces de chacune des parties en présence, bref, leur puissance respective qui détermineront le résultat d'une relation de pouvoir. Mais encore convient-il de préciser davantage ce qu'on entend par « puissance ». En effet, qu'est-ce qui s'échange à travers une relation de pouvoir ? Ce ne sont pas tant les forces ou la puissance des différentes parties prenantes que leurs *possibilités d'action*. Car A ne s'engage pas dans une relation de pouvoir avec B dans le seul but de mesurer ses forces avec lui. Il a un objectif plus précis : obtenir de B un comportement dont dépend sa propre capacité d'action. Autrement dit, par son seul comportement, B contrôle en quelque sorte la possibilité de A d'atteindre ses objectifs. Et plus B sera capable de marchander sa volonté d'accomplir l'acte que A lui demande, c'est-à-dire plus les ressources à la disposition de B lui permettront de garder son comportement futur imprévisible pour A, plus le rapport de force qui prévaudra lui sera favorable, et plus son pouvoir sur A sera grand dans cette relation précise. *Le pouvoir réside donc dans la marge de liberté dont dis-*

pose chacun des partenaires engagés dans une relation de pouvoir, c'est-à-dire dans sa possibilité plus ou moins grande de refuser ce que l'autre lui demande. Et la force, la richesse, le prestige, l'autorité, bref, les ressources que possèdent les uns et les autres, n'interviennent que dans la mesure où ils leur fournissent une liberté d'action plus grande.

Il peut être utile ici d'ouvrir une parenthèse et de confronter ce raisonnement à celui apparemment opposé que soutient Schelling dans un livre remarquable déja cité[14]. Dans des analyses riches, stimulantes et souvent amusantes, l'auteur multiplie en effet les exemples de situations — ou plutôt de jeux et de structures de jeux[15] — où « gagne » non pas celui qui réussit à garder son comportement futur imprévisible et à se ménager une marge de manœuvre, mais celui qui, au contraire, la réduit à néant en se liant les mains, *rendant ainsi son comportement futur parfaitement prévisible*. C'est le pouvoir du faible qui n'a plus d'alternative, de celui qui « ayant brûlé ses vaisseaux » se trouve « le dos au mur ». Ou, pour reprendre un exemple de l'auteur, c'est le pouvoir de ces cheminots-grévistes qui réussissent à arrêter un train « briseur de grève » en se ligotant sur les rails.

Schelling surestime un peu à notre avis la généralité et l'universalité des situations qu'il étudie. Ces jeux ont des conditions structurelles et une dynamique particulières[16]. À y regarder de plus près, on s'aperçoit que ce sont des jeux où chacun des partenaires-adversaires a un besoin plus ou moins urgent, mais toujours impératif, de se coordonner et de s'arranger avec l'autre, et — qui plus est — avec un autre qu'il ne peut choisir, mais qui lui est donné au départ. La logique fondamentale de tels jeux est donc celle du *monopole bilatéral*, c'est-à-dire d'une structure qui limite déjà singulièrement la marge de manœuvre de chacun des partenaires-adversaires. Pour reprendre l'exemple de l'auteur, se ligoter sur les rails n'a à la limite de sens que parce qu'il y a les rails, c'est-à-dire une structure qui restreint drastiquement la liberté d'action de l'autre — en l'occurrence le conducteur du train — en ne lui laissant le choix qu'entre la capitulation ou le massacre.

De telles conditions structurelles se retrouvent, bien que rarement, dans la réalité[17]. Mais il faut bien voir que, même dans les cas concrets que nous connaissons, le fait de rendre son comportement futur parfaitement prévisible a une signification et comporte des conséquences qui dépassent le jeu lui-même. Cela revient toujours en fait à *changer la nature du jeu*, ou à *déplacer les enjeux et les zones d'incertitude*, à profiter des circonstances pour forcer l'autre à se placer sur un autre terrain beaucoup moins favorable ou à céder. Pour reprendre notre exemple de tout à l'heure, devant les grévistes ligotés sur les rails, l'enjeu n'est plus l'arrêt ou le passage du train, ni même l'arrêt ou la continuation de la grève. *C'est celui de mort d'hommes.* Et devant ce nouvel enjeu, *les grévistes en tant que groupe* (et donc indirectement les grévistes ligotés) maîtrisent une zone d'incertitude majeure : celle du comportement futur de leur groupe — et d'autres groupes solidaires —

au cas où les grévistes ligotés seraient écrasés par le train. Bref, en se ligotant sur les rails, les grévistes mettent le conducteur du train — et surtout la compagnie ayant affrété ce train « briseur de grève » — en demeure de choisir entre les conséquences relativement prévisibles d'un arrêt du train et les conséquences plus imprévisibles, voire proprement incalculables (émeutes, mouvement de solidarité, etc.), de la mort des grévistes. C'est pourquoi il est probable que le train s'arrêtera.

Mais que changent les conditions du jeu élargi introduit par les grévistes, que, par exemple, la solidarité entre cheminots soit nulle ou que la vie humaine, ou plus simplement la vie de grévistes, n'ait aucune valeur dans une société donnée, et on pourra s'attendre à une autre « solution » du conflit : les conséquences d'un accident mortel étant négligeables, la zone d'incertitude maîtrisée par les grévistes ligotés sera tout simplement non pertinente. Le train continuera son chemin. Le faible restera le faible.

Le pouvoir d'un individu ou d'un groupe, bref d'un acteur social, est bien ainsi fonction de l'ampleur de la *zone d'incertitude* que l'imprévisibilité de son propre comportement lui permet de contrôler face à ses partenaires. Mais — nous l'avons déjà fait comprendre — pas n'importe quelle zone d'incertitude : encore faut-il que celle-ci soit *pertinente* par rapport au problème à traiter et par rapport aux intérêts des partis en présence, que ce soit en somme une zone d'incertitude dont l'existence et la maîtrise conditionnent la capacité d'action des uns et des autres. Et la stratégie de chacun des partenaires-adversaires s'orientera donc tout naturellement vers la *manipulation de la prévisibilité* de son propre comportement et de celui d'autrui, soit directement, soit indirectement en modifiant en sa faveur les conditions structurelles et les « règles » qui régissent ses interactions avec autrui[18]. En d'autres termes, il s'agira pour lui d'élargir autant que possible sa propre marge de liberté et d'arbitraire pour garder aussi ouvert que possible l'éventail de ses comportements potentiels, tout en essayant de restreindre celui de son partenaire-adversaire, et de l'enfermer dans des contraintes telles que son comportement devienne au contraire parfaitement connu d'avance.

Résumons et illustrons ce raisonnement par un exemple dont la structure économiste volontairement simple sinon simpliste nous permettra de fixer les idées, et que nous pourrons ensuite enrichir au fur et à mesure de nos analyses ultérieures.

M. Dupont, riche notable dans une petite ville de province, demande à M. Durand, modeste artisan, de faire une réparation à sa maison. Une relation de pouvoir s'établit entre eux, du fait même de cette demande. Et le prix que M. Dupont acceptera de payer en échange de cette réparation sera en fonction du rapport de force qui prévaudra[19]. Si M. Durand est le seul dans la ville capable d'effectuer la réparation demandée, s'il a suffisamment de commandes et si, pour des raisons diverses, M. Dupont ne peut s'adresser à l'extérieur de la ville, la zone d'incertitude que maîtrise M. Durand par son simple comportement, est maximale : en effet, son client n'a pas le choix. Le rapport de force est nettement déséquilibré en sa faveur. Mais M. Dupont n'est pas totalement démuni. Il peut, en effet, refuser de faire effectuer la réparation si les conditions posées par M. Durand lui apparaissent exorbitantes. Et il peut même renverser la relation en sa faveur s'il peut s'adresser à d'autres artisans et mettre M. Durand ainsi en concurrence. À moins que ces artisans à leur tour ne se mettent d'accord entre eux et éliminent ainsi de nouveau la possibilité de choix de M. Dupont, ce qui, *mutatis mutandis*, nous ramène à la situation de départ.

Analyser une relation de pouvoir exige donc toujours la réponse à deux séries de questions. Premièrement, quelles sont les ressources dont chaque partenaire dispose, c'est-à-dire quels sont les *atouts* qui, dans une situation donnée, lui permettent d'élargir sa marge de liberté ? Deuxièmement, quels sont les critères qui définissent la *pertinence* de ces ressources et leur *caractère plus ou moins mobilisable*, c'est-à-dire quel est l'*enjeu* de la relation et quelles sont les *contraintes structurelles* dans lesquelles elle s'inscrit ?

La première de ces questions nous renvoie aux ressources de toutes sortes (individuelles, culturelles, économiques, sociales) dont un acteur peut disposer du fait de sa situation sociale globale et qui définissent le *cadre temporel, spatial et social* dans lequel sa stratégie devra à tout moment s'inscrire. Un tel inventaire permettra de préciser et d'introduire dans l'analyse les inégalités entre acteurs, inégalités qui tiennent à leur insertion commune et à leur position respective dans un champ social structuré.

La connaissance de la situation sociale d'un acteur permet tout d'abord de saisir *les possibilités qu'il a de diversifier ses domaines d'investissement*, c'est-à-dire de jouer sur plusieurs relations de pouvoir à la fois[20]. Car la multiplicité des engagements d'un acteur constitue pour lui un atout considérable, et cela d'un double point de vue. D'une part, elle lui fournit une protection contre les risques de pertes inhérentes aux relations de pouvoir, dans la mesure où elle lui permet de répartir ses mises et d'éviter ainsi que « tous ses oeufs ne se trouvent dans le même panier ». D'autre part, elle fournit de meilleures possibilités de jeux offensifs. Jouant sur plusieurs relations de pouvoir, un acteur pourra ainsi cumuler les ressources provenant d'autres engagements et les investir massivement dans une relation spécifique pour renforcer sa situation dans celle-ci.

Illustrons ce propos en élargissant notre exemple de tout à l'heure. M. Dupont, en tant que notable, entretient les meilleures relations avec le percepteur de la localité. De ce fait, il pourra, par une intervention judicieuse, faciliter grandement les négociations que M. Durand doit mener périodiquement avec l'administration fiscale pour l'établissement de son forfait d'imposition. Ajoutons à cela que, par son métier, M. Dupont est administrateur de biens. De ce fait, il tient entre ses mains un volume important de commandes que M. Durand peut avoir intérêt à obtenir, sans que pour chacune de ces commandes sa compétence particulière soit aussi indispensable que pour la réparation de la maison propre de M. Dupont. Dans la situation ainsi redéfinie, ce dernier dispose donc d'atouts sérieux qui lui permettent d'« ouvrir » le jeu et de redresser sa situation dans la relation très spécifique analysée plus haut, même si a priori le rapport de force n'y est pas en sa faveur.

La situation sociale des acteurs permet ensuite de comprendre comment chacun d'eux peut appréhender et utiliser le *facteur temps* dans les relations de pouvoir. Toute relation de pouvoir — cela va de soi — se déroule dans le temps. On peut même penser que la dimension temporelle est une condition essentielle pour qu'une relation de pouvoir puisse se développer puisqu'elle constitue une autre — et parfois la seule — source de diversification des mises. En effet, un acteur ne peut accepter de perdre dans le court terme que si cette perte lui paraît momentanée et qu'il peut espérer gagner par la suite. Mais surtout, le temps est aussi une dimension de la marge de manœuvre d'un acteur. La capacité de se fixer un horizon temporel plus lointain dans une relation de pouvoir devient de ce fait un atout sérieux[21]. En d'autres termes, si, pour des raisons matérielles, M. Durand a un besoin urgent et immédiat des revenus provenant de la réparation demandée par M. Dupont, et que cette réparation ne revêt pas la même urgence pour ce dernier, soit parce qu'il s'agit d'un problème mineur, soit parce qu'il possède d'autres lieux d'habitation, la marge de négociation de M. Durand, « coincé » dans le court terme, sera affaiblie face à M. Dupont qui pourra au contraire « voir venir ».

La prise en compte des ressources respectives dont disposent les différents acteurs engagés dans une relation de pouvoir complique donc considérablement le schéma initial. Elle nous montre que devant une même relation de pouvoir, différents acteurs n'ont pas les mêmes possibilités alternatives ni les mêmes horizons temporels, bref les mêmes possibilités de *mesurer leur engagement*, d'ajuster leurs mises et donc de limiter le risque de perdre que comporte toute relation de pouvoir[22]. Du fait de leur situation sociale, les acteurs n'ont pas les mêmes « capacités stratégiques »[23].

En situant les acteurs dans un champ social structuré, et en montrant comment les capacités stratégiques de ceux-ci sont délimitées par la position qu'ils détiennent dans ce champ, une telle analyse permet de reformuler de façon beaucoup plus opératoire des notions telles que « pouvoir social », « puissance » ou « emprise sociale ». Celles-ci se définissent maintenant par la capacité supérieure[24] d'un joueur d'étendre le champ d'exercice d'une relation de pouvoir et de la porter sur un terrain où le rapport de force lui sera favorable. Elle permet ainsi d'intégrer dans la réflexion les inégalités sociales entre acteurs qui font que certains auront dès le départ plus de chances que d'autres de s'établir en situation de domination. En d'autres termes, et en reprenant encore l'exemple de tout à l'heure, malgré sa faiblesse dans une relation particulière, la probabilité est forte que M. Dupont gagne en fin de compte : ses engagements plus nombreux lui permettront tout sim-plement d'élargir le jeu de telle façon que le rapport de force final lui soit favorable.

Cependant, s'il est *probable* que cela se passera de cette façon, il n'en va pas *nécessairement* ainsi. Car, si les inégalités économiques et sociales entre acteurs sont une donnée fondamentale pour comprendre le déroule-ment d'une relation de pouvoir donnée, elles ne se reflètent que rarement telles quelles et mécaniquement dans celle-ci. Des contraintes structurelles particulières à une situation précise peuvent les atténuer, voire les annuler. C'est qu'il ne suffit pas de regarder les ressources à la disposition des acteurs. Encore faut-il que celles-ci soient *mobilisables* dans la relation spécifique, et qu'elles soient *pertinentes* par rapport aux objectifs de l'autre. En d'autres termes, si aucune intervention n'est tolérée dans l'établissement des forfaits des artisans, et si les commandes que détient M. Dupont en tant qu'adminis-trateur de biens ne tombent guère dans la spécialité de M. Durand, les res-sources particulières de M. Dupont perdent une grande partie de leur pertinence : elles ne sont plus mobilisables dans la relation. Et grâce à ces contraintes structurelles spécifiques qui, au moins sur le moment, s'imposent aux deux, le rapport de pouvoir peut se retourner en faveur du « faible », M. Durand[25].

Après avoir étudié une relation de pouvoir du point de vue des acteurs qui y sont engagés, il faut donc renverser la perspective et s'interro-ger sur les *contraintes structurelles* qui caractérisent une situation de négo-ciation donnée. C'est à travers l'analyse structurale de ces contraintes qui s'imposent à tous les acteurs engagés dans une relation de pouvoir donnée, que l'on pourra répondre à la deuxième question posée plus haut : quelles sont les ressources qu'un acteur peut effectivement mobiliser dans une rela-tion de pouvoir, et quel est leur degré de *pertinence* ?

POUVOIR ET ORGANISATION

C'est à ce niveau qu'interviennent les caractéristiques structurelles d'une organisation. Celles-ci structurent et délimitent le champ d'exercice des relations de pouvoir entre les membres d'une organisation, et définissent ainsi les conditions auxquelles ceux-ci peuvent négocier les uns avec les au-tres. Elles constituent les *contraintes* qui s'imposent à tous les participants.

Tout d'abord, l'organisation rend possible le développement de rela-tions de pouvoir et en fonde la permanence. En effet, le pouvoir — nous l'avons vu — n'existe pas en soi. Il ne peut s'exercer que dans une relation par laquelle deux acteurs acceptent de se lier — ou se trouvent de fait liés — l'un à l'autre pour l'accomplissement d'une tâche donnée, par laquelle, en d'autres termes, ils s'insèrent, au moins provisoirement, dans un ensemble organisé.

Pouvoir et organisation sont ainsi indissolublement liés l'un à l'autre. Des acteurs sociaux ne peuvent atteindre leurs objectifs propres que grâce à l'exercice de relations de pouvoir ; mais en même temps, ils ne peuvent disposer de pouvoir les uns sur les autres qu'à travers la poursuite d'objectifs collectifs dont les contraintes propres conditionnent très directement leurs négociations[26].

Ensuite, les structures et les règles gouvernant le fonctionnement officiel d'une organisation déterminent les lieux où des relations de pouvoir pourront se développer. En définissant des secteurs où l'action est plus prévisible que dans d'autres, en mettant sur pied des procédés plus ou moins faciles à maîtriser, elles créent et circonscrivent des *zones d'incertitude organisationnelles* que les individus ou les groupes tenteront tout naturellement de contrôler pour les utiliser dans la poursuite de leurs propres stratégies, et autour desquelles se créeront donc des relations de pouvoir. Car le pouvoir, les capacités d'action des individus ou des groupes au sein d'une organisation, dépendent en fin de compte du contrôle qu'ils peuvent exercer sur une source d'incertitude affectant la capacité de l'organisation d'atteindre ses objectifs à elle, et de l'importance comme de la pertinence de cette source d'incertitude par rapport à toutes les autres qui conditionnent également cette capacité. Ainsi, plus la zone d'incertitude contrôlée par un individu ou un groupe sera *cruciale* pour la réussite de l'organisation, plus celui-ci disposera de pouvoir[27].

Enfin, *l'organisation régularise le déroulement des relations de pouvoir*. Par son organigramme et par sa réglementation intérieure, elle contraint la liberté d'action des individus et des groupes en son sein et, de ce fait, conditionne profondément l'orientation et le contenu de leurs stratégies. Par ce biais, elle réintroduit un minimum de prévisibilité dans le comportement de chacun, et cela de deux façons. D'un côté, l'organisation affecte la *capacité* de jouer de ses membres en déterminant les atouts que chacun d'eux peut utiliser dans les relations de pouvoir. De l'autre, elle conditionne leur *volonté* de réellement se servir de ces atouts dans la poursuite de leurs stratégies, en fixant les *enjeux*, c'est-à-dire ce que chacun peut espérer gagner ou risque de perdre en engageant ses ressources dans une relation de pouvoir.

Toutes les ressources à la disposition d'un acteur ne sont en effet ni également *pertinentes*, ni également *mobilisables* au sein d'une organisation donnée. Par ses objectifs et la nature des activités qui en découlent, celle-ci en valorise certaines et en écarte d'autres. Il ne sert à rien de savoir jouer du violon dans un atelier de mécanique. En revanche, si vous êtes l'un des rares à connaître tous les mystères d'une machine extrêmement complexe et centrale pour la bonne marche de cet atelier, votre possibilité de négociation, votre pouvoir s'en trouveront considérablement accrus. Ensuite, l'organisation établit les canaux de communication entre ses membres et définit ainsi les possibilités d'accès des uns et des autres aux informations dont ils ont besoin dans leurs stratégies respectives. Enfin, l'organisation investit certains de ses membres d'une autorité légitime sur d'autres, c'est-à-dire de pouvoirs particuliers de sanction ou de récompense. En d'autres termes, elle met aux mains de certains des atouts propres qui peuvent donner à ceux-ci un poids plus grand dans les négociations. Pour reprendre notre exemple, il n'est pas indifférent que la personne qui connaît tous les mystères de la machine en question soit en même temps le chef officiel de l'atelier ou un simple ouvrier sans prérogatives formelles. La stratégie, et donc le comportement de cette personne, comme de tous les autres membres de l'atelier, s'en trouveront au contraire profondément affectés.

Mais disposer des *atouts* nécessaires ne suffit pas. Encore faut-il que les membres de l'organisation acceptent de les engager dans des relations de pouvoir particulières. Or dans la mesure même où l'organisation ne constitue jamais pour ses membres qu'un champ d'investissement stratégique parmi d'autres, il n'y a à l'engagement de ceux-ci aucune automaticité, comme nous l'avons déjà souligné. Ils n'accepteront de mobiliser leurs ressources et d'affronter les risques inhérents à toute relation de pouvoir, qu'à condition de trouver dans l'organisation des *enjeux suffisamment pertinents* au regard de leurs atouts et de leurs objectifs, et *suffisamment importants* pour justifier une mobilisation de leur part[28]. C'est à ce niveau encore qu'intervient l'organisation. Par la façon dont, par exemple, elle organise la promotion interne, par le nombre et l'importance des zones d'incertitude organisationnelles qu'elle laisse subsister aux interstices de la réglementation, par les conditions d'accès qu'elle fixe pour telle ou telle position et les prérogatives et avantages qu'elle y attache, elle écarte certains individus ou groupes de la compétition autour d'une source de pouvoir donnée en définissant la possibilité de gain de chacun. Toutes les zones d'incertitude organisationnelles ne constituent pas des enjeux pour tous les membres de l'organisation. La compétition s'organise autour de quelques enjeux ou objectifs intermédiaires types[29]. Prenons, par exemple, la fonction d'entretien dans un atelier de production. Dans la mesure où le fonctionnement satisfaisant de l'atelier dépend du bon entretien des machines, celui qui en est chargé en retire du pouvoir et pourra donc obtenir un certain nombre d'avantages auxquels il tient. De ce fait, cette fonction peut devenir un enjeu pour tous ceux qui ailleurs possèdent les qualifications requises pour y prétendre, et qui — en mobilisant ces atouts — pourront tenter d'en obtenir le contrôle pour l'utiliser dans la poursuite de leurs propres stratégies. Mais, à supposer qu'une prescription statutaire vienne interdire l'accès à cette fonction aux célibataires et que tous les candidats potentiels dans l'atelier soient précisément dans ce cas, elle cessera aussitôt d'être un enjeu pour eux. Les jeux sont faits d'avance, ils n'ont plus rien à gagner. Ils « investiront » donc leurs « mises » ailleurs.

LES TYPES DE POUVOIRS SÉCRÉTÉS
PAR L'ORGANISATION

Les relations de pouvoir concrètes qui se nouent au sein d'une organisation ne sont donc jamais le décalque pur et simple des rapports de forces et des modes de domination inhérents à la structure sociale, aux rapports de production et à la division technique et sociale du travail qui en découle. Dire cela ne signifie pas — comme semble le croire S.R. Clegg[30] — que l'on ignore les inégalités structurelles qui caractérisent les possibilités d'action des différents « joueurs » au sein d'une organisation. Bien sûr, les négociations entre ceux-ci seront surdéterminées par ces inégalités, et leurs résultats ne pourront pas à eux seuls faire disparaître ces mêmes inégalités. Bien sûr, pour reprendre l'exemple que Clegg tire du jeu d'échecs, dans le jeu organisationnel, la reine (le directeur pour parler gros) se trouvera également dans une situation considérablement et le plus souvent irréversiblement privilégiée par rapport au simple pion (l'ouvrier), puisqu'un certain nombre de règles culturelles et légales non négociables en la circonstance ouvriront plus de possibilités d'action à l'une qu'à l'autre. Dans le même ordre d'idées, il est évident aussi que la reine (le directeur) n'est pas libre de faire ce que bon lui semble : de même que des règles inchangeables limitent la reine dans sa liberté de manœuvre, de même un directeur d'entreprise est-il contraint dans le choix de ses politiques par la logique et la rationalité d'un mode de production et d'échange dominant.

Mais savoir et admettre cela ne permet nullement de rendre compte des particularités de fonctionnement d'une organisation : une même logique d'action — on l'observe quotidiennement — s'accommode d'une diversité considérable de situations et s'incarne dans des politiques différentes. Or, s'agissant d'analyses organisationnelles, c'est cette diversité qui intéresse le chercheur, c'est elle qu'il doit comprendre et expliquer. Et il ne pourra le faire qu'en rapportant le déroulement des relations de pouvoir au sein d'une organisation aux contraintes structurelles propres à celle-ci en tant que champ d'action relativement autonome. Car c'est à l'intérieur de ces contraintes, autour de l'organigramme et des règles officielles, que l'organisation sécrète ses propres sources de pouvoir dont il faut maintenant dire quelques mots.

Il semble qu'en première approximation on puisse distinguer quatre grandes sources de pouvoir correspondant aux différents types de sources d'incertitude particulièrement pertinentes pour une organisation : celles découlant de la maîtrise d'une compétence particulière[31] et de la spécialisation fonctionnelle ; celles qui sont liées aux relations entre une organisation et son ou, mieux, ses environnements ; celles qui naissent de la maîtrise de la communication et des informations ; celles enfin qui découlent de l'existence de règles organisationnelles générales.

Avant de développer ces points, toutefois, il faut clairement souligner les limites de tout recensement typologique de ce genre. De toute évidence, il ne peut avoir d'autre but que de fixer les idées et d'illustrer de façon concrète un mode de raisonnement. Car, comme toutes les ressources que les acteurs utilisent dans la poursuite de leurs stratégies, les sources d'incertitude organisationnelles ne sont pas des données objectives et univoques[32]. Ancrées bien sûr dans les exigences de certaines technologies ou de certains processus de production, ancrées aussi dans les caractéristiques et particularités de la structure formelle d'une organisation donnée, bref, dans tout ce qu'on pourrait appeler les données « objectives » d'une situation, elles sont simultanément une partie intégrante du système humain qui sous-tend l'organisation, une réponse aux problèmes propres dont celui-ci est porteur, et en tant que telles aussi des construits humains. Elles doivent donc aussi s'analyser comme des artefacts, comme autant de béquilles que les acteurs organisationnels — se servant des données « objectives » d'une situation en fonction de leurs ressources matérielles et culturelles propres — « inventent » pour pouvoir bâtir et vivre leurs échanges au sein d'un ensemble finalisé.

Il faut donc se garder de tout raisonnement du genre : telle source d'incertitude « objective », structurelle aux mains de tel groupe, donc tel pouvoir, donc tel comportement ou telle stratégie de la part de ce groupe. Il n'y a en la matière aucun déterminisme simple. Là comme ailleurs, une source d'incertitude n'« existe » et ne prend sa signification pour et dans les processus organisationnels qu'à travers son investissement par les acteurs qui s'en saisissent pour la poursuite de leurs stratégies[33]. Or, l'existence « objective » d'une source d'incertitude ne nous dit rien sur la volonté ou plus simplement la capacité des acteurs de véritablement saisir et utiliser l'opportunité qu'elle constitue. C'est ainsi, comme nous l'avons déjà montré dans le cas du Monopole industriel ci-dessus, qu'une même source d'incertitude de nature apparemment technique peut devenir une source de pouvoir importante et conditionner profondément le fonctionnement d'une organisation ou, au contraire, rester relativement mineure et inexploitée dans une autre qui utilise pourtant la même technologie.

Quelques mots d'abord de la première grande source de pouvoir dont nous avons, en fait, déjà abondamment parlé dans la mesure où elle est plus apparente. C'est celle qui tient à la possession d'une compétence ou d'une spécialisation fonctionnelle difficilement remplaçable. L'expert est le seul qui dispose du savoir-faire, des connaissances, de l'expérience du contexte qui lui permettent de résoudre certains problèmes cruciaux pour l'organisation. Sa position est donc bien meilleure dans la négociation aussi bien avec l'organisation qu'avec ses collègues. Du moment que de son intervention dépend la bonne marche d'une activité, d'un secteur, d'une fonction très importante pour l'organisation, il pourra la négocier contre des avantages ou des privilèges. Le mécanisme est bien connu et on ne lui voit guère d'exception. Qu'on pense à la situation privilégiée des services d'entretien dans la plupart des ateliers, ou bien aux avantages détenus par les castes d'experts en France. Qu'on pense à l'évolution de la structure de pouvoir dans les grandes entreprises ou plutôt dans les grands groupes industriels qui a fait passer le pouvoir des mains des familles bourgeoises à celles de managers capables de contrôler les grandes incertitudes dans ces ensembles encore mal intégrés.

L'« expertise » proprement dite est relativement limitée. Peu de personnes, dans une société complexe comme la nôtre, sont vraiment les seules capables de résoudre un problème dans un ensemble donné. Mais énormément de personnes ont un monopole de fait parce qu'il est trop difficile et trop coûteux de les remplacer, parce qu'elles ont réussi en général par une organisation de groupe à rendre ou à maintenir les connaissances et expériences particulières qu'elles possèdent, ésotériques ou inaccessibles. À la limite, toute personne au sein d'une organisation possède un minimum d'« expertise » dont elle se sert pour négocier. Il lui suffit pour cela de tirer parti de la difficulté qu'on éprouverait à remplacer (coût de la recherche, de la mise au courant, etc.).

La deuxième grande source de pouvoir qu'on trouve dans une organisation est liée à toutes les incertitudes qui se développent autour des relations entre l'organisation et son environnement. Elle est relativement proche de la première puisqu'on pourrait tout simplement considérer le contrôle de l'environnement comme une forme d'« expertise ». Aucune organisation ne peut exister sans établir des relations avec son ou, mieux, ses environnements. Car elle en dépend doublement : d'une part, pour obtenir les ressources matérielles et humaines nécessaires à son fonctionnement (fournitures, personnel, etc.), d'autre part, pour placer ou « vendre » son produit, qu'il s'agisse d'un bien matériel ou d'une prestation immatérielle. De ce fait, les « environnements pertinents » d'une organisation , c'est-à-dire les segments de la société avec lesquels elle est ainsi en relation, constituent pour elle toujours et nécessairement une source de perturbation potentielle de son fonctionnement interne, et donc une zone d'incertitude majeure et inéluctable. Et les individus et les groupes qui, par leurs appartenances multiples, leur capital de relations dans tel ou tel segment de l'environnement, seront capables de maîtriser, tout au moins en partie, cette zone d'incertitude, de la domestiquer au profit de l'organisation, disposeront tout naturellement d'un pouvoir considérable au sein de celle-ci. C'est le *pouvoir dit du « marginal-sécant »*[34], c'est-à-dire d'un acteur qui est partie prenante dans plusieurs systèmes d'action en relation les uns avec les autres et qui peut, de ce fait, jouer le rôle indispensable d'intermédiaire et d'interprète entre des logiques d'action différentes, voire contradictoires. Le voyageur de commerce, avec son capital de relations extérieures, mais aussi l'ouvrier responsable syndical, dont le comportement peut être déterminant dans le déclenchement d'une grève, en sont des exemples parmi d'autres.

Mais le pouvoir ne découle pas seulement des données « objectives » de la technique, de la tâche et des multiples problèmes que créent des rapports avec l'extérieur[35]. Il naît aussi de l'utilisation active par les acteurs des places et positions qu'ils occupent dans les processus même de fonctionnement.

L'organisation crée du pouvoir simplement par la façon dont elle organise *la communication et les flux d'informations* entre ses unités et entre ses membres. C'est ainsi que, pour pouvoir convenablement remplir la tâche ou la fonction assignées à son poste, un individu aura besoin d'informations provenant d'autres postes détenus par d'autres individus. Et si, pour des raisons diverses, il ne peut pas les court-circuiter ou se passer de leur concours, ceux-ci, de par la simple place qu'ils occupent dans un réseau de communication donné, disposeront d'un pouvoir sur cette personne, car la façon dont ils transmettront leurs informations (avec plus ou moins de retard, de façon plus ou moins filtrée ou « maquillée », etc.[36]) affectera profondément la capacité d'action du destinataire. Aucune réglementation n'y pourra rien. Ce dernier ne pourra parer à cette situation que si, à son tour, il possède des informations (ou maîtrise une autre source d'incertitude) qui affectent la capacité de jouer de ses correspondants. Et le même processus de chantage et de contre-chantage, de négociation et de marchandage se développera donc autour de la maîtrise et de la transmission des informations pertinentes pour les uns et les autres[37]. Une bonne illustration en est fournie par la situation et la stratégie des cadres subalternes de l'agence comptable analysée par Michel Crozier[38]. Pour prendre ses décisions, le cadre supérieur de cette organisation a besoin des informations sur les situations concrètes de travail que les cadres subalternes sont chargés de lui transmettre. De ce fait, ces derniers disposent d'un pouvoir sur lui qu'ils utilisent pour influencer le contenu des décisions prises : ils biaisent les informations pour obtenir des décisions favorables à leurs intérêts. Cela d'autant plus facilement et d'autant plus systématiquement qu'étant donné leur situation organisationnelle, ils sont en concurrence les uns avec les autres et que c'est là leur *seul* moyen d'influencer les décisions du supérieur dont le contenu conditionne pourtant leur propre capacité de maintenir une atmosphère de travail convenable dans leurs sections respectives. Mais ils ne peuvent aller trop loin dans cette voie, car c'est le cadre supérieur qui prend les décisions dont ils dépendent. Et des informations trop manifestement fausses et biaisées peuvent avoir pour conséquence que celui-ci aille voir directement ce qui se passe à la base, sapant par là la source même de leur pouvoir. Et sans prétendre que l'ensemble de ces considérations soit toujours et nécessairement présent et explicite pour les cadres subalternes, on conçoit aisément que leur stratégie réelle sera aussi subtile qu'elle sera éloignée des images d'Épinal qui voudraient que l'information descende ou monte selon les critères rationnels définis par la structure des règles de l'organisation.

L'utilisation des règles organisationnelles constitue la quatrième des sources de pouvoir que nous avons distinguées. Nous la traitons en dernier dans la mesure où elle est, plus que les autres, un construit et peut se comprendre comme une réponse directoriale au problème posé par l'existence des trois autres sources de pouvoir. Déjà, nous avions aperçu en discutant du pouvoir tiré de la maîtrise de l'information que l'autorité directoriale pouvait utiliser à son bénéfice les circuits d'informations nécessaires à la coopération. Nous retrouvons, ici, une problématique analogue. Les règles sont en principe destinées à supprimer les sources d'incertitude. Mais le paradoxe c'est que non seulement elles n'arrivent pas à les évacuer complètement, mais encore elles en créent d'autres qui peuvent immédiatement être mises à profit par ceux-là mêmes qu'elles cherchent à contraindre et dont elles sont censées régulariser les comportements.

Le meilleur exemple en est fourni par les négociations et marchandages qui ont lieu autour de l'application de la règle. Il est généralement admis que la règle est un moyen aux mains du supérieur pour obtenir un comportement conforme de la part de ses subordonnés. En prescrivant de façon précise ce que ceux-ci doivent faire, elle réduit leur marge de liberté et augmente donc le pouvoir du supérieur.

Mais on peut faire une autre analyse selon laquelle l'effet rationalisateur de la règle se révèle n'être pas à sens unique. Si elle restreint bien la liberté des subordonnés, elle en fait autant pour la marge d'arbitraire du supérieur. Celui-ci ne peut plus exercer son pouvoir de sanction, par exemple, que dans des circonstances bien précises. Du même coup, la règle devient un moyen de protection pour les subordonnés, qui peuvent se réfugier derrière elle contre l'arbitraire de leur supérieur. S'ils savent appliquer la règle, le supérieur sera démuni à leur égard. Comme, normalement, pour la bonne marche d'un service il faut faire plus que ce qui est prescrit par la règle, comme, d'autre part, le supérieur est lui-même jugé sur les résultats de son service, il se trouve en fait en position de faiblesse. Car il n'a aucun moyen pour obtenir de ses subordonnés qu'ils fassent plus que ce que demande la règle.

Comment le supérieur peut-il faire pour rétablir la situation ? La plupart du temps, il n'aura pas une seule, mais plusieurs règles à sa position. Et il va tout simplement tolérer que ses subordonnés dérogent à certaines d'entre elles. Ainsi il disposera d'un moyen de chantage à leur égard. En faisant peser sur eux la menace de suspendre sa tolérance, de recommencer à appliquer strictement toutes les règles existantes, il peut inciter ses subordonnés à un effort particulier là où cela lui semble nécessaire. Mais il sait qu'il ne peut aller trop loin, car alors les subordonnés, le prenant au mot, c'est-à-dire prenant les règles à la lettre, les retourneront contre lui en se retranchant derrière elles[39].

Tout en réduisant l'incertitude quant au comportement des subordonnés, la règle en crée donc une autre qui tient à la question de savoir jusqu'à quel point ces derniers choisiront de l'utiliser comme une protection contre l'arbitraire du supérieur. Et beaucoup plus que dans les prescriptions précises qu'elle édicte, le pouvoir qu'elle confère réside donc dans les possibilités de chantage et de négociation qu'elle crée. Le pouvoir du supérieur, c'est en fin de compte le pouvoir de créer des règles entre lesquelles il pourra ensuite jouer pour obtenir de ses subordonnés les comportements qu'il juge souhaitables.

En étudiant de cette sorte une organisation du point de vue des relations de pouvoir à travers lesquelles les acteurs organisationnels utilisent les zones d'incertitude à leur disposition pour négocier sans cesse leur propre bon vouloir et pour imposer dans la mesure du possible leurs propres orientations aux autres acteurs, on découvre tout naturellement une deuxième structure de pouvoir, parallèle à celle codifiée et légitimée dans et par l'organigramme officiel. Sa mise en évidence permet de mieux cerner l'étendue et la portée réelles de l'autorité officielle conférée par l'organigramme, elle permet aussi d'apprécier la marge de manœuvre réelle dont disposent les différents acteurs dans leurs organisations respectives, bref, elle permet de situer et de comprendre les « anomalies », les « écarts » que l'on ne manque jamais d'observer entre la façade officielle d'une organisation et les processus réels qui caractérisent son fonctionnement. Complétant, corrigeant, voire annulant les prescriptions formelles, cette structure de pouvoir constitue en fait le véritable organigramme de l'organisation. C'est par rapport à elle, finalement, que s'orientent et se forment les stratégies des uns et des autres.

Notes

(1)   On ne peut se dispenser de passer par le vécu de l'acteur pour comprendre un ensemble de relations qui n'ont pas de sens en dehors de ce vécu. En revanche, ce sont les aspects de pouvoir inséparables de la perspective d'organisation qui vont donner un sens à ce vécu.

(2)   Les thèses développées dans ce chapitre sont le fruit d'approfondissements successifs réalisés à partir des premières propositions de Michel Crozier. On en trouvera une première exposition dans l'article « Pouvoir et organisation », *Archives européennes de sociologie*, 5(1), 1964, p. 52-64, et dans *La Société bloquée*, Paris, Seuil, 1970. Nous nous sommes servis en outre des réflexions que Jean-Pierre Worms a présentées au cours d'une série de séminaires au Centre de sociologie des organisations.

(3)   C'est ce qu'a voulu dire le politiste américain Robert A. Dahl en définissant le pouvoir par la « capacité d'une personne A d'obtenir qu'une personne B fasse quelque chose qu'elle n'aurait pas fait sans l'intervention de A ». Voir R.A. Dahl. « The Concept of Power », *Behavioral Sciences*, n° 2, 1957, p. 210-215 ; et « Power », *Encyclopedia of the Social Sciences*, vol. 12, New York, 1968, p. 405-415. La séduisante simplicité d'une telle définition ne doit cependant pas cacher ses lacunes évidentes, et notamment : l'impossibilité d'une telle définition de distinguer entre pouvoir intentionnel et influence à l'insu d'un des protagonistes, la méconnaissance de la spécificité du pouvoir

de *A* selon l'action demandée, enfin le biais très sensible dans le sens d'une perspective de « détention » du pouvoir considéré encore comme un attribut des acteurs.

(4)   On pourrait aussi renverser la proposition et dire qu'entrer en relation avec quelqu'un, c'est — de façon plus ou moins explicite selon les cas — mettre en œuvre une relation de pouvoir.

(5)   Nous y reviendrons plus loin. Remarquons simplement qu'il ne s'agit pas bien entendu d'une relation abstraite, mais d'une relation en situation, donc contingente aux acteurs et à la structure dans laquelle ils agissent.

(6)   Cet aspect de « dépendance », voire d'interdépendance, consubstantiel à toute relation de pouvoir, a été justement souligné par R.E. Emerson, « Power-Dependence Relations », *American Sociological Review*, vol. 27, 1962, p. 31-41.

(7)   La capacité de vivre des relations de pouvoir constitue un des aspects centraux de la capacité relationnelle des individus.

(8)   D. Wrong. « Some Problems in Defining Social Power », *American Journal of Sociology*, vol. 73, 1968, p. 673-681.

(9)   C'est-à-dire qu'un des acteurs ajuste son comportement d'avance aux souhaits perçus ou simplement anticipés de l'autre.

(10)   Ce sont aussi ces effets de domination que visent Bachrach et Baratz à travers leur concept de « non-décisions ». S'insérant dans la *Community power debate*, controverse qui s'est développée aux États-Unis au début des années soixante à partir notamment des livres de R. Dahl. *Who Governs ?*, New Haven, Yale University Press, 1961, et de C.W. Mills. *The Power Elite*, New York, Oxford University Press, 1956, ils argumentent que la structure de pouvoir d'une collectivité ne peut sérieusement être étudiée à travers seulement l'analyse des décisions effectivement prises. On doit aussi tenir compte de « non-décisions », dans la mesure même où le pouvoir de certains groupes se manifeste non pas dans ce qu'ils sont capables d'accomplir, mais surtout dans ce qu'ils sont capables de bloquer, c'est-à-dire dans leur capacité de produire ou d'obtenir des « non-décisions » sur certains thèmes ou dans certains domaines de l'action publique. Voir P. Bachrach et M.S. Baratz. « Two Faces of Power », *American Political Science Review*, vol. 56, 1962, p. 947-952 ; et « Decisions and Non-Decisions : An Analytical Framework », *American Political Science Review*, vol. 57, 1963, p. 632-642. Pour intéressante que soit cette distinction, l'apport de cette contribution à une compréhension nouvelle du phénomène de pouvoir nous semble limité par le glissement très sensible déjà mentionné — et d'ailleurs sous-jacent à l'ensemble de la controverse autour de la *community power* — vers une perspective de « détention » du pouvoir considéré peu ou prou comme un attribut des acteurs. Paradoxalement, une telle perspective empêche de poser véritablement le problème de la *surdétermination structurelle* de l'exercice du pouvoir — *donc du pouvoir en tant que relation —*, surdétermination que les auteurs visent précisément à souligner à travers le concept de «non-décisions ».

(11)   Exister revient ainsi à rentrer dans un champ de pouvoir, puisque je ne peux exister qu'en marchandant aux autres ma volonté de faire ce qu'ils me demandent, ou en ne répondant pas aux « attentes » qu'ils ont à mon égard. L'accès à des sources de pouvoir, c'est-à-dire à des possibilités alternatives de comportement, et l'*utilisation effective* de ces possibilités se révèlent ainsi comme pré-condition non seulement de tout rapport à l'autre, mais aussi de tout processus de personnalisation, d'accès à l'identité.

(12)   C'est précisément l'étude du pouvoir en tant que relation qui oblige à remonter aux surdéterminations situationnelles et structurelles qui seules peuvent expliquer le déroulement des relations de pouvoir observées. Le pouvoir conceptualisé comme relation devient ainsi un instrument de recherche permettant d'explorer et d'analyser les situa-

tions respectives des acteurs ainsi que les règles structurelles qui régissent leurs transactions.

(13)   Ce point a été souligné et argumenté avec force par T.C. Schelling lorsqu'il plaide pour l'abandon du postulat de symétrie dans la théorie des jeux ; voir T.C. Schelling. *The Strategy of Conflict*, Cambridge, Mass., Harvard University Press, 1960, notamment Appendice B, p. 267-290 (éd. 1973, Oxford University Press Paperback).

(14)   T.C. Schelling. *Op. cit.*

(15)   Il s'agit d'une tentative d'extension de la théorie des jeux à des jeux « mixtes » (conflit— négociation) à somme non nulle.

(16)   En réintroduisant dans ses analyses des stratégies incluant et utilisant le hasard, c'est-à- dire des stratégies où les promesses faites ou les menaces proférées sont atténuées par leur caractère conditionnel, Schelling nuance lui-même son raisonnement en accordant de nouveau une place centrale à la manipulation par chacun des partenaires- adversaires, de leur propre marge de liberté et de celle de l'autre. Voir T.C. Schelling. *Op. cit.*, notamment 3e partie, « Strategy with a Random Ingredient », p. 173-203.

(17)   Elles sont, il est vrai, prédominantes dans les problèmes sur lesquels travaille particuliè- rement Schelling. Il s'intéresse, en effet, à la dynamique des relations internationales dans un contexte d'équilibre de la terreur entre *deux* super-puissances.

(18)   C'est bien là, en fait, l'objet véritable des analyses de Schelling. Son livre s'intéresse aux moyens et stratégies (promesses, menaces, chantages) qui permettent à un acteur d'utili- ser les contraintes structurelles d'une situation pour déplacer le jeu-marchandage- conflit qui l'oppose à l'autre, sur un terrain qui lui est favorable. Et il démontre que se lier les mains est effectivement une stratégie possible — sans toutefois spécifier suffisam- ment les conditons structurelles qui circonscrivent la validité et l'efficacité d'une telle stratégie.

(19)   De toute évidence, de telles transactions s'établissent à l'intérieur des contraintes d'un marché de tels services dont nous ne voulons naturellement pas mettre en question l'existence. Notre raisonnement empirique porte sur la marge de liberté que laisse le marché, et conduit à une réflexion plus générale sur le développement même de tels marchés.

(20)   L'exemple longuement discuté de Schelling est particulièrement éclairant à cet égard.

(21)   Elle peut même devenir le principal atout d'un acteur. En effet, dans une situation de total dénuement, il n'aura plus rien à perdre : le temps lui-même le laisse indifférent. Face à un acteur « pressé », cette indifférence au temps peut devenir l'atout qui lui per- met de retrouver du pouvoir à partir d'une situation de faiblesse.

(22)   Moins on pourra mesurer ses engagements, moins on sera prêt à s'engager : d'où la mise en œuvre de stratégies protectrices bien connues qui s'expriment à travers des compor- tements de « retrait » ou «d'apathie ».

(23)   Comme d'ailleurs une même ressource n'augmente pas de la même façon les « capaci- tés stratégiques » des acteurs. Là comme ailleurs, il existe des processus cumulatifs qui permettent à certains d'utiliser comme ressource ce qui à d'autres n'apportera rien. Là comme ailleurs on « prête plus facilement aux riches ». Bien plus, une même ressource « objective » sera perçue et effectivement mobilisée par certains acteurs, alors qu'elle ne pourra être utilisée par d'autres.

(24)   Capacité susceptible, cette fois, d'une analyse empirique.

(25) Notons que le marché totalement égalitaire sur lequel raisonne la science économique n'est qu'un cas limite, largement théorique d'ailleurs, dans lequel la transaction ne porte que sur l'échange de biens mesurables, sans que les ressources et les possibilités d'action inégales des acteurs puissent être utilisées pour « fausser le marché ». Pour qu'un tel jeu puisse se constituer et se maintenir, on en conviendra aisément, des contraintes très complexes doivent s'exercer. Le marché est un construit.

(26) Ceci ne veut pas dire qu'un acteur ne peut nouer des relations de pouvoir que dans une organisation ; c'est le contraire qui se passe, comme nous l'avons amplement montré. Ceci signifie simplement que, quel que soit le degré de formalisation d'un « ensemble organisé », l'existence de relations de pouvoir est synonyme de l'existence d'un minimum « d'organisation » des rapports entre les hommes.

(27) C'est ce que Hickson *et al.* ont voulu formaliser dans leur *strategic contingency model of intraorganizational power*, dans lequel le pouvoir d'une sous-unité dans une organisation donnée est fonction 1) de sa capacité de maîtriser (*cope with*) une source d'incertitude pour l'organisation ; 2) de la plus ou moins grande substituabilité de cette capacité ; et 3) de sa plus ou moins grande centralité dans l'organisation en question. Voir D.J. Hickson, C.R. Hinings, C.A. Lee, R.E. Schneck et J.M. Pennings. « A Strategic Contingency Theory of Intra-Organizational Power », **Administrative Science Quarterly**, vol. 16, 1971, p. 216-229. Une telle formulation est certainement utile, notamment pour décrire et mesurer la distribution du pouvoir au sein d'une organisation à un moment *t*. Mais là réside aussi sa limite. Car, en traitant ces sources d'incertitude comme des données ou des ressources « objectives », une telle approche néglige de s'interroger sur les conditions de négociations qui définissent les possibilités des sous-unités d'utiliser vraiment le pouvoir que leur confère la maîtrise d'une source d'incertitude, et ne permet guère d'expliquer le fonctionnement d'une organisation à travers la dynamique du système de pouvoir qui la sous-tend.

(28) En d'autres termes, leur « participation » à l'organisation variera en fonction des enjeux qu'ils perçoivent.

(29) L'enjeu peut ainsi se repréciser comme un *moyen* dont plusieurs acteurs ont simultanément besoin pour poursuivre chacun sa stratégie particulière et pour la maîtrise duquel i y aura donc compétition.

(30) S.R. Clegg. **Power, Rule and Domination**, Londres, Routledge and Kegan Paul, The International Library of Sociology, 1975.

(31) Ce qu'on appelle généralement, dans la théorie sociologique, « expertise ».

(32) Bien entendu, cette distinction n'a aucune valeur analytique. Dans la réalité, types de pouvoir et types de zones d'incertitude se trouvent le plus souvent mêlés, parfois inextricablement.

(33) C'est pourquoi l'analyse qualitative prendra toujours le pas dans une telle perspective sur la quantification. C'est ce qui rend aussi très critiquable l'approche de David Hickson et de ses collègues ; voir D.J. Hickson, C.R. Hinings, C.A. Lee, R.E. Schneck et J.M. Pennings. **Op. cit.**

(34) Ce concept a été proposé par H. Jamous dans son étude du processus de décision aboutissant à la réforme des études médicales, dans **Contribution à une sociologie de la décision : la réforme des études médicales et des structures hospitalières**, Paris, Copédith, 1968, chap. XII, p. 290-296.

(35) Cette objectivité n'est en fait qu'apparente, car toutes les tâches, toutes les techniques sont aussi des construits humains.

(36)   Ou tout simplement en transmettant passivement, et sans aucune élaboration propre de leur part, *toutes* les données en leur possession. Le destinataire de ces informations, incapable d'opérer lui-même le tri entre ce qui est important et ce qui l'est moins, incapable aussi souvent de percevoir la véritable signification de ces informations qui lui parviennent pêle-mêle, se trouvera finalement tout aussi paralysé que s'il y avait eu rétention volontaire.

(37)   Ce n'est que dans une telle perspective que l'on peut comprendre la stratégie des directions, ou des supérieurs en général, qui — à travers un mélange de secret et de publicité plus ou moins consciemment dosé — utilisent l'information à leur disposition pour se ménager une marge de manœuvre supplémentaire.

(38)   M. Crozier. *Le Phénomène bureaucratique*, coll. Points, 1964, p. 23-78.

(39)   Dans une analyse très fine, H. Popitz a montré l'importance et les fonctions positives remplies par l'ignorance et le manque de sanction des infractions aux règles juridiques. Voir H. Popitz. *Ueber die Präventivwirkung des Nichtwissens*, Tübingen, Mohr (Recht und Staat 350), 1968. Voir aussi les analyses que A.W. Gouldner consacre aux fonctions des règles bureaucratiques. Voir A.W. Gouldner. *Patterns of Industrial Bureaucracy*, New York, The Free Press of Glencoe, 1954.

Organisation et contrôle du procès de travail[*]

par Stewart Clegg

INTRODUCTION

Le concept de contrôle du procès de travail n'est pas nouveau pour ceux qui étudient les organisations. Dès 1920, Carter Goodrich (1975) étudiait le conflit qui opposait la direction et les travailleurs à propos des zones de pouvoir des uns et des autres. Les directions, à cette époque, tentaient en effet d'accroître leur pouvoir en se basant sur les travaux de F.W. Taylor (1947). Par la suite, l'œuvre de Taylor constitua l'un des grands courants de la théorie des organisations. Depuis, de nombreux autres chercheurs, comme Hickson (1966), ont été d'accord sur l'importance que revêt, sur le plan théorique, la définition de rôles que l'on retrouve au sein d'une organisation. Ces spécifications, qui révèlent le degré d'autonomie, d'indépendance et de liberté que peuvent avoir certains postes par rapport à la direction, constituent elles aussi, implicitement, des éléments du contrôle du procès de travail. Plus récemmment, le concept de contrôle a refait surface de manière plus vigoureuse au sein d'un certain courant de la littérature qui, tout en n'étant pas généralement considéré comme faisant partie du courant théorique dominant, n'est pas dénué d'intérêt pour la théorie des organisations.

Cet article soutient que cette littérature est tout à fait pertinente pour la théorie des organisations car elle met l'accent sur le contrôle du procès de travail en faisant appel à des facteurs qui ont une structure historique, c'est-à-dire à des variables qui se modifient à la fois dans le temps et dans l'espace. Lorsqu'on analyse une organisation, il semble en effet plus approprié de l'étudier dans son ensemble plutôt que de s'en tenir à la définition de rôles individuels. Étudier l'organisation dans son ensemble offre une perspective bien plus élaborée qu'une simple définition de rôles. Bien que les

---

[*] Traduit de : CLEGG, S. « Organization and Control », *Administrative Science Quarterly*, 26(4), déc. 1981, p. 545-562.
Reproduit avec la permission d'*Administrative Science Quarterly* (1985).

organisations soient composées de personnes, celles-ci ne sont pas particulièrement importantes pour l'analyse organisationnelle ; c'est la façon dont elles sont organisées dans un procès de travail spécifique qui est déterminante. Ce procès de travail inclut non seulement l'activité du travail en tant que telle mais aussi tous les outils et les objets sur lesquels on travaille. Ceux-ci peuvent être aussi concrets que des briques, du mortier, une truelle et du ciment, ou encore aussi abstraits que les pensées les plus extravagantes concernant la conception et le design. De l'ouvrier au bas de l'échelle à l'architecte le plus ambitieux, tous les travailleurs sont reliés par leur implication respective dans un procès de travail commun (Marx, 1976, p. 284).

Dans les organisations, le contrôle du procès de travail se réalise à travers des « règles ». Ces règles ne sont pas toujours définies formellement par les membres de l'organisation bien qu'elles puissent l'être. Elles ne dépendent pas de la connaissance que les membres en ont pour être utiles sur le plan analytique. Les « règles » servent à définir la structure qui se cache derrière la façade de la vie organisationnelle, un peu comme les règles de grammaire en linguistique structurale (Chomsky, 1968). Cependant, contrairement à la linguistique structurale, le concept de règles que l'on développe ici est diachronique car l'organisation est bel et bien un produit de son histoire. Les règles constituent les principes organisateurs qui sous-tendent les ruptures décisives que l'on observe dans le procès de travail ou encore les interventions pour contrôler ce procès. Chaque règle représente un principe d'organisation distinct, qui a évolué historiquement et qui s'enracine dans le fonctionnement actuel de l'organisation.

Toutes les organisations n'ont pas le même mode de contrôle ; ce dernier varie également dans le temps et dans l'espace. Aussi, une des questions les plus importantes qui se pose en sociologie est : Quelles sont les conditions d'existence de ces différents modes de contrôle ? Autrement dit, comment différents types d'organisations sont-ils possibles ?

La façon de répondre à cette question définit à la fois le genre de théoricien qui parle et la « conception » théorique qu'il privilégie sur le plan analytique. Le plus souvent, on croit que c'est soit « leur environnement » (Aldrich, 1979), soit le volontarisme des individus (Weick, 1969 ; Silverman, 1970) qui détermine les organisations.

Dans la théorie que nous présentons ici, l'organisation est avant tout vue comme le produit d'agents économiques qui à la fois calculent, commettent des erreurs et participent à l'accumulation historique du capital. Autrement dit, les structures de l'organisation ne sont pas nécessairement déterminées par quelque chose pas plus qu'elles ne s'édifient librement.

LE CONTRÔLE DU PROCÈS DE TRAVAIL

Les conceptions antérieures

Les plus récents travaux concernant l'importance du concept de contrôle du procès de travail se retrouvent éparpillés dans plusieurs domaines qui sont reliés de près ou de loin à la théorie des organisations, par exemple le procès de travail (Braverman, 1974 ; Stark, 1980), l'économie politique du capitalisme américain (Aglietta, 1979), le rôle joué par la nouvelle petite bourgeoisie technique (Gorz, 1972 ; Poulantzas, 1974) et la lutte de classes aux États-Unis (Edwards, 1979). Au sein même de la théorie des organisations, on a assisté à trois réaffirmations récentes de la validité de cette notion (Clegg, 1979 ; Salaman, 1979 ; Clegg et Dunkerley, 1980). Toutes ces prises de position ou presque s'inspirent de Marx (1976) et de Braverman (1974).

Marx qualifiait le procès par lequel le capital accroît son contrôle sur le travail de passage de la subordination « formelle » à la subordination « réelle ». Au début du mode de production capitaliste, au moment où le travail produit encore une plus-value grâce à des méthodes et des qualifications encore traditionnelles, le problème majeur qui se pose aux capitalistes est de savoir comment s'approprier le plus possible la valeur de ce travail. En l'absence de technologies qui en augmentent la productivité, les limites à l'accumulation de la plus-value sont les limites *absolues* de la journée de travail (de là, les nombreux chapitres du **Capital** concernant la lutte pour réduire la durée de travail quotidien). Sans de nouvelles technologies, l'accumulation d'une plus-value additionnelle ne peut se faire qu'en allongeant la journée de travail ou encore en l'intensifiant. Au début du capitalisme, les travailleurs possèdent encore les méthodes de production alors que les capitalistes se sont approprié les moyens de production ; le contrôle du capital sur le procès de travail demeure encore « formel ».

La « subordination réelle » survient avec le développement du procès de production spécifiquement capitaliste qui vient éroder l'autonomie de l'ouvrier et diminuer le contrôle qu'il exerce sur les méthodes traditionnelles de production. Le développement de la subordination réelle augmente les possibilités d'accumulation de plus-value. Les possibilités ne sont plus limitées de façon absolue par la durée et l'intensité de la journée de travail ; elles se voient considérablement accrues par l'extraction d'une plus-value *relative*. Sous sa forme moderne, cette exploitation relative de la force de travail repose à la fois sur l'intensification du travail et sur l'augmentation de la productivité. Cela se réalise non seulement grâce à l'utilisation de technologie mais aussi grâce au développement à la fois d'une organisation complexe de travailleurs spécialisés et d'un appareil organisationnel qui appuie la domination objective de la machine.

Le contrôle et le pouvoir

Claus Offe (1976) a beaucoup contribué à améliorer la compréhension de cet appareil organisationnel. Il soutient que le modèle bureaucratique de Max Weber (1968) décrit ce que lui-même présente comme « une organisation aux tâches non fragmentées » et au sein de laquelle les différenciations à la fois fonctionnelle et hiérarchique coïncident[1]. Historiquement, à la suite de l'application croissante de technique à la technologie, le travail est devenu de plus en plus spécialisé. Une des conséquences de cette spécialisation accrue a été selon Offe de faire apparaître « une organisation caractérisée par une fragmentation des tâches », parallèle à l'autorité hiérarchique rationnelle légale ; toutes deux constituent des exemples de « différenciation fonctionnelle ». Offe remarque aussi que « la différenciation hiérarchique et la différenciation fonctionnelle produisent toutes les deux des systèmes de rôles qui, au cours du développement industriel, peuvent devenir indépendants les uns des autres » (Offe, 1976, p. 24-25).

Dans l'organisation dont l'arrangement des tâches est non fragmenté, il y a une relation entre différents postes hiérarchiques « de sorte qu'il existe un grand nombre de règles techniques à l'égard desquelles on exige une égale obéissance de la part de tous les membres de l'organisation ». Un poste supérieur dominera un poste subordonné « grâce à une plus grande maîtrise des règles et grâce à une habileté, à une reconnaissance et à une expérience plus grandes de la production ». Les règles auxquelles un subordonné doit obéir deviendront les éléments qui définissent intégralement le rôle du supérieur. L'exemple que donne Offe de cette structure est « l'organisation du petit atelier artisanal avec sa triple composante hiérarchique du maître, de l'ouvrier et de l'apprenti ». Dans une telle structure, le pouvoir provient directement de la possession et du contrôle des moyens de production, et, par-dessus tout, de la connaissance des méthodes de production. L'exemple donné par Offe n'est toutefois pas typique de la grande organisation moderne et il ne présente pas de problèmes particuliers pour l'analyse. Dans cet exemple, le pouvoir découle de la propriété et du contrôle des ressources clés associées à la production, en l'occurrence des moyens et de la méthode utilisés pour la fabrication.

La séparation qui s'est développée historiquement entre la propriété et le contrôle des moyens de production et la propriété et le contrôle des méthodes peut générer des intérêts et des stratégies qui sont opposés et contradictoires. Le contrôle des méthodes qui s'exerce sur une base individuelle plutôt que collective accentue le problème du « pouvoir ». Dans la théorie des organisations, on définit souvent le pouvoir comme les bases « illégitimes » et « informelles » de contrôle qui tirent leur origine de la connaissance de méthodes de production ou d'habiletés singulières, irremplaçables et centrales à l'organisation (voir Hickson *et al.*, 1971 ; Hinings *et al.*, 1974 ; Clegg, 1975, 1977, 1979). Cette littérature est de nos jours bien connue, l'exemple le plus cité demeurant, bien sûr, celui des ouvriers d'entretien de Crozier (1964). Quand une organisation agit pour réaffirmer son contrôle sur les sources « informelles », « illégitimes », de pouvoir, on peut observer des changements dans les relations professionnelles au sein de l'organisation.

Si le pouvoir peut s'exercer dans certains cas à partir de tels fondements individualistes, il reste qu'il s'exerce la plupart du temps à travers une lutte de classes dans les industries où justement les syndicats et les associations patronales ont tenté de représenter respectivement le contrôle des méthodes et le contrôle des moyens de production sur une base collective. L'exercice du pouvoir au sein d'une telle lutte a pour effet de développer des pratiques comme la cooptation, l'incorporation, la déqualification, l'hyperqualification, la substitution technologique ou encore le rachat d'actions.

On peut par ailleurs arriver à identifier plus systématiquement les effets qu'engendre, structurellement, l'exercice du pouvoir à travers la lutte des classes. Le travail de Carchedi (1977) sur l'identification économique des classes sociales nous permet de bâtir une typologie qui inclut la majorité des écrits sur le sujet. Cette typologie (tableau 1) classe les situations structurellement engendrées selon que les conflits de pouvoir ont une base collective ou individuelle. On obtient la typologie grâce à une classification croisée (voir Baldamus, 1979).

Cette typologie dégage les principaux conflits structurels qui existent au sein des organisations. Ces conflits s'enracinent dans la non-neutralité et dans le caractère fondamentalement idéologique de la division du travail, de la technologie et de la structure de l'organisation. Ces conflits ne sont pas sans avoir des conséquences importantes sur le contrôle du procès de travail en tant que structure plus ou moins légitime d'objectifs, de moyens, et de distribution de ressources (Fox, 1974).

Cette typologie ne tient toutefois pas compte du procès et de l'action. Les conflits et l'exercice du pouvoir s'organisent autour de quelques enjeux pour lesquels les gens jugent valable de lutter : c'est le procès de travail, le lieu où l'on passe la majeure partie de nos vies d'adulte et la source de nos salaires et de nos profits.

Pour introduire les notions de procès et d'action, nous devons rappeler que le passage de la subordination formelle à la subordination réelle est assez problématique. Cette transition est en effet conditionnée, pour ne pas dire déterminée, par la lutte de classes, par l'état du marché du travail (notamment par la situation de l'armée de réserve que constituent les chômeurs), par la tendance à l'accroissement de la composition organique du capital, par la capacité des marchés d'absorber la production additionnelle et, par là même, d'engendrer des profits.

TABLEAU 1 : Représentation schématique des conflits de classe à l'intérieur des organisations

	Classe ouvrière	Nouvelle classe moyenne	Classe dominante
Classe ouvrière	Conflits autour des zones limites, des exclusions d'un atelier fermé, de la division du travail locale, régionale et internationale	Conflits au sujet des gratifications, de la productivité, de la vitesse, par exemple	Conflits entourant la liquidation, la banqueroute, les grèves et le manque de capital, les lock-out, la rationalisation dans la productivité et les accords de pratiques restrictives
Nouvelle classe moyenne		Conflits line—staff, étrangers—personnes de la région, bureaucrates—professionnels	Conflits touchant la dépréciation du procès de travail ne produisant pas de plus-value par l'automation ; la standardisation, par exemple grâce au traitement automatique des données et à d'autres technologies reliées à la micro-informatique
Classe dominante			Conflits concernant la vente, la fusion et la mise en place de trust

Note : Les critères d'identification sont les relations que les différents agents entretiennent vis-à-vis de la production de la valeur et de son appropriation (voir figure 1).

LES LIMITES DE LA PERSPECTIVE MARXISTE DU PROCÈS DE TRAVAIL

L'analyse que Braverman (1974) a faite du développement du procès de travail a été critiquée à maintes reprises à la fois pour avoir négligé les variables qui conditionnent le passage de la subordination formelle à la subordination réelle, notamment la lutte des classes, et pour avoir mis en place une thèse unidimensionnelle et unidirectionnelle de « la déqualification » (voir Palmer, 1975 ; Friedman, 1977 ; Jacoby, 1976 ; Aronowitz, 1978 ;

Coombs, 1978 ; Edwards, 1978 ; Stark, 1980). Braverman a été également critiqué pour avoir développé une conception « romantique » du travail (Cutler, 1978). Stark (1980, p. 89) a récemment émis l'opinion que le travail de Braverman, tout en constituant un « document moral puissant », possède de sérieuses limites, notamment parce qu'il oublie de mettre en évidence « les conflits et les alliances que l'on retrouve à la fois à l'intérieur et entre les organisations, celles-ci étant historiquement constituées et étant le lieu de la formation de classes à travers les différents niveaux de la structure sociale ». À cause de cette absence de focalisation, Braverman condense, simplifie et tronque ce qui était en fait le procès irrégulier du développement du taylorisme (Maier, 1970 ; Palmer, 1975 ; Littler, 1978 ; Stark, 1980). Braverman sous-estime également la « résistance persistante des travailleurs à la rationalisation et les limites réelles qu'ils sont capables d'opposer à toute stratégie managérielle visant à contrôler complètement le procès de travail » (Stark, 1980, p. 92-93).

Si l'existence du procès de déqualification ne fait aucun doute, il est souvent apparu dans un contexte que Gramsci (1971) a appelé « fordisme ». Le fordisme renvoie à la production à la chaîne, ce qui a pour conséquence d'accroître l'interdépendance des travailleurs et ainsi la possibilité qu'ils ont de perturber la production par « des actes individuels de sabotage, une activité collective, ou des formes plus passives de résistance, comme ne pas se présenter au travail » (Stark, 1980, p. 93). Or, cette interdépendance donne justement aux travailleurs un rôle bien plus actif que celui que leur accorde Braverman. Il est également nécessaire de reconsidérer le tableau que ce dernier fait de la classe dominante ; il la voit trop comme ayant une véritable subjectivité lukacsienne, c'est-à-dire comme ayant une « logique capitaliste » pure et homogène (Aronowitz, 1978). Si le Groupe de recherche sur le procès de travail de Brighton (1977) a également remarqué la tendance à la déqualification lors du passage de la subordination formelle à la surbordination réelle, il la situe, contrairement à Braverman, à l'intérieur de la totalité organisationnelle. La déqualification ne serait pas aussi répandue ou uniforme que le suggère Braverman. La main-d'œuvre, les matières premières et les instruments de production peuvent toujours se combiner de plusieurs façons, le capital tentant de contrôler la combinaison. Mais évidemment, puisque le contrôle ne peut jamais être total, tous les rôles ne peuvent être définis de façon exacte et absolue. Le travail autonome et qualifié, en particulier, peut rester une nécessité fonctionnelle, même quand l'organisation est complètement et formellement hiérarchisée. Ce n'est pas chaque aspect du procès de travail qui sera déqualifié ou qui pourra toujours l'être.

La déqualification ne constitue qu'une partie d'un procès plus global de changement social. Parce que certains rôles de travail sont déqualifiés, d'autres sont simultanément « hyperqualifiés ». C'est le cas des tâches administratives et discrétionnaires. La baisse de confiance dans une sphère peut bien entraîner une augmentation de confiance dans une autre (Fox, 1974).

Ces différenciations ne sont pas seulement intra-organisationnelles. Elles deviennent aussi interorganisationnelles et spécifiques à certaines régions à l'intérieur de la division internationale du travail.

L'ORGANISATION EN TANT QUE STRUCTURE EN MOUVEMENT

Récemment, un certain nombre d'auteurs ont conçu l'organisation du procès de travail comme une totalité et une *structure en mouvement*. Selon cette conception, on considère la structure comme évolutive et on met davantage l'accent sur les éléments sociaux qui sont plutôt dynamiques que statiques. Cette conception de l'organisation ouvre la voie à une délimitation des modes de contrôle du procès de travail reliés aux différentes étapes de développement capitaliste dont on peut par ailleurs expliquer la dynamique par l'articulation des contradictions qu'entraîne chaque phase.

L'idée selon laquelle il existe des modes de contrôle qui ne correspondent pas nécessairement à une évolution unidirectionnelle de la déqualification a été pour la première fois mise de l'avant par Edwards (1978). Il a commencé, ce qui est de nos jours classique, par critiquer Braverman tout en reconnaissant son talent. Sa principale critique (p. 110), c'est que « Braverman n'a pas tenu compte du conflit de classes dans son analyse du procès de travail » (Aronowitz (1978) développe habilement ce point dans la même publication du *Insurgent Sociologist*). L'analyse d'Edwards veut donc réintroduire le conflit de classes dans le procès de travail en mettant l'accent sur le développement de systèmes spécifiques de contrôle. Selon lui (1978, p. 112), le contrôle du procès de travail comporte trois objectifs : (1) diriger les tâches ; (2) évaluer le travail réalisé ; et (3) récompenser et punir les travailleurs.

Edwards a identifié trois « façons historiquement importantes et essentiellement bien différentes d'organiser ces trois éléments ». La première, le *contrôle simple*, est directe, ouverte et interpersonnelle ; elle semble correspondre plus ou moins à la notion de contrôle direct, extensif et formel de Simon (1952) (voir Offe, 1976 ; Clegg, 1979, p. 118). Dans la deuxième, soit le *contrôle technique*, « le mécanisme de contrôle est imbriqué dans la technologie utilisée par la firme ». Dans la troisième, soit le *contrôle bureaucratique*, « le contrôle est étroitement inséré dans l'organisation sociale de l'entreprise, dans les relations sociales de production qui s'instituent forcément au point de production ». Le premier mode d'organisation sociale repose sur l'acceptation générale et sur l'emploi du type idéal wébérien (1968) de la bureaucratie rationnelle légale, tandis que le second et le troisième constituent des façons « structurelles » d'organiser le contrôle.

Selon Edwards, le passage du contrôle simple au contrôle technique s'accomplit à partir des efforts que font les employeurs pour contrôler le conflit qui surgit dans les aires de production ; le passage du contrôle simple au contrôle bureaucratique, lui, se développe à partir d'efforts similaires pour contrôler le conflit qui surgit au niveau administratif. Or, de telles simplifications ne sont plus possibles aujourd'hui parce que le contrôle technique n'est jamais total et que le travail administratif revêt de plus en plus un caractère industriel (Edwards, 1978). De plus, ce n'est plus seulement les employeurs, mais aussi les syndicats qui participent et maîtrisent maintenant les formes contemporaines de contrôle bureaucratique (Edwards, 1979).

Dans l'analyse d'Edwards, on reconnaît donc clairement une logique évolutionniste. Par exemple, on n'a qu'à penser à son affirmation selon laquelle les transformations de l'entreprise sont à la fois le reflet et la cause d'une réorganisation plus large : le développement du capitalisme monopolistique, qui n'est lui-même qu'une réponse à la force motrice de l'accumulation du capital. En fait, Edwards soutient que « chaque mode de contrôle correspond à une étape définie du développement des firmes « représentatives » ou importantes, et donc qu'un ensemble de systèmes de contrôle caractérise chaque étape du capitalisme » (1978, p. 112). Le développement de ces systèmes de contrôle se fait de façon irrégulière dans les différents secteurs de l'économie.

En dépit de son intérêt, la thèse d'Edwards (1978) renferme quelques lacunes. La plus significative est qu'il n'a pas su concevoir adéquatement l'organisation comme *une unité complexe* comprenant des modes de contrôle distincts ; il identifie tout simplement les trois modes selon une logique évolutionniste. De plus, bien qu'Edwards fasse une distinction entre les secteurs monopolistes et les secteurs compétitifs d'une économie moderne, cette distinction demeure peu réaliste, en grande partie parce que le rôle de l'État n'y est pas considéré.

La principale contribution d'Aglietta (1979) a été justement sa tentative de relier le type d'histoire concrète mis de l'avant par Edwards à une analyse plus rigoureuse des lois qui gouvernent le procès d'accumulation capitaliste et les modifications qui s'ensuivent dans les modes de contrôle. Cela l'a amené à soutenir l'idée que le procès de travail est une unité complexe qui est elle-même une « structure en mouvement ». Autrement dit, l'idée centrale d'Aglietta est que les changements que l'on observe dans la régulation des formes structurelles sont conditionnés par les crises. Davis (1978, p. 212) a déjà décrit les crises comme des « ruptures créatives » dans la continuité de la reproduction des relations sociales, crises qui conduisent à une restructuration sous de nouvelles formes. Des structures comme les organisations constituent des ensembles de relations sociales complexes qui sont eux-mêmes des produits historiques à la fois de la lutte des classes et des cycles changeants de l'accumulation du capital. Reconnaissant cette parenté, Davis a donc proposé une succession périodique de régimes intra-organisationnels qui correspond aux « longs cycles » de Kondratieff (Davis, 1978, p. 259 ; voir aussi Mandel, 1975, et Barr, 1979). Les changements majeurs dans l'organisation du travail reposent ainsi sur une conception de l'évolution historiquement rationnelle. Ces changements constituent des réponses données par certains groupes économiques dominants (c.-à-d. des coalitions) au sein des organisations à des variations dans les conditions d'accumulation. Afin d'essayer de revenir à des conditions plus profitables, ces agents économiques effectuent une réorganisation. Ils expérimentent de nouveaux principes d'organisation, les adoptent et, par la suite, les acceptent comme des règles associées à des aspects particuliers de procès spécifiques de travail. La genèse et l'adoption de ces règles ne sont pas fortuites, elles sont conditionnées par les cycles longs de l'activité économique.

LE CONTRÔLE ET LA STRUCTURE

Une théorie spécifique et réaliste de la contestation du contrôle du procès de travail et de la lutte de classes exige une conception plus complexe des effets que l'organisation peut entraîner. Tout d'abord, elle exige une représentation d'un structurant spatial des relations de production qui ne soit pas simplement physique mais qui soit surtout social. Les organisations sont les lieux mêmes des rapports sociaux de production où se constitue la structure de classes. Plusieurs types et différents niveaux d'organisations se construisent à divers niveaux de la structure de classes. En conséquence, différents types de contrôle tendent à évoluer selon des relations spécifiques à plusieurs niveaux de la structure de classes, tant d'un point de vue intra-organisationnel qu'interorganisationnel. Au sein même de l'organisation, des règles de contrôle se développent à différents moments de l'histoire de la complexité fonctionnelle. Les règles initiales peuvent persister à certains niveaux de l'organisation, malgré la mise en place de nouvelles règles plus complexes. On peut représenter cet ensemble de règles comme des séries superposées. De la même façon que dans la réalité sociale, l'articulation des relations entre les différents niveaux peut produire non seulement des conséquences imprévues mais aussi des contradictions. Les séries de règles se maintiennent dans une interrelation dynamique. La métaphore la plus apte à représenter ce phénomène nous vient de la géologie : la sédimentation.

Les couches sédimentaires (ou strates) fournissent un témoignage de l'évolution historique des structures. Les classes constituent en quelque sorte les strates de la société. On peut les représenter sous une forme idéale et abstraite par une série de catégories distinctes, décrites à la figure 1. Les définitions de la classe ouvrière, de la classe moyenne et de la classe dominante sont fonction des relations à la valeur que l'on accorde à chaque catégorie ; elles comprennent aussi une description simple du champ professionnel. Dans la figure, les classes se retrouvent sur l'axe horizontal. L'histoire concrète des stratégies organisationnelles, des techniques administratives et des pratiques fournit les coordonnées temporelles de l'axe vertical, c'est-à-dire les règles et les façons de formuler les ruptures et les interventions décisives dans les principes d'organisation. Lorsqu'elles sont prédominantes, ces règles peuvent être reliées à des cycles longs de l'économie mondiale. Certaines d'entre elles deviennent dominantes à une période donnée parce qu'elles constituent des stratégies appropriées aux possibilités conjoncturelles d'accumulation. Les décisions peuvent être prises soit à l'intérieur, soit hors de l'organisation concernée. Le lieu est moins important que les effets que l'on peut observer sur le plan des rapports sociaux de production. Ces effets contribuent à la structure de l'organisation en introduisant différentes règles de contrôle. C'est ainsi que la fragmentation du travail peut se développer.

La figure est une matrice ; la série échelonnée diagonalement représente le niveau de la structure de classes à partir duquel les règles fonctionnent plus particulièrement. Tout en étant historiques quant à leur conception, ces règles persistent et se maintiennent à différents niveaux de l'organisation. Les modifications que l'on observe dans les stratégies, les techniques et les pratiques administratives transforment l'organisation aux tâches fragmentées. Plusieurs interventions sont spécifiques à certains niveaux de la structure de classes comme elle est produite, reproduite et transformée dans les structures de l'organisation. Si ces interventions ont leurs moments forts, elles peuvent persister et durer comme résidus de pratiques antérieures. Je considère que ces règles en quelque sorte filtrent ce qui est décrété pour l'organisation, c'est la raison pour laquelle je les appelle des *règles de sélection sédimentées*.

Le rôle de l'État en tant qu'agent principal de la vie organisationnelle, qui établit, définit et fait observer les règles, n'a pas non plus été oublié. Au cours du dernier après-guerre, avec l'économie « dirigée » post-keynésienne, l'État est devenu dominant, en particulier dans le secteur monopolistique et, naturellement, dans le secteur du capitalisme d'État (voir Clegg et Dunkerley, 1980, chap. 13). Si les politiques gouvernementales ont des répercussions à tous les niveaux de l'organisation, les interventions spécifiques de l'État ont aussi des effets particuliers à des niveaux spécifiques.

Enfin, puisque nous avons affaire à une structure sédimentée, nous devons observer les relations entre les niveaux. Dans la figure, elles sont représentées par les lignes pointillées qui décrivent celles qui existent entre les règles. Par exemple, le double marché du travail engendre un travail mal rémunéré qui peut servir à travers l'organisation même du travail à déqualifier les éléments les plus complexes du procès de travail ; une telle déqualification, en particulier dans les situations de plein emploi, peut entraîner des problèmes comme l'absentéisme et le roulement du personnel. On y remédie généralement par l'enrichissement des tâches, dont les principes font aujourd'hui partie de l'idéologie dominante que l'on retrouve dans la théorie des organisations enseignée dans les écoles de gestion. Les étudiants de ces écoles proviennent surtout des couches sociales appartenant aux secteurs des capitalismes d'État et de monopole, et ils se forment grâce à des études de cas portant sur des problèmes organisationnels spécifiques. Les étudiants qui survivent à la lutte pour les postes administratifs constituent alors le lien entre l'État (comme régulateur et comme marché) et le capital monopoliste.

FIGURE 1 : **La structure sédimentée des règles de sélection**

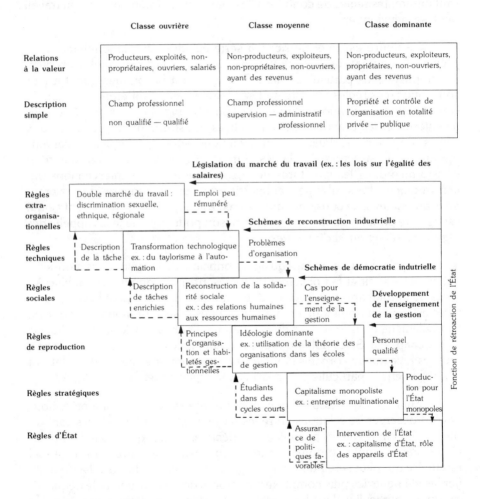

Note : Le schéma est une matrice diagonale. Les séries échelonnées représentent l'intersection des types de règles et des niveaux de structure de classes dans l'organisation. Les lignes pointillées représentent l'articulation entre les niveaux tandis que les lignes pleines représentent le rôle de l'État.

La sédimentation des règles de sélection et les cycles longs de l'économie

On peut caractériser toute une époque par la rapidité ou la lenteur de son accumulation, accumulation qui dépend du taux de profit. Un taux de profit accru conduit à une accumulation relativement rapide. Le lien entre les périodes d'accumulation rapide et celles d'accumulation lente est constitué par la succession de « cycles longs d'accumulation accélérée et décélérée, eux-mêmes déterminés par les cycles longs dans la hausse et la baisse du taux de profit » (Mandel, 1975, p. 129). La phase de développement d'un cycle long survient lorsque le taux de profit s'élève grâce à des facteurs qui diminuent la composition organique du capital ou qui augmentent le taux de plus-value. Quand ces facteurs disparaissent, le taux de profit commence à chuter à cause de changements défavorables soit dans la composition organique du capital, soit dans le taux de plus-value. Le cycle long reprend de l'expansion quand le taux de profit s'élève à nouveau radicalement grâce à une nouvelle combinaison favorable de facteurs. Si les nouvelles technologies, en particulier la technologie associée à l'énergie, jouent le rôle principal dans ces revirements, il ne faudrait pas oublier cependant, comme Rowthorn (1976, p. 64) l'a souligné, le rôle que jouent également les technologies sociales de contrôle dans ces cycles. Un exemple de technologie sociale est l'adoption générale de pratiques spécifiques d'organisation. On peut alors poser certaines hypothèses pour l'analyse de l'organisation.

C'est ainsi que nous pouvons distinguer, au cours des cent dernières années, les principaux cycles longs du développement capitaliste. La dépression générale qui persista du début des années 1870 jusqu'au milieu des années 1890, marqua la récession d'un cycle long ; une expansion survint à partir du milieu des années 1890 et dura jusqu'à la Première Guerre mondiale. La seconde récession persista des années 1920 au début de la Seconde Guerre mondiale, cette dernière marquant un renouvellement accéléré de l'accumulation qui se maintint jusqu'à la fin des années 1960. Depuis lors, nous sommes manifestement dans une période de récession.

Chaque période d'expansion et d'accumulation a vu l'émergence d'institutions qui ont joué un rôle et qui ont marqué l'organisation du procès de travail. Ces institutions ont été les déterminants majeurs du renouvellement de l'accumulation et, comme le montre la figure, elles se sont historiquement superposées.

La phase d'expansion qui débuta dans les années 1890 a coïncidé avec les premières applications de théories formelles de l'organisation au procès de travail. Une de ces théories était la direction scientifique de F.W. Taylor (1947). Le développement de la gestion scientifique dépendit également d'un certain nombre d'innovations technologiques révolutionnaires. En particulier, il devint possible grâce à l'arrivée de l'électricité qui fournit l'énergie nécessaire à de nouvelles technologies de production telles que les machines-outils. De telles innovations ont constitué les bases technologiques qui sont venues éroder l'artisanat et les habiletés individuelles. Cette érosion, manœuvre tactique dans la lutte de classes, fut facilitée par l'application du système Taylor, tout d'abord dans les aciéries et ensuite de façon plus générale. Les interventions de ce type peuvent être considérées comme des règles techniques, puisqu'elles privilégient avant tout le pouvoir de la technique sur la volonté du travailleur.

À cause de l'émiettement, de la simplification et de la déqualification de plus en plus grandes des tâches (rendu possible par des innovations comme celle de Taylor), le procès de travail capitaliste a pu absorber un grand nombre de recrues inexpérimentées durant la Première Guerre mondiale. Parmi celles-ci, on remarque tout particulièrement des femmes[2], des jeunes et des paysans âgés qui, par leur subordination réelle au procès de travail, pouvaient être rapidement introduits dans ces nouvelles formes d'organisation. Au cours de l'après-guerre, cette simplification taylorienne du procès de travail s'étendit des ateliers aux bureaux, là où la main-d'œuvre féminine constituait de plus en plus une force de travail bon marché et sans qualification.

Durant la dépression de l'Entre-deux-guerres, la montée de la simplification et l'accroissement du caractère routinier du travail de bureau ont été une des causes majeures de l'augmentation de l'efficacité du capital. Cette augmentation accoucha d'un procès de travail plus homogène et d'une force de travail moins qualifiée et moins différenciée que l'on se mit à recruter au sein des marchés du travail de plus en plus distincts. Les principaux facteurs de différenciation tels que l'origine ethnique et le sexe, furent utilisés pour institutionnaliser à la fois les différences dans les qualifications et dans les salaires. Cette forme de segmentation du marché du travail découle directement de l'exploitation de divisions extra-organisationnelles déjà existantes ; on peut les qualifier de *règles extra-organisationnelles* (Clegg, 1979).

Toutefois, l'économie globale ne se résume pas à l'entreprise individuelle ou à l'organisation. L'économie de plein emploi durant la Seconde Guerre mondiale et la longue prospérité de l'après-guerre ont causé certains problèmes à l'organisation et au contrôle du procès de travail dans les entreprises. Particulièrement, les économies de la guerre et de l'après-guerre ont réduit le rôle joué traditionnellement par l'armée de réserve des chômeurs qui facilitait la domination coercitive et, ainsi, l'équilibre du pouvoir s'est mis à basculer. Dans les études de Mayo (1975), l'effondrement de la solidarité sociale et l'articulation du mouvement des relations humaines aux ressources humaines et à l'humanisation du travail qui s'ensuivit durant la longue prospérité d'après-guerre, sont des phénomènes qui peuvent être vus comme des tentatives de modifier les *règles sociales* de l'organisation, notamment parce qu'il devenait impossible d'utiliser des contrôles plus coercitifs en raison de l'absence d'une armée de réserve de chômeurs.

Une des principales conséquences du plein emploi durant cette même période a été de spécialiser les modes de contrôle du travail qui sont associés à la structure de classes des professions. Friedman (1977) a suggéré que les deux stratégies qualifiées ici de *règles techniques* et de *règles sociales* peuvent s'appliquer au procès de travail, non seulement à différents moments de l'histoire économique du monde (en particulier depuis que son rythme a été modulé par deux guerres mondiales), mais aussi à plusieurs éléments du procès de travail lui-même. C'est ainsi que les règles techniques s'adressent surtout aux travailleurs qui sont les plus éloignés du cœur du procès de travail, c'est-à-dire aux travailleurs qui sont les moins importants sur le plan stratégique ; et les règles sociales tendent à être imposées aux travailleurs qui sont les plus centraux, c'est-à-dire dont les activités sont les plus importantes sur le plan stratégique. Cette stratégie différentielle est une façon de traiter les rigidités engendrées par trois contradictions que l'on retrouve à l'intérieur de chacune des interventions au sein même du procès de travail.

Tout d'abord, il est impossible d'appliquer universellement les règles techniques du taylorisme. Ce ne sont pas tous les travailleurs qui peuvent être déqualifiés, ou qui peuvent devenir des hauts salariés. Dans les deux sphères, des différences doivent être préservées pour que fonctionne la stratégie. Ensuite, un travailleur bien payé n'est pas nécessairement un travailleur heureux. Enfin, un travailleur bien payé n'est pas nécessairement très satisfaisant dans les situations qui exigent de la flexibilité et un certain discernement. Par conséquent, ce sont bel et bien les travailleurs dont les activités sont les plus importantes sur le plan stratégique que la direction cherchera à dominer le plus subtilement possible, c'est-à-dire au moyen de règles sociales.

Cette division de la force de travail peut être renforcée par des *règles extra-organisationnelles* (Clegg, 1979). La spécialisation des modes de contrôle du travail relatif à la structure de classes des professions peut en effet être accentuée par le biais d'une division du travail sexuelle, raciale ou ethnique, dont le principe de division demeure extra-organisationnel. Toutes les tâches qui ne sont pas stratégiquement importantes — en général, celles de position peu élevée, mal payées, et exigeant peu de qualifications à l'embauchage — peuvent se distinguer ultérieurement du reste du procès de travail, ce qui a pour effet de réduire la possibilité que la main-d'œuvre développe une conscience collective d'elle-même *pour* elle-même. Par la même occasion, on réduit la possibilité apparemment contradictoire que le concept de participation puisse devenir un jour un slogan collectif et libérateur. La taylorisation des tâches non stratégiques de l'organisation a d'ailleurs encouragé cette distinction. À cause de leur statut social peu élevé sur le marché du travail, ces tâches non stratégiques tendent à attirer les groupes les plus désavantagés socialement, notamment les groupes envers qui s'exerce une discrimination sexuelle et raciale : les femmes et les minorités ethniques telles que les Noirs ou les nouveaux immigrants. On a observé à maintes reprises que la direction encouragera souvent activement cette distinction en surqualifiant les tâches administratives et les autres fonctions stratégiquement importantes ou en situant les tâches d'administration et de recherche uniquement là où les Blancs mâles et les travailleurs nés dans le pays peuvent aisément les obtenir. Friedman (1977) a soutenu qu'il existe des preuves évidentes « de niveaux de chômage plus élevés chez les Noirs, les immigrants et les femmes, dans plusieurs pays ». On peut citer à l'appui les études d'Edwards, Reich et Weisskopf (1972) et de Castles et Kosack (1973). Ces règles extra-organisationnelles renvoient alors à la structure du marché secondaire de la main-d'œuvre.

Les règles sociales tendent à s'appliquer aux travailleurs de la « nouvelle classe moyenne » (Carchedi, 1977) qui remplissent des fonctions contradictoires de surveillance à la fois comme travailleurs collectifs *et* comme capitalistes. Si cette thèse est juste, nous devrions constater que le contrôle de la classe ouvrière s'appuie soit sur des règles techniques, soit sur des règles extra-organisationnelles, ces dernières s'appliquant, dans une large mesure, par le développement de marchés de travail secondaires pour les travailleurs relativement non qualifiés. Les règles techniques tendent à se développer en relation avec des transformations technologiques comme le taylorisme ou l'automation, procès de travail qui augmentent la plus-value pouvant être obtenue des travailleurs qualifiés. C'est ce phénomène de l'intervention par les règles techniques qui peut engendrer un pouvoir discrétionnaire limité de prise de décisions (comme c'est le cas pour les ouvriers d'entretien de Crozier (1964)). Ces pouvoirs discrétionnaires se retrouvent sédimentés historiquement dans des qualifications artisanales résiduelles qui ont échappé à la rationalisation de la direction scientifique.

Toute organisation fondée sur la production de masse doit ajuster le potentiel de sa main-d'œuvre à la puissance de ses machines pour une utilisation maximale, à cause des caractéristiques économiques de l'usine moderne. Plus une usine moderne est sous-utilisée, plus le coût de production de l'usine sera élevé. Par conséquent, on réalisera une économie de production et une plus grande plus-value en atteignant le niveau maximal de production. Cependant, le marché doit être capable d'absorber cet accroissement de production. Dans une économie de marché, il n'existe « aucune corrélation en soi entre l'accroissement de la production et la capacité effective de la demande d'absorber cette production » (Sohn-Rethel, 1976, p. 31). Donc, quoique les règles techniques et sociales puissent maintenir la productivité, elles ne sont jamais suffisantes en elles-mêmes et, parfois, elles ne sont même pas nécessaires. L'analyse de la nécessité de telles stratégies s'applique donc mieux aux formations sociales capitalistes développées, dans lesquelles le prolétariat national constitue généralement une partie de l'aristocratie internationale du travail. Dans les formations sociales à faible revenu, moins développées — c'est-à-dire celles de la périphérie et de la semi-périphérie de l'économie mondiale — le pouvoir de la classe ouvrière diminue. C'est pour cette raison qu'un grand nombre (l'estimation de Vernon était de 187 en 1973) de firmes multinationales américaines, européennes et japonaises s'installent dans les régions périphériques. En effet, le coût de la main-d'œuvre y est moins élevé, on peut y profiter d'un approvisionnement diversifié pour la production centrale (comme aux États-Unis) et de prix de transfert. Ces firmes, ainsi que Karpik (1977) et Adam (1975) l'ont montré, sont surtout de grandes entreprises technologiques. Cette part du contrôle du procès de travail qui n'est pas assurée par leurs échelles de salaires relativement élevées et par l'immense armée de réserve des chômeurs peut souvent être garantie par les politiques du pays d'accueil. Cette assurance repose notamment sur l'existence d'une force de travail soumise qui revendique peu ou pas de pouvoir.

Nous pouvons maintenant considérer les organisations qui fonctionnent surtout dans les États centraux de l'économie mondiale — en particulier, toutes ces organisations qui sont nées de l'expansion du cycle d'accumulation de l'après-guerre. Ce phénomène s'est développé grâce à un grand nombre d'inventions destinées à la production et à l'emploi de l'énergie durant la période de l'Entre-deux-guerres. Ces inventions furent associées en particulier à l'industrie automobile (la prospérité d'après-guerre est d'ailleurs souvent appelée « l'âge du moteur à combustion interne ») ; également, le développement des grandes industries électroniques plastiques influence la consommation de masse. Dans ces secteurs, les firmes principales sont surtout des organisations capitalistes monopolistes. La domination accrue du capitalisme technologique et d'autres formes de capitalisme monopolistique durant la prospérité d'après-guerre a nécessité une nouveau type d'intervention dans les organisations, que nous pouvons appeler les *règles stratégiques*. Celles-ci interviennent à la fois dans la production et dans la circulation des produits. (En revanche, les règles sociales et les règles techniques n'interviennent que dans la production des biens ; ce sont des interventions unidimensionnelles qui nécessitent plus tard l'intervention de règles stratégiques.)

Les interventions intra-organisationnelles dans la production doivent être soutenues et appuyées par des règles stratégiques, c'est-à-dire par des interventions sur le marché afin d'exercer un contrôle rationnel (Sohn-Rethel, 1976, p. 32 ; voir aussi Baran et Sweezy, 1966). La signification qui se rattache à cette capacité qu'ont les organisations de planifier devient particulièrement évidente quand nous voyons que durant les années 1970-1971, les organisations multinationales contrôlaient 20 % de la production industrielle du monde capitaliste et 30 % du commerce mondial. Au même moment, elles possédaient trois fois plus d'or et de réserves monétaires que les États-Unis (Mandel, 1975, p. 23). On a même prédit que, d'ici à la fin de ce siècle, entre 200 et 300 multinationales contrôleraient 75 % des avoirs privés du monde capitaliste (Wheelwright, 1974).

Deux aspects de la domination des entreprises dépendent directement des problèmes du contrôle. Le premier aspect réside dans le contrôle
qu'exercent les grandes organisations sur les nombreuses nouvelles strates
appartenant à la classe moyenne, comme les directeurs, les cadres et les professionnels intra-organisationnels. Le second aspect réside dans le contrôle
qu'exercent les grandes organisations sur la large strate de la classe
moyenne professionnelle appartenant à l'appareil étatique. Une telle domination implique un rejet de la conception libérale classique des relations
État—marché.

Le développement des organisations à la fois publiques et privées fait
surgir des strates de non-producteurs—exploiteurs—non-propriétaires—ayant
des revenus, qui exercent des contrôles étendus au-delà et à l'intérieur de
l'organisation. Ces agents n'ont pas nécessairement des intérêts matériels
décisifs quant à la propriété (la possession légale) des moyens de production
qu'ils contrôlent. Comment doit-on alors contrôler les moyens de production ? En d'autres termes, d'après la figure, quelles sont les *règles de reproduction* du capitalisme actuel et où se situent-elles ? Nous avons soutenu
ailleurs (Clegg et Dunkerley, 1980) que les écoles de commerce et d'administration constituent les lieux institutionnels par excellence de la reproduction de l'idéologie dominante contemporaine de ce capitalisme tardif (voir
aussi Marceau, Thomas et Whitley, 1978). Cette idéologie dominante a pour
but principal de contrôler les actions des membres de l'organisation qui
jouissent le plus d'autonomie ou encore qui ont les rôles les moins définis et
qui ne sont pas contraints uniquement à des tâches routinières spécifiques.
Comme le soutenaient à la fois Marcuse (1964) et Perrow (1972), ce sont les
administrateurs ayant intériorisé les règles et la rationalité de l'entreprise
grâce au processus de socialisation scolaire qui exercent le plus efficacement
le contrôle du procès de travail.

Enfin, comme on l'a soutenu ailleurs de façon beaucoup plus détaillée (Clegg, 1979 ; Clegg et Dunkerley, 1980), nous devons considérer le rôle
que joue l'État dans le contrôle du procès de travail. On ne peut en effet concevoir l'État comme une organisation politique qui fonctionne parallèlement
à l'économie et en dehors de celle-ci. Ses ressources constituent bel et bien
les principales récompenses pour lesquelles les cadres supérieurs se battent,
corrompent et gagnent. L'État, en définissant, en fabriquant et en renforçant
les règles, structure l'espace dans lequel les organisations fonctionnent. Les
grandes organisations, par leur pouvoir, tentent d'aménager cette structure
pour qu'elle convienne à leurs propres intérêts.

L'État est aussi une source potentielle de protection pour les entreprises capitalistes (voir McCullough et Shannon, 1977). Polanyi (1957) a décrit
deux caractéristiques centrales du système de marché. Tout d'abord, les plus
grands profits vont aux organisations qui possèdent les plus importantes ressources. Il existe donc une pression continuelle vers la monopolisation et

vers la création d'un accès privilégié aux ressources. Ensuite, le système de marché est toujours dynamique ; il comprend donc des risques et des incertitudes pour n'importe quelle organisation puisque de nouvelles demandes et de nouvelles occasions de profit peuvent être continuellement exploitées. Ce dynamisme mine souvent les centres de profit de l'organisation déjà existants. Par la suite, afin de protéger et d'améliorer leur situation, les organisations tentent continuellement de contrôler les contraintes qui sont stratégiques pour leur activité. Les groupes dominants de l'organisation tentent donc d'utiliser l'État pour influencer le marché en fonction de leurs intérêts (Wallerstein, 1974, p. 405) et pour s'assurer aussi des interventions favorables quant à la socialisation des coûts, des risques et des pertes. De plus, l'État est aujourd'hui devenu le plus grand consommateur de la production monopoliste, en particulier dans les domaines de systèmes de défense et d'équipement électronique associé au traitement des données. Dès lors, cette interdépendance de l'État et du capital, en particulier médiatisée par les taxes et l'inflation, peut bel et bien engendrer des « crises fiscales » profondes (O'Connor, 1974) et des « crises de légitimation » (Habermas, 1976).

L'État est donc important autant comme facteur de cohésion que comme « désarticulateur » de la totalité, comme le décrivent les fonctions de rétroaction dans le schéma ci-joint. Ces fonctions peuvent avoir des conséquences prévues ou imprévues. Par exemple, le rapport Crawford (Crawford *et al.*, 1979), un rapport du gouvernement australien sur l'industrie manufacturière, a soutenu que la législation sur l'égalité des salaires (règle extra-organisationnelle) avait accéléré l'adoption de nouvelles technologies (règles techniques). Cette législation a donc exacerbé les conflits industriels et le chômage, ce qui a entraîné des conséquences profondes pour l'État. Autrement dit, les coûts impliqués dans le procès de travail ayant augmenté à cause de la législation sur l'égalité des salaires, les organisations ont tenté de les diminuer en remplaçant les travailleurs par des systèmes automatisés ou technologiquement avancés.

Si les systèmes d'intelligence artificielle peuvent s'apparenter à l'ensemble des innovations technologiques qui ont caractérisé les expansions des cycles longs précédents, leurs effets semblent encore plus dramatiques sur l'organisation et le contrôle du procès de travail. Les premiers cycles longs, dans leur phase ascendante, ont créé de l'emploi. Or aujourd'hui, les données disponibles, bien qu'elles soient peu abondantes, n'offrent pas cette perspective (Hill, 1980). Si les microprocesseurs et la technologie connexe peuvent diminuer considérablement les coûts de production (en réduisant le travail), leur effet sur l'emploi est potentiellement négatif. La diminution de la main-d'œuvre inhérente aux économies avancées ne rétablira pas l'ensemble de la demande effective tant que le revenu sera distribué aux individus selon leur activité économique. Rétablir le plein emploi exige aujourd'hui de répartir le revenu de façon sociale, sur la base d'une redistribution massive des occcasions d'emploi devenues de plus en plus rares. Cette redistribution implique de changer les horaires de travail, de partager le travail et de restructurer radicalement le procès de travail à partir de principes différents de ceux qui sous-tendent les « règles » dont nous avons parlé précédemment. La prise de décisions devrait donc abandonner les critères intra-organisationnels privés pour adopter des critères sociétaux. Une telle transformation s'accomplira difficilement à travers les formes actuellement existantes, qu'elles soient privées ou publiques.

CONCLUSION

Tout au long de cet article, nous avons développé le concept de contrôle du procès de travail en présentant une analyse idéale typique de l'organisation. Un tel concept a l'avantage de suggérer de nouvelles relations et de nouveaux modèles à tous ceux qui étudient le phénomène organisationnel. Un énorme potentiel d'unification théorique semble également rattaché à ce concept, en particulier parce que les phénomènes à la fois « macro » et « micro » peuvent être développés conjointement à l'intérieur du même schéma. Quel type de recherche peut donc ressortir de cet exercice de classification et de développement conceptuels ?

Notre argumentation est double : d'une part, les organisations se sont construites à partir de différents modes de contrôle de leur procès de travail ; d'autre part, différents modes de contrôle se retrouvent à différents niveaux de la structure de classes dans les organisations. Le contrôle intensif caractérise les membres des classes défavorisées, le contrôle interne caractérise les membres de la classe moyenne, et le contrôle extensif est spécifique aux membres de la classe dominante.

Certes, cet exercice est demeuré très abstrait, n'offrant qu'un simple relevé des complexités que l'on peut rencontrer concrètement dans l'organisation et qui demeurent ouvertes à un examen empirique rigoureux. Pour jeter un pont entre l'organisation en tant qu'abstraction théorique et l'organisation comme phénomène concret résistant à l'abstraction, on doit donc faire appel à un niveau d'analyse intermédiaire. Cette analyse intermédiaire doit se centrer sur le développement irrégulier du procès de travail à l'intérieur des organisations, à travers trois dimensions :

1)   le temps (avec les cycles longs comme schémas hypothétiques des ruptures) ;

2)   l'espace (la structure de classes des organisations ; l'emplacement d'organisations dans des régions particulières de l'économie mondiale avec leurs histoires propres) ;

3)   l'économie (le secteur dominant, par exemple le capital monopoliste dans une branche particulière, comme dans l'industrie du charbon).

Alors que l'espace et l'économie constituent les variables dépendantes, la variable indépendante est le temps, cette variable étant mesurée par les modalités qui caractérisent certains cycles longs. Si on maintient constante la branche d'une industrie dans laquelle un secteur particulier du capital domine, la question qui se pose est : Est-ce que les organisations appartenant au secteur dominant montrent les mêmes modèles d'évolution à l'intérieur d'une structure de classes donnée et dans différentes régions de l'économie mondiale ? La théorie de la contingence, qui met l'accent sur la détermination interne par la taille ou sur la détermination externe par l'environnement, aurait tendance à répondre à cette question de façon affirmative. La théorie de la contingence insiste toutefois sur des aspects de l'organisation qui sont très différents de ceux élaborés ici (voir par exemple Lammers et Hickson, 1979, en particulier « Conclusions »).

À notre avis, l'effort de recherche devrait principalement porter sur deux aspects. Le premier, à partir d'une analyse des matériaux d'archives tirés d'un échantillon d'organisations qui appartiennent à une branche industrielle particulière, consisterait à bâtir un modèle idéal typique des ruptures majeures observées dans les règles de contrôle organisationnel. À cet égard, on doit considérer le travail de Clawson (1980) comme un jalon important, en particulier pour avoir mis l'accent sur la façon dont les choix des acteurs clés organisationnels sont conditionnés par les impératifs de la lutte de classes (à savoir l'accumulation de plus-value par la classe dominante et la résistance de la classe ouvrière à l'accroissement du contrôle).

Le deuxième aspect de la recherche serait de type continu. Il est clair que nous entrons dans un âge d'incertitude en ce qui concerne la structure des organisations. Les développements technologiques tels que l'ensemble des innovations que l'on retrouve dans les systèmes d'intelligence artificielle semblent prêts de produire des organisations très différentes et qui auront certainement des effets politiques imprévus. Pendant la prochaine décennie, la recherche pourrait donc considérer la portée des options possibles en matière de structure organisationnelle au sein d'industries spécifiques, par exemple en enquêtant sur les syndicats, l'administration et l'État. Ces résultats pourraient être très utilement comparés à la portée des décisions actuellement mises en pratique au niveau de l'organisation.

La première phase pourrait conduire à une révision de l'analyse de l'organisation, en particulier parce qu'elle pourrait confirmer la « sédimentation » des modes de contrôle empiriquement découverte par Burawoy (1979). La théorie de l'organisation devrait alors prendre conscience que la réalité doit être comprise comme ontogénétique tout autant qu'en fonction de sa taille ou de son environnement. La seconde phase devrait resituer l'analyse de l'organisation, ou au moins certains de ses aspects, à l'intérieur d'un schéma qui serait beaucoup plus explicitement politique. À cet égard, nous bénéficions déjà de l'étude historique de Marglin (1974) et de l'analyse de Sampson (1976) du développement structurel de l'industrie pétrolière, celle-ci portant sur une organisation contemporaine.

Un tel schéma exige un développement considérable de l'analyse des organisations. Néanmoins, comme cet article a cherché à le démontrer, il existe déjà un corps substantiel de travaux qui, bien qu'encore largement inconnus des théoriciens de l'organisation, offrent un potentiel intéressant à la fois pour de futures constructions théoriques et pour le travail empirique.

Notes

(1)   On doit présumer une probabilité égale d'accès ouvert à tous les niveaux de la bureaucratie sur la base d'un concours. Évidemment, une fois qu'on introduit les variables de classe, de race, d'ethnie et de sexe d'une population, la structure devient plus discontinue.

(2)   C'était vrai au moins au Royaume-Uni. Aux États-Unis, où l'immigration jouait un rôle important en atténuant les pénuries de main-d'œuvre et en limitant le pouvoir de la classe ouvrière, ce phénomène fut beaucoup moins significatif.

PARTIE VI
La culture
et les idéologies

La culture d'entreprise : facteur de performance[*]

par Nadine Lemaître

Nadine Lemaître se propose ici d'examiner quel est le rôle de la culture dans le fonctionnement d'une entreprise, si et comment la culture est une dimension « gérable » d'une organisation, et enfin quelles relations pourraient être établies entre l'existence d'une culture forte et la performance économique.

Le concept de « culture des organisations », objet d'attention croissante dans des milieux divers, intéresse les théoriciens de l'organisation depuis quelques années déjà. Plus récemment, il est devenu un concept à la mode après que des ouvrages retentissants sur le management japonais (Ouchi, 1982), puis sur les « Excellent Companies » américaines (Pascale et Athos, 1981 ; Peters et Waterman, 1982), aient fait de la culture d'entreprise le principe explicatif du succès de l'économie japonaise et de quelques « happy few » américaines, emmenées par IBM.

LA CULTURE EST UN SYSTÈME DE REPRÉSENTATIONS ET DE VALEURS PARTAGÉES PAR TOUS LES MEMBRES DE L'ENTREPRISE

Cela signifie que chacun, dans l'entreprise, adhère à une vision commune de ce qu'est l'entreprise, de son rôle économique et social, de la place qu'elle occupe par rapport à ses concurrents, de sa mission vis-à-vis de ses clients, de son personnel et de ses actionnaires ...

Outre ces buts « superordinaux », chacun a également une idée précise de son propre rôle dans le système, de ce qui est attendu de lui et de la meilleure manière dont il peut répondre à cette attente. En retour, chacun

---

[*] Tiré de : LEMAÎTRE, N. « La culture d'entreprise : facteur de performance », *Revue internationale de gestion*, sept.-oct. 1984.
Reproduit avec la permission de la *Revue internationale de gestion* (1987).

sait ce qu'il peut attendre de l'entreprise s'il remplit correctement sa mission. Enfin, chacun sait, ou sent confusément, que la sanction de la non-conformité à cet ensemble de normes est l'exclusion « hors du groupe », et que la menace ne vient pas tant de la hiérarchie que des pairs, voire des subalternes.

Ainsi, la culture d'entreprise a deux effets importants :

1) Elle mobilise les énergies et les focalise sur quelques objectifs majeurs : elle fait agir ;

2) Elle canalise les comportements autour d'un certain nombre de normes d'action : elle dirige.

Faire agir et diriger : ce sont bien là les fondements de la gestion des hommes.

La culture joue donc un rôle capital. Est-elle pour autant un « instrument » de gestion ? Il faudrait pour cela que les dirigeants aient la maîtrise du phénomène. Qu'en est-il ?

LA CULTURE D'ENTREPRISE : UN OUTIL DE GESTION ?

La culture est-elle maîtrisable ? Une direction d'entreprise peut-elle choisir et gérer le système de valeurs de ses collaborateurs ? Peu de recherches traitent directement de cette question fondamentale. Mais nombreuses sont celles qui considèrent implicitement la culture comme l'une des dimensions gérables de l'entreprise.

Pour David Dunkerley (Dunkerley et Casey, 1983), cependant, la culture est produite par les négociations des acteurs sociaux. Elle a donc la nature d'une émergence, c'est-à-dire d'un phénomène résultant de l'ensemble des interactions individuelles, sans qu'aucune d'entre elles ne soit déterminante. À ce titre, ce phénomène ne serait pas totalement maîtrisable par un groupe d'acteurs précis.

Cependant, la direction contrôle de fait une grande partie des moyens qui conditionnent[1] la culture d'entreprise : sélection, système de contrôle, système de communication, etc. Elle peut « fabriquer » des héros, créer des légendes, fournir des modèles. Et de fait, quelques célèbres multinationales américaines fournissent des exemples brillants de cultures particulièrement bien contrôlées.

Examinons donc comment, et à quelles conditions, une culture d'entreprise peut être un « outil de management ».

Première condition : l'existence d'une culture d'entreprise

Pour pouvoir être un outil de gestion, il faut d'abord que cette culture existe et soit une culture de « consensus », c'est-à-dire que tout le monde dans l'entreprise ait l'impression d'être à bord du même bateau, ayant sa part de responsabilité dans un jeu où chacun gagne dans la mesure où l'entreprise gagne. Or, si certains dirigeants ont le talent d'être d'abord des rassembleurs, d'autres, managers plutôt que leaders, misent surtout sur la compréhension interne comme facteur de mobilisation de leurs troupes. Harold Geneen, chez ITT, excella dans le genre, avec la réussite que l'on sait, mais aussi avec l'échec qui s'ensuivit, lorsque avec lui disparut le seul commun dénominateur des différentes divisions de l'empire qu'il avait construit (Deal et Kennedy, 1982).

La création d'une éthique d'entreprise est souvent le fait de l'entrepreneur-fondateur. Cette éthique est sienne bien avant qu'il ne crée l'entreprise. Il transmet alors ses valeurs au groupe qu'il choisit et anime. Et le consensus ainsi institué au sein du noyau fondateur s'étend par la suite aux nouveaux venus par les mécanismes d'acculturation que nous verrons plus loin (Schein, 1983).

La mise en œuvre de la culture sociétale

Il est frappant de constater à quel point les principes directeurs qu'affirment certaines entreprises sont en résonnance avec la culture environnante. Ainsi, une entreprise américaine énonce la philosophie suivante (Theys, 1983) :

— le respect des clients présenté comme l'expression de l'utilité collective,

— la satisfaction du personnel comme le respect de l'individu,

— l'excellence professionnelle comme la valorisation de l'effort, de la persévérance,

— le devoir vis-à-vis des actionnaires comme une manifestation d'intégrité.

On voit donc que chacun des énoncés normatifs fondamentaux est directement associé à l'éthique protestante nord-américaine.

Peut-être est-ce précisément là le secret du succès de cette entreprise : elle a su utiliser les valeurs de la société globale comme leviers pour les normes qu'elle souhaitait implanter dans sa propre organisation, en formulant ces normes dans les termes de l'éthique dominante. La même observation semble valoir aussi pour les entreprises japonaises. Il n'y aurait alors pas « maîtrise » de la culture par les dirigeants, mais « mise en œuvre » de la culture dominante dans les principes concrets devant guider l'action quotidienne.

De même, le célèbre slogan « IBM means service » évoque-t-il l'idée que l'entreprise est d'abord au service de ses clients, et ensuite au service de la collectivité. C'est un principe susceptible d'emporter beaucoup mieux l'adhésion du personnel que, par exemple, celui du profit. Il cadre parfaitement avec l'éthique occidentale.

Il s'agit donc ici d'une formulation mobilisatrice des objectifs et des moyens parce que conforme aux valeurs profondes du personnel. C'est l'une des voies ouvertes à la direction des entreprises pour s'assurer un degré élevé d'adhésion de son personnel à la philosophie qu'elle propose. Il importe aussi que ces principes directeurs soient opérationnels, c'est-à-dire qu'ils puissent être mis en œuvre dans le travail quotidien de tous les membres de l'entreprise, du plus bas au plus haut échelon de la hiérarchie. Que ces principes aient des implications concrètes pour tout le monde dans l'entreprise est la meilleure garantie que chacun en est informé et qu'ils sont renforcés par la pratique quotidienne.

La sélection de personnel conforme ou susceptible de se conformer à la philosophie de l'entreprise

En sélectionnant un personnel qui est par avance porteur d'un certain nombre de traits culturels de l'entreprise, on simplifie bien sûr le problème de son adhésion à la culture de cette entreprise. Beaucoup de sociétés ont parmi leurs critères de recrutement ce genre d'indice de conformité préalable, dont l'appréciation est le plus souvent laissée à l'intuition des personnes qui intervieweront le candidat. Bien que capital, ce critère reste souvent implicite. Il n'est pas repris comme tel dans la liste des conditions de recrutement. Ainsi, chez *Morgan Guaranty Trust of New York*, la question ultime avant toute décision de recrutement est : *Is he « Morgan-like » or not ?* Cette question ne s'applique d'ailleurs pas qu'au personnel commercial, en contact avec les clients. Elle est tout aussi importante pour le personnel du « back-office », comme une indication de la capacité du candidat à s'intégrer à la « maison Morgan ».

C'est probablement aussi en ayant ce type de critère à l'esprit que certaines sociétés engagent plus volontiers des membres de la famille de personnel déjà employé, ou des candidats recommandés par des employés de l'entreprise.

D'autre part, il est indubitable que des institutions d'enseignement, comme les *business schools* américaines « moulent » des candidats particulièrement bien préparés à adhérer aux valeurs d'entreprises souvent dirigées par des diplômés des mêmes écoles. Inversement, des entreprises font de certaines universités ou grandes écoles la pépinière de leurs futurs cadres. Elles sont ainsi assurées, non seulement de leur compétence technique mais aussi de leur conformité à un modèle qui correspond déjà en partie à celui de leur personnel.

La formation

Dans certaines entreprises, une part importante de la formation dispensée notamment aux jeunes recrues a pour objectif majeur l'apprentissage des valeurs et représentations propres à l'entreprise. Rendre l'individu conforme au système, lui apprendre à réfléchir suivant certains axes, à prendre en considération certains critères, tels sont les buts plus profonds d'enseignements en apparence techniques ou généraux. Morgan, toujours elle, organise pour ses « trainees » un séminaire de six mois où jeunes Américains, Européens et Asiatiques se retrouvent à New York, logés dans un immeuble de la banque et fréquentant quotidiennement les cours d'une véritable mini-université installée dans les locaux de Wall Street. Pendant leur séjour, ils sont encadrés par une équipe *ad hoc* qui surveille leurs progrès dans la connaissance des arcanes financières et des subtilités de la philosophie maison. Ils ont l'occasion, à plusieurs reprises, de rencontrer l'équipe dirigeante de la banque qui ne manque pas de leur rappeler les valeurs qui y dominent.

Les entreprises qui ont conscience de l'importance de ces facteurs investissent très largement dans la formation de leurs cadres, cette formation devant bien entendu être essentiellement interne, afin d'assurer la reproduction du modèle.

Le système de contrôle

Le système de contrôle de l'entreprise est par nature un système de sanction des résultats et de renforcement des performances. Évalué de manière formelle, le cadre peut perdre de vue les objectifs globaux de l'organisation pour chercher avant tout à optimiser les critères sur lesquels lui-même est évalué. C'est pourquoi il est capital qu'un lien correct existe entre les objectifs globaux et les critères de performances mesurés pour les différentes fonctions, aux différents niveaux de la hiérarchie. Et il est également important que pour les cadres, l'arbre ne cache pas la forêt et qu'ils restent sensibles à la performance globale de l'entreprise (*super ordinate goals*), seul facteur de mobilisation de tous ses membres et dénominateur commun de l'ensemble. Soulignons également qu'à côté du système formel de contrôle et d'appréciation des performances, la direction peut par son comportement en générer un autre qui, tout en restant plus inconscient, peut prendre le pas sur le système formel. Tel ce service d'expédition qui envoyait par priorité les commandes de valeur élevée parce que le directeur financier, préoccupé par sa trésorerie, passait chaque soir pour demander à quel chiffre d'affaires correspondaient les envois du jour. Cette attitude parfaitement compréhensible n'en avait pas moins des répercussions néfastes parce que les commandes de moindre valeur étaient systématiquement envoyées avec retard, ce qui provoquait les récriminations de la clientèle (Centre de gestion scientifique, 1982).

On pourrait multiplier à l'infini les exemples montrant que les dirigeants commandent par leurs comportements mêmes les attitudes de leurs collaborateurs. Les messages qu'ils véhiculent par leurs actions imprègnent plus profondément les consciences que ceux qu'ils adressent dans leurs discours. Ceci nous renvoie à toute la dimension symbolique de la gestion et au rôle du dirigeant en tant que modèle.

La gestion symbolique

Sélection, formation, système de contrôle sont des outils classiques de management, mais ils apparaissent, dans une perspective anthropologique, avoir également des fonctions dans le système culturel de l'organisation.

Les mécanismes que nous allons examiner à présent relèvent plus directement de l'ordre du symbolisme, c'est-à-dire qu'ils sont par excellence des mécanismes de production et de reproduction de la culture ainsi que d'acculturation des nouveaux venus. Nous distinguerons quatre types d'opérations symboliques : le langage, les rites et rituels, les mythes, métaphores et histoires, et enfin, les héros.

Le langage

Le langage fait partie intégrante d'une culture : ces « systèmes formels immergés » (*submerged formal systems*) imposent aux individus qui en sont les dépositaires leurs catégories conceptuelles et leurs schèmes de pensée ; parce qu'ils classent et ordonnent les données de l'expérience sensible, ils modèlent la perception des sujets parlants ; ils découpent et composent des ensembles qui, alors même qu'on les tient pour la réalité objective, ne doivent leurs contours et leurs agencements qu'à la projection de ces catégories inconscientes » (Sapir, 1967).

Parler, c'est donc agir. Parler, c'est modeler la réalité, c'est la forcer à entrer dans les catégories offertes par notre langage. Mais si le langage modèle « la perception des sujets parlants », il est aussi un véhicule des valeurs. Un patron ne suscite pas le même genre de sentiment ou de comportement en parlant de ses « collaborateurs », de ses « employés », ou des « membres de son équipe ». Ces mots peuvent désigner les mêmes personnes, mais ils évoquent des statuts et des relations bien différents, et surtout, ils invitent ces personnes à se comporter conformément à la manière dont ils ont été désignés, c'est-à-dire avec un sens plus ou moins grand de leur responsabilité, de la confiance qui leur est faite, de l'initiative qu'ils peuvent prendre.

À cet égard, le langage utilisé par des dirigeants peut dans certains cas démentir de la façon la plus nette leurs déclarations formelles. Ainsi ce directeur du personnel qui s'inquiétait du peu de souci et de soin qu'apportaient les cadres de son entreprise à l'évaluation de leurs collaborateurs : il jugeait que les entretiens d'appréciation étaient menés à la hâte, sans préparation correcte et sans réelle participation de la part des intéressés, et que les formulaires d'appréciation étaient remplis « n'importe comment ». Lors d'une réunion de travail, il exhiba ledit formulaire en précisant, l'air amusé : « Dans le jargon maison, on appelle ça la feuille à croix ... »

On peut comprendre dès lors que, pressés par le temps et ayant à arbitrer entre diverses priorités, les cadres se soient contentés de « mettre des croix » sur la feuille à cet effet, en ne se préoccupant peut-être pas toujours assez de la cohérence et de la signification des croix en question. Le problème était que la direction faisait de la « feuille à croix » un outil important de la gestion des rémunérations et des carrières de son personnel, mais ne communiquait pas suffisamment cette importance à travers le langage utilisé.

Les rites et rituels

Les rites sont des « pratiques réglées de caractère sacré ou symbolique »[2]. Dans le contexte des organisations, les rites seraient donc des pratiques habituelles, obéissant à certaines règles et procédures formelles ou informelles, et qui seraient empreintes soit d'un symbolisme de référence, c'est-à-dire qu'elles auraient une signification plus large que leur signification première, soit d'un symbolisme de condensation, c'est-à-dire qu'elles revêtiraient pour leurs participants une dimension affective puissante. Ainsi défini, il est clair que toute organisation a son rituel (ensemble des rites). Le monde universitaire n'échappe pas à la règle : cérémonie solennelle de rentrée académique, examens, délibérations et proclamations des résultats, jusqu'aux soutenances de thèses, épreuve initiatique parfois très dure pour le récipiendaire : autant de cérémonies de renouveau et de passage qui sont l'occasion pour la communauté de réaffirmer son identité et les différents statuts de ses membres.

Dans le contexte de l'entreprise, des tentatives d'analyse et de typologies des rites ont été faites. Ainsi I.L. Mangham et S. Fineman (1983), proposent-ils de distinguer parmi l'ensemble des opérations symboliques :

— les rites intégrateurs : initiation, passage et renouveau, fêtes symbolisant la communauté, la cohésion, l'appartenance ;

— les rites différenciateurs symbolisant les conflits et les différences sociales tolérés, voire souhaités : la hiérarchie, les différents départements ... ;

— les rites marquant la frontière de l'organisation tels que cérémonies de dégradation ou d'humiliation, processus d'exclusion renforçant les valeurs du groupe dominant.

Les rites intégrateurs et fixant les limites de l'organisation visent à lui forger une identité et une image claire et vivante auprès de ses membres. Celle-ci n'est cependant pas homogène. Les rites différenciateurs y introduisent une structure déterminée. On voit ainsi comment rites et rituels concourent à la constitution et au maintien de l'ordre social.

Ces deux chercheurs nous invitent ainsi à une nouvelle lecture de la vie organisationnelle, interprétant la valeur symbolique des actes qui s'y déroulent quotidiennement :

— accueil d'un nouvel employé : cérémonie initiatique ;

— bilan et établissement du budget : cérémonie de passage et de renouveau, une page est tournée, on procède à des incantations pour un futur favorable ;

— partie de sport entre un supérieur et son collaborateur : inversion symbolique des rôles ; pendant un moment, les deux hommes se retrouvent à chances égales et l'avantage peut aller au subalterne, ce qui contribue à renforcer les liens informels entre eux ;

— annonce d'un licenciement : cérémonie de dégradation, etc.

Les répercussions profondément affectives que peuvent avoir certaines cérémonies pour les membres d'une entreprise sont attestées par le résultat suivant d'une enquête menée récemment dans une grande entreprise belge. À la question « Pouvez-vous nous relater un événement particulièrement heureux de votre carrière dans l'entreprise X ? », un nombre significatif d'employés (de niveau assez peu élevé et d'ancienneté importante) avaient répondu : « La fête que l'entreprise a organisée pour son jubilé dans un grand hôtel de Bruxelles ». Cette réponse était surprenante à deux points de vue. Premièrement, la circonstance évoquée était collective plutôt qu'individuelle (une promotion, une réussite particulière sur le plan professionnel), l'adhésion et la fusion au sein de la communauté prenant le pas sur une réussite personnelle. Le second étonnement résultait de ce que la fête en question s'était déroulée près de vingt ans auparavant. Elle avait donc marqué les esprits au point de rester, après tant d'années, gravée dans les mémoires comme « l'événement heureux » d'une carrière.

Mythes, légendes, métaphores et histoires

Le mythe est un moyen de communiquer et de stabiliser un système de représentations et de valeurs au sein d'une organisation ou d'un groupe social. Différents auteurs distinguent parmi les mythes les catégories suivantes (Boje, Fedor et Rowland ; Martin, Feldman, Hatch et Sitkin, 1983) :

1) *Les mythes rationalisateurs*

   Ces mythes constituent des rationalisations a posteriori des événements et des actions survenant dans l'organisation, établissant notamment des relations de cause à effet entre eux. Et très logiquement, ils fournissent aussi des légitimations pour les actions futures.

2) *Les mythes de valorisation*

   Ce sont les mythes introduisant des catégories et des ordres entre celles-ci : différences de statuts, le bien VS le mal, l'approprié VS l'inapproprié, etc. Ils portent directement sur le système de valeurs de l'entreprise.

3) *Les mythes d'identification ou de distanciation*

   Sous-catégorie particulière de la précédente, il s'agit de l'ensemble des histoires mettant en scène des personnages et introduisant des oppositions telles que nous VS eux, ou moi VS mon entreprise ...

4) *Les mythes de dualité*

   Les mythes de dualité expriment les tensions pouvant exister entre la réalité des organisations et les valeurs de ses employés, reflets des valeurs de la société au sens large.

   Ainsi, de nombreuses histoires relatent le cas d'un dirigeant prié par un employé subalterne de se soumettre à une règle donnée (par exemple Thomas Watson Jr empêché par le portier d'entrer dans un bâtiment d'IBM parce qu'il ne portait pas de badge approprié). La dualité porte ici d'une part, sur l'extrême différence de statuts entre les personnages, et, d'autre part, sur le principe selon lequel la règle est la même pour tous. La fin de l'histoire donne la clé et indique la morale propre à l'entreprise. Dans le cas ci-dessus, Watson se soumit aux injonctions du portier. C'est la version positive de l'histoire, où la morale de l'entreprise rejoint la morale de la société. Il existe des histoires analogues, mais où l'issue est inverse : l'employé est considéré par le patron comme outrepassant ses droits et puni. C'est la version négative, où la morale de l'entreprise s'oppose à la morale sociétale.

Il est intéressant de noter que selon ces auteurs, des histoires à scénarios identiques se retrouvent dans un très grand nombre d'organisations, et qu'elles portent sur trois domaines de dualité spécifiques :

a) Égalité VS inégalité

Préoccupations : Que faire quand un personnage important enfreint une règle ? Le grand patron peut-il se comporter en être humain ? A-t-on une chance, en démarrant au bas de l'échelle, d'arriver jusqu'au sommet ?

b) Sécurité VS insécurité

Préoccupations : Serai-je licencié (si l'entreprise a des problèmes) ? L'entreprise m'aidera-t-elle si j'ai des problèmes ? Comment le patron réagira-t-il si je commets une erreur ?

c) Contrôle VS non-contrôle

Préoccupation : Comment mon entreprise fait-elle face aux obstacles ?

L'issue de ces contes moraux indique si l'entreprise adoptera la « bonne » attitude ou la « mauvaise » (version positive ou version négative), c'est-à-dire si elle apaisera ou renforcera les tensions créées par la dualité.

Les héros

Les héros sont, notamment, les personnages des mythes. Ces sont ces individus qui en raison de leur personnalité, de leurs actes ou de leurs attitudes sont entrés dans la légende de l'organisation.

Une étude récente d'entreprises belges jugées particulièrement performantes a cependant montré que les dirigeants des organisations constituent des figures aisément chargées de symbolisme, et ce d'autant plus qu'ils sont les fondateurs de l'entreprise ou qu'ils y ont mené avec succès une réorientation majeure :

«[...] par-delà les qualités de manager, de chercheur ou de technicien des dirigeants, par-delà leur compétence professionnelle, s'impose un autre rôle clairement attaché à leur fonction : celui de figure symbolique de « patron », personnalisant les valeurs mobilisatrices de l'entreprise, agissant en toutes circonstances conformément à elles et par là même, rendant ces valeurs crédibles et donc partagées par l'ensemble du personnel »[3].

Les dirigeants sont des « modèles naturels » de l'entreprise parce que leurs collaborateurs attachent de l'importance à ce à quoi eux-mêmes en attachent, ou paraissent en attacher, se donnant ainsi les meilleures chances d'être gagnants dans l'entreprise. Or, ce à quoi le dirigeant accorde de l'importance et la manière dont il entend que les problèmes soient traités sont attestés par l'ensemble de son comportement, jusqu'à la manière dont il gère son temps (Mintzberg, 1973)

En dehors de cette catégorie de dirigeants possédant leadership et charisme, il existe bien sûr d'autres héros dans les organisations.

Le paradoxe du phénomène est que le héros ne constitue pas nécessairement un modèle. Il peut être un individu d'exception en raison d'une compétence ou d'une habilité peu commune ; il personnalise ainsi l'organisation et renforce chez ses membres les sentiments d'identification à celle-ci. Mais le groupe n'attend pas absolument que tout le monde adopte des comportements identiques à celui du héros ou tente d'acquérir les mêmes compétences. En d'autres termes, si le groupe par nature contraint la majorité de ses membres à une certaine conformité, il tolère et même nourrit son identité d'exceptions.

Dans d'autres cas, le héros constitue effectivement un modèle qui appelle des comportements déterminés. Le portier d'IBM refoulant Watson en personne offre un exemple dont pourront s'inspirer d'autres employés placés dans des circonstances analogues. Le comportement de Watson lui-même est une indication que des supérieurs pourraient avoir, dans certains cas, à s'incliner devant leurs subalternes.

CONCLUSION : PEUT-IL Y AVOIR MAÎTRISE DE LA CULTURE INTERNE DE L'ENTREPRISE ?

La question qui se pose ici est de savoir si l'ensemble des outils mentionnés plus haut donnent aux dirigeants, à supposer qu'ils en usent correctement, la maîtrise effective et certaine de la culture de leur entreprise.

Il ne faut pas oublier tout d'abord que c'est le corps social lui-même qui produit sa culture et la reproduit. Dans la mesure où elle est reproduction, elle est donc, notamment, le fruit du passé. Passé de l'organisation, pour une part : la culture de l'entreprise à un moment donné est le point de départ obligé à partir duquel de nouvelles valeurs, de nouvelles représentations peuvent émerger. Passé des individus qui la composent, pour une autre part, essentielle sans aucun doute : la société environnante est elle-même lieu de culture et de cultures.

Si donc le groupe social que constitue l'entreprise a appris par expérience que ses dirigeants pouvaient se comporter en opposition à l'éthique générale (du point de vue du respect des personnes, par exemple), la culture qui y émergera sera probablement un facteur de distanciation et non pas d'adhésion. Pour susciter motivation et engagement, le dirigeant ne peut donc pas, dans la plupart des cas, faire abstraction des valeurs sociétales. Ceci apparaît comme une première limitation à la maîtrise que pourrait avoir le dirigeant (ou tout autre membre) sur la culture de son organisation.

La seconde limitation résulte de ce que cette culture émerge du corps social lui-même. En fonction, disions-nous, des apprentissages qu'il fait et qui inscrivent dans la mémoire collective les programmes d'action et les modèles de représentation qui se sont avérés fructueux dans un passé peut-être oublié, mais dont subsistent les automatismes d'action et de pensée qui forment la culture.

La question se pose donc dans les termes suivants : ces apprentissages peuvent-ils être contrôlés par une personne ou un sous-groupe au sein du groupe, de sorte que telle valeur ou telle représentation du monde soit retenue et renforcée ? Et là, la réponse est partiellement positive : c'est tout le rôle des mécanismes de contrôle formel et informel, de la formation et des opérations symboliques que nous avons évoqué plus haut. Ces mécanismes qui peuvent, eux, être partiellement sous le contrôle des dirigeants, créent en effet les conditions des apprentissages sociaux du groupe, dont résultera sa culture. On le voit, l'influence est très indirecte, de l'ordre du conditionnement plutôt que du déterminisme, et médiatisée par l'acteur principal de la pièce : le groupe social lui-même.

Enfin, il subsiste deux questions corollaires importantes pour conclure :

La culture de l'entreprise est-elle une condition de sa performance ?

En dépit du courant enthousiaste qui se développe en faveur du management culturaliste, la réponse à cette question paraît devoir être infiniment circonstanciée.

Premièrement, nous nous plaçons ici dans l'hypothèse de l'existence d'une culture forte, c'est-à-dire d'un large recouvrement des champs de représentations et de valeurs de la plupart des membres de l'organisation, hypothèse qui n'est pas toujours vérifiée.

Deuxièmement, une culture ne peut avoir d'effet positif sur la performance que si elle est congruente avec les conditions de la performance de l'organisation, en fonction des conditions de l'environnement au moment considéré. En d'autres termes, si la performance à un moment donné implique, par exemple, que l'organisation ait une très grande capacité d'innovation, il faut que la culture interne encourage la créativité et le goût du risque, au moins chez certains. Il faut donc une adéquation entre la culture et les nécessités stratégiques (Schwartz et Davis, 1981).

Troisièmement, il importe que la culture encourage la loyauté vis-à-vis de l'organisation, c'est-à-dire principalement que les individus aient l'impression que l'organisation sera loyale vis-à-vis d'eux s'ils le sont eux-mêmes vis-à-vis d'elle.

Moyennant ces trois conditions : culture forte, congruente avec les conditions « objectives » de performance, et encourageant la loyauté, on peut sans doute estimer que la culture de l'entreprise renforce la performance par rapport aux modes de contrôle de types structurels ou bureaucratiques. Quels en sont alors les avantages ?

Tout d'abord, ce type d'entreprise devrait résoudre aisément les problèmes d'intégration entre ses membres et ses départements : le sens de l'interdépendance, le langage commun, les communications facilitées décloisonnent l'organisation. D'autre part, l'adhésion aux objectifs est un facteur de motivation pour les membres de l'entreprise, d'engagement dans l'action. De nombreux auteurs soulignent aussi que de telles organisations sont plus aptes que d'autres à faire face à des environnements hautement complexes et turbulents (Wilkins et Ouchi, 1983), en partie parce que le mode de contrôle culturel ou « clanique » et plus flexible, plus tolérant à l'ambiguïté que le mode bureaucratique.

Enfin, ce mode de gestion permet une plus grande décentralisation de l'entreprise, et dans le cadre d'un consensus établi, une plus large participation de tous les niveaux aux décisions. Ceci permet de rapprocher la décision du lieu de l'action, avec tous les avantages corrélatifs bien connus (rapidité, meilleure adéquation). Enfin, la structure décentralisée, en renforçant l'autonomie de chacun, a un effet favorable sur la motivation.

La culture de l'entreprise peut-elle être un frein à son changement ?

La question du lien entre culture et changement est multiple. D'une part, la culture, facteur de stabilisation sociale, freine-t-elle ou facilite-t-elle le changement à court terme et l'adaptation de chacun à des modifications internes ou externes de l'entreprise (technologie, couple produit—marché, structure ...) ? D'autre part, qu'en est-il de l'évolution de la culture elle-même ?

À propos de la première série de questions, certains auteurs soulignent (Wilkins et Ouchi, 1983) que par sa nature abstraite et tolérante à l'ambiguïté, une culture donnée peut s'avérer adéquate dans un large éventail de situations, et dans cette mesure, elle ne constituerait pas un frein au changement. Par surcroît, si elle fonde la loyauté du personnel et si elle le sécurise quant à la loyauté de l'entreprise vis-à-vis de lui-même, elle peut en fait renforcer sensiblement sa capacité à accepter le changement. Ainsi, une innovation technologique sera-t-elle mieux acceptée si le personnel croit que ses dirigeants préserveront l'emploi et que les mesures seront prises pour assurer la mise à jour des compétences. Cette conviction s'établit sur la base des expériences passées comparables, c'est-à-dire des apprentissages antérieurs. Dans la situation inverse, d'importantes manifestations de résistance au changement pourraient voir le jour. Par conséquent, comme pour le lien entre culture et performance, il n'y a pas de réponse absolue. Tout dépend des représentations et valeurs formant la culture de l'organisation.

Nos propres recherches montrent cependant que lorsqu'elle sous-tend des relations de pouvoir déterminées, et que l'adaptation aux circonstances (économiques, stratégiques, technologiques ...) implique la remise en cause du statut supérieur de certains groupes, la culture d'une organisation peut constituer un frein sérieux à sa capacité d'intégrer ces changements (Lemaître-Rozencweig, 1981).

Ainsi se pose la question de l'évolution de la culture elle-même. Il importe ici de noter que si la culture est un facteur de stabilisation sociale, il s'agit d'une stabilisation dynamique et non pas inerte. La culture est reproduite, mais elle n'est pas indéfiniment reproduite à l'identique :

> « Le code culturel peut se modifier [...] durant le procès permanent d'autoproduction lui-même, sous l'effet d'événements aléatoires certes, mais directement issus de l'expérience phénoménale de la société. Ces événements peuvent provenir de modifications de l'écosystème naturel [...], de rencontres avec des sociétés voisines [...]. Ils peuvent enfin surgir de la vie même de la société, où une déviance individuelle peut introduire une conduite nouvelle [...] » (Morin, 1973).

Simultanément donc, une société reproduit une culture mais en la modifiant en fonction des apprentissages qu'elle fait.

Une idée analogue se retrouve dans la thèse du cycle de vie du mythe qui comporterait quatre phases : développement, maturation, déclin, reformulation :

> « Dans la phase de déclin, le mythe dominant devient préjudiciable à la capacité de réaction de l'organisation face à un environnement changeant. [...] La « reformulation » constitue une rupture dans la mythologie dominante. Durant cette phase, des tensions importantes peuvent apparaître, de même que des conflits ouverts entre les mythes rivaux (Boje, Fedor et Rowland, p. 24).

Les mythes sont donc susceptibles de reformulation, mais celle-ci n'est rendue possible qu'à la suite d'une phase de déclin où le mythe est invalidé par l'expérience actuelle du groupe, qui s'oppose à son expérience passée. Cette phase sera d'autant plus longue et critique que le mythe ancien sera profondément ancré dans les convictions et que le mythe nouveau s'en distanciera largement.

Dans la mesure où ces mythes, ces cultures émergent du corps social, nous sommes conduits à insister sur la dimension du temps nécessaire à ce processus. Temps irréductible, incontournable, et qui pour certains gestionnaires peut constituer une contrainte certaine, voire une menace pour la survie de l'organisation. D'autre part, à l'instar de tous les systèmes vivants, tant la structure que la culture des organisations sont le produit d'une histoire. Leurs adaptations successives n'effacent jamais entièrement le passé. De chaque période de la vie antérieure de l'organisation subsistent de multiples traces. Et ce passé, incontournable lui aussi, pèse d'un poids parfois mal apprécié sur les choix actuels des gestionnaires.

Notes

(1) C'est à dessein que nous préférons le verbe « conditionner » à celui de « déterminer », qui impliquerait une maîtrise parfaite du phénomène.

(2) Voir le **Petit Robert**, édition 1978.

(3) Étude et analyse des modes de gestion communs à neuf entreprises belges performantes. Recherche collective sous la direction de N. Lemaître, École de commerce Solvay, ULB, juin 1983.

Références

BOJE, D., FEDOR, D. et ROWLAND, K. « Myth Making : A Qualitative Step in OD Interventions », **The Journal of Applied Behavioral Science**, 18(1), p. 18.

Centre de gestion scientifique de l'École nationale supérieure des mines de Paris. (1982) Rapport d'activité.

DEAL, T.E. et KENNEDY, A.A. (1982) **Corporate Cultures**, Reading, Addison-Wesley.

DUNKERLEY, D. et CASEY, N. (1983) **Technological Work Culture**, Communication au Second Colloque européen sur la culture et le symbolisme organisationnels, Groeningen, Pays-Bas, juin.

LEMAÎTRE-ROZENCWEIG, N. (1981) **Organisation. Stratégies, décisions**, thèse de doctorat, p.231.

MANGHAM, I.L. et FINEMAN, S. (1983) **Organizations as Fictional Constructions**, Communication au Second Colloque européen sur la culture et le symbolisme organisationnels, Groeningen, Pays-Bas, juin.

MARTIN, J., FELDMAN, M., HATCH, M.J. et SITKIN, S. (1983) « The Uniqueness Paradox in Organization Stories », *Administrative Science Quarterly*, 28(3), sept.

MINTZBERG, H. (1983) *The Nature of Managerial Work*, New York, Harper & Row.

MORIN, E. (1973) *Le Paradigme perdu : la nature humaine*, Paris, Seuil, p. 186.

OUCHI, W. (1982) *Théorie Z, faire face au défi japonais*, Paris, InterÉditions.

PASCALE, R. et ATHOS, A. (1981) *The Art of Japanese Management, Implications for American Executives*, New York, Warner.

PETERS, T. et WATERMAN, R. Jr (1982). *In Search of Excellence*, New York, Harper & Row.

SAPIR, E. (1967) « Le symbolisme », in *Anthropologie*, Paris, Éditions de Minuit, p. 50-51.

SCHEIN, E.H. (1983) *The Role of the Founder in Creating Organizational Cultures*, Organizational Dynamics, été.

SCHWARTZ, H. et DAVIS, S. (1981) « Matching Corporate Culture and Business Strategy », *Organizational Dynamics*, été.

THEYS, M. (1983) *Le Phénomène culturel dans l'organisation des entreprises*, document non publié.

WILKINS, A. et OUCHI, W. (1983) « Efficient Cultures : Exploring the Relationship between Culture and Organizational Performance », *Administrative Science Quarterly*, 28(3), sept.

La régulation culturelle des ensembles organisés[*]

par Renaud Sainsaulieu

L'analyse culturelle des ensembles organisés apporte une dimension indispensable à la compréhension des fonctionnements, celle de la représentation des rapports sociaux qui gouverne aussi bien la reconnaissance des groupes comme acteurs que l'institutionnalisation progressive de leurs relations sous forme de règles. L'enjeu de cette activité mentale collective est une sorte de dialectique entre la force et l'identité. Un groupe ne devient acteur social, source de force et d'action collective, que dans la mesure où ses membres perçoivent leur identité commune au point de saisir pour chacun l'intérêt du collectif. Mais cette perception, affaire de signes, symboles, imagination et valeurs, est autant le produit de cultures transmises que de la reconnaissance octroyée ou gagnée dans les échanges du moment. S'il y a dialectique entre la force et l'identité, c'est que la force sociale de l'acteur est parfois largement tributaire d'identités transmises par les cultures établies, ou parfois le résultat d'un jeu ouvert par l'expérience d'opportunités stratégiques permettant l'élaboration de nouvelles représentations et posant la question des processus de reconnaissance de nouveaux acteurs.

La vie des ensembles organisés, et tout particulièrement des entreprises industrielles et administratives qui servent ici de support à la réflexion sociologique, est ainsi constamment travaillée en profondeur par l'élucidation des cultures qui permettent de se représenter le nombre et la capacité des acteurs de son système social. L'analyse sociologique de l'action montre clairement qu'il y a là un enjeu considérable, celui de la domination des acteurs déjà installés. Entretenir par le discours ou par toute autre forme d'action, que l'on qualifiera alors d'idéologique, une lecture particulière de l'histoire des acteurs et de leur constante influence, n'est-ce pas en effet un excellent moyen pour reproduire un système social de rapport de force, en

---

[*] Tiré de : SAINSAULIEU, R. « La régulation culturelle des ensembles organisés », *L'Année sociologique*, 3e série, vol. 33, 1983, p. 195-217.
Reproduit avec la permission des Presses Universitaires de France (1987).

diffusant les valeurs et la rationalité des puissants ; et en dissimulant du même coup l'émergence et le rôle déjà effectif d'acteurs nouveaux[1] (Bourdieu et Passeron ...) ?

Une analyse culturelle du fonctionnement des ensembles organisés montre comment la culture intervient dans la définition des forces et des ententes au cœur du système social des entreprises. C'est autour du concept même d'acteurs, central à la compréhension sociologique des institutions, qu'en définitive intervient la culture. Désigner, reconnaître ou nier le regroupement d'individus en acteurs dépend en effet de la dimension symbolique des rapports sociaux. À toute époque de la vie des entreprises, une dialectique fondamentale se joue, sur le plan des représentations mentales, dans la mesure où s'y passe aussi bien la reconnaissance des identités collectives porteuses de la dimension d'acteur, que la diffusion de modèles de compréhension des rapports humains, ayant pour effet de reproduire la domination des puissances établies dans les systèmes sociaux déjà institués. C'est ainsi que l'on peut soutenir l'hypothèse fondamentale d'une régulation culturelle des rapports de travail en entreprise, car les rapports de force et donc d'acteurs sociaux qui ne cessent de s'y construire pour viser une rationalité productive quelconque dépendent des processus de reconnaissance ou d'occultation qui, sur le plan des représentations des symboles et des valeurs, agissent sur le nombre et la force des acteurs, tout autant que sur l'effet créateur ou conservateur de leurs interactions.

Plusieurs lectures sociologiques des rapports de travail fondent l'interprétation dynamique de leurs systèmes sociaux : luttes de classes et antagonismes des rapports sociaux ; intégration des fonctionnements complexes par l'élaboration de consensus ; stratégies de pouvoir dans les organisations ; conflits et négociations entre partenaires sociaux de la démocratie industrielle. Pour chacun de ces modèles, élaborés à partir des réalités sociales différentes qu'ont pu rencontrer les entreprises, il s'agit ici de faire ressortir la dimension culturelle qui intervient dans la régulation des rapports entre acteurs et qui fonde de ce fait la portée historique précise de leur valeur heuristique. Mais la période actuelle des entreprises, qui hérite du double impact des effets sociaux de la croissance rapide mais aussi de la crise économique des pays développés, peut-elle s'accommoder des régulations culturelles venues d'autres contextes ? Tels sont les points sur lesquels nous nous proposons d'explorer ici quelques éléments de réponse.

LA CULTURE DES ANTAGONISMES SOCIAUX DANS L'ENTREPRISE

Avec l'installation d'une société industrielle de classes, l'entreprise de production d'abord, mais rapidement aussi les administrations, ont été considérées comme le lieu de la rencontre conflictuelle entre les forces sociales, déterminées de l'extérieur par leurs positions dans un système de rapports de forces antagonistes sur le plan national. D'un côté, les dirigeants se recrutent dans les milieux bourgeois formés par l'école et les grandes familles, et l'on a pu chercher à clarifier les valeurs du patronat français ou les structures de production et de transformation des mentalités dirigeantes[2] pour y déceler en fait les racines culturelles de la puissance d'initiatives et d'entreprises de cet acteur social. Solidarités de familles, de notabilités locales, d'écoles, de professions, voire de clubs, corrigent en fait le rôle désintégrateur de la concurrence économique. C'est ainsi qu'un acteur social puissant renaît sans cesse des dégats de la guerre économique. Une telle vitalité ne peut se comprendre sans l'effet intégrateur de systèmes de valeurs très actifs.

D'un autre côté, il s'agit de comprendre le monde des gouvernés plus ou moins dominés ou exploités. Plusieurs concepts évoquent ici d'autres solidarités : classes, métiers, professions et parfois même strates organisationnelles. L'interprétation sociologique de la vie des dominés oscille constamment entre deux perspectives : l'étude des fondements symboliques de la soumission, et la recherche des consciences collectives de l'action menant à la lutte pour transformer les rapports sociaux d'exploitation ou pour en atténuer la virulence par la négociation et le compromis. La référence culturelle n'est ni constante ni explicite dans cette analyse de la dynamique des acteurs sociaux dominés, il n'en reste pas moins que l'idée de force sociale repose toujours sur celle de solidarité, elle-même fondée sur l'existence sous-jacente de perceptions communes, de valeurs ouvrières, de mobilisation idéologique par le discours et de conscience collective latente.

C'est là une ancienne préoccupation de sociologues étudiant la mentalité ouvrière (Andrieux et Lignon, P. Belleville), la naissance d'une conscience de classe en milieu ouvrier (A. Touraine, N. de Maupéou), ou technicien (S. Mallet), la reproduction des bureaucraties par un modèle de relations de strates (M. Crozier) et le rôle contestataire des solidarités ouvrières dans la transformation conflictuelle des formes d'organisation du travail (B. Croyat, R. Linhart) considérées comme l'un des lieux majeurs de la reproduction de la division sociale du travail. Cette approche des antagonismes sociaux envahissant les rapports de travail s'est également orientée vers l'étude[3] des idéologies syndicales et de leurs effets sur l'activité militante au sein des grandes entreprises (A. Touraine, D. Mothé, S. Mallet, D. Vidal).

La mise en évidence d'antagonismes sociaux au sein des rapports de travail a incontestablement permis de faire sortir l'interprétation économique des sociétés industrielles d'une lecture purement juridique et réglementaire des ensembles organisés en vue de produire. Mais la dynamique de ces rapports sociaux de production reste grevée d'une hésitation théorique permanente sur les fondements culturels des solidarités qui constituent les groupes humains en acteurs et en forces sociales.

La caractéristique très générale de cette longue lignée d'interrogations sur la dimension symbolique des rapports sociaux du travail est de sous-estimer, ou de ne pas aborder, la dimension systémique des rapports organisés comme lieu d'interaction complexe entre de multiples acteurs d'une part, et comme lieu de transformation possible des mentalités dans la société contemporaine. En effet, ou bien on privilégie le seul groupe ouvrier d'hommes, de militants ou de jeunes pour y découvrir les valeurs d'une action collective seulement mobilisables dans la lutte sociale et syndicale, ou bien l'on retient des systèmes symboliques les valeurs dominantes qui produisent et reproduisent l'intégration des exécutants aux structures établies par l'organisation bureaucratique et rationalisée. L'interface système de valeurs et systèmes sociaux n'est pas abordé dans une lecture d'interdépendance réciproque. C'est en fait une approche déterministe ou de la culture d'origine ou de l'action de groupe qui est envisagée, comme si le terrain des rapports organisés n'était en fin de compte qu'un champ clos pour compter les points des affrontements entre les forces culturelles des origines sociales tendant à la reproduction, et les forces sociales de l'action collective et des mouvements novateurs visant le changement par la lutte syndicale.

Le problème d'un tel modèle d'analyse est ainsi de toujours renvoyer la constitution de l'acteur à une transmission culturelle qui se ferait en dehors du système social de l'entreprise, comme si la force d'un groupe qui se manifeste dans les luttes sociales ne pouvait jamais directement naître dans l'expérience même de la vie au travail.

Or, des approches sociologiques plus récentes et surtout plus attentives à la complexité et à l'intensité des rapports d'interconnaissance et d'interdépendance en entreprise, montrent que l'expérience humaine qui s'y déploie à longueur d'années et de vies peut aussi être créatrice de représentations et de valeurs. D'une part, on a pu constater que même dans les situations de fortes contraintes, des ouvriers, des employés ou des techniciens peuvent trouver à inventer des normes ou des logiques collectives aussi bien dans leurs relations que dans leurs activités techniques (R. Sainsaulieu, P. Bernoux, D. Motte et J. Saglio, D. Mothé, M. Liu). Des régulations culturelles autonomes d'atelier ou de service finissent ainsi par s'imposer aux pouvoirs hiérarchiques. D'autre part, l'expérience intense de la lutte ouvrière chez les hommes et les femmes a aussi pu être récemment analysée comme créatrice d'autres représentations et d'autres identités collectives qui s'imposent aux régulations sociales et culturelles déjà établies (D. Kergoat, M. Maruani et A. Borzeix, C. Piajet)[4].

Les antagonismes sociaux de production ne peuvent ainsi plus être perçus comme totalitaires et réifiés par des cultures extérieures. Les relations de travail induisent une dynamique évolutive d'apprentissage dont l'enjeu est la force ou la faiblesse des acteurs sociaux. Est-ce plutôt le conflit ou davantage l'expérience à la longue des situations de travail qui engendre cet apprentissage culturel ? La question reste ouverte ; mais de toutes façons, il n'est plus possible de comprendre la dynamique sociale des rapports entre acteurs dans le travail sans y introduire la culture comme l'une des médiations essentielles de la régulation des rapports organisés. Explorer davantage cette complexité culturelle des rapports sociaux dans le travail suppose alors que l'on se reporte à d'autres modèles sociologiques d'interprétation de l'interface entre systèmes sociaux et systèmes culturels.

CULTURALISME ET CONSENSUS POUR FONCTIONNER

Le grand apport des culturalistes (Benedict, Malinowski, R. Linton, M. Mead, A. Kardiner)[5] est d'avoir fait la preuve sur des sociétés diverses que leur fonctionnement social s'appuie sur des cultures transmises. Ces dernières fournissent des cadres, des règles, des images et des valeurs aux individus pour que leur comportement devienne social. La stabilité et la solidité de telles sociétés sont ainsi fondées sur les systèmes de rôles, règles et normes que transmet la culture et qui délimitent une dimension sociologique majeure, celle de l'acteur ; c'est-à-dire du groupe capable d'action coordonnée entre ses membres par une mentalité commune, un ensemble de représentations, de codes et de symboles qui ont le même sens pour tous. En entrant dans cette réalité collective de l'acteur social, l'individu reçoit les éléments d'entraide, de compréhension et de reconnaissance qui confèrent à sa position personnelle force, identité et repères pour vivre. Les acteurs sont à ce point répertoriés et admis que la société reproduit ses forces d'initiative et de fonctionnement par la seule transmission de ses codes, mythes et règles agencés en cultures complexes, structurées, holistiques. L'effet le plus durable qui résulte de ces transmissions culturelles est alors une sorte d'intégration des individus aux régulations collectives et aux consensus sociaux qui démultiplient la puissance de l'activité individuelle.

Le passage des sociétés au fonctionnement des organisations s'est rapidement réalisé avec l'école américaine dite structuro-fonctionnaliste (Merton, Selznick, Gouldner, Simon et Parsons)[6] et l'école dite des relations humaines, montrant que l'intégration du système social des rapports du travail est profondément dépendante de systèmes de valeurs partagées entre les acteurs de l'organisation, dont le mode opératoire se lit dans la façon de vivre les relations interpersonnelles. La raison fondamentale des dysfonctions envahissant la vie de travail étant à chercher du côté des conflits entre rôles et attentes de rôles, dans les façons de commander, d'obéir et communiquer quand les valeurs de l'autorité et de la productivité entrent en opposition avec celles de l'esprit démocratique américain, ou encore avec l'esprit de caste et de métier de certains groupes d'experts ; l'organisation trop bureaucratique peut inversement produire une mentalité ritualiste et routinière qui à son tour entre en dysfonction avec les impératifs mêmes de la production.

Le rôle intégrateur de cultures communes est loin d'être absent des entreprises françaises contemporaines de milieux professionnels et artisanaux[7]. De même encore, le milieu des entreprises de taille encore moyenne ou familiale fonctionne-t-il en régime de stabilité économique sur des cultures maison opératoires, car elles fondent les rapports de travail, mais aussi les questions sociales et même personnelles sur des attentes mutuelles relativement coordonnées. La référence implicite à un modèle familial autorise une régulation des excès, une intégration forte des éléments, des capacités de bénévolat, d'entraide et de soutien qui entretiennent certes des inégalités, mais également des devoirs mutuels[8].

Dans les grandes entreprises publiques et privées, il est également indéniable que de telles cultures d'entreprises fonctionnent. Les grandes institutions publiques françaises comme PTT (Administration des Postes et Télécommunications et de la Télédiffusion), EDF (Électricité de France), SNCF (Société nationale des chemins de fer français) ont eu le temps de développer de véritables systèmes de valeurs sur deux ou trois générations, qui réapparaissent à vif en cas d'accident collectif, de crises[9]. Il est alors fait appel au sens du devoir, de la responsabilité, du service public, qui sont autant le bien des syndicats que celui de la direction. Il ne s'agit plus ici du paternalisme, modèles familiaux exarcerbés pour faire fonctionner des ensembles aussi énormes que De Wendel ou Le Creusot, mais d'une sorte d'esprit collectif plus moderne, très largement ancré dans les processus de promotion sociale et d'avancement à l'ancienneté, où les chefs connaissent les bases car ils en ont un jour fait partie. L'acceptation mutuelle des groupes de travailleurs de leurs représentants et l'attention des cadres à ce type d'expression trouvent en fait leur origine dans l'expérience de cheminements communs et la possibilité de s'imaginer à la place de l'autre.

Mais, en France, d'autres entreprises fonctionnent sur ce type de régulation culturelle fondée sur la diffusion intensive de valeurs communes. Les entreprises de pointe comme IBM (International Business Machine), mais aussi BSN (Boussois-Souchon-Neuvesel) ou SGPM (Saint-Gobain—Pont-à-Mousson), ou encore les Télécom, s'appuient sur un mixte de représentations collectives fait d'espoirs dans la promotion, de relations humaines développées entre chefs et subordonnés, d'avantages économiques et sociaux indéniables et d'occasions d'initiatives ou même de prouesses techniques[10].

Ce type de régulation sociale par la culture partagée tend à réapparaître dès qu'une entreprise devient une sorte de société protégée de l'extérieur et repliée sur des avantages communs : l'emploi, la sécurité, les hauts salaires, les avantages sociaux. Il ne s'agit plus de paternalisme, mais d'une sorte de patriotisme d'entreprise qu'il s'agit de sauver et de défendre contre l'incertitude économique nationale et internationale. Plus personne n'est contre l'entreprise publique ou privée, du moment qu'elle résiste à la tourmente en maintenant le travail et les niveaux de vie. L'entreprise devient ainsi un acteur en soi, relativement intégré par des mécanismes de négociation, de formation et même d'expression démocratique.

Les entreprises, en tant que lieu durable d'organisation, de relations et d'échanges humains, peuvent donc toujours être analysées en termes culturalistes car ce sont des milieux de vie, de véritables sociétés en soi. Culture des métiers et professions, cultures familiales, cultures des relations humaines, culture de la technique, de la promotion sociale et professionnelle, culture enfin de la négociation et de la représentation collective, interviendront toujours pour définir des statuts, des rôles et des acteurs. L'interrogation sociologique porte alors sur le décryptage des cultures dominantes à une époque donnée ou dans une entreprise particulière et sur les effets d'anomie ou de créativité qui peuvent résulter des contradictions liées aux phases de transition entre deux cultures. Les mécanismes producteurs d'une telle action culturelle visant à établir un consensus minimal dans le fonctionnement des grandes « sociétés de travail » que sont devenues les entreprises publiques et privées, sont évidemment nombreux. La formation des cadres et des agents de maîtrise est ici certainement l'un des facteurs dominants de cette productivité culturelle ; mais il faudrait citer également les méthodes employées pour définir des profils de recrutement et de sélection des ouvriers ainsi que des cadres ; et encore les méthodes développées dans le contexte de la théorie des relations humaines pour faire passer l'information sur la vie de l'entreprise en direction de l'ensemble des personnels. Des entreprises aussi importantes que Lafarge, BSN, Rhône-Poulenc, mais aussi la SNCF, l'EDF, et plus récemment les Télécom, ont ainsi consacré de grands moyens pour établir une sorte de profil culturel maison à base soit professionnelle, ou plutôt techniciste, ou encore davantage centrée sur la théorie des relations humaines au cœur des rapports hiérarchiques. N'oublions pas enfin que le paternalisme a toujours été un mode de management culturel particulièrement efficace.

Mais si le problème de l'effet réellement intégrateur de toute culture, permettant à une organisation de se vivre en tant qu'acteur économique, demeure une réalité très présente, il n'est reste pas moins qu'une telle approche consensuelle du fonctionnement est constamment confrontée à deux types de difficultés fondamentales. D'une part, il faut beaucoup de temps pour transmettre, apprendre, inculquer et roder l'usage de cette culture intégratrice. Tout système social fondé sur la culture fini ainsi par figer un système de rôles et de codes qui fondent progressivement la domination des anciens et la reproduction de leurs situations privilégiées. Les exclus du système social pour cause de jeunesse ou de nouveauté sont ainsi très nombreux, et il n'est pas certain qu'un tel mode d'intégration à la longue soit compatible avec la multiplicité des moyens d'apprentissage que l'on rencontre de nos jours dans le travail et dans les activités de temps libre.

D'autre part, il est clair que cette conception culturaliste des fonctionnements sociaux repose sur l'hypothèse de sociétés fermées où la culture commune peut intégrer l'ensemble des situations vécues en les transposant sous la forme de rôles reconnus et admis.

La réalité contemporaine des organisations productives se heurte ici aux multiplicités des lieux d'apprentissage et d'expérience que peuvent vivre simultanément les mêmes individus. Syndicalisme, formation permanente, activités associatives ou autres, expérimentations sociales dans et hors le travail, mobilité géographique, sociétés locales, etc., apportent autant d'occasions d'accéder différemment à la position d'acteur social et donc de se faire une représentation différente de ce qui peut régler les rapports de travail. La question de l'autorité vécue dans l'organisation, dans les professions, dans la vie associative et dans les milieux d'enseignement est probablement ici au cœur de toutes ces évolutions diversifiées. De même, l'expression vécue dans les syndicats, les groupes de base en entreprise, ou dans les temps de formation, confronte les normes antérieures du travail à celles d'autres lieux et cultures de reconnaissance sociale.

Penser l'organisation comme un acteur culturellement intégré n'est donc certes pas une utopie ou un problème social dépassé. Mais les modalités antérieurement connues de l'intégration par la culture sont inopérantes ou fortement contestées. Le problème est alors de savoir comment analyser différemment la production sociale des acteurs.

STRATÉGIES ET LOGIQUES D'ACTEURS

Dans le cadre de la croissance accélérée des entreprises, tout change en effet rapidement : taille des établissements, fonctions, pratiques professionnelles, technologies nouvelles et métiers anciens transformés, promotions rapides, complexité des organisations et développement des catégories des techniciens et de l'encadrement ; rétributions, vacances et niveau de vie ; enfin reconnaissance progressive du rôle des syndicats dans un contexte de négociations collectives sur les salaires et les conditions de travail. La nouveauté par rapport à d'autres époques plus stagnantes est ainsi l'ouverture de risques et de jeux à somme non nulle. Il y a de l'incertitude partout mais en pariant sur la croissance à venir, on gagne beaucoup et l'idée de promotion pour tous et pour chacun paraît même entrer dans les mœurs.

La sociologie des organisations, autour des concepts de rationalité limitée, de pouvoirs fondés sur l'incertitude maîtrisée, de stratégies et de processus de décision sans cesse évolutifs, découvre et propose une autre interprétation des fonctionnements sociaux. Puisqu'en prenant des risques il y a beaucoup à gagner, il suffira de faire l'hypothèse que l'acteur, loin d'être seulement un porteur de rôle déjà connu, est également un stratège dans un système social de relations de pouvoir qui ne cesse de s'édifier autour des nombreuses opportunités de jeux qu'offre le contexte de croissance, par l'ouverture de toujours nouvelles zones d'incertitude à contrôler. Les rapports de travail sont certes dangereux, stratégiques et dévoreurs d'initiatives, mais la contrepartie sociale d'un tel univers n'est pas mince, puisqu'il ouvre sans cesse des opportunités d'être acteur en démultipliant les sources d'accès à du pouvoir et à de la négociation informelle.

Il n'est plus nécessaire de faire ici appel à la culture et à la représentation commune de rôles, de normes et de valeurs pour comprendre les rapports sociaux en organisation. L'acteur, qui reste un concept central, n'est plus défini par sa conformité à un code quelconque, mais par une capacité d'action et de relations stratégiques dont on fait d'emblée le postulat. C'est le mouvement même de la croissance et la somme d'efforts et de transformations sociales vécues dans et par le travail dans le développement même des organisations, qui permet de fonder la force d'une telle hypothèse. Si tant de changements ont été vécus et assumés, c'est que les hommes ont bien été capables de les vouloir et de se battre pour les obtenir. L'acteur n'est plus ainsi défini par le ciment de représentations et de culture qu'auraient en commun des individus au travail, mais par les opportunités de jeux, d'alliances et de manœuvres contenues dans la situation évolutive. L'acteur est ici appréhendé en extériorité et non plus en intériorité comme dans l'approche culturaliste antérieure.

Même si la capacité heuristique de tels systèmes d'explication a pu justifier l'intérêt de ce modèle d'analyse, il reste que son fondement théorique demeure posé. Tout le monde en effet peut-il être stratège, c'est-à-dire capable d'alliances, de calculs, d'esprit de risque et d'envie de pouvoir ? On peut certes admettre qu'une telle lecture de l'acteur social ait pu s'appuyer sur plusieurs constats mettant en cause la tranquille harmonie des fonctionnements culturalistes. Rappelons ici brièvement l'extraordinaire malléabilité des structures de besoins et de motivation constatée par les psychologues industriels ; la souplesse et la flexibilité des relations intersubjectives analysées par l'école des relations humaines ; l'interdépendance des systèmes humains et des structures matérielles de travail démontrée dans l'approche sociotechnique ; la multiplicité des facteurs intervenant dans les processus de décision et la rationalité limitée des acteurs en organisation que les psychosociologues ont opposée aux déterminismes culturalistes trop univoques ; et enfin l'importance de la dynamique affective et cognitive des petits groupes qui mettent en cause la vision trop grégaire des comportements politiques en termes de catégories socioprofessionnelles[11].

Ces constats empiriques et les formulations théoriques vont tous dans le sens d'une exigence d'action dans les milieux de travail plus évolutifs et combinatoires que ne le laissait entrevoir la référence à des rôles et à des normes solidement fondées sur des cultures transmises d'une génération à l'autre. Mais est-il possible pour autant d'en conclure à une sorte de stratégisme culturel uniformément réparti entre tous les individus de l'entreprise, au point de soutenir l'hypothèse d'une égale accessibilité à la position d'acteur pour tous dès lors qu'il y a du pouvoir à prendre ?

Est-il par ailleurs concevable qu'une telle expérience des relations de pouvoir inégalement réparties dans les ensembles organisés soit à la longue sans effets sur la capacité stratégique même des acteurs déjà constitués ?

L'entreprise doit pour s'organiser délimiter ses frontières avec l'environnement économique ; les ressources de pouvoir sont ainsi non seulement inégales, mais encore restreintes par de telles frontières, et il est difficile d'exclure l'hypothèse qu'un des objectifs des stratèges privilégiés soit d'entretenir la source de leur pouvoir et donc de leur domination sur d'éternelles victimes moins favorisées. Des ouvriers à la chaîne n'arrivent que rarement aux pouvoirs des technostructures, et pendant toute une époque les cadres opérationnels ont été dominés par les cadres fonctionnels. La reconnaissance des bases comme acteurs stratégiques fait en réalité problème, ne serait-ce qu'à travers les difficultés mêmes de leurs représentants à se faire entendre et admettre.

L'hypothèse triomphale de la croissance créatrice d'acteurs stratèges n'est donc pas généralisable, et il importe de comprendre comment elle a été vécue dans la réalité de ces années.

Les travaux de recherche effectués de 1964 à 1974 (R. Sainsaulieu) permettent d'apporter ici une nouvelle lecture de la régulation culturelle des ensembles organisés pendant la croissance. Quatre modèles de relations aux pairs, aux chefs, au groupe et aux leaders ont pu être dégagés de nombreuses enquêtes en entreprises publiques et privées, par observation, entretiens et questionnaires[12]. Fusion, négociation, affinités et retrait paraissent être les quatre modalités culturelles dominantes qui ont coexisté dans les entreprises de cette période. De tels résultats montrent que pas plus l'hypothèse d'une intégration affective par les relations humaines de commandement, que l'hypothèse d'une adaptation stratégique aux rapports interfonctions en organisation, ne couvrent la totalité des expériences collectives d'acteurs en entreprise. Il apparaît en effet que la capacité à nouer des relations de négociation, de vie collective, et de face à face qui doit sous-tendre l'action stratégique est non seulement fort inégalement répartie selon les groupes sociaux, mais encore et surtout, elle semble directement liée à l'exercice actif de pouvoirs dans les situations de travail professionnel ou d'encadrement. Pour ceux qui vivent les situations contraignantes de chaîne, de bureau ou de laboratoire et de service d'études, sans responsabilités ni marges d'initiative, ni communications, la stratégie se réduit à des conduites défensives de masse ou de simple soumission à la règle et au statut.

La mobilité promotionnelle et sociale introduit une autre conception de l'action beaucoup plus individuelle, centrée sur les relations d'affinités et d'intégration affective à l'autorité perçue comme protection et comme modèle social. Dans un monde d'ascension socioprofessionnelle où la perte de milieux d'appartenance et la quête d'identité par de nouvelles références définissent une situation sociale en transition, toute la capacité d'action est tournée vers des supports amicaux et le refus des groupes et collectifs qui freinent et entravent l'ascension sociale. L'identification à des supérieurs, la recherche de modèles, la définition par les représentations de l'avenir sont ici plus importantes que l'exercice même du pouvoir et de la force collective.

Force est enfin de constater qu'une logique d'acteur ne se définit pas que par le travail. Nombre d'individus se mettent délibérément en retrait du jeu social, refusant ainsi tout simplement d'être acteurs ou stratèges, parce qu'ils appliquent leur énergie de relations et d'engagement à d'autres scènes sociales : la famille, l'exploitation agricole pour les ouvriers encore ruraux, les activités militantes ou associatives, la préparation de la retraite, ou encore la vie dans la famille et le pays d'origine pour les émigrés. L'expérience stratégique, quelles que soient les opportunités de pouvoir offertes par les éléments du travail, est ainsi évacuée. On a pu ainsi parler de retrait délibéré des relations organisées, qui suppose une véritable stratégie consciente de non-engagement dans le système social de l'entreprise. Ni amis, ni groupes, ni leaders, ni relations personnalisées avec des chefs. On s'en tient au règlement et à l'obéissance délibérée pour limiter au maximum, sans perdre ni sa place ni ses avantages, les investissements dans la vie sociale de travail.

Le nombre théorique d'individus culturellement capables de vivre une expérience stratégique importante et durable n'a donc été que fort réduit au cours de la croissance. Deux milieux privilégiés par le pouvoir en ont bénéficié : les ouvriers professionnels et les cadres d'encadrement ou de technostructures d'état-major. Pour un très grand nombre d'individus, les protections statutaires ou les politiques de relations humaines suffisaient à satisfaire leurs attentes de considération ou de règlements et à limiter fortement leur position d'acteur. En ce qui concerne les sans-pouvoir au travail et sans-projets ailleurs, le monde des OS (ouvriers spécialisés) et des employés de masse si caractéristique des modes d'organisation rationnelle des entreprises qui ont fondé cette croissance, leur capacité stratégique était fortement limitée par le faible apprentissage relationnel qu'ils pouvaient faire au travail. Leurs revendications sur les salaires, les conditions de travail et la formation d'adultes ont été prises en charge par les militants qui les représentaient, le plus souvent eux-mêmes ouvriers professionnels. Un nouvel acteur est ainsi né de cette masse considérable d'individus déqualifiés et déculturés par le travail au point de dépendre d'intermédiaires pour formuler leurs attentes. Seuls la grève et le conflit de masse pouvaient en quelque sorte faire émerger parfois cette catégorie d'acteurs jusqu'à ce qu'une meilleure répartition des bénéfices de la croissance les fasse rentrer dans la position d'exécutants représentés par d'autres.

Une telle lecture culturelle de la distribution fort inégale des capacités statégiques met alors en lumière la base sociale très fragmentaire sur laquelle on a pu fonder l'hypothèse généralisante de l'acteur stratégique de la croissance. Cette analyse culturelle ne sous-estime pas l'intérêt théorique de la conception stratégique de l'acteur social, elle montre seulement que sa prétention heuristique universelle se fonde sur l'existence de nombreux acteurs oubliés, en retrait, ou en surveillance. Elle montre également que la démocratie industrielle n'a pendant longtemps eu de chance que fondée sur des inégalités culturelles si importantes, aussi bien dans l'origine sociale que dans l'apprentissage de vie relationnelle et expressive au travail, qu'elle devait nécessairement prendre la forme d'une démocratie exercée indirectement par l'action de protestation et de négociation de quelques représentants.

La réalité culturelle des fonctionnements organisés soumis à des changements rapides a donc été celle de rapports stratégiques et conflictuels exercés par un petit nombre d'acteurs dans un contexte de jeu à somme non nulle, tandis qu'à beaucoup d'autres était assignée la position d'acteur par procuration, par intégration affective ou par refus de jouer le jeu. Tout en développant incontestablement les occasions d'être puissant dans les relations de travail en organisation, la croissance a néanmoins concentré le système social entre les jeux des forts, sans préoccupation de nombreux exclus du pouvoir. C'est là une grande leçon qui nous interpelle pour une époque où le pouvoir ne semble plus même être une ressource extensible dans les entreprises en voie de stagnation.

DÉMOCRATIE ET PLURALISME

La période de croissance accélérée a donc fini par délivrer un message culturel aussi important que celui du rôle intégrateur de la culture dans les périodes de fonctionnement stable. Dans une phase de changements organisationnels rapides, ce sont les processus mêmes d'apprentissage culturel au travail qui entretiennent l'inégalité effective des capacités de jeux stratégiques, et par là concentrent les jeux de pouvoirs entre un nombre limité d'acteurs. Mais que se passe-t-il lorsqu'on sort de cette phase de changements rapides ? Peut-être verra-t-on à terme des processus de transmission des cultures dominantes engendrant de nouveaux fonctionnalismes de type consensuel. En ce sens, le modèle bureaucratique à la française déjà repéré dans les administrations stagnantes des années 65 pourrait bien réapparaître avec l'extension du secteur public et la défense généralisée des statuts.

Mais une telle défensive bureaucratique, logique avec la rareté des nouvelles perspectives de jeux et le souci de se replier sur les avantages acquis, ne permettra pas aux organisations d'affronter le nouveau défi du développement et l'impérieuse nécessité de susciter les acteurs de la créativité à venir. Le problème qui se pose à l'entreprise est celui de son rôle social de création d'acteurs. Sans identités transmises de la période précédente et sans opportunités de jeux clairement ouvertes par la vitalité économique, l'entreprise se trouve en tant que système organisé confrontée à un problème entièrement nouveau : créer de l'identité et de la reconnaissance sociale sous peine de perdre tout dynamisme et toute chance de sortir de la crise. C'est en ce sens que l'on peut parler d'un impératif social au cœur de l'économique, mais la théorie de cette mutation des groupes en forces collectives et des règles de leurs rapports est encore à faire.

L'entreprise, comme lieu encore privilégié d'organisation de rapports humains, doit inventer une autre conception de l'acteur. Il ne s'agit plus de faire vivre la comédie des échanges humains à l'intérieur de milieux professionnels ou familiaux clairement reconnus. Il ne s'agit plus de faire entrer en scène de relations de pouvoir les stratèges de l'aventure de la croissance dans une dynamique complexe d'affrontements et de négociations entre forts. Il d'agit de faire advenir à l'identité et à la force des acteurs naissants et en quête de scènes d'actions et d'opportunités de jeux.

Il est clair que les exclus du pouvoir de la croissance veulent à présent rentrer en scène dans les rapports de travail. Jeunes en quête d'emploi, émigrés de la seconde génération en quête d'intégration socioprofessionnelle, femmes relativement affranchies des inégalités de formation et des naissances incontrôlées, OS de chaînes et de bureaux refusant la déqualification à vie, cadres en quête de rôles différents face aux subordonnés qui s'expriment, militants également confrontés aux changements culturels de leurs bases, etc., et même de nombreux professionnels atteints par les changements technologiques, ou encore la fin des solidarités face aux menaces de chômage, de préretraites et de licenciements collectifs. Ne pas répondre à toutes ces attentes et craintes d'un monde issu de la croissance rapide, c'est risquer le retrait déçu et généralisé et la seule quête de personnages charismatiques pour sortir tout le monde de l'impasse.

L'entreprise publique et privée est ainsi forcée par les impératifs mêmes de son développement à mettre en œuvre une démocratie fondée sur la reconnaissance du plus grand nombre possible d'acteurs. Ce qui implique une préoccupation explicite des processus d'apprentissage culturel menant à la création d'acteurs neufs. Les enquêtes effectuées sur le fonctionnement collectif des entreprises démocratiques de type coopérative, autogestion, artisanat, association ... montrent que très rapidement l'intégration de ces acteurs, capables de s'exprimer en assemblée générale ou en diverses rencontres d'atelier, se gagne ou se perd sur un double mouvement culturel. D'une part, il s'agit de reconnaître et d'apprendre la logique et les valeurs des autres au risque de remettre en question ses propres échelles de valeurs, quand des cadres rencontrent vraiment des ouvriers, des femmes

s'expriment comme acteurs à part entière, des jeunes questionnent ouvertement les habitudes et modèles des anciens, des diplômés rencontrent des
autodidactes. D'autre part, il s'agit de trouver les voies d'un projet commun à
partir de ces diversités. La représentation collective des objectifs communs,
la formulation d'un code de vie démocratique au travail, d'une véritable culture partagée, où les orientations idéologiques de départ sont rapidement
dépassées par l'ampleur des pratiques nouvelles et le cheminement expérimental généralisé. Il est probable que de tels fonctionnements collectifs
visent d'autres valeurs que l'organisation hiérarchique, l'autorité paternelle,
la division sociale des fonctions, la rentabilité seulement économique, ou les
seules valeurs professionnelles du métier et de l'apprentissage.

   Mais il est certain que dans cette volonté idéologique de fonctionner
démocratiquement, tous ensemble, et sans inégalités ni divisions arbitraires,
on retrouve le problème de la régulation des échanges sociaux par une culture définissant les rapports humains sur autre chose que la force, le pouvoir
et le conflit. Sans qu'il soit possible de conclure sur le contenu d'une culture
de la démocratie directe dans les rapports de travail, il est néanmoins possible de tirer deux leçons fondamentales de ces expériences. L'élaboration de
projet collectif fondé sur la participation d'un maximum d'acteurs implique
nécessairement de longues périodes de confrontations entre les valeurs de
chaque groupe en présence, ce qui ne peut se réaliser sans faire appel à une
culture de l'écoute, de l'analyse et de la comparaison impliquant l'existence
de médiations explicites par l'étude, l'évaluation et la réflexion collective
pour qu'une entente effective débouche sur des propositions acceptables.
C'est ici un problème de production sociale de valeurs à partir de la rencontre d'une généralité d'acteurs qui suppose la mise en place d'institutions
spécifiques, si l'on veut éviter l'éclatement des collectifs sur la pluralité des
projets et des cultures[13].

   En outre, il importe d'apporter une attention très particulière aux
mécanismes sociaux de l'émergence d'acteurs nouveaux. En favorisant
l'expression individuelle en assemblées, la formation en petits groupes, la
créativité au travail, la rotation dans les postes et les fonctions, l'élection de
représentants, l'interpellation facile des responsables, l'organisation de type
démocratique suscite la prise de conscience d'objectifs, de perspectives et de
regroupements fort variés. De nouveaux acteurs émergent ainsi fréquemment de l'action collective, apportant leur effet de bouleversement mais
aussi de créativité dans le système social des rapports de travail. C'est là probablement l'un des ressorts les plus puissants de la démocratie dans les
ensembles organisés. Une culture du soutien, de l'accompagnement, de la
pédagogie et de la reconnaissance formelle des groupes nouveaux est ainsi
au cœur de la vie démocratique[14]. Les formes d'organisation traditionnelles,
ainsi que les structures sociales fondées sur les statuts, l'ancienneté ou les
stratégies de pouvoir exercées par les acteurs dominants sont ici fortement
mises en question ; tandis que les pratiques démocratiques n'ont guère

encore trouvé la conciliation entre cette effervescence du milieu des acteurs et les impératifs de stabilité pour atteindre une rationalité collective. Le défi culturel et institutionnel est néanmoins ici incontournable pour l'avenir des ensembles organisés.

Dans le domaine des grandes organisations, il n'est guère facile de transposer les leçons de cette pratique des petits ensembles organisés à fonctionnement collectif. Constatons néanmoins que les modalités récentes expérimentales et légales d'un développement social des entreprises permettent d'envisager cette invention d'une culture de la démocratie dans les grandes et moyennes entreprises avec quelques espoirs de réussite. La formation permanente des adultes, le développement du rôle des comités d'entreprise ainsi que des commissions d'hygiène et de sécurité, conditions de travail et création d'emplois, l'obligation de négocier les problèmes de la vie de l'entreprise, l'expression directe des travailleurs et l'installation de conseils d'ateliers portant sur l'organisation et la vie sociale du travail, l'ouverture d'une réflexion scientifique et appliquée sur les effets sociaux de la technologie, la pratique croissante des études sociales en entreprise, sont autant de supports à cette invention institutionnelle d'une culture démocratique du travail. Ce sont en fait trois fonctions nouvelles qu'il s'agit de mettre progressivement en œuvre dans les organisations.

Tout d'abord, il s'agit de soutenir l'action pédagogique et créatrice de l'émergence de potentialités nouvelles. Enquêtes sociologiques, écoles et actions de formation, lieux d'expression, secteurs expérimentaux, traitement affiné des données sociales de personnel, recherches, innovations technologiques, et conséquences organisationnelles ... sont autant de domaines de relations où de nouvelles potentialités peuvent apparaître.

Ensuite, il s'agit de disposer de structures où s'affirment, s'affrontent, mais en même temps se reconnaissent comme acteurs ces groupes nouveaux. Les structures de représentations, de négociations et de participation aux décisions sont ici d'une importance capitale. C'est en effet autour de projets, de choix de rareté, de procédures et dispositifs à mettre en place que les clivages apparaissent, les oppositions s'affirment et les identités se déclarent. L'intérêt des accords, consensus ou compromis qui visent de telles structures réside ici dans tous les processus de repérage d'acteurs qu'il faut traverser avant d'arriver à une entente quelconque.

La troisième fonction de l'entreprise est plus fondamentale encore. Il s'agit de formuler les règles et les valeurs de ce mode de vie sociale créatrice, en un mot d'inventer la future culture des fonctionnements d'organisations centrées sur la nécessaire créativité d'acteurs sociaux. Mobilité, créativité, apprentissage, reconnaissance et confrontation sont probablement les mots clés de cette culture de rapports évolutifs en entreprise. La fonction évaluative centrée sur la définition des identités collectives induira donc plusieurs champs : professionnels, organisationnels, représentatifs, associatifs, et autres domaines d'activités, dont finira par dépendre l'entreprise ouverte sur toutes les potentialités de réalisations sociales accessibles à ses membres dans et hors le travail. Cette culture de la création d'identités sociales par le moyen des rapports organisés qu'offre l'entreprise est ainsi le défi principal d'une société issue de la croissance.

CONCLUSION

L'histoire de la régulation culturelle dans les ensembles organisés s'est longtemps focalisée sur les processus de transmission culturels liés aux métiers, aux rapports d'ancienneté au travail et aux dépendances familiales et patronales. Le prix à payer pour les consensus ainsi établis dans les fonctionnements a toujours été celui de la longueur des positions d'apprenti, de l'irrémédiable exclusion des déviants et de la nécessité de luttes massives pour que les dominés se fassent entendre.

Avec l'apparition de la croissance et les changements rapides dans les organisations, c'est le jeu ouvert des opportunités de pouvoirs qui fonde l'apparition d'acteurs nouveaux sur une véritable culture de la stratégie active dans les rapports organisés. Mais un tel renouvellement culturel fonde la rationalité collective sur la négociation entre puissants, maintenant à l'écart tous ceux qui, pour des raisons externes ou internes au travail, ne peuvent faire l'apprentissage culturel d'une capacité d'action stratégique.

L'effet combiné de la crise sur les entreprises et des conséquences culturelles de la croissance sur les niveaux et modes de vie pousse les organisations contemporaines vers le défi culturel de la participation d'un plus grand nombre d'acteurs à la vie économique et sociale du travail. Longtemps exclue de la gestion, la démocratie impose ainsi aux ensembles organisés une nouvelle régulation culturelle fondée sur la reconnaissance et la confrontation permanente d'un plus grand nombre d'acteurs au travail.

Notes

(1)   Le rôle social reproducteur de la transmission des systèmes de valeurs s'inscrit bien évidemment dans l'étude du rapport aux valeurs initiée par M. Weber à propos notamment de sa compréhension des rationalités de l'action, **Essais sur la théorie de la science**, traduit par J. Freund, Paris, Plon, 1965, 544 p. Étendant cette méthode de sociologie compréhensive à l'ensemble du système scolaire français, P. Bourdieu et J.-C. Passeron, in **La Reproduction**, Paris, Éditions de Minuit, 1970, 284 p., soulignent l'effet spécifique de l'éthos professionnel des enseignants sur l'action pédagogique et sélective de toute l'institution. D'autres institutions ont ensuite été analysées sous cet angle de l'effet reproducteur des cultures professionnelles enseignées à l'école de métier : notamment le travail social ; voir J. Verdes-Leroux. **Le Travail social**, Paris, Éditions de Minuit, 1978, 280 p.

(2) O. Gélinier. **Morale de l'entreprise et destin de la nation**, Paris, Plon, 1965 ; P. Bernoux. **Les Nouveaux Patrons**, Paris, Éditions ouvrières, coll. Économie et humanisme, 1974, 240 p. ; J. Cheverny. **Les Cadres**, Paris, Julliard, 1967.

(3) Rappelons ici les travaux d'A. Andrieux et J. Lignon. **L'Ouvrier d'aujourd'hui**, Paris, Librairie Marcel Rivière, 1960, 214 p. ; S.M. Lipset. **L'Homme et la politique**, traduit par G. et G. Durand, Paris, Seuil, 1963, 464 p., à propos de l'autoritarisme de la classe ouvrière ; M. Crozier. **Le Monde des employés de bureau**, Paris, Seuil, 1965, 328 p. ; **Le Phénomène bureaucratique**, Paris, Seuil, 1964, 414 p., à propos du modèle français des relations de strates en milieu administratif ; S. Mallet. **La Nouvelle Classe ouvrière**, Paris, Seuil, 1963, 270 p., et l'esprit de classe des techniciens.

L'étude sociologique de la capacité militante du groupe ouvrier a depuis longtemps déjà fait l'objet de travaux portant sur la variété et la dynamique évolutive des représentations collectives de l'acteur de classe : A. Touraine. **La Conscience ouvrière**, Paris, Seuil, 1966, 400 p. ; D. Mothé. **Militant chez Renault**, Paris, Seuil, 1965 ; S. Mallet. **Le Pouvoir ouvrier**, Paris, Denoël/Gonthier, 1971, 224 p. ; D. Vidal. **Essais sur l'idéologie. Le cas particulier des idéologies syndicales**, Paris, Anthropos, 1971, 328 p.

Plus récemment, les sociologues du travail s'interrogent sur l'effet transformateur de l'action ouvrière dans le domaine de l'organisation et des conditions de travail, en mettant l'accent sur l'interdépendance entre le rôle des luttes et les structures symboliques ou les cultures du groupe ouvrier : N. de Maupéou. **Les Blousons bleus**, Paris, A. Colin, 1968, 262 p., à propos des jeunes ouvriers face à leur avenir ; B. Croyat. **Usines et ouvriers**, Paris, Maspéro, 1980 ; R. Linhart. **L'Établi**, Paris, Éditions de Minuit, 1978, 184 p. ; D. Mothé. **L'Autogestion goutte à goutte**, Paris, Éditions du Centurion, 1980, 192 p. ; P. Belleville. « Cultures et pratiques ouvrières », **Les Cahiers de L'Atelier**, n° 3, Paris, ADELS, 1979. Ces auteurs explorent le thème de la force créatrice du monde ouvrier centré sur le changement des structures d'organisation.

(4) Deux courants majeurs d'effets culturels des rapports de travail en organisation doivent ici être rappelés. D'une part, plusieurs sociologues mettent en évidence les perspectives d'apprentissage culturel qu'ouvrent les circonstances quotidiennes de relations de travail en entreprise : R. Sainsaulieu. **Les Relations de travail à l'usine**, Paris, Les Éditions d'Organisation, 1972, 296 p. ; P. Bernoux, D. Motte et J. Saglio. **Trois Ateliers d'OS**, Paris, Les Éditions ouvrières, coll. Économie et humanisme, 1973, 216 p. ; P. Bernoux. **Un travail à soi**, Toulouse, Privat, 1981, 256 p. ; D. Mothé. **Les OS**, Paris, Cerf, 1972 ; M. Liu. **Sociotechnique et organisation**, Paris, Dunod, 1983.

D'autre part, les sociologues cherchent dans l'expérience même de la lutte et de la grève une transformation des mentalités ouvrières et la mise en œuvre d'une culture de l'action : D. Kergoat. **Bulledor ou l'Histoire d'une mobilisation ouvrière**, Paris, Seuil, 1973, 238 p. ; C. Piajet. **Lip**, Paris, Stock, 1973 ; A. Borzeix. **Syndicalisme et organisation du travail**, Paris, CNAM, Laboratoire de sociologie du travail et des relations professionnelles, 1980, 376 p. ; M. Maruani. **Les Syndicats à l'épreuve du féminisme**, Paris, Syros, 1979, 274 p. ; A. Borzeix et M. Maruani. **Le Temps des chemises**, Paris, Syros, 1982 ; D. Kergoat. **Les Ouvrières**, Paris, Le Sycomore, 1982, 144 p.

(5) Les principaux apports théoriques de cette approche culturaliste des sociétés ont été utilement présentés dans deux ouvrages théoriques : H. Mendras. **Éléments de sociologie**, Paris, A. Colin, 1975, 264 p. ; S. Clapier-Valladon. **Panorama du culturalisme**, Paris, Épi, 1976.

(6) La littérature américaine concernant l'influence déterminante de structures culturelles dans le fonctionnement des organisations est clairement reprise par M. Crozier, *in* **Le Phénomène bureaucratique**, Paris, Seuil, 1964, 414 p. ; J. March et H. Simon. **Les Organisations**, 2e éd., traduit par J.-C. Rouchy et G. Prunier, Paris, Dunod, 1969, 254 p.

Tandis que la théorie générale de Talcott Parsons et l'influence du système culturel sur le système social sont exposées à nouveau *in Sociétés : essai sur leurs évolutions comparées*, traduit par G. Prunier, Paris, Dunod, 1973, 158 p.

(7) R. Sainsaulieu. *Les Relations de travail à l'usine*, Paris, Les Éditions d'Organisation, 1972, 296 p. ; P. Cousty, R. Nehmy et R. Sainsaulieu. *Rapports de formation et rapports de production*, texte ronéo, Paris, 1976 (recherche du ministère du Travail) ; A. Exiga. *Profession agent de maîtrise*, Paris, EME, 1978 ; A. Exiga, F. Piotet et R. Sainsaulieu. *Méthode sociologique d'analyse des conditions de travail (études de cas)*, Paris, ANACT, 1980.

(8) R. Sainsaulieu et le CESI. *L'Effet formation dans l'entreprise*, Paris, Dunod, 1981, 206 p. ; R. Thionville. *Analyse sociologique et psychosociologique d'une tentative de mise en place de nouvelles formes d'organisation du travail dans quelques PME du bâtiment*, thèse de doctorat de spécialité, Université de Paris I, 1978, sous la direction de J.-D. Reynaud ; R. Thionville et R. Nehmy. *Motivations et logiques d'action des acteurs du chantier et de son environnement*, rapport CNAM, Paris, 1982 ; M.-O. Marty, R. Sainsaulieu et P.-É. Tixier. *Les Fonctionnements collectifs de travail*, rapport CORDES, Paris, 1979.

(9) Citons ici quelques rapports de recherches récentes ayant mis en évidence l'évolution des cultures et des systèmes sociaux d'entreprise : E. Reynaud. *Circulation de la communication : situations de travail et implantations locales. Le cas d'un centre de distribution de l'EDF-GDF*, GSCI, Centre d'études sociologiques, 1981 ; W. Iazykoff et Y. Granger. *Changements dans les relations de travail des centres de tri*, document ronéo, Paris, ATS, 1982, 42 p.

(10) Voir notamment les rapports d'enquêtes suivants : E. Monod. *Croissance et bureaucratie*, Télécom, ADSSA, 1977 ; D. Martin, F. Dupuy, J.-P. Bachy et J.-D. Reynaud. *Étude sur les cadres supérieurs du groupe SGPM*, ADSSA, 1974-1976 ; A. Exiga, M.-H. Foulon et R. Sainsaulieu. *Rapports d'autorité et rapports d'encadrement à BSN*, CSO-MACI, 1977 ; J.-P. Berry. *Lip 1978 (Le fonctionnement d'une communauté de chômeurs)*, mémoire pour le DEA de sociologie de l'Institut d'études politiques de Paris, 1978.

(11) F. Herzberg. *Le Travail et la nature de l'homme*, 2e éd., Paris, Entreprise moderne d'édition, 1971, 216 p. ; O. Ortsman. *Changer le travail*, Paris, Dunod, 1978, 276 p. ; J. March et H. Simon. *Les Organisations*, 2e éd., traduit par J.-C. Rouchy et G. Prunier, Paris, Dunod, 1969, 254 p. ; numéro spécial de la *Revue française de sociologie* sous la direction de M. Crozier et E. Friedberg, n° 4, 1979 ; M. Pagès. *La Vie affective des groupes. Esquisse d'une théorie de la relation humaine*, Paris, Dunod, 1968, 508 p. ; M. Pagès, M. Bonetti, V. de Gaulejac et D. Descendre. *L'Emprise de l'organisation*, Paris, PUF, 1979, 264 p.

(12) Ces recherches ont été publiées dans plusieurs ouvrages de R. Sainsaulieu : *Les Relations de travail à l'usine*, Paris, Les Éditions d'Organisation, 1972, 296 p. ; « Le monde du travail », *in Encyclopédie de la sociologie*, Paris, Larousse, 1975 ; *L'Identité au travail*, Paris, Éditions de la Fondation nationale des sciences politiques, 1977, 450 p. ; « L'apprentissage culturel au travail », *in Que va devenir le travail ?*, Société française de psychologie du travail, Paris, EME, 1978 ; « L'identité et les relations de travail », *in* ouvrage collectif : *Identités collectives et changements sociaux*, Toulouse, Privat, 1981.

(13) Les travaux du Centre d'études sociologiques sur les changements contemporains dans les valeurs et le problème de la production sociale des valeurs sont présentés dans le rapport collectif *Crise et/ou mutation des valeurs*, ronéo, Paris, Centre d'études sociologiques, 1982, 482 p. Voir aussi E. Reynaud, sur le rôle des valeurs dans la construction de l'acteur collectif, « Identités collectives et changement social ; les cultures collectives comme dynamique d'action », *in Sociologie du travail*, nov. 1982.

(14) Les travaux du GSCI sur les organisations à caractère collectif mettent clairement en évidence cette problématique de l'enjeu culturel dans le développement de structures démocratiques de travail : M.-O. Marty, R. Sainsaulieu et P.-É. Tixier. *Les Fonctionnements collectifs de travail*, rapport CORDES, Paris, 1979 ; R. Nehmy. *Les Organisations à projet*, rapport CORDES, 1980 ; R. Sainsaulieu et P.-É. Tixier. *Les Fonctionnements collectifs de travail. De l'expérimental au durable*, rapport CORDES, 1980 ; P.-É. Tixier. *La Démocratie dans les petites organisations*, thèse de 3ᵉ cycle, Paris, 1980 ; D. Mothé. *L'Autogestion goutte à goutte*, Paris, Éditions du Centurion, 1980, 192 p. ; R. Sainsaulieu, P.-É. Tixier et M.-O. Marty. *La Démocratie en organisation. Les fonctionnements collectifs de travail*, Paris, Librairie des Méridiens, coll. Réponses sociologiques, 1983.

Industrialisation, idéologies et structure sociale[*][(1)]

par Reinhard Bendix

Depuis la Seconde Guerre mondiale, les chercheurs américains en sciences sociales se sont intéressés à l'industrialisation des régions sous-developpées. Étant donné l'histoire récente de nos disciplines, il s'agit d'une entreprise relativement nouvelle dans la mesure où elle implique une étude comparée du changement social au sein de structures sociales complexes. Une des approches utilisées pour une telle étude consiste à sélectionner un problème social rencontré dans plusieurs sociétés mais résolu de façon différente dans chacune d'elles. C'est ce que j'ai fait ici, en examinant la relation d'autorité entre les employeurs et les travailleurs, et les idéologies managériales qui justifient cette autorité.

La première partie consiste en un résumé des changements idéologiques qui sont survenus dans les civilisations anglo-américaine et russe au cours des 200 dernières années. La seconde partie traite de la signification historique des idéologies managériales ; la troisième partie dégage les implications théoriques d'une étude qui traite de ces idéologies comme indicateurs de la structure sociale. Enfin, dans la quatrième partie, on aborde les problèmes de la bureaucratisation et de la différence entre les formes de subordination totalitaire et non totalitaire dans l'industrie.

LES CHANGEMENTS IDÉOLOGIQUES

En Angleterre, au début de l'industrialisation, une idéologie traditionaliste régnait ; John Stuart Mill la nommait la « théorie de la dépendance ».

---

[*] Tiré et traduit de : BENDIX, R. « Conclusion : Industrialization, Ideologies, and Social Structure », *in* **Work and Authority in Industry**, Los Angeles, University of California Press, 1974, chap. 7, p. 434-450.
Reproduit avec la permission de American Sociological Association (1985).

Selon cette idéologie, les travailleurs pauvres sont des enfants qui doivent être dirigés, qu'on ne devrait pas autoriser à penser par eux-mêmes, qui doivent accomplir les tâches qui leur sont attribuées avec obéissance et célérité, qui doivent montrer de la déférence envers leurs supérieurs, et qui — seulement s'ils se conduisent vertueusement — seront protégés par leurs supérieurs des vicissitudes de la vie. Cette interprétation de l'autorité se justifie par elle-même et est autosuffisante[2]. Mais elle instaure l'idée que la dépendance des pauvres et la responsabilité des riches sont les règles morales fondamentales de l'ordre social. Au cours du développement industriel, ces idées se modifièrent progressivement. De même que la responsabilité des riches est de plus en plus rejetée par les défenseurs du laisser-faire, la dépendance des pauvres, de destin inéluctable devient un destin auto-imposé. Tout comme on « démontre » que les riches ne pouvaient pas se soucier des pauvres sans diminuer la richesse nationale, on affirme que par l'abstinence et l'effort les pauvres peuvent améliorer leur sort. Les mêmes vertus, qui avaient été exaltées au XVIIIe siècle afin que les humbles n'aient pas l'ambition de s'élever au-dessus de leur position sociale, sont louées vers le milieu du XIXe siècle parce qu'elles autorisent un homme à s'élever par ses propres efforts.

En Angleterre, et encore plus en Amérique, cet éloge de l'effort individuel conduisit vers la fin du XIXe siècle, à une glorification de la lutte pour la vie. On applique alors le langage militant d'une éthique de la jungle aux relations entre employeurs et travailleurs. La richesse et la pauvreté reflètent simplement les différences de capacité et d'effort. Le succès de l'employeur est la preuve de son aptitude à la survie et, en tant que tel, il justifie son autorité absolue dans l'entreprise. Cette affirmation de l'autorité n'a de sens bien défini qu'en autant que la plupart des fonctions administratives sont dans les mains d'un seul homme. Mais elle devient ambiguë au moment où s'accroît le besoin d'expertise dans la gestion des entreprises où la fonction administrative se subdivise et se spécialise. Cette idée de l'autorité absolue de l'employeur dans son entreprise coïncide avec le mouvement de « l'organisation scientifique » qui cherche à lui montrer comment utiliser cette autorité. On peut donc dire que les doctrines du darwinisme social perdirent peu à peu de leur attrait, en partie parce que les changements dans l'organisation industrielle transformèrent la représentation des hommes dans l'industrie. De l'âge d'or de l'industrie jusqu'aux années 1920, les échecs et les succès des travailleurs et des dirigeants s'inscrivent dans une lutte pour la survie où ils sont soit les objets récalcitrants, soit les commandants exacerbés. Aujourd'hui, ils sont devenus des individus — des groupes dont les habiletés doivent être améliorées et réparties systématiquement et dont la productivité doit être maximisée grâce à une attention portée aux facteurs psychologiques. C'est ainsi qu'au cours des 200 dernières années, les idéologies managériales sont passées, au sein de la civilisation anglo-américaine, de la « théorie de la dépendance » au laisser-faire, au darwinisme social et, finalement, à l'approche des « relations humaines ».

Si nous retrouvons aussi en Russie l'affirmation de l'autorité paternelle et de la dépendance enfantine, et ceci à peu près sous la même forme
qu'en Angleterre, cette idéologie du traditionalisme était cependant très différente en raison de l'autorité suprême exercée par le tsar sur tout son peuple. Cette autorité est demeurée intacte malgré les nombreux privilèges qu'il
octroya aux propriétaires terriens et le peu d'opposition qu'il faisait à l'usage
et à l'abus de ces privilèges. Idéologiquement, le tsar maintint sa prééminence par des affirmations répétées concernant son souci paternel et la responsabilité qu'il avait envers tout « son » peuple. Par des requêtes répétées
et par des révoltes sporadiques, le peuple utilisa ces affirmations afin d'obtenir réparation des injustices qu'il avait subies de la part des propriétaires terriens et des industriels. Finalement, à cause de la centralisation précoce de
l'autorité sous les gouvernants moscovites, la distribution de la richesse et du
rang parmi l'aristocratie donna lieu à une véritable compétition pour l'obtention de faveurs à la cour et, ainsi, renforça la suprématie du tsar[3].

Durant la seconde moitié du XIXe siècle, ce modèle d'autocratie tsariste ne fut pas sans amener des conséquences à long terme. Les ruptures
dues à l'émancipation des serfs (1861) et au développement de l'industrie
donnèrent lieu à des affirmations par les employeurs de l'autorité absolue, à
des efforts de la part des travailleurs pour s'organiser eux-mêmes, et à des
tentatives sporadiques du gouvernement pour réglementer les relations
entre ces deux groupes. Bien que semblant agir sur une base équitable, le
gouvernement soutenait en fait les employeurs contre les travailleurs. On
retrouve des phénomènes semblables en Angleterre, mais l'héritage historique de la Russie empêcha la venue des changements idéologiques que nous
avons décrits précédemment pour l'Angleterre. Tant que l'autocratie tsariste
demeura intacte, ni le refus de responsabilité de la part du tsar et des couches dirigeantes, ni la demande d'indépendance des travailleurs ne se développèrent. Au contraire, le tsar et ses hauts fonctionnaires continuèrent
d'épouser l'idéologie du traditionalisme. De façon tout à fait cohérente, les
hauts fonctionnaires tsaristes cherchèrent à contrôler à la fois les employeurs et les travailleurs afin d'atténuer ou de supprimer les luttes qui les
opposaient. En fait, ils aidèrent *et* refrénèrent autant l'exercice de l'autorité
des employeurs que les efforts des travailleurs pour formuler des griefs et
organiser des mouvements de protestation.

L'autocratie tsariste fut renversée à la suite des révolutions russes de
1905 et de 1917. Malgré les changements importants engendrés par la
révolution, l'idéologie managériale du tsarisme subsista sous une forme
modifiée. En théorie, les fonctionnaires tsaristes considéraient les employeurs et les travailleurs come étant tous deux assujettis à la volonté du
tsar ; une soumission loyale à cette volonté était même la marque d'un bon
citoyen. En théorie, Lénine croyait que tous les travailleurs étaient des
participants égaux à la gestion de l'industrie et du gouvernement ; leur
soumission loyale au parti communiste représentait leur meilleur intérêt et

exprimait leur volonté souveraine. La position de Lénine, comme celle du tsar, est que sous une autorité souveraine la même personne ou la même organisation peut et doit accomplir des fonctions à la fois subordonnées et supérieures. Par exemple, les syndicats soviétiques s'approchent de l'idéal du contrôle ouvrier dans l'industrie quand ils sont appelés à participer à la gestion de l'industrie. Mais ils font aussi preuve d'une compétence administrative quand ils inculquent une discipline de travail chez leurs membres, sous la direction autoritaire du parti communiste.

Idéologiquement, cette position est fondée sur l'idée que le parti représente les intérêts historiques du prolétariat face aux intérêts à court terme des individus et des factions. Selon cette conception, l'autocratie tsariste peut survivre puisque toute la sagesse et la responsabilité résident dans un petit groupe ou dans un seul homme qui, comme le tsar, sait mieux que quiconque ce qui est bon pour tous, et ne souhaite que le bien-être du peuple. Mais il existe une différence importante. Les chefs de la Révolution russe devaient développer l'autodiscipline et l'initiative chez les travailleurs dans la mesure où une main-d'œuvre industrielle convenable devenait disponible[4]. Ils tentèrent d'inculquer ces qualités par la subordination directe ou indirecte de chacun à la discipline du parti communiste. Cette politique continuait la tradition tsariste, dans la mesure où toute chose devenait l'objet d'une manipulation organisationnelle plutôt que d'une lutte personnelle ; mais elle représentait aussi une rupture avec le passé dans la mesure où elle n'était plus limitée à la soumission personnelle.

LA SIGNIFICATION HISTORIQUE DU CHANGEMENT IDÉOLOGIQUE

Quelles sont les implications historiques de cette analyse des idéologies managériales ? Partout, les groupes dirigeants, y compris les dirigeants des sociétés industrielles développées, justifient leur bonne fortune tout comme la mauvaise fortune de ceux qui sont soumis à leur autorité. Leurs arguments peuvent ne pas apparaître un champ de recherche prometteur ; en fait, tout le développement de l'industrialisation a été accompagné d'un rejet intellectuel de telles idéologies comme étant indignes de considération. Pourtant, toute l'industrialisation implique une organisation des entreprises selon le principe qu'un petit nombre commande et que le plus grand nombre obéit ; et il semble qu'on puisse considérer les idées développées par le petit nombre tout comme par le grand nombre, comme symptomatiques des changements survenus dans les relations de classe et, par conséquent, comme un fil conducteur pour comprendre les sociétés industrielles[5].

Historiquement, les idéologies managériales devinrent significatives lorsqu'on passa d'une société préindustrielle à une société industrielle. On se mit alors à distinguer l'autorité exercée par les employeurs de celle exercée par le gouvernement. Ce fut une expérience nouvelle, même en Europe de l'Ouest où l'on avait déjà observé une telle autonomie dans d'autres institutions, parce que les entrepreneurs industriels étaient considérés comme « des hommes nouveaux » plutôt que comme une classe dirigeante traditionnelle. Ce fut aussi à cette époque que la sociologie apparut. Sous l'influence de la Révolution française, on conçut alors la société en fonction de forces indépendantes tout autant qu'antagonistes par rapport aux institutions formelles du corps politique. Quelques conceptions précoces de cette idée clé nous permettent de voir la signification historique des idéologies managériales.

L'autorité des employeurs s'appuie sur l'acquisition contractuelle de la propriété, dont les philosophes du XVIIIᵉ siècle firent la base conceptuelle de l'ordre social. Dans la pensée de Rousseau, cet ordre peut être et devrait être basé sur une volonté générale qui présuppose que l'individu agisse pour la communauté tout entière. Dans une telle société, comme George Herbert Mead l'a montré, « [...] le citoyen ne peut établir des lois que dans la mesure où ses volontés sont une expression des droits qu'il reconnaît aux autres, [... et] que les autres lui reconnaissent [...] »[6]. Cette approche fournit un modèle social basé sur le consentement, de sorte que le pouvoir de faire des règles est exercé par tous et pour tous. Ce fondement de la société sur la « volonté générale » est directement en rapport avec cette institution qu'est la propriété. Ainsi que Mead l'a affirmé :

> « Si quelqu'un veut posséder ce qui est à lui de façon à en avoir le contrôle absolu, il le fait selon l'hypothèse que n'importe qui d'autre possédera sa propre propriété en exerçant sur elle un contrôle absolu. Donc, l'individu ne souhaite contrôler sa propriété que dans la mesure où il accepte la même sorte de contrôle pour n'importe qui d'autre. »[7]

Ainsi, l'idée d'une reconnaissance réciproque des droits présuppose l'égalité des citoyens en tant que propriétaires.

Cette implication fournit matière à réflexion à certains philosophes des XVIIIᵉ et XIXᵉ siècles. Ils notèrent que la réciprocité des droits chez les propriétaires, basée sur la liberté de contrat, ne s'appliquait pas aux relations entre employeurs et travailleurs. Déjà en 1807, le philosophe allemand Hegel parlait de la nature problématique de cette relation, d'une façon qui préfigurait la psychologie moderne du soi, exactement comme la « volonté générale » de Rousseau préfigurait l'analyse sociologique de l'interaction. Hegel soutient que les hommes arrivent à une reconnaissance d'eux-mêmes à travers un processus selon lequel chacun accepte de reconnaître l'autre et est à son tour accepté par l'autre. Le sens de l'identité de chaque homme dépend donc de l'acceptation de l'identité des autres et de leur acceptation de son identité. Selon la pensée hégélienne, cette réciprocité n'existe pas dans la relation entre le maître et le serviteur. Le maître n'agit pas envers lui-même comme il agit envers le serviteur ; et le serviteur ne fait pas aux autres ce que sa servitude lui fait faire contre lui-même. De cette façon, la mutualité de la reconnaissance est détruite et les relations maître–serviteur deviennent à sens unique et inégales[8].

En Europe de l'Ouest, cette inégalité de la relation de travail coïncida avec le déclin idéologique et institutionnel de l'autorité traditionnelle. Néanmoins, tandis que les vieilles justifications de la subordination s'émiettaient et que de nouvelles aspirations s'éveillaient au sein des masses populaires, l'expérience de l'inégalité continuait. Selon Tocqueville, ce problème eut un effet différent sur les maîtres et sur les domestiques. En son for intérieur, le maître continue de se sentir supérieur, mais il ne se reconnaît plus aucune responsabilité paternelle envers le domestique ; il désire cependant que celui-ci soit content de sa condition servile. Le maître souhaite jouir des privilèges d'autrefois sans en admettre les obligations concomitantes. Le serviteur se révolte alors contre cette subordination qui n'est plus une obligation divine mais qui n'est pas encore perçue comme une obligation contractuelle.

> « C'est alors que [dans] la demeure de chaque citoyen [...] se poursuit une guerre sourde et intestine entre des pouvoirs toujours soupçonneux et rivaux : le maître se montre malveillant et faible, le serviteur malveillant et indocile ; l'un se dérobe sans cesse par des restrictions malhonnêtes à son obligation de protéger et de rétribuer, l'autre se dérobe à son obligation d'obéir. Entre eux flottent les rênes de l'administration domestique, que chacun s'efforce de saisir. Les frontières qui divisent l'autorité de la tyrannie, la liberté de la licence, le droit de la force, paraissent à leurs yeux si enchevêtrées et confondues que nul ne sait précisément ce qu'il est, ni ce qu'il peut ou doit être. Une pareille situation n'est pas démocratique, mais révolutionnaire. »[9]

Au XIXe siècle, des hommes comme Hegel, Tocqueville et Lorentz von Stein ont montré que la diffusion des idées égalitaires avait transformé les relations entre maîtres et serviteurs. On peut appeler cette transformation une crise des aspirations. Selon Tocqueville, les serviteurs « consentent à servir, mais ils ont honte d'obéir. [...] Ils se révoltent intérieurement contre cette subordination à laquelle ils se soumettent. [...] Ils sont portés à considérer celui qui les commande comme un injuste usurpateur de leurs droits. »[10] En conséquence, la plupart des pays européens furent témoins de la montée d'un « quatrième état » qui luttait contre les engagements légaux existants et pour des droits civiques fondamentaux, surtout pour le droit de vote. Au cours d'un débat parlementaire sur le chartisme, Disraeli remarqua que cette lutte contenait un caractère émotif habituellement absent des luttes purement économiques ou politiques. Dans la mesure où l'on peut caractériser de tels mouvements par un dénominateur commun, ce sentiment renverrait à la volonté des travailleurs d'obtenir une reconnaissance publique de leur égalité en tant que citoyens[11]. Là où cette reconnaissance et d'autres droits civiques furent obtenus, cela venait compenser la subordination sociale et économique des travailleurs, apaisant ainsi la crise des aspirations. De plus, l'utilisation politique de ces droits civiques a pu conduire à une reconnaissance de droits sociaux fondamentaux, incarnée aujourd'hui dans les institutions de bien-être social caractéristiques de nombreuses démocraties occidentales[12]. D'autre part, cette crise des aspirations continuait là où les droits civiques étaient rejetés et là où leur acceptation était différée depuis trop longtemps ; cela conduisit soit à un soulèvement révolutionnaire, comme en Russie tsariste, soit à une exacerbation plus ou moins dommageable des relations de classes, comme en Italie et en France.

On suppose que la rupture avec la surbordination traditionnelle du peuple posa un problème fondamental aux nombreuses sociétés industrielles[13]. Le problème de l'Europe du XIXe siècle porte sur la façon dont une société en voie d'industrialisation intègre sa nouvelle main-d'œuvre industrielle au sein de la communauté économique et politique nationale. Les idéologies managériales sont significatives parce qu'elles aident à comprendre la réponse que chaque pays donne à cette question. En Angleterre, on invita les travailleurs à devenir leurs propres maîtres, s'ils ne désiraient plus obéir ; en Russie, on leur déclara que leur subordination était moins lourde qu'elle ne le semblait, parce que leurs propres supérieurs étaient eux aussi les serviteurs d'un tsar tout puissant.

LA SIGNIFICATION THÉORIQUE DES IDÉOLOGIES

Quelles sont les implications théoriques de cette approche ? On peut considérer les idéologies managériales comme des indices de la souplesse ou de la rigidité avec lesquelles les groupes dominants des deux pays étaient préparés à faire face au défi provenant des classes inférieures. Cet « état de préparation » ou cette tendance collective à agir est analogue au concept de « structure du caractère » chez l'individu : on peut la définir comme une « capacité interne » de recréer des lignes d'action similaires dans des conditions plus ou moins identiques[14]. Les idéologies managériales, qui reflètent cette « capacité interne », provoquent naturellement de nouveaux défis, et ceux-ci à leur tour conduisent à de nouvelles réponses managériales, de sorte qu'au niveau de la société, il y a une réplique du processus d'action—réaction si typique de l'interaction chez les individus.

Une analyse de ce processus doit tenir compte de ces idées explicitement formulées, qui sont aussi près que possible de l'expérience collective des employeurs et des travailleurs. Cette philosophie sociale de et pour l'homme ordinaire en tant que participant surgit quelque part entre ses attitudes en tant qu'individu et les formulations sophistiquées du théoricien social. Une telle philosophie est illustrée par ce qu'écrivit Andrew Ure dans sa *Philosophy of Manufacturers* ou par ce que racontent les publicitaires de General Motors dans leur brochure *Man to Man on the Job*. Cependant, une analyse sérieuse de tels documents est contraire à la tendance actuelle qui consiste à les rejeter parce qu'ils sont évidemment biaisés et donc de peu d'intérêt. On peut rappeler que Marx réserva certaines de ses meilleures invectives au livre d'Ure, s'avérant ainsi un précurseur des intellectuels nés dans les années 1850 et 1860. Freud, Durkheim, Pareto et d'autres participèrent avec Marx à la recherche de quelque principe ou force fondamentale pouvant expliquer les croyances et les actions manifestes qui modèlent les comportements individuel et collectif[15]. De nombreux écrivains de cette génération étaient moins intéressés par ce que disait un homme, que par les motifs de ses dires. En conséquence, les idéologies managériales pouvaient être rejetées parce qu'elles expriment *seulement* un intérêt de classe, parce qu'elles ne montrent pas les *vraies* attitudes des employeurs, parce qu'elles masquent les pratiques d'exploitation *réelles*, ou encore parce que leurs propos ne disent rien sur le comportement de l'homme ou sur la structure de sa personnalité. Ces diverses objections ont en commun une préoccupation intellectuelle de rechercher les forces cachées qui peuvent expliquer le contenu manifeste du monde social.

Les sciences sociales modernes doivent à cette tradition intellectuelle de nombreuses intuitions importantes, mais aussi plusieurs de ses aberrations. Quand les caractéristiques du monde social sont traitées simplement comme le reflet de « forces cachées », la spéculation devient facilement hors de contrôle et l'évidence observable n'est plus prise en considération car elle est considérée « hors de propos » et « inintéressante » d'un point de vue théorique. Cette difficulté est présente dans la théorie de l'histoire de Marx, qui traite des séries entières de faits comme des épiphénomènes, telle la « fausse conscience » des travailleurs qui allait être supplantée au cours de l'histoire. De façon similaire, l'approche freudienne tend à dévaloriser une étude behavioriste de la vie sociale, parce qu'elle s'occupe de l'apparence plutôt que des motivations sous-jacentes de l'action sociale. Également, l'utilisation des analogies organiques dans l'étude des sociétés conduit à considérer toutes les actions comme des adaptations dépendantes d'autres actions (ou de conditions environnementales) ; cette approche dévalorise donc toute activité délibérée ou innovatrice en la traitant comme une adaptation dépendante. Dans des mains peu expérimentées, toutes ces approches conduisent à une construction cavalière de l'évidence qui peut toujours être plus facilement attribuée aux « déterminants sous-jacents » qu'analysée en détail dans son propre contexte.

Pourtant l'expérience humaine survient bel et bien à ce niveau phénoménologique — et l'étude des idéologies managériales démontre qu'elle peut aussi fournir une approche à notre compréhension de la structure sociale[16]. Les interprétations managériales de la relation d'autorité dans les entreprises ainsi que la conception opposée des travailleurs concernant leur position collective dans une société industrielle naissante fournissent une image composite des relations de classe, image qui a changé avec le temps et qui diffère aussi d'un pays à l'autre. Cet aspect de la structure sociale changeante peut être étudié en examinant chaque position idéologique selon ses corollaires logiques, puisque ceux-ci ont trait à l'autorité des employeurs et, dans un sens plus large, à la position de classe des employeurs et des travailleurs dans la société. Là où ces corollaires créent des problèmes majeurs pour les intérêts propres du groupe, on peut s'attendre à voir surgir des tensions, et peut-être des changements idéologiques et institutionnels[17].

De telles idéologies, et c'est le second niveau de l'analyse, sont en partie des rationalisations opportunistes des problèmes qu'affronte l'entrepreneur et, en partie, le résultat de modèles que les groupes sociaux ont utilisés au cours de leur histoire. De cette façon, les idéologies proviennent de l'interrelation constante entre les contingences courantes et les héritages historiques. Comme Marx le dit, « les hommes font leur propre histoire [, mais ils la font] selon des circonstances directement données et transmises du passé ». (Le dogmatisme marxien sacrifia régulièrement la première partie de cette généralisation à la deuxième[18].) En conséquence, les idéologies managériales ne peuvent être expliquées qu'en partie comme des rationalisations qui partent d'intérêts personnels ; elles proviennent aussi de l'héritage des institutions et des idées qui sont « adoptées » par chaque génération, comme un enfant « adopte » la grammaire de sa langue maternelle. Les héritages historiques sont donc une partie de la structure sociale : ils ne devraient pas être exclus d'une discipline qui se penche sur la persistance des structures de groupe. Dans la section suivante, on tentera de montrer le lien entre les héritages historiques et la structure des sociétés industrielles, en mettant en rapport les idéologies managériales et la bureaucratisation de l'industrie.

LES IDÉOLOGIES, LA BUREAUCRATIE INDUSTRIELLE ET LE TOTALITARISME

Depuis le XVIIIe siècle, les civilisations anglo-américaine et russe ont été caractérisées par une préoccupation managériale grandissante envers les attitudes aussi bien qu'envers la productivité des travailleurs. Il est possible de mettre en rapport ce changement d'idéologie avec plusieurs des développements qui accompagnèrent le passage d'une société industrielle naissante à la maturité. La structure changeante des organisations industrielles n'était qu'un de ces développements ; mais la bureaucratisation des entreprises s'avère cependant d'une importance particulière quand on veut « interpréter la différence de fait et d'idéologie entre les formes de subordination totalitaire et non totalitaire qu'on y rencontre »[19]. La bureaucratisation est aussi un phénomène à considérer lorsqu'on veut mener une étude comparative des relations d'autorité dans l'industrie, puisqu'elle implique des processus comparables dans deux civilisations aussi différentes que l'Angleterre et la Russie. Mettre ainsi l'accent sur la bureaucratisation relègue au second plan la nécessité d'une théorie d'ensemble de la société, théorie en faveur de la sélection d'un problème qui, s'il convient à une analyse comparative, conduira alors à une analyse des structures sociales. Car si des groupes comparables dans des sociétés différentes affrontent et, avec le temps, résolvent un problème commun, alors une analyse comparative des solutions différentes qu'ils ont adoptées mettra en relief la divergence de leurs structures sociales en période de changement[20].

Les problèmes de la gestion systématique du travail apparaissent lors que la complexité accrue des entreprises rend leurs opérations de plus en plus dépendantes d'une *éthique de la performance au travail*. Cette éthique implique une intensité constante de travail, une précision raisonnable et une conformité aux règles générales et aux ordres spécifiques qui se situe quelque part entre l'obéissance aveugle et le caprice imprévisible. Là où la supervision personnelle est remplacée par des règles impersonnelles, l'efficacité de l'organisation variera selon le degré de réalisation de ces attributs de performance au travail, cette réalisation étant une partie de la bureaucratisation en cours dans les entreprises. Autrement dit, la direction systématise de façon impersonnelle les conditions d'emploi, tandis que les employés cherchent à modifier l'implantation des règles selon leurs intérêts personnels et leur adhésion (ou leur manque d'adhésion) aux buts de l'organisation. Comme chacun le sait, il n'y a pas de moyens plus efficaces de saboter l'organisation qu'une conformité parfaite à toutes les règles ou qu'un refus des employés de se servir de leur propre jugement.

> « Au-delà de ce que les ordres peuvent obliger à accomplir et de ce que la supervision peut contrôler, au-delà de ce que les stimulants peuvent provoquer et les sanctions empêcher, il existe un exercice de l'autonomie important, même dans les emplois relativement subalternes, que les gestionnaires des entreprises cherchent à utiliser pour la réalisation des objectifs managériaux. »[21]

Dans la littérature sur les organisations, cet exercice de l'autonomie par les subordonnés est connu sous certaines appellations : Veblen la nomme « diminution de l'efficacité » ; Max Weber s'y réfère comme la tendance bureaucratique au secret ; Herbert Simon peut l'appeler « zone de non-acceptation ». J'ai suggéré l'expression « stratégies d'indépendance », pour éviter les connotations négatives des autres termes, puisque l'exercice de l'autonomie peut servir à réaliser aussi bien qu'à pervertir les buts d'une organisation.

Maintenant, la grande différence entre les formes de subordination totalitaires et non totalitaires réside dans le traitement managérial de cet attribut fondamental de toutes les relations d'autorité. Les héritages historiques de certains pays occidentaux ont encouragé le management à supposer l'existence d'un discours commun entre supérieurs et subordonnés, et cette supposition est en relation directe avec la résolution heureuse de la crise des aspirations. Depuis l'évangélisme et l'approche radicale du laisser-faire du XVIIIe siècle anglais, jusqu'au dernier raffinement de l'approche des « relations humaines », les gestionnaires ont lancé des appels à la bonne foi des subordonnés afin d'obtenir leur coopération. Qu'une telle bonne foi existe est moins important que le fait que de tels appels aient été lancés, bien qu'il soit probable qu'en Angleterre et aux États-Unis un grand nombre de travailleurs acceptèrent d'une façon ou d'une autre l'autorité managériale comme légitime même s'ils restaient indifférents aux appels managériaux eux-mêmes ou s'ils les rejetaient[22]. En Russie, les héritages historiques n'encouragèrent *pas* la direction (sous les tsars) à supposer l'existence d'un discours commun entre supérieurs et subordonnés. Depuis l'époque de Pierre le Grand jusqu'à la période de rapide croissance industrielle dans les dernières décades précédant la Première Guerre mondiale, des appels furent adressés au devoir d'obéissance des travailleurs envers tous ceux qui sont en position d'autorité. Que les travailleurs aient effectivement développé ou non un sens du devoir, les appels supposaient qu'ils ne l'avaient pas. En conséquence, les haut fonctionnaires et les gestionnaires ne comptaient pas sur la bonne foi de leurs subordonnés, mais ils tâchaient plutôt d'éliminer les stratégies d'indépendance des subordonnés.

Le refus managérial d'accepter les dérobades tacites aux règles et aux normes ou l'exercice incontrôlé du jugement est relié à un type spécifique de bureaucratisation qui constitue le principe fondamental du gouvernement totalitaire. Dans un tel régime, la volonté des hautes autorités du parti est absolue, dans l'intérêt de leurs objectifs. Le parti peut ne pas respecter non seulement les procédures formelles par lesquelles les lois sont validées, mais aussi ses propres décisions antérieures ; et là où les normes peuvent être changées d'un moment à l'autre, l'autorité de la loi est détruite. Le totalitarisme abolit aussi le principe d'une seule ligne d'autorité. Au lieu de compter sur la promulgation des lois et sur la supervision de leur exécution par le haut, les régimes totalitaires utilisent la hiérarchie du parti afin de contrôler à chaque étape l'exécution des ordres à travers les canaux administratifs ordinaires. Cela peut être considéré comme le principal procédé par lequel de tels régimes empêchent les fonctionnaires d'échapper à l'inspection en même temps qu'ils les contraignent à utiliser leur expertise dans un effort renouvelé pour accomplir les ordres du régime. Un gouvernement totalitaire est donc fondé sur deux hiérarchies d'autorité interreliées. Le travail de chaque usine, de chaque bureau gouvernemental, de chaque unité de l'armée ou de la police secrète, aussi bien que de chaque organisation culturelle ou sociale, est programmé, coordonné et supervisé par une agence du gouvernement. Mais il est aussi l'objet de propagande et de pressions, critiqué, espionné et incorporé dans des campagnes spéciales par une agence du parti totalitaire, qui est responsable envers les plus hautes autorités du parti.

La logique de ce principe d'un double gourvernement peut être analysée à la lumière du schéma analytique de la bureaucratie de Max Weber. Selon lui, une bureaucratie idéale est le système le plus efficace pour résoudre les tâches organisationnelles à grande échelle. Mais cela n'est vrai que si ces tâches impliquent une orientation plus ou moins stable dans les normes qui ont pour but de maintenir l'autorité de la loi et de gérer équitablement les affaires. Ces conditions sont absentes là où les tâches sont assignées par une autorité toute puissante *et* révolutionnaire. Sous les conditions de combat simulé d'un régime totalitaire, les normes qui orientent la conduite n'existent pas longtemps, bien que chaque norme soit à la base d'un mouvement visant à accomplir des prodiges. En réponse à cela, les subordonnés tendront à avoir recours à des pratiques de dissimulation comme stratégies systématiques et tacites d'indépendance. Ils agiront ainsi non seulement pour des raisons de commodité, mais parce que les ordres qui leur sont adressés par le régime sont « irrationnels », du point de vue de l'expertise et de la procédure systématique[23]. D'autre part, le parti cherche à empêcher les types de dissimulation qui rendent de telles stratégies collectives possibles, en mettant chaque travailleur et chaque fonctionnaire sous une pression maximale, afin d'utiliser leur expertise à fond. C'est la raison fondamentale d'une double hiérarchie de gouvernement, qui place un fonctionnaire du parti à côté de chaque unité de travail, afin d'empêcher la dissimulation et d'exercer une pression. Les deux hiérarchies seraient nécessaires, même si toutes les positions clés dans le gouvernement et l'industrie étaient remplies par des fonctionnaires du parti. Car un fonctionnaire changé en travailleur ou en dirigeant serait encore responsable du « dépassement » du plan, tandis qu'un fonctionnaire du parti reste chargé de garder ce dirigeant sous pression et surveillance[24].

Ainsi, le totalitarisme a remplacé le vieux système de stratification par un nouveau fondé sur le critère de l'activisme et de l'orthodoxie partisane. L'éthique de la performance au travail, sur laquelle ce régime s'appuie, n'est pas le résultat d'une évolution séculaire comme à l'Ouest, mais de stimulants matériels et d'une supervision politique qui cherche à empêcher les déviations tant en bas qu'en haut. Par exemple, les conventions collectives dans l'industrie soviétique sont en fait des déclarations de loyauté dans lesquelles les individus et les groupes s'engagent publiquement à dépasser les objectifs du plan ; de même l'organisation de confessionnaux publics, la manipulation des différences de positions entre les militants et les autres, le principe du leadership collectif, etc., cherchent à maximiser la performance et à empêcher la « diminution de l'efficacité ». Le subordonné individuel est presque littéralement cerné. En plus des stimulants ordinaires, il est contrôlé par son supérieur et par l'agitateur du parti qui se tient aux côtés de son supérieur, mais il est aussi contrôlé « du bas » en raison des pressions sociales exercées par ses pairs, eux-mêmes manipulés par les agitateurs du parti et leurs agents. Cette institutionnalisation de la suspicion, et l'élimination conséquente de l'intimité, sont justifiées par l'idée que le parti « représente » les masses, qu'il constitue le fer de lance de l'industralisation russe, et qu'il mène la cause du communisme mondial.

CONCLUSION

Cette conclusion vise à préciser les conditions d'une analyse comparative des structures sociales, qui tienne compte à la fois de la continuité historique des sociétés, de l'articulation des structures sociales, et de l'action intéressée et délibérée des individus dans le processus de changement social. À la place de considérations abstraites, j'ai essayé de présenter cette étude en analysant certaines implications que pouvaient avoir les idéologies managériales sur le cours de l'industrialisation.

On peut considérer le changement observé dans les idéologies managériales durant les deux derniers siècles au sein des civilisations anglo-américaine et russe comme similaire, dans la mesure où il peut être caractérisé par une préoccupation managériale accrue des attitudes des travailleurs, ce qui explique probablement d'ailleurs leur productivité différentielle. Cette similitude globale coïncide cependant avec une divergence fondamentale. Dans la civilisation occidentale, les relations d'autorité entre les employeurs et les travailleurs sont restées un domaine plus ou moins autonome d'activité de groupe, même là où l'approche des « relations humaines » a remplacé l'individualisme initial. Par contre, en Russie, la relation de travail a été partout subordonnée à une autorité suprême qui règle la conduite des employeurs et des travailleurs et qui peut transformer les supérieurs en subordonnés ou (plus rarement) les subordonnés en supérieurs, quand les politiques gouvernementales semblent autoriser une telle action.

Cette comparaison des idéologies managériales est non seulement intéressante pour des raisons historiques, mais aussi parce que les relations d'autorité dans les entreprises sont un élément universel de l'industrialisation et, par conséquent, se prêtent bien à une analyse comparative. Les idéologies managériales sont devenues importantes quand l'égalitarisme des possédants, mis de l'avant par la Révolution française et par les règles juridiques qui suivirent, fut confronté à l'inégalité dans la relation de travail. Cette conscience accrue de l'inégalité coïncida avec le déclin d'une subordination traditionnelle des classes inférieures et, de là, avec une montée des aspirations égalitaires sur les plans social et politique aussi bien que juridique. En Angleterre, l'égalité juridique de citoyenneté demandée par les classes inférieures aboutit à une reconstitution douloureuse mais pacifique des relations de classes ; en Russie, les mêmes réclamations furent rejetées et finalement conduisirent aux révolutions de 1905 et 1917.

L'étude comparative des idéologies managériales présente un intérêt à la fois théorique et historique. On peut considérer de telles idéologies comme des indicateurs d'actions possibles qui peuvent, avec les réponses idéologiques d'autres groupes, nous fournir une idée des relations de classes qui ont cours à l'intérieur d'une société. On suppose que les idéologies sont une partie intégrante de la culture, et qu'elles devraient être analysées comme un révélateur de la structure sociale, un peu comme les symptômes névrotiques d'un individu sont analysés comme un indice de sa personnalité. On fait l'hypothèse également que de telles idéologies ne sont que des rationalisations opportunistes de ce qu'on considère comme les intérêts matériels d'un groupe, de telles rationalisations tendant toutefois à être circonscrites par les héritages historiques qui font partie de la structure sociale d'un pays.

Bien que l'on puisse traiter les idéologies managériales comme un fil conducteur pour l'étude des relations de classes, il est tout aussi intéressant de les mettre en rapport avec les autres aspects de la structure sociale. Un des aspects qui se prête particulièrement bien à une comparaison des régimes totalitaires et non totalitaires est le processus de bureaucratisation qui a cours dans toutes les entreprises industrielles, et l'usage de la discrétion dans l'exécution des ordres qu'implique toute bureaucratie. À cet égard, la comparaison entre la tradition anglo-américaine et russe montre que dans ces deux cas les appels des dirigeants ont différé en ce qu'ils ont présupposé ou non la bonne volonté des subordonnés. Là où cette bonne volonté n'a pas été tenue pour acquise, la conduite de l'industrialisation a pris la forme spécifique d'une double hiérarchie de gouvernement, destinée à exercer une pression maximale sur les subordonnés et à prévoir leurs écarts d'inconduite, en juxtaposant aux cadres des contrôles politiques à chaque niveau de la chaîne hiérarchique.

L'industrialisation anglaise et américaine aussi bien que russe a été marquée par la bureaucratisation. Si la bureaucratisation menace certainement le développement de l'initiative[25], le cas soviétique montre aussi que cette menace peut provoquer des effets contraires. On devrait parler d'une institutionnalisation de l'initiative du régime soviétique totalitaire, et on peut supposer que le dynamisme du régime soviétique pourrait être mis en péril par une détente dans la guerre froide, qui actuellement semble justifier cette conduite. Tel est, à mon avis, le nouveau contexte dans lequel l'étude comparative des idéologies managériales demeurera un défi intellectuel pour les chercheurs.

Notes

(1) Texte de la conférence MacIver, prononcée devant la Société de sociologie du district de Columbia le 3 février 1959. Réimprimé à partir de *American Sociological Review*, (24)5, oct. 1959.

(2) On demande aux travailleurs pauvres de prouver leur mérite par leur obéissance, mais on leur dit aussi que leur dépendance résulte d'une infériorité naturelle. De façon analogue, on dit aux classes dirigeantes d'être responsables des pauvres qui sont méritants ; si elles n'assument pas cette responsabilité, c'est uniquement, disent-elles, parce que les pauvres qui souffrent ne sont pas méritants.

(3) En Russie, l'aristocratie terrienne n'a jamais réussi à devenir l'intermédiaire inévitable entre le gouvernant et le peuple, contrairement à l'Europe de l'Ouest, où l'autorité administrative et juridique du gouvernant a effectivement pris fin aux frontières de la propriété, bien que cette différence soit le résultat final de luttes prolongées en vue de diviser l'autorité. Voir M. Weber. *Wirtschaft und Gesellschaft*, vol. II, Tuebingen, Mohr, 1925, chap. 7 et en particulier p. 720-723.

(4) L'affirmation de Lénine selon laquelle « le Russe est un mauvais travailleur » et son plaidoyer en faveur du système Taylor et de l'électrification comme la voie vers le socialisme montrent que les problèmes des organisations industrielles complexes ont tout de suite prédominé.

(5) Voir mon ouvrage, *Work and Authority in Industry*, p. vii, viii, 1 et 2.

(6) G.H. Mead. *Movements of Thought in the Nineteenth Century*, University of Chicago Press, 1936, p. 21.

(7) *Ibid.*, p. 17.

(8) G.F.W. Hegel. *Phänomenologie des Geistes*, Leipzig, Felix Mainer, 1928, p. 143 et 147. J'ai tenté par quelques paraphrases de rendre le sens hégélien sans utiliser son langage. Les passages pertinents sont tout à fait accessibles *in* C.J. Friedrich (édit.) *The Philosophy of Hegel*, New York, Modern Library, 1953, p. 399-410.

(9) A. de Tocqueville, *De la démocratie en Amérique*, Paris, Gallimard, 1951, chap. II, p. 192-193. Certaines phrases du paragraphe précédent sont aussi tirées de ce chapitre de l'œuvre de Tocqueville.

(10) *Loc. cit.*

(11) Voir mon ouvrage, *Work and Authority in Industry*, p. 34-46 et 150-162. Il traite également de cet aspect de façon plus détaillée dans « The Lower Classes in the Age of Democratic Revolution », *Industrial Relations* (à paraître).

(12) Pour une analyse pénétrante de ce développement, voir T.H. Marshall. *Citizenship and Social Class*, Cambridge University Press, 1950, chap. 1. On y considère la situation spécifique de l'Angleterre, où les droits sociaux ont été institués pour des raisons différentes, dans certains cas pour stopper l'établissement de droits civiques comme cela se passait dans l'Allemagne impériale.

(13) On trouvera un exposé détaillé de ce point de vue dans mon article « A Study of Managerial Ideologies », *Economic Development and Cultural Change*, 5 janv. 1957, p. 118-128.

(14) L'expression citée apparaît dans la définition que Burckhardt donne de l'objectif poursuivi par l'histoire-culture :

« [L'histoire-culture] va au cœur de l'humanité passée [parce qu'] elle déclare ce que l'humanité *était, désirait, pensait, percevait et était capable d'accomplir.* De cette façon, elle renvoie à ce qui est permanent, et, à la fin, ce permanent apparaît plus grand et plus important que le temporaire, plus grand et plus instructif que l'action elle-même. Car les actions ne sont que des expressions individuelles d'une certaine capacité interne, qui est toujours en mesure de recréer ces mêmes actions. Les buts et les présuppositions sont donc aussi importants que les événements eux-mêmes. »

Voir J. Buckhardt. *Griechische Kulturgeschichte*, Stuttgart, Kroener, vol. I, 1952, p. 6.

(15)   Voir H.S. Hughes. *Consciousness and Society*, New York, Knopf, 1958, qui donne une analyse pénétrante de cette « génération ».

(16)   Ici, « idéologies » ne renvoie pas aux attitudes qui peuvent être mises en lumière par des questionnaires, mais au « processus constant de formulation et de reformulation par lequel les porte-parole d'un groupe social cherchent à articuler ce qu'ils pensent être des conceptions partagées ». Voir *Work and Authority in Industry*, p. xii. J'appelle ces articulations « idéologies » dans le sens d'« idées considérées dans le contexte de l'action collective ». Toutes les idées peuvent donc être analysées de ce point de vue ; considérées sous cet angle, les idéologies ne font pas référence à des idées fausses ou erronées.

(17)   Par exemple, si au tournant du siècle les employeurs américains ne manquèrent pas d'affirmer leur autorité absolue sur les travailleurs, cette affirmation était déficiente dans son contenu jusqu'à ce que la bureaucratisation de l'industrie produise des experts qui mirent de l'avant des méthodes pour exercer cette autorité. Aussi, l'affirmation de l'autorité du tsar sur tout le peuple encouragea par inadvertance les paysans à avoir recours au tsar pour la réparation des injustices. Cette procédure est adaptée de celle qu'a utilisée Max Weber dans sa sociologie de la religion.

(18)   La phrase suivant immédiatement cette citation se lit ainsi : « La tradition de toutes les générations disparues pèse comme un cauchemar sur le cerveau des vivantes. » Voir K. Marx. *The 18th Brumaire of Louis Bonaparte*, New York, International Publishers, s.d., p. 13. Je n'accepte pas cette exagération polémique, puisque les traditions sont à la fois formatrices et paralysantes, mais l'accent mis sur l'influence de la tradition culturelle sur les idéologies courantes est plus conforme aux faits que la tentative d'expliquer ces idéologies uniquement par les problèmes que l'homme d'affaires rencontre dans son travail. Une telle interprétation amène à faire fi à la fois des changements idéologiques et des différences entre les idéologies, toutes les idéologies devenant alors des réponses aux tensions endémiques observables dans la société moderne. Voir l'ouvrage de F.X. Sutton *et al. The American Business Creed*, Cambridge, Harvard University Press, 1956, *passim,* dans lequel l'auteur refuse l'idée de changement dans les idéologies managériales et explique ces mêmes idéologies de la même façon que le nationalisme et l'anticapitalisme. Voir aussi les commentaires de L. Jenks. « Business Ideologies », *Explorations of Entrepreneurial History*, 10, oct. 1957, p. 1-7.

(19)   *Ibid.*, p. x.

(20)   Voir encore le travail de Max Weber, bien que ce qu'il fit dans ses propres études soit plus approprié que ce qu'il écrivit dans sa méthodologie. *An Intellectual Portrait*, New York, Doubleday, 1960, chap. 8.

(21)   *Ibid.*, p. 251. Pour éviter une possible incompréhension, il faut savoir que cette affirmation, qui est élaborée p. 244-251, semble compatible avec la tentative d'analyser la prise de décisions managériales sur une base plus scientifique. La substitution de méthodes

mécaniques à des opérations manuelles est évidemment un processus en cours qui a grandement réduit les aires de possible autonomie, bien que les méthodes mécaniques créent aussi de nouvelles occasions pour des jugements discrétionnaires. Mais tandis que ces méthodes et ces manipulations organisationnelles peuvent réduire et redistribuer les aires dans lesquelles l'autonomie est possible ou désirée, et de cette façon amener une plus grande efficacité, elles ne peuvent pas éliminer complètement l'autonomie.

(22) *Ibid.*, p. 248-249, pour un exposé plus complet.

(23) Ils agiront donc ainsi même dans le but de réaliser les objectifs du parti. J. Berliner, dans son ouvrage *Factory and Manager in the USSR*, Cambridge, Harvard University Press, 1957, montre que les dirigeants soviétiques qui réussissent le mieux utilisent la subversion systématique des ordres officiels dans le but de réaliser autant les objectifs visés par ces ordres que leurs buts personnels. Cette observation suggère que la « bonne volonté » peut être inculquée de nombreuses façons, même par la méfiance systématique de tous les subordonnés, à condition, bien sûr, que cette méfiance s'appuie sur des bases puissantes, telle l'idéologie utopique et nationaliste du communisme russe.

(24) Pour un développement plus général de cette approche du totalitarisme, voir Bendix. « The Cultural and Political Setting of Economic Rationality in Western and Eastern Europe », *in* G. Grossman (édit.) *Value and Plan : Economic Calculation and Organization in Eastern Europe*, Berkeley, University of California Press, 1960.

(25) Voir l'ouvrage de J. Schumpeter. *Capitalism, Socialism and Democracy*, New York, Harper, 1950 (et Torchbook éd., 1962), où ce thème est développé.

Bibliographie thématique

CONCEPT D'ORGANISATION

ASHBY, W.R. « Principles of the Self-Organizing System », *in* Van Foerster et Zopf. ***Principles of Self-Organization***, New York, Pergamon Press, MacMillan, 1962, p. 255-278.

ASTLEY, W.G. et VAN de VEN, A.H. « Central Perspectives and Debates in Organization Theory », ***Administrative Science Quarterly***, 28, 1983, p. 245-273.

ATLAN, H. « Du bruit comme principe d'auto-organisation », *in* ***L'Organisation biologique et la théorie de l'information***, Paris, Hermann, 1972, p. 21-36.

ATLAN, H. « On a Formal Definition of Organization », ***Journal of Theoretical Biology***, 45, 1974, p. 275-304.

ATLAN, H. ***Entre le cristal et la fumée***, Paris, Seuil, 1979.

AUDET, M. et MALOUIN, J.-L. ***La Production des connaissances scientifiques de l'administration***, Québec, Les Presses de l'Université Laval, 1986.

BATES, F.L. « Institutions, Organizations, and Communities : A General Theory of Complex Structures », ***Pacific Sociological Review***, automne 1960, p. 59-70.

BERNOUX, P. ***Sociologie des organisations***, Paris, Seuil, 1985.

BLAU, P.M. et SCOTT, W.R. « The Nature and Types of Formal Organizations », *in* ***Formal Organizations : A Comparative Approach***, San Francisco, Chandler, 1962, chap. 2, p. 27-58.

BOULDING, K.E. « The Nature of the Organizational Revolution », *in* ***The Organizational Revolution***, New York, Harper & Row, 1953, p. 3-86.

BURRELL, G. et MORGAN, G. ***Sociological Paradigms and Organizational Analysis***, Londres, Heinemann, 1979, 432 p.

CASTORIADIS, C. ***L'Institution imaginaire de la société***, Paris, Seuil, 1975.

CHAUVIN, R. « Les sociétés les plus complexes chez les insectes », ***Communications***, 22, 1974, p. 63-71.

CLEGG, S. et DUNKERLEY, D. ***Organization, Class and Control***, Londres, Routledge and Kegan Paul, 1980.

Colloque de Cerisy, sous la direction de P. Dumouchel et J.-P. Dupuy. ***L'Auto-organisation de la physique à la politique***, Paris, Seuil, 1983.

DESMAREZ, P. « La sociologie industrielle fille de la technodynamique d'équilibre ? », ***Sociologie du travail***, n° 3, 1983, p. 261-274.

DUPUY, J.-P. ***Ordres et désordres, Enquête sur un nouveau paradigme***, Paris, Seuil, 1982.

ETZIONI, A. ***Les Organisations modernes***, Bruxelles, Duculot, 1967.

GIDDENS, A et McKENZIE, G. (édits) ***Social Class and the Division of Labour***, Cambridge University Press, 1982.

HALL, R.H., HAAS, J.E. et JOHNSON, N.J. « An Examination of the Blau–Scott and Etzioni Typologies », **Administrative Science Quarterly**, 12(1), 1967, p. 118-139.

HEYDEBRAND, W.V. « The Study of Organizations », **Information sur les sciences sociales**, vol. 6, oct. 1967, p. 59-86.

IMANICHI, K. « Social Organization of Sub-Human Primates in their Natural Habitat », **Current Anthropology**, 1(5-6), sept.-nov. 1960.

JACOB, F. « L'organisation », in **La Logique du vivant**, Paris, Gallimard, 1970, chap. 2, p. 87-145.

JACOB, F. **Le Jeu des possibles**, Paris, A. Fayard, 1981.

KAUFMAN, H. « The Natural History of Human Organizations », **Administration and Society**, vol. 6, oct. 1967, p. 59-86.

LE MASNE, G. « Sociétés animales », **Encyclopedia Universalis**, vol. 16, 1985, p. 1058-1071.

MARCH, J.G. (édit.) **Handbook of Organizations**, Chicago, Rand McNally, 1972.

MORGAN, G. **Images of Organization**, Beverly Hills, Cal., Sage, 1986.

NIZARD, G. « Actualité en théorie des organisations », **Humanisme et entreprise**, n° 122, 1980, p. 53-83.

PARSONS, T. **The Social System**, New York, Free Press, 1951.

PARSONS, T. « Suggestions for a Sociological Approach to the Theory of Organizations », **Administrative Science Quarterly**, 1, 1956, p. 63-85 et 225-239.

PRIGOGINE, I. et STENGERS, I. **La Nouvelle Alliance**, Paris, Gallimard, 1979.

REEVES, H. **Patience dans l'azur**, Montréal, Éditions Québec Science, 1982.

RUFFIE, J. **De la biologie à la culture**, Paris, Flammarion, 1983.

SCOTT, W.R. **Organizations, Rational, Natural, and Open Systems**, Englewood Cliffs, Prentice-Hall, 1981.

SÉGUIN-BERNARD, F. et CHANLAT, J.-F. **L'Analyse des organisations**, tome I : **Les Théories de l'organisation**, Saint-Jean-sur-Richelieu, Préfontaine inc., 1983.

SILVERMAN, D. **La Théorie des organisations**, Paris, Dunod, 1973, chap. 1, p. 8-23.

STINCHCOMBE, A.L. « Formal Organizations », in N. Smelser (édit.) **Sociology**, New York, John Wiley, 1967, p. 156-172.

TOURAINE, A. **La Production de la société**, Paris, Seuil, 1973.

VON FOERSTER, H. « Basic Concepts of Homeostasis », **Homeostatic Mechanisms**, Brooklaven Symposia in Biology, n° 10, 1957, p. 216-262.

VON FOERSTER, H. « On Self-Organizing Systems and Their Environments », **Self-Organizing Systems**, New York, Pergamon Press, 1960.

VON NEWMAN, J. **Theory of Self-Reproduction Automation**, University of Illinois Press, 1966.

WEICK, K.E. **The Social Psychology of Organizing**, Reading, Addison-Wesley, 1969.

WILDEN, A. **Système et structure**, Montréal, Boréal express, 1983.

ZEY-FERRELL, M. et AIKEN, M. *Complex Organizations : Critical Perspectives*, Glenview, Ill., Scott, Foresman and Co., 1981.

BUTS

ACKOFF, R.L. et EMERY, F.E. *On Purposeful Systems*, Aldine, Atherton Inc., 1972.

ALLISON, G.T. *Essence of Decision*, Boston, Little Brown, 1971.

ASTLEY, W.G. « Toward an Appreciation of Collective Strategy », *Academy of Management Review*, 9, 1984, p. 526-535.

BARNARD, C.I. *The Functions of the Executive*, Cambridge, Harvard University Press, 1938.

BENDIX, R. « Conclusion : Industrialization, Ideologies and Social Structure », *in Work and Authority in Industry*, Los Angeles, University of California Press, 1974.

BENSON, J.K. « Organizations, A Dialectical View », *Administrative Science Quarterly*, 22, 1977, p. 1-21.

BENSON, J.K. et KENNETH, J. « Innovation and Crisis in Organizational Analysis », *The Sociological Quarterly*, 18(1), hiver 1977, p. 1-18.

BERNARD, F. « Systems Theory and the Analysis of Formal Organizations », *Cahiers de la recherche*, Montréal, École des HEC, févr. 1978.

BIDDLE, B.J. « Roles, Goals and Value Structures in Organizations », *in* W.W. Cooper *et al.* *New Perspectives in Organization Research*, New York, Wiley, 1964, p. 150-172.

BLAU, P.M. « Theories of Organizations », *in The International Encyclopedia of the Social Sciences*, tome II, New York, MacMillan, 1968, p. 297-305.

BLAU, P.M. et SCOTT, W.R. *Formal Organizations : A Comparative Approach*, Londres, Routledge and Kegan Paul, 1963.

BOURGEOIS, L.J. « Strategy and Environment : A Conceptual Integration », *Academy of Management Review*, 5(7), 1980, p. 25-39.

BURRELL, G. et MORGAN, G. *Sociological Paradigms and Organizational Analysis*, Londres, Heinemann, 1979, 432 p.

CLARK, P.B. et WILSON, J.Q. « Incentive Systems : A Theory of Organizations », *Administrative Science Quarterly*, 6, 1961, p. 129-166.

CLEGG, S. et DUNKERLEY, D. « Goals in Organizations », *in Organization, Class and Control*, Londres, Routledge and Kegan Paul, 1980, p. 298-333.

CLEGG, S., BOREHAM, P. et DOW, G. *Class, Politics and the Economy*, Londres, Routledge and Kegan Paul, 1986.

COHEN, M.D., MARCH, J.G. et OLSEN, J.P. « A Garbage Can Model of Organizational Choice », *Administrative Science Quarterly*, vol. 17, 1972, p. 1-25.

COSER, L.A. *The Functions of Social Conflict*, The Free Press of Glencoe, 1956.

CRESSEY, D.R. « Achievement of an Unstated Organizational Goal », *Pacific Sociological Review*, 1, 1958, p. 43-49.

CYERT, R.M. et MARCH, J.G. « A Behavioral Theory of Organizational Objectives », *in* M. Haire (édit.) *Modern Organization Theory*, John Wiley, 1959, chap. 3.

CYERT, R.M. et MARCH, J.G. « L'élaboration des décisions dans les entreprises américaines », *Analyse et prévision*, II, 1966, p. 865-879.

DENT, J.K. « Organizational Correlates of the Goals of Business Managements », *Personnel Psychology*, 12(3), 1959, p. 365-393.

DRUCKER, P.F. « Business Objectives and Survival Needs : Notes on a Discipline of Business Enterprise », *Journal of Business*, 31(2), 1958, p. 81-90.

EILON, S. « Goals and Constraints », *The Journal of Management Studies*, 8(3), 1971, p. 292-303.

ETZIONI, A. *A Comparative Analysis of Complex Organizations*, The Free Press of Glencoe, 1961.

ETZIONI, A. *Les Organisations modernes*, Bruxelles, Duculot, 1967.

FIRTH, R. *Essays on Social Organization and Values*, University of London, 1964.

FRANK, A.G. « Goal Ambiguity and Conflicting Standards : An Approach to the Study of Organization », *Human Organization*, hiver 1958-1959, p. 8-13.

GEORGIOU, P. « The Goal Paradigm and Notes Towards a Counter Paradigm », *Administrative Science Quarterly*, 18(3), sept. 1973, p. 291-310.

GLUECK, W.F. *Business Policy and Strategic Management*, 3ᵉ éd., Montréal, McGraw-Hill, 1976.

GOSSELIN, R. « Pour qui, pourquoi les organisations existent-elles ? », *Relations industrielles*, 29(4), 1974, p. 726-744.

GROSS, E. « The Definition of Organizational Goals », *British Journal of Sociology*, 20(3), 1969, p. 277-294.

GUTH, E. « Formulating Organizational Objectives and Strategy : A Systematic Approach », *Journal of Business Policy*, 2(1), automne 1971.

HEDBERG, B. et JONSSON, S. *Strategy Formulation as a Discontinuous Process*, working paper, University of Gothenburg, 1976.

HILL, W. « The Goal Formation Process in Complex Organizations », *The Journal of Management Studies*, 6(2), 1969, p. 198-208.

KARPIK, L. « Sociologie. Économie politique et les buts des organisations », *Revue française de sociologie*, XIII(3), juill.-sept. 1972, p. 299-324.

LATHAM, G.P. et YUKL, G.A. « Review of Research of the Application of Goal Setting in Organizations », *Academy of Management Journal*, déc. 1975, p. 824-845.

LÉVY, A. *Psychologie sociale*, Paris, Dunod, 1952.

LINDBLOM, C.E. *The Policy Making Process*, Englewood Cliffs, N.J., Prentice-Hall, 1968.

MARCH, J.G. « Bounded Rationality, Ambiguity and the Engineering of Choice », *The Bell Journal of Economics*, mars 1978, p. 587-608.

MARCH, J.G. « Decision Making Perspective : Decisions in Organizations and Theories of Choice », *in* A. Van de Ven et W. Joyce (édits). *Perspectives on Organization Design and Behavior*, New York, John Wiley, 1981, p. 205-244.

MARCH, J.G. et OLSEN, J.P. *Ambiguity and Choice in Organizations*, Bergen, Universitetsforlaget, 1976.

MICHELS, R. « Les tendances oligarchiques de l'organisation », *in Les Partis politiques*, Paris, Flammarion, 1971.

MILES, R.E. et SNOW, C.S. *Organizational Strategy, Structure and Process*, New York, McGraw-Hill, 1978.

MILLER, D. et FRIESEN, P.H. « Archetypes of Strategy Formulation », *Management Science*, 24, 1978, p. 921-933.

MINTZBERG, H. « Patterns on Strategy Formation », *Management Science*, 24(9), mai 1978.

MINTZBERG, H. « Organizational Power and Goals : A Skeletal Theory », *in* D.E. Schendel et C.W. Hofer (édits). *Strategic Management*, Boston, Little, Brown, 1979.

MINTZBERG, H. « Organizational Goals and Goal Formulation », *in* D.E. Schendel et C.W. Hofer (édits). *Strategic Management*, Boston, Little, Brown, 1979.

MINTZBERG, H. *Le Pouvoir dans les organisations*, Paris, Les Éditions d'Organisation, 1986.

MOHR, L.B. « The Concept of Organizational Goals », *The American Political Science Review*, n° 2, 1973, p. 470-481.

NARAYANAM et FAHEY, R.J. « The Micro-Politics of Strategy Formulation », *Academy of Management Review*, 7(1), p. 25-34.

PEARCE, J.A. « The Company Mission as a Strategic Tool », *Sloan Management Review*, printemps 1982, p. 15-25.

PERROW, C. « The Analysis of Goals in Complex Organizations », *American Sociological Review*, 26(6), 1961, p. 854-866.

PERROW, C. « Organizational Goals », *in Organizational Analysis : A Sociological View*, Belmont, Calif., Wadsworth, 1970, chap. 5.

PERROW, C. « Organizational Goals », *The International Encyclopedia of the Social Sciences*, vol. II, New York, MacMillan, p. 305-316.

PFEFFER, J. *Management as Symbolic Action : The Creation and Maintenance of Organizational Paradigms*, papier de recherche n° 503, Stanford University, 1980.

QUINN, J.B. « Strategic Goals : Process and Politics », *Sloan Management Review*, 1977, 19(1), p. 21-37.

RHENMAN, E. « Organizational Goals », *Acta Sociologica*, 10, 1967, p. 275-287.

RICHARDS, M.D. *Organizational Goal Structures*, Saint-Paul, Minn., 1978.

SAUNDERS, C.B. « Setting Organizational Objectives », *Journal of Business Policy*, été 1973, p. 13-20.

SAUNDERS, C.B. et TRUGGLE, F.D. « Corporate Goals », *Journal of General Management U.K.*, hiver 1979-1980, p. 3-13.

SCHOLL, R. « An Analysis of Macro Models of Organizations : The Goal and Political Models », *Administration and Society*, 13(13), nov. 1981.

SÉGUIN, F. et CHANLAT, J.-F. *L'Analyse des organisations : une anthologie sociologique*, tome I : *Les Théories de l'organisation*, Saint-Jean-sur-Richelieu, Préfontaine inc., 1983.

SILLS, D.L. « Preserving Goals », in **The Volunteers: Means and Ends in a National Organization**, The Free Press of Glencoe, 1957, chap. 11.

SILVERMAN, D. **La Théorie des organisations**, Paris, Dunod, 1973.

SIMON, H.A. « On the Concept of Organizational Goal », **Administrative Science Quarterly**, 9(1), 1964, p. 1-22.

SIMPSON, R.L. et GULLEY, W.H. « Goals, Environmental Pressures and Organizational Characteristics », **American Sociological Review**, 27(3), 1962, p. 344-351.

SOELBERG, P. « Structure of Individual Goals : Implications for Organization Theory », in **The Psychology of Management Decision**, Suède, 1967.

TERSIVE, R.J. « Organizational Objectives and Goal Programming », **Managerial Planning**, sept.-oct. 1976, p. 27-34.

THOMPSON, J.D. **Organization in Action**, New York, McGraw-Hill, 1967.

THOMPSON, J.D. et McEWEN, W.J. « Objectifs d'organisation et environnement », in A. Lévy (édit.) **Psychologie sociale**, Paris, Dunod, 1952, p. 334-343.

THORSRUD, E. « Policy Making as a Learning Process », in A.B. Cherns et al. (édits) **Social Science and Government Policies and Problems**, Londres, Tavistock, 1972.

TOURAINE, A. « Les organisations », in **La Sociologie de l'action**, Paris, Seuil, 1965, chap. 4, p. 181-244.

TOURAINE, A. « Le système organisationnel », in **La Production de la société**, Paris, Seuil, 1973, p. 282-315.

UDY, S.H. « The Comparative Analysis of Organizations », **American Journal of Sociology**, mars 1965, p. 678-709.

VANCIL, R. « Strategy Formulation in Complex Organizations », **Strategic Management Review**, n° 1, 1980, p. 39-56.

WAMSLEY, G.L. et ZALD, M.N. **The Political Economy of Public Organizations**, Indiana University Press, 1976.

WARNER, W.K. et HAVENS, E.A. « Goal Displacement and the Intangibility of Organizational Goals », **Administrative Science Quarterly**, vol. 12, mars 1968, p. 539-555.

WARRINER, C.K. « The Problem of Organizational Purpose », **Sociological Quarterly**, n° 1, 1965, p. 139-146.

WEICK, K.E. **The Social Psychology of Organizing**, Reading, Addison-Wesley, 1969.

WILDAVSKY, A. « The Strategic Retreat on Objectives », **Policy Analysis**, vol. 2, 1976, p. 489-526.

ZALD, M.N. et DENTON, P. « From Evangelism to General Service : On the Transformation of the YMCA », **Administrative Science Quarterly**, 8, 1963, p. 214-234.

ZEY-FERRELL, M. « Criticism of the Dominant Perspective on Organizations », **The Sociological Quarterly**, 22, printemps 1981, p. 181-205.

ZEY-FERRELL, M. et AIKEN, M. **Complex Organizations : Critical Perspectives**, Glenview, Ill., Scott, Foresman and Co., 1981.

TECHNOLOGIE

ACKERMANN, W. « Valeurs culturelles et choix social de la technologie », *Revue internationale des sciences sociales*, n° 3, 1981, p. 487-506.

ALDRICH, H.E. « Technology and Organizational Structure : A Reexamination of the Findings of the Aston Group », *Administrative Science Quarterly*, 17(1), 1972, p. 26-43.

ALLEN, F.R. *et al. Technology and Social Change*, New York, Appelton-Century Crofts, 1957.

ALLEN, V.R. « Fondements conceptuels de la théorie des organisations », *L'Homme et la société*, vol. 4, 1967, p. 79-97.

AMBER, G.H. et AMBER, P.S. *Anatomy of Automation*, Englewood Cliffs, Prentice-Hall, 1962.

ANDORS, S. « Revolution and Modernization Man and Machine Industrializing Society : The Chinese Case », *in* E. Fried et M. Selden (édits). *America's Asia*, New York, Pantheon, 1971, p. 393-444.

ARON, R. *Les Étapes de la pensée sociologique*, Paris, Gallimard, 1967.

ASHBY, W.R. « Principles of the Self-Organizing System », *in* Van Foerster et Zopf. *Principles of Self-Organization*, New York, Pergamon Press, MacMillan, 1962, p. 255-278.

ASTLEY, W.G. et FOMBRUN, C.J. « Technological Innovation and Industrial Structure : The Case of Telecommunications », *in* R. Lamb (édit.) *Advances in Strategic Management*, Greenwich, JAI Press, 1983, p. 205-229.

AXELOS, K. *Marx penseur de la technique*, Paris, Minuit, 1969.

BEAUCHEMIN, H. « Les nouvelles technologies : plus qu'un virage », *Possibles*, 8(1), 1983, p. 163-179.

BERRY, M. *Une technologie invisible ? L'impact des instruments de gestion sur l'évolution des systèmes humains*, Paris, Centre de recherches en gestion, École polytechnique, 1983.

BJORN ANDERSEN, N. « L'incidence des techniques électroniques numériques sur les profils d'emploi traditionnels », *in* *La Micro-électronique, la productivité et l'emploi*, Paris, Organisation de coopération et de développement économique (OCDE), 1981, p. 53-62.

BLAU, P.M. *et al.* « Technology and Organization in Manufacturing », *Administrative Science Quarterly*, vol. 21, 1976, p. 20-40.

BLAUNER, R. *Alienation and Freedom : The Factory Worker and his Industry*, Chicago University Press, 1964.

BRAVERMAN, H. « La révolution technologique », *in* *Travail et capitalisme monopoliste*, Paris, F. Maspéro, 1974, chap. 7.

BROCK, D. et VETTER, H.R. « L'érosion biographique comme conséquence des bouleversements technologiques », *Sociologie du travail*, n° 2, 1986, p. 125-141.

BROSSARD, M. et MAURICE, M. « Existe-t-il un modèle universel des structures d'organisation ? », *Sociologie du travail*, 16(4), 1974, p. 402-425.

BURACK, E. « Technology and Some Aspects of Industrial Supervision : A Model Building Approach », *Academy of Management Journal*, mars 1966, p. 43-66.

BURNS, T. et STALKER, G.M. *The Management of Innovation*, Londres, Tavistock, 1961.

CASTORIADIS, C. « Technique », *Encyclopedia Universalis*, p. 803-809.

CHANARON, J.J. et PERRIN, J. « Science, technologie et modes d'organisation du travail », *Sociologie du travail*, n° 1, 1986, p. 23-41.

CHANLAT, A. *La Multicomplémentarité dans la connaissance et dans l'action*, Montréal, École des HEC, 1982.

CHILD, J. « What Determines Organizations », *Organizational Dynamics*, été 1974, p. 2-18.

CHILD, J. et MANSFIELD, R. « Technology, Size and Organizational Structure », *Sociology*, 6, 1972, p. 369-380.

CLEGG, S et DUNKERLEY, D. « Organization and Technology », *in* **Organization, Class and Control**, Londres, Routledge and Kegan Paul, 1980, chap. 9, p. 334-348.

COLLECTIF. « Sixième partie : L'influence des contextes économiques et technologiques sur les modes d'organisation du travail », *Travailler au Québec, Association canadienne des sociologues et anthropologues de langue française, Colloque 1980*, Laval, Québec, Albert Saint-Martin, 1981, p. 349-427.

Confédération mondiale du travail. *Nouvelles Technologies, emploi et pouvoir*, Bruxelles, La Confédération, 1981.

Conseil de la science et de la technologie du Québec. *Le Virage technologique (Programme d'action économique : 1982-1986)*, Québec, Le Conseil, 1984.

CORIAT, B. « Les conditions de la production de la technique et de la science », *in* **Science, technique et capital**, Paris, Seuil, 1976, p. 63-133.

COTGROVE, S. « Technology, Rationality and Domination », *Social Studies of Science*, 5, 1975, p. 55-78.

DAVIS, L.E. et TAYLOR, J.C. « Technology, Organization and Job Structure », *in* R. Dubin (édit.) *Handbook of Work, Organization and Society*, Chicago, Rand McNally, 1976.

DENIS, H. « L'outil bureautique dans l'activité managériale », *Direction et gestion*, n° 6, 1985, p. 39-45.

DENIS, H. *Technologie et société*, École polytechnique de Montréal, 1987.

DIANI, M. « Conséquences organisationnelles de l'automation », *Sociologie du travail*, n° 4, 1984, p. 548-555.

DICKSON, D. *Alternative Technology and the Politics of Change*, Londres, Fronteria, 1974.

DICKSON, D. « Technology and the Construction of Social Reality », *Radical Science Journal*, 1, 1984, p. 29-50.

DUBUC, A. « 1784 : Pour mieux discuter d'une nouvelle révolution industrielle », *Sociologie et sociétés*, XVI(1), 1984, p. 35-58.

ELLIOT, R. et ELLIOT, D. *The Control of Technology*, Londres, Wykeham Publications, 1976.

ELLUL, J. *The Technological Society*, New York, A.A. Knopf, 1964.

EMERY, F.E. *Characteristics of Socio-Technical Systems*, Institut Tavistock, document n° 527, janv. 1959.

EMERY, F.E. et TRIST, E.L. « Socio-Technical Systems », *in* C.W. Churchman et M. Verlhust. *Management Sciences, Models and Techniques*, vol. 2, Londres, Pergamon Press, 1960, p. 83-97.

FAUNCE, W.A. « Automation and Division of Labor », *Social Problems*, 13(2), 1965, p. 149-160.

FORBES, R.S. *Man the Maker : A History of Technology and Engineering*, New York, Schuman, 1950.

FORD, H. *Ma vie mon œuvre*, Paris, Payot, 1925.

FORD, J. et SLOCUM, J. « Size, Technology, Environment, and the Structure of Organizations », *The Academy of Management Review*, 2, 1977, p. 561-575.

FREEMAN, J.H. « Environment, Technology and the Administrative Intensity of Manufacturing Organizations », *American Sociological Review*, 38, 1973, p. 750-763.

FREYSSENET, M. « La requalification des opérateurs et la forme sociale actuelle d'automatisation », *Sociologie du travail*, n° 4, 1984, p. 422-433.

FRIEDMAN, G. *Sept Études sur l'homme et la technique*, Paris, Denoël/Gonthier, 1970.

FRY, L. « Technology—Structure Research : Three Critical Issues », *Academy of Management Review*, 3, 1982, p. 532-552.

FULLAN, M. « Industrial Technology and Worker Integration in the Organization », *American Sociological Review*, 35, 1970, p. 1028-1039.

GERWIN, D. « The Comparative Analysis of Structure and Technologies : A Critical Appraisal », *Academy of Management Review*, janv. 1977, p. 7-16.

GERWIN, D. « Relationships between Structure and Technology at the Organizational and Job Levels », *The Journal of Management Studies*, févr. 1979, p. 70-79.

GERWIN, D. et CHRISTOFFEL, W. « Organizational Structure and Technology : A Computer Model Approach », *Management Science*, 20(12), 1974, p. 1531-1542.

GIBBS, J. et BROWNING, H.L. « The Division of Labor, Technology and Organization of Production in Twelve Countries », *American Sociological Review*, 31(1), 1966, p. 81-92.

GILLEPSIE, D.F. et MILETI, D.S. « Technology and the Study of Organizations : An Overview and Appraisal », *Academy of Management Review*, janv. 1977, p. 7-16.

GOULDNER, A.W. *The Dialectic of Technology and Ideology*, Londres, MacMillan, 1976.

HABERMAS, J. *La Technique et la science comme idéologie*, Paris, Denoël/ Gonthier, 1973.

HAGE, J. et AIKEN, M. « Routine Technology, Social Structure and Organizations Goals », *Administrative Science Quarterly*, 14(3), sept. 1969, p. 366-377.

HALARY, C. « La robotique : un mythe industriel ? », *Sociologie et sociétés*, XVI(1), 1984, p. 81-90.

HALL, R.H. « The Nature and Consequences of Structure », *in* *Organizations : Structures and Process*, Englewood Cliffs, Prentice-Hall, 1977, chap. 4.

HARVEY, E. « Technology and the Structure of Organizations », **American Sociological Review**, 33(2), 1968, p. 247-259.

HICKSON, D.J., PUGH, D.S. et PHEYSEY, D.C. « Operations Technology and Organization Structure : An Empirical Reappraisal », **Administrative Science Quarterly**, 16, sept. 1969, p. 378-397.

HREBINIAK, L. « Job Technology, Supervision, and Work Group Structure », **Administrative Science Quarterly**, 19, 1974, p. 395-410.

HUNT, R.G. « Technology and Organization », **Academy of Management Journal**, 1970.

JAMOUS, H. et GREMION, P. **L'Ordinateur au pouvoir**, Paris, Seuil, 1978.

JONES, B. et WOOD, S. « Qualifications tacites, division du travail et nouvelles technologies », **Sociologie du travail**, n° 4, 1984, p. 407-421.

KANTER, R.M. **The Change Masters**, New York, Simon and Schuster, 1983.

KAST, F. et ROSENZWEIG, J.E. **Contingency Views of Organization and Management**, Société de relations d'affaires (SRA-HEC), 1973.

KELLER, R.T. *et al.* « Uncertainty and Type of Management System in Continuous Process Organizations », **Academy of Management Journal**, 17, 1974, p. 56-68.

KELLER, R.T. « Dimensions of Management System and Performance in Continuous Process Organizations », **Human Relations**, 31, 1978, p. 59-75.

KELLY, J.E. « A Reappraisal of Sociotechnical Systems Theory », **Human Relations**, 31(12), 1978, p. 1069-1099.

KHANDWALLA, P.N. « Mass Output Orientation of Operations Technology and Organizational Structure », **Administrative Science Quarterly**, 19, 1974, p. 74-97.

LALONDE, F. et PARENT, R. « Les enjeux sociaux de l'informatisation », **Sociologie et sociétés**, XVI(1), 1984, p. 59-70.

LASFARGUE, Y. « Les effets de la robotique sur l'emploi, les qualifications et les conditions de travail », **Problèmes économiques**, n° 1769, 1982, p. 16-22.

LEVIDON, L. et YOUNG, B. (édits) **Science, Technology and the Labour Process**, Londres, Blackrose Press, 1981.

MARCH, J.G. et SIMON, H.A. **Organizations**, New York, John Wiley & Sons, 1958.

MARX, K. « De la manufacture à la fabrique automatique », *in* **Le Capital**, Paris, Éditions sociales, 1976, p. 25-40.

MARX, K. « La production de la plus-value relative », *in* **Le Capital**, Paris, Éditions sociales, 1976, 4e partie.

MARX, K. « Machinisme et grande industrie », *in* **Le Capital**, Paris, Éditions sociales, 1976, chap. XV.

MEYER, M.W. « Automation and Bureaucratic Structure », **American Journal of Sociology**, 74(3), 1968, p. 256-264.

MILLER, D. « Influence of Technology on Industry, *in* F.R. Allen *et al.* **Technology and Social Change**, New York, Appleton-Century Crofts, 1957.

MILLER, E.S. « Technology, Territory and Time : The Internal Differentiation of Complex Production Systems », **Human Relations**, 12(3), 1959, p. 243-272.

MINTZBERG, H. « Organiser l'entreprise : prêt-à-porter ou sur mesure », *Harvard-L'Expansion*, été 1981, p. 9-23.

MUMFORD, L. *Technique et civilisation*, Paris, Seuil, 1950.

PERROW, C. « The Effect of Technological Change on the Structure of Business Firms », *in* B.C. Roberts (édit.) *Industrial Relations : Contemporary Issues*, New York, MacMillan, 1968.

PERROW, C. *Complex Organizations*, Glenview, Scott, Foresman and Co., 1972, p. 160-173.

PERROW, C. « Some Reflections on Technology and Organizational Analysis », *in* A.R. Negandhi (édit.) *Modern Organizational Theory*, Kent State University Press, 1973, chap. 4, p. 47-57.

PERROW, C. « A Framework for the Comparative Analysis of Organizations », *American Sociological Review*, n° 30, 1976, p. 194-208.

PICHÉ-GRENACHE, L. *L'Informatisation des entreprises québécoises : état de la situation*, Montréal, Institut national de productivité, 1984.

POITOU, J.-P. « L'évolution des qualifications et des savoir-faire dans les bureaux d'études face à la conception assistée par ordinateur », *Sociologie du travail*, n° 4, 1984, p. 468.

PROULX, S. « L'informatisation : mutation technique, changement de société ? », *Sociologie et sociétés*, XVI(1), 1984, p. 3-12.

RACKMAN, J. et WOODWARD, J. « The Measurement of Technical Variables », *in* J. Woodward (édit.) *Industrial Organization : Behavior and Control*, Londres, Oxford University Press, 1970.

RATIER-COUTROT, L. « Haute technologie et emploi aux États-Unis », *Sociologie du travail*, n° 1, 1986, p. 94-114.

REIMANN, B.C. « Dimensions of Organizational Technology and Structure : An Exploratory Study », *Human Relations*, 30, 1977, p. 545-566.

REIMANN, B.C. « Organization Structure and Technology in Manufacturing : System VS Workflow Level Perspectives », *Academy of Management Journal*, 23, 1980, p. 61-77.

RENS, J.G. « Révolutions dans la communication ; de l'écriture à la télématique », *Sociologie et sociétés*, XVI(1), 1984, p. 13-22.

ROBERTSON, A. « Les innovations techniques et leurs incidences sociales, *Revue internationale des sciences sociales*, n° 3, 1981, p. 469-486.

ROSENBERG, N. « Marx as a Student of Technology », *in Inside the Blackbox : Technology and Economics*, Cambridge University Press, 1982, p. 11-40.

ROUSSEAU, D.M. « Assessment of Technology in Organizations : Closed VS Open Systems Approaches », *Academy of Management Review*, 4, 1979, p. 531-542.

SAINT-PIERRE, C. « Les robots ne sont pas tous d'acier : L'impact de la microélectronique sur l'organisation du travail dans le secteur tertiaire », *Sociologie et sociétés*, XVI(1), avr. 1984, p. 71-80.

SALAMAN, G. « The Determinants of Organizational Structure », *in Work Organizations : Resistance and Control*, Londres et New York, Longman, 1979, chap. 7, p. 81-100.

SALERNI, D. « Le pouvoir hiérarchique de la technologie », *Sociologie du travail* (numéro spécial sur l'enjeu de la rationalisation du travail), n° 1, 1979, p. 4-18.

SÉGUIN, F. et CHANLAT, J.-F. *L'Analyse des organisations : une anthologie sociologique*, tome I : *Les Théories de l'organisation*, Saint-Jean-sur-Richelieu, Préfontaine inc., 1983.

SILVERMAN, D. « Technologie et organisation », *in La théorie des organisations*, Paris, Dunod, 1970, chap. 5, p. 87-109.

SIMON, H.A. *Le Nouveau Management, la décision par les ordinateurs*, Paris, Economica, 1980.

SLOCUM, J. et SIMS, H. « A Typology of Technology and Job Redesign », *Human Relations*, 33, 1980, p. 193-212.

SOLE, A. « La condition des travailleurs de bureau ; enjeu sociologique des politiques d'automatisation », *Informatique et gestion*, n° 109, oct. 1979, p. 68-76.

TAILLARD, M. « La prise en compte des nouvelles technologies dans la négociation collective : Le cas de la RFA », *Sociologie du Travail*, n° 4-84, 1984.

TAYLOR, J.R. « 1984, le spectre et la réalité organisationnelle », *Sociologie et sociétés*, XVI(1), 1984, p. 91-102.

THOMPSON, J.D. « Technology, Policy and Societal Development », *Administrative Science Quarterly*, 19(1), 1974, p. 6-23.

THOMPSON, J.D. et BATES, F.L. « Technology, Organization and Administration », *Administrative Science Quarterly*, vol. 2, 1957, p. 325-343.

THOMPSON, J.D. et BATES, F.L. « Technology and Structure », *in* J.D. Thompson (édit.) *Organization in Action*, New York, McGraw-Hill, 1967, chap. 5.

THUILLIER, P. *L'Aventure industrielle et ses mythes, savoirs, techniques et mentalités*, Bruxelles, Éditions Complexe, 1982.

TREMBLAY, M.-A. *Nouvelles technologies et sociétés*, Québec, Faculté des sciences sociales de l'Université Laval, 1985.

TRIST, E.L. et BAMFORTH, K.W. « Some Social and Psychological Consequences of the Longwall Method of Coal-Getting », *Human Relations*, 4(1), 1951, p. 3-38.

VELZ, P. « Informatisation des industries manufacturières et intellectualisation de la production », *Sociologie du travail*, n° 1, 1986, p. 5-22.

VITALIS, A. *Informatique, pouvoir et libertés*, Paris, Economica, 1981.

WALKER, C.R. *Modern Technology and Civilization*, New York, McGraw-Hill, 1962.

WILKINSON, B. « Technologie, compétence et formation : une étude de cas sur les machines outils à commande numérique », *Sociologie du travail*, n° 4, 1984, p. 447.

WOODWARD, J. *Industrial Organization : Theory and Practice*, Londres, Oxford University Press, 1965.

WOODWARD, J. « Management and Technology », *in* T. Burns (édit.) *Industrial Man*, Penguin Books, 1969, p. 196-231.

WOODWARD, J. *Industrial Organization : Behavior and Control*, Londres, Oxford University Press, 1970.

« L'informatisation : mutation technique, changement de société », *Sociologie et sociétés*, XVI(1), avr. 1984.

DIVISION DU TRAVAIL

AIMARD, G. *Durkheim et la science économique*, Paris, Presses Universitaires de France, 1973.

AKTOUF, O. *Une approche observation participante des problèmes représentationnels liés aux aspects relationnels et organisationnels dans les rapports de travail*, thèse de doctorat en administration, Montréal, Écoles des HEC, 1982.

AKTOUF, O. *Les Sciences de la gestion et les ressources humaines : une analyse critique*, Alger, Entreprise nationale du livre, Office des publications universitaires, 1986.

AKTOUF, O. *Le Travail industriel contre l'homme ?*, Alger, Entreprise nationale du livre, Office des publications universitaires, 1986.

ARON, R. *Les Étapes de la pensée sociologique*, Paris, Gallimard, 1967.

BABBAGE, C. *On the Economy of Machinery and Manufacturers*, Londres, Charles Knight, 1935.

BELL, D. *Vers la société post-industrielle*, Paris, Robert Laffont, 1976.

BENNIS, W.G. « Manœuvres, O.S., immigrés, chômeurs », *Annexe I de propositions pour une politique de prévention*, Paris, La Documentation française, 1982.

BERNOUX, P. *Un travail à soi*, Paris, Privat, 1981.

BIGOT, P. *Marxisme et humanisme*, Paris, Presses Universitaires de France, 1954.

BLAU, P.M. *The Dynamics of Bureaucracy*, Chicago University Press, 1955.

BOUGLE, C. « La division du travail », *L'Année sociologique*, Paris, Krau, 1903.

BOUGLE, C. *Qu'est-ce que la sociologie ?*, Paris, Librairie Félix Alcan, 1921.

BRAVERMAN, H. *Travail et capitalisme monopoliste ; la dégradation du travail au XXᵉ siècle*, Paris, F. Maspéro, 1976.

BRECHER, J. « Uncovering the Hidden History of the American Workplace », *Review of Radical Political Economics*, 10(4), 1978, p. 1-23.

Brighton Labor Process Group. « The Capitalist Labor Process », *Capital and Class*, 7, 1977, p. 3-42.

BURAWOY, M. « Toward a Marxist Theory of the Labor Process : Braverman and Beyond », *Politics and Society*, 8(3-4), 1979, p. 247-312.

BURAWOY, M. *Manufacturing Consent*, Chicago University Press, 1979.

CARTIER, E. *L'Esprit capitaliste*, Paris, Éditions Victor, 1933.

CEDRAS, J. *Histoire de la pensée économique*, Paris, Dalloz, 1978.

CESSIEUX, R. « Approche historique et critique de la division du travail », *in L'Organisation du travail et ses formes nouvelles*, Paris, CERQ (Centre d'études et de recherches sur les qualifications), 1977, p. 27-71.

CHANLAT, J.-F. « Usure différentielle au travail, classes sociales et santé : un aperçu des études épidémiologiques contemporaines », *in* A. Cottereau. « L'usure au travail », *Le Mouvement social*, Les Éditions ouvrières, n° 124, juill.-sept. 1983, p. 153-169.

CLAWSON, D. *Bureaucracy and the Labor Process*, New York, Monthly Review Press, 1980.

CLOSETS, D.F. *En danger de progrès*, Paris, Denoël/Gonthier, 1970.

Confédération des syndicats nationaux (CSN). *Les Puces qui volent nos jobs*, Montréal, 1982.

Confédération française démocratique du travail (CFDT). *Les dégâts du progrès*, Paris, Seuil, 1977.

Confédération mondiale du travail. *Emploi, développement et division internationale du travail*, Bruxelles, 1979.

COPLEY, F.B. *Frederick Taylor : Father of Scientific Management*, New York, Harper & Row, 1923.

CORIAT, B. *Science, technique et capital*, Paris, Seuil, 1976.

CORIAT, B. *L'Atelier et le chronomètre : essai sur le taylorisme, le fordisme et la production de masse*, Paris, Bourgeois, 1979.

CORIAT, B. « Le grand laboratoire d'expérimentation de l'après-Taylor », *Le Monde diplomatique*, n° 389, Paris, 1986, p. 13-16.

CROZIER, M. *Le Phénomène bureaucratique : un essai sur les tendances bureaucratiques des systèmes d'organisation moderne et sur leurs relations en France avec le système social et culturel*, Paris, Seuil, 1964.

Culture et liberté. *Les Travailleurs face au capitalisme*, Paris, Seuil, 1976.

DAVID, H. et BERNIER, C. *À l'ouvrage ; l'organisation du travail au Québec*, Montréal, IRAT (Institut de recherche appliquée sur le travail), 1984.

DESFORGES, J.-G., LÉVESQUE, D. et TREMBLAY, B. « Dynamique de la coopération : association et entreprise », *Gestion*, avr. 1979, p. 39-48.

DOCKES, P. *L'Internationale du capital*, Paris, Presses Universitaires de France, 1975.

DUBUC, A. « Quelle nouvelle révolution industrielle ? », *in Le Plein Emploi à l'aube de la nouvelle révolution industrielle*, Colloque Relations industrielles, Université de Montréal, 1981, p. 11-47.

DURAND, C. « Innovation technique et conditions de travail », *in Le Travail enchaîné*, Paris, Seuil, 1978, p. 130-149.

DURKHEIM, E. « Solidarité mécanique et solidarité organique », *in De la division du travail social*, Paris, Presses Universitaires de France, 1967.

DUSSAULT, G. « L'analyse sociologique du professionnalisme au Québec », *Recherches sociographiques*, XIX(2), mai-août 1978, p. 161-170.

Education and Welfare. « Report of a Special Task Force to the Secretary of Health », *Work in America*, Cambridge, Massachusetts Institute of Technology (MIT) Press, 1973.

EDWARDS, R. *Contested Terrain : The Transformation of the Work Place in the Twentieth Century*, New York, Basic Books, 1979.

EDWARDS, R. « Forms of Control in the Labor Process : An Historical Analysis », *in* F. Fischer et C. Sirianni (édits). *Critical Issues in Organization Bureaucracy*, Philadelphie, Temple University Press, 1984, p. 109-142.

ELLEZAM, J. *Du mode d'insertion des sciences sociales dans l'entreprise ; une étude de cas, la motivation*, Université de Montréal, 1980.

ELLEZAM, J. *Groupe et capital*, Montréal, Brèches, 1984.

FAYOL, H. **Principes généraux d'administration. Administration industrielle et générale**, Paris, Dunod, 1966.

FERRANDON, M.C. et JAMMES, R. **La Division du travail**, Paris, Hatier, 1978.

FISCHER, F. et SIRIANNI, C. (édits) **Critical Studies in Organization and Bureaucracy**, Philadelphie, Temple University Press, 1984.

FORD, H. **Ma vie mon œuvre**, Paris, Payot, 1930.

FOURASTIE, J. **Les Conditions de l'esprit scientifique**, Paris, Gallimard, 1966.

FREYSSENET, M. **La Division capitaliste du travail**, Paris, Savelli, 1977.

FREYSSENET, M. **Le Processus de déqualification–surqualification de la force de travail**, Paris, C. Sill, 1974.

FRIEDMAN, G. « La thèse de Durkheim et les formes contemporaines de la division de travail », in **Cahiers internationaux de la sociologie**, Presses Universitaires de France, juill.-déc. 1955.

FRIEDMAN, G. **Traité de sociologie du travail**, tome II, Paris, Armand Colin, 1961.

FRIEDMAN, G. **Le Travail en miettes**, Paris, Gallimard, 1964.

FRIEDMAN, G. **La Puissance et la sagesse**, Paris, Gallimard, 1970.

GARNSEY, E. « The Resdiscovery of Division of Labour », **Theory and Society**, 10(3), 1981, p. 337-358.

GIDDENS, A. et MACKENZIE, G. (édits) **Social Class and the Division of Labour**, Cambridge University Press, 1982.

GOLDMAN, P. et VAN HOUTEN, D.R. « Managerial Strategies and the Worker », **The Sociological Quarterly**, 18, 1977, p. 108-125.

GOLDMAN, P. et VAN HOUTEN, D.R. « Les stratégies managériales : une analyse marxiste de la bureaucratie », in F. Séguin-Bernard et J.-F. Chanlat. **L'Analyse des organisations : une anthologie sociologique**, tome I : **Les Théories de l'organisation**, Saint-Jean-sur-Richelieu, Préfontaine inc., 1983, p. 390-411.

GORDON, D.M., EDWARDS, R.C. et REICH, M. **Segmented Work, Divided Workers**, New York, Cambridge University Press, 1982.

GORZ, A. **Critique de la division du travail**, Paris, Seuil, coll. Points, 1973.

GRAMSCI, A. « Américanisme et fordisme », **Cahiers internationaux**, 89, sept.-oct. 1957.

GREENBAUM, J. « Division of Labor in the Computer Field », **Monthly Review**, 28(3), 1976, p. 40-55.

GULICK, L. et URWICK, L. **Papers on the Science of Administration**, New York, Institute of Public Administration, 1937.

HABERMAS, J. **La Technique et la science comme idéologie**, Paris, Denoël/Gonthier, 1973.

HÉRON, A. «Le taylorisme hier et demain », **Les Temps modernes**, n° 349-350, août-sept. 1975, p. 220-278.

HEYDEBRAND, W. « Organizational Contradictions in Public Bureaucraties : Toward a Marxian Theory of Organizations », **Sociological Quarterly**, 18(1), 1977, p. 83-108.

Institut de recherche appliquée sur le travail (IRAT). *Les Conséquences de la micro-électronique pour les travailleurs et travailleuses au Canada*, Montréal, Réflexions, 1983.

Institut de recherche appliquée sur le travail (IRAT). *Nouvelles technologies et caractéristiques du travail*, Montréal, coll. Technologie et travail, 1983.

JACOBY, R. « Review of H. Braverman. Labor and Monopoly Capital », *Telos*, 29, 1976, p. 199-207.

KAUFMANN, N. *Marxisme et théorie critique*, Université du Québec à Montréal, 1984.

LAPIERRE, L. *Frédérick Winslow Taylor (Traduction)*, Montréal, École des HEC, 1977.

LARSON, S. *The Rise of professionalism*, Berkeley, University of California Press, 1971.

LAURENDEAU, F. « Dégradation du travail et professionnalisme », *Travailler au Québec*, Actes du colloque de l'Association canadienne des sociologues, Montréal, 1980, p. 259-273.

LÉNINE, V.I. « À propos du système Taylor », *Œuvres*, Paris, Éditions sociales, vol. 40, 1958.

MAES, G. *Techniques de l'organisation du travail de bureau*, Paris, Édition de l'avenir, 1947.

MARCUSE, H. *L'Homme unidimensionnel ; essai sur l'idéologie de la société industrielle*, Paris, Décisions du midi, 1971.

MARGLIN, S.A. « Origines et fonctions de la parcellisation des tâches », *in* A. Gorz. *Critique de la division du travail*, Paris, Seuil, coll. Points, 1973, p. 41-89.

MARX, K. *Manuscrits de 1844*, Paris, Éditions sociales, 1968.

MARX, K. « De la manufacture à la fabrique automatique », *in Le Capital*, Paris, Éditions sociales, 1976, p. 25-40.

DE MONTMOLLIN, M. et PASTRE, O. *Le Taylorisme*, Paris, La Découverte, 1984.

MOORE, W. « The Attributes of an Industrial Order », *in* S. Nosow et W.H. Form (édits). *Man, Work and Society*, New York, Basic Books, 1962.

NELSON, D. *Managers and Workers : Origins of the New Factory System in the United States 1880-1920*, University of Wisconsin Press, 1975.

OFFE, C. *Industry and Inequality*, Londres, Edward Arnold, 1976.

PAQUIN, M. *L'Organisation du travail*, Montréal, Agence d'Arc, 1986.

PERROUX, F. *La Technique du capital*, Paris, Jean Lesfauries, 1939.

RAMSAY, H. « Evolution or Cycle ? Worker Participation in the 1970's ans 1980's », *in* C. Crouch et F. Heller (édits). *International Yearbook of Organizational Democracy*, 1, Londres, Wiley, 1983, p. 203-226.

ROCHER, G. *L'Organisation sociale*, Montréal, Les Éditions Hurtubise HMH ltée, 1968.

ROTSCHILD-WHITT, J. « Worker Ownership in Relation to Control ; A Typology of Work Reform », *in* C. Crouch et F. Heller (édits). *International Yearbook of Organizational Democracy*, 1, Londres, Wiley, 1983, p. 389-406.

RUFFIER, J. « Les nouvelles formes d'organisation du travail », *in L'Organisation du travail et ses formes nouvelles*, Paris, CERQ (Centre d'études et de recherches sur les qualifications), 1977, p. 123-147.

SALAMAN, G. **Work Organizations: Resistance and Control**, Londres et New York, Longman, 1979, chap. 7.

SÉGUIN, F. et CHANLAT, J.-F. **L'Analyse des organisations : une anthologie sociologique**, tome I : **Les Théories de l'organisation**, Saint-Jean-sur-Richelieu, Préfontaine inc., 1983.

SÉGUIN-BERNARD, F. et HAMEL, P.-J. « Les hauts et les bas de la profession comptable », **Gestion**, févr. 1982, p. 18-24.

SÉGUIN-BERNARD, F. et HUBERT, H. **Milieu corporatif et professions dépendantes : le génie et la comptabilité**, rapport de recherche n° 83-19, École des HEC, sept. 1983.

SMITH, A. « De la division du travail », in **Recherches sur la nature et les causes de la richesse des nations**, Paris, Gallimard, coll. Idées, 1976, p. 37-55.

STARK, D. « Class Struggle and the Transformation of the Labor Process », **Theory and Society**, 9, 1980, p. 89-130.

STONE, K. « The Origins of Job Structures in the Steel Industry », **Review of Radical Political Economies**, 6, 1974, p. 113-173.

SUSSMAN, G. **Autonomy at Work**, New York, Praeger, 1976.

SWARD, K. **The Legend of Henry Ford**, New York, Rinehart and Co. Inc., 1948.

TAYLOR, F.W. **La Direction scientifique des entreprises**, Paris, Dunod, 1971.

THOMPSON, E.P. « Time, Work Discipline and Industrial Capitalism », **Past and Present**, 38, 1967, p. 56-97.

Travail Canada. **La Qualité de la vie au travail, étude de cas récents**, Ministère des Approvisionnements et Services Canada, 1984.

WALKER, C.R. et GUEST, R.H. **The Man on the Assembly Line**, Cambridge, Harvard University Press, 1952.

WEBER, M. **Économie et société**, tome I, Paris, Plon, 1971.

WHYTE, M.K. « Bureaucracy and Modernization in China : The Maoïst Critique », **American Sociological Review**, 38(2), 1973, p. 149-163.

WOOD. S. (édit.) **The Degradation of Work ?** Londres, Hutchinson, 1982.

STRUCTURES FORMELLE ET INFORMELLE

ABELL, P. « On the Structure of the Democratic Firm », in D. Dunkerley et G. Salaman. **The International Yearbook of Organization Studies 1980**, Londres, Routledge and Kegan Paul, 1980, p. 59-84.

ALDRICH, H.E. « Technology and Organizational Structure : A Reexamination of the Findings of the Aston Group », **Administrative Science Quarterly**, 17(1), 1972, p. 26-43.

ANDERSON, T.R. et WARKOV, S. « Organizational Size and Functional Complexity », **American Sociological Review**, 26(1), 1961, p. 23-28.

ARGYRIS, C. **Integrating the Individual and the Organization**, New York, Wiley, 1964.

ASTLEY, W.G. et VAN de VEN, A.H. « Central Perspectives and Debates in Organization Theory », **Administrative Science Quarterly**, 28, 1983, p. 245-273.

BARNARD, C.I. « Informal Organizations and Their Relation to Formal Organizations », *in The Functions of the Executive*, Cambridge, Harvard University Press, 1938, chap. IX.

BEAUVOIS, J.-L. « Structures organisationnelles : hiérarchie et auto-gestion », *Connexions psychosociologie sciences humaines*, n° 39, 1983, p. 47-64.

BEDEIAN, A.G. *Organizations : Theory and Analysis*, Hinsdale, The Dryden Press, 1980, p. 43-70.

BENSON, J.K. « The Interorganizational Network as a Political Economy », *Administrative Science Quarterly*, 20, 1975, p. 229-249.

BERLINER, J.S. « Informal Organization of the Soviet Firm », *Quarterly Journal of Economics*, vol. 66, août 1952, p. 353-365.

BLAU, P.M. *The Dynamics of Bureaucracy*, Chicago University Press, 1955.

BLAU, P.M. « The Formal Theory of Differentiation in Organization », *American Sociological Review*, vol. 35, 1970, p. 201-218.

BLAU, P.M. et SCOTT, W.R. *Formal Organizations : A Comparative Approach*, Londres, Routledge and Kegan Paul, 1963.

BROSSARD, M. et MAURICE, M. « Existe-t-il un modèle universel des structures d'organisation ? », *Sociologie du travail*, 16(4), 1974, p. 402-425.

CHANDLER, A.D. *Strategy and Structure*, Cambridge, Massachusetts Institute of Technology (MIT) Press, 1962.

CHILD, J. « Organization Structure, Environment and Performance : The Role of Strategic Choice », *Sociology*, 6, 1972, p. 1-22.

CLEGG, S. et DUNKERLEY, D. *Organization, Class and Control*, Londres, Routledge and Kegan Paul, 1980.

CONRATH, D.W. « Communications Environment and Its Relationship to Organizational Structure », *Management Science*, n° 2, 1973, p. 586-602.

CRESSEY, P. et MacINNES, J. « The Modern Enterprise, Shop-Floor Organization and the Structure of Control », *in* D. Dunkerley et G. Salaman. *The International Yearbook of Organization Studies 1980*, Londres, Routledge and Kegan Paul, 1980, p. 271-300.

CROUZET, A. *Structure et pouvoir dans l'entreprise*, Neuilley-sur-Seine, Édition du Pont d'Arc, 1979.

CROZIER, M. *Le Phénomène bureaucratique*, Paris, Seuil, 1963.

CROZIER, M. « Sentiments, organisations et systèmes », *Revue française de sociologie*, XI-XII, 1970-1971, p. 149-150.

DALTON, M. « The Interconnections of Formal and Informal Action », *in Men Who Manage*, New York, John Wiley & Sons, 1959.

D'ARAGON, P., TARRAB, G. et NIGHTINGALE, D.V. *La Participation dans les entreprises*, Québec, Presses de l'Université du Québec, 1980.

DAVIS, K. « Management, Communication and the Grapevine », *Harvard Business Review*, sept.-oct. 1953, p. 43-49.

DUBÉ, L. *Organisation et structure*, Montréal, Les Éditions France–Amérique, 1979, p. 83.

FAYOL, H. **Principes généraux d'administration. Administration industrielle et générale**, Paris, Dunod, 1966.

FIREY, W. « Informal Organization and the Theory of Schism », **American Sociological Review**, 13(1), 1948.

GALBRAITH, J.R. « Matrix Organization Designs : How to Combine Functional and Project Forms », **Business Horizons**, 14, 1971, p. 29-40.

GALBRAITH, J.R. **Designing Complex Organization**, Reading, Mass., Addison-Wesley, 1973.

GALBRAITH, J.R. « Organization Design : An Information Processing View », **Interfaces**, 4, 1974, p. 28-36.

GARON-AUDY, M. et LAPLANTE, R. « Sens du travail et autogestion », **Possibles**, 1(1), automne 1976, p. 47-71.

GILLEPSIE, D.F. et MILETI, D.S. **Technostructure and Interorganizational Relations**, Londres, Lexington Books, 1979.

GODELIER, M. « Structure and Contradiction in Capital », *in* R. Blackburn (édit.) **Ideology in Social Science**, Londres, Fontana-Collins, 1972, p. 334-368.

GOFFMAN, E. **Asiles**, Paris, Les Éditions de Minuit, 1968.

GRUSKY, O. « Organizational Goals and the Behavior of Informal Leaders », **The American Journal of Sociology**, 65(1), 1959, p. 59-67.

GULICK, L. et URWICK, L. **Papers on the Science of Administration**, New York, Institute of Public Administration, 1937.

GUNTRIP, H. **Personality Structure and Human Interaction**, New York, International University Press, 1961.

HACKMAN, J.R. et OLDHAW, G.R. **Work Redesign**, Reading, Addison-Wesley, 1976.

HAGE, J. **Theories of Organizations, Form Process and Transformations**, New York, John Wiley, 1980.

HALL, R.H. **Organizations : Structures and Process**, Englewood Cliffs, N.J., Prentice-Hall, 1982.

HALL, R.H., HAAS, J.E. et JOHNSON, N.J. « Organizational Size, Complexity and Formalization », **American Sociological Review**, 32(6), 1967, p. 903-912.

HEDBERG, B. et JONSSON, S. **Strategy Formulation as a Discontinuous Process**, working paper, University of Gothenburg, 1976.

HURTUBISE, Y. « Coopérative et autogestion », **Possibles**, 7(2), 1983 p. 117-127.

JACOB, F. « L'organisation », *in* **La Logique du vivant**, Paris, Gallimard, 1970, chap. 2, p. 87-145.

JAQUES, E. **A General Theory of Bureaucracy**, Londres, Heinemann, 1979.

JERMIER, J.M. « Infusion of Critical Societal Theory into Organizational Analysis : Implications for Studies of Work Adjustment », *in* D. Dunkerley et G. Salaman. **The International Yearbook of Organization Studies 1980**, Londres, Routledge and Kegan Paul, 1980, p. 195-212.

KARPIK, L. « Sociologie. Économie politique et les buts des organisations », **Revue française de sociologie**, XIII(3), juill.-sept. 1972.

KAST, F. et ROSENZWEIG, J. *Organization and Management : A Systems and Contingency Approach*, 3ᵉ éd., New York, McGraw-Hill, 1979.

KATZ, F. « Explaining Informal Work Groups in Complex Organizations : The Case for Autonomy in Structure », *Administrative Science Quarterly*, vol. 10, sept. 1965, p. 204-233.

KIMBERLY, J.R. « Organizational Size and the Structuralist Perspective : A Review, Critique and Proposal », *Administrative Science Quarterly*, 21(4), déc. 1976.

LARCON, J.P. et REITTER, R. *Structures de pouvoir et identité de l'entreprise*, Paris, Nathan, 1979.

LAURENCE, P.-R. *Adapter les structures de l'entreprise*, Paris, Les Éditions d'Organisation, 1973.

LAURIN-FRENETTE, N. *Classes et pouvoir. Les théories fonctionnalistes*, Montréal, Les Presses de l'Université de Montréal, 1978, p. 226-315.

LENSKI, G. *Power and Privilege. A Theory of Social Stratification*, New York, McGraw-Hill, 1966.

LENTZ, R.T. « Determinants of Organizational Performances : An Interdisciplinary Review », *Strategic Management Review*, vol. 2, 1981, p. 131-154.

LOMBARD, R. *Physiologie comparée de l'entreprise*, Paris, Les Éditions d'Organisation, 1960.

LUSSATO, B. *Introduction critique aux théories d'organisation*, Paris, Dunod, 1977.

McGREGOR, D. *La Dimension humaine de l'entreprise*, Paris, Gauthier-Villars, 1969.

MARCH, J.G. et SIMON, H.A. *Les Organisations ; problèmes psychosociologiques*, Paris, Dunod, 1964.

MAYO, E. *The Human Problems of an Industrial Civilization*, New York, MacMillan, 1933.

MERTON, R.K. « Structure bureaucratique et personnalité », *in* A. Lévy. *Psychologie sociale*, Paris, Dunod, 1965, p. 23-35.

MEYER, J. « Conclusion : Institutionalization and the Rationality of Formal Organizational Structure », *in* J. Meyer et R. Scott. *Organizational Environments*, Beverly Hills, Sage, 1983.

MEYER, J.M. et ROWAN, B. « Institutionalized Organizations : Formal Structure as Myth and Ceremony », *The American Journal of Sociology*, 83(2), 1977, p. 340-363.

MICHELS, R. « La démocratie et la loi d'airain de l'oligarchie », *in Les Partis politiques*, Paris, Flammarion, 1971, p. 279-293.

MILES, R.E. et SNOW, C.C. *Organizational Strategy, Structure and Process*, New York, McGraw-Hill, 1978.

MILLER, D. et MINTZBERG, H. « The Case for Figuration », *in* G. Morgan (édit.) *Beyond Method : Strategies for Social Research*, Beverly Hills, Sage, 1983, p. 57-73.

MINTZBERG, H. « The Structure in 5's : A Synthesis of the Research on Organization Design », *Management Science*, 26(3), mars 1980, p. 322-341.

MINTZBERG, H. « Organiser l'entreprise : prêt-à-porter ou sur mesure », *Harvard-L'Expansion*, été 1981, p. 9-23.

MINTZBERG, H. *Structure et dynamique des organisations*, Paris, Les Éditions d'Organisation, et Montréal, Agence d'Arc, 1982.

MORGAN, G. *Images of Organization*, Beverly Hills, Cal., Sage, 1986.

MOUZELIS, N. « The Human Relations Approach to the Organization », *in Organization and Bureaucracy : An Analysis of Modern Theories*, Chicago, Aldine, chap. 5, p. 97-119.

NYSTROM, P.C. et STARBUCK, W.H. « Designing and Understanding Organizations », *in Handbook of Organizational Design*, New York, Oxford University Press, 1981.

OFFE, C. et WIESENTHAL, H. « Two Logics of Collective Action : Theoretical Notes on Social Class and Organization Forms », *in* M. Zeitlin (édit.) *Political Power and Social Theory : A Research Annual*, vol. 1, Greenwich, JAI Press, 1980, p. 67-116.

PAQUIN, M. *Le Design organisationnel*, inédit, Québec, École nationale d'administration publique, 1983.

POULANTZAS, N. « Sur le concept de pouvoir », *in Pouvoir politique et classes sociales*, Paris, Petite collection Maspéro, 1968, p. 101-125.

PUGH, D.S., HICKSON, D.J. *et al.* « A Conceptual Scheme for Organizational Analysis », *Administrative Science Quarterly*, vol. 8, déc. 1963, p. 289-315.

PUGH, D.S., HICKSON, D.J., HININGS, C.R. et TURNER, C. « Dimensions of Organization Structure », *Administrative Science Quarterly*, vol. 13, juin 1968, p. 65-105.

PUGH, D.S., HICKSON, D.J. et HININGS, C.R. « An Empirical Taxonomy of Structures of Work Organizations », *Administrative Science Quarterly*, 14(1), 1969, p. 115-126.

PUGH, D.S., HICKSON, D.J., HININGS, C.R. et TURNER, C. « The Context of Organization Structures », *Administrative Science Quarterly*, 14(1), 1969, p. 91-114.

PUGH, D.S. et HICKSON, D.J. *Organizational Structure in Its Context : The Aston Programme*, Londres, Saxon House, 1976.

RANSON, S., HININGS, B. et GREENWOOD, R. « The Structuring of Organizational Structures », *Administrative Science Quarterly*, 25(1), 1980, p. 1.

RIGGS, F. « Organizational Structures and Contexts », *Administration and Society*, 7(2), août 1975.

ROETHLISBERGER, F.J. et DICKSON, W.J. *Management and the Worker*, Cambridge, Harvard University Press, 1939.

ROSENVALLON, P. *L'Âge de l'autogestion*, Paris, Seuil, 1976.

SALAMAN, G. « Towards a Sociology of Organizational Structure », *Sociological Quarterly*, 26, 1978, p. 519-544.

SALAMAN, G. « The Determinants of Organizational Structure », *in Work Organizations : Resistance and Control*, Londres et New York, Longman, 1979, chap. 7, p. 81-100.

SALAMAN, G. et THOMPSON, K. « Section II : Classification of Organizations and Organization Structure : The Main Elements and Interrelationships », *in Control and Ideology in Organizations*, Milton Keynes, The Open University Press, 1980, p. 56-85.

SAUSSOIS, J.-M. « Le sommet devant l'autonomie de la base », *Sociologie du travail* (numéro spécial sur l'enjeu de la rationalisation du travail), n° 1, 1979, p. 62-75.

SAYLES, L.R. « Segments of Informal Organization », *in Behavior of Industrial Work Groups*, New York, John Wiley & Sons, 1958.

SCOTT, R. « Organizational Structures », **Annual Review of Sociology**, vol. 1, 1975, p. 1-20.

SELZNICK, P. **TVA and the Grass Roots**, New York, Harper & Row, 1966.

SIMARD, J.-J. « À cœur vaillant rien n'est possible ? », **Possibles**, 6(1), 1981.

SIMERAY, J.-P. **La Structure de l'entreprise**, Paris, Entreprise moderne d'édition, 1971.

STINCHCOMBE, A.L. « Social Structure and Organizations », *in* J.G. March (édit.) **Handbook of Organizations**, Chicago, Rand McNally, 1965, p. 142-193.

STRAUSS, G. « Tactics of Lateral Relationship : The Purchasing Agent », **Administrative Science Quarterly**, n° 1, 1962-1963, p. 161-186.

TAYLOR, F.W. **Scientific Management**, New York, Harper & Row, 1947.

THOMPSON, J.D. « Organizational Design », *in* **Organization in Action**, New York, McGraw-Hill, 1967, chap. 4.

TOURAINE, A. **La Sociologie de l'action**, Paris, Seuil, 1965, chap. 4, p. 181-244.

TRIST, E.L. « Organisation et système », **Revue française de sociologie**, vol. XI-XII, 1970-1971, p. 123-239.

TURNER, A.N. et LAWRENCE, P.R. **Industrial Jobs ; An Investigation of Response to Task Attributes**, Boston, Harvard University Press, 1965.

WEBER, M. **Économie et société**, tome I, Paris, Plon, 1971.

WHYTE, W.F. **Human Relations in Restaurant Industry**, New York, McGraw-Hill, 1948.

WILDEN, A. **Système et structure : essais sur la communication et l'échange**, Montréal, Boréal express, 1983.

« Informal Social Organization in the Army », **American Journal of Sociology**, 51(4), 1946, p. 365-370.

POUVOIR

ABELL, P. « Organizations as Bargaining and Influence Systems : Measuring Intra-Organizational Power and Influence », *in* **Organizations as Bargaining and Influence Systems**, Londres, Heinemann, 1975, p. 10-40.

ALLEN, R.W. et PORTER, L.W. **Organizational Influence Processes**, Glenview, Ill., Scott, Foresman and Co., 1983.

ALLISON, L. « The Nature of the Concept of Power », **European Journal of Political Research**, 2, 1974, p. 131-142.

ASTLEY, W.G. et SACHDEVA, P.S. « Structural Sources of Intraorganizational Power : A Theoretical Synthesis », **Academy of Management Review**, 9(1), 1984, p. 104-113.

BACHARACH, S.B. et LAWLER, E.J. **Power and Politics in Organizations**, San Francisco, Jossey-Bass, 1980.

BACHARACH, S.B. et LAWLER, E.J. **Bargaining — Power, Tactics and Outcomes**, San Francisco, Jossey-Bass, 1981, p. 41-79.

BACHRACH, P. « Morphologie et processus : une critique de la recherche organisationnelle contemporaine », **Sociologie du travail**, 20(2), 1978, p. 153-173.

BACHRACH, P. et BARATZ, S.M. « Two Faces of Power », *American Political Science Review*, 56(4), 1962, p. 947-952.

BALANDIER, G. *Anthropologie politique*, Paris, Presses Universitaires de France, 1978.

BALIBAR, E. « Sur les concepts fondamentaux du matérialisme historique », *in* L. Althusser et E. Balibar. *Lire le Capital*, Paris, F. Maspéro, 1970.

BARNARD, C.I. « The Theory of Authority », *in The Functions of the Executive*, Cambridge, Harvard University Press, 1938, p. 161-184.

BENDIX, R. *Work and Authority in Industry*, Los Angeles, University of California Press, 1974, p. 434-450.

BENNIS, W.G., BERKOWITZ, N.,AFFINITO, M. et MALONE, M. « Authority, Power and the Ability to Influence », *Human Relations*, XI(2), 1958, p. 143-156.

BENSON, J.K. « Organizations : A Dialectical View », *Administrative Science Quarterly*, vol. 22, mars 1977, p. 1-21.

BENSON, J.K. et KENNETH, J. « Innovation and Crisis in Organizational Analysis », *The Sociological Quarterly*, 18(1), hiver 1977, p. 1-18.

BERLE, A.A. et MEANS, G.C. « The Evolution of Control », *in The Modern Corporation and Private Property*, New York, MacMillan, 1937.

BIERSTED, R. « An Analysis of Social Power », *American Sociological Review*, 15(6), 1950, p. 730-738.

BIRNBAUM, P. *Le Pouvoir politique*, Paris, Dalloz, 1975.

BIRNBAUM, P. « L'américanisation de Marx » et « Sur les origines de la domination politique », *in Dimensions du pouvoir*, Paris, Presses Universitaires de France, 1984, p. 61-94.

BIRNBAUM, P. et CHAZEL, F. *Sociologie politique*, recueil de textes, Paris, Armand Colin, 1978.

BLAU, P.M. *Exchange and Power in Social Life*, New York, Wiley, 1964.

BLAUNER, R. *Alienation and Freedom : The Factory Worker and His Industry*, Chicago University Press, 1964.

BRADSHAW, A. « A Critique of Steven Luke's Power : A Radical View », *Sociology*, X, 1976, p. 121-127.

BRAVERMAN, H. *Labour and Monopoly Capital : The Degradation of Work in the Twentieth Century*, New York, Monthly Review Press, 1974.

BROWN, R.H. « Bureaucracy as Praxis : Toward a Political Phenomenology of Formal Organizations », *Administrative Science Quarterly*, vol. 23, sept. 1978, p. 365-382.

BRYMAN, A. « Organization Studies and the Concept of Rationality », *Journal of Management Studies*, 21(4), 1984, p. 391-408.

BURNHAM, J. « La théorie de la révolution directoriale », *in L'Ère des organisations*, Paris, Calmann-Lévy, 1947.

BURRELL, G. et MORGAN, G. *Sociological Paradigms and Organizational Analysis*, Londres, Heinemann, 1979, 432 p.

CARTWRIGHT, D. « Influence, Leadership, Control », *in* J.G. March. *Handbook of Organizations*, Londres, Rand McNally, 1965, p. 1-47.

CHAMPAGNE, F. *L'Évolution de la raison d'être d'un centre hospitalier*, thèse de doctorat, Université de Montréal, mai 1982.

CHEVALIER, J.-M. « L'appropriation privative des moyens de production », *in* **L'Économie industrielle en question**, Paris, Calmann-Lévy, 1977, chap. 1.

CLEGG, S. *Power, Rule and Domination : A Critical and Empirical Understanding of Power in Sociological Theories and Organizational Life*, Londres, Routledge and Kegan Paul, 1975.

CLEGGS, S. *The Theory of Power and Organization*, Londres, Routledge and Kegan Paul, 1979.

CLEGG, S. « Organization and Control », *Administrative Science Quarterly*, 26, 1981, p. 545-562.

GLEGG, S. « Organizational Democracy, Power and Participation », *in* C. Crouch et F. Heller (édits). *International Yearbook of Organizational Democracy*, Londres, Wiley, 1983, p. 3-34.

CLEGG, S. et DUNKERLEY, D. *Organization, Class and Control*, Londres, Routledge and Kegan Paul, 1980, p. 433-482.

CLEGG, S. et DUNKERLEY, D. « Power, Organization Theory, Marx and Critique », *in* **Critical Issues in Organizations**, Londres, Routledge and Kegan Paul, 1981, p. 21-40.

CORWIN, R.G. « Patterns of Organizational Conflict », *Administrative Science Quarterly*, 14(4), 1979, p. 507-521.

COSER, L.A. « Les fonctions des conflits sociaux », *in* A. Lévy. *Psychologie sociale*, Paris, Dunod, 1965, p. 493-497.

CROZIER, M. *Le Phénomène bureaucratique*, Paris, Seuil, 1963.

CROZIER, M. et FRIEDBERG, E. « Le pouvoir comme fondement de l'action organisée », *in* **L'Acteur et le système**, Paris, Seuil, 1977, p. 55-77.

CUMING, P. *The Power Handbook*, Boston, CBI Publishing, 1981.

CYERT, R.M. et MARCH, J.G. *A Behavioral Theory of the Firm*, Englewood Cliffs, N.J., Prentice-Hall, 1963.

DAHL, R.A. « The Concept of Power », *Behavioral Sciences*, n° 2, 1957, p. 201-215.

DAHL, R.A. « Power », *Encyclopedia of the Social Sciences*, vol. 12, New York, 1968, p. 405-415.

DAHL, R.A. *Qui gouverne ?*, Paris, Armand Colin, 1971.

DAHRENDORF, R. « Out of Utopia : Toward a Reorientation of Sociological Analysis », *The American Journal of Sociology*, 64(2), p. 115-127.

DION, S. « Pouvoir et conflits dans l'organisation : grandeur et limites du modèle de Michel Crozier », *Revue canadienne de sciences politiques*, 15(1), p. 85-102.

DUNCAN, W.J. « Organizations as Political Coalitions : A Behavioral View of the Goal Formation Process », *in* J.H. Jackson et C.P. Morgan (édits). *Organization Theory : A Macro Perspective for Management*, Englewood Cliffs, Prentice-Hall, 1978, p. 376-387.

DUNKERLEY, D. et SALAMAN, C. *The International Yearbook of Organization Studies*, Londres, Routledge and Kegan Paul, 1979.

EMERSON, R.M. « Power-Dependance Relations », *American Sociological Review*, 27(1), 1962, p. 31-41.

EPHRON, L.R. « Group Conflict in Organizations : A Critical Appraisal of Recent Theories », *Berkeley Journal of Sociology*, 6(1), 1961, p. 53-72.

ETZIONI, A. *A Comparative Analysis of Complex Organizations*, 2ᵉ éd., New York, The Free Press, 1975.

FARREL, D. et PETERSON, J.C. « Patterns of Political Behavior in Organizations », *Academy of Management Review*, 7(3), 1982, p. 403-412.

FOUCAULT, M. *Surveiller et punir*, Paris, Gallimard, 1975.

FOX, A. *Beyond Contract : Work, Power and Trust Relations*, Londres, Faber and Faber, 1974.

FRENCH, J.R.P. et RAVEN, B. « Les bases du pouvoir social », *in* A. Lévy. *Psychologie sociale*, Paris, Dunod, 1965.

GALBRAITH, J.K. « La technostructure », *Le Nouvel État industriel*, Paris, Gallimard, 1968, chap. 6.

GALBRAITH, J.K. *Anatomie du pouvoir*, Paris, Seuil, 1983.

GOETSCHY, J. « Les théories du pouvoir », *Sociologie du travail*, n° 4, 1981, p. 447-467.

GOLDMAN, P. et VAN HOUTEN, D.R. « Uncertainty, Conflict and Labor Relations in the Modern Firm I : Productivity and Capitalism's Human Face », *Economic and Industrial Democracy*, vol. I, 1980, p. 63-98.

GOLDMAN, P. et VAN HOUTEN, D.R. « Uncertainty, Conflict and Labor Relations in the Modern Firm II », *The War on Labor, Economic and Industrial Democracy*, vol. I, 1980, p. 263-287.

GOLDMAN, P. et VAN HOUTEN, D.R. « Les stratégies managériales : une analyse marxiste de la bureaucratie », *in* F. Séguin-Bernard et J.-F. Chanlat. *L'Analyse des organisations*, Saint-Jean-sur-Richelieu, Préfontaine inc., 1983, p. 390-411.

GOLDTHORPE, J.H. « La conception des conflits du travail dans l'enseignement des relations humaines : Le cas des houillères britanniques », *Sociologie du travail*, 3(1), 1961, p. 1-17.

GREMION, P. *Le Pouvoir périphérique, bureaucrate et notable dans le système politique français*, Paris, Seuil, 1976.

GULICK, L. *Notes on the Theory of Organization*, memorandum prepared as a member of the president's committee on administrative management, déc. 1936.

HALL, R.H. *Organizations : Structure and Process*, 2ᵉ éd., Englewood Cliffs, N.J., Prentice-Hall, 1977.

HARNECKER, M. « Pouvoir économique et pouvoir politique », *in Les Concepts élémentaires du matérialisme historique*, Bruxelles, Contradictions, 1974.

HEILBRONER, R.L. *Les Grands Économistes*, Paris, Seuil, 1971.

HEYDEBRAND, W. « Organizational Contradictions in Public Bureaucraties : Toward a Marxian Theory of Organizations », *Sociological Quarterly*, 18(1), 1977, p. 83-108.

HICKSON, D.J. *et al.* « A Strategic Contingencies Theory of Intraorganizational Power », *Administrative Science Quarterly*, 16(2), 1971, p. 216-229.

HININGS, C.R. *et al.* « Structural Conditions of Intraorganizational Power », ***Administrative Science Quarterly***, 19(1), 1974, p. 22-44.

HUARD, P. « Rationalité et identité : vers une alternative de la théorie de la décision dans les organisations », ***Revue économique***, n° 3, 1980, p. 540-572.

HUFF, A.S. « Organizations as Political Systems », *in* T. Cummings (édit.) ***Systems Theory for Organizational Development***, New York, John Wiley & Sons, 1980, p. 163-180.

KAPLAN, A. ***The Conduct of Inquiry : Methodology for Behavioral Science***, New York, Harper & Row, 1964.

KAPLAN, A. « Power in Perspective », *in* R.L. Kahn et E. Boulding (édits). ***Power and Conflict in Organization***, New York, Basic Books, 1964.

KEBO, H.R. et DELLA FAVE, R.L. « Corporate Linkage and Control of the Corporate Economy : New Evidence and a Reinterpretation », ***The Sociological Quarterly***, 24, printemps 1983, p. 201-211.

KIRKBRIDE, P. « Power in Industrial Relations Research », ***Industrial Relations Journal***, 16(1), 1985, p. 44-56.

KORDA, M. ***Power : How to Get it, How to Use it***, New York, Random House, 1975.

KOTTER, J.P. « Power, Dependence and Effective Management », ***Harvard Business Review***, juill.-août 1977.

LAPIERRE, J.-W. ***Vivre sans État***, Paris, Seuil, 1977.

LUKES, S. ***Power : A Radical View***, Londres, MacMillan, 1974.

MACHIAVEL, N. ***Le Prince***, Paris, Flammarion, 1980.

McNEIL, K. « Understanding Organizational Power : Building on the Weberian Legacy », ***Administrative Science Quarterly***, 23, 1978, p. 65-90.

MANKOFF, M. « Power in Advanced Capitalist Society : A Review Essay on Recent Elitist and Marxist Criticism of Pluralist Theory », ***Social Problems***, vol. 17, hiver 1970, p. 418-430.

MARCH, J.G. « The Business Firm as a Political Coalition », ***Journal of Politics***, n° 24, 1962, p. 662-678.

MARCH, J.G. « The Power of Power », *in* D.E. Easton (édit.) ***Varieties of Political Theory***, Englewood Cliffs, N.J., Prentice-Hall, 1966, p. 39-70.

MARTIN, R. ***The Sociology of Power***, Londres, Routledge and Kegan Paul, 1977.

MARTIN, R. « Power », *in* A. Thompson et M. Warner (édits). ***The Behavioral Sciences and Industrial Relations***, Gower, 1981, p. 105-127.

MARX, K. et ENGELS, F. ***Manifeste du parti communiste***, Moscou, Éditions du Progrès, 1978.

MECHANIC, D. « Sources of Power of Lower Participants in Complex Organizations », ***Administrative Science Quarterly***, 7(3), 1962, p. 349-364.

MICHELS, R. « La démocratie et la loi d'airain de l'oligarchie », *in* ***Les Partis politiques***, Paris, Flammarion, 1971, p. 279-293.

MINTZBERG, H. « Organizational Power and Goals : A Skeletal Theory », *in* D.E. Schendel et C.W. Hofer (édits). ***Strategic Management : A New View of Business Policy and Planning***, Boston, Little, Brown, 1979, p. 64-80.

MINTZBERG, H. *Power in and around Organizations*, Englewood Cliffs, N.J., Prentice-Hall, 1983.

MINTZBERG, H. « Power and Organization Life Cycles », *Academy of Management Review*, 9(2), 1984, p. 207-224.

MINTZBERG, H. *Le Pouvoir dans les organisations*, Paris, Les Éditions d'Organisation, 1986.

MORIN, P. « Les relations humaines : rapports de pouvoir », *in Le Management et le pouvoir*, Paris, Les Éditions d'Organisation, 1985, p. 29-41.

MOSCA, G. *The Ruling Class*, New York, McGraw-Hill, 1939, chap. II.

NIETZSCHE, F. *La Volonté de puissance*, Paris, Livre de poche, 1976.

NOBLE, D.F. « Social Choice in Machine Design : The Case of Automatically Controlled Machine Tools, and a Challenge for Labor », *Politics and Society*, 8(3-4), 1978, p. 313-347.

NORD, W. « The Failure of Current Applied Behavioral Science — A Marxian Perspective », *The Journal of Applied Behavioral Science*, 10(4), 1974, p. 557-578.

NORD, W. « Dreams of Humanization and the Realities of Power », *Academy of Management Review*, 3, 1978, p. 674-679.

OLSEN, M.E. *Power in Societies*, Londres, Collier—MacMillan, 1971.

PALUMBO, D.J. « Power and Role Specificity in Organization Theory », *Public Administration Review*, mai-juin 1969, p. 237-248.

PARETO, V. *The Mind and Society*, New York, Harcourt, Brace and Co., 1935.

PARKER, L.D. « Control in Organizational Life : The Contribution of Mary Parker Follet », *Academy of Management Review*, 9(4), 1984, p. 736-745.

PARSONS, T. « Suggestions for a Sociological Approach to the Theory of Organizations », *Administrative Science Quarterly*, 1(1), 1956, p. 63-85 et 225-239.

PERROW, C. « The Analysis of Goals in Complex Organizations », *American Sociological Review*, 26(6), 1961, p. 854-866.

PETTIGREW, A. *The Politics of Organizational Decision Making*, Londres, Tavistock, 1973.

PFEFFER, J. *Power in Organizations*, Marshfield, Mass., Pitman, 1981.

PFEFFER, J. et SALANCIK, G.R. *The External Control of Organizations : A Resource Dependance Perspective*, New York, Harper & Row, 1978.

PONDY, L.R. « Organizational Conflict : Concepts and Models », *Administrative Science Quarterly*, 12(2), 1967, p. 296-320.

PONDY, L.R. « Varieties of Organizational Conflict », *Administrative Science Quarterly*, 14(4), 1969, p. 499-506.

POULANTZAS, N. « Sur le concept de pouvoir », *in Pouvoir politique et classes sociales*, Paris, Petite collection Maspéro, 1968, p. 101-125.

ROBBINS, S. *Organization Theory*, Englewood Cliffs, N.J., Prentice-Hall, 1983.

ROETHLISBERGER, F.J. *The Elusive Phenomena*, Boston, Harvard University Press, 1977.

SALAMAN, G. « Section II : Processes of Control within Organizations », *in* **Work Organizations : Resistance and Control**, Londres et New York, Longman, 1979, p. 102-172.

SALAMAN, G. **Class and the Corporation**, Londres, Fontana, 1981.

SALAMAN, G. et THOMPSON, K. **Control and Ideology in Organizations**, Milton Keynes, The Open University Press, 1980.

SALES, A. « Propriété, pouvoir et directions industrielles », *in* **La Bourgeoisie industrielle au Québec**, Presses de l'Université de Montréal, 1979, p. 51-95.

SIMON, H.A. **Administrative Behavior**, 2e éd., New York, Free Press, 1976.

STEVENSON, W.B., PIERCE, J.L. et PORTER, L.W. « The Concept of Coalition in Organization Theory and Research », **Academy of Management Review**, 10(2), 1985, p. 256-268.

STOREY, J. **Managerial Pejoratives and the Question of Control**, Londres, Routledge and Kegan Paul, 1983.

TANNENBAUM, R. « How to Choose the Leadership Patterns », **Harvard Business Review**, 36(2), 1958, p. 95-101.

THOMAS, K. « Conflict and Conflict Management », **Handbook of Industrial and Organizational Psychology**, Londres, Rand McNally, 1976, p. 889-935.

THOMPSON, J.D. « Authority and Power in Identical Organizations », **American Journal of Sociology**, 62(3), 1956, p. 290-301.

THOMPSON, J.D. « Organizational Management of Conflict », **Administrative Science Quarterly**, 4(4), 1960, p. 389-409.

TOCQUEVILLE, A. **De la démocratie en Amérique**, tome II, Paris, Garnier—Flammarion, 1981.

TOURAINE, A. **La Société post-industrielle**, Paris, Denoël, 1969.

TOURAINE, A. **La Production de la société**, Paris, Seuil, 1973.

VAILLANCOURT, J.G. **Papal Power**, Berkeley, University of California Press, 1980.

WATSON, T. « Group Ideology and Organizational Change », **Journal of Management Studies,** 19(3), 1982, p. 259-275.

WEBER, M. **The Theory of Social and Economic Organization**, *in* A.M. Henderson et T. Parsons (édits). New York, Oxford University Press, 1947.

WEBER, M. « Les types de domination », *in* **Économie et société**, Paris, Plon, 1971, p. 219-261.

WHITLEY, R. « Organization Control and the Problem of Order », **Social Science Information**, 16, 1977, p. 169-189.

WHITT, J.A. « Toward a Class Dialectical Model of Power : An Empirical Assessment of the Three Competing Models of Political Power », **American Sociological Review**, vol. 44, févr. 1979, p. 81-100.

WOOD, S. et KELLY, J. « Towards a Critical Management Science », **The Journal of Management Studies**, 1978, n° 1, p. 1-24.

ZALEZNIK, A. « Power and Politics in Organizational Life », **Harvard Business Review**, 48, 1970, p. 47-60.

ZALEZNIK, A. et KETS de VRIES, M. *Power and the Corporate Mind*, Boston, Houghton Mifflin, 1975.

IDÉOLOGIE ET CULTURE ORGANISATIONNELLE

ABBEGGLEN, J.C. *The Japanese Factory: Aspects of Its Social Organization*, The Free Press of Glencoe, 1958.

ABRAVANEL, H. « Idéologies organisationnelles, contradictions et mythes médiateurs », *in* G. Tarrab et coll. *La Psychologie organisationnelle au Québec*, Montréal, Presses de l'Université de Montréal, 1983.

ABRAVANEL, H. *Ideological Determination of Organizational Structure: Empirical Findings among a Sample of Social Movement Organizations*, working paper, UQAM, avril 1984.

AKTOUF, O. « L'image interne de l'entreprise : des systèmes de représentations en conflit ? Une perspective interculturelle Canada—Algérie et une approche ethnographique de l'entreprise », *Dragon, The SCOS Journal*, n° 1, 1985.

AKTOUF, O. « Une vision interne des rapports de travail. Le cas de deux brasseries », *Revue Le Travail Humain*, tome 49, n° 3, 1986.

AKTOUF, O. et CHRÉTIEN, M. « L'anthropologie de la communication et la culture d'entreprise : Le cas Cascades », *in* C. Benabou et H. Abravanel. *Le Comportement des individus et des groupes dans l'organisation*, Chicoutimi, Gaëtan Morin, 1986, p. 555-573.

ALLAIRE, Y. et FIRSIROTU, M. « Turn around Strategies as Cultural Revolutions : A Conceptual Framework for Radical Change in Organizations », *ASAC, Policy-Strategie et politique*, 3(4), 1982, p. 107-119.

ALLAIRE, Y. et FIRSIROTU, M. « La dimension culturelle des organisations, conséquences pour la gestion et le changement des opérations », *in* G. Tarrab et coll. *La Psychologie organisationnelle au Québec*, Montréal, Presses de l'Université de Montréal, 1983.

ALLAIRE, Y. et FIRSIROTU, M. « Theories of Organizational Culture », *Organization Studies*, 513, 1984, p. 193-226.

ALLAIRE, Y. et FIRSIROTU, M. *Cultural Revolutions in Large Corporations: The Management of Strategic Discontinuities*, working paper n° 22-84, Montréal, Centre de recherche en gestion, UQAM, 1984.

ALLEN, R.F. et SILVERZWEIG, S. « Changing Community and Organizational Cultures », *Training and Development Journal*, 31(7), 1977, p. 28-34.

ALTHUSSER, L. *Pour Marx*, Paris, F. Maspéro, 1966.

ALTHUSSER, L. « Idéologies et appareils idéologiques d'État », *La Pensée*, juin 1970, p. 3-38.

ALVESSON, M. *The Impact of Ideology on Organization Theory, Studies in the Economics and Organizations of actions*, discussion paper n° 23, Department of Business Administration, Université de Lund, Suède, 1984.

ANSART, P. *Idéologies, conflits et pouvoir*, Paris, Presses Universitaires de France, 1977.

ANTHONY, P.D. *The Ideology of Work*, Londres, Tavistock, 1977.

ARON, R. *Trois Essais sur l'âge industriel*, Paris, Plon, 1966.

AZUMI, K. et McMILLAN, C.J. « Culture and Organizational Structure : A Comparison of Japanese and British Organizations », *International Studies of Management and Organization*, 5(1), 1975, p. 35-47.

BAECHLER, J. *Qu'est-ce que l'idéologie ?*, Paris, Gallimard, coll. Idées, 1976.

BELL, D. *The End of Ideology*, New York, Free Press, 1960.

BENDIX, R. « Ideologies of Management in the Course of Industrialization », *in Work and Authority in Industry*, Los Angeles, University of California Press, 1974.

BIRNBAUM, N. « The Sociological Study of Ideology », *Current Sociology*, n° 9, 1960.

BOSCHE, M. « « Corporate Culture » la culture sans histoire », *Revue française de gestion*, sept.-oct. 1984, p. 29-39.

BOUCHARD, S. *Nous autres les gars du «truck»*, thèse de doctorat, Montréal, Université McGill, 1980.

BOUCHARD, S. « Être «trucker» », *in* A. Chanlat et M. Dufour. *La Rupture entre les entreprises et les hommes*, Paris, Les Éditions d'Organisation, 1985, p. 331-362.

BOUWMAN, T. « Copier le Japon ? », *Le Monde diplomatique*, n° 368, Paris, nov. 1984.

BOWER, J.L. et DOZ, Y. « A Social and Political Process », *in* D.E. Schendel et C.W. Hofer (édits). *Strategic Management*, Boston, Little, Brown, 1979.

BRICNET, F. et GENDRON, J.-P. *Japon : sabre, paravent, miroir*, Paris, Les Éditions ouvrières, 1983.

BRUNSSON, N. « The Irrationality of Action and Action Rationality : Decisions, Ideologies and Organizational Actions », *Journal of Management Studies*, 19(1), 1982, p. 29-43.

CABOT-LODGE, G. *The New American Ideology*, New York, A.A. Knopf, 1976.

CABOT-LODGE, G. « Ethics and the New Ideology : Can Business Adjust ? », *Management Review*, 66(2), 1977, p. 10-19.

CAVANAGH, G.F. *American Business Values*, 2ᵉ éd., Englewood Cliffs, Prentice-Hall, 1984.

CHANLAT, A., en collaboration avec BOLDUC, A. et LAROUCHE, D. *Gestion et culture d'entreprise : Le cheminement d'Hydro-Québec*, Montréal, Québec/Amérique, 1984.

CHANLAT, A. et DUFOUR, M. *La Rupture entre les entreprises et les hommes*, Paris, Les Éditions d'Organisation, 1985.

CHATELET, F. *Histoire des idéologies*, Paris, Hachette, 1978.

CHILD, J. « Culture, Contingency and Capitalism in the Cross-National Study of Organizations », *in* B. Staw et L.L. Cummings. *Research in Organizational Behavior*, vol. 3, Greenwich, JAI Press, 1981, p. 303-356.

CROZIER, M. *Le Phénomène bureaucratique*, Paris, Seuil, 1963.

CROZIER, M. *Les Nouveaux Modes d'organisation*, rapport sur le Congrès de l'entreprise des 27-28 mars 1985.

CROZIER, M. et FRIEDBERG, E. *L'Acteur et le système*, Paris, Seuil, 1977.

CYERT, R.M. et MARCH, J.G. *A Behavioral Theory of the Firm*, Englewood Cliffs, Prentice-Hall, 1963.

DALTON, M. « Conflicts between Staff and Line Managerial Officers », *in* W.B. Wolf. *Management Readings Toward a General Theory*, Londres, Woodsworth, 1965.

DANDRIDGE, T.C., MITROFF, I., et JOYCE, W.F. « Organizational Symbolism : A Topic to Expand Organizational Analysis », *Academy of Management Review*, 5(1), 1980, p. 77-82.

DAVIS, S.M. *Comparative Management : Organizational and Cultural Perspectives*, Englewood Cliffs, Prentice-Hall, 1971.

DEAL, T.E. et KENNEDY, A.A. *Corporate Cultures : The Rites and Rituals of Corporate Life*, Reading, Addison-Wesley, 1982.

DHINGRA, D.P. et PATHAK, V.K. « Organizational Culture and Managers », *Indian Journal of Industrial Relations*, 8(3), 1973, p. 387-405.

DONALDSON, T. et WERHANE, P.H. *Ethical Issues in Business*, 2ᵉ éd., Englewood Cliffs, Prentice-Hall, 1984.

DUMONT, F. *Les Idéologies*, Paris, Presses Universitaires de France, coll. SUP, 1974.

EDWARDS, J.P. « Strategy Formulation as a Stylistic Process », *International Studies of Management and Organization*, VII(2), 1977, p. 13-27.

EVANS, F.J. « Academics, the New Class, ans Antibusiness Ideology », *Business Horizons*, 24(6), 1981, p. 40-47.

FIRSIROTU, M. *The Cult of Culture : An Inquiry into the Notion of Culture in Organizations*, working paper, Montréal, UQAM, 1980.

FIRSIROTU, M. *Strategic Turnaround as Cultural Revolution : The Case of Canadian National Express*, thèse de doctorat présentée à la Faculté de management de l'Université McGill, Montréal, 1985.

FISCHER, F. « Ideology and Organization Theory », *in* F. Fischer et C. Sirianni. *Critical Studies in Organization and Bureaucracy*, Philadelphie, Temple University Press, 1984.

FOX, A. « The Meaning of Work », *in* G. Esland et G. Salaman (édits). *The Politics of Work and Occupations*, Milton Keynes, The Open University Press, 1980.

FREW, D.R. « Perceptions of Leadership Effectiveness and Organizational Ideology », *Management International Review*, 13(4-5), 1973, p. 117-124.

FROMM, E. *Avoir ou être ?*, Paris, Robert Laffont, coll. Réponses, 1976.

FROST, P.J. *et al. Organizational Culture*, Beverly Hills, Cal., Sage, 1985.

GARDNER, M.P. « Creating a Corporate Culture for the Eighties », *Business Horizons*, 28(1), janv.-févr. 1985, p. 59-63.

GEERTZ, C. « Ideology as a Cultural System », *in* D. Apter (édit.) *Ideology and Discontent*, New York, Free Press, 1964.

GEERTZ, C. *The Interpretation of Cultures*, New York, Basic Books, 1973.

GRAVEL, M. « Et si on faisait comme les Japonais ? », *Revue Commerce*, n° 9, sept. 1985, p. 95-104.

GUSTAFFSON, C. « Efficiency and Related Rules for Organizational Action », *International Studies of Management and Organization*, XIII(3), 1983, p. 62-68.

GUTH, W.D. et TAGIURI, R. « Personal Values and Corporate Strategy », *Harvard Business Review*, 43(1), 1965, p. 123-132.

HABERMAS, J. *La Technique et la science comme idéologie*, Paris, Denoël/ Gonthier, 1973.

HARRIS, M.L. *Cultural Materialism*, New York, Random House, 1979.

HARRISON, R. « Understanding your Organization's Character », *Harvard Business Review*, 50(3), 1972, p. 119-128.

HARTLEY, J.F. « Ideology and Organizational Behavior », *International Studies of Management and Organization*, XIII(3), 1983, p. 7-34.

HEENAN, D.A. « Ideology Revisited : America Looks Ahead », *Sloan Management Review Association*, 23(2), 1982, p. 35-46.

HEIRS, B.J. et PEHRSON, G. *The Mind of the Organization*, New York, Harper & Row, 1977.

HOFSTEDE, G. « Culture and Organization — A Litterature Review Study », *Journal of Enterprise Management*, 1(1), 1978, p. 127-135.

HOFSTEDE, G. « Culture and Organizations », *International Studies of Man and Organization*, X(4), 1981, p. 15-41.

JAEGER, A.M. et BALIGA, B.R. « Control System and Strategic Adaptation : Lessons from the Japanese Experience », *Strategic Management Journal*, 6(1), 1985, p. 115-135.

JAMIESON, I. « The Concept of Culture and Its Relevance for an Analysis of Business Enterprise in Different Societies », *International Studies of Management and Organization*, 12(4), 1982-1983, p. 71-105.

JAQUES, E. *The Changing Culture of a Factory*, Londres, Routledge and Kegan Paul, 1951.

JASPERS, K. *Origine et sens de l'histoire*, Paris, Plon, 1954.

JEFFCUTT, P. « Thought in Organizations », *International Studies of Management*, XIII(3), 1983, p. 35-42.

JELINEK, M., SMIRCICH, L. et HIRSCH, P. « Organizational Culture », *Administrative Science Quarterly*, 28(3), 1983, p. 331-501.

KANTER, R.M. « Change Masters and the Intricate Architecture of Corporate Cultural Change », *Management Review*, 72(10), 1983, p. 18-26.

KETS DE VRIES, M. et MILLER, D. « Neurotic Style and Organizational Pathology », *Strategic Management Journal*, 5(1), 1984, p. 35-55.

KETS DE VRIES, M. et MILLER, D. *L'Entreprise névrosée*, Montréal, McGraw-Hill, 1985.

KILMANN, R.H. *et al. Gaining Control of the Corporate Culture*, San Francisco, Jossey-Bass, 1985.

KROEBER, A.L. et KLUKHOHN, C. *Culture : A Critical Review of Concepts and Definitions*, New York, Vintage, 1952.

LAPIERRE, C. *Caractère individuel et caractère organisationnel*, rapport théorique, Faculté de management, programme de Ph.D., Montréal, Université McGill, 1980.

LARCON, J.-P. et REITTER, R. « L'identité de l'entreprise, un facteur de sa survie », *Direction et gestion*, 15(3), 1979, p. 11-16.

LARRAIN, J. *The Concept of Ideology*, Athènes, The University of Georgia Press, 1979.

LATOUCHE, D. « La culture organisationnelle du gouvernement : mythes, symboles et rites dans un contexte québécois », *Revue internationale des sciences sociales*, 35(2), 1983, p. 285-309.

LAUFER, R. « Crise de légitimité dans les grandes organisations », *Revue française de gestion*, mars-avr. 1977.

LEE, J.A. « The Social Science Bias in Management Research », *Business Horizons*, 25(6), 1982, p. 21-31.

LEMAÎTRE, N. « La culture d'entreprise, facteur de performance », *Revue Gestion*, 10(1), févr. 1985, p. 19-25.

LEMAÎTRE-ROZENCWEIG, N. *Le Jeu de la décision : pouvoirs, cultures et stratégies dans l'entreprise*, Université de Bruxelles, 1986.

LEVINE, S.B. « Career and Mobility in Japan's Labor Market », *in* D.W. Plath (édit.) *Work and Life Course in Japan*, State University of New York Press, 1983, p. 18-33.

LOUIS, M.R. « A Cultural Perspective on Organizations : The Need for and Consequences of Viewing Organizations as Culture-Bearing Milieux », *Human Systems Management*, 2(2), 1981, p. 246-258.

LOUIS, M.R. « Organizations as Culture-Bearing Milieux », *in* L.R. Pondy *et al. Organizational Symbolism*, Greenwich, Conn., JAI Press, 1983, p. 39-54.

MAIER, C. « Between Taylorism and Technocracy : European Ideologies and the Vision of Industrial Productivity in the 1920's », *Journal of Contemporary History*, janv. 1970.

MALINOWSKI, B. *A Scientific Theory of Culture and Other Essays*, New York, Oxford University Press, 1960.

MANNHEIM, K. *Diagnosis of Our Time*, Londres, Routledge and Kegan Paul, 1954.

MANNHEIM, K. *Ideology and Utopia*, New York, Harcourt Brace, 1959.

MANNING, P.K. « Metaphors of the Field : Varieties of Organizational Discourse », *Administrative Science Quarterly*, 24, 1979, p. 660-671.

MARCH, J.G. « The Business Firm as a Political Coalition », *Journal of Politics*, n° 24, 1962, p. 662-678.

MARGLIN, S.A. « Origines et fonctions de la parcellisation des tâches », *in* A.Gorz. *Critique de la division du travail*, Paris, Seuil, coll. Points, 1973, p. 41-89.

MARK, M. *Modern Ideologies*, New York, Saint-Martin's Press, 1973.

MARSHALL, J. et McLEAN, A. « Exploring Organization Culture as a Route to Organizational Change », *in* V. Hammond (édit.) *Current Research in Management*, Londres, Francis Pinter, 1985, p. 2-20.

MARTIN, J. et SIEHL, C. « Organizational Culture and Sub-Culture : An Uneasy Symbiosis », *Organizational Dynamics*, 12, 1983, p. 52-64.

MARTIN, W.F. et CABOT-LODGE, G. « Our Society in 1985 — Business May Not Like It », *Harvard Business Review*, 53(6), 1975, p. 143-152.

MARX, K. *L'Idéologie allemande*, Paris, Éditions sociales, 1976.

MAY, W.F. « Between Ideology and Interdependence », *California Management Review*, 19(19), 1977, p. 88-90.

MERKLE, J. *Management Ideology*, Berkeley, University of California Press, 1980.

MEYER, A.D. « How Ideologies Supplant Formal Structures and Shape Responses to Environments », *Journal of Management Studies*, 19(1), 1982, p. 45-62.

MILLER, D. et FRIESEN, P.H. « Momentum and Revolution », *Academy of Management Journal*, 23(4), 1980, p. 591-614.

MITROFF, I.I. « Archetypal Social Systems Analysis : On the Deeper Structure of Human Systems », *Academy of Management Review*, 8(3), 1983, p. 387-397.

MITROFF, I.I. et KILMANN, R.H. « Stories Managers Tell : A New Tool for Organizational Problem Solving », *in Management Review*, 64(2), 1975, p. 18-28.

MONNEROT, J. *Sociologie du communisme*, Paris, Gallimard, 1949.

MOREUX, C. *La Conviction idéologique*, Montréal, Les Presses de l'Université du Québec, 1978.

MORGAN, G. *Images of Organization*, Beverly Hills, Cal., Sage, 1986.

MORGAN, G. *et al.* « Organizational Symbolism », *in* L.R. Pondy *et al. Organizational Symbolism*, Greenwich, Conn., JAI Press, 1983, p. 3-35.

NEHRBASS, R.G. « Ideology and the Decline of Management Theory », *The Academy of Management Review*, 4(3), 1979, p. 427-431.

NICHOLS, T. « Management, Ideology and Practice », *in* G. Esland et G. Salaman (édits). *The Politics of Work and Occupations*, Milton Keynes, The Open University Press, 1980, p. 279-302.

NIZARD, G. « Identité et culture de l'entreprise », *Harvard-L'Expansion*, n° 31, hiver 1983-1984, p. 90-106.

OCDE. *Le Développement des systèmes de relations professionnelles — Quelques incidences de l'expérience japonaise*, Paris, Organisation de coopération et de développement économique, 1977.

OUCHI, W.G. *Théorie Z, faire face au défi japonais*, Paris, InterÉditions, 1982.

OWENS, J. « Ideologies and Management Training », *Training and Development Journal*, mars 1980, p. 66-70.

PARSONS, T. « Culture and Social System Revisited », *in* L. Schneider et C.M. Bonjean (édits). *The Idea of Culture in the Social Sciences*, Cambridge University Press, 1973.

PASCALE, R. et ATHOS, A. *The Art of Japanese Management*, New York, Simon and Schuster, 1981.

PASTIN, M. *The Hard Problems of Management*, San Francisco, Jossey-Bass, 1986, chap. 7.

PETERS, T. et WATERMAN, R. Jr. *Le Prix de l'excellence*, Paris, InterÉditions, 1983.

PETTIGREW, A. « On Studying Organizational Culture », *Administrative Science Quarterly*, 24(4), déc. 1979, p. 570-581.

PFEFFER, J. « Management as Symbolic Action : The Creation and Maintenance of Organizational Paradigms », *in* L. Cummings et B. Staw (édits). **Research in Organizational Behavior**, vol. 3, Greenwich, Conn., JAI Press, 1981.

PONDY, L.R. *et al.* **Organizational Symbolism**, Greenwich, Conn., JAI Press, 1983.

PORTER, M.E. **Competitive Advantage**, New York, Free Press, 1985.

ROCHER, G. **Introduction à la sociologie générale**, tomes 1, 2 et 3, Ville de LaSalle, Les Éditions Hurtubise HMH ltée, 1969.

ROGER, L., DUNBAR, M., DUTTON, J.M. et TORBERT, W.R. « Crossing Mother : Ideological Constraints on Organizational Improvements », **Journal of Management Studies**, 19(1), 1982, p. 91-102.

SAINSAULIEU, R. « La régulation culturelle des ensembles organisés », *in* **L'Année sociologique**, n° 33, 1983, p. 195-217.

SAINSAULIEU, R. « L'action culturelle du travail organisé », *in* **L'Identité au travail**, Paris, Presses de la Fondation nationale des sciences politiques, 1985, chap. 9, p. 344-420.

SALAMAN, G. « Section II : Processes of Control within Organizations », *in* **Work Organizations : Resistance and Control**, Londres et New York, Longman, 1979, p. 102-172.

SALAMAN, G. et THOMPSON, K. **Control and Ideology in Organizations**, Milton Keynes, The Open University Press, 1980.

SARTRE, J.-P. **Questions de méthode**, Paris, Gallimard, 1960.

SCHEIN, E. **Organizational Culture and Leadership**, San Francisco, Jossey-Bass, 1985.

SCHWARTZ, H.S. « The Usefulness of Myth and the Myth of Usefulness », **Journal of Management**, 11, 1985, p. 31-42.

SCHURMANN, F. **Ideology and Organization in Communist China**, Berkeley, University of California Press, 1968.

SÉGUIN, F. et CHANLAT, J.-F. **L'Analyse des organisations : une anthologie sociologique** tome I : **Les Théories de l'organisation**, Saint-Jean-sur-Richelieu, Préfontaine inc., 1983.

SELIGER, M. **Ideology and Politics**, Londres, George Allen and Unwin Ltd, 1976.

SELIGER, M. **The Marxist Conception of Ideology**, Cambridge University Press, 1977.

SELZNICK, P. **Leadership in Administration : A Sociological Interpretation**, New York, Harper & Row, 1957.

SIEVERS, B. **Work, Death and Life Itself**, working paper of the Dept of Business Administration and Economics, n° 98, Wuppertal, Bergische University, 1987.

SILVERZWEIG, S. et ALLEN, R.F. « Changing Corporate Culture », **Sloan Management Review**, 17(3), 1976, p. 33-45.

SINGH, P. et DAS, G.S. « Organizational Culture and Its Impact on Commitment to Work », **Indian Journal of Industrial Relations**, 13(4), 1978, p. 511-524.

SINGH, P., DAS, G.S. et MATHEW, T. « Organizational Culture and Its Impact on Managerial Remuneration », **Indian Journal of Industrial Relations**, 13(1), 1977, p. 1-14.

SMIRCICH, L. et MORGAN, G. « Leadership : The Management of Meanings », *The Journal of Applied Behavioral Science*, 18(3), 1982, p. 257-273.

SMIRCICH, L. « Studying Organizations as Cultures », *in* G. Morgan (édit.) *Beyond Method : Strategies for Social Research*, Beverly Hills, Cal., Sage, 1983, p. 160-172.

SMIRCICH, L. « Concepts of Culture and Organizational Analysis », *Administrative Science Quarterly*, 28(3), 1983, p. 339-358.

SPROULL, L.S. « Beliefs in Organizations », *in* P.C. Nystrom et W.H. Starbuck (édits). *Handbook of Organizational Design*, vol. 2, New York, Oxford University Press, 1981, p. 203-224.

STARBUCK, W.H. « Congealing Oil : Inventing Ideologies to Justify Acting Ideologies », *Journal of Management Studies*, 19(1), 1982, p. 3-28.

THERBORN, G. *The Ideology of Power and the Power of Ideology*, Londres, New Left Books, 1981.

THOMPSON, V. *Comportement bureaucratique et organisation moderne*, Paris, Hommes et techniques, 1966.

TOURAINE, A. *La Sociologie de l'action*, Paris, Seuil, 1965.

TURNER, B.A. *Exploring Industrial Subculture*, Londres, MacMillan, 1971.

UTTAL, B. « The Corporate Culture Vultures », *Fortune*, 17 oct. 1983, p. 66-72.

VAN MAANEN, J. et BARLEY, S. « Occupational Communities : Culture and Control in Organizations », *in* B. Staw et L.L. Cummings. *Research in Organizational Behavior*, Greenwich, Conn., JAI Press, 1984.

WEBBER, R.A. *Culture and Management*, Homewood, Ill., Irwin, 1969.

WHITLEY, R. « The Scientific Status of Management Research as a Practically Oriented Social Science », *Journal of Management Studies*, 21(4), 1984.

WILKINS, A.L. « Organizational Stories as Symbols which Control the Organization », *in* L.R. Pondy *et al*. *Organizational Symbolism*, Greenwich, Conn., JAI Press, 1983, p. 81-92.

WILLMOTT, H.C. « Images and Ideals of Managerial Work : A Critical Examination of Conceptual and Empirical Account », *Journal of Management Studies*, 21(3), 1984, p. 349-368.

« Corporate Culture, the Hard-to-Change Values that Spell Success or Failure », *Businessweek*, 27 oct. 1980, p. 148-160.

« Organizations as Ideological Systems », *Journal of Management Studies*, n° spécial, 19(1), janv. 1982.

Revue française de gestion, n° spécial sur la culture d'entreprise, sept.-oct. 1984.

NOTES

NOTES

NOTES

NOTES